长沙金霞经济开发区
CHANGSHA JINXIA ECONOMIC DEVELOPMENT ZONE

金霞的 世界的

金霞，国家“一带一路”重要物流节点

长沙金霞经济开发区（以下简称园区）位于湖南省长沙市开福区北部，总规划面积为84平方公里，由金霞、高岭、鹅秀、沙坪、青竹湖5个组团组成，是“中国物流示范基地”“国家级示范物流园区”“国家电子商务示范基地”“中国（长沙）跨境电商综合试验区”，跨境电商物流、通关核心区。

园区拥有独具特色的平台

园区内京广铁路、石长铁路、京港澳高速、湘渝高速、107国道、319国道等与园区59条市政道路，交织成一张四通八达的交通网络。园区拥有国家多式联运示范工程，长沙国际铁路港是中南地区多式联运综合枢纽，长沙新港是上海港的主要内河喂给港，长沙传化公路港是湖南省规模庞大、服务功能齐全的现代化城市物流中心。同时，长株潭城市群中国石化油品管道运输的枢纽也布局在园区。长沙金霞保税物流中心是国家级B型保税物流中心、湖南省先进海关特殊监管区域，2018年征税税款在全省特殊监管区域及场所中名列前茅。金霞口岸区域2018年1-12月（含保税中心、长沙新港、长沙国际铁路港）实现进出口物流总值62.67亿美元，征收税款34.41亿元人民币。

园区拥有多元开放的通道

园区拥有长沙和湖南立足"一带一部"区域定位、融入"一带一路"、连接湘粤港澳不可缺少的对外开放大通道。长沙新港远期年吞吐量达1200万吨，外贸出口集装箱占全省的60%以上。长沙国际铁路港年货物吞吐量近期为1670万吨/年，远期（2020年）将达到3000万吨/年。启用了"无水港"，开通了稳居国内一线班列的"中欧（长沙）班列"。金霞联检大厅实现了"一次报关、一次验收、一次放行"。海外人士外贸基地为湖南与30多个国家的贸易往来搭建了"桥梁"。

园区拥有活力迸发的产业

园区肩负开放与创新使命，"一主（智能物流）一特（军民融合）"产业体系成熟，产业集聚效应明显。开放型经济生态圈构建有力，湖南跨境电商产业园建成、湖南跨境产贸城项目营业、湖南跨境电商生态产业园落户，可用于跨境电商直购出口、保税备货进口的跨境电商监管中心和公共查验中心的"双中心"建成，开放型经济产业中的人才、企业、商品、金融、渠道、平台等要素集聚，产业生态品牌、生态容量、生态收益持续提升。智能物流产业绝对优势凸显，已聚集5A级物流企业10家、4A级物流企业7家，形成了医药物流、能源物流、粮食物流三大"百亿级"板块。

园区拥有"优"无止境的营商环境

园区坚持以企业为中心、以企业家为中心、以创新创业者为中心，致力于营造国际化、法治化、便利化营商环境。通过良好的产业生态、便捷的政务服务、完善的配套为企业降低运营成本、时间成本和生产成本，为人才降低生活成本，以稳定的法治环境为企业增强预期，切实做到"随叫随到、不叫不到、服务周到、说到做到"。

联系电话：0731-88482510

WWW.CSJXKFQ.GOV.CN

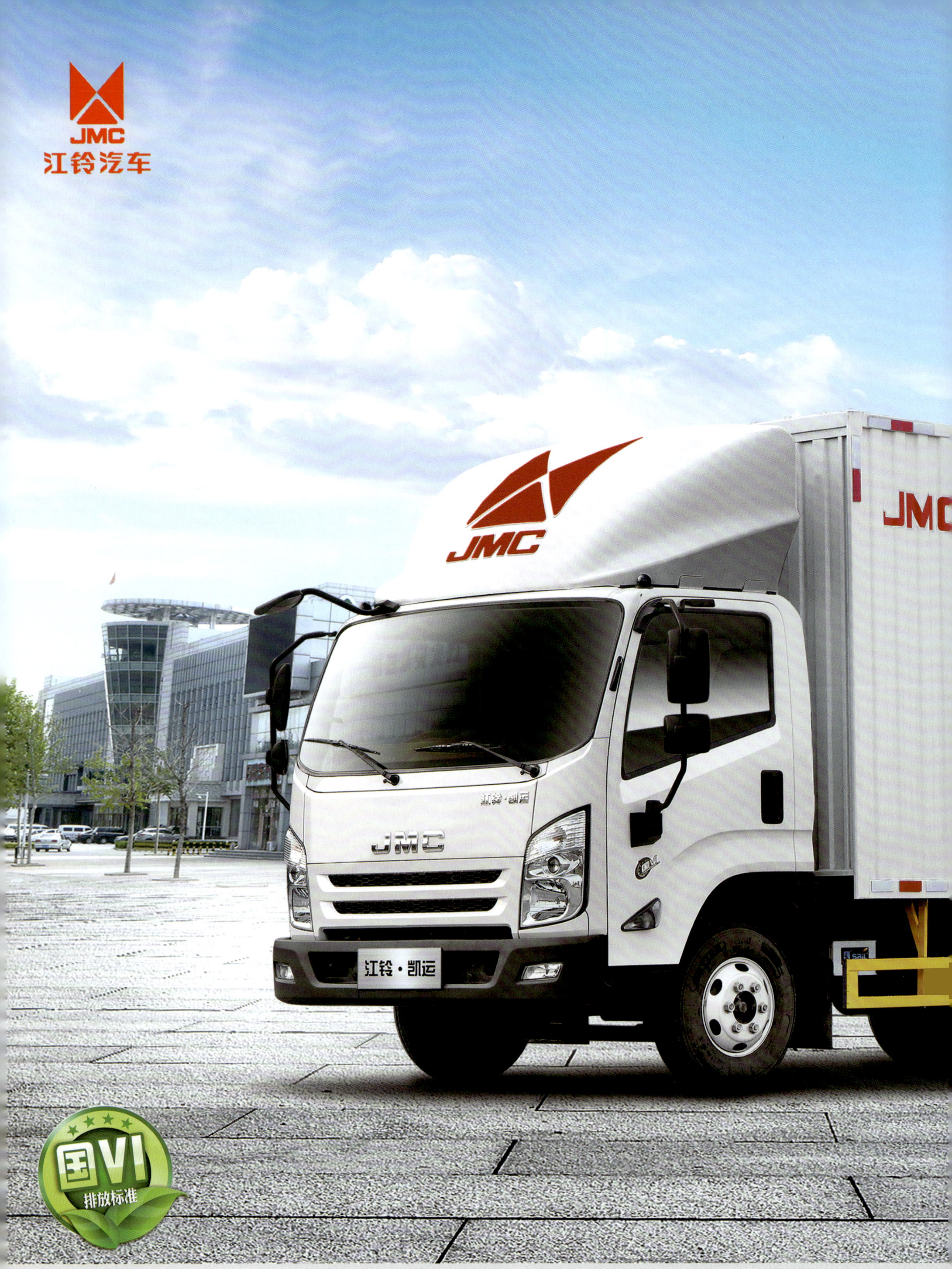
JMC
江铃汽车
JMC
JMC
JMC
江铃·凯运
国VI
排放标准

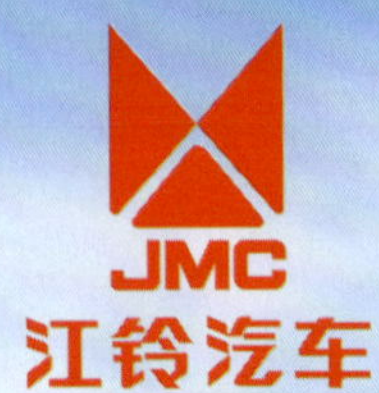

千里江铃 蓝牌轻卡 能装能省 城配无忧

车厢可载400箱饮料

江铃汽车股份有限公司　咨询服务电话：400-880-1099　网 址：www.jmc.com.cn

汽车物流全程解决方案提供者

FVL All-procedure Solution Provider

供应链金融
Supply Chain Financing

产业沉淀与金融能力高效协同者
Efficient synergy between industry accumulation and financing capacity

整车物流
Finished Vehicle Logistics

整合物流资源和优化服务流程一体化方案提供者
Integrated logistics resources and optimized service procedure, as a one-stop solution provider

零部件物流
Automobile Parts Logistics

汽车零部件物流服务网络打造者
National network provider of automobile parts logistics

仓储
Warehousing

网络化、集约化的现代仓储基地建设专业规划者
Networked and integrated modern warehousing planner

智慧物流平台
Intelligent Logistics Platform

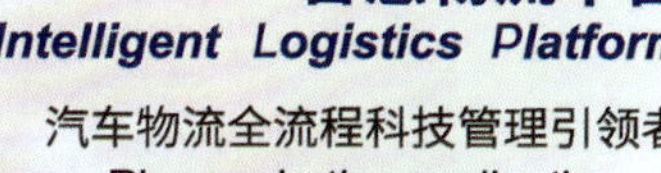

汽车物流全流程科技管理引领者
Pioneer in the application of intelligent logistics technology

多式联运
Multi-modal Transport

公、铁、水、空运输专家
Expert in logistics service by road, railway, water and air transportation

国际物流
International Logistics

"一带一路"汽车物流，铁路运输实践者
Leading company of B&R Sino-Europe Automobile logistics provider

社会车辆物流
Non-manufactor Vehicle Logistics

社会车辆公共运输平台打造者
Builder of non-manufactor vehicle transportation platform

长久物流整车公路运输业务将依托公司网络布局
结合仓储、多式联运、供应链金融等板块
为中国汽车行业提供全方位、全产业链物流服务，帮助客户创造价值

长久整车合作伙伴

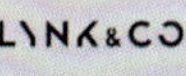

毅德控股，专注于中国新型城镇化的建设，已于2013年10月31日在中国香港联合交易所主板正式挂牌上市（股票代码：01396.HK）。目前，形成现代化商贸物流中心、BLOCK街区综合体、商贸物流运营、毅德O2O四大业务板块。

基于国际化视野下的创新与对中国新型城镇化的实践和思考，毅德控股开创“中央交易区（CTD）”现代化商贸物流新模式，形成集商品交易、仓储物流、国际会展、商务办公、总部经济、金融服务、电子商务、大数据、生活娱乐等功能于一体的集约化、规模化新模式。至今已完成在中国各个核心经济带的战略部署，辐射面积达到了国土面积的一半以上。

毅德控股先进的商业模式、企业品牌和发展潜力得到了国际资本市场的认可，未来将携手更多的国际资源，加速全国战略布局，为中国商贸物流领域再创辉煌。

毅德控股打造的“毅起送县镇区域物流平台”是专注于区域共同配送整合及运营的平台，通过技术创新、产品创新、模式创新、管理创新和服务创新，成功将司机网、货物网、需求网、配送基地网、支付网、车联网、监控网七大网络有机融合，构建了一个基于平台管理和移动应用的运营平台，为客户提供专业化的物流共同配送解决方案。

基于商贸物流城建成150公里配送基地的服务网络，秉持“成本更低、安全省心、同城速达、城乡共配、高效便捷”，结合省际、城际物流专线和区域零担专线运输网络，为厂商、经销商、零售商提供专业化的物流共同配送解决方案。已打造了济宁、菏泽、绵阳、赣州等毅德城周边150公里配送基地的服务网络，现正快速布局北部湾、泛珠三角经济圈、泛渤海经济圈、长三角经济圈、西南经济圈和西三角经济圈。

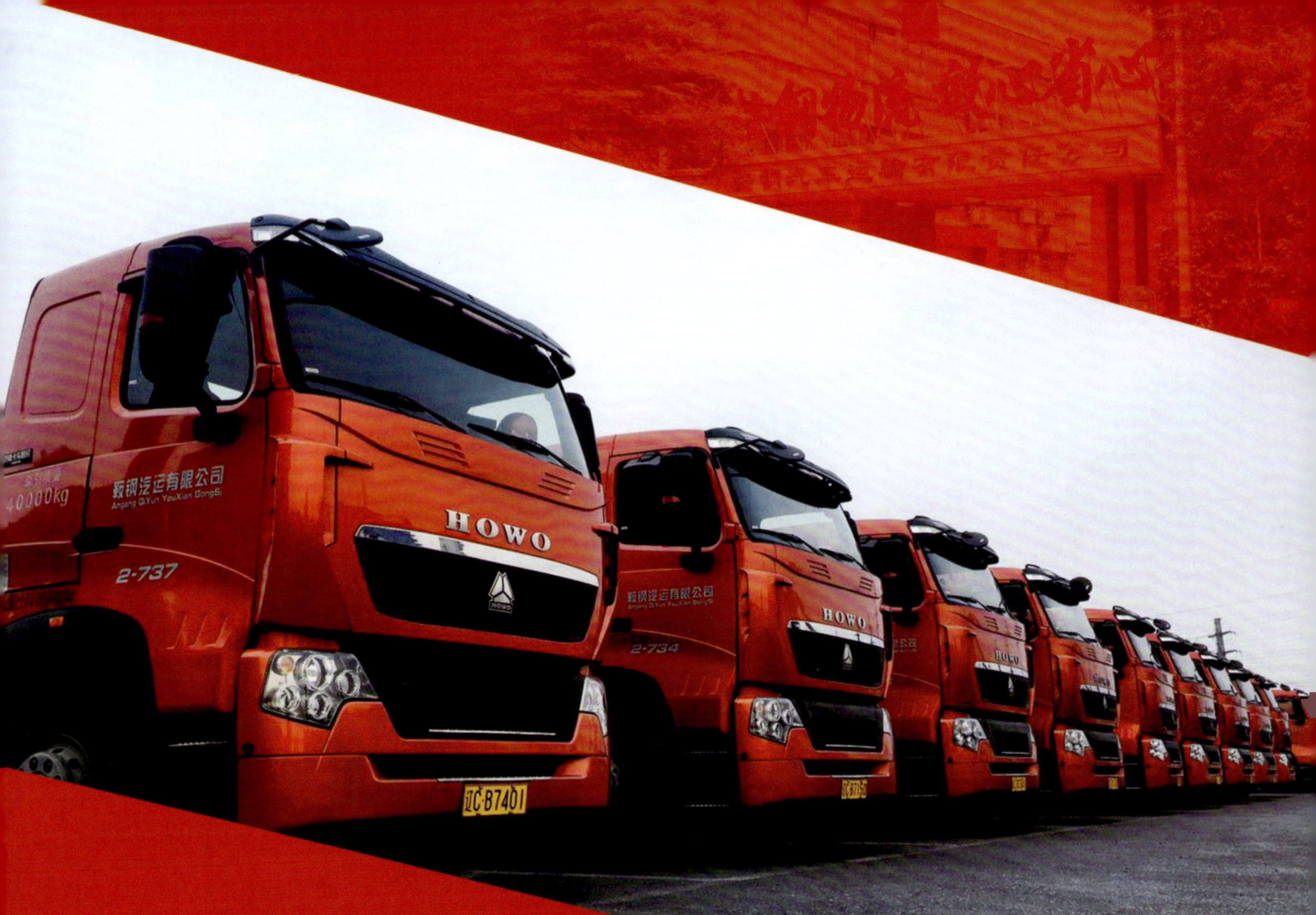

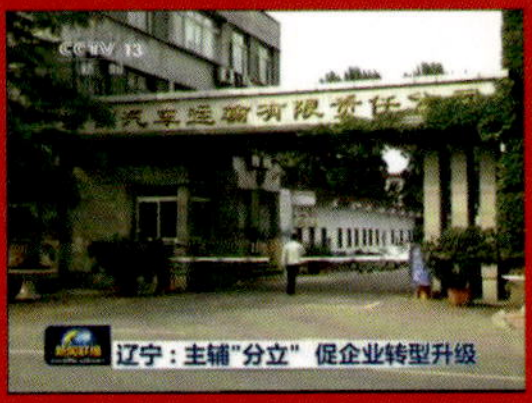

德不孤 必有邻

共创 共享 共赢

德邻陆港（鞍山）有限责任公司（以下简称德邻陆港）由鞍钢汽车运输有限责任公司和鞍山市经济开发区政府于2016年8月共同筹划组建而成。德邻陆港作为鞍钢物流产业运营发展平台，是鞍山钢铁在做精、做强钢铁产品网上销售的同时，以延伸产业链、提升价值链为发展主线，构建新的战略支撑和效益增长点，通过整合原有钢铁电子类交易相关资源，依托互联网、物联网、大数据、移动互联等全新技术手段，打造的集钢材和非钢销售、物流运输、仓储、加工配送、金融服务、大数据、资讯、技术与产业特色服务等功能为一体的、互利共赢的、生态型钢铁服务生态圈。

秉承“智慧物流、绿色物流”的理念，依靠对物流业的深刻理解和自身强大的技术研发能力，德邻陆港不断完善平台服务功能，目前已开发出10大服务产品，分别为：德邻畅途、德邻智园、德邻云仓，德邻e宝、德邻玛特、德邻云嘉、德邻钢铁、德邻循环、德邻化工及德邻大数据。

截至2019年7月，德邻陆港已开通线路100余条，集聚承运商254家，车辆5654辆，司机5606名，全年承运货物200余万吨，配送范围已覆盖全国大部分省市自治区。

德邻陆港积极在东北“三省”布局钢铁物流园区。目前位于沈阳市、大连市、哈尔滨市和山东省的物流园已经投入运营，后续将在长春、吉林等主要物流节点城市筹划钢铁物流园的布局。

“德不孤，必有邻”。德邻陆港期待与您合作，共同打造“共创、共享、共赢”的物流生态圈，让我们共同乘坐德邻陆港这艘物流航母砥砺前行！

中国物流与采购联合会智慧物流分会副会长单位
中国智慧物流十大创新引领企业
改革开放四十年智慧物流企业特别贡献奖
中国物流信息化十佳服务商
2019年度智慧供应链优秀案例

www.dllg56.com　电话：400-9855-999　地址：辽宁省鞍山市经济开发区鞍刘路3号

临港工业与国际物流园区管理服务中心

临港工业与国际物流园区管理服务中心（以下简称园区）作为宁波市委、市政府在“十一五”期间出台的《宁波市现代物流发展规划》中明确的“一主六副”七大物流园区的“一主”，于2007年开始规划，2009年5月正式成立，总面积3.5平方公里。作为北仑物流枢纽的特殊区域、宁波“三位一体”港航物流服务体系的重要载体之一和推进“海上宁波”建设、“物流节点城市”建设的重要举措，在“十三五”期间相继列入《宁波市城市总体规划（2006－2020年）（2015年修订）》《宁波市国民经济和社会发展第十三个五年规划纲要》《宁波“十三五”物流业发展规划》（甬政办发〔2016〕149号）之中。

园区的建设一直得到相关部门的高度重视和大力支持，2011年，被宁波市政府确定为宁波市十大服务业产业基地之一；2012年，被浙江省政府评定为服务业集聚示范区，并在全国物流园区范围内率先向原国家质检总局申报“全国知名品牌创建示范区”；2013年，正式挂牌成立宁波市的“进出口商品采购贸易改革示范区”；2014年，被浙江省政府认定为浙江省港口物流贸易产业园；2015年，创建成为“全国港口物流服务产业知名品牌创建示范区”；2017年，被浙江省政府评定为示范物流园区；2018年，被国家发展改革委、原国土资源部、住房和城乡建设部联合评定为“全国示范物流园区”，同年荣获“2018年优秀物流园区”荣誉称号。

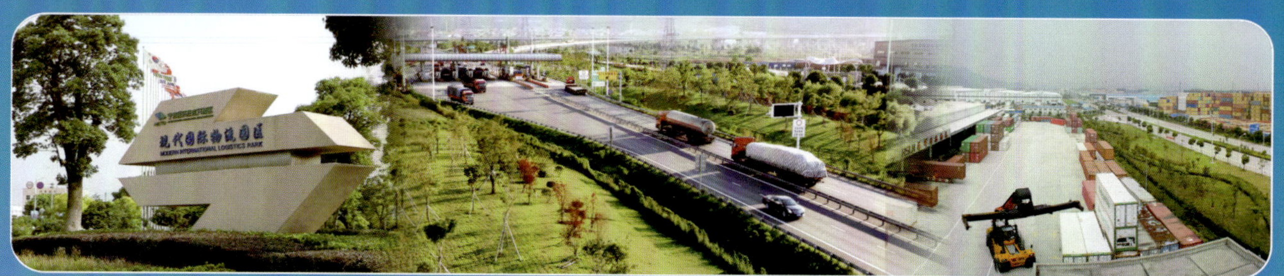

经过几年开发建设，园区已建成46万平方米高标准物流仓库、15万立方米冷链仓库，建成550亩集卡运输综合服务基地，整合2万辆集卡运输车辆，搭建了10余个物流信息服务平台。相继引进普洛斯、中外运、万维VX物流园等国内外知名大型物流企业落户，集聚天翔货柜、东南物流、铃与物流等以运输、仓储、集装箱场站为主要形式的120多家中小型物流仓储企业；同时依托进出口采购贸易示范区平台实现540家商贸企业入驻备案，对宁波市贸易增长贡献值达10%；建成宁波冷链产品贸易配送基地，成为宁波区域口岸通关十分便利的区域。

依托得天独厚的港口优势和区位优势，园区规划建成集仓储运输服务、生产服务、国际国内贸易服务于一体的综合型物流园区，吸引国内外著名的经营高端、高附加值货物物流的第三方物流企业落户园区，提供包括货物仓储、运输、包装、流通加工、分拨、配送和货运代理在内的现代物流服务。

园区为积极顺应宁波港从“物流大港”向“贸易大港”转变潮流，努力打造成为“环境优美、功能完备、配置合理、辐射动力强”的港口物流功能标志性区块，成为浙江省海洋经济发展以及宁波市国际强港实施战略中重要“引擎”，成为浙江乃至华东地区有影响力的现代国际物流中心之一、浙江全省乃至全国物流网络的重要节点。

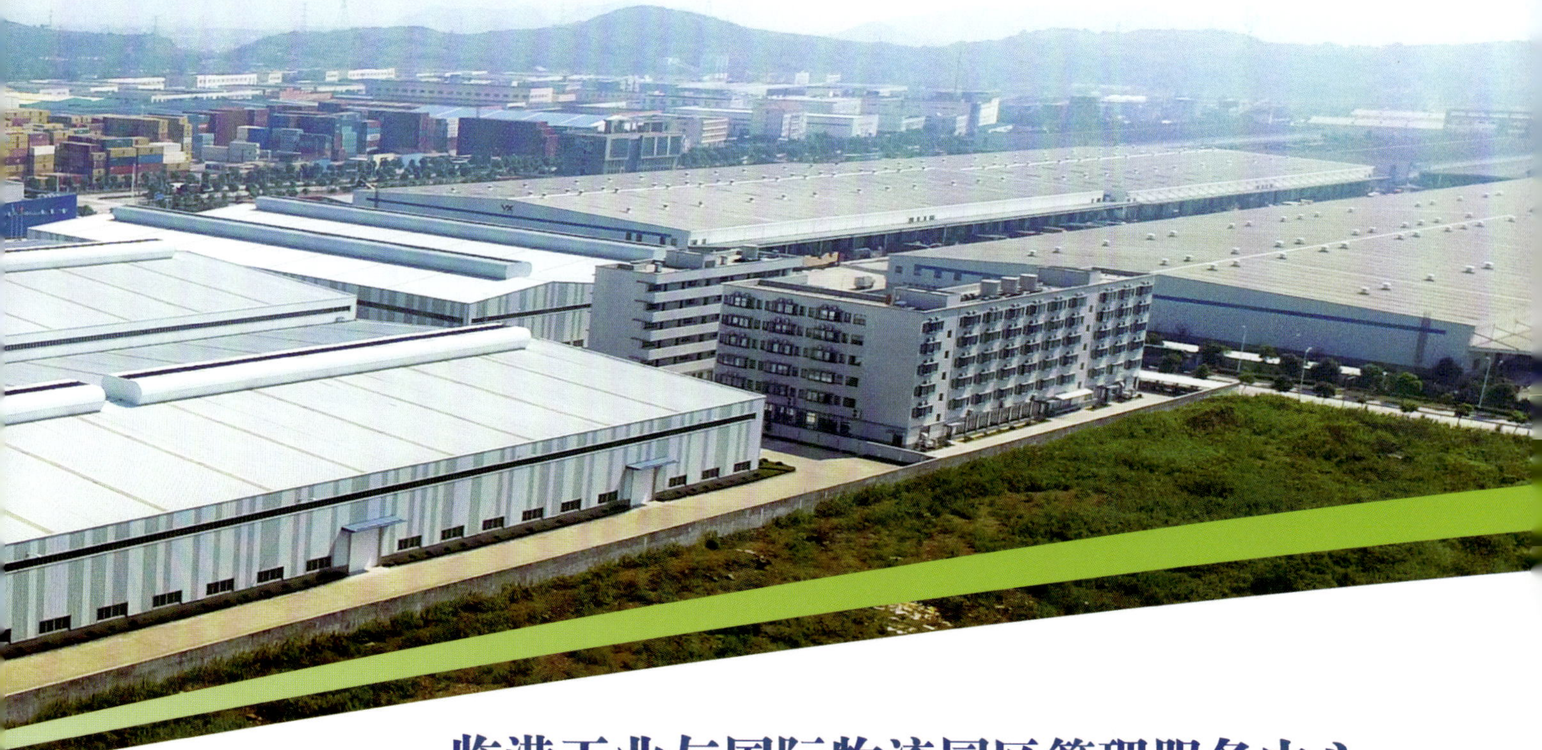

临港工业与国际物流园区管理服务中心

地址：浙江省宁波市北仑区万泉河路3号

电话：0574-86787511

招商电话：0574-86787525

0574-86787197

CJ
荣庆物流
Rokin Logistics
CHINA'S SMART CONTRACT LOGISTICS LEADER
全国120家分支机构，覆盖1500个城市
仓储面积80余万平方米，货物年吞吐量1000余万吨
CJ荣庆物流以尖端的物流技术TES为基础
为客户定制优质物流方案

TEL：400 000 5656

PUTIAN LOGISTICS

PUTIAN LOGISTICS
北京普田物流
商善普天　厚德载物

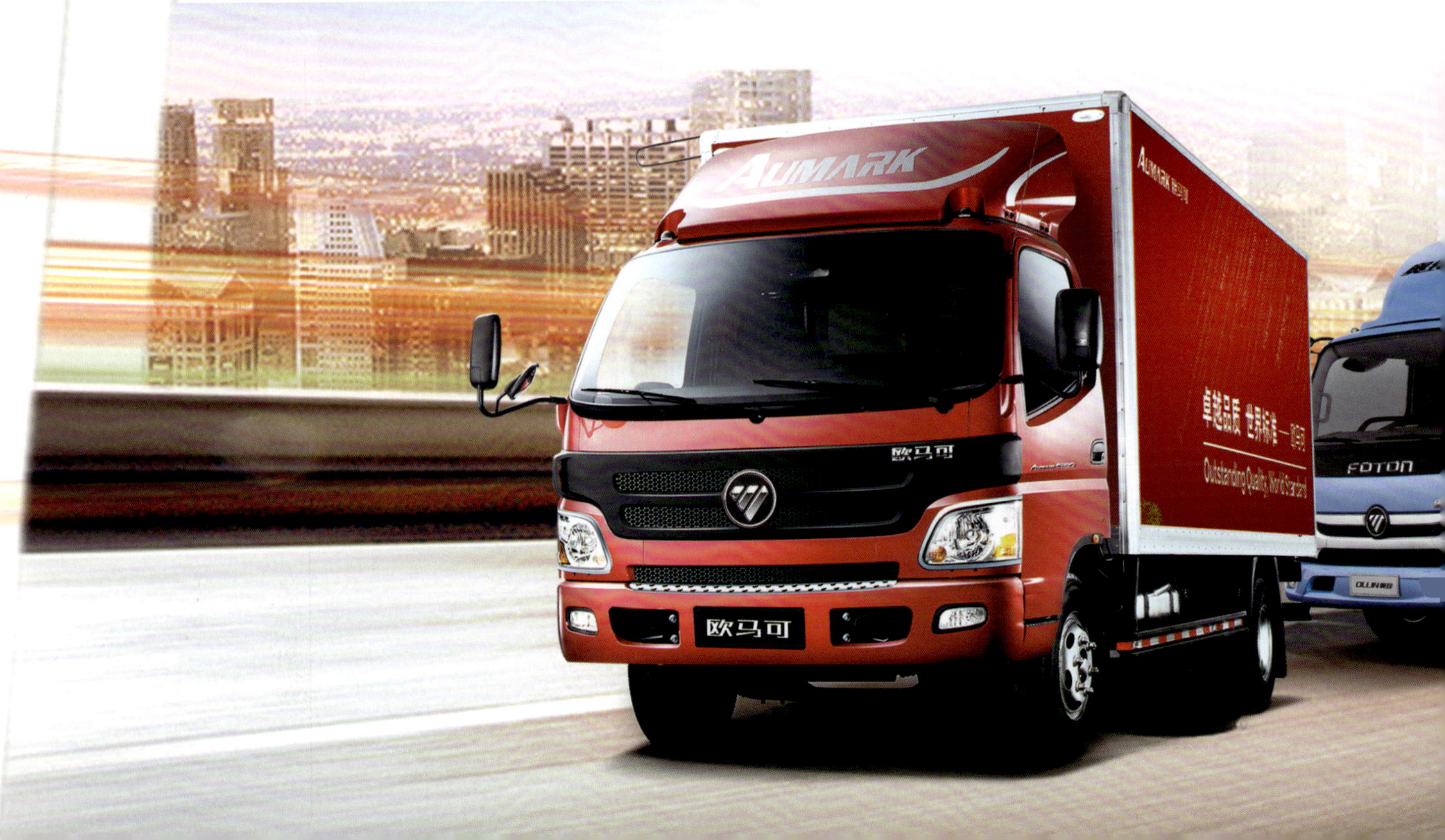

北京普田物流有限公司建立了遍及全国的运输服务网络。凭借精细化的网络布局和服务管理，无论身在何方，我们的运输服务网点竭力为每一位客户提供优质、高效的服务。

班车路线

上海 Shanghai	天津 Tianjin	北京 Beijing	广州 Guangzhou	西安 Xi' an	深圳 Shenzhen	成都 Chengdu	东莞 Dongguan	沈阳 Shenyang
山东全境 Shandong	昆山 Kunshan	绵阳 Mianyang	武汉 Wuhan	柳州 Liuzhou	兰州 Lanzhou	扬州 Yangzhou	仪征 Yizheng	重庆 Chongqing

已有网点

北京 Beijing	广州 Guangzhou	成都 Chengdu	昆明 Kunming	乌鲁木齐 Wulumuqi	南宁 Nanning	贵阳 Guiyang	潍坊 Weifang	黄岛 Huangdao	深圳 Shenzhen
济南 Jinan	上海 Shanghai	常州 Changzhou	合肥 Hefei	苏州 Suzhou	柳州 Liuzhou	青岛 Qingdao	兰州 Lanzhou	南京 Nanjing	重庆 Chongqing
烟台 Yantai	廊坊 Langfang	西安 Xi' an	沈阳 Shenyang	郑州 Zhengzhou	武汉 Wuhan	长沙 Changsha	天津 Tianjin	莱西 Laixi	绵阳 Mianyang

将人和人的可能性
联结起来
探索各种可能
fedex.com/cn
FedEx®
Express

THAI BRASS
THAI BRASS
NV BKKA
FedEx

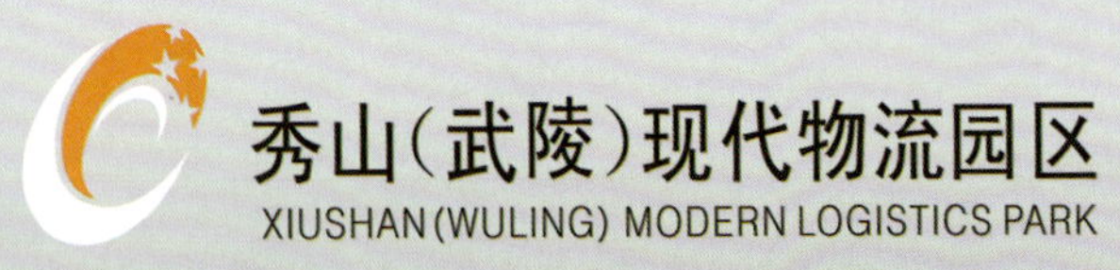

秀山（武陵）现代物流园区

XIUSHAN(WULING) MODERN LOGISTICS PARK

秀山（武陵）现代物流园区（以下简称园区）是重庆市率先挂牌的市级重点物流园区、中国物流示范基地。2018年被国家相关部委联合评定为“国家示范物流园区”，2014—2019年连续六年被评为“全国优秀物流园区”。园区占地6平方公里(一期3.5平方公里，投资98亿元），建设集交易、配送、仓储、加工、会展等功能为一体的综合性物流园区。现已引进24家开发企业、25个项目落户园区，完成投资约95亿元，基本完成一期3.5平方公里建设，建成投用300万吨战略装卸点、集装箱站、化工品铁路专线、30万平方米仓储配送中心、会展中心以及家居建材、民生石化等十大专业市场。

2018年，园区实现货物到发量616万吨，市场交易额215亿元，同比分别增长20.07%、15.6%。秀山县全县电子商务交易额、网络零售额、农产品电商销售额分别实现119.2亿元、22.7亿元、10.5亿元，同比分别增长30.5%、31.7%、28.8%。

（一）现代物流降本增效实现快进快出、大进大出。组建云智速递，有效整合县域200多个农村电商服务网点，投用“村哥货的”城乡智慧物流共享平台，无缝对接社会快递和乡村网点，形成“T+1”“1+T”城乡双向物流模式，有效解决“工业品下乡、农产品进城”两个一公里难题。建成日均处理10万单、峰值20万单的电商云仓，投用子母穿梭智能仓库、电商大数据中心，实现自动成箱、自动打包、自动分拣。投用传化、安能等物流分拨中心，培育引进83家三方物流企业，开通17条武陵物流专线，搭建起城乡配送、区域分拨、全国直达三级物流网络，快递包裹实现大进大出、快进快出，快递首重包邮从17元降至3元，每年节约物流成本上亿元，2018年秀山县实现快递发出量1920万单，同比增长45.4%。

（二）农村电商快速崛起。深入实施“电商+”融合发展战略，有效促进一二三产业深度融合、互动发展。大力实施电商扶贫工作，引导贫困户发展脐橙、紫薯等订单农业基地2.8万亩，签订土猪、土鸡等养殖订单10万头（只），四年通过电商卖出价值29亿元的农特产品，电商产业链覆盖了全县100%的贫困村、80%的贫困户，电商扶贫效益惠及1万余贫困人口。研发自主品牌68个，上线本土产品826款，投产电商产品加工线25条，武陵遗风、奇麦记等名优品牌产品全网热销，倒逼电商加工产能提升。开设普及、技能、创业递进式培训班，“流水席”式开展电子商务进农村普及活动，累计培训3.6万余人次，培育美工、客服、仓管等技能人才4500余人，孵化网店、网企3268个。秀山县农村电商从业人员达到2.1万人，仅电商产业园直接带动就业1500余人。

（三）商旅文创融合发展。以商贸物流为基础，大力发展电子商务、仓储加工、会议展览、文化旅游等产业，促进商旅文创融合发展。园区累计入驻经营商户3200余家，开业市场营运率达74%，产品辐射周边30余个区县。持续推进“互联网+专业市场”转型升级战略，鼓励各市场及孵化园商家借助淘宝、京东、村头等平台拓展销售渠道，实现触网商户占比60%以上。全力推动旅游是金山行动，凤凰山花灯民俗文化旅游区成功创建国家AAAA级景区，中国微电影城获评市级文创产业园，凤凰山灯光秀、中国微电影城成为网红景点，推出“秀山e夜”电商体验游产品，加速推进商旅文融合发展。

四川安吉物流集团
SICHUAN ANJI LOGISTICS GROUP

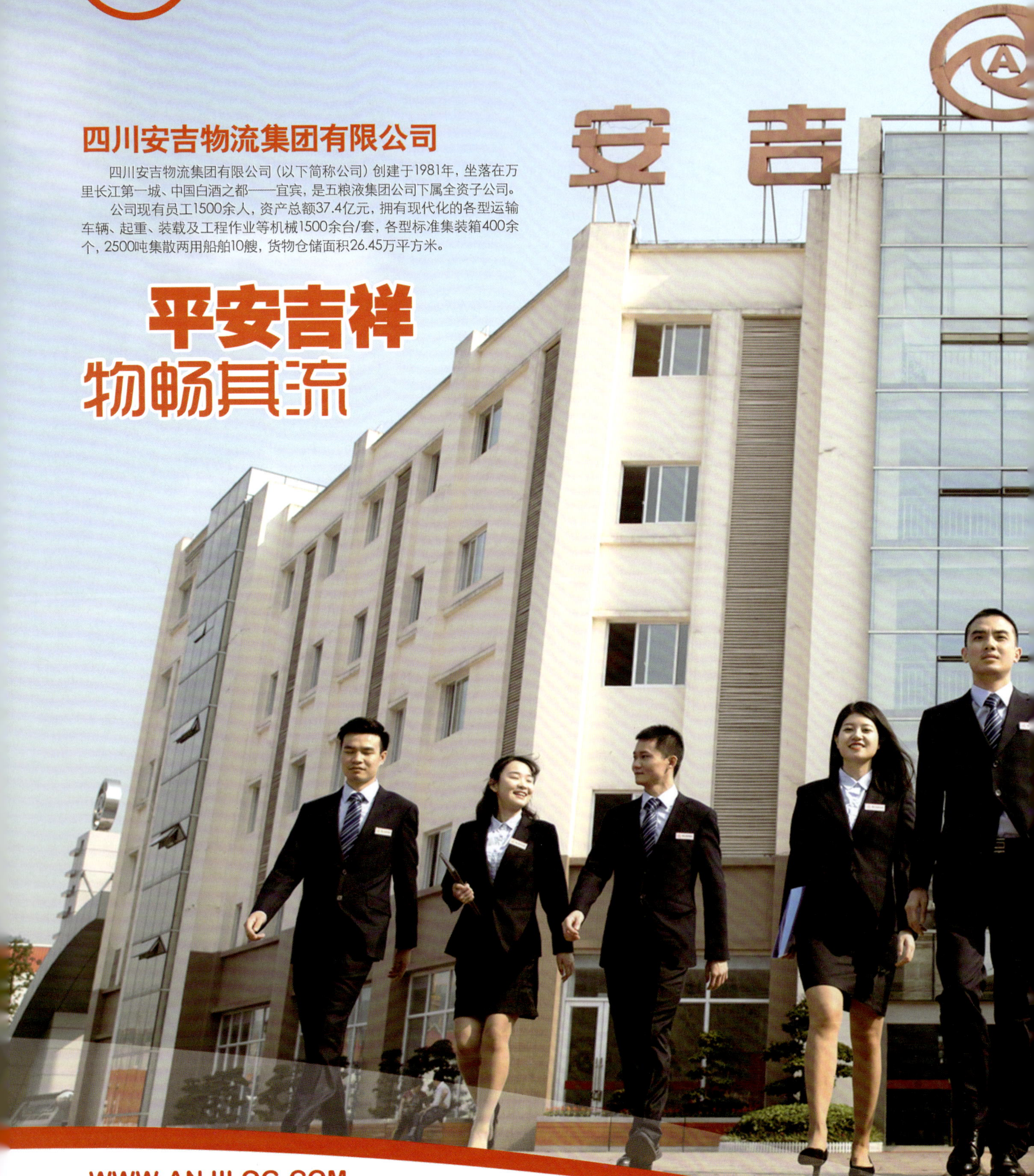

关注客户需求　优化物流服务　成就品质生活

通过38年的发展，公司从汽车运输队逐渐发展成为以多式联运、公路快运、城际配送、仓储服务、物流信息化管理、国际货代、物流方案策划、物流金融服务及汽车销售、维修等业务为主导，集物流综合服务、供应链管理为一体的5A级综合性现代物流企业集团。多年来，通过为五粮液集团提供个性化物流服务，构建了从原材料供应环节到仓储配送环节、生产转运环节、成品酒销售环节的完整的白酒供应链。

作为西南地区物流行业领导者，四川安吉物流始终秉承“打造一流物流品牌，做供应链管理专家”的愿景，配合五粮液集团“十三五”规划的“大物流”产业布局，积极响应国家“一带一路”倡议，积极融入“南向通道”建设，布局南向重要物流节点，打通方便、快捷的南向出海通道，为实现“通江达海”的目标奋力前行。

2019 年物流行业守信典型企业

2019 年制造业与物流业联动发展金牌服务商

2019 年智慧物流杰出企业

2019 年度四川省企业信息化建设先进单位

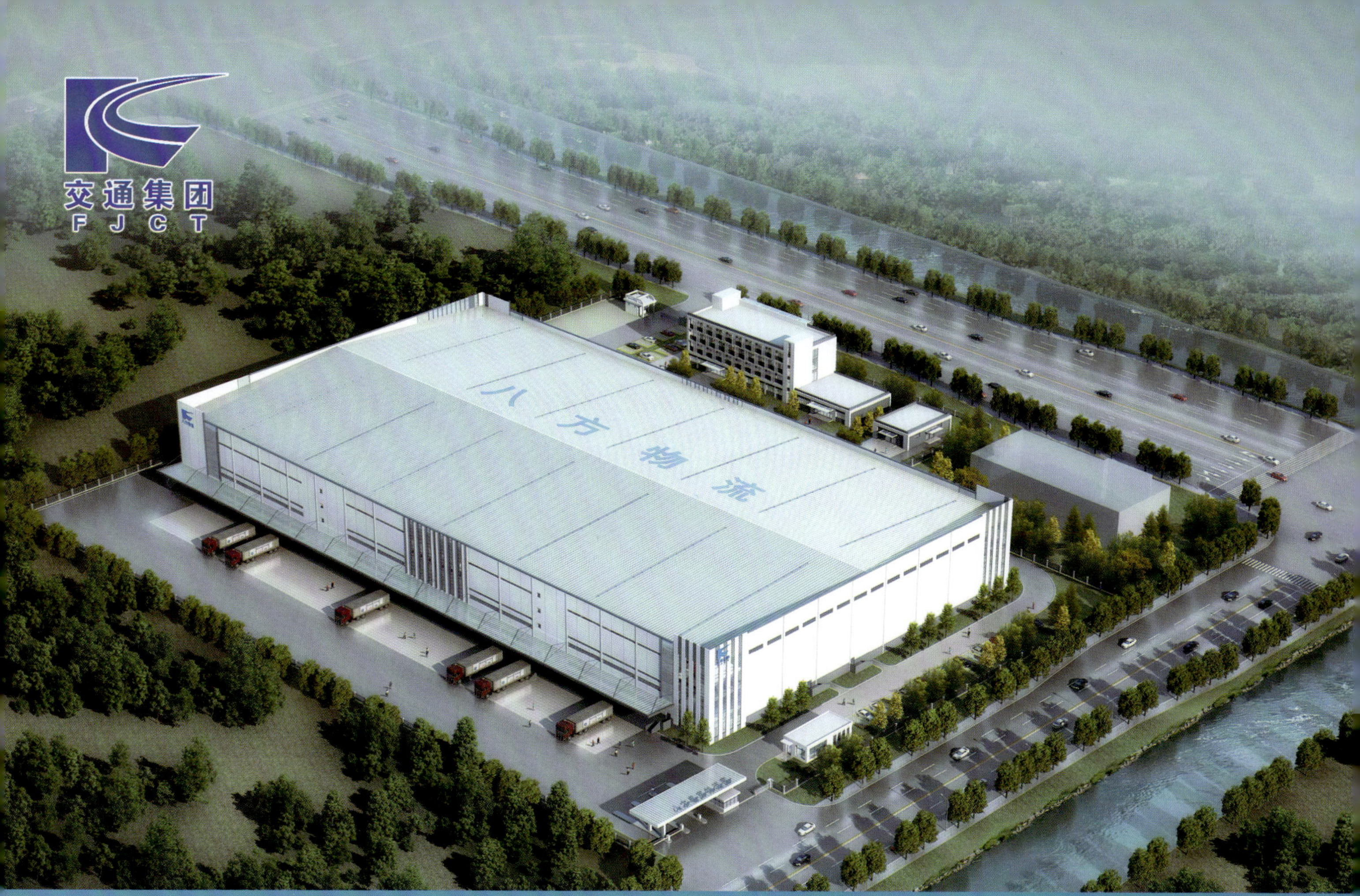

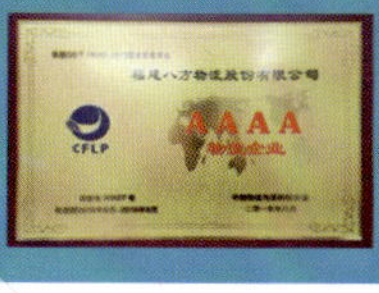

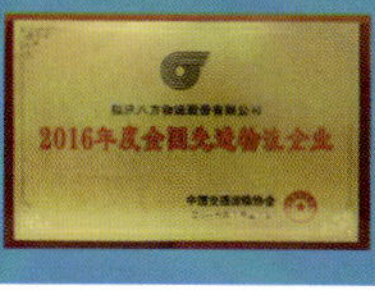

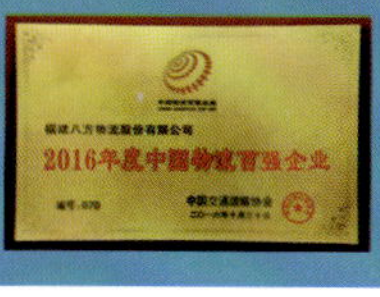

福建八方物流股份有限公司

福建八方物流股份有限公司（以下简称公司）成立于2006年12月11日，注册资本3亿元，资产总额为10.26亿元，现有员工1096人，是福建省交通运输集团有限责任公司旗下专业提供第三方物流服务的国有企业，是中国物流百强企业、AAAA级综合物流企业。公司通过优化整合集团所拥有的集装箱码头、集装箱陆运、仓储堆场、货运代理、道路货运等物流资源，进一步集成创新，流程再造，打造一个以港口为龙头的海峡西岸现代综合物流体系，以优质的服务和完善的信息网络系统为支撑，构建立足海西、辐射全国的完整物流供应链。

公司下辖中国福州外轮代理有限公司、福建八方迅通物流有限公司、八方物流（福州保税区）有限公司、福州保税区港信贸易有限公司、福建八方盛丰物流有限公司、八方物流（福州）有限公司、八方物流（莆田）有限公司、八方物流（邵武）有限公司、厦门外代八方物流有限公司、福建跨境通电子商务有限公司、莆田市跨境通电子商务有限公司、福建八方华冈物流有限公司、八方物流（平潭）有限公司13家全资及控股子公司和1家八方物流厦门分公司。

公司自有运输车辆和半挂车536部，可控运输车辆1023部，保税仓库5座面积2.8万平方米、普通货物仓库面积7.7万平方米、物流仓储堆场面积40万平方米。

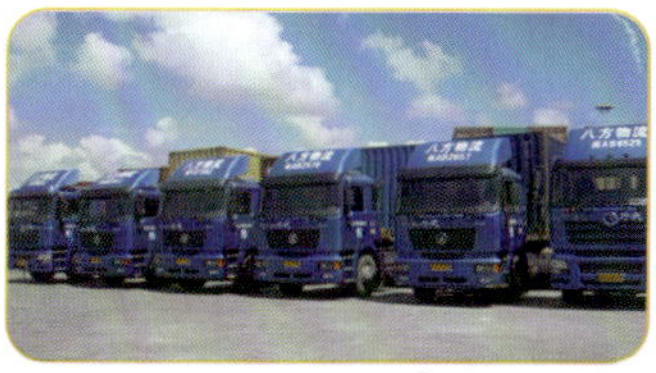

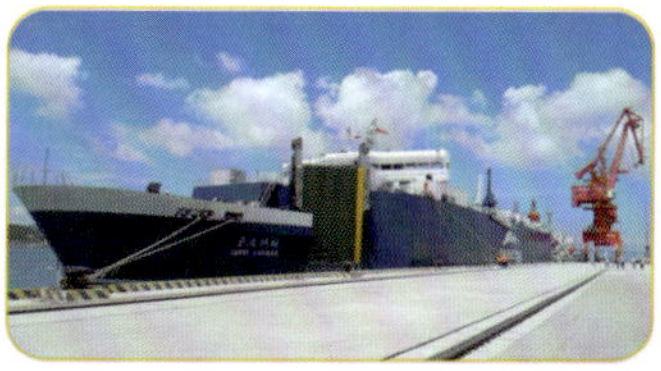

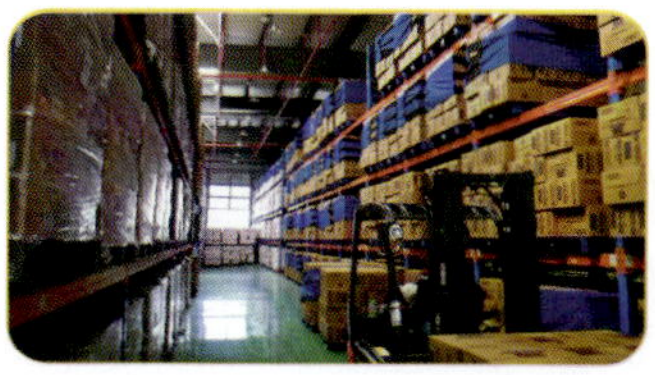

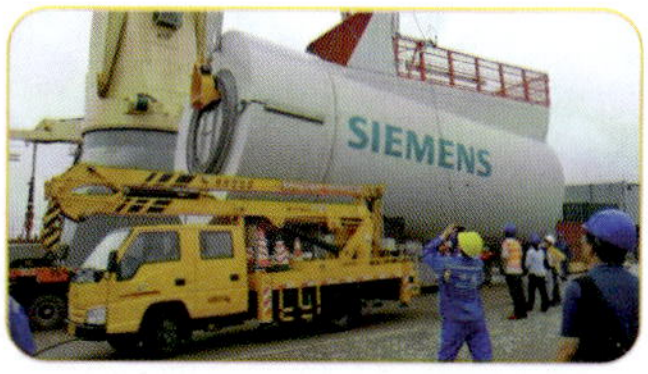

主营业务板块

1.临港物流板块：主要从事船舶代理、货运代理、报关报检、仓储运输、保税物流等业务，为客户提供港内物流服务。

2.制造业供应链板块：主要从事制造业物流、汽车物流、大宗散杂货物流和信息咨询、物流方案设计等业务。主要为三钢、东南汽车、福建奔驰、莆田赛和、佳通轮胎等大型制造业提供整体物流供应链服务。

3.仓储物流板块：依托马尾快安、南平邵武、厦门海沧等仓储物流中心，提供仓储配送一体化服务。为江阴口岸进口整车提供海外订舱、货运代理、港内运输、报关报检、金融质押监管、零配件保税业务等物流供应链服务。

4.项目物流板块：主要包括高端进口汽车整车贸易、重大件项目物流操作、化肥贸易供应链服务。依托江阴港，为客户提供全链条服务。

5.电商物流板块：目前产品以台湾商品为主，品类涵盖进口食品、美妆护肤品、生活家居产品以及进口酒类四大类超300件商品，拥有完善的电商仓库，配套电商系统。

联系电话：0591-88026750，87505937

重庆东盟国际物流园

重庆东盟国际物流园（以下简称园区）是重庆东盟国际物流有限公司为建设内陆开放高地，助推“陆海新通道”发展，提升重庆作为“一带一路”与长江经济带联结点的功能，以重庆东盟公路班车为抓手，构建跨境公路运输服务网络，在重庆形成面向东盟各国的国际物流分拨中心。

园区位于重庆市巴南区公路物流基地南区，区位交通条件优越，北邻内环高速、南接绕城高速、东连包茂高速（G65）、西邻兰海高速（G75），能与各大高速路实现“无缝”衔接，高速直达重庆水运、航空、铁路枢纽。

园区占地面积约73万平方米，总建筑面积约42万平方米，建设有重庆南部货运枢纽、城市物流（渝南）中转站、重庆南彭公路车检场、重庆南彭公路保税物流中心（B型）四大核心功能板块。同时，配备有高档办公区、休闲区、生活区等，设施完善，功能齐备，能够围绕物流经营开展全产业链服务。

—— 跨境公路运输引领者 ——

重庆东盟公路班车是园区为架起连接重庆与东盟的桥梁，连接海上与陆上丝绸之路的国际公路货运通道而打造运营的公路货运平台。通过东盟班车可形成重庆与东盟国家的“点对点”运输，形成重庆与东盟之间商贸往来的纽带。目前，班车线路已覆盖东南亚大部分经济和政治中心城市。

班车特点：

时效性快：班车通过公路运输时效快，在途时间短；可享受预约通关、快速验放等多项优待，通关效率高；班车运输及通关总体时间短，切实提升时效性。

安全性高：班车可实现原箱直达目的地，中途不掏箱，减少货损差；班车投入使用自备集装箱，并通过信息化系统进行全程监管，随时随地可进行全程定位、视频监控、温感控制等实时跟踪。

灵活性强：班车可按客户要求进行“定制”服务，满足客户多样化物流需求；班车提供“一站式”服务，实现“门到门”直达，在东南亚地区可供客户选择的分拨点已达30多个。

公司名称：重庆公运东盟国际物流有限公司
公司地址：重庆市巴南区重庆东盟国际物流园

咨询电话：曾先生，（86）18680799766、（86 23）88965000
邮箱：chris.zeng@cail56.com
网址：www.cail56.com

中国物流年鉴

2019（上册）

CHINA LOGISTICS YEARBOOK 2019

中国物流与采购联合会编

图书在版编目（CIP）数据

中国物流年鉴. 2019：全 2 册 / 中国物流与采购联合会编. — 北京：中国财富出版社，2019.10

ISBN 978 – 7 – 5047 – 7056 – 1

Ⅰ. ①中… Ⅱ. ①中… Ⅲ. ①物流—中国—2019—年鉴 Ⅳ. ① F259.22 – 54

中国版本图书馆 CIP 数据核字（2019）第 236837 号

策划编辑 郑欣怡 黄正丽　　**责任编辑** 邢有涛 黄正丽 马 铭

责任印制 尚立业　　**责任校对** 孙会香 许 诺　　**责任发行** 敬 东

出版发行 中国财富出版社

社　　址 北京市丰台区南四环西路 188 号 5 区 20 楼　　**邮政编码** 100070

电　　话 010 – 52227588 转 2098（发行部）　　010 – 52227588 转 321（总编室）

010 – 52227588 转 100（读者服务部）　　010 – 52227588 转 305（质检部）

网　　址 http：//www. cfpress. com. cn

经　　销 新华书店

印　　刷 北京市天河印刷厂

书　　号 ISBN 978 – 7 – 5047 – 7056 – 1/F · 3095

开　　本 880mm× 1230mm 1/16　　**版　　次** 2019 年 11 月第 1 版

印　　张 40 **彩　页** 4　　**印　　次** 2019 年 11 月第 1 次印刷

字　　数 1094 千字　　**定　　价** 480.00 元（全 2 册）

《中国物流年鉴》（2019）编委会

张玉庆　希杰荣庆物流供应链有限公司董事长
陈嘉良　联邦快递（中国）有限公司中国区总裁
陈镜治　香港物流协会前会长
武　勇　中国铁路广州局集团有限公司党委书记、董事长
周宇浩　广西玉柴物流股份有限公司董事长
周建亚　武汉工商学院物流学院名誉院长
孟庆欣　国家统计局贸易外经统计司司长
赵红鹰　中铁物资集团有限公司党委书记、董事长
赵希和　江西新华发行集团有限公司副总经理、江西蓝海物流科技有限公司总经理
赵沪湘　中国国际货运代理协会会长
钟荣钦　台湾物流协会秘书长
姜超峰　中国物资储运协会名誉会长
徐　群　临港工业与国际物流园区管理服务中心常务副主任
徐胜明　四川安吉物流集团有限公司董事长
黄有方　上海海事大学校长、教授、博导
康凤伟　国家能源集团铁路货车运输有限责任公司党委书记、执行董事、总经理
盖忠琳　山东盖世国际物流集团有限公司党委书记、总经理
梁伟华　中国物流股份有限公司党委书记、董事长
董国银　上海光明领鲜物流有限公司董事长
韩　骏　中远海运物流有限公司董事长、党委书记
掌　旭　上海外高桥物流中心有限公司常务副总经理
景世民　北京普田物流有限公司党委书记、总经理
雷钧友　秀山华渝物流投资有限公司总经理
裴　亮　中国连锁经营协会会长
谯智毓　重庆公运东盟国际物流有限公司总经理
薄世久　北京长久物流股份有限公司董事长

特别支持单位

中远海运物流有限公司 COSCO SHIPPING Logistics Co., LTD　　中远海运物流有限公司

长沙金霞经济开发区
CHANGSHA JINXIA ECONOMIC DEVELOPMENT ZONE

Hydoo 毅德控股　　毅德国际控股有限公司

北京普田物流有限公司

希杰荣庆物流供应链有限公司

联邦快递（中国）有限公司

《中国物流年鉴》（2019）

主　　办　中国物流与采购联合会
承　　办　《中国物流与采购》杂志社
主　　编　何黎明
副 主 编　崔忠付　蔡　进　贺登才
编辑部主任　刘乃杰
编　　辑　崔　冬　朱贝特　杜　林　贾　丽
发　　行　高　威
广告设计　阳光设计工作室

编辑部电话　010－63738995（兼传真）　010－83772509
邮　　箱　gwrshk@126. com
发　　行　010-63738995
传　　真　010-63738995

《中国物流年鉴》（2019）供稿者

（按姓氏笔画排序）

万向鹏　马增荣　王 芮　王方春　王志婷　王国文　王国清　王继祥　历方奎　文德华　左培文
田 征　白 甜　冯耕中　任清清　刘 哲　刘 然　刘长庆　刘汉才　刘伟华　刘宇航　刘陶然
闫 鸣　江 滢　孙熙军　李 鹏　李红梅　李新波　吴文飞　吴洋洋　张 洁　张晋姝　张晓东
岳 高　周 媛　周雪松　周增宝　郑少波　赵东月　赵洁玉　查莉华　姜 旭　秦玉鸣　秦华侨
顾宁军　顾国祥　晏庆华　徐 勇　徐梦馨　高 珉　唐 英　戚丽丽　崔丹丹　梁艳杰　蒋 浩
韩兆轩　焦 飞　谢文卿　谢雨蓉　谢宝贵　谭 平　樊一江　颜文明　薛尚泉　穆宏志

国家发展改革委、国家发展改革综合运输研究所、安徽省发展改革委、河南省发展改革委、湖南省发展改革委、四川省发展改革委、安徽省交通运输厅、江苏省工业和信息化厅、福建省工业和信息化厅、青海省工业和信息化厅、河南省统计局、四川省统计局、黑龙江省商务厅、郴州市发展改革委、扬州市工业和信息化局、武汉市统计局、郴州市统计局、南京市商务局、岳阳市商务局、青岛市交通运输局、武汉市物流局、宜昌市物流局、中国粮食行业协会、河北省现代物流协会、内蒙古物流协会、黑龙江省物流与供应链商会、浙江省物流协会、河南省物流与采购联合会、海南省物流与采购联合会、重庆市物流与供应链协会、四川省现代物流协会、宁夏现代物流协会、中国仓储与配送协会、中国物流信息中心、中物联网络事业部、中物联行业事业部、中物联教育培训部、中物联标准工作部、中物联评估办、中国物流发展专项基金“宝供物流奖”办公室、中物联汽车物流分会、中物联危化品物流分会、中物联绿色物流分会、中物联冷链委、中物联托盘委、郴州市物流与采购联合会、中国民用航空局、中国汽车技术研究中心、中国工程机械工业协会工业车辆分会、上海国际航运研究中心、快递物流咨询网、武汉现代物流研究院、北京物资学院、上海海事大学、西安交通大学、大连海事大学、天津大学、北京交通大学、《物流技术与应用》杂志社、《中国出版传媒商报》社、北京兰格电子商务有限公司、供应链管理专业协会（CSCMP）、陕西省企业发展商会、哈尔滨看好你供应链管理有限公司

《中国物流年鉴》（2019）
广告提供单位

上册

中国物流股份有限公司
长沙金霞经济开发区管理委员会
江铃汽车销售有限公司
北京长久物流股份有限公司
毅德国际控股有限公司
鞍钢汽车运输有限责任公司
临港工业与国际物流园区管理服务中心
（宁波经济技术开发区现代国际物流园区管委会）
希杰荣庆物流供应链有限公司
北京普田物流有限公司
联邦快递（中国）有限公司
秀山华渝物流投资有限公司
四川安吉物流集团有限公司
广西北部湾国际港务集团有限公司
四川中移通信技术工程有限公司
上海外高桥物流中心有限公司
中铁物资集团有限公司
青海省物产集团有限公司
云南宝象物流集团有限公司
山东盖世国际物流集团
福建八方物流股份有限公司
重庆公运东盟国际物流有限公司
四川遂宁高新技术产业园区管理委员会
三峡物流园
上海光明领鲜物流有限公司
广西玉柴物流股份有限公司

下册

改革开放四十周年物流行业表彰
物流行业隆重纪念改革开放四十周年
改革开放40年物流行业企业家代表性人物
改革开放40年物流行业代表性企业
改革开放40年物流行业专家和行业组织代表性人物
中国铁路广州局集团有限公司
神华铁路货车运输有限责任公司
河南中原铁道物流有限公司
青岛铁路经营集团有限公司
济南铁路经营集团有限公司
玖隆钢铁物流有限公司
江西蓝海物流科技有限公司
武汉工商学院
《中国物流与采购》杂志社
中物联物流信息服务平台分会
中国财富出版社
《中国储运》杂志社
万联网

第八部分

江铃汽车销售有限公司
中远海运物流有限公司
北京长久物流股份有限公司
临港工业与国际物流园区管理服务中心
（宁波经济技术开发区现代国际物流园区管委会）
北京普田物流有限公司
深圳市兆航物流有限公司
广东秦粤物流有限公司

编辑说明

一、《中国物流年鉴》（以下简称《年鉴》）是中国物流与采购联合会主办、《中国物流与采购》杂志社承办的大型文献性工具书。自2002年创办至今，已经出版发行十八年。十八年来《年鉴》的编纂质量不断提升，赢得了业界广泛好评。《年鉴》的权威性、可读性和资料性，使其成为业界人士查询、引用、论证、存档不可或缺的“工具”。

二、2018年是贯彻党的十九大精神的开局之年，也是物流业供给侧结构性改革深入推进之年。在广大物流企业和从业人员的努力下，我国物流业运行总体平稳增长，呈现出新的发展特点。物流需求结构持续优化，制造业物流外包规模扩大、程度加深，供应链物流成为趋势；消费品物流成为重要驱动力，电商物流继续快速增长，汽车、医药、冷链、快递等物流业务受消费物流带动，持续高速增长，全年快递业务量实现507亿件，同比增长26.6%；物流企业之间兼并重组活跃，在优化自身战略布局的同时，向着多元化、专业化和规模化继续转型升级；全国A级物流企业已超过5000家，标示着我国物流企业的综合实力不断加强；智慧物流模式下，大数据平台、车货匹配、无人机、无人驾驶、无人码头、物流机器人等国际领先技术在物流行业广泛应用，物流企业“数字化”转型提速；交通与物流基础设施互补短板，物流枢纽建设提上日程，计划到2020年和2025年，分别确定30个和150个左右国家物流枢纽，为建设国家物流枢纽网络奠定良好基础；供应链新动能逐步发力，商务部等7部门与中国物流与采购联合会开展供应链创新与应用试点，将55个城市列入试点城市、266家企业纳入试点企业名单，越来越多的制造、商贸和物流企业加快向供应链转型发展。

2018年我国继续以供给侧结构性改革为主线，国民经济运行总体平稳。在此形势下，作为支撑国民经济和社会发展的基础性、战略性的物流业，不仅要转型升级发展新物流，为经济发展提供优质高效的物流支撑，更要适应社会主义现代化强国建设的需要，不断完善供应链和智慧物流在行业中的应用，围绕“物流强国”的目标，努力建设高质量物流服务新体系。

三、2019版《年鉴》的组稿、编纂工作得到了国家发展改革委、商务部、交通运输部、国家统计局等中央部委和部分省市自治区政府部门、物流行业社团、相关行业协会、中国物流信息中心、全国物流标准化技术委员会等机构，以及中远海运物流有限公司、中铁物资集团有限公司、神华铁路货车运输有限责任公司、长沙金霞经济开发区、中国铁路广州局集团有限公司、青岛铁路经营集团有限公司、济南铁路经营集团有限公司、毅德国际控股有限公司、北京普田物流有限公司、希杰荣庆物流供应链有限公司、联邦快递（中国）有限公司、山东盖世国际物流集团、北京长久物流股份有限公司、云南宝象物流集团有限公司等知名企业的大力支持，对此我们表示衷心的感谢。

四、对不符合《年鉴》编辑要求的来稿，编辑人员做了谨慎认真的删改，由于时间问题，这部分稿件来不及请作者核校，希予见谅。

五、因编辑部人员水平有限，如有不妥之处，恳请批评指正。

六、2019 版《年鉴》在框架结构和主体内容上将继续 2018 版的风格，力求真实地展示行业发展变化的全貌，继续加大数据和图表的内容，继续扩充地区物流的篇幅，使《年鉴》更具可读性、资料性，成为社会了解行业发展的窗口。

欢迎大家继续对 2020 版《年鉴》的组稿和编辑工作给予支持！

《中国物流年鉴》编辑部

二〇一九年八月三十日

前　言

2018 年，受国内外形势变化影响，我国物流业面临严峻挑战，下行压力有所加大。广大物流企业和从业人员迎难而上、扎实工作，深入推进供给侧结构性改革，培育产业新动能，提升供给质量，满足日益增长的社会物流需求，物流运行呈现总体平稳、稳中有进的基本态势。

一、总体运行稳中趋缓

2018 年，我国 GDP（国内生产总值）首次超过 90 万亿元，同比增长 6.6%，增速较上年回落 0.2 个百分点。全年社会物流总额为 283.1 万亿元，按可比价格计算，同比增长 6.4%，增幅较上年回落 0.2 个百分点。

二、需求结构持续优化

（一）消费品物流成为重要驱动力。2018 年社会消费品零售总额突破 38 万亿元，消费对经济增长的贡献率达 76.2%，消费逐渐成为经济增长的主动力，进而带动消费品物流快速增长。全年单位与居民物品物流总额 7 万亿元，较上年可比增长 22.8%。电商物流指数中总业务量指数全年均值为 132.4，反映出电商物流业务规模较上年增长超过三成。受消费物流带动，全年快递业务量实现 507 亿件，较上年同比增长 26.6%。零担快运、大车队、仓储配送、冷链物流、即时物流等与消费和电商相关的物流领域保持较快增长势头。

（二）工业品物流向价值链上游延伸。全年工业品物流总额 256.8 万亿元，占社会物流总额的 90.7%，较上年可比增长 6.2%。工业物流仍然是社会物流主要需求来源，其中，高新技术和装备制造业物流需求保持较快增长，汽车物流、IT（信息技术）物流、家电物流等物流领域处于领先水平。2018 年，一批服务型制造示范企业和示范项目聚焦供应链物流，现代物流业与制造业深度融合，助力制造业高质量发展。

（三）进口货物物流增速放缓。全年货物进出口总额 30.5 万亿元，首破 30 万亿元，比上年增长 9.7%。2018 年进口货物物流总额为 14.1 万亿元，同比增长 3.7%，增速较上年回落 5 个百分点。

三、社会物流总费用略有上升

2018 年，全年社会物流总费用为 13.3 万亿元，同比增长 9.8%，增速较上年提高 0.6 个百分点。社会物流总费用与 GDP 的比率为 14.8%，较上年略有上升。其中，运输费用明显回落，全年运输费用 6.9 万亿元，同比增长 6.5%，增速较上年下滑 4.3 个百分点，运输费用与 GDP 的比率为 7.7%，较上年下降 0.3 个百分点。保管费用和管理费用有所上涨，全年保管费用 4.6 万亿元，同比增长 13.8%，增速较上年提高 7.1 个百分点，保管费用与 GDP 的比率为 5.1%，较上年提高 0.4 个百分比；管理费用 1.8 万亿元，同比增长 13.5%，增速较上年提高 5.1 个百分点，管理费用与 GDP 的比率为 2.0%，较上年提高 0.1 个百分点。

四、物流企业集中度增强

（一）企业兼并重组做大做强。2018 年，中远海控完成收购东方海外，有望成为全球第三大集装箱运营企业；顺丰收购 DHL（敦豪航空货运公司）在华供应链业务，加速向综合物流服务商转型；深圳投控入股怡亚通，打造高端服务产业集群；万科物流并购太古冷链，布局全国冷链物流版图；天地华宇并入上汽物流板块，向综合物流服务提供商全面转型；中铁快运与顺丰组建合资公司发力高铁快运，铁路混改走向深入。

（二）市场集中度稳步提升。目前，全国物流相关法人单位已近 40 万家。截至 2019 年 2 月，全国 A 级物流企业达 5025 家。其中，代表国内最高水平的 5A 级物流企业 310 家，星级冷链物流企业 60 家，星级车队企业 118 家。“中国物流企业 50 强”主营业务收入超 1 万亿元，进入门槛提高到 29.6 亿元，市场集中度进一步提高。

五、物流新动能引领变革

（一）智慧物流创新迎来变革。2018 年，全国动态监控货运车辆超过 570 万辆。菜鸟启动物流物联网（IoT）战略，推动物流数据化转型；顺丰联合多家公司成立供应链大数据平台；物流无人技术逐步推广，部分城市开展无人驾驶货车道路测试，“无人机、无人车、无人仓、无人配送、无人码头”等创新应用走在世界前列；“语音助手、单证识别、深度学习”等人工智能技术得到应用，区块链技术应用在物流行业开始启动；流程可视化、操作自动化和决策智能化水平成为重点；“互联网 +”物流促进“协同化”模式创新；无车承运试点企业取得积极成效，骨干物流信息平台加快发展，产业“平台化”趋势显现。

（二）供应链新动能逐步发力。2018 年，商务部等 7 部门与中国物流与采购联合会开展供应链创新与应用试点，将 55 个城市列入试点城市、266 家企业纳入试点企业名单。

六、物流基础设施建设提速

（一）交通与物流基础设施互补短板。2018 年交通固定资产投资完成 3.18 万亿元。铁路营业里程超过 13 万公里，高速公路通车里程超过 14 万公里，沿海万吨级泊位超过 2400 个，综合交通运输网络加快完善。2018 年，据中国物流与采购联合会调查统计，全国运营、在建和规划的各类物流园区超过 1600 个。

（二）物流设施网络化发展渐成趋势。中国物流与采购联合会牵头成立的百驿物联搭建社会化服务平台，推动物流园区间互联互通。物流企业网络建设力度加大，主要快递快运企业基本建成覆盖城市和农村的快递物流服务网络，物流海外仓和国际仓加快网络建设。2018 年，国内已有 59 个城市开通了中欧班列，全年开行超过 6000 列。

七、行业营商环境持续改善

简政减税降费政策相继出台并逐步落地。物流企业承租的大宗商品仓储设施用地减半征收城镇土地使用税，挂车减半征收车辆购置税，货车年审、年检和尾气排放检验“三检合一”，取消 4.5 吨及以下普通货运从业资格证和车辆营运证，对货运车辆推行跨省异地检验，推动取消高速公路省界收费站等政策措施已逐步实施。《快递暂行条例》正式出台，降低物流成本成为国务院大督查重点内容，车辆运输车治理工作圆满结束，交通运输业增值税税率调整，出入境检验检疫划入海关总署，外商投资道路运输业立项审批取消、优化跨省大件运输并联许可、规范公路治超执法行为、绿色货运示范城市创建、进一步规范和优化城市配送车辆通行等政策也相继出台。

八、基础性工作稳步推进

教育培训、统计、标准、诚信等基础性工作有新进展。目前，全国已有610多所本科院校和近2000所中、高职院校开设了物流专业，在校生规模达50万人。已有60万人参加了物流、采购等职业能力等级培训与认证，多层次、全方位、高素质的物流人才队伍成长壮大。中国物流与采购联合会在物流服务平台、即时配送等细分领域建立行业非诚信名单机制，强化行业规范自律，引导提升行业治理水平。

《中国物流年鉴》是中国物流与采购联合会主办、《中国物流与采购》杂志社承办的大型文献性工具书。十几年来，《中国物流年鉴》坚持用数据和事实反映物流业发展变化的轨迹、记录我国物流业发展的历程，赢得了业界好评。面对我国物流业不断发展变化的新形势，《中国物流年鉴》将继续以求真务实、严谨负责的态度做好资料收录工作。同时，真诚地希望业界同人提出宝贵意见，使其越做越精、越做越好。

二〇一九年八月三十日

目　　录

上　册

第一部分　物流政策法规

第二部分 物流统计

第三部分 物流产业

第四部分　行业物流

下　册

第五部分　地区物流

第六部分　物流技术与装备

第七部分　物流教育、信息化、标准化

第八部分　部分优秀物流企业及经典案例

第九部分 物流综合

第一部分

物流政策法规

国务院办公厅发文

国务院办公厅关于推进电子商务与快递物流协同发展的意见

（国办发〔2018〕1号　2018年1月2日）

各省、自治区、直辖市人民政府，国务院各部委、各直属机构：

近年来，我国电子商务与快递物流协同发展不断加深，推进了快递物流转型升级、提质增效，促进了电子商务快速发展。但是，电子商务与快递物流协同发展仍面临政策法规体系不完善、发展不协调、衔接不顺畅等问题。为全面贯彻党的十九大精神，深入贯彻落实习近平新时代中国特色社会主义思想，落实新发展理念，深入实施“互联网+流通”行动计划，提高电子商务与快递物流协同发展水平，经国务院同意，现提出以下意见。

一、强化制度创新，优化协同发展政策法规环境

（一）深化“放管服”改革。简化快递业务经营许可程序，改革快递企业年度报告制度，实施快递末端网点备案管理。优化完善快递业务经营许可管理信息系统，实现许可备案事项网上统一办理。加强事中事后监管，全面推行“双随机、一公开”监管。（国家邮政局负责）

（二）创新产业支持政策。创新价格监管方式，引导电子商务平台逐步实现商品定价与快递服务定价相分离，促进快递企业发展面向消费者的增值服务。（国家发展改革委、商务部、

国家邮政局负责）创新公共服务设施管理方式，明确智能快件箱、快递末端综合服务场所的公共属性，为专业化、公共化、平台化、集约化的快递末端网点提供用地保障等配套政策。（国土资源部、住房城乡建设部、国家邮政局负责）

（三）健全企业间数据共享制度。完善电子商务与快递物流数据保护、开放共享规则，建立数据中断等风险评估、提前通知和事先报告制度。在确保消费者个人信息安全的前提下，鼓励和引导电子商务平台与快递物流企业之间开展数据交换共享，共同提升配送效率。（商务部、国家邮政局会同相关部门负责）

（四）健全协同共治管理模式。发挥行业协会自律作用，推动出台行业自律公约，强化企业主体责任，鼓励签署自律承诺书，促进行业健康发展。引导电子商务、物流和快递等平台型企业健全平台服务协议、交易规则和信用评价制度，切实维护公平竞争秩序，保护消费者权益；鼓励开放数据、技术等资源，赋能上下游中小微企业，实现行业间、企业间开放合作、互利共赢。（商务部、交通运输部、国家邮政局会同相关部门负责）

二、强化规划引领，完善电子商务快递物流基础设施

（五）加强规划协同引领。综合考虑地域区位、功能定位、发展水平等因素，统筹规划电子商务与快递物流发展。针对电子商务全渠道、多平台、线上线下融合等特点，科学引导快递物流基础设施建设，构建适应电子商务发展的快递物流服务体系。快递物流相关仓储、分拨、配送等设施用地须符合土地利用总体规划并纳入城乡规划，将智能快件箱、快递末端综合服务场所纳入公共服务设施相关规划。加强相关规划间的有效衔接和统一管理。（各省级人民政府、国土资源部、住房城乡建设部负责）

（六）保障基础设施建设用地。落实好现有相关用地政策，保障电子商务快递物流基础设施建设用地。在不改变用地主体、规划条件的前提下，利用存量房产和土地资源建设电子商务快递物流项目的，可在5年内保持土地原用途和权利类型不变，5年期满后需办理相关用地手续的，可采取协议方式办理。（各省级人民政府、国土资源部负责）

（七）加强基础设施网络建设。引导快递物流企业依托全国性及区域性物流节点城市、国家电子商务示范城市、快递示范城市，完善优化快递物流网络布局，加强快件处理中心、航空及陆运集散中心和基层网点等网络节点建设，构建层级合理、规模适当、匹配需求的电子商务快递物流网络。优化农村快递资源配置，健全以县级物流配送中心、乡镇配送节点、村级公共服务点为支撑的农村配送网络。（国家发展改革委、商务部、国家邮政局负责）

（八）推进园区建设与升级。推动电子商务园区与快递物流园区发展，形成产业集聚效应，提高区域辐射能力。引导国家电子商务示范基地、电子商务产业园区与快递物流园区融合发展。鼓励传统物流园区适应电子商务和快递业发展需求转型升级，提升仓储、运输、配送、信息等综合管理和服务水平。（各省级人民政府、国家发展改革委、商务部、国家邮政局负责）

三、强化规范运营，优化电子商务配送通行管理

（九）推动配送车辆规范运营。鼓励各地对

快递服务车辆实施统一编号和标识管理，加强对快递服务车辆驾驶人交通安全教育。支持快递企业为快递服务车辆统一购买交通意外险。规范快递服务车辆运营管理。（各省级人民政府负责）引导企业使用符合标准的配送车型，推动配送车辆标准化、厢式化。（国家邮政局、交通运输部、工业和信息化部、国家标准委、各省级人民政府负责）

（十）便利配送车辆通行。指导各地完善城市配送车辆通行管理政策，合理确定通行区域和时段，对快递服务车辆等城市配送车辆给予通行便利。推动各地完善商业区、居住区、高等院校等区域停靠、装卸、充电等设施，推广分时停车、错时停车，进一步提高停车设施利用率。（各省级人民政府、交通运输部、国家邮政局、公安部负责）

四、强化服务创新，提升快递末端服务能力

（十一）推广智能投递设施。鼓励将推广智能快件箱纳入便民服务、民生工程等项目，加快社区、高等院校、商务中心、地铁站周边等末端节点布局。支持传统信报箱改造，推动邮政普遍服务与快递服务一体化、智能化。（国家邮政局、各省级人民政府负责）

（十二）鼓励快递末端集约化服务。鼓励快递企业开展投递服务合作，建设快递末端综合服务场所，开展联收联投。促进快递末端配送、服务资源有效组织和统筹利用，鼓励快递物流企业、电子商务企业与连锁商业机构、便利店、物业服务企业、高等院校开展合作，提供集约化配送、网订店取等多样化、个性化服务。（国家邮政局会同相关部门负责）

五、强化标准化智能化，提高协同运行效率

（十三）提高科技应用水平。鼓励快递物流企业采用先进适用技术和装备，提升快递物流装备自动化、专业化水平。（工业和信息化部、国家发展改革委、国家邮政局负责）加强大数据、云计算、机器人等现代信息技术和装备在电子商务与快递物流领域应用，大力推进库存前置、智能分仓、科学配载、线路优化，努力实现信息协同化、服务智能化。（国家发展改革委、商务部、国家邮政局会同相关部门负责）

（十四）鼓励信息互联互通。加强快递物流标准体系建设，推动建立电子商务与快递物流各环节数据接口标准，推进设施设备、作业流程、信息交换一体化。（国家标准委、国家发展改革委、工业和信息化部、商务部、国家邮政局负责）引导电子商务企业与快递物流企业加强系统互联和业务联动，共同提高信息系统安全防护水平。（商务部、国家邮政局负责）鼓励建设快递物流信息综合服务平台，优化资源配置，实现供需信息实时共享和智能匹配。（国家邮政局负责）

（十五）推动供应链协同。鼓励仓储、快递、第三方技术服务企业发展智能仓储，延伸服务链条，优化电子商务企业供应链管理。发展仓配一体化服务，鼓励企业集成应用各类信息技术，整合共享上下游资源，促进商流、物流、信息流、资金流等无缝衔接和高效流动，提高电子商务企业与快递物流企业供应链协同效率。（国家发展改革委、商务部、国家邮政局负责）

六、强化绿色理念，发展绿色生态链

（十六）促进资源集约。鼓励电子商务企业与快递物流企业开展供应链绿色流程再造，提高资源复用率，降低企业成本。加强能源管理，建立绿色节能低碳运营管理流程和机制，在仓库、分拨中心、数据中心、管理中心等场所推广应用节水、节电、节能等新技术新设备，提高能源利用效率。（国家发展改革委、环境保护部、工业和信息化部负责）

（十七）推广绿色包装。制定实施电子商务绿色包装、减量包装标准，推广应用绿色包装技术和材料，推进快递物流包装物减量化。（商务部、国家邮政局、国家标准委负责）开展绿色包装试点示范，培育绿色发展典型企业，加强政策支持和宣传推广。（国家发展改革委会同相关部门负责）鼓励电子商务平台开展绿色消费活动，提供绿色包装物选择，依不同包装物分类定价，建立积分反馈、绿色信用等机制引导消费者使用绿色包装或减量包装。（商务部会同相关部门负责）探索包装回收和循环利用，建立包装生产者、使用者和消费者等多方协同回收利用体系。（国家发展改革委、环境保护部、商务部、国家邮政局负责）建立健全快递包装生产者责任延伸制度。（国家发展改革委、环境保护部、国家邮政局负责）

（十八）推动绿色运输与配送。加快调整运输结构，逐步提高铁路等清洁运输方式在快递物流领域的应用比例。鼓励企业综合运用电子商务交易、物流配送等信息，优化调度，减少车辆空载和在途时间。（国家邮政局、交通运输部负责）鼓励快递物流领域加快推广使用新能源汽车和满足更高排放标准的燃油汽车，逐步提高新能源汽车使用比例。（各省级人民政府负责）

各地区、各有关部门要充分认识推进电子商务与快递物流协同发展的重要意义，强化组织领导和统筹协调，结合本地区、本部门、本系统实际，落实本意见明确的各项政策措施，加强对新兴服务业态的研究和相关政策储备。各地区要制定具体实施方案，明确任务分工，落实工作责任。商务部、国家邮政局要会同有关部门加强工作指导和监督检查，确保各项措施落实到位。

快递暂行条例

（中华人民共和国国务院令　第697号）

《快递暂行条例》已经2018年2月7日国务院第198次常务会议通过，现予公布，自2018年5月1日起施行。

总理　李克强
2018年3月2日

快递暂行条例

第一章　总则

第一条　为促进快递业健康发展，保障快递安全，保护快递用户合法权益，加强对快递业的监督管理，根据《中华人民共和国邮政法》和其他有关法律，制定本条例。

第二条　在中华人民共和国境内从事快递业务经营、接受快递服务以及对快递业实施监督管理，适用本条例。

第三条　地方各级人民政府应当创造良好的快递业营商环境，支持经营快递业务的企业创新商业模式和服务方式，引导经营快递业务的企业加强服务质量管理、健全规章制度、完善安全保障措施，为用户提供迅速、准确、安全、方便的快递服务。

地方各级人民政府应当确保政府相关行为符合公平竞争要求和相关法律法规，维护快递业竞争秩序，不得出台违反公平竞争、可能造成地区封锁和行业垄断的政策措施。

第四条　任何单位或者个人不得利用信件、包裹、印刷品以及其他寄递物品（以下统称快件）从事危害国家安全、社会公共利益或者他人合法权益的活动。

除有关部门依照法律对快件进行检查外，任何单位或者个人不得非法检查他人快件。任何单位或者个人不得私自开拆、隐匿、毁弃、倒卖他人快件。

第五条　国务院邮政管理部门负责对全国快递业实施监督管理。国务院公安、国家安全、海关、工商行政管理、出入境检验检疫等有关部门在各自职责范围内负责相关的快递监督管理工作。

省、自治区、直辖市邮政管理机构和按照国务院规定设立的省级以下邮政管理机构负责对本辖区的快递业实施监督管理。县级以上地方人民政府有关部门在各自职责范围内负责相关的快递监督管理工作。

第六条 国务院邮政管理部门和省、自治区、直辖市邮政管理机构以及省级以下邮政管理机构（以下统称邮政管理部门）应当与公安、国家安全、海关、工商行政管理、出入境检验检疫等有关部门相互配合，建立健全快递安全监管机制，加强对快递业安全运行的监测预警，收集、共享与快递业安全运行有关的信息，依法处理影响快递业安全运行的事件。

第七条 依法成立的快递行业组织应当保护企业合法权益，加强行业自律，促进企业守法、诚信、安全经营，督促企业落实安全生产主体责任，引导企业不断提高快递服务质量和水平。

第八条 国家加强快递业诚信体系建设，建立健全快递业信用记录、信息公开、信用评价制度，依法实施联合惩戒措施，提高快递业信用水平。

第九条 国家鼓励经营快递业务的企业和寄件人使用可降解、可重复利用的环保包装材料，鼓励经营快递业务的企业采取措施回收快件包装材料，实现包装材料的减量化利用和再利用。

第二章 发展保障

第十条 国务院邮政管理部门应当制定快递业发展规划，促进快递业健康发展。

县级以上地方人民政府应当将快递业发展纳入本级国民经济和社会发展规划，在城乡规划和土地利用总体规划中统筹考虑快件大型集散、分拣等基础设施用地的需要。

县级以上地方人民政府建立健全促进快递业健康发展的政策措施，完善相关配套规定，依法保障经营快递业务的企业及其从业人员的合法权益。

第十一条 国家支持和鼓励经营快递业务的企业在农村、偏远地区发展快递服务网络，完善快递末端网点布局。

第十二条 国家鼓励和引导经营快递业务的企业采用先进技术，促进自动化分拣设备、机械化装卸设备、智能末端服务设施、快递电子运单以及快件信息化管理系统等的推广应用。

第十三条 县级以上地方人民政府公安、交通运输等部门和邮政管理部门应当加强协调配合，建立健全快递运输保障机制，依法保障快递服务车辆通行和临时停靠的权利，不得禁止快递服务车辆依法通行。

邮政管理部门会同县级以上地方人民政府公安等部门，依法规范快递服务车辆的管理和使用，对快递专用电动三轮车的行驶时速、装载质量等作出规定，并对快递服务车辆加强统一编号和标识管理。经营快递业务的企业应当对其从业人员加强道路交通安全培训。

快递从业人员应当遵守道路交通安全法律法规的规定，按照操作规范安全、文明驾驶车辆。快递从业人员因执行工作任务造成他人损害的，由快递从业人员所属的经营快递业务的企业依照民事侵权责任相关法律的规定承担侵权责任。

第十四条 企业事业单位、住宅小区管理单位应当根据实际情况，采取与经营快递业务的企业签订合同、设置快件收寄投递专门场所等方式，为开展快递服务提供必要的便利。鼓励多个经营快递业务的企业共享末端服务设施，为用户提供便捷的快递末端服务。

第十五条 国家鼓励快递业与制造业、农业、商贸业等行业建立协同发展机制，推动快递业与电子商务融合发展，加强信息沟通，共享设施和网络资源。

国家引导和推动快递业与铁路、公路、水路、民航等行业的标准对接，支持在大型车站、码头、机场等交通枢纽配套建设快件运输通道和接驳场所。

第十六条 国家鼓励经营快递业务的企业依法开展进出境快递业务，支持在重点口岸建设进出境快件处理中心、在境外依法开办快递服务机构并设置快件处理场所。

海关、出入境检验检疫、邮政管理等部门应当建立协作机制，完善进出境快件管理，推动实现快件便捷通关。

第三章 经营主体

第十七条 经营快递业务，应当依法取得快递业务经营许可。邮政管理部门应当根据《中华人民共和国邮政法》第五十二条、第五十三条规定的条件和程序核定经营许可的业务范围和地域范围，向社会公布取得快递业务经营许可的企业名单，并及时更新。

第十八条 经营快递业务的企业及其分支机构可以根据业务需要开办快递末端网点，并应当自开办之日起20日内向所在地邮政管理部门备案。快递末端网点无须办理营业执照。

第十九条 两个以上经营快递业务的企业可以使用统一的商标、字号或者快递运单经营快递业务。

前款规定的经营快递业务的企业应当签订书面协议明确各自的权利义务，遵守共同的服务约定，在服务质量、安全保障、业务流程等方面实行统一管理，为用户提供统一的快件跟踪查询和投诉处理服务。

用户的合法权益因快件延误、丢失、损毁或者内件短少而受到损害的，用户可以要求该商标、字号或者快递运单所属企业赔偿，也可以要求实际提供快递服务的企业赔偿。

第二十条 经营快递业务的企业应当依法保护其从业人员的合法权益。

经营快递业务的企业应当对其从业人员加强职业操守、服务规范、作业规范、安全生产、车辆安全驾驶等方面的教育和培训。

第四章 快递服务

第二十一条 经营快递业务的企业在寄件人填写快递运单前，应当提醒其阅读快递服务合同条款、遵守禁止寄递和限制寄递物品的有关规定，告知相关保价规则和保险服务项目。

寄件人交寄贵重物品的，应当事先声明；经营快递业务的企业可以要求寄件人对贵重物品予以保价。

第二十二条 寄件人交寄快件，应当如实提供以下事项：

（一）寄件人姓名、地址、联系电话；

（二）收件人姓名（名称）、地址、联系电话；

（三）寄递物品的名称、性质、数量。

除信件和已签订安全协议用户交寄的快件外，经营快递业务的企业收寄快件，应当对寄件人身份进行查验，并登记身份信息，但不得在快递运单上记录除姓名（名称）、地址、联系电话以外的用户身份信息。寄件人拒绝提供身份信息或者提供身份信息不实的，经营快递业务的企业不得收寄。

第二十三条 国家鼓励经营快递业务的企

业在节假日期间根据业务量变化实际情况，为用户提供正常的快递服务。

第二十四条 经营快递业务的企业应当规范操作，防止造成快件损毁。

法律法规对食品、药品等特定物品的运输有特殊规定的，寄件人、经营快递业务的企业应当遵守相关规定。

第二十五条 经营快递业务的企业应当将快件投递到约定的收件地址、收件人或者收件人指定的代收人，并告知收件人或者代收人当面验收。收件人或者代收人有权当面验收。

第二十六条 快件无法投递的，经营快递业务的企业应当退回寄件人或者根据寄件人的要求进行处理；属于进出境快件的，经营快递业务的企业应当依法办理海关和检验检疫手续。

快件无法投递又无法退回的，依照下列规定处理：

（一）属于信件，自确认无法退回之日起超过 6 个月无人认领的，由经营快递业务的企业在所在地邮政管理部门的监督下销毁；

（二）属于信件以外其他快件的，经营快递业务的企业应当登记，并按照国务院邮政管理部门的规定处理；

（三）属于进境快件的，交由海关依法处理；其中有依法应当实施检疫的物品的，由出入境检验检疫部门依法处理。

第二十七条 快件延误、丢失、损毁或者内件短少的，对保价的快件，应当按照经营快递业务的企业与寄件人约定的保价规则确定赔偿责任；对未保价的快件，依照民事法律的有关规定确定赔偿责任。

国家鼓励保险公司开发快件损失赔偿责任险种，鼓励经营快递业务的企业投保。

第二十八条 经营快递业务的企业应当实行快件寄递全程信息化管理，公布联系方式，保证与用户的联络畅通，向用户提供业务咨询、快件查询等服务。用户对快递服务质量不满意的，可以向经营快递业务的企业投诉，经营快递业务的企业应当自接到投诉之日起 7 日内予以处理并告知用户。

第二十九条 经营快递业务的企业停止经营的，应当提前 10 日向社会公告，书面告知邮政管理部门，交回快递业务经营许可证，并依法妥善处理尚未投递的快件。

经营快递业务的企业或者其分支机构因不可抗力或者其他特殊原因暂停快递服务的，应当及时向邮政管理部门报告，向社会公告暂停服务的原因和期限，并依法妥善处理尚未投递的快件。

第五章　快递安全

第三十条 寄件人交寄快件和经营快递业务的企业收寄快件应当遵守《中华人民共和国邮政法》第二十四条关于禁止寄递或者限制寄递物品的规定。

禁止寄递物品的目录及管理办法，由国务院邮政管理部门会同国务院有关部门制定并公布。

第三十一条 经营快递业务的企业收寄快件，应当依照《中华人民共和国邮政法》的规定验视内件，并作出验视标识。寄件人拒绝验视的，经营快递业务的企业不得收寄。

经营快递业务的企业受寄件人委托，长期、批量提供快递服务的，应当与寄件人签订安全协议，明确双方的安全保障义务。

第三十二条 经营快递业务的企业可以自行或者委托第三方企业对快件进行安全检查，并对经过安全检查的快件作出安全检查标识。经营快递业务的企业委托第三方企业对快件进行安全检查的，不免除委托方对快件安全承担的责任。

经营快递业务的企业或者接受委托的第三方企业应当使用符合强制性国家标准的安全检查设备，并加强对安全检查人员的背景审查和技术培训；经营快递业务的企业或者接受委托的第三方企业对安全检查人员进行背景审查，公安机关等相关部门应当予以配合。

第三十三条 经营快递业务的企业发现寄件人交寄禁止寄递物品的，应当拒绝收寄；发现已经收寄的快件中有疑似禁止寄递物品的，应当立即停止分拣、运输、投递。对快件中依法应当没收、销毁或者可能涉及违法犯罪的物品，经营快递业务的企业应当立即向有关部门报告并配合调查处理；对其他禁止寄递物品以及限制寄递物品，经营快递业务的企业应当按照法律、行政法规或者国务院和国务院有关主管部门的规定处理。

第三十四条 经营快递业务的企业应当建立快递运单及电子数据管理制度，妥善保管用户信息等电子数据，定期销毁快递运单，采取有效技术手段保证用户信息安全。具体办法由国务院邮政管理部门会同国务院有关部门制定。

经营快递业务的企业及其从业人员不得出售、泄露或者非法提供快递服务过程中知悉的用户信息。发生或者可能发生用户信息泄露的，经营快递业务的企业应当立即采取补救措施，并向所在地邮政管理部门报告。

第三十五条 经营快递业务的企业应当依法建立健全安全生产责任制，确保快递服务安全。

经营快递业务的企业应当依法制定突发事件应急预案，定期开展突发事件应急演练；发生突发事件的，应当按照应急预案及时、妥善处理，并立即向所在地邮政管理部门报告。

第六章　监督检查

第三十六条 邮政管理部门应当加强对快递业的监督检查。监督检查应当以下列事项为重点：

（一）从事快递活动的企业是否依法取得快递业务经营许可；

（二）经营快递业务的企业的安全管理制度是否健全并有效实施；

（三）经营快递业务的企业是否妥善处理用户的投诉、保护用户合法权益。

第三十七条 邮政管理部门应当建立和完善以随机抽查为重点的日常监督检查制度，公布抽查事项目录，明确抽查的依据、频次、方式、内容和程序，随机抽取被检查企业，随机选派检查人员。抽查情况和查处结果应当及时向社会公布。

邮政管理部门应当充分利用计算机网络等先进技术手段，加强对快递业务活动的日常监督检查，提高快递业管理水平。

第三十八条 邮政管理部门依法履行职责，有权采取《中华人民共和国邮政法》第六十一条规定的监督检查措施。邮政管理部门实施现场检查，有权查阅经营快递业务的企业管理快递业务的电子数据。

国家安全机关、公安机关为维护国家安全和侦查犯罪活动的需要依法开展执法活动，经营快递业务的企业应当提供技术支持和协助。

《中华人民共和国邮政法》第十一条规定的处理场所，包括快件处理场地、设施、设备。

第三十九条 邮政管理部门应当向社会公布本部门的联系方式，方便公众举报违法行为。

邮政管理部门接到举报的，应当及时依法调查处理，并为举报人保密。对实名举报的，邮政管理部门应当将处理结果告知举报人。

第七章　法律责任

第四十条　未取得快递业务经营许可从事快递活动的，由邮政管理部门依照《中华人民共和国邮政法》的规定予以处罚。

经营快递业务的企业或者其分支机构有下列行为之一的，由邮政管理部门责令改正，可以处1万元以下的罚款；情节严重的，处1万元以上5万元以下的罚款，并可以责令停业整顿：

（一）开办快递末端网点未向所在地邮政管理部门备案；

（二）停止经营快递业务，未提前10日向社会公告，未书面告知邮政管理部门并交回快递业务经营许可证，或者未依法妥善处理尚未投递的快件；

（三）因不可抗力或者其他特殊原因暂停快递服务，未及时向邮政管理部门报告并向社会公告暂停服务的原因和期限，或者未依法妥善处理尚未投递的快件。

第四十一条　两个以上经营快递业务的企业使用统一的商标、字号或者快递运单经营快递业务，未遵守共同的服务约定，在服务质量、安全保障、业务流程等方面未实行统一管理，或者未向用户提供统一的快件跟踪查询和投诉处理服务的，由邮政管理部门责令改正，处1万元以上5万元以下的罚款；情节严重的，处5万元以上10万元以下的罚款，并可以责令停业整顿。

第四十二条　冒领、私自开拆、隐匿、毁弃、倒卖或者非法检查他人快件，尚不构成犯罪的，依法给予治安管理处罚。

经营快递业务的企业有前款规定行为，或者非法扣留快件的，由邮政管理部门责令改正，没收违法所得，并处5万元以上10万元以下的罚款；情节严重的，并处10万元以上20万元以下的罚款，并可以责令停业整顿直至吊销其快递业务经营许可证。

第四十三条　经营快递业务的企业有下列情形之一的，由邮政管理部门依照《中华人民共和国邮政法》《中华人民共和国反恐怖主义法》的规定予以处罚：

（一）不建立或者不执行收寄验视制度；

（二）违反法律、行政法规以及国务院和国务院有关部门关于禁止寄递或者限制寄递物品的规定；

（三）收寄快件未查验寄件人身份并登记身份信息，或者发现寄件人提供身份信息不实仍予收寄；

（四）未按照规定对快件进行安全检查。

寄件人在快件中夹带禁止寄递的物品，尚不构成犯罪的，依法给予治安管理处罚。

第四十四条　经营快递业务的企业有下列行为之一的，由邮政管理部门责令改正，没收违法所得，并处1万元以上5万元以下的罚款；情节严重的，并处5万元以上10万元以下的罚款，并可以责令停业整顿直至吊销其快递业务经营许可证：

（一）未按照规定建立快递运单及电子数据管理制度；

（二）未定期销毁快递运单；

（三）出售、泄露或者非法提供快递服务过程中知悉的用户信息；

（四）发生或者可能发生用户信息泄露的情况，未立即采取补救措施，或者未向所在地邮政管理部门报告。

第四十五条　经营快递业务的企业及其从

业人员在经营活动中有危害国家安全行为的，依法追究法律责任；对经营快递业务的企业，由邮政管理部门吊销其快递业务经营许可证。

第四十六条 邮政管理部门和其他有关部门的工作人员在监督管理工作中滥用职权、玩忽职守、徇私舞弊的，依法给予处分。

第四十七条 违反本条例规定，构成犯罪的，依法追究刑事责任；造成人身、财产或者其他损害的，依法承担赔偿责任。

第八章 附则

第四十八条 本条例自2018年5月1日起施行。

国务院办公厅关于印发推进运输结构调整三年行动计划（2018—2020 年）的通知

（国办发〔2018〕91 号）

各省、自治区、直辖市人民政府，国务院各部委、各直属机构：

《推进运输结构调整三年行动计划（2018—2020 年）》已经国务院同意，现印发给你们，请结合实际，认真组织实施。

国务院办公厅
2018 年 9 月 17 日
（此件公开发布）

推进运输结构调整三年行动计划（2018—2020 年）

为贯彻落实党中央、国务院关于推进运输结构调整的决策部署，打赢蓝天保卫战、打好污染防治攻坚战，提高综合运输效率、降低物流成本，制定本行动计划。

一、总体要求

（一）指导思想。

以习近平新时代中国特色社会主义思想为指导，全面贯彻党的十九大和十九届二中、三中全会精神，牢固树立和贯彻落实新发展理念，按照高质量发展要求，标本兼治、综合施策，政策引导、市场驱动，重点突破、系统推进，以深化交通运输供给侧结构性改革为主线，以京津冀及周边地区、长三角地区、汾渭平原等区域（以下称重点区域）为主战场，以推进大宗货物运输“公转铁、公转水”为主攻方向，不断完善综合运输网络，切实提高运输组织水平，减少公路运输量，增加铁路运输量，加快建设现代综合交通运输体系，有力支撑打赢蓝天保卫战、打好污染防治攻坚战，更好服务建设交通强国和决胜全面建成小康社会。

（二）工作目标。

到2020年，全国货物运输结构明显优化，铁路、水路承担的大宗货物运输量显著提高，港口铁路集疏运量和集装箱多式联运量大幅增长，重点区域运输结构调整取得突破性进展，将京津冀及周边地区打造成为全国运输结构调整示范区。与2017年相比，全国铁路货运量增加11亿吨、增长30%，其中京津冀及周边地区增长40%、长三角地区增长10%、汾渭平原增长25%；全国水路货运量增加5亿吨、增长7.5%；沿海港口大宗货物公路运输量减少4.4亿吨。全国多式联运货运量年均增长20%，重点港口集装箱铁水联运量年均增长10%以上。

（三）重点区域范围。

京津冀及周边地区包括北京、天津、河北、河南、山东、山西、辽宁、内蒙古8省（区、市），长三角地区包括上海、江苏、浙江、安徽4省（市），汾渭平原包括山西、河南、陕西3省。

二、铁路运能提升行动

（四）提升主要物流通道干线铁路运输能力。

加快实施《“十三五”现代综合交通运输体系发展规划》《铁路“十三五”发展规划》和《中长期铁路网规划》，加快重点干线铁路项目建设进度，加快蒙华、京原、黄大等连接西部与华中、华北地区干线铁路建设和改造，提升瓦日、邯黄等既有铁路综合利用效率，实施铁路干线主要编组站设备设施改造扩能，缓解部分区段货运能力紧张，提升路网运输能力。（中国铁路总公司牵头，发展改革委、交通运输部、财政部、铁路局参与，地方各级人民政府负责落实。以下均需地方各级人民政府落实，不再列出）

（五）加快大型工矿企业和物流园区铁路专用线建设。

支持煤炭、钢铁、电解铝、电力、焦化、汽车制造等大型工矿企业以及大型物流园区新建或改扩建铁路专用线。简化铁路专用线接轨审核程序，压缩接轨协议办理时间，完善铁路专用线共建共用机制，创新投融资模式，吸引社会资本投入。合理确定新建及改扩建铁路专用线建设等级和技术标准，鼓励新建货运干线铁路同步规划、设计、建设、开通配套铁路专用线。到2020年，全国大宗货物年货运量150万吨以上的大型工矿企业和新建物流园区，铁路专用线接入比例达到80%以上；重点区域具有铁路专用线的大型工矿企业和新建物流园区，大宗货物铁路运输比例达到80%以上。（交通运输部、发展改革委、自然资源部、生态环境部、铁路局、中国铁路总公司按职责分工负责）

（六）优化铁路运输组织模式。

优先保障煤炭、焦炭、矿石、粮食等大宗货物运力供给。优化列车运行图，丰富列车编组形式，加强铁路系统内跨局组织协调，开发当日达、次日达等多种运输产品，实现车船班期稳定衔接。在运输总量达到一定规模的通道，开发铁路货运班列、点到点货运列车、大宗货物直达列车等多频次多样化班列产品，构建快捷货运班列网络。研究推进铁路双层集装箱、驮背运输产品开发，提升通道配套设施设备能力。充分发挥高铁运能，在有条件的通道实现客货分线运输。（中国铁路总公司牵头，交通运输部、发展改革委参与）

（七）提升铁路货运服务水平。

深化铁路运输价格市场化改革，建立健全灵活的运价调整机制，发挥市场配置资源的决定性作用。完善短距离大宗货物运价浮动机制。规范铁路专用线代维收费行为，推动降低专用线共用收费水平。减少和取消铁路两端短驳环节，规范短驳服务收费行为，降低短驳成本。推动铁路运输企业与煤炭、矿石、钢铁等大客户签订运量运能互保协议，实现互惠共赢。推动铁路运输企业与港口、物流园区、大型工矿企业、物流企业等开展合作，构建门到门接取送达网络，提供全程物流服务。（中国铁路总公司牵头，发展改革委、市场监管总局、交通运输部、铁路局参与）

三、水运系统升级行动

（八）完善内河水运网络。

统筹优化沿海和内河集装箱、煤炭、矿石、原油、液化天然气、商品汽车等专业运输系统布局，提升水运设施专业化水平。坚持生态优先、绿色发展理念，以流域生态系统性保护为前提，增强长江干线航运能力，推进西江干线和京杭运河山东段、江苏段、浙江段航道扩能改造，加快推进长三角高等级航道整治工程。加强长江、西江、京杭运河、淮河重要支流航道建设。加快推进三峡水运新通道等重大水运基础设施工程前期论证工作。（交通运输部牵头，发展改革委、生态环境部、水利部参与）

（九）推进集疏港铁路建设。

加快实施《“十三五”港口集疏运系统建设方案》《“十三五”长江经济带港口多式联运建设实施方案》《推动长江干线港口铁水联运设施联通的行动计划》，着力推进集疏港铁路建设。加强港区集疏港铁路与干线铁路和码头堆场的衔接，优化铁路港前站布局，鼓励集疏港铁路向堆场、码头前沿延伸，加快港区铁路装卸场站及配套设施建设，打通铁路进港最后一公里。2020年全国沿海重要港区铁路进港率大幅提高，长江干线主要港口全面接入集疏港铁路。（交通运输部、发展改革委、自然资源部、财政部、生态环境部、铁路局、中国铁路总公司按职责分工负责）

（十）推动大宗货物集疏港运输向铁路和水路转移。

进一步规范港口经营服务性收费，对实行政府定价的，严格执行规定的收费标准；对实行市场调节价的，督促落实价格法律法规和相关规定，不得违规加收任何价外费用。进一步加强煤炭集港运输管理，2018年年底前，环渤海地区、山东省、长三角地区沿海主要港口和唐山港、黄骅港的煤炭集港改由铁路或水路运输；2020年采暖季前，沿海主要港口和唐山港、黄骅港的矿石、焦炭等大宗货物原则上主要改由铁路或水路运输。（交通运输部、中国铁路总公司、发展改革委牵头，生态环境部、市场监管总局、铁路局参与）

（十一）大力发展江海直达和江海联运。

积极推动宁波舟山港、上海港、深圳港、广州港、连云港港口以及长江干线港口等江海直达和江海联运配套码头、锚地等设施技术改造。统筹江海直达和江海联运发展，积极推进干散货、集装箱江海直达运输，实现集装箱直达运输班轮化发展。制定完善以江船出海为主的江海直达船舶规范，重点推进江海直达散货船和集装箱船等船型研发及应用。（交通运输部牵头，工业和信息化部参与）

四、公路货运治理行动

（十二）强化公路货运车辆超限超载治理。

健全货运车辆非法改装联合监管工作机制，杜绝非法改装货运车辆出厂上路。加大货物装载源头监管力度，重点加强矿山、水泥厂、港口、物流园区等重点源头单位货车出场（站）装载情况检查，禁止超限超载车辆出场（站）上路行驶。严格落实治理车辆超限超载联合执法常态化制度化工作要求，统一公路货运车辆超限超载认定标准，加大对大宗货物运输车辆超限超载的执法力度。进一步优化完善公路治超网络，推广高速公路收费站入口称重检测，优化国省干线公路超限检测站点布局，完善农村公路限宽限高保护设施。加强科技治超，利用信息化手段加强车辆超限超载检测，实现跨区域、跨部门治超信息资源交换共享，落实"一超四罚"。继续加强信用治超，严格落实公路治超"黑名单"制度，对严重违法超限超载运输当事人实施联合惩戒。到2020年年底，全国高速公路全面实施收费站入口称重检测，各省（区、市）高速公路货运车辆平均违法超限超载率不超过0.5%，普通公路货运车辆超限超载得到有效遏制。（交通运输部牵头，工业和信息化部、公安部、市场监管总局参与）

（十三）大力推进货运车型标准化。

巩固车辆运输车治理工作成果，稳步开展危险货物运输罐车、超长平板半挂车、超长集装箱半挂车治理工作。做好既有营运车辆情况排查，建立不合规车辆数据库，制定车辆退出计划，按照标准引导、疏堵结合、更新替代、循序渐进的原则强化执法监管，引导督促行业、企业加快更新淘汰不合规车辆，促进标准化车型更新替代。开展中置轴汽车列车示范运行，加快轻量化挂车推广应用。（交通运输部牵头，工业和信息化部、公安部、市场监管总局参与）

（十四）推动道路货运行业集约高效发展。

促进"互联网+货运物流"新业态、新模式发展，深入推进无车承运人试点工作，健全完善无车承运人法规制度，推动货运物流平台健康有序发展。到2020年，重点培育50家左右创新能力强、运营管理规范、资源综合利用效率高的无车承运人品牌企业。支持引导货运大车队、挂车共享租赁、甩挂运输、企业联盟、品牌连锁等集约高效的运输组织模式发展，发挥规模化、网络化运营优势，降低运输成本，有效整合分散经营的中小货运企业和个体运输业户。支持大型道路货运企业以资产为纽带，通过兼并、重组、收购、控股、加盟连锁等方式，拓展服务网络，延伸服务链条，实现资源高效配置，加快向现代物流企业转型升级。（交通运输部负责）

五、多式联运提速行动

（十五）加快联运枢纽建设和装备升级。

推进具有多式联运功能的物流园区建设，加快铁路物流基地、铁路集装箱办理站、港口物流枢纽、航空转运中心、快递物流园区等规划建设和升级改造，加强不同运输方式间的有效衔接。进一步拓展高铁站场货运服务功能，完善货运配套设施。有序推进货运机场建设，拓展完善机场货运服务功能。大力推广集装化运输，支持企业加快多式联运运载单元、快速转运设备、专用载运机具等升级改造，完善内陆集装箱配套技术标准，推广应用45英尺集装箱和35吨敞顶集装箱，促进集装化、厢式化、标准化装备应用。（交通运输部、发展改革委、铁路局、民航局、邮政局、中国铁路总公司按职责分工负责）

（十六）加快发展集装箱铁水联运。

鼓励铁路、港口、航运等企业加强合作，促进海运集装箱通过铁路集疏港。在环渤海、长三角、珠三角、北部湾和海峡西岸经济区等重点沿海区域和长江干线，打造"长途重点货类精品班列+短途城际小运转班列"铁水联运产品体系。鼓励铁路运输企业增加铁路集装箱和集装箱平车保有量，提高集装箱共享共用和流转交换能力，利用物联网等技术手段提升集装箱箱管和

综合信息服务水平。(交通运输部、中国铁路总公司牵头，发展改革委、铁路局参与)

(十七)深入实施多式联运示范工程。

加大对多式联运示范工程项目建设的支持力度，加强示范工程运行监测，推动运输组织模式创新。深入推进天津至华北、西北地区等六条集装箱铁水联运示范线路建设。鼓励骨干龙头企业在运输装备研发、多式联运单证统一、数据信息交换共享等方面先行先试，充分发挥引领示范作用。支持各地开展集装箱运输、商品车滚装运输、全程冷链运输、电商快递班列等多式联运试点示范创建。(交通运输部、发展改革委牵头，铁路局、民航局、邮政局、中国铁路总公司参与)

六、城市绿色配送行动

(十八)推进城市绿色货运配送示范工程。

引导特大城市群和区域中心城市规划建设绿色货运配送网络，完善干支衔接型物流园区(货运枢纽)和城市配送网络节点及配送车辆停靠装卸配套设施建设。鼓励邮政快递企业、城市配送企业创新统一配送、集中配送、共同配送、夜间配送等集约化运输组织模式。到2020年，在全国建成100个左右的城市绿色货运配送示范项目。加大对示范项目物流园区(货运枢纽)建设、新能源车辆推广应用、绿色物流智慧服务平台建设等支持力度。(交通运输部牵头，公安部、商务部、财政部参与)

(十九)加大新能源城市配送车辆推广应用力度。

加快新能源和清洁能源车辆推广应用，到2020年，城市建成区新增和更新轻型物流配送车辆中，新能源车辆和达到国六排放标准清洁能源车辆的比例超过50%，重点区域达到80%。各地将公共充电桩建设纳入城市基础设施规划建设范围，加大用地、资金等支持力度，在物流园区、工业园区、大型商业购物中心、农贸批发市场等货流密集区域，集中规划建设专用充电站和快速充电桩。结合城市配送需求，制定新能源城市配送车辆便利通行政策，改善车辆通行条件。在有条件的地区建立新能源城市配送车辆运营补贴机制，降低使用成本。在重点物流园区、铁路物流中心、机场、港口等推广使用电动化、清洁化作业车辆。(交通运输部、工业和信息化部牵头，公安部、财政部、自然资源部、生态环境部、铁路局、民航局参与)

(二十)推进城市生产生活物资公铁联运。

充分发挥铁路既有站场资源优势，完善干支衔接的基础设施网络，创新运营组织模式，打造“轨道+仓储配送”的铁路城市物流配送新模式，提高城市生产生活物资运输中公铁联运的比例。在北京等大型城市组织开展城市生产生活物资公铁接驳配送试点，加快城市周边地区铁路外围集结转运中心和市内铁路站场设施改造，构建“外集内配、绿色联运”的公铁联运城市配送新体系，及时总结经验并推广应用。(中国铁路总公司、交通运输部按职责分工负责)

七、信息资源整合行动

(二十一)加强多式联运公共信息交换共享。

加快建设多式联运公共信息平台，实现部门之间、运输方式之间信息交换共享。加强交通运输、海关、市场监管等部门间信息开放共享，为企业提供资质资格、认证认可、检验检疫、通关查验、违法违章、信用评价、政策动态等一站式综合信息服务。加快完善铁水联运信息交换接口标准体系，推进业务单证电子化，促进铁路、港口信息共享，实现铁路现车、装卸车、货物在途、到达预确报以及港口装卸、货物堆存、船舶进出港、船期舱位预订等铁水联运信息互联共享。到2019年年底，沿海及长江干线主要港口实现铁水联运信息交换共享。到2020年年底，基本建成全国多式联运公共信息平台。（交通运输部、发展改革委、中国铁路总公司牵头，海关总署、市场监管总局、铁路局、民航局、邮政局参与）

（二十二）提升物流信息服务水平。

升级国家交通运输物流公共信息平台，促进铁路、港口、航运和第三方物流等龙头企业加强合作，强化货物在途状态查询、运输价格查询、车货动态匹配、集装箱定位跟踪等综合信息服务，提高物流服务智能化、透明化水平。（交通运输部、发展改革委牵头，铁路局、民航局、邮政局、中国铁路总公司参与）

（二十三）加强运输结构调整信息报送和监测分析。

研究建立运输结构调整指标体系，探索相关分析方法。建立货物运输“公转铁、公转水”运行动态、多式联运发展状态、新能源车辆推广应用等信息运行监测和报送机制。（交通运输部牵头，工业和信息化部、生态环境部、铁路局、中国铁路总公司参与）

八、加大政策保障力度

（二十四）积极落实财政等支持政策。

利用车购税资金、中央基建投资等现有资金，统筹推进公铁联运、海铁联运等多式联运发展，提升港口集疏运能力，加强物流园区、工矿企业等铁路专用线建设，为煤炭、矿石等大宗货物运输方式调整创造有利环境。鼓励社会资本设立多式联运产业基金，拓宽投融资渠道，加快运输结构调整和多式联运发展。鼓励各地对运输结构调整工作成效显著的工矿企业，在分解错峰生产任务时适当减少限产比例。贯彻落实《国务院关于印发打赢蓝天保卫战三年行动计划的通知》（国发〔2018〕22号）有关要求，对大力淘汰老旧车辆、推广应用新能源汽车的有关企业和人员依照有关政策及时给予经济补偿。（财政部、发展改革委、交通运输部、生态环境部牵头，铁路局、中国铁路总公司参与）

（二十五）完善用地用海支持政策。

加大铁路专用线用地支持力度，将本行动计划支持的铁路专用线项目（不含物流园区），纳入占用永久基本农田的重大建设项目用地预审受理范围，按照相关规定办理用地手续。各省（区、市）要在国土空间规划指导下组织编制港口集疏运铁路、物流园区和工矿企业铁路专用线建设方案，保障用地指标。对急需开工的铁路专用线控制性工程，属于国家重点建设项目的，按照相关规定向自然资源部申请办理先行用地。加大对“公转水”码头及配建工程的用海支持力度，对纳入港口总体规划和运输结构调整计划的铁水联运、水水中转码头及配建的防波堤、航道、锚地等项目，列入国家重大战略的，在符合海域管理法律法规及围填海管理政策的情况下，重点保障用海需求。（自然资源部、交通运输部牵头，发展改革委、铁路局、中国铁路总公司参与）

九、加大督导考核力度

（二十六）加强组织领导。

地方各级政府要切实加强组织领导，按照“一市一策、一港一策、一企一策”要求，组织编制本地区运输结构调整工作实施方案，细化分解目标任务，制定责任清单，健全责任体系，科学安排工作进度，出台配套政策，确保按时保质完成各项任务。交通运输部、发展改革委要加强统筹协调和组织调度，完善运输结构调整工作协调机制，及时研究解决运输结构调整中的重大问题。（交通运输部、发展改革委牵头，各有关部门参与）

（二十七）强化督导考评。

加强对地方政府和有关部门运输结构调整工作推进落实情况的督查考核，结果向社会公布。地方各级政府要建立健全动态评估机制，加强对铁路、港口、工矿等企业的督导考核，确保责任落实到位。（交通运输部、发展改革委牵头，各有关部门参与）

十、营造良好发展环境

（二十八）保障行业健康稳定发展。

加强部门协同联动，强化货运市场和重点企业监测，及时掌握行业动态，加大政策支持力度，完善从业人员社会保障、职业培训等服务，积极培育拓展新兴市场，推动货运行业创新稳定发展和转型升级。（交通运输部牵头，各有关部门参与）

（二十九）做好政策宣传和舆论引导。

加大对运输结构调整工作的宣传报道力度，加强正面引导，及时回应社会关切，为运输结构调整工作营造良好舆论氛围。（交通运输部、发展改革委牵头，各有关部门参与）

国务院办公厅关于保持基础设施领域补短板力度的指导意见

（国办发〔2018〕101号　2018年10月11日）

各省、自治区、直辖市人民政府，国务院各部委、各直属机构：

补短板是深化供给侧结构性改革的重点任务。近年来，我国固定资产投资结构不断优化，为增强经济发展后劲、补齐基础设施短板、带动就业和改善民生提供了有力支撑。但今年以来整体投资增速放缓，特别是基础设施投资增速回落较多，一些领域和项目存在较大投资缺口，亟须聚焦基础设施领域突出短板，保持有效投资力度，促进内需扩大和结构调整，提升中长期供给能力，形成供需互促共进的良性循环，确保经济运行在合理区间。为贯彻落实党中央、国务院决策部署，深化供给侧结构性改革，进一步增强基础设施对促进城乡和区域协调发展、改善民生等方面的支撑作用，经国务院同意，现就保持基础设施领域补短板力度提出以下意见。

一、总体要求

（一）指导思想。

以习近平新时代中国特色社会主义思想为指导，全面贯彻党的十九大和十九届二中、三中全会精神，坚持稳中求进工作总基调，坚持以供给侧结构性改革为主线，围绕全面建成小康社会目标和高质量发展要求，坚持既不过度依赖投资也不能不要投资、防止大起大落的原则，聚焦关键领域和薄弱环节，保持基础设施领域补短板力度，进一步完善基础设施和公共服务，提升基础设施供给质量，更好发挥有效投资对优化供给结构的关键性作用，保持经济平稳健康发展。

（二）基本原则。

——聚焦短板。支持“一带一路”建设、京津冀协同发展、长江经济带发展、粤港澳大湾区建设等重大战略，围绕打好精准脱贫、污染防治攻坚战，着力补齐铁路、公路、水运、机场、水利、能源、农业农村、生态环保、公共服务、城乡基础设施、棚户区改造等领域短板，加快推进已纳入规划的重大项目。

——协同发力。充分发挥市场配置资源的决定性作用，积极鼓励民间资本参与补短板项目建设，调动各类市场主体的积极性、创造性。更好发挥政府作用，加强补短板重大项目储备，加快项目审核进度，积极发挥政府投资引导带动作用，为市场主体创造良好的投资环境。

——分类施策。加大对储备项目的协调调度

力度，加快推进前期工作，推动项目尽早开工建设。在依法合规的前提下，统筹保障在建项目合理资金需求，推动在建项目顺利实施，确保工程质量安全，早日建成发挥效益，避免形成“半拉子”工程。

——防范风险。坚持尽力而为、量力而行，根据地方财政承受能力和地方政府投资能力，严格项目建设条件审核，合理安排工程项目建设，坚决避免盲目投资、重复建设。规范地方政府举债融资，管控好新增项目融资的金融“闸门”，牢牢守住不发生系统性风险的底线。

二、重点任务

（一）脱贫攻坚领域。深入推进易地扶贫搬迁工程，大力实施以工代赈，加强贫困地区特别是“三区三州”等深度贫困地区基础设施和基本公共服务设施建设。大力支持革命老区、民族地区、边疆地区和资源枯竭、产业衰退地区加快发展。（发展改革委、扶贫办按职责分工牵头负责）

（二）铁路领域。以中西部为重点，加快推进高速铁路“八纵八横”主通道项目，拓展区域铁路连接线，进一步完善铁路骨干网络。加快推动一批战略性、标志性重大铁路项目开工建设。推进京津冀、长三角、粤港澳大湾区等地区城际铁路规划建设。加快国土开发性铁路建设。实施一批集疏港铁路、铁路专用线建设和枢纽改造工程。（发展改革委、中国铁路总公司牵头负责，交通运输部、铁路局按职责分工负责）

（三）公路、水运领域。加快启动一批国家高速公路网待贯通路段项目和对“一带一路”建设、京津冀协同发展、长江经济带发展、粤港澳大湾区建设等重大战略有重要支撑作用的地方高速公路项目，加快推进重点省区沿边公路建设。加快推进三峡枢纽水运新通道和葛洲坝航运扩能工程前期工作，加快启动长江干线、京杭运河等一批干线航道整治工程，同步推动实施一批支线航道整治工程。（交通运输部、水利部按职责分工负责）

（四）机场领域。加快北京大兴国际机场建设，重点推进一批国际枢纽机场和中西部支线机场新建、迁建、改扩建项目前期工作，力争尽早启动建设，提升国际枢纽机场竞争力，扩大中西部地区航空运输覆盖范围。（民航局牵头负责）

（五）水利领域。加快建设一批引调水、重点水源、江河湖泊治理、大型灌区等重大水利工程，推进引江济淮、滇中引水、珠江三角洲水资源配置、碾盘山水利水电枢纽、向家坝灌区一期等重大水利工程建设，进一步完善水利基础设施网络。加快推进中小河流治理等灾后水利薄弱环节建设。（水利部牵头负责）

（六）能源领域。进一步加快金沙江拉哇水电站、雅砻江卡拉水电站等重大水电项目开工建设。加快推进跨省跨区输电，优化完善各省份电网主网架，推动实施一批特高压输电工程。加快实施新一轮农村电网改造升级工程。继续推进燃煤机组超低排放与节能改造，加大油气勘探开发力度，做好天然气产供储销体系和重点地区应急储气能力建设。积极推进一批油气产能、管网等重点项目。（能源局牵头负责）

（七）农业农村领域。大力实施乡村振兴战略，统筹加大高标准农田、特色农产品优势区、畜禽粪污资源化利用等农业基础设施建设力度，促进提升农业综合生产能力。持续推进农村产业融合发展。扎实推进农村人居环境整治三年行动，支持农村改厕工作，促进农村生活垃圾和污水处理设施建设，推进村庄综合建设。（中央农办、发展改革委、农业农村部按职责分工负责）

（八）生态环保领域。加大对天然林资源保护、重点防护林体系建设、水土保持等生态保护重点工程支持力度。支持城镇生活污水、生活垃圾、危险废物处理设施建设，加快黑臭水体治理。支持煤炭减量替代等重大节能工程和循环经济发展项目。支持重点流域水环境综合治理。（发展改革委、生态环境部、住房城乡建设部、水利部、林草局按职责分工牵头负责）

（九）社会民生领域。支持教育、医疗卫生、文化、体育、养老、婴幼儿托育等设施建设，进一步推进基本公共服务均等化。推进保障性安居工程和城镇公共设施、城市排水防涝设施建设。加快推进“最后一公里”水电气路邮建设。（教育部、卫生健康委、文化和旅游部、体育总局、广电总局、民政部、住房城乡建设部、邮政局等按职责分工牵头负责）

三、配套政策措施

（一）加强重大项目储备。根据重大战略部署、国民经济和社会发展规划纲要、重大建设规划以及财政承受能力和政府投资能力等，对接经济发展和民生需要，依托国家重大建设项目库，分近期、中期、长期三类储备一批基础设施等重点领域补短板重大项目，形成项目储备和滚动接续机制。（发展改革委牵头负责，工业和信息化部、生态环境部、住房城乡建设部、交通运输部、水利部、农业农村部、能源局、林草局、铁路局、民航局、中国铁路总公司等按职责分工负责，地方各级人民政府负责）

（二）加快推进项目前期工作和开工建设。加强沟通协调，强化督促调度，加快规划选址、用地、用海、环评、水土保持等方面的前期工作，加大征地拆迁、市政配套、水电接入、资金落实等推进力度，推动项目尽早开工建设。（发展改革委、工业和信息化部、自然资源部、生态环境部、住房城乡建设部、交通运输部、水利部、农业农村部、能源局、林草局、铁路局、民航局、中国铁路总公司等按职责分工负责）

（三）保障在建项目顺利实施，避免形成“半拉子”工程。坚决打好防范化解重大风险攻坚战，对确有必要、关系国计民生的在建项目，统筹采取有效措施保障合理融资需求，推动项目顺利建成，避免资金断供、工程烂尾，防止造成重大经济损失、影响社会稳定，有效防范“处置风险的风险”。（地方各级人民政府负责）

（四）加强地方政府专项债券资金和项目管理。财政部门要完善地方政府专项债券制度，优化专项债券发行程序，合理安排发行进度。分配地方政府专项债券规模时，在充分考虑债务水平基础上，还要考虑在建项目和补短板重大项目资金需求，以及国家重大建设项目库项目储备情况。允许有条件的地方在专项债券发行完成前，对预算已安排的专项债券资金项目通过先行调度库款的办法，加快项目建设进度，债券发行后及时归垫。地方政府建立专项债券项目安排协调机制，加强地方发展改革、财政部门间的沟通衔接，做好项目前期工作，按照财政部确定的专项债券额度，提出专项债券项目安排意见，确保专项债券发行收入可以迅速使用，重点用于在建项目和补短板重大项目。加大财政性资金支持力度，盘活各级财政存量资金，利用以往年度财政结余资金，保障项目建设。（发展改革委、财政部按职责分工负责，地方各级人民政府负责）

（五）加大对在建项目和补短板重大项目的金融支持力度。对已签订借款合同的必要在建项目，金融机构可在依法合规和切实有效防范风险的前提下继续保障融资，对有一定收益或稳定盈利模式的在建项目优先给予信贷支持。鼓励通过发行公司信用类债券、转为合规的政府和社会资本合作（PPP）等市场化方式开展后续融资。在不增加地方政府隐性债务规模的前提下，引导商业银行按照风险可控、商业可持续的原则加大对资本金到位、运作规范的必要在建项目和补短板重大项目的信贷投放力度，支持开发性金融机构、政策性银行结合各自职能定位和业务范围加大相关支持力度。发挥保险资金长期投资优势，通过债权、股权、股债结合、基金等多种形式，积极为在建项目和补短板重大项目提供融资。（银保监会牵头负责，发展改革委、财政部、人民银行、证监会按职责分工负责，地方各级人民政府负责）

（六）合理保障融资平台公司正常融资需求。金融机构要在采取必要风险缓释措施的基础上，按照市场化原则保障融资平台公司合理融资需求，不得盲目抽贷、压贷或停贷，防范存量隐性债务资金链断裂风险。在严格依法解除违法违规担保关系的基础上，对必要的在建项目，允许融资平台公司在不扩大建设规模和防范风险的前提下与金融机构协商继续融资，避免出现工程烂尾。按照一般企业标准对被划分为“退出为一般公司类”的融资平台公司审核放贷。在不增加地方政府隐性债务规模的前提下，对存量隐性债务难以偿还的，允许融资平台公司在与金融机构协商的基础上采取适当展期、债务重组等方式维持资金周转。支持转型中的融资平台公司和转型后市场化运作的国有企业，依法合规承接政府公益性项目，实行市场化经营、自负盈亏，地方政府以出资额为限承担责任。（银保监会、发展改革委、财政部等按职责分工负责）

（七）充分调动民间投资积极性。贯彻落实各项已出台的促进民间投资政策，细化配套措施，持续激发民间投资活力。尽快在交通、油气、电信等领域推介一批投资回报机制明确、商业潜力大的项目。引导社会力量增加学前教育、健康、养老等服务供给，积极依法合规参与扶贫、污染防治等领域基础设施建设。鼓励金融机构和全国信用信息共享平台、地方有关信息平台加强合作，充分运用民营企业纳税等数据，推动开展“银税互动”等。积极发挥国家融资担保基金作用，支持省级再担保公司开展业务，推动符合条件的民营企业参与补短板重大项目。（发展改革委、财政部、银保监会、税务总局按职责分工牵头负责）

（八）规范有序推进政府和社会资本合作（PPP）项目。鼓励地方依法合规采用政府和社会资本合作（PPP）等方式，撬动社会资本特别是民间投资投入补短板重大项目。对经核查符合规定的政府和社会资本合作（PPP）项目加大推进力度，严格兑现合法合规的政策承诺，尽快落实建设条件。积极推动符合条件的政府和社会资本合作（PPP）项目发行债券、规范开展资产证券化。加强政府和社会资本合作（PPP）项目可行性论证，合理确定项目主要内容和投资规模。规范政府和社会资本合作（PPP）操作，构建合理、清晰的权责利关系，发挥社会资本管理、运营优势，提高项目实施效率。规范有序盘活存量资产，鼓励采取转让—运营—移交（TOT）、改建—运营—移交（ROT）等方式，将回收资金用于在建项目和补短板重大项目建设。（发展改革委、财政部按职责分工牵头负责）

（九）深化投资领域“放管服”改革。依托全国投资项目在线审批监管平台，对各类投资审批事项实行“一码运转、一口受理、一网通办”，发挥在线平台电子监察、实时监控功能，切实压减审批时间。加大在线平台应用力度，推动投资管理向服务引导转型，优化投资环境。加快投资项目综合性咨询和工程全过程咨询改革，切实压减审批前的评价评估环节。推进工程建设项目审批制度改革，聚焦工程设计管理体制、施工许可环节等，压减报建时间。（发展改革委、住房城乡建设部按职责分工牵头负责）

（十）防范化解地方政府隐性债务风险和金融风险。地方政府建设投资应当量力而行，加大财政约束力度，在建设项目可行性研究阶段充分论证资金筹措方案。严格项目建设条件审核，区分轻重缓急，科学有序推进。严禁违法违规融资担保行为，严禁以政府投资基金、政府和社会资本合作（PPP）、政府购买服务等名义变相举债。金融机构要审慎合规经营，尽职调查、严格把关，按照市场化原则评估借款人财务能力和还款来源，综合考虑项目现金流、抵质押物等审慎授信。（地方各级人民政府负责）

各地区、各部门要把基础设施领域补短板作为推进供给侧结构性改革、巩固经济稳中向好态势、促进就业和提升国家长期综合竞争力的重要举措，按照职责分工抓好贯彻落实，强化分类指导，层层压实责任，加强沟通协调，形成工作合力，确保各项政策及时落地生效。

有关部委发文

交通运输部办公厅关于做好推进道路货运车辆检验检测改革工作的通知

（交办运〔2018〕21 号　2018 年 2 月 9 日）

各省、自治区、直辖市、新疆生产建设兵团交通运输厅（局、委）：

为贯彻落实交通运输部、公安部、质检总局联合印发的《关于加快推进道路货运车辆检验检测改革工作的通知》（交运发〔2017〕207 号，以下简称《通知》），推进道路货运车辆检验检测改革落地实施，提升道路货运企业和从业人员获得感，经交通运输部同意，现就有关事项通知如下：

一、落实检验检测结果互认

合并道路货运车辆安全技术检验和综合性能检测中涉及安全的检验检测项目，在汽车综合性能检测和安全技术检验标准整合前，综合性能检测中涉及安全项目的检验检测统一适用《机动车安全技术检验项目和方法》（GB 21861），待汽车综合性能检测和安全技术检验标准整合后，检验检测要求、项目和方法按照新标准执行。

在汽车综合性能检测和安全技术检验标准整合前，综合性能检测机构根据货车从业人员提交的货车《机动车安全技术检验报告》和机动车检验合格标志，直接采信安全技术检验结论，涉及安全的项目不再作为道路货运车辆技术等级评定项。综合性能检测机构依据《道路运输车辆综合性能要求和检验方法》（GB 18565）对货车其他检测项目进行检测并出具检测报告，按照《道路运输车辆技术等级划分和评定要求》（JT/T 198）对所检测项目进行技术等级评定并出具评级结论。对于货车先开展综合性能检测、再开展安全技术检验的，应要求该货车从业人员在完成安全技术检验后向综合性能检测机构提交《机动车安全技术检验报告》和机动车检验合格标志，再予以技术等级评定。对于已经实现安全技术检验、综合性能检测“两检合一”的机动车检验检测机构，应按照“一次上线、一次检测、一次收费”的原则，同时出具安全技术检验和综合性能检测两份报告，为营运货车年检和年审提供技术依据。

综合性能检测和技术等级评定完成后，综合性能检测机构应将货车安全技术检验报告复印件、机动车检验合格标志复印件、行驶证复印件按照车辆技术管理要求一并存档，并按规定上传至省级综合性能检测联网系统。交通运输管理部门依据车辆技术等级评定结论依法予以年审。

二、加强汽车综合性能检测机构计量认证对接指导

省级交通运输管理部门要主动配合省质监部门，组织对本省综合性能检测机构计量认证情况进行集中统一排查，对于发现计量认证证书过期或者计量认证能力范围不能满足综检业务要求的，要督促其抓紧进行整改。尚未将综合性能检测机构纳入计量认证管理的省份，省级交通运输管理部门要积极协调省质监部门，联合制定出台实施政策，加强业务指导，实现计量认证对综合性能检测机构全覆盖。要督促综合性能检测机构按照《检验检测机构资质认定管理办法》（国家质检总局令第 163 号）的规定，及时向质监部门申请机动车检验检测机构计量认证，并申请与公安交管部门实现数据联网。

鼓励机动车检验检测机构同时申请开展安全技术检验业务和综合性能检测业务。对于只具备汽车综合性能检测资格的检测机构，引导其申请安全技术检验资格，实现“两检合一”。安全技术检验机构取得质监部门颁发的汽车综合性能检测机构计量认证证书，并实现与交通运输管理部门数据联网的，可以开展汽车综合性能检测业务。

三、统一检验检测周期和标准

自 2018 年起，货车的综合性能检测、安全技术检验实行统一的检验检测周期，货车 10 年以内每年检验 1 次，超过 10 年的，每 6 个月检验 1 次，具体以该车辆的安全技术检验周期时间为准，检验检测完成时间以全部检验检测项目完成的当日核定。加快推进相关标准整合，部公路科学研究院将会同公安部、国家质检总局有关单位共同推进货车安全技术检验和综合性能检测相关标准的整合，同时对《汽车综合性能检验机构能力的通用要求》（GB/T 17993）、《道路运输车辆技术等级划分和评定要求》（JT/T 198）等相关标准进行修订。标准整合修订完成后，货车综合性能检测及技术等级评定工作将统一按照新标准执行。

四、推进汽车综合性能检测联网和普通货运车辆异地检测

统筹推进部、省汽车综合性能检测联网工作，部级平台由中国交通通信信息中心建设。省级交通运输管理部门及道路运输管理机构要严格执行《道路运输车辆综合性能检测联网技术要求（暂行）》，积极推进本辖区内汽车综合性能检测联网，组织建设省级汽车综合性能检测联网系统，加强与省级道路运政管理信息系统的数据对接和资源整合，实现对本辖区内综合性能检测机构全覆盖，并按照规定接口实现部、省

间数据互联互通和系统对接。

省级交通运输管理部门及道路运输管理机构要在实现本辖区内汽车综合性能检测联网基础上，加快推进普通货运车辆在本辖区内的异地检测。普通货运车辆可在车籍所在地省份的任一家综合性能检测机构办理综合性能检测业务，不需要办理委托检验检测手续。普通货运车辆在办理异地检测时，应向综合性能检测机构提交车辆行驶证、道路运输证和送检人员身份证件。

五、推进普通货运车辆联网审验和异地年审

部将启动全国道路运政管理信息系统升级改造部级工程，与各省（区、市）共同推进全国道路运政管理信息系统升级改造和综合应用。省级交通运输管理部门及道路运输管理机构要加快汽车综合性能检测联网系统与省级道路运政管理信息系统的数据对接，并做好与全国道路运政管理信息系统的数据对接，为营运车辆联网审验、异地年审业务提供技术支撑。省级交通运输管理部门及道路运输管理机构要分步骤组织市、县级道路运输管理机构开通普通货运车辆的省内联网审验和异地年审业务，普通货运车辆进行省内联网审验和异地年审业务，不改变原有管理程序和责任边界，其审验机关仍为车籍所在地交通运输管理部门，车辆相关审验材料及数据信息通过汽车综合性能检测联网系统和道路运政管理信息系统提交、审验和返回。市、县级道路运输管理机构无正当理由不得拒绝省内普通货运车辆异地年审申请。普通货运车辆应依据《道路货物运输及站场管理规定》有关规定提交相关年审材料，交通运输管理部门及道路运输管理机构依法予以年审；对不符合规定要求的，应当责令限期改正或者办理变更手续。

鼓励在汽车综合性能检测机构设置与道路运政管理信息系统联网的车辆自助审验终端设备，在货运从业人员办理车辆综合性能检测业务后，一站式办理年审业务。省级交通运输管理部门要将全省可开展车辆年审业务的市、县交通运输管理部门及业务办理大厅、行政审批中心等网点信息、联系方式向社会公布，便于查询。

六、提升车辆综合性能检测服务体验

省级交通运输管理部门及道路运输管理机构要将本辖区内具备汽车综合性能检测条件的检测机构名单（包括机构名称、法人信息、经营地址、业务范围、联系电话等）通过政府网站、微信公众号等途径向社会公开，并根据质监部门、公安交管部门通报的安全技术检验机构名单及时进行更新，方便车主查询和就近检验检测车辆。中国交通通信信息中心要依托部级汽车综合性能检测联网服务平台，组织开发服务全国综合性能检测机构和道路货运车辆的综合性能检测预约服务系统，为广大从业人员提供便捷的检测预约服务。综合性能检测机构要发挥预约系统作用，改进优化场内服务流程，加快业务办理速度，减少车主等候时间，提升从业人员检车服务体验。

七、加强综合性能检测监督管理

省级交通运输管理部门要会同省级质监部门依法加强汽车综合性能检测机构业务指导，按

照“谁出报告谁负责”的原则，严格落实检验检测机构主体责任。要建立健全汽车综合性能检测机构信用管理体系，统一检测服务规范，规范检验检测市场秩序和检验检测行为。要注重发挥检测协会等行业组织作用，强化行业自律管理。要主动配合质监部门积极推进综合性能检测监督检查制度和违规信息通报机制建设，运用“双随机”抽查方式加强对辖区内汽车综合性能检测机构的定期巡查、明察暗访，对发现问题的依法依规严肃予以处理。对于汽车综合性能检测机构不按标准规范要求对车辆进行检测的、未经检测出具车辆检测结果的、不如实出具检测结果的，道路运输管理机构依据《道路运输车辆技术管理规定》不予采信其检测报告，并及时通报同级质监部门，依法依规进行处理。

八、完善保障机制

部组织部公路科学研究院和中国交通通信信息中心成立联合工作组，加强对各省道路货运车辆检验检测改革各项工作的技术指导和跟踪服务。省级交通运输管理部门要充分认识加快推进道路货运车辆检验检测改革工作的重要意义，高度重视改革推进和落地实施工作，将其列为2018年度省级交通运输部门重点改革任务和考核目标，加强督促检查，确保改革预期目标实现、降本增效有成效、人民群众有获得感。省级交通运输管理部门要依据《通知》及本文件要求，结合本省工作实际，抓紧研究制定本省推进道路货运车辆检验检测工作实施细则，并在2018年3月31日前报部（运输服务司）。

交通运输部办公厅关于加快推进新一代国家交通控制网和智慧公路试点的通知

（交办规划函〔2018〕265号 2018年2月27日）

北京、河北、吉林、江苏、浙江、福建、江西、河南、广东省（市）交通运输厅（委）：

为推动新一代国家交通控制网及智慧公路试点有序开展，防止试点同质化、碎片化，经交通运输部同意，现就有关事项通知如下：

一、试点主题

重点但不限于以下六个方向。

（一）基础设施数字化。应用三维可测实景技术、高精度地图等，实现公路设施数字化采集、管理与应用，构建公路设施资产动态管理系统；选取桥梁、隧道、边坡等，建设基础设施智能监测传感网，实现交通基础设施安全状态综合感知、分析及预警功能。北京、河北、河南、浙江重点实施。

（二）路运一体化车路协同。基于高速公路路侧系统智能化升级和营运车辆路运一体化协同，利用5G或者拓展应用5.8GHz专用短程通信技术，提供极低延时宽带无线通信，探索路侧智能基站系统应用，选取有代表性的高速公路，以及北京冬奥会、雄安新区项目，开展车路信息交互、风险监测及预警、交通流监测分析等。北京、河北、广东重点实施。

（三）北斗高精度定位综合应用。建设北斗高精度基础设施，实现北斗信号在示范路段（含隧道）的全覆盖，在灾害频发路段实施长期可靠的监测与预警；探索开展基于北斗高精度定位的高速公路通行费收费应用研究，强化技术储备。构建基于北斗的高速公路应急救援一体化管理系统，实现车辆人员的迅速定位与救援力量的动态调度和区域协同。江西、河北、广东重点实施。

（四）基于大数据的路网综合管理。构建基于大数据的高速公路运营与服务智能化管理决策平台，应用在区域路网综合信息采集、运营调度、收费、资产运维养护、公众信息服务、应急指挥。利用无人机等移动手段，提高运行监测和应急反应能力。利用新媒体、公众信息报告等渠道，实现互动式现场信息采集。开展智能养护、路政和路网事件巡查智能终端示范，融合互联网数据和行业相关数据开展路网运行监测系统建设。福建、河南、浙江、江西重点实施。

（五）“互联网+”路网综合服务。利用“互联网+”技术，探索基于车辆特征识别的不停车移动支付技术。开展基于移动互联网的服务区停车位和充电设施引导、预约等增值服务。探索开展高速公路动态充电示范，实现新能源汽车动/静态充电。开展低温条件下精准气象感知及预测，以及车路协同安全辅助服务等。吉林、广东重点实施。

（六）新一代国家交通控制网。建设面向城市公共交通及复杂交通环境的安全辅助驾驶、车路协同等技术应用的封闭测试区和开放测试区，形成新一代国家交通控制网实体原型系统和应用示范基地。江苏、浙江先行研究推进。

二、下阶段工作安排

（一）深化认识，注重创新。深入学习贯彻党的十九大精神和习近平新时代中国特色社会主义思想，认真落实习近平总书记关于实施国家大数据战略加快建设数字中国的重要指示，按照服务人民、服务大局和服务基层的总体定位，把握新技术发展和创新应用趋势，提升数据采集、传输、存储、分析、运用能力，注重试点内容的前瞻性和系统性。

（二）精心组织，政企合作。请尽快形成工作方案报部，内容包括：一是成立工作组（参与多个试点的可统筹设立），负责协调推进试点工作，在人员、经费等方面给予充分保障；二是明确项目承担单位，注重政企合作，积极与有影响力的创新型企业对接，吸纳各种社会力量参与试点工作；三是成立由产学研用不同领域专家组成的专家组，聘请知名专家、院士担任首席科学家。

（三）突出主题，加快进度。在满足试点主题要求基础上，可结合本地区实际和特色，务实拓展试点内容。加快试点前期工作，各省试点中包含多个项目的，按照成熟一个、推进一个的原则，分别办理地方立项后，按《交通运输行业信息化建设投资补助项目管理暂行办法》（交规划发〔2016〕171号）要求报部。

（四）加强沟通、协同推进。部组织技术支持单位和专家加强全程技术指导，定期与你们沟通交流，及时了解进展情况，协助解决技术问题。

商务部办公厅 公安部办公厅 国家邮政局办公室 供销合作总社办公厅关于组织实施城乡高效配送重点工程的通知

（商办流通函〔2018〕115 号 2018 年 3 月 30 日）

为深入贯彻落实党的十九大精神，进一步加快城乡配送体系建设，推动配送技术与模式创新，实现城乡配送高效发展，按照《商务部公安部交通运输部国家邮政局供销合作总社关于印发〈城乡高效配送专项行动计划（2017—2020年）〉的通知》（商流通函〔2017〕917 号）（以下简称《行动计划》）要求，商务部、公安部、国家邮政局、供销合作总社决定联合组织开展重点工程。现将有关事项通知如下：

一、总体安排

各地按照《行动计划》任务要求，组织开展专项行动，确定一批工作基础好、有发展潜力、兼顾不同类型的城市进行试点探索，选择一批经营规模大、配送品类全、网点布局广、辐射功能强的骨干企业加强联系指导，围绕《行动计划》三大工程中的城乡配送网络建设工程和技术与模式创新工程，通过设施规划保障、政策引导支持、体制机制创新、重点项目推动，促进城乡配送资源整合与协同共享，推广现代物流技术应用和标准实施，推进城乡配送组织方式创新和集约化发展。

二、工作目标

到 2020 年，依托全国城乡高效配送城市、全国城乡配送骨干企业，初步建立高效集约、协同共享、融合开放、绿色环保的城乡高效配送体系。高效配送城市社会物流总成本占 GDP 的比例下降 2 个百分点，仓库利用率达到 90% 以上，共同配送率达到 50% 以上，绿色仓库与新能源车辆比例达到 30% 以上。形成一批可复制可推广的城乡高效配送经验模式。

三、重点工作

（一）城乡配送网络建设工程。

1．完善三级配送网络。加快构建以综合物流中心（各类物流园区）、公共配送（分拨）中心、末端配送网点为支撑的城市配送网络。建立健全以县域物流配送中心、乡镇配送节点和村级末端公共服务站点为支撑的农村配送网络，补齐农村物流和农产品物流短板。加强地区之间、城乡之间网络衔接，促进城乡双向流通。

2．推动网络共享共用。发挥城乡配送骨干企业优势，建立与上下游企业协同联动的合作机制，整合利用商贸、交通、邮政、快递、供销等系统资源，综合利用商业、仓储、邮政、快递、社区服务等各类设施，重点发展共享共用的配送中心、末端综合服务网点和自助提货设施。

（二）技术与模式创新工程。

1．加强技术标准应用。推广物联网感知技术，推进大数据、云计算和人工智能技术应用，发展智慧物流、共享物流、智慧供应链。支持冷链设施设备投入，发展多温层共同配送。加强绿色仓库建设，推广新能源车辆，推动包装减量化、绿色化和循环利用。加快周转箱、托盘（笼）等物流标准载具应用，支持托盘、周转箱等循环共用网点建设，发展单元化物流。

2．推动配送模式创新。强化城乡配送平台功能整合，引导配送需求服务外包，统筹配送供给资源，发展共同配送、统一配送、集中配送、夜间配送、分时段配送等多种形式的集约化配送。推动物流配送社会化，培育专业化第三方物流企业，扩大配送规模，完善配送网点，提高仓库利用率、车辆满载率和快递末端服务能力。强化物流配送与供应链融合发展，推动商品采购、分销、零售、库存、配送、包装等环节协同联动。

四、工作要求

（一）加强组织领导。

各地要强化城乡配送工作的主体意识，将城乡配送作为支撑消费、保障流通、服务生产的基础性工作，加强对重点工程的组织领导。在政府统一领导下，建立由商务部门牵头、相关部门参与的工作机制，明确责任分工，加强部门合作和资源共享，做好综合协调、检查指导和绩效评估，推进重点工程建设取得实效。

（二）加强政策保障。

各地要完善物流用地政策，科学编制仓储设施和末端配送网点规划，将智能快件箱、快递末端综合服务场所纳入公共服务设施相关规划。合理规划建设商业、物流等自助设施，合理设置配送车辆停靠、装卸等配套设施，合理规划大型商业设施周边通行路线。优化配送车辆通行管理，加强运输配送环节安全管理。

（三）加强试点探索。

各地要尽快选择若干城市开展试点探索，指导试点城市结合城市产业结构、流通业发展实际、消费需求以及现有仓储配送设施、企业现状、组织方式等，组织物流配送调查，分析城乡配送需求，找准物流配送短板，结合实际编制试点实施方案。建立重点企业联系制度，按照全国城乡配送骨干企业要求加强联系指导。试点城市实施方案、骨干企业培育指导方案于 2018 年 5 月底前报送商务部流通业发展司备案。

（四）加强评估总结。

各地要加强重点工程实施情况的考核评估，建立城乡配送统计监测体系，推动重点工程取得可量化可考核的成果，形成可复制可推广的经验。试点城市重点在网络体系建设、资源整合利用、设施共享共用、政策体制机制改革等方面进行总结。骨干企业重点在完善网点、共享资源、应用技术、创新模式等方面进行总结。各地重点工程实施情况、试点城市与骨干企业经验模式，于每年 11 月底前报商务部流通业发展司。

商务部将会同有关部门，加强对重点工程实施的工作指导、业务培训和监督检查，结合实地调研对各地重点工程实施情况开展年度评估，并进行情况通报。及时总结成熟经验模式，在全国范围进行复制推广。有关行业协会要发挥自身优势，主动参与重点工程实施工作，协助开展行业分析、政策研究、方案编制与企业咨询，共同推进城乡配送体系建设。

财政部 税务总局关于调整增值税税率的通知

（财税〔2018〕32号　2018年4月4日）

各省、自治区、直辖市、计划单列市财政厅（局）、国家税务局、地方税务局，新疆生产建设兵团财政局：

为完善增值税制度，现将调整增值税税率有关政策通知如下：

一、纳税人发生增值税应税销售行为或者进口货物，原适用17%和11%税率的，税率分别调整为16%、10%。

二、纳税人购进农产品，原适用11%扣除率的，扣除率调整为10%。

三、纳税人购进用于生产销售或委托加工16%税率货物的农产品，按照12%的扣除率计算进项税额。

四、原适用17%税率且出口退税率为17%的出口货物，出口退税率调整至16%。原适用11%税率且出口退税率为11%的出口货物、跨境应税行为，出口退税率调整至10%。

五、外贸企业2018年7月31日前出口的第四条所涉货物、销售的第四条所涉跨境应税行为，购进时已按调整前税率征收增值税的，执行调整前的出口退税率；购进时已按调整后税率征收增值税的，执行调整后的出口退税率。生产企业2018年7月31日前出口的第四条所涉货物、销售的第四条所涉跨境应税行为，执行调整前的出口退税率。

调整出口货物退税率的执行时间及出口货物的时间，以出口货物报关单上注明的出口日期为准，调整跨境应税行为退税率的执行时间及销售跨境应税行为的时间，以出口发票的开具日期为准。

六、本通知自2018年5月1日起执行。此前有关规定与本通知规定的增值税税率、扣除率、出口退税率不一致的，以本通知为准。

七、各地要高度重视增值税税率调整工作，做好实施前的各项准备以及实施过程中的监测分析、宣传解释等工作，确保增值税税率调整工作平稳、有序推进。如遇问题，请及时上报财政部和税务总局。

交通运输部办公厅关于做好交通运输行业标准《营运货车安全技术条件 第1部分：载货汽车》（JT/T 1178.1—2018）实施工作的通知

（交办运〔2018〕44号　2018年4月8日）

各省、自治区、直辖市、新疆生产建设兵团交通运输厅（局、委）：

为进一步加强营运货车安全技术管理，有效遏制因车辆安全性能不足导致的运输安全事故，交通运输部制定发布了交通运输行业标准《营运货车安全技术条件 第1部分：载货汽车》（JT/T 1178.1—2018，以下统称JT/T 1178.1标准），2018年5月1日起正式实施。为积极稳妥做好JT/T 1178.1标准的贯彻实施，抓好营运货车安全技术管理，现将有关事项通知如下。

一、深刻认识标准发布实施的重要意义

近年来，全国道路运输安全生产形势总体呈现稳中趋好的态势，但重特大道路运输事故依然时有发生，给人民群众生命财产造成重大损失，产生了恶劣的社会影响。特别是近几年货车肇事的事故比例明显上升，2017年发生的较大以上道路运输事故中，货车肇事事故起数和死亡人数分别占总数的70%和64%，同比上升14个百分点和10个百分点。货车整体安全性能不高，已经成为制约当前道路运输安全发展的重要因素。

为深刻吸取事故教训，切实解决营运货车制动协调性与行驶稳定性差、安全防护与配置水平低等突出问题，交通运输部坚持问题导向，立足行业安全发展需要，组织制定了JT/T 1178.1标准，对营运载货汽车安全性能和结构配置提出基本的技术要求，并明确了相应检测方法。

各级交通运输管理部门、货车生产企业、道路货运企业、汽车检测机构等有关单位，要高度重视JT/T 1178.1标准发布实施的重要意义，把有效提升货车安全性能、遏制货车肇事事故作为构建交通运输安全发展体系、促进交通强国建设的关键环节和重要组成部分，不断增强标准实施的自觉性、严肃性，严格规范地贯彻执行好JT/T 1178.1标准。各级交通运输管理部门

要把 JT/T 1178.1 标准的实施作为履行营运车辆安全管理职责、提升道路运输安全水平的重要抓手和切入点，明确工作要求，提高业务素质，把好营运货车安全技术管理关口。

二、认真做好标准的宣贯培训工作

为帮助各有关单位贯彻执行好标准，全国道路运输标准化技术委员会及标准起草单位将统一组织开展标准宣贯培训，就标准条款、具体实施要求等内容进行宣贯解读。各级交通运输管理部门要积极组织派员参加标准的宣贯培训，并组织辖区内有关道路运输管理部门、货车生产企业、道路货运企业、汽车检测机构等单位的有关人员开展专题培训，确保相关人员正确理解、全面掌握标准内容和实施要求，切实做到统一标准、统一要求、统一执行。

三、切实做好达标车型审查技术支撑工作

营运货车安全达标管理工作是营运车辆安全技术管理的重要组成部分。交通运输部公路科学研究院作为营运车辆安全达标管理工作的技术支持单位，要统筹组织做好营运货车安全达标车型管理技术审查和相关服务工作，加强专业队伍建设，完善管理制度体系，落实各项保障措施，不断优化工作流程，持续改进服务质量，跟踪技术发展前沿，切实做好安全达标车型审查技术支撑工作。要参照营运客车安全达标同一型式判定技术文件，研究制定营运货车安全性能和结构配置同一型式判定条件和实施要求，对符合同一型式评定要求的车型免检相关检测项目，切实减轻企业负担；要加快推进营运货车、营运客车安全达标和燃料消耗量达标等公告的合并与融合，加快开发营运车辆技术管理综合服务网站，实现统一申报、统一审查、统一公告，方便企业申报和查询以及行业管理部门的监督管理。

四、严格达标车型申报发布程序和核查管理

营运货车安全达标车型由货车生产企业自愿申报，可与燃料消耗量达标车型同时申报。

申报营运货车安全达标的国产货车车型应列入《车辆生产企业及产品公告》，相关进口车型应通过国家强制性产品认证（CCC 认证）并取得《车辆一致性证书》。

技术支持单位要对货车生产企业提交的申报资料按规定程序和要求进行审查。审查未通过的，要向货车生产企业说明情况；审查符合要求的，定期汇总后报交通运输部公示。

对经公示后无异议的车型，以及公示期内有异议、按相关规定核实确认符合标准的车型，交通运输部按批次向社会公布。对公示后有异议且经查实不符合标准的车型，不予发布，并且告知车辆生产企业。原则上发布周期为两个月。

已经公告的营运货车安全达标车型发生扩展、变更时，对满足同一型式判定要求的，由货车生产企业向技术支持单位提交扩展与变更申请，经资料核实确认满足要求后予以变更调整。对不满足同一型式判定要求的，由货车生产企业向技术支持单位提交相应扩展与变更的检测报告，经审查符合要求的予以变更调整。

交通运输部对公告的营运货车安全达标车型实施动态管理。因弄虚作假取得营运货车安

全达标车型的，将从公告目录中撤销相应车型，并向社会公布。

各级交通运输管理部门要严格营运货车的安全技术管理，核查符合要求的车辆方可办理营运手续。

五、规范达标车型检测管理

开展营运货车安全达标检测业务的汽车检测机构要尽快按照营运货车安全达标检测能力要求，取得相应的汽车检验检测机构资质认定和国家实验室认可证书，认定和认可的技术能力范围涵盖 JT/T 1178.1 标准及相关试验方法，相关检测仪器设备在计量检定或者校准有效期内，自有或租用符合营运货车安全达标检测要求的试验道路设施。

汽车检测机构要严格按照相关法规、管理制度和技术要求开展检测工作，确保检测程序规范、结果准确，据实出具检验报告，相关检测原始记录和报告要按照有关规定归档留存；要加强检测质量管理，增强服务意识，提供科学准确、公平公正、及时有效的检测服务。对存在未按照标准要求开展检测、未经检测出具检测报告、伪造检测结论或出具虚假检测报告等情形之一的检测机构，将依法依规处理，并向社会公布；对相关检测机构负责人，按照国家发展改革委、最高人民法院等 44 个部门联合出台的《关于印发对失信被执行人实施联合惩戒的合作备忘录的通知》（发改财金〔2016〕141 号）要求，在“信用中国”网站上曝光。

六、积极平稳做好标准实施

货车生产企业要加强技术研发与产品升级，确保新研发货车车型满足营运货车安全技术条件标准要求。2018 年 5 月 1 日前已经取得新产品公告或 CCC 认证的载货汽车车型、已经完成汽车强制性项目检验但尚未取得新产品公告或 CCC 认证的载货汽车车型，自 2019 年 5 月 1 日起执行 JT/T 1178.1 标准；2018 年 5 月 1 日后取得新产品公告或 CCC 认证的载货汽车车型，自标准实施之日起严格执行。

货车生产企业要在 2018 年 5 月 1 日前报送已经取得新产品公告或 CCC 认证的载货汽车车型、已经完成汽车强制性项目检验但尚未取得新产品公告或 CCC 认证的载货汽车车型信息，技术支持单位核查汇总后及时向社会公布，以便各级交通运输管理部门在办理营运货车手续时查询。

技术支持单位联系方式：交通运输部公路科学研究院 010-62014121，010-62079727;邮箱：atestsc@rioh.cn。

商务部 工业和信息化部 生态环境部 农业农村部 人民银行 国家市场监督管理总局 中国银行保险监督管理委员会 中国物流与采购联合会 8部门关于开展供应链创新与应用试点的通知

（商建函〔2018〕142号　2018年4月10日）

各省、自治区、直辖市、计划单列市及新疆生产建设兵团商务、工业和信息化、环境保护、农业、质量技术监督（市场监管）部门，中国人民银行各分行、营业管理部、各省会（首府）城市中心支行、各副省级城市中心支行，各银监局，中国物流与采购联合会各分支机构：

根据《国务院办公厅关于积极推进供应链创新与应用的指导意见》（国办发〔2017〕84号）要求，商务部、工业和信息化部、生态环境部、农业农村部、人民银行、国家市场监督管理总局、中国银行保险监督管理委员会和中国物流与采购联合会决定开展供应链创新与应用试点。现将有关事项通知如下：

一、总体要求

（一）指导思想。

全面贯彻党的十九大精神，以习近平新时代中国特色社会主义思想为指导，落实国务院关于推进供应链创新与应用的决策部署，以供给侧结构性改革为主线，完善产业供应链体系，高效整合各类资源和要素，提高企业、产业和区域间的协同发展能力，适应引领消费升级，激发实体经济活力，在现代供应链领域培育新增长点、形成新动能，助力建设现代化经济体系，推动经济高质量发展。

（二）总体思路。

试点包括城市试点和企业试点，试点实施期为2年。试点城市的主要任务是出台支持供应链创新发展的政策措施，优化公共服务，营造良好环境，推动完善产业供应链体系，并探索跨部门、跨区域的供应链治理新模式。试点企业的主要任务是应用现代信息技术，创新供应链技术和模式，构建和优化产业协同平台，提升产业集成和协同水平，带动上下游企业形成完整高效、节能环保的产业供应链，推动企业降本增效、绿色发展和产业转型升级。

通过城市试点和企业试点，在若干关系国计民生、消费升级和战略新兴的重点产业，推动形成创新引领、协同发展、产融结合、供需匹配、优质高效、绿色低碳、全球布局的产业供应链体系，促进发展实体经济，助力供给侧结构性改革，筑牢现代化经济体系的坚实基础。

（三）试点目标。

通过试点，打造“五个一批”，即创新一批适合我国国情的供应链技术和模式，构建一批整合能力强、协同效率高的供应链平台，培育一批行业带动能力强的供应链领先企业，形成一批供应链体系完整、国际竞争力强的产业集群，总结一批可复制推广的供应链创新发展和政府治理实践经验。

通过试点，现代供应链成为培育新增长点、形成新动能的重要领域，成为供给侧结构性改革的重要抓手，成为“一带一路”建设和形成全面开放新格局的重要载体。

二、试点城市重点任务

（一）推动完善重点产业供应链体系。

一是建立健全农业供应链。结合本地特色农业，优先选择粮食、果蔬、茶叶、药材、乳制品、蛋品、肉品、水产品、酒等重要产品，立足区域特色优势，充分发挥农业产业化龙头企业示范引领作用，推动供应链资源集聚和共享，打造联结农户、新型农业经营主体、农产品加工流通企业和最终消费者的紧密型农产品供应链，构建完善全产业链各环节相互衔接配套的绿色可追溯农业供应链体系。

二是积极发展工业供应链。结合本地主导产业，优先选择钢铁、煤炭、水泥、玻璃等相关产业，推动企业打造供需对接、资源整合的供应链协同平台，提高产业协同效率，推动降成本、去库存和去产能，助力供给侧结构性改革。

在与消费升级密切相关的产业中，优先选择家电、汽车、电子、纺织等，推动企业构建对接个性化需求和柔性化生产的智能制造供应链协同平台，提高产品和服务质量，满足人民日益增长的美好生活的需要。

针对必须抢占制高点的战略新兴产业，充分调动各方资源，打造合作紧密、分工明确、集成联动的政产学研一体化的供应链创新网络，推进大型飞机、机器人、发动机、集成电路等关键技术攻关和产业发展。

三是创新发展流通供应链。推动企业与供应商、生产商实现系统对接，构建流通与生产深度融合的供应链协同平台，实现供应链需求、库存和物流实时共享可视。

推动企业建设运营规范的商品现货交易平台，提供供应链增值服务，提高资源配置效率。促进传统实体商品交易市场转型升级，打造线上线下融合的供应链交易平台，促进市场与产业融合发展。

鼓励传统流通企业向供应链服务企业转型，建设供应链综合服务平台，提供研发、设计、采购、生产、物流和分销等一体化供应链服务，提高流通效率，降低流通成本。

推进城市居民生活供应链体系建设，发展集信息推送、消费互动、物流配送等功能为一体的社区商业，满足社区居民升级消费需求，提高居民生活智能化和便利化水平。

（二）规范发展供应链金融服务实体经济。

推动供应链核心企业与商业银行、相关企业等开展合作，创新供应链金融服务模式，发挥上海票据交易所、中征应收账款融资服务平台和动产融资统一登记公示系统等金融基础设施作用，在有效防范风险的基础上，积极稳妥开展供应链金融业务，为资金进入实体经济提供安全通道，为符合条件的中小微企业提供成本相对较低、高效快捷的金融服务。

推动政府、银行与核心企业加强系统互联互通和数据共享，加强供应链金融监管，打击融资性贸易、恶意重复抵质押、恶意转让质物等违法行为，建立失信企业惩戒机制，推动供应链金融市场规范运行，确保资金流向实体经济。

（三）融入全球供应链打造“走出去”战略升级版。

推动本地优势产业对接并融入全球供应链体系，开展更大范围、更高水平、更深层次的国际合作，向全球价值链中高端跃升，打造更具全球竞争力的产业集群。

支持和鼓励企业积极开展对外贸易与投资合作，加强与“一带一路”沿线国家的互联互通，设立境外研发中心、分销服务网络、物流配送中心、海外仓等，提高全球范围内供应链协同和配置资源的能力，促进重要资源能源、重要农产品、关键零部件来源的多元化和目标市场的多样化。

（四）发展全过程全环节的绿色供应链体系。

推动深化政府绿色采购，行政机关和使用财政资金的其他组织应当优先采购和使用节能、节水、节材等环保产品、设备和设施，并建立相应的考核体系。研究制定重点产业企业绿色供应链构建指南，建立健全环保信用评价、信息强制性披露等制度，依法依规公开供应链全环节的环境违法信息。

支持环境保护技术装备、资源综合利用和环境服务等环境保护产业的发展。加大对绿色产品、绿色包装的宣传力度，鼓励开展“快递业+回收业”定向合作，引导崇尚自然、追求健康的消费理念，培育绿色消费市场。

（五）构建优质高效的供应链质量促进体系。

加强供应链质量标准体系建设，推广《服务质量信息公开规范》和《服务质量评价工作通用指南》，建立供应链服务质量信息清单制度。加强全链条质量监管，开发适应供应链管理需求的质量管理工具，引入第三方质量治理机制，探索建立供应链服务质量监测体系并实施有针对性的质量改进。

引导企业树立质量第一的意识，提高服务质量，创新服务模式，优化服务流程，为客户提供安全、诚信、优质、高效的服务。鼓励企业加强供应链品牌建设，创建一批高价值供应链品牌。

（六）探索供应链政府公共服务和治理新模式。

以完善政策、优化服务、加强监管为重点，改革相关体制机制，出台相关支持政策措施，宣传推广供应链思维、理念和技术，营造供应链创新与应用的良好环境。积极打造供应链公共服务平台，研究设立供应链创新产业投资基金，建设供应链科技创新中心，支持供应链前沿技术、基础软件、先进模式等的研究与推广。加强供应链标准体系、信用体系和人才体系等支撑建设。

三、试点企业重点任务

试点企业应围绕试点目标，发挥龙头带动作用，加强与供应链上下游企业的协同和整合，着力完善产业供应链体系，促进产业降本增效、节能环保、绿色发展和创新转型。

（一）提高供应链管理和协同水平。

普及供应链思维，完善供应链管理制度，加强企业信息化升级，加强标准化建设，培养供应链专业人才，提高与上下游企业协同能力，形成分工协作的网络体系，积极“走出去”开展对外贸易投资合作，构建全球供应链，提升全球资源配置效率。

（二）加强供应链技术和模式创新。

积极与高校、研究机构等开展合作，建设供应链研究中心或实验室，开展供应链技术创新和软硬件研发，推广应用供应链新技术、新模式，促进整个产业供应链数字化、智能化和国际化。

（三）建设和完善各类供应链平台。

以平台为重要载体完善供应链体系，加强与上下游企业实现系统和数据对接，充分发挥供应链平台的资源集聚、供需对接和信息服务等功能，构建跨界融合的产业供应链生态。

（四）规范开展供应链金融业务。

有条件的企业可加强与商业银行、平台企业等合作，创新供应链金融业务模式，优化供应链资金流，积极稳妥、依法依规开展供应链金融业务。

（五）积极倡导供应链全程绿色化。

以全过程、全链条、全环节的绿色发展为导向，优先采购和使用节能、节水、节材等环保产品、设备和设施，促进形成科技含量高、资源消耗低、环境污染少的产业供应链。

四、组织实施程序

（一）积极组织申报。

省级商务主管部门会同工业和信息化、环境保护、农业主管部门、人民银行、质量技术监督（市场监管）部门和原银监会派出机构，建立试点工作协调机制，共同组织本地各城市和企业申报，并将《供应链创新与应用城市试点方案》（附件 1）[①]、《供应链创新与应用试点企业申报表》（附件 2）以及《申报供应链创新与应用试点单位汇总表》（附件 3）（含电子版）一式八份报商务部（市场建设司）。申报截止日期为 2018 年 5 月 31 日。

申报城市应拥有较好的产业基础，重点产业集群在全国具有较强的影响和带动能力，拥有比较完善的产业配套体系；具有较好的供应链发展软硬基础设施，现代信息技术应用规模较大。自由贸易试验区可独立申报。

申报企业应具有独立法人资格，具有较高的供应链管理能力，较完善的供应链管理制度，较强的供应链人才力量，建有业内较大影响的供应链平台，对行业发展具有重要影响和示范带动作用。中央企业可由国务院相关部门推荐申报，也可直接向商务部申报。

（二）编制试点方案。

申报试点的城市应编制《供应链创新与应用城市试点方案》。实施方案要依托本市优势和特色产业，聚焦一项或多项试点任务，科学谋划供应链推动产业发展的总体思路、目标任务、试点内容和保障措施。

申报试点的企业应按要求填写《供应链创新与应用试点企业申报表》。申报企业要围绕试点目标和任务，提出加强供应链协同和整合、完善产业供应链体系的目标和举措。

（三）确定试点城市和试点企业。

商务部会同工业和信息化部、生态环境部、农业农村部、人民银行、国家市场监督管理总

① 本书中附件略。余同。

局、中国银行保险监督管理委员会和中国物流与采购联合会共同组织专家对申报材料进行评审，通过竞争性择优确定试点城市和试点企业。

（四）试点实施并及时报送进展情况。

各试点城市和试点企业应每季度上报试点情况。试点取得的重大进展，或遇到的重大问题和困难，应及时报告。省级商务主管部门将有关情况统一报商务部。试点企业是中央企业的，由中央企业直接上报商务部。

（五）绩效评估和经验总结。

商务部将会同有关部门对试点进行中期和终期评估，对于中期评估表现优秀的城市和企业，研究给予相关激励政策；根据终期评估结果，对试点效果显著、绩效评估为优的城市授予“全国供应链创新与应用示范城市”称号，对行业引领能力强、绩效评估为优的企业授予“全国供应链创新与应用示范企业”称号。同时总结可复制推广的实践经验。

五、工作要求

（一）加强组织领导和工作协调。

要加强试点的组织领导，建立相关部门参与的工作协调机制，制定试点方案，明确责任分工，加强统筹协调，确保工作顺利推进。各级商务、工业和信息化、环境保护、农业、人民银行、质量技术监督（市场监管）等部门和原银监会派出机构要密切配合，共同做好试点的组织实施、监督、评估和总结推广等工作，及时帮助协调解决试点的困难和问题。

（二）加强业务指导和政策支持。

鼓励试点城市整合国家、省级预算内投资等各项资金，引导社会资本设立供应链创新产业投资基金，支持供应链创新和应用项目。试点城市有关部门在安排相关投资时，对于符合条件的供应链创新发展项目予以倾斜。

各级商务、工业和信息化、农业、环境保护和质量技术监督（市场监管）部门要加强对流通、工业、农业供应链以及供应链全程绿色化和供应链质量标准等方面的业务指导，研究出台相关财政、税收、金融、土地等方面的政策措施，加大对试点的支持力度。

各级人民银行和原银监会派出机构要加强对供应链金融发展的指导和监督，研究相关支持政策，对内外资企业和机构一视同仁，营造公平竞争的市场环境。优先支持符合条件的试点企业发行公司信用类债券，提高事中事后风险管理水平，推动供应链金融健康稳定发展。

各级商务等行业主管部门要指导和支持相关行业组织探索建立供应链绩效指数评价体系，为各地建立供应链公共服务平台提供技术支持，为试点城市和试点企业进行专业指导和业务培训等。

（三）做好宣传和总结推广工作。

各级商务、工业和信息化、环境保护、农业、人民银行、质量技术监督（市场监管）部门和原银监会派出机构要及时梳理总结试点中出现的典型案例，在各类媒体进行宣传报道。试点中形成的先进模式和经验要及时推广，扩大试点效果。

六、联系方式

商务部市场建设司
联系人：刘书军
电话：010-85093706
电子邮箱：liushujun@mofcom.gov.cn
传真：010-85093680
工业和信息化部

联系人：王馨艺
电话：010-68205281
电子邮箱：wangxinyi@miit.gov.cn
传真：010-66013568

生态环境部
联系人：靳晗
电话：010-66556951
电子邮箱：jin.han@mep.gov.cn
传真：010-66556157

农业农村部
联系人：沈国际
电话：010-59193102
电子邮箱：scsltc@163.com
传真：010-59193147

人民银行
联系人：郑小驹
电话：010-66199598
电子邮箱：zxiaoju@pbc.gov.cn
传真：010-66016647

国家市场监督管理总局
联系人：段丽娟　井琛
电话：010-82260478　010-82260480
电子邮箱：fwyzlc@aqsiq.gov.cn
传真：010-82260309

中国银行保险监督管理委员会
联系人：蔡幸
电话：010-66278324
电子邮箱：caixing@cbrc.gov.cn
传真：010-66299116

中国物流与采购联合会
联系人：金蕾
电话：010-58566588-108
电子邮箱：jinl@chinascm.org.cn
传真：010-58566579

关于开展模块化中置轴汽车列车示范运行工作的通知

（交办运〔2018〕46号　2018年4月17日）

各省、自治区、直辖市、新疆生产建设兵团交通运输厅（局、委）、部公路科学研究院：

为深入贯彻落实《国务院办公厅关于进一步推进物流降本增效促进实体经济发展的意见》（国办发〔2017〕73号）和《交通运输部等十四个部门关于印发促进道路货运行业健康稳定发展行动计划（2017—2020年）的通知》（交运发〔2017〕141号）关于推广使用中置轴汽车列车等先进车型的有关要求，促进道路货运车辆标准化、厢式化、轻量化发展，提升道路货运车型标准化水平，促进物流业“降本增效”，经交通运输部同意，在全国开展模块化中置轴汽车列车示范运行工作。现将有关事项通知如下：

一、充分认识开展模块化中置轴汽车列车示范运行工作的重要意义

当前我国货运车辆结构类型庞杂，标准化程度较低，与其他载运工具、站场设施等缺乏统筹衔接，制约了甩挂运输、多式联运等先进运输方式发展，影响了物流的机械化和自动化运作，降低了物流整体效率。模块化中置轴汽车列车（见附图）由牵引货车和中置轴挂车组成，运载两个标准单元的汽车列车，具有高效、经济、灵活等优点，在欧美国家货运物流行业得到普遍使用。

开展模块化中置轴汽车列车示范运行工作，引导行业规范使用中置轴汽车列车，逐步替换非标准化道路货运车辆，构建以标准载货单元为核心的货运车辆标准化体系，提升货运车型标准化水平，有利于促进先进物流模式和物流装备的推广应用，强化物流各环节、各要素的衔接匹配，推动甩挂运输、多式联运等运输组织方式的发展，对于降低全社会物流成本，支撑经济提质增效升级，促进道路货运行业安全、高效、绿色发展具有重要意义。

二、总体要求

以习近平新时代中国特色社会主义思想为指导，全面贯彻落实党的十九大和十九届二中、三中全会精神，以提升道路货运车型标准化水平、促进物流业“降本增效”为目标，坚持市场引领、创新驱动、以点带面、有序推进，以

示范为载体，逐步提高模块化中置轴汽车列车技术水平，完善配套标准和制度体系建设，推动模块化中置轴汽车列车在甩挂运输、多式联运中的广泛应用，提高我国道路货运车型标准化与现代化水平，引导货运物流行业的集约化、规范化发展，推动货运物流行业供给侧结构性改革，为经济社会发展提供安全、高效、绿色的物流运输保障。

三、参加企业及运行线路

经道路货运企业申报，部公路科学研究院组织专家评审，省级交通运输部门审核，部确定盛辉物流集团有限公司、江苏京东信息技术有限公司北京分公司、黑龙江龙运快运有限公司、杭州申瑞快递服务有限公司、上海顺啸丰运输有限公司、圆通速递有限公司、河北盛宇物流有限公司等7家企业参与模块化中置轴汽车列车示范运行工作（示范运行企业名单和示范运行线路见附件）。

四、主要任务

（一）加强模块化中置轴汽车列车示范运行保障。各示范运行企业要使用符合国家标准的中置轴汽车列车，选用安全驾驶经验丰富的、经过培训的驾驶员，开展模块化中置轴汽车列车示范运行；要按照示范运行方案开展运行，加强对示范运行的全过程监管，合理装载，严禁超限超载，确保示范运行工作安全有序开展。

（二）创新模块化中置轴汽车列车运营组织模式。各示范运行企业要探索建立模块化中置轴汽车列车运行管理制度，合理制定操作规范，科学设计业务流程，强化物流资源组织调度，提高道路货物装卸与运输效率；要充分发挥模块化运输组织优势，积极探索循环甩挂、一车多挂等运输组织模式，提升运输组织效率；要积极探索与铁路、水运、航空企业的合作，开展公铁、公水、陆空联运，推进道路运输与其他运输方式的衔接，推动多式联运发展。

（三）提升模块化中置轴汽车列车装备水平。各示范运行企业要探索提升模块化中置轴汽车列车装备水平，推广运用空气悬架、电子稳定程序、车道偏离与碰撞预警、盘式制动器等车辆先进技术与装备，提升车辆运行安全性；要做好模块化中置轴汽车列车示范运行情况的总结分析，研究提出车辆运行安全技术需求和改进车辆技术性能的建议意见。

（四）完善模块化中置轴汽车列车相关技术标准和规章制度。部公路科学研究院要做好模块化中置轴汽车列车运行数据收集和统计分析，要结合示范运行情况逐步完善模块化中置轴汽车列车相关技术标准，研究探索模块化中置轴汽车列车驾驶操作、通行条件、车辆互换性等方面的标准规章；在示范运行基础上，研究模块化双挂汽车列车等车型的车辆技术条件和运行技术要求，不断完善模块化汽车列车标准体系，提升道路货运车辆标准化水平。

五、时间安排

（一）启动阶段：2018年4月。各示范运行企业进一步完善示范运行实施方案，突出示范运行组织特色，明确工作目标，认真做好示范运行的准备工作。

（二）组织实施阶段：2018年5月至2018年11月。示范运行企业按照示范运行方案认真组织实施示范运行工作。各省级交通运输主管部门要加强对示范工作的跟踪了解，及时协调解决相关问题。部公路科学研究院加强跟踪指导，定期分析运行情况。

（三）总结评估阶段：2018 年 12 月。部公路科学研究院对示范运行工作进行总结评估，编制示范运行工作总结报告，将示范工作情况报部。

六、工作要求

（一）加强组织领导。要充分认识示范运行工作的重要意义，对示范运行工作给予高度重视，按照要求认真组织开展示范运行，确保示范运行工作取得实效。部公路科学研究院要安排专门人员负责，做好示范运行工作的技术支持和相关研究。

（二）强化宣传引导。部公路科学研究院和相关省级交通运输主管部门要积极开展宣传引导工作，充分利用报刊、互联网、微信等多种媒体和形式，宣传普及中置轴汽车列车国家标准，加强对模块化中置轴汽车列车的宣传，引导行业规范使用中置轴汽车列车，推广应用模块化中置轴汽车列车。

（三）加强跟踪监测。相关省级交通运输主管部门要及时发现示范运行过程中出现的新情况、新问题，积极协调相关部门加以解决。部公路科学研究院要加强对示范运行工作的跟踪和评估，做好运行数据的收集、整理与分析，及时研究分析示范运行工作中遇到的技术难题，归纳总结示范工作的典型经验做法。

交通运输部办公厅关于深入推进无车承运人试点工作的通知

（交办运函〔2018〕539号　2018年4月17日）

各省、自治区、直辖市、新疆生产建设兵团交通运输厅（局、委）：

为进一步健全无车承运人试点企业监测评估机制，优化无车承运人发展环境，促进无车承运人新业态健康规范发展，确保试点工作有序推进并取得实效，经交通运输部同意，现就深入推进无车承运人试点有关工作通知如下：

一、加强试点运行监测评估

（一）完善监测平台综合信息服务功能。国家交通运输物流公共信息平台管理中心（以下简称平台管理中心）、各省级交通运输主管部门要做好部、省两级监测平台的建设维护工作，加强与全国道路运政管理信息系统、全国道路货运车辆公共监管与服务平台的合作对接，为试点企业提供便捷、经济、高效的公共信息查询服务。全国道路货运车辆公共监管与服务平台向部、省两级监测平台提供总质量12吨及以上的重型普通载货汽车和半挂牵引车的入网信息、轨迹信息用于运行监测分析。

（二）定期开展试点监测评估。平台管理中心要按照《无车承运人试点综合监测评估指标体系》（详见附件1）的要求，以2018年1月至6月、7月至9月、10月至12月为评估周期，汇总计算试点企业监测评估结果，并在评估周期结束后三个工作日内将评估结果报部。部将根据平台管理中心报送的评估结果，对试点企业进行综合排名。

（三）加强试点运行重点督导。各省级交通运输主管部门要对综合排名靠后的本区域内的试点企业进行重点督导，及时发现试点企业运营中存在的突出问题，指导和督促企业采取有效措施加以整改，不断提高试点企业整体发展水平。在督导过程中，发现运营不规范、监测异常率较高且拒不整改、情节严重的试点企业，可终止其试点资格。

（四）做好监测数据保密工作。平台管理中心、各省级交通运输主管部门要严格部、省两级监测平台用户账号分配和管理，建立健全用户账号管理制度，明确责任人，不得向其他单位和个人泄露试点企业运行信息，不得利用监测数据进行商业开发，严格保护试点企业的信息安全。

二、优化试点企业发展的外部环境

（一）进一步规范个体运输业户经营许可。各省级交通运输主管部门要指导县级道路运输管理机构严格按照《道路运输条例》《道路货物运输及站场管理规定》的要求，对依法办理工商登记手续且符合许可条件的个体业户颁发《道路运输经营许可证》，不得对个体业户申请经营资质设置障碍。

（二）优化创新行业管理模式。各省级交通运输主管部门要加快推进道路运政信息化建设，充分利用移动互联网、电子证照等手段，为道路货运经营业户许可申请、业务变更、信息查询等事项办理提供便捷化通道和平台。加快推进道路货运驾驶员从业资格考试报名、继续教育、诚信考核网上办理，探索推进道路货运驾驶员异地诚信考核签注、道路普通货运车辆异地年审。

（三）着力解决试点企业发展中面临的突出问题。各省级交通运输主管部门要加强与试点企业的沟通联系，了解试点推进中存在的突出问题，积极协调相关部门解决试点企业经营负担重、分支机构设立不便捷、个体运输业户工商登记难等突出问题，为试点企业扩大业务规模、拓展服务范围创造有利的外部环境。

三、推动完善相关税收保险政策

（一）积极推动相关税收政策落地实施。各省级交通运输主管部门要加强与省级国税部门的沟通协调，学习借鉴江苏、河南两省的先进经验，充分考虑货车司机分散独立经营的特点，优化创新税收征管理念和模式，推动落实无车承运人增值税进项抵扣范围、个体运输业户异地代开增值税专用发票、无车承运试点企业代个体运输业户开具增值税专用发票等税收政策。协助税务部门利用先进信息技术加强运输业务真实性核验，拓展税务系统网上服务功能，有效降低试点企业税负。

（二）探索创新责任保险制度。试点企业要加强与专业保险机构合作，开发和推广应用无车承运人责任保险产品，建立完善适应无车承运人运营模式特点的保险制度，提高试点企业风险防范和偿付能力，切实保障货主权益。

四、强化运输安全管理

（一）督促试点企业加强运输生产安全监管。各省级交通运输主管部门要督促试点企业健全安全生产管理制度，严格实际承运人资质审核，试点企业不得委托未取得道路货运相关经营资质的企业、车辆和驾驶员执行运输任务，不得委托实际承运人运输危险货物（符合豁免要求的除外），不得委托实际承运人非法超限超载运输；要督促试点企业强化运输动态监控，鼓励利用互联网平台对实际承运人开展培训教育，及时对不规范运营行为进行提示；要督促试点企业强化对实际承运人的动态考核，充分利用市场化手段促进行业优胜劣汰。

（二）切实维护行业健康稳定发展。试点企业要按照《交通运输部等十四个部门关于印发促进道路货运行业健康稳定发展行动计划（2017—2020年）的通知》（交运发〔2017〕141号）的部署要求，充分利用平台企业集聚行业从业人员多、组织管理能力强等优势，加强对广大货车司机的关心关爱和正面引导，强化对货车司机群体的服务意识，通过提供财务管理、物流金融、保险理赔、集中采购等服务，解决货车司机在运营过程中的实际困难，降低货车司机的经营负担；要积极推进“司机之家”建设，切实改善货车司机的食宿条件；要深入了解货车司机群体的经营情况，真实反馈司机诉求，做好行业舆情监测和信息报送工作。

五、加强技术创新和经验推广

（一）支持试点企业创新发展。各省级交通运输主管部门要支持试点企业在城市配送、农村物流、冷链物流等重点物流领域推广无车承运物流模式，鼓励试点企业探索无车承运模式与多式联运、甩挂运输、共同配送等先进运输组织方式融合应用的发展路径，培育一批理念创新、运作高效、服务规范、竞争力强的试点企业，引导行业规模化、集约化、规范化发展。

（二）鼓励企业联盟合作发展。支持试点企业以资产为纽带，以开放合作、互联共赢为原则，在货源组织、线路整合、网络覆盖、运力调配、装备设施、标准规范等方面加强合作，促进试点企业间业务合作、资源共享、共赢发展。引导试点企业与成品油销售、车辆生产制造与维修、金融保险等关联服务企业，以及生产制造、商贸流通、电子商务等供应链上下游企业开展多种形式的联盟合作，加快运营模式和服务产品创新，提升物流服务便捷化、网络化、一体化水平。

（三）总结推广先进经验做法。各省级交通运输主管部门要跟踪试点企业在整合物流资源、创新监管模式、推进产业融合、服务货车司机等方面的探索实践，及时总结形成一批可复制、可推广的典型经验，加强宣传引导，发挥示范引领作用，引领带动行业转型发展。

民航局关于促进航空物流业发展的指导意见

（民航发〔2018〕48号　2018年5月11日）

民航各地区管理局，各运输（通用）航空公司，各服务保障公司，各机场公司，民航局直属各单位，中国航空运输协会，民航机场协会：

民航业和物流业是支撑我国经济社会发展的战略产业。航空物流业是以民航航空货运为核心，实现物品“门到门”实体流动以及延伸服务的战略性产业体系，具有服务范围广、附加值高、快捷高效等特点。发展航空物流业，对深度参与国际分工与合作、服务国家重大战略实施、实现经济结构转型升级、加快推进民航强国建设和实现国家经济高质量发展具有重要意义。近年来，我国航空物流业取得了长足发展，但发展不平衡不充分的问题仍很突出，服务能力不强、运行效率不高、信息化和标准化建设相对滞后，与经济社会发展和人民消费需求仍有较大差距。随着电商、快递、冷链等现代物流市场的高速发展，航空货源结构性变化凸显，对航空物流服务升级的要求不断提升。为贯彻落实党中央、国务院关于深入推进供给侧结构性改革的决策部署，促进行业发展理念、组织方式、商业模式和政府治理手段创新，推动民航高质量发展，现提出以下意见。

一、总体要求

（一）指导思想。

全面贯彻党的十九大和十九届二中、三中全会精神，以习近平新时代中国特色社会主义思想为指导，坚持新发展理念，统筹推进“五位一体”总体布局和协调推进“四个全面”战略布局，坚持以供给侧结构性改革为主线，坚持以客户为本的价值取向，聚焦影响航空物流发展的突出矛盾和瓶颈问题，扭住提质增效的“牛鼻子”，以创新体制机制为动力，着力提高行业服务质量和竞争力，促进航空物流信息化、专业化、网络化、社会化发展，构建高效、绿色、安全、可靠的航空物流服务体系，更好发挥航空物流推动临空经济发展的引擎作用，更好地适应和不断满足国家战略和人民美好生活对现代物流的需要。

（二）基本原则。

问题导向、重点突破。聚焦影响运行效率和服务质量的突出问题，找准薄弱环节，率先取得突破，促进航空物流提质增效发展，实现存量资源高效利用和优质增量高效供给。

市场主导、创新驱动。发挥市场配置资源的决定性作用，创新和完善宏观调控，激发企业创新的内生动力，鼓励先进技术装备应用，推动理念创新、体制创新、管理创新、服务创新。

标准先行，绿色发展。科学制定相关标准，以标准建设为抓手，打破企业间、交通运输方式间的衔接壁垒，推进信息标准、运行标准、设备标准建设，促进资源共享共用，减少重复浪费，实现行业集约发展。

统筹协调、融合发展。统筹协调各有关部门，促进航空物流资源整合及一体化运作。推动航空物流与制造、贸易、交通、金融等行业深度融合，提升综合服务能力和产业整体竞争力。

（三）总体目标。

到“十三五”末，航空物流产业转型升级取得明显成效，发展环境明显改善，服务质量和运行效率显著提升。中性电子运单全面普及，航空物流公共信息服务平台完成建设并投入运行，标准化建设取得突破，安检和通关效率明显提升，功能完善、布局合理、衔接顺畅的航空物流基础设施体系初步形成。到2025年，机场地面服务质量和效率达到国际先进水平，全货机服务覆盖范围和腹舱运力利用率大幅提高，形成若干具有较强国际竞争力的航空物流企业，航空多式联运畅顺运行，现代航空物流服务体系基本建立，有效满足市场需求，为消费升级和经济贸易发展提供有力支撑。

二、主要任务

（四）不断深化对航空物流发展规律的研究把握。

深入研究发展趋势、准确把握发展规律，是推动高质量发展的重要前提。伴随民航行业发展规模和基础设施布局不断扩大完善，航空物流具备了相应的要素和产业基础。特别是快递业高速发展以及大数据、云计算、人工智能的不断成熟应用，航空物流正迎来一个发展新阶段，集中表现在多元市场需求持续提升演化，多种交通方式的竞争与合作不断深化，需求与供给相互诱发并不断调整，挑战与机遇并存。高效率、高质量是航空运输最大的比较优势，是航空物流业的生命线，是当前和今后一段时期航空物流业发展面临矛盾的主要方面。航空物流要努力化解环节多、主体多、流程复杂等影响效率的问题，以更短的时间、更高的效率、更少的搬运次数提供高品质的“门到门” 服务。 行业发展要始终坚持市场导向，扭转“重客轻货” 思想，秉承开放、合作、融合、卓越的理念，充分整合各种资源，打造信息资源交互化共享、市场主体多元化培育、发展模式多样化创新的航空物流链，提供满足市场需要的组合产品，推动生产方式由行业化向社会化转变，实现航空货运由传统运输方式向现代物流服务体系的跃升。

（五）着力优化航空资源配置。

完善航班时刻管理。根据机场发展定位，坚持客货并举，放开机场高峰时段对货运航班的时刻限制，统一协调分配货运航班时刻，支持航空公司构建货运航班波，支持航空货运枢纽建设。

优化货运基础设施建设。盘活既有机场存量资源，加强货运设施改造，优化机场货运设施布局和货物流线。实施集疏运系统改造工程，统筹优化完善场内与场外道路设施，确保内外集疏衔接顺畅、运行便捷高效。明确发展方向和业务模式，通过机场改扩建完善冷链、快件分拣等设施建设。新建机场要在可研阶段加强货运区规划布局研究，统筹规划、建设、运营和管理，强化资源供给品质。推进鄂州等货运功能为主的机场建设，及时总结经验并综合全国航空货运基础设施使用状况，适时启动货运功能为主的机场布局规划和运行机制研究。

促进航空物流企业转型发展。以市场为导向，鼓励航空货运企业与其他物流企业通过运营合作、联合重组、发展混合所有制等方式实现规模化、网络化、专业化发展，打造完整的物流产业链，创新航空货运产品体系和业务模式，提升市场竞争力。

（六）全面提高航空物流信息化水平。

实施中性电子运单工程。参考国际标准，建立由货运航空公司、机场货站、货运代理企业等主要航空物流参与者共同制定的中性电子运单标准，制定推广时间表，加快提高中性电子运单覆盖率，研究开发我国航空货运财务结算系统，不断夯实行业高效运行和管理的基础条件。

建立公共信息服务平台。大力支持企业主导的市场化运营，广泛应用统一条码管理、射频识别等物联网技术，加强航空物流链主体单位信息化建设，建立开放的客户导向的航空物流公共信息服务平台，为航空公司、机场货站、货运代理企业、货主以及海关、检验检疫部门等提供销售、订舱、结算、收发、跟踪查询、报关报检等全过程一体化信息服务。

（七）切实提高地面服务质量和效率。

大力促进机场地面服务准入。制定和完善机场地面服务准入规定，推动机场地面服务建立市场竞争机制。鼓励通过混合所有制改革等方式，激发企业活力。

进一步优化机场货运流程。优化调整现有货运区布局，推行集中式货运区，简化流程环节，探索建立多部门协同运作模式，借助航空物流公共信息平台实现并行作业。结合航空快件、冷链货物、鲜活水产品等运输特点，建设常态化、规范化的绿色通道机制，在保证航空安全的前提下实现快速通关。

加大航空物流新技术新装备供给。鼓励以机场、航空公司、物流企业等为主体，加大对物联网、人工智能、机器人等现代智慧物流新技术研发应用，不断优化经营管理和运行保障体系，从劳动密集型向技术密集型转变，在机场物流设施和运行环节不断降低成本、提高效率、增大柔性。

（八）持续完善货运安保链条管理。

建设货运安保信息化平台。以中性电子运单和物联网货物跟踪等技术手段为支撑，实现对航空货物“来源、代理、内容、位置、状态、去向”等信息的采集、共享和风险评估，建立信息集成、资源整合的货运安保信息管理平台。加强危险品航空运输管理，推进危险品航空运输安全管理体系（SMS－DG）建设，提升信息化管理水平。

优化简化机场货运安检流程。研究基于安保和反恐风险的航空货运差异化安检方式，科学匹配安检设施设备，科学制定配套的标准和政策，规范建立实用、高效、标准统一的货运安检信息管理系统，完善货运安检质量控制体系。新建机场按照同一安检主体、同一信息系统、同一管理平台、同一安检模式、同一安检标准建设。已建成的机场推进不同安检主体之间系统互联、平台对接，实现模式统一、标准一致、质量互认。

进一步发挥行业协会的作用。加强对航空货运代理安保条件前置审查，完善代理协议安保条件和安保要求，完善货运代理企业资质认证管理，加大对持证代理企业的持续安全监管，强化安全宣传教育和专业技能培训，强化落实收运环节对违规行为和风险物品的发现及处理。

营造合规守信的运营环境。积极落实《民航行业信用管理办法（试行）》，综合运用背景调查、积分管理、定期通报等手段，构建航空货运“合法规范、诚实守信”的安全氛围。推动民航行政机关、邮政管理部门、行业协会、机场公安机关等单位建立联合监管、统筹协调的工作机制，形成“一处违法、处处有惩”“一处失信、处处受限”的综合治理环境，积极稳妥建立基于信用管理为基础的管制代理人、已知托运人等制度试点。

（九）大力推进标准化建设和绿色发展。

加快推进标准化建设。加快民航与公路、铁路等物流标准对接，推动航空物流操作标准、信息标准、运行标准和设备标准的建设工作。制定收发货人、货品等物流信息基础数据元标准和交换标准，制定统一的条码管理、射频识别等技术应用标准。鼓励研发与公路、铁路等交通运输方式共用的标准化托盘、集装箱等设施设备。推动建立由第三方运营的全国标准化运载单元共用共享体系，并在规模以上机场推广实施，实现航空物流标准化运作及与各种交通方式的顺畅衔接。

推动航空物流绿色发展。优化运输结构，提高腹舱资源利用率，以提质增效为抓手，满足现代物流小批量、多频次运输需求。推动航空公司航空集装器共享共用。推动航空公司之间货运资源共享，通过“代码共享”等协议方式实现联合运输。推进航空器节油改造，提升货机燃油效率。鼓励包装物重复使用和回收再利用，构建低环境负荷的循环物流系统。

（十）创新推进融合发展。

创新航空物流产品体系。鼓励货运航空公司、航空物流企业主动对接军事需求，开展军事物流业务，提高军队后勤保障能力和效率，促进军民物流融合发展。

鼓励传统方式与新业态融合发展。支持物流企业利用通用航空器、无人机等提供航空物流解决方案，加快制定和完善有关运行规章制度和标准体系，规范市场秩序，制定货运无人机设计要求，创新开展无人机适航审定工作，推动新兴商业模式健康发展。

完善临空经济产业体系。强化临空经济区战略规划的顶层设计，正确处理规模与效率的关系，推进航空港与临空经济区规划建设的高水平联动。充分发挥航空物流业的引擎作用，加快形成航空物流与临空经济区之间相互促进、相互提升的共生发展态势，推动民航业与区域经济深度融合发展。

大力推进多式联运。积极开展卡车航班等陆空联运，不断探索建立空铁联运规则，努力加强各种运输方式标准对接，着力培育多式联运市场主体。形成高效、协同的多式联运物流体系。

（十一）加快完善统计评价管理体系。

以推动高质量发展为导向，改革完善航空物流业统计制度，科学设定统计指标体系，加快建立运行监测和统计调查机制，及时准确反映行业发展规模和质量。建立航空物流服务质量评价指标体系，推动机场、航空公司等服务水平提升。研究发布航空物流年度发展报告，定期发布航空物流运价指数，积极探索利用大数据、第三方机构开展航空物流发展绩效和服务质量定期测评，将评估结果与资源配置和政策执行挂钩，建立并不断完善对行业企业效率提升的倒逼机制。

（十二）扎实开展综合工程示范。

在郑州、深圳等机场开展物流信息化、物流标准化、管制代理人、空铁联运等综合试点工程。试点机场要做好牵头工作，会同相关单位认真研究制定综合试点方案，经民航局批准后实施。支持物流企业在空域条件良好、地面交通欠发达地区开展无人机物流配送试点。探索在自贸试验区、服务贸易试点地区试点开展促进航空物流发展措施。要及时评估试点工程效果，做好经验总结、标准制定和行业推广应用。

三、保障措施

（十三）加强组织领导。

把促进航空物流发展作为民航深化改革的突破口和民航强国建设的重要着力点，在民航局深化民航改革领导小组统一领导下，强化顶层设计，加强职能整合，形成工作合力。制定年度工作计划，明确任务分工，建立年度评估制度，跟踪重点工作落实情况，做好督促检查。对政策实施效果、安全影响、推广前景以及实施过程中出现的新情况、新问题进行评估，及时通报评估结果，认真总结经验，完善有关措施。各有关部门要建立健全工作机制，抓紧实施各项任务。中国航空运输协会、中国民用机场协会等要加强能力建设，充分发挥社团组织的管理、服务和协调作用。

（十四）强化人才保障。

加大人才培养力度，鼓励科研机构建立航空物流研究方向和航空物流领域行业智库建设，推动完善工作机制，充分发挥好智库在航空物流发展中的政策咨询和技术支持作用。支持高校开设航空物流相关专业和课程。相关企业和专业机构要加强航空物流人才培训，创新人才激励机制，加强国际化的人才流动与管理，加快构建种类齐全、梯队衔接、讲政治、懂技术、善经营、会管理的航空物流人才体系。

（十五）加大政策支持。

加强政府引导作用，研究对航空物流发展的支持政策。加强与海关等行业主管部门的沟通协调，建立协调推进工作机制，在发展战略、政策引导、试点支持等方面深化合作，切实提升航空物流发展外部环境，实现跨关区、跨机场通关互认，积极推行空中报关、电子报关、预约通关等便利化通关措施。

关于开展2018年流通领域现代供应链体系建设的通知

（财办建〔2018〕101号 2018年5月16日）

各省、自治区、直辖市、计划单列市财政、商务主管部门：

为贯彻党的十九大关于深化供给侧结构性改革、发展现代供应链和加强物流基础设施网络建设的指示精神，加快推动现代供应链体系建设，促进经济发展提质增效降本，实现高质量发展，2018年，财政部、商务部决定开展流通领域现代供应链体系建设，有关事项通知如下：

一、总体思路与工作目标

（一）总体思路。

按照“市场主导、政策引导、聚焦链条、协同推进”原则，以城市为载体，聚焦民生消费行业领域，开展现代供应链体系建设。重点围绕供应链“四化”(标准化、智能化、协同化、绿色化)，以“五统一”（统一标准体系、统一物流服务、统一采购管理、统一信息采集、统一系统平台）为主要手段，充分发挥“链主”企业的引导辐射作用，供应链服务商的一体化管理作用，加快推动供应链各主体各环节设施设备衔接、数据交互顺畅、资源协同共享，促进资源要素跨区域流动和合理配置，整合供应链、发展产业链、提升价值链，加快发展大市场、大物流、大流通，实现供应链提质增效降本。

（二）工作目标。

通过推广现代供应链新理念、新技术、新模式，培育一批有影响的供应链重点企业，探索一批成熟可复制的经验模式，形成一批行之有效的重要标准，提高我国供应链的核心竞争力，促进产业转型优化升级，促进流通领域供给侧结构性改革。主要目标：城市消费品社会零售总额同比增长高于全国平均水平，重点行业平均库存周转率同比提高10%以上，供应链综合成本（采购、库存、物流、交易成本）同比降低20%以上，订单服务满意度（及时交付率、客户测评满意率等）达到80%以上，重点供应商产品质量合格率达到92%以上，托盘、周转箱（筐）等物流单元标准化率达到80%以上，供应链重点用户系统数据对接畅通率达到80%以上，单元化物流占供应链物流比例同比提高10%以上，供应链管理整体水平明显提升。

二、主要任务

有关城市结合自身实际情况，重点围绕农产品、快消品、药品、日用电子产品、汽车零部件、家电家具、纺织服装，以及餐饮、冷链、物流快递、电子商务等行业领域，加快推进现代供应链体系建设。

（一）强化物流基础设施建设，夯实供应链发展基础。发挥物流基础性、先导性作用，加强公共服务性强的物流基础设施建设，完善城乡高效配送体系，推动物流企业向供应链服务商转型。一是打造跨区域全国性物流枢纽。推动辐射范围广、标准化水平高、综合服务能力强的商贸物流园区、专业批发市场升级改造，形成集交易、分拨、仓储、冷链物流、电子商务等多功能于一体的流通服务中心。二是引导区域性物流配送中心转型升级。鼓励大型城市周边、市（县）物流配送中心由存储型、自建自用型仓库向快速周转型自动化仓库升级，成为提供“一对多”社会化服务的物流节点。三是加强商业物流基础设施建设改造。鼓励大型商圈、步行街、商业街建设公共仓配中心、共享信息平台，提高智慧化、共享化水平；推广开放公用型的快件末端自提设备，探索标准托盘箱替代快递三轮车箱体，以循环共用单元推动分拣前置、环节减少，引导企业从各自配送向片区集中配送转变。

（二）发展单元化流通，提高供应链标准化水平。在适用领域加快推广规格统一（以下均指1200mm×1000mm平面尺寸）、质量合格的标准托盘，推动包装箱（以下均指600mm×400mm包装模数系列）、周转箱（筐）、货运车辆、集装箱等物流载具标准相衔接。鼓励把标准托盘、周转箱（筐）作为供应链的物流单元、计量单元、数据单元，进行采购订货、物流运作、计算运费、收发货和验货，减少中间环节和货物损耗，提升供应链单元化水平。鼓励托盘、周转箱（筐）、包装箱等物流单元化载具租赁和循环共用体系建设，减少用户自购自用；依托社会力量，探索建立物流单元化载具质量标准认证体系。在硬件标准化基础上，拓展供应链服务标准化，促进优化供应链流程和流通组织方式。

（三）加强信息化建设，发展智慧供应链。一是规范信息数据和接口。加快推广基于全球统一编码标识（GS1）的商品条码体系，推动托盘条码与商品条码、箱码、物流单元代码关联衔接，实现商品和集装单元的源头信息绑定，并沿供应链顺畅流转。二是提升智能化水平。推动大数据、云计算、区块链、人工智能等技术与供应链融合，发展具有供应链协同效应的公共型平台，支持上下游用户的生产、采购、仓储、运输、销售等管理系统相对接，平台与平台之间相对接，实现相关方单元化的信息数据正向可追踪、逆向可溯源、横向可对比，发挥供应链对优化生产、加快周转、精准销售、品质控制、决策管理等作用。

（四）聚焦重点行业领域，提高供应链协同化水平。一是推动发展农产品供应链。鼓励农产品批发市场拓展产销对接、安全检测、加工包装、统仓统配、溯源查询等功能，加快线上线下融合发展；积极推广以标准托盘、周转箱（筐）为单元进行全程货物监控、“不倒托、不倒箱（筐）”的标准化冷链，推动具有适销对路农产品的产区合作社、新型农村经营主体等建设产地公用型预冷库或推广使用冷藏集装箱，弥补冷链“短板”，鼓励生鲜农产品的供销合作、农超对接，培育一批综合性冷链服务企业。二是推动快消品、药品、电商等领域发展分销型供应链。从统仓统配的供应商切入，推广使用标准化的单元技术，发展供应链协同平台，整合上下游商流、物流、信息流、资金流，实现供需对接、集中采购、统管库存、支付结算、物流配送等功能整合，提高供应链自动补货、快速响应及资源共享能力。三是推动家电、汽车零部件、日用电子产品等发展生产服务型供应链。鼓励优势生产企业聚焦研发主业、辅助业务外包，占领价值链高端；推动专业物流企业嵌入采购、生产、物流、销售全环节，提供一体化供应链服务。四是推动纺织服装、家具等领域发展柔性供应链。适合消费个性化、多样化特点，打造流通与生产深度融合的供应链，提高创意设计、柔性化定制、快速响应能力，缩短生产周期、优化库存结构。

（五）推广绿色技术模式，提高供应链绿色化水平。鼓励企业结合供应链战略进行绿色流程再造，推广使用新能源物流车、仓储设施设备节能技术及绿色智能包装新材料，推广共同配送、单元化载具循环共用等先进模式。探索按配送渠道回收、委托回收、集中回收等社会化回收再利用模式，推动减量包装、可循环包装、环保可降解包装等各种绿色包装技术应用，降低环境负荷和企业成本。

三、中央财政支持重点方向和支持方式

中央财政服务业发展专项资金支持现代供应链体系建设，主要立足于弥补市场失灵，做好基础性、公共性工作，发挥中央财政资金对社会资本引导作用，支持供应链体系中薄弱环节和关键领域建设。

地方要因地制宜，规范采用财政补助、以奖代补、贷款贴息、购买服务等资金支持方式。要结合供应链跨地域的特点，创新财政政策，对在外地注册法人但在本地有实体，及在本地注册法人但在其他地区建设实体的机构，可在本地申报项目。要结合本地实际，聚焦3~5条供应链，支持供应链上下游企业联合申报，沿每条供应链分别选取2~6家规模大的承担主体，推动城市“结联盟”、企业“结对子”跨区域联动合作，促进“大市场、大流通”发展。要严格资金管理，中央财政资金不得用于楼堂馆所、办公楼、道路等建设；不得购买非标车辆和用于工作经费；不得支持有金融风险、发展模式不成熟的平台；不得将关联方交易额纳入申报项目总投资；不得将同一集团公司信息平台项目多地重复申报。实施工作应在2020年年底前完成，并向商务部、财政部上报绩效评价结果。

四、申报城市条件

申报供应链体系建设应遵循公开、公正、透明和自愿原则，考虑到供应链体系建设对地方经济规模和企业发展基础要求较高，申报城市须有积极性并同时满足下列条件：

（一）属于《商贸物流发展“十三五”规划》中明确的商贸物流节点城市。

（二）2017年GDP超过2500亿元，或者位于国家全面深化改革开放试验区。

（三）前期中央财政支持开展物流标准化、供应链体系建设的城市，尚未完成相关工作的，不纳入2018年支持范围。

根据地方申报情况和评审结果，对确定的城市分类分标准给予相应支持。

五、有关要求

（一）加强组织领导。省级主管部门要高度重视、认真组织流通领域现代供应链体系建设工作，加强对实施城市的对口业务指导和检查

督导，及时上报工作进度，建设完成后要对城市进行绩效评价。实施城市主管部门是现代供应链体系建设的责任主体，要加强顶层设计，建立工作协调机制，科学编制方案，完善管理制度和配套政策，明确责任分工和时间节点，保证工作顺利开展。

（二）尽快编报方案。有关城市主管部门要认真理解文件精神，结合当地产业实际，按任务要求编制申报方案，重点在机制创新、政策创新、模式创新上加强探索，做到思路清晰、目标量化、任务具体、措施有效、特色突出。具体应包含：现有工作基础、工作目标、行业领域供应链的选择、任务内容、资金支持重点及列支范围、时间安排、保障措施。方案要在供应链项目设计和资金支持方式上，体现以城市为中心、跨区域带动供应链，防止地方保护主义；在组织实施上，体现促进供应链上下游联动、合作共赢，提高供应链整体效能和核心竞争力。

（三）规范管理项目。城市主管部门要制定项目与资金管理规定，严格组织实施，对项目要统一申报、统一评审，分期分批审计并验收，规范程序手续，不搞资金拆分、方向拆分，责任处室要加强学习研究、分类指导、过程检查，做到项目建设与模式推广、效益效果并重。项目承担单位应签订《流通领域现代供应链体系建设项目责任承诺书》，建立工作进度档案，鼓励供应链有关企业联合申报、共同推进、协同共赢。

（四）加强资金监管。有关省市财政部门要按照《财政部关于印发〈中央财政服务业发展专项资金管理办法〉的通知》（财建〔2015〕256号）要求，细化列支范围目录，加强资金监督。要加强对项目承担单位财务人员的指导，督促专款专用，专账核算。

（五）夯实工作基础。鼓励发挥行业协会、联盟机构优势作用，制定并推广供应链管理团体标准，开展相关认证；加强业务培训和标准宣贯，开展相关统计分析，监测效益、成本等指标，反映工作成效；总结推广机制创新、政策创新、模式创新等经验成果，加大典型案例宣传和推广力度。

请各地按照《通知》要求，认真抓好组织实施。城市主管部门申报方案，应于2018年6月5日前报送商务部、财政部参评。通过评审确定为流通领域现代供应链体系建设的重点城市，应将完善的实施方案、项目和资金管理规定，及确定的具体项目表（供应链名称、联合承担单位、各自建设内容、计划投资额、计划支持资金、完成时限）于2018年9月30日前报送商务部、财政部备案。年度工作进展报告应于次年2月底前主动及时报送，工作总结与绩效评价应于整体建设结束后三个月内报送。2017年供应链体系建设城市，可结合实际情况，自主参照本通知精神组织实施项目。

铁路行业统计管理规定

（中华人民共和国交通运输部令　2018 年第 6 号）

《铁路行业统计管理规定》已于 2018 年 5 月 14 日经第 7 次部务会议通过，现予公布，自 2018 年 7 月 1 日起施行。

部长　李小鹏
2018 年 5 月 16 日

铁路行业统计管理规定

第一章　总则

第一条　为了科学有效组织开展铁路行业统计，保障铁路行业统计资料的真实性、准确性、完整性和及时性，按照党中央、国务院关于完善统计体制、提高统计数据质量的有关规定，根据《中华人民共和国统计法》《中华人民共和国铁路法》《中华人民共和国统计法实施条例》等法律、行政法规，结合铁路实际，制定本规定。

第二条　本规定适用于国家铁路局依法组织开展的铁路行业统计活动。

本规定所称铁路统计调查对象，包括在中华人民共和国境内从事铁路管理、运输生产经营、固定资产投资、主要设备制造及运用等活动的国家机关、企业事业单位和其他组织。

本规定所称主要设备，包括铁路机车、客车、动车组、货车、大型养路机械等。

第三条　铁路行业统计的基本任务是开展统计调查，监测分析铁路运行情况，提供统计资料和统计咨询意见，实行统计监督。

第四条　国家铁路局负责开展铁路行业统计工作。国家铁路局综合统计机构负责铁路行业统计归口管理工作，专项统计机构根据铁路行业统计工作需要具体承担铁路行业专项统计相关工作。

铁路综合统计机构、铁路专项统计机构统称为铁路统计机构。

地区铁路监督管理局在国家铁路局领导下协助开展所辖地区铁路行业统计工作。

第五条 铁路统计机构应当根据统计任务的需要，明确统计职责，指定统计负责人，配备专职或者兼职统计人员。

第六条 铁路统计机构负责人对本机构生产的统计数据质量负直接责任；其中铁路综合统计机构负责人还对专项统计机构报送的统计数据质量负监管责任。

铁路统计机构统计人员对职责范围内生产的统计数据质量负直接责任；其中，铁路综合统计机构统计人员还对专项统计机构报送的统计数据质量负监管责任。

本规定所称统计数据质量是指统计资料的真实性、准确性、完整性和及时性。

第七条 国家铁路局、铁路统计机构的负责人不得自行修改铁路统计机构、统计人员依法提供的统计资料；不得以任何方式要求铁路统计机构、统计人员及其他机构、人员提供虚假的统计资料或者伪造、篡改原始记录、统计台账和其他统计资料；不得放任、纵容或者袒护统计工作中的弄虚作假行为；不得对拒绝、抵制弄虚作假行为的统计人员打击报复。

铁路统计机构及其统计人员有权拒绝、抵制任何强令或者授意篡改统计资料及编造虚假数据的行为。

第八条 铁路统计调查对象应当依照有关统计法律、行政法规、规章的规定，真实、准确、完整、及时地提供统计资料，不得提供不真实或者不完整的统计资料，不得拒报、迟报、谎报统计资料。

第九条 铁路行业统计工作应当接受社会公众的监督。任何单位和个人有权举报铁路行业统计工作中的弄虚作假等违法违规行为。

第二章　工作职责

第十条 铁路综合统计机构的主要职责是：

（一）拟订铁路行业统计规划、统计规章制度、铁路行业统计标准、铁路行业统计报表；审查铁路专项统计机构拟订的统计调查方案；组织开展全国铁路行业统计工作。

（二）搜集、审核、汇总、报送、发布铁路行业统计数据；组织实施国家及铁路行业调查和普查；组织监测分析铁路运行情况，提供统计咨询服务，实行统计监督。

（三）组织开展铁路行业统计监督检查，协助有关部门查处统计违法行为。

（四）按照职责分工，承担综合交通运输统计中涉及铁路领域的相关工作。

第十一条 铁路专项统计机构的主要职责是：

（一）负责统计法律法规和铁路行业统计规章制度的贯彻落实；组织、实施国家铁路局部署的专项统计调查任务。

（二）搜集、整理、管理、提供统计资料；组织开展统计分析，提供统计咨询建议。

第十二条 铁路统计机构及其统计人员依法独立行使下列职权：

（一）统计调查权：调查、搜集有关资料，要求有关单位和部门如实提供统计资料，检查与统计资料有关的各种原始记录、统计台账和统计报表等。

（二）统计报告权：整理、分析统计调查资料，及时准确地向本单位负责人和国家铁路局提出统计报告等。

（三）统计监督权：对铁路行业生产经营、建设发展等情况进行统计监督，指出存在问题，提出改进建议。

铁路统计机构及其统计人员依法独立行使统计调查、统计报告和统计监督的职权不受侵犯。

第十三条　铁路统计人员应当熟悉和贯彻执行统计法律法规和铁路行业统计规章制度，坚持实事求是，恪守职业道德，对其负责搜集、审核、录入的统计资料与统计调查对象报送的统计资料的一致性负责，拒绝、抵制并按照职权纠正各种统计违法违规行为。

第十四条　铁路统计调查对象的主要责任是：

（一）贯彻执行统计法律法规和铁路行业统计规章制度；按要求配合国家统计调查、铁路行业普查和专项调查；

（二）按制发的铁路行业统计报表制度报送数据；

（三）制定本单位统计制度并组织实施；

（四）为铁路统计工作提供稳定的人员、经费、技术装备保障；相关人员应当具备执行铁路统计任务所需的专业知识和业务能力。

第三章　统计调查管理

第十五条　铁路行业统计调查项目由国家铁路局制定并报国家统计局审批或者备案后组织实施。

制定统计调查项目，应当同时制定该项目的统计调查制度，并将统计调查项目及其调查制度一并报送审批或者备案。

统计调查制度的内容应当包括总说明、报表目录、调查表式、分类目录、指标解释、指标间逻辑关系；采用抽样调查方法的还应当包括抽样方案。

统计调查制度总说明应当对调查目的、调查对象、统计范围、调查内容、调查频率、调查时间、调查方法、组织实施方式、质量控制、报送要求、信息共享、资料公布等作出规定。

统计调查项目和统计调查制度规定的内容变更的，应当报经原审批机关批准或者原备案机关备案。

铁路行业统计调查项目的具体管理办法由国家铁路局另行制定。

第十六条　国家铁路局制定的统计调查项目的主要内容不得与国家统计调查项目的内容重复、矛盾。

第十七条　铁路综合统计机构归口管理和统一申报铁路行业统计调查项目。

第十八条　国家铁路局根据国家标准和相关要求统一制定铁路行业统计标准，保证铁路行业统计调查采用的指标含义、计算方法、分类目录、调查表式和统计编码等的标准化。

第十九条　铁路行业统计调查表应当在右上角标明表号、制定机关、批准机关或者备案机关、批准文号或者备案文号、有效期限等标志。

未经批准或者备案、超过有效期限的统计调查表，铁路统计调查对象有权拒绝填报并予以举报。

第二十条　铁路统计机构开展统计调查，应当以规定的铁路行业统计报表制度为基础，辅之以抽样调查、重点调查和科学推算。

铁路统计机构应当积极推进完善统计调查方法，做好各种统计调查方法的衔接和配套。

第二十一条　铁路统计调查对象应当执行

国家和国家铁路局统一制定的统计调查计划、统计制度方法、统计标准，保证铁路行业统计调查方法、统计指标体系、统计报表制度的完整和统一。

第四章　统计资料的管理和公布

第二十二条　铁路综合统计机构归口管理铁路行业统计资料，按相关规定建立健全铁路行业统计资料共享机制。

第二十三条　铁路统计调查对象应当根据统计法律法规和铁路行业统计规章制度，设置原始记录和统计台账，并保证其真实、准确、完整。

铁路统计调查对象应当建立健全统计数据的审核、签署、交接、归档等制度。提供的统计资料，应当由填报人员和单位负责人签字，并加盖公章后上报，统计调查制度规定不需要签字、加盖公章的除外。使用网络提供统计资料时，按照国家有关规定执行。

统计资料的审核、签署人员应当对其审核、签署的统计资料的真实性、准确性和完整性负责。

第二十四条　铁路统计人员应当对铁路统计调查对象提供的统计资料进行审核。统计资料不完整或者存在明显错误的，应当由铁路统计调查对象依法予以补充或者改正。

第二十五条　铁路统计机构应当建立健全纸介质和其他介质的统计资料的交接、保密和归档管理制度，对原始记录、统计台账、统计报表及电子数据信息等统计资料，实行专人管理，按国家以及铁路行业统计资料管理规定的时限保存，不得涂改、丢损和随意销毁。

第二十六条　铁路综合统计机构负责审定、公布铁路行业统计资料，发布年度铁道统计公报，定期公布铁路行业主要统计指标数据。铁路行业统计资料未经铁路综合统计机构审核认定，不得对外公布。

第二十七条　铁路统计机构及其统计人员应当遵守国家有关规定，加强对统计资料的保密管理，对在统计工作中知悉的国家秘密、商业秘密和个人信息，负有保密义务。

任何单位和个人在公布和使用铁路行业统计资料时，应当遵守国家有关统计资料保密的规定。

第五章　监督检查

第二十八条　铁路综合统计机构应当加强对铁路统计调查对象执行统计法律、行政法规和规章的监督检查，对发现的统计违法行为依法移送有关部门处理。

第二十九条　铁路综合统计机构应当积极协助有关部门查处统计违法行为，及时移送有关统计违法案件材料。

第三十条　铁路统计调查对象应当配合铁路综合统计机构开展的铁路行业统计监督检查工作。

第三十一条　铁路综合统计机构开展统计监督检查时，有权采取下列措施：

（一）检查铁路统计调查对象统计工作情况，听取被检查单位负责人和有关人员的情况介绍，调阅、审查及复制与统计业务相关的各种规章、制度、文件、原始记录、台账、报表和其他资料、信息；

（二）向被检查单位查询有关事项，询问相关人员并做好记录；

（三）根据检查结果整理填发铁路行业统计监督检查记录，由被检查单位负责人签字确认；

（四）将检查情况在行业予以通报；对检查发现的统计违法行为及时移交有关部门处理。

开展统计监督检查时，监督检查人员不得少于2人，并应当出示工作证件；未出示的，有关部门和企业有权拒绝检查。

第三十二条　铁路统计机构负责人和统计人员有违反《中华人民共和国统计法》《中华人民共和国统计法实施条例》和党中央、国务院有关规定的行为的，应当依法依规处理。

第六章　附则

第三十三条　国家铁路局委托其他统计机构开展相关统计工作的，按照依法签订的委托协议执行。

第三十四条　本规定自2018年7月1日起施行。原铁道部于2006年9月21日公布的《铁路行业统计管理规定》（铁道部令第28号）同时废止。

国家邮政局关于发布《快递末端网点备案暂行规定》的通告

国家邮政局

为了规范快递末端网点管理，促进快递服务便捷惠民，推动快递市场健康发展，根据《中华人民共和国邮政法》《快递暂行条例》等法律法规，制定《快递末端网点备案暂行规定》，现予发布。

特此通告。

国家邮政局
2018年5月28日

快递末端网点备案暂行规定

第一条 为了规范快递末端网点管理，促进快递服务便捷惠民，推动快递市场健康发展，根据《中华人民共和国邮政法》《快递暂行条例》等法律法规，制定本规定。

第二条 开办快递末端网点以及实施备案适用本规定。

第三条 经营快递业务的企业或者其分支机构（以下统称开办者）根据业务需要，在乡镇（街道）、村（社区）、学校等特定区域设立或者合作开办的，为用户直接提供收寄、投递等快递末端服务的固定经营场所，属于快递末端网点。

第四条 开办者应当在快递末端网点设置快件存放和保管区域，配备相应的通信、货架、监控等设备设施，公示快递服务组织标识，并遵守邮政管理部门的其他规定。

第五条 开办者应当自快递末端网点开办之日起20日内，向快递末端网点所在地省级以下邮政管理机构备案。

第六条 开办者应当通过邮政管理部门信息系统如实完整填写《快递末端网点备案信息表》，并在线提交以下材料：

（一）开办者营业执照；

（二）快递末端网点负责人身份证明；

（三）快递末端网点场所的图片资料；

（四）邮政管理部门规定的其他材料。

分支机构办理快递末端网点备案手续的，除提交上述材料外，还应当提交所属企业法人的授权书。

第七条 省级以下邮政管理机构在收到开办者提交的备案材料后，材料齐全的，应当在5个工作日内予以备案，并在线生成备案回执；材料不齐全的，在2个工作日内一次性告知开办者补正。

第八条 开办快递末端网点，不得超出开办者快递业务经营许可的业务范围、地域范围和有效期限。

第九条 快递末端网点名称、类型、经营范围、负责人等事项发生变更的，开办者应当在10日内通过信息系统向原备案机关履行备案变更手续。

第十条 开办者的快递业务经营许可被注销或者分支机构名录失效的，其开办的快递末端网点备案自行失效。

开办者撤销其设立的快递末端网点或者合作终止的，开办者应当提前5日通过信息系统告知原备案机关，并向社会公告，妥善处理尚未投递的快件。

有前两款规定情形或者快递末端网点被其他国家机关依法关闭的，由原备案机关注销备案。

第十一条 开办者隐瞒真实情况、弄虚作假取得快递末端网点备案的，由原备案机关撤销该备案。

第十二条 开办者应当对其开办的快递末端网点加强管理、培训，采取有效措施保障用户合法权益，并对所开办的快递末端网点承担快递服务质量责任和安全主体责任。

第十三条 邮政管理部门依照《快递暂行条例》第三十七条的规定对开办者和快递末端网点实施监督检查。

第十四条 省、自治区、直辖市邮政管理机构可以根据本地区的实际情况制定实施细则。

第十五条 本规定自发布之日起施行。

关于物流企业承租用于大宗商品仓储设施的土地城镇土地使用税优惠政策的通知

（财税〔2018〕62号　2018年6月1日）

各省、自治区、直辖市、计划单列市财政厅（局）、地方税务局，西藏、宁夏回族自治区国家税务局，新疆生产建设兵团财政局：

为促进物流业健康发展，现对物流企业承租用于大宗商品仓储设施的土地城镇土地使用税政策通知如下：

自2018年5月1日起至2019年12月31日止，对物流企业承租用于大宗商品仓储设施的土地，减按所属土地等级适用税额标准的50%计征城镇土地使用税。

符合减税条件的纳税人需持相关材料向主管税务机关办理备案手续。

本通知所称的物流企业、大宗商品仓储设施范围及其他未尽事项，按照《财政部税务总局关于继续实施物流企业大宗商品仓储设施用地城镇土地使用税优惠政策的通知》（财税〔2017〕33号）执行。

请遵照执行。

交通运输部办公厅 公安部办公厅 商务部办公厅关于公布城市绿色货运配送示范工程创建城市的通知

（交办运〔2018〕75号　2018年6月13日）

按照《交通运输部办公厅 公安部办公厅 商务部办公厅关于组织开展城市绿色货运配送示范工程的通知》（交办运〔2017〕191号），经城市申报、各省初选推荐和专家评审，并经交通运输部、公安部、商务部研究同意，确定天津、石家庄、邯郸、衡水、鄂尔多斯、苏州、厦门、青岛、许昌、安阳、襄阳、十堰、长沙、广州、深圳、成都、泸州、铜仁、兰州、银川、太原、大同等22个城市为绿色货运配送示范工程创建城市。现将有关事项通知如下：

一、完善示范工程创建实施方案

有关省级交通运输、公安、商务主管部门要加强对创建城市的支持和指导，督促各创建城市对照城市绿色货运配送示范工程创建要求，根据评审过程中专家提出的意见建议，进一步完善示范工程实施方案，细化考核指标和建设任务、明确各项任务项目载体、科学制定工作进度计划、落实责任分工和保障措施。实施方案经省级交通运输、公安、商务主管部门审核同意后，于2018年6月30日前，报交通运输部（附电子版光盘）。

二、推进落实示范工程工作任务

有关省级交通运输、公安、商务主管部门要切实加强城市绿色货运配送示范工程的组织领导，进一步完善示范工程建设领导机构和部门联动工作机制，强化统筹协调和业务指导，督促创建城市加快建立完善推动城市绿色货运配送发展的体制机制和保障措施，确保示范工程建设取得实效。要指导和督促创建城市人民政府落实示范工程建设主体，按照实施方案的工作安排，围绕完善城市配送物流基础设施、推广新能源物流配送车辆普及应用、优化配送车辆便利通行政策、推广先进运输组织模式、推进信息互联共享、落实支持政策和保障措施等重点任务，加大改革创新力度，积极探索城市绿色货运配送发展新举措、新经验，按期保质完成各项工作任务。

三、加大示范工程支持力度

交通运输部将对创建城市中符合要求的货运枢纽（物流园区）项目，按照《“十三五”交通运输专项建设规划中期评估调整方案》和相关管理规定，给予重点考虑。有关省级交通运输、公安、商务主管部门要对创建城市给予必要的政策扶持，指导创建城市人民政府积极完善配套政策，从配送节点建设、新能源物流配送车辆购置及运营、配送车辆通行便利政策、融资保险、土地、财税等方面对示范工程相关项目给予扶持，切实落实各项保障措施，确保实现创建工作目标，全面提升城市绿色货运配送的服务质量和服务水平，使广大人民群众共享示范工程创建成果。

四、强化示范工程建设绩效考核

交通运输部将会同公安部、商务部对照《城市绿色货运配送示范工程绩效考核评价指标体系》（以下简称《指标体系》，详见附件 1），从政策保障、基础设施、技术装备、市场主体、信息化、通行政策、先进组织模式、物流降本增效、节能减排九个方面，组织专家组对创建城市进行定期督导检查。有关省级交通运输、公安、商务主管部门要加强对创建城市的跟踪督导和绩效评估，及时总结示范工程进展情况、存在问题和阶段成效，编写示范工程创建工作年度报告，于每年 12 月 20 日前，由省级交通运输、公安、商务部门审核后报交通运输部。

示范工程创建时间为 2 年（2018 年 7 月至 2020 年 6 月），示范建设期末，交通运输部将会同公安部、商务部组织专家按照《指标体系》要求，结合各创建城市实施方案确定的工作目标，对创建城市进行验收考核。

为进一步加强沟通联络，请各有关省级交通运输、公安、商务部门及创建城市人民政府，于 2018 年 6 月 30 日前报送本单位一名处级干部作为示范工程创建工作联系人。

联系电话：

交通运输部运输服务司 010–65292784、65292764（传真）

交通运输部关于全面加强生态环境保护坚决打好污染防治攻坚战的实施意见

（交规划发〔2018〕81 号　2018 年 6 月 26 日）

为深入贯彻习近平总书记重要讲话精神和《中共中央国务院关于全面加强生态环境保护坚决打好污染防治攻坚战的意见》（中发〔2018〕17 号），进一步推进交通运输生态文明建设，加强生态环境保护，打好污染防治攻坚战，制定本实施意见。

一、深入贯彻落实习近平生态文明思想

习近平生态文明思想是习近平新时代中国特色社会主义思想的重要组成部分，是新时代交通运输生态文明建设的根本遵循。交通运输生态文明建设要以习近平生态文明思想为指导，紧密围绕统筹推进“五位一体”总体布局和协调推进“四个全面”战略布局，牢固树立和贯彻落实新发展理念，坚持人与自然和谐共生、坚持绿水青山就是金山银山、坚持良好生态环境是最普惠的民生福祉、坚持山水林田湖草是生命共同体、坚持用最严格制度最严密法治保护生态环境、坚持共谋全球生态文明建设，推动交通运输转型升级，提质增效，加快形成节约资源和保护环境的空间格局、产业结构、生产方式、生活方式，推进交通运输生态文明建设取得新成效，更好地服务交通强国和美丽中国建设。

到 2020 年，交通运输污染防治攻坚战任务圆满完成，绿色交通制度基本健全，资源集约节约利用进一步加强，运输结构进一步优化，绿色出行比例进一步提升，污染防治和生态保护取得明显成效，交通运输生态环境保护水平与全面建成小康社会的发展要求相适应。

通过继续努力，到 2035 年，基本实现交通运输发展与自然和谐共生，交通运输生态文明治理体系更加科学完备，交通运输生态环境高水平保护与基本实现社会主义现代化的发展要求相适应。

二、建设绿色交通基础设施

坚持保护优先、自然恢复为主，优化交通基础设施布局，因地制宜推进强化生态环保举措，加快形成节约资源和保护环境的空间格局和生产方式。

（一）统筹交通基础设施空间布局。

研究编制综合交通运输发展规划，要结合空间规划“三区三线”划定，统筹铁路、公路、水运、民航、邮政等各领域融合发展，推动铁路、公路、水路、空中等通道资源集约利用。探索开展国家公路线位控制规划，提高国家公路线位资源利用效率。研究修订《港口岸线使用审批管理办法》，严格港口岸线使用审批管理与监督，提高岸线使用效率。推进区域港口一体化发展，促进港口集约化经营。（责任单位：综合规划司、水运局、公路局，国家局有关司局）

（二）全面推进绿色交通基础设施建设。

将绿色发展理念贯穿于交通基础设施工可、设计、建设、运营和养护全过程，通过土地节约、材料节约及再生循环利用、生态环境保护等举措，积极推进绿色铁路、绿色机场、绿色公路、绿色航道、绿色港口建设。建设项目严格执行国家环境保护“三同时”制度。（责任单位：综合规划司、公路局、水运局，国家局有关司局）

（三）推动贫困地区交通绿色发展。

充分发挥贫困地区的生态环境优势，坚持保护环境优先，以生态为基础，推动贫困地区交通旅游融合发展，因地制宜打造集绿色文明、生态景观、文化旅游等于一体的景观长廊和经济走廊，服务生态农业、生态旅游等发展。（责任单位：综合规划司、公路局、水运局，国家局有关司局）

三、推广清洁高效的交通装备

优化交通装备结构，推广应用新能源和清洁能源，完善加气供电配套设施，提高交通运输装备生产效率和整体能效水平。

（四）推进新能源和清洁能源应用。

推动LNG（液化天然气）动力船舶、电动船舶建造和改造，重点区域沿海港口新增、更换拖轮优先使用清洁能源。支持长江干线、京杭运河和西江干线等高等级航道加气、充（换）电设施的规划与建设。推广应用新能源和清洁能源汽车，加大新能源和清洁能源车辆在城市公交、出租汽车、城市配送、邮政快递、机场、铁路货场、重点区域港口等领域应用。配合有关部门开展高速公路服务区、机场场内充电设施建设。到2020年年底前，城市公交、出租车及城市配送等领域新能源车保有量达到60万辆，重点区域的直辖市、省会城市、计划单列市建成区公交车全部更换为新能源汽车。（责任单位：运输服务司、水运局、综合规划司、海事局，国家局有关司局）

（五）推广港口岸电建设与应用。

根据《港口岸电布局方案》，重点推动珠三角、长三角、环渤海（京津冀）排放控制区、沿海及内河主要港口岸电设施建设，全国主要港口和排放控制区内港口靠港船舶率先使用岸电。加大船舶受电设施建设和改造力度，完善港口岸电设施建设、检测以及船舶受电设施建造、检验相关标准规范，积极争取岸电电价扶持政策，推动船舶靠港后使用岸电，逐步提高岸电设施使用率。到2020年年底前，长江干线、西江航运干线和京杭运河水上服务区和待闸锚地基本具备船舶岸电供应能力，沿海主要港口50%以上专业化泊位（危险货物泊位除外）具备向船舶供应岸电的能力，新建码头同步规划、设计、建设岸电设施。（责任单位：水运局、海事局、综合规划司）

四、推进交通运输创新发展

充分发挥创新在绿色交通发展中的引领作用，依托管理创新、技术创新和模式创新，推动形成交通运输绿色发展的新业态、新模式。

（六）深化交通科技创新。

开展基础设施、载运工具、运输组织等方面的科技攻关，协同推进先进轨道、大气和水污染防治、水资源高效开发利用等重点专项及高科技船舶科研项目的实施，为交通运输行业推进生态环保重点工作提供科技支撑。编制交通运输行业重点节能低碳技术目录，加快成果转化与应用。（责任单位：科技司、综合规划司、公路局、水运局、运输服务司、海事局，国家局有关司局）

（七）推进交通智能化发展。

充分利用物联网、云计算、大数据等新一代信息技术，推动交通与相关产业融合发展，培育物流新动能。加快设施网、运输网、传感网、通信网、能源网的融合，推动陆上、水上、天上、网上四位一体的基础设施数字化融合发展，促进互联互通和多级联动共享。深化国家交通运输物流公共信息平台建设，加强多部门物流相关信息交换共享。推动智能航运发展。推动智慧港口、智慧物流园区、智慧客运枢纽等建设，实现港站枢纽多种运输方式顺畅衔接和协调运行。（责任单位：综合规划司、公路局、水运局、运输服务司、科技司、海事局，国家局有关司局）

（八）推动货运经营整合升级。

持续推进无车承运人试点工作，完善相关法规制度及标准规范，制定出台相关配套措施，加快培育创新能力强、运营管理规范、资源综合利用率高的无车承运人品牌企业，利用移动互联网手段，实现对中小物流企业和个体运输业户的集约整合和资源高效配置。支持引导货运大车队、甩挂运输挂车共享租赁、多式联运、共同配送等集约高效的运输组织模式发展，促进运力资源的有效整合，发挥规模化、网络化运营优势，降低运输成本。支持大型龙头骨干物流企业以资产为纽带，通过兼并、重组、收购、控股、加盟连锁等方式，有效整合中小物流企业，构建跨区域的物流运输服务网络。进一步延伸运输服务链条，提供涵盖仓储管理、运输配送、流通加工、物流金融的供应链一体化服务，强化核心竞争力，培育物流企业品牌。（责任单位：运输服务司）

（九）推进快递业绿色包装。

推进快递包装的绿色化、减量化、可循环，推动共享快递盒、回收纸盒的发展，推进可循环中转袋、可生物降解快递袋和封装胶带的应用。推行简约包装、减少二次包装，加大快递包装物回收利用力度。鼓励企业采用新型分拣设施、技术装备，采用节水、节电、节材等技术工艺和产品装备，支持绿色配送。到 2020 年，可降解的绿色快递包装材料应用比例达到 50% 以上。（责任单位：国家邮政局有关司局）

五、打好调整运输结构攻坚战

坚持以供给侧结构性改革为主线，调整运输结构，优化运输组织，发挥各种运输方式的比较优势，提高综合交通运输体系的组合效率。

（十）调整运输结构专项行动。

研究制定运输结构调整行动计划，减少公路货运量，增加铁路货运量。发挥铁路、水运在大宗物资中长距离运输中的骨干作用，加大货运铁路建设投入，加快完成蒙华、唐曹、水曹等货运铁路建设。显著提高重点区域大宗货物铁路水路货运比例，提高沿海港口集装箱铁路集疏港比例。环渤海、山东、长三角地区，2018 年年底前，沿海主要港口、唐山港、黄骅港的煤炭集港改由铁路或水路运输；2020 年采暖季前，沿海主要港口、唐山港、黄骅港的矿石、焦炭等大宗货物原则上主要改由铁路或水路运输。到 2020 年，全国铁路货运量比 2017 年增长 30%，京津冀及周边地区增长40%、长三角地区增长10%、汾渭平原增长25%。（责任单位：运输服务司、综合规划司、水运局，国家铁路局有关司局）

加快构建以高速铁路和城际铁路为主体的大容量快速客运体系，形成与铁路、民航、水运相衔接的道路客运集疏网络，逐步减少800公里以上道路客运班线。（责任单位：综合规划司、运输服务司，国家铁路局有关司局）

（十一）推进运输方式创新。

加快推进多式联运、江海直达运输、甩挂运输、滚装运输、水水中转等先进运输组织方式，提高运输及物流效率。依托铁路物流基地、公路港、沿海和内河港口等，推进多式联运型和干支衔接型货运枢纽（物流园区）建设，加快推进集装箱多式联运。建设城市绿色物流体系，支持利用城市现有铁路、物流货场转型升级为城市配送中心。积极推进以港口为枢纽的铁水联运，打通海铁联运“最后一公里”，提高海铁联运比例。推动扩大集装箱、干散货江海直达船队规模。持续推进内河船型标准化工作，研究完善过闸运输船舶标准化船型主尺度，制定出台国家强制性标准，发布基于内河船舶的特定航线江海直达船舶标准规范。到2020年，重点港口集装箱铁水联运量年均增长10%以上，多式联运货运量比2015年增长1.5倍。（责任单位：运输服务司、水运局、综合规划司、海事局，国家铁路局有关司局）

六、打好柴油货车等污染防治攻坚战

强化源头管理，重点加强柴油货车、船舶、港口和交通路域等污染防治，推广应用节能环保的车船，推进交通运输节能减排和绿色循环低碳发展。

（十二）开展柴油货车污染治理专项行动。

会同有关部门淘汰更新一批高排放老旧柴油货车，研究大宗商品汽车运输中重污染天气错峰运输方案。推进汽车绿色维修发展，建立在用汽车检测与维护制度（I/M制度），强化汽车尾气排放维修治理。严格实施道路运输车辆燃料消耗量限值准入制度，大力推进国三及以下营运柴油货车提前淘汰更新，加快淘汰采用稀薄燃烧技术和“油改气”的老旧燃气车辆。2020年年底前，京津冀及周边地区、汾渭平原淘汰国三及以下营运中重型柴油货车100万辆以上。（责任单位：运输服务司、综合规划司）

（十三）开展船舶污染防治专项行动。

全面推进珠三角、长三角、环渤海（京津冀）水域船舶排放控制区建设，研究制定拓宽船舶排放控制区实施方案。推广船舶污染物接收、转运和处置联单制度。加快淘汰高耗能、高排放的老旧运输船舶。长三角等重点区域内河应采取禁限行等措施，限制高排放船舶使用，鼓励淘汰20年以上的内河航运船舶。2018年7月1日起，全面实施新生产船舶发动机第一阶段排放标准。2019年年底前，调整扩大船舶排放控制区范围，覆盖沿海重点港口，逐步拓展到长江干线主要港区。2020年年底前，长江内河现有船舶完成改造，改造后仍达不到新的环保标准要求的，限期予以淘汰。（责任单位：海事局、水运局、综合规划司）

（十四）开展港口设施污染防治专项行动。

各省级交通运输主管部门要协调推动港口所在地人民政府，落实水污染防治法，加强统筹规划建设船舶污染物接收转运处置设施，推动港口船舶含油污水、化学品洗舱水、生活污水和垃圾等污染物接收设施建设。到2020年，具备接收能力并做好与城市公共转运、处置设施

的有效衔接。（责任单位：水运局、综合规划司）

推进排放不达标港作机械清洁化改造和淘汰，重点区域港口新增和更换的作业机械主要采用清洁能源或新能源。加快推动长江干线水上洗舱站设施建设。推进原油成品油码头油气回收治理。（责任单位：水运局、综合规划司）

（十五）推进交通路域环境污染治理。

加强铁路沿线保护区环境污染治理。会同有关部门和地方政府、铁路企业建立铁路线路保护区环境污染治理长效机制，针对在铁路线路安全保护区内烧荒放牧排污、生产易燃易爆放射性物品、违规采矿采石、拆盗铁路标志等违法现象，加强巡查，重点督办，加大执法处罚力度，有效遏制危害铁路安全、污染铁路环境的行为，进一步净化铁路沿线环境。（责任单位：国家铁路局有关司局）

加强公路路域环境污染防治。推进高速公路服务区卫生环境整治，加强公路路域环境治理，严禁利用公路边沟排放污物或其他污染公路等行为。（责任单位：公路局）

推进机场污染治理。推进机场设施“油改电”建设和改造，全面规范实施飞机辅助动力装置（APU）替代，重点区域民航机场在飞机停靠期间主要使用岸电。重点区域机场新增和更换的作业机械主要采用清洁能源或新能源。（责任单位：中国民用航空局有关司局）

七、强化安全监管和应急能力建设

牢固树立底线思维和红线意识，加强安全监管和安全应急能力建设，加大隐患排查和风险管控力度，坚决遏制重特大事故发生，防范杜绝生态环境风险。

（十六）强化安全监管。

加强危险货物道路、水上运输环节监管执法，严把危险货物运输审批关，加强危险货物运输动态跟踪，实现危险货物运输基础数据明细过程信息共享，监管执法规范，重大风险基本可控。做好安全监管专项行动，开展港口危险货物安全监管履职情况专项督察。2018 年年底前，建立环渤海重点船舶风险源专项检查制度。2019 年年底前，组织完成渤海海上溢油污染近岸海域风险评估。（责任单位：运输服务司、海事局、水运局、搜救中心）

（十七）强化应急能力建设。

加大应急清污装备配备力度，加快推进专业应急清污队伍建设，全面提升我国水上污染应急处置能力和水平。继续在我国沿海实施“碧海行动”。加强国家船舶溢油应急设备库建设和运行管理，加强危险化学品泄漏事故应急能力建设。2020 年年底前，建立渤海海上溢油污染海洋环境联合应急响应机制，提升国家船舶溢油应急设备库应急物资统计、监测、调用综合信息管理能力。（责任单位：救捞局、海事局）

八、积极参与绿色交通国际合作

积极推动绿色交通国际合作，履行全球环境公约，参与全球环境治理，提高交通运输绿色发展的国际影响力。

（十八）推动绿色交通国际合作。

积极利用多双边机制和平台，加强国际合作，引进国际先进绿色发展理念、经验和技术，支持我国交通运输绿色发展，提高我国交通运输生态环境保护的治理能力和水平，并不断推动我国具有比较优势的标准、技术“走出去”，提高我国国际影响力和话语权。（责任单位：综合规划司、公路局、水运局、科技司、国际合作司、搜救中心、海事局，国家局有关司局）

（十九）积极参与交通运输全球环境治理。

积极参与民航业、海运业温室气体减排全球治理事务，参加联合国气候变化框架公约、国际民航组织、国际海事组织等框架下国际谈判与合作，推动建立公平合理、合作共赢的民航、海运气候治理体系。（责任单位：国际合作司、海事局、综合规划司，中国民用航空局有关司局）

九、开展绿色交通全民行动

坚持多方参与、协同治理，着力构建政府为主导、企业为主体、社会组织和公众广泛参与的绿色交通全民行动体系，推动形成简约适度、绿色低碳的消费模式和生活方式。

（二十）开展绿色出行。

研究制定绿色出行行动计划。实施公交优先发展战略，继续推进公交都市建设，鼓励城市人民政府加快推动城市轨道交通、公交专用道、快速公交等设施建设，优化运力配置和换乘环境。指导城市规划，配合推进自行车专用道和行人步道等慢行系统建设，逐步提高慢行道占城市道路的比例，推动公交、自行车、步行等绿色出行，倡导绿色出行理念。（责任单位：运输服务司、综合规划司）

（二十一）改善农村出行条件。

实现具备条件的乡镇、建制村通硬化路，改善农村出行条件。有序推进通村组道路建设，充分利用本地资源，因地制宜选择路面材料。（责任单位：综合规划司、公路局）

（二十二）加强绿色交通宣传与引导。

深入持久地开展生态文明宣传教育，引导全行业树立生态文明意识，提升全行业生态文明理念，形成全社会共同关心、支持和参与交通运输生态环境保护的合力。开展全行业绿色行动，增强节约意识、环保意识、生态意识，培育生态道德和行为准则，动员全行业以实际行动减少能源资源消耗和污染防治。（责任单位：综合规划司、政策研究室，国家局有关司局）

（二十三）推行绿色机关文化。

各级交通运输主管部门要走在全社会前列、作出表率，带头使用节能环保产品，推行绿色办公，创建节约型机关。（责任单位：综合规划司、办公厅、机关服务中心，国家局有关司局）

十、健全生态文明治理体系

深化体制机制改革，推进制度创新，完善法规标准，强化评价引导，构建导向明确、制度完善、运行有效、保障有力的生态文明治理体系。

（二十四）深化综合交通运输体制机制改革。

不断建立健全综合交通运输发展协调体制机制，完善与自然资源、住建等部门之间多规衔接的规划编制机制，加强铁路、公路、水路、民航、邮政发展的统筹规划，促进各种运输方式融合发展。（责任单位：政策研究室、综合规划司、人事教育司，国家局有关司局）

（二十五）加强法规标准建设。

推动修订铁路法、民用航空法、公路法、道路运输条例等法律法规，通过健全法治，促进行业生态文明建设的稳定与发展。开展交通运输生态文明制度创新研究。开展交通运输绿色发展相关标准研究及制修订，在铁路、公路、水路、民航、邮政等标准制修订中增加绿色发展的内容。（责任单位：法制司、综合规划司、公路局、水运局、科技司，国家局有关司局）

（二十六）强化经济政策支持。

积极争取财政资金支持，探索应用价格、税收等优惠机制引导绿色交通建设可持续发展，引导和鼓励社会资本进入绿色交通领域，积极争取绿色信贷、绿色债券、绿色保险等支持，拓

宽绿色交通融资渠道。（责任单位：财务审计司、综合规划司，国家局有关司局）

（二十七）强化评价引导。

依据国家绿色发展指标体系，研究交通运输绿色发展评价指标，对各省交通运输绿色发展情况进行评价，引导行业推进绿色交通发展。（责任单位：综合规划司，国家局有关司局）

十一、全面加强党的领导

各级交通运输主管部门要守土有责、守土尽责、分工负责、共同发力，要把学习贯彻习近平生态文明思想作为重大政治任务，增强“四个意识”，坚决维护习近平总书记权威和核心地位，坚决维护以习近平同志为核心的党中央权威和集中统一领导，按照新时代党的建设总要求，全面加强党对绿色交通发展的领导，严格落实生态环境保护责任清单任务，明确时间表、路线图和责任人。

各相关司局主要领导对本单位有关任务负总责，要做到重要工作亲自部署、重大问题亲自过问、重要环节亲自协调、重点工作亲自督办，要按照“一岗双责”的要求，制定具体的行动计划，更好地推动交通运输生态文明建设。

国家铁路局、中国民用航空局、国家邮政局要根据行业实际制定具体实施方案。

工业和信息化部 科技部 生态环境部 交通运输部 商务部 市场监管总局 能源局关于做好新能源汽车动力蓄电池回收利用试点工作的通知

（工信部联节〔2018〕134号 2018年7月23日）

各省、自治区、直辖市及计划单列市、新疆生产建设兵团工业和信息化、科技、生态环境、交通、商务、市场监管、能源主管部门，中国铁塔股份有限公司：

根据《关于组织开展新能源汽车动力蓄电池回收利用试点工作的通知》（工信部联节函〔2018〕68号）要求，工业和信息化部、科技部、生态环境部、交通运输部、商务部、市场监管总局、能源局组织对有关地区及企业申报的新能源汽车动力蓄电池回收利用试点实施方案进行了评议。经研究，确定京津冀地区、山西省、上海市、江苏省、浙江省、安徽省、江西省、河南省、湖北省、湖南省、广东省、广西壮族自治区、四川省、甘肃省、青海省、宁波市、厦门市及中国铁塔股份有限公司为试点地区和企业。有关事项通知如下：

一、加强组织领导。各试点地区要结合实际情况，成立试点工作领导小组。按照试点实施方案目标、重点任务和具体计划，明确各项任务分工，精心组织，加强协调，确保完成试点目标任务。

二、注重区域协作。各试点地区要与周边地区建立联动机制，破解影响和制约协作开展的瓶颈问题。结合各自产业基础和特点，充分发挥区域互补优势，开展废旧动力蓄电池的集中回收和规范化综合利用，促进形成以点带面的协同发展格局，实现跨区域产业链融合发展。

三、统筹推进回收利用体系建设。推动汽车生产企业落实生产者责任延伸制度，建立回收服务网点，充分发挥现有售后服务渠道优势，与电池生产、报废汽车回收拆解及综合利用企业合作构建区域化回收利用体系。做好动力蓄电池回收利用相关信息公开，采取回购、以旧换新等措施促进动力蓄电池回收。

四、积极探索创新商业模式。要充分调动企业积极性，引导产业链上下游企业密切合作，形成跨行业利益共同体。利用信息技术推动商业模式创新，建设第三方商业化服务平台和技术评估体系，探索线上线下动力蓄电池残值交易等新型商业模式，形成成熟的市场化机制。

五、统筹产业布局和规模。结合本地区新能源汽车保有量、动力蓄电池退役量等实际情况，充分利用现有报废汽车、电子电器拆解以及有色冶金等产业基础，统筹布局动力蓄电池回收利用企业，适度控制拆解和梯次利用企业规模，严格控制再生利用企业（特别是湿法冶炼）数量，促进产业可持续发展。

六、强化科技支撑。统筹利用现有资源，充分发挥骨干企业、科研机构、行业平台及第三方认证机构等各方面优势，促进产学研用合作，重点加强关键共性技术攻关，建立完善动力蓄电池绿色制造、回收利用及处置污染防控等标准体系，形成动力蓄电池回收利用技术创新和推广应用机制。

七、抓好项目建设。以重点建设项目为抓手，带动试点工作整体推进，解决动力蓄电池梯次利用、高效再生利用等突出瓶颈问题，树立一批行业标杆企业，建设一批示范工程，促进相关标准及政策措施逐步完善。

八、加大政策支持。制定出台支持动力蓄电池回收利用的配套政策措施，加强与相关产业政策的对接，充分利用现有税收优惠政策。创新投融资方式，引导金融机构及社会资本加大对动力蓄电池回收利用项目的支持力度。

九、中国铁塔股份有限公司要按照试点实施方案目标、任务等要求，做好组织协调，通过重大项目建设保证示范工作落实。加强与试点地区的对接合作，发挥自身优势，在梯次利用商业模式构建、关键技术研发、标准规范研究及信息化平台建设等方面加强创新。

十、加强过程管理。及时协调解决试点工作过程中遇到的问题和困难，注重总结推广试点工作的好经验、好做法，不断优化试点方案，确保试点工作扎实推进。

十一、做好宣传解读。充分发挥新闻媒体作用，对废旧动力蓄电池的环境安全风险及国家有关政策进行广泛宣传，加大对违法行为的曝光力度，提升社会公众对动力蓄电池回收利用问题重要性的认知度，营造良好的社会氛围。

十二、试点工作结束后，试点地区和中国铁塔股份有限公司要对试点完成情况进行总结，并报工业和信息化部。工业和信息化部将会同科技部、生态环境部、交通运输部、商务部、市场监管总局、能源局，在试点期满后组织开展试点评估，总结试点经验，进一步推动在全国范围内构建完善、高效、规范的动力蓄电池回收利用体系。

其他非试点地区也应结合本地实际情况，尽快研究提出本地区具体实施方案，并将实施方案报工业和信息化部等七部门备案。要加强政府引导，推动汽车生产等相关企业落实动力蓄电池回收利用责任，构建回收利用体系和全生命周期监管机制。加强与试点地区和企业的经验交流与合作，促进形成跨区域、跨行业的协作机制，确保动力蓄电池高效回收利用和无害化处置。

国家发展改革委办公厅 人民银行办公厅关于对失信主体加强信用监管的通知

（发改办财金〔2018〕893号　2018年7月24日）

各省、自治区、直辖市、新疆生产建设兵团社会信用体系建设牵头单位：

为全面贯彻党的十九大和十九届二中、三中全会精神，以习近平新时代中国特色社会主义思想为指导，落实党中央、国务院关于加强社会信用体系建设的决策部署，加快构建以信用为核心的新型市场监管机制，根据《国务院关于印发社会信用体系建设规划纲要（2014—2020年）的通知》（国发〔2014〕21号）、《国务院关于建立完善守信联合激励和失信联合惩戒制度 加快推进社会诚信建设的指导意见》（国发〔2016〕33号）和《国家发展改革委 人民银行关于加强和规范守信联合激励和失信联合惩戒对象名单管理工作的指导意见》（发改财金规〔2017〕1798号）等文件要求，现就对失信主体加强信用监管有关工作通知如下。

一、充分认识对失信主体加强信用监管的重要意义

党中央、国务院高度重视社会信用体系建设。习近平总书记要求，构建“一处失信、处处受限”的信用惩戒大格局，让失信者寸步难行；对突出的诚信缺失问题，既要抓紧建立覆盖全社会的征信系统，又要完善守法诚信褒奖机制和违法失信惩戒机制，使人不敢失信、不能失信。李克强总理强调，加快建立联合激励与惩戒机制，使“守信者一路绿灯，失信者处处受限”。

当前，部分地区、部分领域失信现象比较普遍，且高发频发的态势未能得到根本性遏制，严重影响经济社会持续健康发展。贯彻落实党中央、国务院决策部署，加快构建以信用为核心的新型市场监管机制，关键在加强对失信主体的信用监管。一方面要促使失信主体加快整改失信行为、消除不良影响、修复自身信用；另一方面要加大失信成本，引导各类主体依法诚信经营，保持良好的信用记录。通过一系列制度安排，加快化解存量失信行为的社会影响，建立防范和减少增量失信行为发生的长效机制，实现标本兼治，全面增强市场监管能力，增进各类主体诚信意识，提升全社会诚信水平。

本通知所指的失信主体，包括经各地区、各部门（单位）依照法律法规、规章和有关规范性文件，按标准和程序认定并归集至全国信用信息

共享平台的各类“黑名单”、重点关注名单主体。

二、督促失信主体限期整改

建立失信行为限期整改制度。对可通过履行相关义务纠正失信行为、消除不良影响的失信主体，认定部门（单位）应明确整改要求和期限，整改期限与失信信息原则上要向社会公示，确因特殊原因不能公示的，要通过全国信用信息共享平台实现共享。认定部门（单位）可结合实际以适当方式督促失信主体在规定期限内整改。整改到位后，失信主体可提请认定部门（单位）确认；整改不到位的，认定部门（单位）应启动提示或警示约谈程序。

三、规范开展失信提示和警示约谈

建立失信提示、警示约谈制度。按照“谁认定、谁约谈”的原则，由相关部门对在规定期限内整改不到位的重点关注名单主体主要负责人进行一次提示性约谈，对在规定期限内整改不到位的“黑名单”主体主要负责人进行一次警示性约谈，约谈提纲由省级行业主管部门制定。约谈记录（包括拒绝约谈或不配合约谈等情形）记入失信主体信用记录，纳入全国信用信息共享平台。

四、有序推动失信信息社会公示

建立健全失信信息公示制度。充分运用“信用中国”网站、国家企业信用信息公示系统、各级政府及其部门门户网站等渠道，依法依规向社会公开各类主体失信信息。应公开的失信信息包括行政处罚、执法检查、“黑名单”，以及司法判决和强制执行等负面记录，重点关注名单可选择性公开。其中，行政处罚信息应自作出行政决定之日起 7 个工作日内通过政府网站公开，并及时归集至“信用中国”网站。对公开的失信信息，应明确公开期限。对涉及企业商业秘密和个人隐私的信息，发布前应进行必要的技术处理。

五、加强失信信息广泛共享

完善失信信息共享制度。以统一社会信用代码为基础，依托全国信用信息共享平台和地方各级信用信息共享平台，归集整合各地区、各部门、各领域失信信息，记于同一主体名下，建立完整的主体信用档案。国家和地方各级公共信用信息中心要将归集整合后的信用信息与各级政府部门和参与联合惩戒的实施单位充分共享，为跨地区、跨部门协同监管、联合惩戒提供支撑。加强个人隐私和信息安全保护，保障信息主体合法权益。

六、加强失信信息定向推送

健全失信信息定向推送制度。各省级社会信用体系建设牵头单位要将失信主体相关信息，按失信联合惩戒措施分别推送给相关实施单位，按地区分别推送给地方政府相关部门。对依法不能公开的失信主体名单信息，通报当事人所在单位或其相关主管部门依法依纪处理。

七、全面落实失信联合惩戒措施

完善失信联合惩戒制度。各省级社会信用体系建设牵头单位参考国家有关部门签署的失信联合惩戒合作备忘录，制定区域性失信联合惩戒措施清单，推动相关部门将查询信用信息、限制约束失信主体嵌入行政管理、公共服务的工作流程。国家和地方各级公共信用信息中心要依托信用信息共享平台开发失信联合惩戒子系统，实现失信联合惩戒发起—响应—反馈的自动化，及时归集上报失信联合惩戒案例。在认真落实各项行政性惩戒措施的同时，要依法依规将失信信息与行业协会商会、信用服务机构、金融机构、新闻媒体等充分共享，推动市场性、行业性、社会性惩戒措施落实落地，加快构建“一处失信、处处受限”的信用惩戒大格局。

八、追溯失信单位负责人责任

建立失信单位负责人责任追溯制度。法人和非法人组织被列入黑名单和重点关注名单的，要对其法定代表人（或主要负责人）和负有责任的相关人员进行问责，将法人和非法人组织的失信信息作为评价其法定代表人（或主要负责人）和负有责任的相关人员信用状况的重要依据，纳入个人信用档案，并共享至全国信用信息共享平台。在对失信单位实施联合惩戒的同时，建立对其法定代表人（或主要负责人）和负有责任的相关人员的联合惩戒机制。

九、引导失信主体开展公开信用承诺

建立健全信用承诺制度。鼓励和引导失信主体按照规定格式作出书面信用承诺。承诺内容包括依法诚信经营的具体要求、自愿接受社会监督、违背承诺自愿接受联合惩戒等。信用承诺书通过“信用中国”网站向社会公开，记入相关主体信用记录，并作为信用修复的重要条件。

十、广泛开展信用修复专题培训

建立失信个人、失信单位法定代表人（主要负责人）信用修复培训制度。县级以上地方政府社会信用体系建设牵头单位应组织对辖区内黑名单、重点关注名单主体主要负责人开展信用修复培训。培训内容包括宣讲国家社会信用体系建设法规政策、失信联合惩戒措施及其对各类主体的影响、信用修复的方式和程序等，培训不少于3个学时。接受信用修复培训情况记入失信主体信用记录，纳入全国信用信息共享平台。各级社会信用体系建设牵头单位可与失信主体的认定部门（单位）联合举办培训，也可引入行业协会商会、信用服务机构等社会力量举办培训。

十一、建立失信主体提交信用报告制度

建立失信主体信用状况主动报告制度。失信主体被列入黑名单或重点关注名单后，应于申请退出黑名单或重点关注名单时主动提交信用报告。认定部门（单位）在受理失信主体申请退出黑名单或重点关注名单时，应将其信用报告作为重要参考。信用报告由具有资质的信用服务机构出具，并共享至全国信用信息共享平台。

十二、鼓励失信主体开展信用管理咨询

建立信用管理辅导咨询制度。鼓励黑名单、重点关注名单主体委托具有资质的信用服务机构开展信用管理辅导咨询。信用服务机构辅导相关主体建立依法诚信经营理念，完善内部信用

管理制度和管理系统，建立维护自身诚信形象、防止失信行为发生的长效机制。

十三、积极稳妥开展信用修复

建立信用修复制度。黑名单、重点关注名单主体在规定期限内纠正失信行为、消除不良影响的，不再作为联合惩戒对象。建立有利于自我纠错、主动自新的社会鼓励与关爱机制，支持黑名单、重点关注名单主体通过公开信用承诺、参加信用修复专题培训、提交信用报告、参与社会公益服务等方式修复信用。

十四、切实加强行业信用监管

健全行业信用监管制度。发挥行业监管部门的作用，并探索引入第三方机构协同参与行业信用监管，建立健全行业信用记录，开展行业信息公示、风险提示、预警监测、信用管理培训等工作，从行业维度布局社会信用体系建设。

十五、发挥行业协会商会自律性监管作用

建立健全行业协会商会诚信自律制度。发挥行业协会商会的组织作用，建立会员单位信用记录，制定针对会员单位失信行为的惩戒措施清单，并对会员单位的失信信息进行公示和共享。加强行业协会商会自身诚信建设，对行业协会商会做出信用评价。

十六、引入信用服务机构协同监管

建立信用服务机构协同监管制度。发挥信用服务机构的专业作用，引入符合条件的信用服务机构参与协同监管，探索开展信用记录建设、大数据分析、风险预警、失信跟踪监测等工作。在与信用服务机构开展信息共享、第三方评估等合作时，建立相关机构的信用档案。

十七、鼓励创新对失信主体的信用监管

建立鼓励创新信用监管的制度。鼓励以信用承诺助行政审批，以信息公示助行政监督，以协同备案登记助信息归集，以深度介入合同签约履约促守信践诺等，形成以信用承诺、信息公示、协同注册、合同监督为核心运行机制的信用监管体系，支撑和推动全国“放管服”改革。

十八、加强信用监管工作的组织领导

各省级社会信用体系建设牵头单位要高度重视对失信主体的信用监管工作，积极主动、探索创新，大力协调相关部门，突出以信用监管为重要抓手，认真落实信用监管各项制度措施，全面推动社会信用体系建设各项工作。各级公共信用信息中心要切实做好信用信息归集、共享、公示以及联合惩戒的支撑服务工作。

十九、加强考核评估确保任务落实

组织国家公共信用信息中心将国家层面认定的黑名单、重点关注名单分解至各地区，组织第三方机构对各地区根据分解到的失信名单开展培训、约谈、惩戒、辅导咨询、信用报告、

信用修复等工作情况进行评估。第三方评估结果作为对各省（区、市）社会信用体系建设考核和城市信用状况监测评估的重要内容。各地区要逐级分解工作任务，确保落实到人。

二十、加强宣传引导营造良好社会氛围

注重挖掘失信主体接受信用监管、修复自身信用状况的典型案例，以及地方经验做法，充分运用“信用中国”网站、《中国信用》杂志和其他各类社会媒体，广泛开展交流观摩和宣传报道。适时组织第三方机构开展典型案例评选，进一步形成主体关注信用记录、政府部门加强信用监管、全社会共同关心社会信用体系建设的良好环境。

本文件自发布之日起试行，有效期截至2020年12月31日。

商务部办公厅 公安部办公厅 交通运输部办公厅 国家邮政局办公室 供销合作总社办公厅关于印发《城乡配送绩效评价指标体系》的通知

（商办流通函〔2018〕389 号　　2018 年 11 月 7 日）

为贯彻党的十九大关于加强物流等基础设施网络建设的重要部署，进一步落实商务部等 5 部门《城乡高效配送专项行动计划（2017—2020 年）》（商流通函〔2017〕917 号）有关要求，商务部会同有关部门制定了《城乡配送绩效评价指标体系》。现将有关事项通知如下：

一、重要意义

近年来，我国物流业实现较快发展，物流业在国民经济中的基础性、战略性、先导性作用显著增强。商贸流通、交通运输、邮政快递、供销合作等各类市场主体加快布局城乡配送体系，在促进商品流通、保障居民消费和服务农村发展等方面发挥了重要作用。但与此同时，物流配送网络不健全、设施共享共用不足、一体化运作水平不高、供应链协同性不强、绿色创新发展动力不足等不平衡不充分的发展问题依然未得到有效解决，难以满足人民日益增长的美好生活需要。

编制《城乡配送绩效评价指标体系》，是推进物流工作的一项重要举措，是落实城市主体责任、引导企业转型升级的重要抓手，是检验城乡高效配送专项行动成果的重要依据，对创新流通、促进消费具有重要作用。

二、主要内容

《城乡配送绩效评价指标体系》针对城市和企业，分别设定绩效评价指标：

一是城市绩效评价指标。着重对试点城市在推进城乡高效配送发展中采取的措施和取得的成效进行综合评估，注重实效性，围绕基础设施、运行效率、技术应用、发展环境 4 个方面设置了 13 项指标，并对各项指标赋予标准和适当的权重。

二是企业绩效评价指标。结合企业经营管理与创新发展实际，注重可操作性，围绕网点布局、运作效率、技术应用、绿色发展、模式创新 5 个方面设置了 16 项指标，并对各项指标赋予标准和适当的权重。

三、组织实施

城市评估由试点城市商务部门会同公安、交通运输、邮政、供销合作部门，对推进城乡高效配送工作进展情况进行全面总结，对照《专项行动计划》开展自评，填报《城乡高效配送（城市）绩效评价指标表》（附件1），并向省级商务部门报送工作情况总结及综合评估报告。省级商务部门会同有关部门对试点城市落实《专项行动计划》工作进行综合评估，总结其在推进城乡配送高效发展方面的做法和经验。

企业评估按照企业自愿和公平公正公开的原则，由企业对照《专项行动计划》开展自评，填报《城乡高效配送企业基本情况表》（附件2）和《城乡高效配送（企业）绩效评价指标表》（附件3）。市级商务部门会同有关部门根据企业自评报告向省级商务部门择优推荐。省级商务部门会同相关部门对企业落实《专项行动计划》进行综合评估，总结企业在推进城乡配送高效发展方面的做法和经验。

综合评估报告及典型经验材料请于11月底前报送商务部。

四、工作要求

（一）加强规划引领。各地要将推进城乡高效配送体系建设纳入政府工作重点，加强统筹协调，强化顶层设计，积极推动将仓储配送设施规划布局纳入当地土地利用规划和城乡发展规划，引导各类市场主体有效利用土地，合理布局仓储配送及末端网点设施，构建城乡配送骨干网络。

（二）加强政策支持。各地要进一步强化对城乡高效配送体系建设的支持与推进政策措施，积极争取土地、资金、投资、税费、用电用能等政策措施，落实重点企业联系制度，支持企业网络化经营、一体化运作。推动资源整合和优势互补，避免重复建设和恶性竞争。

（三）完善长效机制。各地要探索建立职责清晰、沟通顺畅的部门协调工作机制，发挥好行业协会政策咨询、行业分析和服务企业的作用，定期开展综合评估和经验总结，共同做好全国城乡高效配送城市创建和企业培育工作。

联系人：流通发展司　罗旻慧

电话：010-85093777、010-85093749（传真）

国家发展改革委 交通运输部关于印发《国家物流枢纽布局和建设规划》的通知

（发改经贸〔2018〕1886号）

各省、自治区、直辖市人民政府，国务院各部委、各直属机构：

为贯彻落实党中央、国务院关于加强物流等基础设施网络建设的决策部署，科学推进国家物流枢纽布局和建设，国家发展改革委、交通运输部会同相关部门研究制定了《国家物流枢纽布局和建设规划》，经国务院同意，现印发你们，请认真贯彻执行。

国家发展改革委
交 通 运 输 部
2018年12月21日

国家物流枢纽布局和建设规划

物流枢纽是集中实现货物集散、存储、分拨、转运等多种功能的物流设施群和物流活动组织中心。国家物流枢纽是物流体系的核心基础设施，是辐射区域更广、集聚效应更强、服务功能更优、运行效率更高的综合性物流枢纽，在全国物流网络中发挥关键节点、重要平台和骨干枢纽的作用。为贯彻落实党中央、国务院关于加强物流等基础设施网络建设的决策部署，科学推进国家物流枢纽布局和建设，经国务院同意，制定本规划。

一、规划背景

党的十八大以来，我国物流业实现较快发展，在国民经济中的基础性、战略性、先导性作用显著增强。物流专业设施和交通基础设施网络不断完善，特别是一些地区自发建设形成一批物流枢纽，在促进物流资源集聚、提高物流运行效率、支撑区域产业转型升级等方面发挥了重要作用，为建设国家物流枢纽网络奠定良好基础。

基础设施条件不断完善。截至2017年年底，我国铁路、公路营运总里程分别达到12.7万公里和477.3万公里，万吨级以上港口泊位2366个，民用运输机场226个，铁路专用线总里程约1.8万公里。全国营业性通用仓库面积超过10亿平方米，冷库库容约1.2亿立方米，运营、在建和规划的各类物流园区超过1600个。

运行组织效率持续提高。互联网、物联网、大数据、云计算等现代信息技术与物流业发展深度融合，无人机、无人仓、物流机器人、新能源汽车等智能化、绿色化设施设备在物流领域加快推广应用，物流枢纽运行效率显著提高，有力引导和支撑物流业规模化集约化发展，为加快物流转型升级和创新发展注入新的活力。

综合服务能力大幅提升。货物集散转运、仓储配送、装卸搬运、加工集拼等基础服务能力不断增强，与制造、商贸等产业融合发展趋势日益明显，物流要素加速向枢纽聚集，以平台整合、供应链融合为特征的新业态新模式加快发展，交易撮合、金融结算等增值服务功能不断拓展，物流枢纽的价值创造能力进一步增强。

经济支撑带动作用明显。国际陆港、中欧班列枢纽节点等快速发展，跨境电商、同城配送等物流新需求持续增长，物流枢纽的资源聚集效应和产业辐射效应不断显现，对经济增长的带动作用日益增强，有效支撑我国世界第二大经济体和第一大货物贸易国的地位。

但也要看到，与发达国家相比，我国物流枢纽发展还存在一定差距。一是系统规划不足，现有物流枢纽设施大多分散规划、自发建设，骨干组织作用发挥不足，物流枢纽间协同效应不明显，没有形成顺畅便捷的全国性网络。二是空间布局不完善，物流枢纽分布不均衡，西部地区明显滞后，部分地区还存在空白；一些物流枢纽与铁路、港口等交通基础设施以及产业集聚区距离较远，集疏运成本较高。三是资源整合不充分，部分物流枢纽存在同质化竞争、低水平重复建设问题，内部缺乏有效分工，集聚和配置资源要素的作用没有充分发挥。四是发展方式较为粗放，一些已建成物流枢纽经营方式落后、功能单一，无法开展多式联运；有的枢纽盲目扩大占地面积，物流基础设施投入不足，服务质量有待提高。

当前，我国经济已由高速增长阶段转向高质量发展阶段。加快国家物流枢纽网络布局和建设，有利于整合存量物流基础设施资源，更好发挥物流枢纽的规模经济效应，推动物流组织方式变革，提高物流整体运行效率和现代化水平；有利于补齐物流基础设施短板，扩大优质物流服务供给，打造低成本、高效率的全国性物流服务网络，提升实体经济活力和竞争力；有利于更好发挥干线物流通道效能，加快推进要素集聚、资源整合和城乡空间格局与产业布局重塑，促进区域协调发展，培育新的经济增长极；有利于深化国内国际物流体系联动协同，促进生产制造、国际贸易和国际物流深度融合，提高国际供应链整体竞争力，培育国际竞争新优势，加快推动我国产业向全球价值链中高端迈进。

二、总体要求

（一）指导思想。

以习近平新时代中国特色社会主义思想为指导，全面贯彻党的十九大和十九届二中、三中全会精神，牢固树立和贯彻落实新发展理念，按照高质量发展的要求，统筹推进“五位一体”总体布局和协调推进“四个全面”战略布局，坚持以供给侧结构性改革为主线，认真落实党中央、国务院决策部署，推动物流组织模式和行业管理体制机制创新，加快现代信息技术和先进设施设备应用，构建科学合理、功能完备、开放共享、智慧高效、绿色安全的国家物流枢纽网络，打造“通道＋枢纽＋网络”的物流运行体系，实现物流资源优化配置和物流活动系统化组织，进一步提升物流服务质量，降低全社会物流和交易成本，为优化国家经济空间布局和构建现代化经济体系提供有力支撑。

（二）基本原则。

市场主导、规划引领。遵循市场经济规律和现代物流发展规律，使市场在资源配置中起决定性作用和更好发挥政府作用，通过规划引领和指导，推动物流资源向有市场需求的枢纽进一步集聚，支持和引导具备条件的物流枢纽做大做强，在物流运行体系中发挥骨干作用。

集约整合、融合创新。坚持以存量设施整合提升为主、以增量设施补短板为辅，重点提高现有物流枢纽资源集约利用水平。依托国家物流枢纽加强物流与交通、制造、商贸等产业联动融合，培育行业发展新动能，探索枢纽经济新范式。

统筹兼顾、系统成网。统筹城市经济发展基础和增长潜力，兼顾东中西部地区协调发展，围绕产业发展、区域协调、公共服务、内联外通等需要，科学选址、合理布局、加强联动，加快构建国家物流枢纽网络。

协调衔接、开放共享。加强物流与交通基础设施衔接，提高不同运输方式间货物换装效率，推动信息互联互通、设施协调匹配、设备共享共用，增强国家物流枢纽多式联运功能，提高运行效率和一体化组织水平。

智慧高效、绿色发展。顺应现代物流业发展新趋势，加强现代信息技术和智能化、绿色化装备应用，推进货物运输结构调整，提高资源配置效率，降低能耗和排放水平，打造绿色智慧型国家物流枢纽。

（三）发展目标。

到 2020 年，通过优化整合、功能提升，布局建设 30 个左右辐射带动能力较强、现代化运作水平较高、互联衔接紧密的国家物流枢纽，促进区域内和跨区域物流活动组织化、规模化运行，培育形成一批资源整合能力强、运营模式先进的枢纽运营企业，初步建立符合我国国情的枢纽建设运行模式，形成国家物流枢纽网络基本框架。

到 2025 年，布局建设 150 个左右国家物流枢纽，枢纽间的分工协作和对接机制更加完善，社会物流运行效率大幅提高，基本形成以国家物流枢纽为核心的现代化物流运行体系，同时随着国家产业结构和空间布局的进一步优化，以及物流降本增效综合措施的持续发力，推动全社会物流总费用与 GDP 的比率下降至 12% 左右。

——高效物流运行网络基本形成。以“干线运输＋区域分拨”为主要特征的现代化多式联运网络基本建立，全国铁路货运周转量比重提升到 30% 左右，500 公里以上长距离公路运量大幅减少，铁路集装箱运输比重和集装箱铁水联运比重大幅提高，航空货运周转量比重明显提升。

——物流枢纽组织效率大幅提升。多式联运、甩挂运输等先进运输组织方式广泛应用，各种运输方式衔接更加紧密，联运换装转运效率显著提高，集疏运体系更加完善，国家物流枢纽单元化、集装化运输比重超过 40%。

——物流综合服务能力显著增强。完善互联互通的枢纽信息网络，国家物流枢纽一体化运作、网络化经营、专业化服务能力进一步提高，与供应链、产业链、价值链深度融合，对实体经济的支撑和促进作用明显增强，枢纽经济效应充分显现。

到2035年，基本形成与现代化经济体系相适应的国家物流枢纽网络，实现与综合交通运输体系顺畅衔接、协同发展，物流规模化、组织化、网络化、智能化水平全面提升，铁路、水运等干线通道能力充分释放，运输结构更加合理。全社会物流总费用与GDP的比率继续显著下降，物流运行效率和效益达到国际先进水平。依托国家物流枢纽，形成一批具有国际影响的枢纽经济增长极，将国家物流枢纽打造成为产业转型升级、区域经济协调发展和国民经济竞争力提升的重要推动力量。

三、合理布局国家物流枢纽，优化基础设施供给结构

（一）国家物流枢纽的类型和功能定位。

国家物流枢纽分为陆港型、港口型、空港型、生产服务型、商贸服务型、陆上边境口岸型6种类型。

陆港型。依托铁路、公路等陆路交通运输大通道和场站（物流基地）等，衔接内陆地区干支线运输，主要为保障区域生产生活、优化产业布局、提升区域经济竞争力，提供畅通国内、联通国际的物流组织和区域分拨服务。

港口型。依托沿海、内河港口，对接国内国际航线和港口集疏运网络，实现水陆联运、水水中转有机衔接，主要为港口腹地及其辐射区域提供货物集散、国际中转、转口贸易、保税监管等物流服务和其他增值服务。

空港型。依托航空枢纽机场，主要为空港及其辐射区域提供快捷高效的国内国际航空直运、中转、集散等物流服务和铁空、公空等联运服务。

生产服务型。依托大型厂矿、制造业基地、产业集聚区、农业主产区等，主要为工业、农业生产提供原材料供应、中间产品和产成品储运、分销等一体化的现代供应链服务。

商贸服务型。依托商贸集聚区、大型专业市场、大城市消费市场等，主要为国际国内和区域性商贸活动、城市大规模消费需求提供商品仓储、干支联运、分拨配送等物流服务，以及金融、结算、供应链管理等增值服务。

陆上边境口岸型。依托沿边陆路口岸，对接国内国际物流通道，主要为国际贸易活动提供一体化通关、便捷化过境运输、保税等综合性物流服务，为口岸区域产业、跨境电商等发展提供有力支撑。

（二）国家物流枢纽布局和规划建设要求。

国家物流枢纽基本布局。加强宏观层面的系统布局，依据区域经济总量、产业空间布局、基础设施联通度和人口分布等，统筹考虑国家重大战略实施、区域经济发展、产业结构优化升级等需要，结合“十纵十横”交通运输通道和国内物流大通道基本格局，选择127个具备一定基础条件的城市作为国家物流枢纽承载城市，规划建设212个国家物流枢纽，包括41个陆港型、30个港口型、23个空港型、47个生产服务型、55个商贸服务型和16个陆上边境口岸型国家物流枢纽。

专栏 1　国家物流枢纽布局承载城市

1. 陆港型国家物流枢纽承载城市。包括石家庄、保定、太原、大同、临汾、呼和浩特、乌兰察布、沈阳、长春、哈尔滨、佳木斯、南京、徐州、杭州、合肥、南昌、鹰潭、济南、潍坊、郑州、安阳、武汉、长沙、衡阳、南宁、柳州、重庆、成都、遂宁、贵阳、遵义、昆明、拉萨、西安、延安、兰州、酒泉、格尔木、乌鲁木齐、哈密、库尔勒。

2. 港口型国家物流枢纽承载城市。包括天津、唐山、秦皇岛、沧州、大连、营口、上海、南京、苏州、南通、连云港、宁波—舟山、芜湖、安庆、福州、厦门、九江、青岛、日照、烟台、武汉、宜昌、岳阳、广州、深圳、湛江、钦州—北海—防城港、洋浦、重庆、泸州。

3. 空港型国家物流枢纽承载城市。包括北京、天津、哈尔滨、上海、南京、杭州、宁波、厦门、青岛、郑州、长沙、武汉—鄂州、广州、深圳、三亚、重庆、成都、贵阳、昆明、拉萨、西安、银川、乌鲁木齐。

4. 生产服务型国家物流枢纽承载城市。包括天津、石家庄、唐山、邯郸、太原、鄂尔多斯、包头、沈阳、大连、长春、哈尔滨、大庆、上海、南京、无锡、苏州、杭州、宁波、嘉兴、金华、合肥、蚌埠、福州、三明、南昌、青岛、郑州、洛阳、武汉、十堰、襄阳、长沙、郴州、广州、深圳、珠海、佛山、东莞、南宁、柳州、重庆、成都、攀枝花、贵阳、西安、宝鸡、石河子。

5. 商贸服务型国家物流枢纽承载城市。包括天津、石家庄、保定、太原、呼和浩特、赤峰、沈阳、大连、长春、吉林、哈尔滨、牡丹江、上海、南京、南通、杭州、温州、金华（义乌）、合肥、阜阳、福州、平潭、厦门、泉州、南昌、赣州、济南、青岛、临沂、郑州、洛阳、商丘、南阳、信阳、武汉、长沙、怀化、广州、深圳、汕头、南宁、桂林、海口、重庆、成都、达州、贵阳、昆明、大理、西安、兰州、西宁、银川、乌鲁木齐、喀什。

6. 陆上边境口岸型国家物流枢纽承载城市。包括呼伦贝尔（满洲里）、锡林郭勒（二连浩特）、丹东、延边（珲春）、黑河、牡丹江（绥芬河—东宁）、防城港（东兴）、崇左（凭祥）、德宏（瑞丽）、红河（河口）、西双版纳（磨憨）、日喀则（吉隆）、伊犁（霍尔果斯）、博尔塔拉（阿拉山口）、克孜勒苏（吐尔尕特）、喀什（红其拉甫）。

国家物流枢纽规划建设要求。一是区位条件良好。毗邻港口、机场、铁路场站等重要交通基础设施和产业聚集区，与城市中心的距离位于经济合理的物流半径内，并与城市群分工相匹配。二是空间布局集约。以连片集中布局为主，集中设置物流设施，集约利用土地资源。同一国家物流枢纽分散布局的互补功能设施原则上不超过2个。三是存量设施优先。以完善提升已建成物流设施的枢纽功能为主，必要情况下可结合区域经济发展需要适当整合、迁移或新建枢纽设施。四是开放性公共性强。具备提供公共物流服务、引导分散资源有序聚集、推动区域物流集约发展等功能，并在满足区域生产生活物流需求中发挥骨干作用。五是服务功能完善。具备干线运输、区域分拨等功能，以及多式联运转运设施设备和系统集成、互联兼容的公共信息平台等，可根据需要提供通关、保税等国际物流相关服务。六是统筹运营管理。由一家企业或多家企业联合主导国家物流枢纽建设、运营和管理，统筹调配物流服务资源，整合对接物流业务，实行统一的安全作业规范。七是区域协同联动。鼓励同一承载城市内不同类型的国家物流枢纽加强协同或合并建设，增强综合服务功能；支持京津冀、长三角、珠三角等地区的承载城市在城市群内部开展国家物流枢纽合作共建，实现优势互补。

国家物流枢纽培育发展要求。各承载城市要遵循市场规律，尊重市场选择，以市场自发形成的物流枢纽设施和运行体系为基础，对照上述要求，选择基础条件成熟、市场需求旺盛、发展潜力较大的物流枢纽进行重点培育，并可根据市场和产业布局变化情况以及交通基础设施发展情况等进行必要的调整。同时，通过规划引导和政策支持，加强公共服务产品供给，补齐设施短板，规范市场秩序，促进公平竞争。要加强国家物流枢纽与其他物流枢纽的分工协作和有效衔接，两者不排斥、不替代，通过国家物流枢纽的发展带动其他物流枢纽做大做强，打造以国家物流枢纽为骨干，以其他物流枢纽为补充，多层次、立体化、广覆盖的物流枢纽设施体系。

四、整合优化物流枢纽资源，提高物流组织效率

（一）培育协同高效的运营主体。

鼓励和支持具备条件的企业通过战略联盟、资本合作、设施联通、功能联合、平台对接、资源共享等市场化方式打造优势互补、业务协同、利益一致的合作共同体，推进国家物流枢纽设施建设和统筹运营管理，有序推动干线运输、区域分拨、多式联运、仓储服务、跨境物流、城市配送等物流服务资源集聚，引导物流服务企业集群发展，提升物流一体化组织效率。

（二）推动物流设施集约整合。

整合优化存量物流设施。优先利用现有物流园区特别是国家示范物流园区，以及货运场站、铁路物流基地等设施规划建设国家物流枢纽。鼓励通过统筹规划迁建等方式整合铁路专用线、专业化仓储、多式联运转运、区域分拨配送等物流设施及通关、保税等配套设施，推动物流枢纽资源空间集中；对迁建难度较大的分散区块设施，支持通过协同运作和功能匹配实现统一的枢纽功能。支持国家物流枢纽集中承接第三方物流、电子商务、邮政、快递等物流服务的区域分拨和仓储功能，减少物流设施无效低效供给，促进土地等资源集约利用，提升设施综合利用效率。

统筹补齐物流枢纽设施短板。加强物流枢纽设施薄弱地区特别是中西部地区物流软硬件设施建设，支持物流枢纽设施短板突出地区结合产业发展和城市功能定位等，按照适度超前原则高起点规划新建物流枢纽设施，推动国家物流枢纽网络空间结构进一步完善，带动区域经济发展。

（三）增强国家物流枢纽平台支撑能力。

加强综合信息服务平台建设。鼓励和支持国家物流枢纽依托现有资源建设综合信息服务平台，打破物流信息壁垒，推动枢纽内企业、供应链上下游企业信息共享，实现车辆、货物位置及状态等信息实时查询；加强交通、公安、海关、市场监管、气象、邮政等部门公共数据开放共享，为便利企业生产经营和完善物流信用环境提供支撑；加强物流服务安全监管和物流活动的跟踪监测，推动相关企业落实实名登记和信息留存等安全管理制度，实现货物来源可追溯、责任可倒查。依托国家交通运输物流公共信息平台等建立国家物流枢纽间综合信息互联互通机制，促进物流订单、储运业务、货物追踪、支付结算等信息集成共享、高效流动，提高物流供需匹配效率，加强干线运输、支线运输、城

市配送的一体化衔接。完善数据交换、数据传输等标准，进一步提升不同枢纽信息系统的兼容性和开放性。

推动物流资源交易平台建设。依托具备条件的国家物流枢纽综合信息服务平台，建设物流资源要素交易平台，开展挂车等运输工具、集装箱、托盘等标准化器具及叉车、正面吊等装卸搬运设备的租赁交易，在制度设计和交易服务等方面加强探索创新，允许交易平台开展水运、航空货运、陆运等运力资源和仓储资源交易，提高各类物流资源的市场化配置效率和循环共用水平。

专栏 2　国家物流枢纽资源整合工程

1. 国家物流枢纽建设运营主体培育工程。借鉴国外成熟经验，遵循市场化原则，创新物流枢纽经营管理模式，探索建立国家物流枢纽建设运营参与企业的利益协同机制，培育协同高效的运营主体，提高枢纽组织效率。

目标及完成时限：2020 年年底前，争取培育 10 家左右国家物流枢纽建设运营标杆企业，形成可推广、可复制的枢纽建设运营经验。

2. 国家物流枢纽联盟工程。发挥行业协会等作用，支持和推动枢纽建设运营企业成立国家物流枢纽联盟。发挥骨干企业网络化经营优势，推动国家物流枢纽之间加强业务对接，积极推进要素流动、信息互联、标准协同等合作机制建设，加快推动形成国家物流枢纽网络。

目标及完成时限：2020 年年底前，依托已投入运行的国家物流枢纽，成立国家物流枢纽联盟，在信息互联互通、标准规范对接等方面取得突破。2025 年年底前，基本形成稳定完善的国家物流枢纽合作机制，力争将已建成的国家物流枢纽纳入联盟，形成顺畅衔接、高效运作的国家物流枢纽网络。

五、构建国家物流枢纽网络体系，提升物流运行质量

（一）建设国家物流枢纽干线网络体系。

构建国内物流干线通道网络。鼓励国家物流枢纽间协同开展规模化物流业务，建设高质量的干线物流通道网络。重点加快发展枢纽间的铁路干线运输，优化运输组织，构建便捷高效的铁路货运网络。鼓励陆港型、生产服务型枢纽推行大宗货物铁路中长期协议运输，面向腹地企业提供铁路货运班列、点到点货运列车、大宗货物直达列车等多样化铁路运输服务；支持陆港型、港口型、商贸服务型枢纽间开行“钟摆式”铁路货运专线、快运班列，促进货物列车客车化开行，提高铁路运输的稳定性和准时性，优先鼓励依托全国性和区域性铁路物流中心培育发展陆港型枢纽；加密港口型枢纽间的沿海沿江班轮航线网络，提升长江中上游港口码头基础配套水平和货物集散能力；拓展空港型枢纽货运航线网络，扩大全货机服务覆盖范围。完善进出枢纽的配套道路设施建设，提高联运疏解效率。

提升国际物流网络化服务水平。提高国家物流枢纽通关和保税监管能力，支持枢纽结合自身

货物流向拓展海运、空运、铁路国际运输线路，密切与全球重要物流枢纽、能源与原材料产地、制造业基地、贸易中心等的合作，为构建“全球采购、全球生产、全球销售”的国际物流服务网络提供支撑。促进国家物流枢纽与中欧班列融合发展，指导枢纽运营主体集中对接中欧班列干线运力资源，加强分散货源组织，提高枢纽国际货运规模化组织水平。充分发挥中欧班列国际铁路合作机制作用，强化国家物流枢纽与国外物流节点的战略合作和业务联系，加强中欧班列回程货源组织，进一步提高运行质量。发挥陆上边境口岸型枢纽的辐射作用，加强与“一带一路”沿线国家口岸相关设施的功能衔接、信息互联，加强单证规则、检验检疫、认证认可、通关报关、安全与应急等方面的国际合作，畅通陆路双向贸易大通道。

（二）依托国家物流枢纽加快多式联运发展。

加强干支衔接和组织协同。充分发挥国家物流枢纽的资源集聚和区域辐射作用，依托枢纽网络开发常态化、稳定化、品牌化的“一站式”多式联运服务产品。推动港口型枢纽统筹对接船期、港口装卸作业、堆存仓储安排和干线铁路运输计划。鼓励空港型枢纽开展陆空联运、铁空联运、空空中转，发展“卡车航班”，构建高价值商品的快捷物流服务网络。支持具备条件的国家物流枢纽建立“公共挂车池”，发展甩挂运输，试点开展滚装运输；支持建设多式联运场站和吊装、滚装、平移等快速换装转运设施，加快发展国内国际集装箱公铁联运和海铁联运。

创新标准形成和应用衔接机制。支持和引导国家物流枢纽采用已发布的快递、仓储、冷链、口岸查验等推荐性国家标准和行业标准，严格执行有关规划建设和安全作业标准。研究国家物流枢纽间多式联运转运、装卸场站等物流设施标准，完善货物装载要求、危险品界定等作业规范，加强物流票证单据、服务标准协调对接。充分发挥物流骨干企业作用，通过高频次、规模化、市场化的物流活动，推动多式联运服务、设施设备等标准进一步衔接，重点在水铁、公铁联运以及物流信息共享等领域，探索形成适应枢纽间多式联运发展的市场标准，为制定国家和行业有关标准提供依据。

推广多式联运“一单制”。研究在国家物流枢纽间推行集装箱多式联运电子化统一单证，加强单证信息交换共享，实现“一单制”物流全程可监测、可追溯。加强不同运输方式在货物交接、合同运单、信息共享、责任划分、保险理赔等方面的制度与规范衔接。鼓励企业围绕“一单制”物流创新业务模式，拓展统一单证的金融、贸易、信用等功能，扩大单证应用范围，强化与国际多式联运规则对接，推动“一单制”物流加快发展。

（三）打造高效专业的物流服务网络。

现代供应链。促进国家物流枢纽与区域内相关产业协同联动和深度融合发展，打造以国家物流枢纽为核心的现代供应链。鼓励和引导制造、商贸、物流、金融等企业，依托国家物流枢纽实现上下游各环节资源优化整合和高效组织协同，发展供应链库存管理、生产线物流等新模式，满足敏捷制造、准时生产等精益化生产需要；探索发展以个性化定制、柔性化生产、资源高度共享为特征的虚拟生产、云制造等现代供应链模式，提升全物流链条价值创造能力，实现综合竞争力跃升。

邮政快递物流。推动邮政和快递物流设施与新建国家物流枢纽同步规划、同步建设，完善提升已有物流枢纽的邮件快件分拨处理功能。推动快递专业类物流园区改扩建，积极承接国家物流枢纽功能。提升邮件快件分拨处理智能化、信息化、绿色化水平。鼓励发展航空快递、高铁快递、冷链快递、电商快递、跨境寄递，推动快递物流与供应链、产业链融合发展。支持建设国际邮件互换局（交换站）和国际快件监管中心。

电子商务物流。鼓励和支持国家物流枢纽增强电子商务物流服务功能，发挥干线与区域分拨网络作用，为电商提供覆盖更广、效率更高的专业物流服务，促进农村电子商务物流体系建设，推动农产品“上行”和工业品“下行”双向高效流通，提高电子商务物流服务的时效性、准确性。鼓励国家物流枢纽综合信息服务平台与电子商务物流信息平台对接，推动国家物流枢纽网络与电子商务网络信息互联互通，实现“双网”融合。增强国家物流枢纽在跨境电商通关、保税、结算等方面的功能，提高枢纽支撑电子商务物流一体化服务的能力。

冷链物流。引导冷链物流设施向国家物流枢纽集聚，促进冷链物流规模化发展。鼓励国家物流枢纽高起点建设冷链物流设施，重点发展流通型冷库、立体库等，提高冷链设施供给质量。鼓励企业依托国家物流枢纽建设面向城市消费的低温加工处理中心，开展冷链共同配送、“生鲜电商 + 冷链宅配”等新模式；大力发展铁路冷藏运输、冷藏集装箱多式联运。依托国家物流枢纽综合信息服务平台，加强全程温度记录和信息追溯，促进消费升级，保障食品质量安全。

大宗商品物流。鼓励粮食、棉花等大宗商品物流嵌入国家物流枢纽服务系统，通过供应链信息协同、集中存储、精细化生产组织等方式，加快资源产地、工业聚集区、贸易口岸的物流组织变革，推动大宗商品物流从以生产企业安排为主的传统模式向以枢纽为载体的集约模式转型，促进枢纽与相关生产企业仓储资源合理配置，进一步降低库存和存货资金占用。发展铁路散粮运输、棉花集装箱运输和能源、矿产品重载运输，推动运输结构调整。

驮背运输。依托国家物流枢纽在具备条件的地区选择适合线路发展驮背运输，充分发挥驮背运输安全可靠、节能环保、运输灵活等优势。加强国家物流枢纽网络的驮背运输组织体系建设，完善与既有铁路、公路运输体系的高效衔接，进一步推动公铁联运发展，促进货物运输“公转铁”。

航空物流。促进国家物流枢纽与机场等航空货运基础设施协同融合发展，加强设施联通和流程对接。依托国家物流枢纽创新航空货运产品体系和业务模式，为集成电路等高端制造业以及生鲜冷链等高附加值产业发展提供高效便捷的物流服务支撑，优化提升航空物流产业链，增强服务实体经济能力。

应急物流。发挥国家物流枢纽网络功能和干线转运能力优势，构建应对突发情况能力强、保障效率和可靠性高的应急物流服务网络。优化存量应急物资储备设施布局，完善枢纽综合信息平台应急功能，提升统一调度、信息共享和运行协调能力。研究制定枢纽应急物流预案，建立制度化的响应机制和协同机制，确保应急物流运行迅速、精准、顺畅。

（四）促进国家物流枢纽网络军民融合发展。

按照军民融合发展战略和国防建设有关要求，明确有关枢纽设施服务军事物流的建设内容和标准，支持军队后勤保障社会化。根据军事物流活动保密性、时效性、优先性等要求，拓宽军队使用地方运力、仓储设施、交通网络等物流资源的工作渠道，打通军地物流信息系统数据安全交换通道，建设物流信息资源军地共享平台，建立枢纽服务军事物流需求的运行机制，利用国家物流枢纽的干线调配能力和快速分拨网络服务军事物流需要。

专栏 3　国家物流枢纽服务能力提升工程

1. 内陆集装箱体系建设工程。结合我国国情和物流业发展实际，研究推广尺寸和类型适宜的内陆集装箱，完善相关技术标准体系。加强载运工具、转运设施等与内陆集装箱标准间的衔接，在国家物流枢纽网络内积极开展内陆集装箱多式联运，形成可复制的模式后逐步推广。

目标及完成时限：2020 年年底前，在部分国家物流枢纽间试点建立“钟摆式”内陆集装箱联运体系。

2. 枢纽多式联运建设工程。加快国家物流枢纽集疏运铁路、公路和多式联运转运设施建设，建立规模化、专业化的集疏运分拨配送体系。研究制定满足多式联运要求的快速中转作业流程和服务规范。依托统一单证探索开展“一单制”物流。

目标及完成时限：2020 年年底前，在已投入运行的国家物流枢纽间初步建立多式联运体系，标准化联运设施设备得到推广应用，多式联运相关的服务规范和运行规则建设取得积极进展。

2025 年年底前，多式联运体系基本建成，先进的标准化联运设施设备得到大规模应用，多式联运相关的服务规范和运行规则基本形成，“一单制”物流加快发展。

3. 枢纽铁路专用线工程。支持国家物流枢纽新建或改扩建铁路专用线，简化铁路专用线建设审批程序，建立专用线共建共用机制，提高国家物流枢纽内铁路专用线密度，加强装卸场站等联运换装配套设施建设。重点推进港口型枢纽建设连接码头堆场、铁路干线的专用线，鼓励有需要、有条件的铁路专用线向码头前沿延伸。鼓励具备条件的空港型枢纽加强铁路专用线建设。

目标及完成时限：结合国家物流枢纽建设持续推进。除空港型、部分陆上边境口岸型外，已投入运行的国家物流枢纽均具备铁路专用线，实现与铁路运输干线以及港口等交通基础设施有效联结。

4. 枢纽国际物流功能提升工程。支持基础条件好的国家物流枢纽扩大国际物流业务，建设全球转运中心、分拨中心，拓展全球交易中心、结算中心功能，积极推进中国标准“走出去”并与国际标准对接，提高在世界物流和贸易网络中的影响力。

目标及完成时限：2020 年年底前，建设 5~10 个具有较强国际竞争力的国家物流枢纽，健全通达全球主要经济体的国际物流服务网络，辐射带动更多枢纽提升国际物流功能。

5. 标准化装载器具推广应用工程。重点加强集装箱、集装袋、周转箱等载运工具和托盘（1200mm×1000mm）、包装基础模数（600mm×400mm）在国家物流枢纽推广应用，促进不同物流环节、不同枢纽间的设施设备标准衔接，提高标准化装载器具循环共用水平。

目标及完成时限：到 2020 年，已投入运行的国家物流枢纽中标准托盘、集装箱、集装袋、周转箱等标准化装载器具得到广泛应用，基本建立标准化装载器具循环共用体系。

六、推动国家物流枢纽全面创新，培育物流发展新动能

（一）加强新技术、新装备创新应用。

促进现代信息技术与国家物流枢纽运营管理深度融合，提高在线调度、全流程监测和货物追溯能力。鼓励有条件的国家物流枢纽建设全自动化码头、“无人场站”、智能化仓储等现代物流设施。推广电子化单证，加强自动化控制、决策支持等管理技术以及场内无人驾驶智能卡车、自动导引车、智能穿梭车、智能机器人、无人机等装备在国家物流枢纽内的应用，提升运输、仓储、装卸搬运、分拣、配送等作业效率和管理水平。鼓励发展智能化的多式联运场站、短驳及转运设施，提高铁路和其他运输方式换装效率。加强物流包装物在枢纽间的循环共用和回收利用，推广使用可循环、可折叠、可降解的新型物流设备和材料，鼓励使用新能源汽车等绿色载运工具和装卸机械，配套建设集中式充电站或充电桩，支持节能环保型仓储设施建设，降低能耗和排放水平。

（二）发展物流新业态新模式。

高效响应物流市场新需求。适应产业转型、内需扩大、消费升级带来的物流需求变化，加强国家物流枢纽与腹地生产、流通、贸易等大型企业的无缝对接，提高市场感知能力和响应力。发展集中仓储、共同配送、仓配一体等消费物流新模式，构建以国家物流枢纽为重要支撑的快速送达生活物流圈，满足城乡居民小批量、多批次、个性化、高品质生活物流需求。引导国家物流枢纽系统对接国际物流网络和全球供应链体系，支持中欧班列、跨境电商发展。鼓励大型物流企业依托国家物流枢纽开展工程设备、大宗原材料的国际工程物流服务。

鼓励物流枢纽服务创新。建立国家物流枢纽共享业务模式，通过设施共建、产权共有、利益协同等方式，引导企业根据物流需求变化合理配置仓储、运力等资源。加强基础性、公共性、联运型物流设施建设，强化物流枢纽社会化服务功能，提高设施设备共享共用水平。发展枢纽平台业务模式，将枢纽内分散的物流业务资源向枢纽平台整合，以平台为窗口加强业务资源协作，统一对接上游产业物流需求和下游物流服务供给。拓展枢纽供应链业务模式，发挥国家物流枢纽在区域物流活动中的核心作用，创新枢纽的产业服务功能，依托国家物流枢纽深化产业上下游、区域经济活动的专业化分工合作，推动枢纽向供应链组织中心转变。

（三）打造特色鲜明的枢纽经济。

引导地方统筹城市空间布局和产业发展，充分发挥国家物流枢纽辐射广、成本低、效率高的优势，带动区域农业、制造、商贸等产业集聚发展，打造形成各种要素大聚集、大流通、大交易的枢纽经济，不断提升枢纽的综合竞争优势和规模经济效应。依托陆港型枢纽，加快推进与周边地区要素禀赋相适应的产业规模化发展。依托港口型枢纽，优先推进临港工业、国际贸易、大宗商品交易等产业联动发展。依托空港型枢纽，积极推进高端国际贸易、制造、快递等产业提质升级。依托生产服务型枢纽，着力推进传统制造业供应链组织优化升级，培育现代制造业体系。依托商贸服务型枢纽，重点推进传统商贸向平台化、网络化转型，带动关联产业集群发展壮大。依托陆上边境口岸型枢纽，推进跨境电商、进出口加工等产业聚集发展，打造口岸产业集群。

专栏 4　国家物流枢纽创新驱动工程

1．枢纽经济培育工程。发挥国家物流枢纽要素聚集和辐射带动优势，推进东部地区加快要素有机融合与创新发展，提高经济发展效益和产业竞争力，培育一批支撑产业升级和高质量发展的枢纽经济增长极；推进中西部地区加快经济要素聚集，促进产业规模化发展，培育一批带动区域经济增长的枢纽经济区。

目标及完成时限：2025 年年底前，依托国家物流枢纽及相关产业要素资源，推动 20 个左右承载城市发展各具特色的枢纽经济，探索形成不同区域、不同类型国家物流枢纽支撑和带动经济发展的成熟经验。

2. 枢纽业务模式创新培育工程。支持和引导国家物流枢纽开展物流线上线下融合、共同配送、云仓储、众包物流等共享业务。在平台开展物流对接业务的基础上，进一步拓展交易担保、融资租赁、质押监管、信息咨询、金融保险、信用评价等增值服务，搭建物流业务综合平台。结合枢纽供应链组织中心建设，提高枢纽协同制造、精益物流、产品追溯等服务水平，有序发展供应链金融，鼓励开展市场预测、价格分析、风险预警等信息服务。

目标及完成时限：2025 年年底前，建设 30 个左右体现共享型、平台型、供应链组织型特色的国家物流枢纽。

3. 智能快递公共枢纽建设工程。依托国家物流枢纽，建设一批信息化、标准化、智能化、绿色化特征显著，设施配套、运行高效、开放共享的国际和国内快递公共枢纽，推进快递与上下游行业信息联通、货物畅通、资金融通，促进快递运转效率进一步提升。

目标及完成时限：2025 年年底前，基于国家物流枢纽的快递高效服务网络基本建立，联结并辐射国际重要节点城市，实现物品安全便捷寄递。

七、加强政策支持保障，营造良好发展环境

（一）建立完善枢纽建设协调推进和动态调整机制。

充分发挥全国现代物流工作部际联席会议作用，建立国家物流枢纽培育和发展工作协调机制，统筹推进全国物流枢纽布局和规划建设工作。在符合国土空间规划的基础上加强与综合交通运输规划等的衔接。研究制定国家物流枢纽网络建设实施方案，有序推动国家物流枢纽建设。建立国家物流枢纽定期评估和动态调整机制，在规划实施过程中，对由市场自发建设形成且对完善国家和区域物流网络具有重要意义的枢纽和所在城市及时调整纳入规划范围，享受相关政策；对枢纽长期达不到建设要求或无法有效推进枢纽实施的承载城市要及时调出。有关地方要加强部门间的协调，扎实推进相关工作，形成工作合力和政策协同。

（二）优化枢纽培育和发展环境。

持续深化物流领域“放管服”改革，打破阻碍货畅其流的制度藩篱，支持国家物流枢纽的运营企业通过技术创新、模式创新、管理创新等方式提升运营水平，为入驻企业提供优质服务。规范枢纽内物流服务企业的经营行为，严格执行

明码标价有关规定，坚决消除乱收费、乱设卡等推高物流费用的“痼疾”。适当下浮枢纽间铁路干线运输收费，适当提高中西部地区铁路运输收费下浮比例。研究内陆地区国家物流枢纽实施陆港启运港退税的可行性。鼓励地方政府在国家物流枢纽统筹设立办事服务机构，支持交通、公安、市场监管、税务、邮政等部门进驻枢纽并开展联合办公。在全国信用信息共享平台和国家企业信用信息公示系统中，完善枢纽物流服务企业信用信息，增强企业信用信息记录和查询服务功能，落实企业失信联合惩戒制度，为国家物流枢纽发展提供良好信用环境。

（三）完善规划和用地支持政策。

对国家物流枢纽范围内的物流仓储、铁路站场、铁路专用线和集疏运铁路、公路等新增建设用地项目，经国务院及有关部门审批、核准、备案的，允许使用预留国家计划；地方相关部门审批、核准、备案的，由各省（区、市）计划重点保障。鼓励通过“先租后让”“租让结合”等多种方式供应土地。对因建设国家物流枢纽需调整有关规划的，要积极予以支持。利用国家物流枢纽中的铁路划拨用地用于物流相关设施建设，从事长期租赁等物流经营活动的，可在五年内实行继续按原用途和土地权利类型使用土地的过渡期政策，期满及涉及转让需办理相关用地手续的，可按新用途、新权利类型和市场价格以协议方式办理。加强国家物流枢纽空间布局与城市功能提升的衔接，确保枢纽用地规模、土地性质和空间位置长期稳定。研究制定合理的枢纽容积率下限，提高土地资源利用效率。

（四）加大投资和金融支持力度。

中央和地方财政资金利用现有渠道积极支持枢纽相关设施建设。研究设立国家物流枢纽中央预算内投资专项，重点支持国家物流枢纽铁路专用线、多式联运转运设施、公共信息平台、军民合用物流设施以及内部道路等公益性较强的基础设施建设，适当提高中西部地区枢纽资金支持比例。中央财政投资支持的国家物流枢纽项目需签订承诺书，如改变项目土地的物流用途等，须连本带息退还中央财政资金。引导商业金融机构在风险可控、商业可持续条件下，积极支持国家物流枢纽设施建设。支持符合条件的国家物流枢纽运营主体通过发行公司债券、非金融企业债务融资工具、企业债券和上市等多种方式拓宽融资渠道。按照市场化运作原则，支持大型物流企业或金融机构等设立物流产业发展投资基金，鼓励包括民企、外企在内的各类社会资本共同参与国家物流枢纽规划建设和运营。

（五）加强规划组织实施。

各地区、各部门要按照职责分工，完善细化相关配套政策措施，认真落实规划各项工作任务。各省级发展改革部门要会同交通运输等部门，根据本规划和相关工作方案要求，指导承载城市结合城市总体规划和本地区实际编制具体方案，并对照有关要求和重点任务，积极推进枢纽规划建设。已编制物流业发展规划的城市，应结合国家物流枢纽布局，对原有规划进行调整修编；尚未编制物流业发展规划的城市，按照本规划要求结合实际尽快统筹编制相关规划。国家物流枢纽运营主体要完善统计制度，加强数据收集和分析，定期报送相关运营情况。国家发展改革委、交通运输部要会同有关部门加强统筹协调和工作指导，及时协调解决规划实施中存在的问题，重大问题及时向国务院报告。

国家发展改革委 市场监管总局关于进一步清理规范铁路货物运输相关收费的通知

（发改价格〔2018〕1959号　2018年12月29日）

各省、自治区、直辖市及计划单列市、新疆生产建设兵团发展改革委、物价局、市场监督管理局（厅、委），中国铁路总公司：

为贯彻落实国务院常务会议决策部署，促进运输结构调整，有效降低实体经济物流成本，决定在全国范围内进一步清理规范铁路货物运输相关收费，现将有关事项通知如下。

一、深入清理规范地方政府收费

各级地方政府及其所属部门、事业单位不得在全国政府性基金目录清单、中央及地方行政事业性收费目录清单之外，在铁路货物运输领域，包括专用线（含专用铁路，下同）、港口集疏运环节违规收取各类政府性基金（附加费）、行政事业性收费，也不得以经营服务性收费名义变相收取。对已明令取消、停征、免征的政府性基金（附加费）、行政事业性收费项目，要逐项落实到位；对拖延或拒绝执行，或变换名目转为经营服务性收费继续收取的，应立即予以纠正。

铁路运输企业在目录清单以外代地方政府及其有关部门、单位收取政府性基金（附加费）、行政事业性收费，继续收取已明令取消、停征、免征的政府性基金（附加费）、行政事业性收费，或将上述基金（附加费）、行政事业性收费转为企业经营服务性收费的，应立即予以纠正。

二、继续清理简化铁路货运杂费

中国铁路总公司应对现有铁路货物运输杂费进行逐项梳理，取消没有实质服务内容或相关作业成本应通过正常运价补偿的收费项目，归并服务作业内容相近的项目；对保留的项目，进一步完善计费办法，按照补偿合理成本原则，并引入市场竞争机制，合理确定收费标准。清理规范后的铁路货运杂费项目、收费标准应及时对外公布，接受社会监督。

中国铁路总公司应加强对所属铁路运输企业的管理，严格执行总公司关于铁路货物运输杂费项目、收费标准的规定。铁路总公司所属铁路运输企业超出规定自行设立项目、提高标准的，应立即纠正。

三、加强专用线代维等服务收费管理

铁路运输企业提供专用线、自备货车、自备机车等铁路货物运输设施设备代维护、维修等服务，应根据具体服务内容，在与用户平等协商的基础上，参照铁路运输企业自身运营中开展相同作业的内部成本控制定额，合理确定收费项目和收费标准。

四、合理降低地方铁路运价水平

由地方管理的铁路货物运输价格、专用线服务收费，已列入地方政府定价目录，实行政府指导价、政府定价的，有关地方应按照补偿合理成本并适当盈利的原则，科学确定运价水平、收费标准；现行运价水平、收费标准明显偏高的，应在认真开展成本监审或成本调查的基础上降低。实行市场调节价的，有关地方应积极引导经营者遵循公平、合法和诚实信用原则，合理确定运价水平、收费标准，必要时通过开展运营收支情况调查并公布调查结果等方式，推动经营者降低偏高价格收费。

五、进一步规范经营者收费行为

铁路运输企业、专用线服务经营者提供相关服务、收取费用，应坚持用户自愿选择原则，不得强制服务、变相强制服务、强行收费，不得要求用户接受指定经营者提供的服务。对强制服务、变相强制服务、强行收费的，应立即纠正。

铁路运输企业、专用线服务经营者应严格执行明码标价规定，在企业网站及营业场所醒目位置公示收费项目、收费标准及服务内容、服务标准。对不落实明码标价规定，以及超出公示项目、收费标准收费，不按公示服务内容、服务标准提供服务，少服务多收费、不服务也收费的，应立即纠正。铁路运输企业应积极研究建立辖区内专用线服务收费信息统一公示平台，为用户自主选择提供便利条件。

六、强化工作组织实施

各地价格主管部门、市场监管部门要充分认识清理规范铁路货运有关收费对优化运输结构、降低物流成本的重要意义，提高站位、明确责任、狠抓落实。要深入铁路货运用户、铁路运输设施设备产权或使用（经营）企业等付费主体单位，以及地方政府有关部门、铁路运输企业、专用线服务企业等收费主体单位，认真听取用户意见，查阅付费（收费）项目清单、财务支付（收入）账簿凭证，全面核查本地区铁路货运有关收费情况和问题，加大清理规范力度，并跟踪检查落实情况，确保清理规范工作取得实效。要加大监督检查力度，依法查处铁路货物运输相关价格、收费违法行为。要加强与新闻媒体沟通，准确解读相关政策，主动宣传清理规范工作取得的成效，及时曝光涉及铁路货运违法违规收费典型案例，回应社会关注的热点问题，营造良好舆论氛围。

国家发展改革委、国家市场监管总局将跟踪各地清理规范工作进展情况，适时组织开展专项调查。

各省（区、市）发展改革委、物价局、市场监督管理局（厅、委），中国铁路总公司要在2019年6月底前完成清理规范工作，并将清理规范具体情况、成效和典型案例报国家发展改革委（价格司）、国家市场监管总局（价监竞争局）。

交通运输部办公厅关于推进乡镇运输服务站建设加快完善农村物流网络节点体系的意见

（交办运〔2018〕181号　2018年12月29日）

各省、自治区、直辖市、新疆生产建设兵团交通运输厅（局、委）：

农村物流网络节点是为农村地区提供仓储配送、中转分拨、车辆集散的公共基础设施，乡镇运输服务站是农村物流网络节点体系建设的重要内容。为贯彻落实党中央、国务院关于推进“四好农村路”建设的决策部署，加快完善县、乡、村三级农村物流网络节点体系，现提出如下意见。

一、总体要求

以习近平新时代中国特色社会主义思想为指导，深入贯彻落实党的十九大精神，以改进和提升农村物流服务供给为主线，以提高农村物流服务覆盖率和服务品质为目标，坚持需求导向和问题导向，加快建设县、乡、村三级农村物流网络节点体系、培育龙头骨干物流企业、推广先进运营模式和信息技术，构建资源共享、服务同网、信息互通、便利高效的农村物流发展新格局，为实施乡村振兴战略、打赢脱贫攻坚战、决胜全面建成小康社会提供更加坚实的运输服务保障。

二、主要任务

（一）提高农村物流网络节点覆盖率，优化服务功能，增强基本公共服务能力。

1. 统筹利用多方资源。各省级交通运输主管部门要督促和指导县级交通运输主管部门根据地方发展实际和特色优势，主动加强与农业、商务、供销、邮政等部门的联动协同，有效整合货源和运力资源，因地制宜地制定完善县、乡、村三级农村物流网络节点体系的工作方案。县级农村物流中心包括三种类型：一是公路货运站场；二是升级改造、增设相关设施、拓展物流公共服务功能的公路客运站；三是交通运输企业与邮政、快递、供销等分拨中心开展业务合作，统筹组织县域内运输服务的物流站点。乡镇运输服务站包括三种类型：一是新建具备集客运和物流服务功能的乡镇运输服务站；二是对既有乡镇客运站、交管站、公路养护站等站场设施进行改造升级的乡镇运输服务站；三是交通运输企业充分利用邮政、供销社、电商服务网点等设施资源，通过业务合作的方式统筹组织辖区内的农村物流服务的乡镇运输服务站。村级农村物流服务点包括两种类型：一是充分利用村相关公共设施资源，为乡村物资集散提供服务的场所；二是以小卖店、超市、村邮站为载体，开展日用生活消费品、农资以及快件接取送达服务的场所。

2. 补齐贫困地区农村物流网络节点建设短板。根据贫困地区物流需求的规模和特点，加大乡镇运输服务站建设支持力度，向贫困地区和偏远山区给予倾斜，推动客货运输、公路管养、安全监管协同发展。加强典型地区先进农村物流节点建设及发展经验的宣传推广，指导贫困地区提高农村物流网络节点覆盖率，为农产品销售、生产资料和生活消费品下乡提供畅通的物流运输保障。

3. 提升节点设施综合服务能力。适应农村一二三产业融合发展和农民消费升级的需求，加快完善县级农村物流节点停车装卸、仓储配送、流通加工、电商快递、邮政寄递等综合服务功能，健全乡镇和村级物流节点快递收寄、电商交易、信息查询、便民缴费等功能，实现"一点多能、一网多用、多站合一"。

（二）创新农村物流运营模式，整合农产品供应链资源，增强扶贫攻坚支撑保障能力。

4. 创新运营组织模式。推广城乡统一配送、集中配送、共同配送等先进模式，提高配送效率和运营管理集约化水平。鼓励"互联网 +"农村物流新业态发展，支持企业在农村物流领域发展无车承运物流模式，整合社会闲散运力和分散货源，实现人、车、货、站、线等物流要素的精准匹配。充分挖掘城乡客运班线货舱运力资源，发展小件快运、电商快递等服务市场，实现客货同网、资源共享。

5. 支撑贫困地区产业发展。深入实施《交通运输脱贫攻坚三年行动计划（2018—2020 年）》，以深度贫困地区为重点，加强多部门合作，着力推进一批典型的"交通物流 + 优势产业""交通物流 + 电子商务""交通物流 + 特色资源"等项目建设，通过物流运输整合农业基地、生产制造、商贸流通等资源，不断拓展农村物流的服务范围、服务领域、服务内容，为农村地区一二三产业融合发展提供产销运一体的供应链综合物流服务。

（三）加强农村物流信息化建设，促进资源整合与合理配置，提高运营效率。

6. 加快县级综合信息服务平台建设。支持县级农村物流中心或农村物流龙头骨干企业建设县级农村物流综合信息服务平台，完善平台网上交易、运输组织、过程监控、结算支付、金融保险、大数据分析等服务功能，并加强与电商、邮政快递等平台的有效对接，实现县、乡、村三级农村物流信息资源的高效整合、合理配置。

7. 加强农村物流信息终端建设。应用条形码、射频识别技术、车载卫星定位装置以及电子运单等先进信息技术和管理方式，加强货物交易、运输、仓储、配送全过程的监控与追踪，并实现信息数据与县级综合信息服务平台的互联互通，通过农村物流的信息化、数字化管理，提高运营效率。

（四）推广应用先进的物流装备，提高运输装载效率，增强专业化服务能力。

8. 加快装备升级改造。大力推广安全经济、节能环保的新能源车辆，不断提高新能源车辆在新增运力中的比重。鼓励农村物流、邮政快递、电子商务等企业应用托盘、集装篮、厢式货车等标准化、单元化设备和专业化包装、分拣、装卸设备，提高农村物流作业效率、减少货损货差。

9. 增强专业化服务能力。鼓励有条件的地区开展农产品冷链物流，支持农村物流节点加强冷藏保温仓储设施建设，为农产品产地预冷、多温区存储、低温加工提供必要的设施条件，推广应用冷藏保温车辆、低温物流箱等冷链物流设备，完善农产品冷链物流服务体系，提升农村物流专业化服务能力。

（五）培育龙头骨干企业，健全服务标准规范，提升服务品质。

10. 培育龙头骨干企业。支持农村物流骨干企业加强与电商、邮政、快递、供销等企业的合作，实现货源和运力资源的统一调度；以品牌为纽带通过联盟、加盟等方式整合县域内分散的物流经营业户，统筹组织开展县域内的农村物流业务，扭转农村物流市场主体分散、运营效益差、竞争力弱的格局。

11. 完善服务标准规范。鼓励各地结合实际，研究制定农村物流节点设施建设标准和企业运营服务规范，明确在站场功能配置、线路经营、货物交接、仓储配送、安全管理、信息服务等方面的具体要求，提高农村物流服务标准化、规范化水平。

12. 建立农村物流市场诚信体系。研究农村物流经营服务规范与信用评价指标体系，探索考核结果与项目申请、政策支持等相挂钩的考核管理办法，通过行业自律进一步规范农村物流市场主体经营行为，提升服务品质。

三、保障措施

（一）强化组织领导。各省级交通运输主管部门要高度重视，把推进农村物流发展作为保障和改善民生的重大工程，加强对农村物流资源整合、节点建设的统筹规划，提升农村物流运营服务网络覆盖率。督促和指导下级交通运输主管部门积极争取地方人民政府的政策支持，推动建立地方人民政府统一领导，交通运输部门牵头，商务、农业、供销、邮政、财税等多部门共同参与的农村物流发展协调联动机制，及时研究解决规划、用地、税收、投融资、财政补贴等实际问题，共同推进农村物流服务体系建设。

（二）盘活既有资源。各级交通运输主管部门要积极盘活各类存量资源，特别是对于经营困难、运营效率不高的乡镇客运站，要结合实际提出升级改造方案，吸引社会资本，拓展服务功能，提升运营效率和效益，最大限度地发挥存量资源的有效价值。

（三）完善支持政策。部根据各省级交通运输主管部门上报的项目建设需求，制定全国乡镇运输服务站建设需求表（详见附件 1)。请各省级交通运输主管部门积极推进前期工作，条件具备后申请车购税资金补助，我部将按照《“十三五”交通运输专项建设规划中期评估调整方案》，对符合建设要求（详见附件 2）的乡镇运输服务站给予资金支持。各省级交通运输主管部门要建立详细的乡镇运输服务站建设项目库，落实站场建设运营主体，确保列入计划的项目落地实施和可持续运营。

（四）加大督导考核。部将农村物流网络节点建设和运营服务水平作为“四好农村路”和“城乡交通一体化示范县”建设的重要内容，加强督导考核；将根据各省确定的当年建设任务目标进行考核与通报；各省级交通运输主管部门应分别于 2019 年、2020 年 6 月 30 日和 12 月 31 日将农村物流网络节点建设情况，包括乡镇运输服务站建设情况报部。各级交通运输主管部门要结合本区域发展实际，加强目标任务与建设进度的对标考核，切实用好资金、用足政策，逐步提高农村物流网络节点覆盖率，提升服务水平，支撑农村地区社会经济发展。

第二部分

物流统计

2018年中国物流运行情况

2018年，我国社会物流总额保持平稳增长，社会物流总费用与GDP的比率为14.8%，其中运输费用比率稳中有降，保管费用和管理费用比率上升。

一、社会物流总额保持平稳增长

2018年，我国社会物流总额283.1万亿元，按可比价格计算，同比增长6.4%，增速比上年同期回落0.3个百分点。分季度看，一季度62.4万亿元，增长7.2%；上半年131.1万亿元，增长6.9%；前三季度204.1万亿元，增长6.7%。全年社会物流总需求呈趋缓趋稳的发展态势。

从构成看，工业品物流总额256.8万亿元，按可比价格计算，同比增长6.2%，增速比上年同期回落0.4个百分点；进口货物物流总额14.1万亿元，增长3.7%，增速比上年同期回落5个百分点；农产品物流总额3.9万亿元，增长3.5%，增速比上年同期回落0.4个百分点；单位与居民物品物流总额7万亿元，增长22.8%；再生资源物流总额1.3万亿元，增长15.1%。

二、社会物流总费用与GDP的比率略有回升，运输环节效率明显改善

2018年，我国社会物流总费用13.3万亿元，同比增长9.8%，增速比上年同期提高0.6个百分点。社会物流总费用与GDP的比率为14.8%，比上年同期提高0.2个百分点。

其中，运输费用6.9万亿元，增长6.5%，增速比上年同期下降4.3个百分点，运输费用与GDP的比率为7.7%，比上年同期下降0.3个百分点；保管费用4.6万亿元，增长13.8%，增速比上年同期提高7.1个百分点，保管费用与GDP的比率为5.1%，比上年同期提高0.4个百分点；管理费用1.8万亿元，增长13.5%，增速比上年同期提高5.1个百分点，管理费用与GDP的比率为2.0%，比上年同期提高0.1个百分点。

三、物流业总收入加快增长

2018年，我国物流业总收入10.1万亿元，

比上年增长 14.5%，增速比上年同期提高 3 个百分点（见下表）。

2018 年物流统计数据表

单位：亿元

	2018 年	同比增长（%）
一、社会物流总费用	132980	9.8
运输费用	69351	6.5
保管费用	45958	13.8
管理费用	17671	13.5
二、社会物流总额	2830726	6.4
其中：农产品物流总额	38683	3.5
工业品物流总额	2567998	6.2
进口货物物流总额	140812	3.7
再生资源物流总额	13035	15.1
单位与居民物品物流总额	70198	22.8
三、物流业总收入	101231	14.5

注：2018 年社会物流总费用与 GDP 的比率为 14.8%。

（国家发展改革委　中国物流与采购联合会）

2018 年 1—12 月中国物流业景气指数

（中国物流与采购联合会发布）

1 月

中国物流业景气指数为 54.2%，较上月回落 2.4 个百分点。

业务总量指数回落，物流业务规模增势减弱。本月业务总量指数比上月回落 2.4 个百分点，反映出受春节和南方雨雪天气影响，物流企业业务量略有减少，物流业务活动规模增势减弱，但总体上物流活动仍较活跃。

新订单指数上升，物流需求明显增加。本月新订单指数为 54.1%，比上月回升 1.1 个百分点。显示出物流业需求向好，为全年的平稳增长奠定了基础。

库存指数回落，库存周转加快。本月平均库存量指数为 50.7%，比上月回落 0.2 个百分点；库存周转次数指数为 53%，比上月回升 0.4 个百分点。显示出临近春节，与民生相关的商品迎来销售旺季，消费需求旺盛，库存消耗明显，库存周转加快。

设备利用率指数和从业人员指数回落。本月受生产建设活动放缓、物流业务规模增势减弱影响，设备利用率指数回落 1.6 个百分点，回落至 52.2%。而加上临近春节的因素影响，从业人员指数回落 0.1 个百分点，回落至 48.9%。

新订单指数为 54.1%；业务活动预期指数为 55%，未来物流景气将保持平稳增长的态势。但由于春节因素影响，2 月景气指数仍将有所回落。

2 月

中国物流业景气指数为 50%，较上月回落 4.2 个百分点。

业务总量指数回落，物流业务规模增势减弱。本月业务总量指数比上月回落 4.2 个百分点，位于 50% 荣枯线，反映出受节日因素影响，物流业务活动规模增势减弱，随着进入新的生产建设周期，物流业务活动规模将保持适度增长。

库存指数周期性回落，未来将出现恢复性增长。本月平均库存量指数回落 2.5 个百分点至 48.2%；库存周转次数指数回落 7.4 个百分点至 45.6%。两项库存指数双双呈现出周期性回落，受到节日消费需求旺盛影响，出现恢复性大幅增长。

从业人员指数回落，节日效应释放明显。本

月受生产建设活动放缓、物流业务规模增势减弱、春节期间从业人员返乡等因素影响，从业人员指数回落更为明显，比上月回落 3.9 个百分点，回落至 45%，连续三个月位于 50% 以下的收缩区间，且从业人员数量减少的幅度加大。随着劳动人员对物流行业认知的不断提高，劳动密集型的物流行业用工需求量大，从 3 月起，该指数逐步回升至节前水平。

新订单指数为 50.4%，业务活动预期指数为 65.8%，预示着进入新的生产建设周期，物流活动将趋于活跃，保持适度增长、平稳运行的态势。

3 月

中国物流业景气指数为 53.4%，较上月回升 3.4 个百分点。

新订单指数上升，物流需求明显增加。本月新订单指数为 52.5%，比上月回升 2.1 个百分点。显示出物流业需求向好，保持稳中趋升的态势。

平均库存量指数和库存周转次数指数双升。本月平均库存量指数回升 3.9 个百分点，指数为 52.1%；库存周转次数指数回升 5.1 个百分点，回升至 50.7%。两项指数双升反映出随着节后生产建设活动加快，供应链上游物流业务活动趋于活跃。

资金周转率指数回升，企业资金情况有所改善。本月资金周转率指数为 50.6%，比上月回升 5.6 个百分点。显示出由于资本市场的活跃带动了物流市场业务活动，企业资金情况有所改善。

从业人员指数回升，用工仍存缺口。本月从业人员指数回升 5.7 个百分点，回升至 50.7%。随着返乡过春节的务工者基本返岗，企业缺工的情况得到缓解。指数低于上年同期水平，由于很多企业经营状况趋好，订单量增加，用工需求依然旺盛。“不愁订单增加、愁工人”成为掣肘物流企业发展的矛盾问题，加快实现企业转型升级，才能长期有效地化解企业结构性用工紧张的问题。

从新订单指数和业务活动预期指数看，本月业务活动预期指数保持在 61% 的高景气区间，预示着后期随着供应链上下游生产经营活动的全面启动，物流业务活动将进一步回升。

4 月

中国物流业景气指数为 54.6%，较上月回升 1.2 个百分点。

物流需求继续增加，新订单指数上升。本月业务总量指数为 54.6%，比上月回升 1.2 个百分点；新订单指数为 52.9%，比上月回升 0.4 个百分点。显示出物流业需求继续向好，业务量持续增长，订单数量增加，物流运行保持稳中趋升的态势。

平均库存量指数和库存周转次数指数双升。本月平均库存量指数为 54.6%，回升 2.5 个百分点。库存周转次数指数为 51.4%，回升 0.7 个百分点，显示供应链上下游两端业务活动均有所增强。

从业人员指数和设备利用率指数回升。本月受物流业务活动增加影响，物流从业人员继续增加，用工缺口减少；设备利用率有所提高，企业运营效率增加。从业人员指数回升 1 个百分点，回升至 51.7%；设备利用率指数回升 0.6 个百分点，回升至 52%。

主营业务利润指数回升，企业效益略有改善。本月主营业务利润指数为 51.6%，较上月回升 0.2 个百分点；物流服务价格指数回升 2.7 个百分点，为 52.1%。反映出物流企业效益略有改善，受运输需求增多影响，运力供给保持平稳，零担轻货类运输价格回升。

新订单指数回升 0.4 个百分点，回升至 52.9%；业务活动预期指数保持在 61% 的较高水平，预示着后期社会物流运行会继续有所回升。

5 月

中国物流业景气指数为 56.1%，较上月回升 1.5 个百分点。

物流需求继续增加，新订单指数上升。本月业务总量指数为 56.1%，比上月回升 1.5 个百分点；新订单指数为 54.5%，比上月回升 1.6 个百分点。显示出物流业需求继续向好，业务量持续增长，订单数量增加，物流运行将保持稳中趋升的态势。

库存周转次数指数回升，平均库存量指数回落。本月库存周转次数指数回升 0.6 个百分点，为 52%，平均库存量指数回落 5.7 个百分点，为 48.9%，表现出物流活动活跃，消费需求旺盛，仓储环节货物去库存明显，物流效率有所提升，为继续保持生产加快、行业良好发展奠定了基础。

固定资产投资完成额指数回升。本月固定资产投资完成额指数回升 5.1 个百分点至 57.5%，显示出为保持或扩大生产规模，降低成本提高效率，物流企业在建或购进物流相关设备设施的完成速度加快。

新订单指数回升 1.6 个百分点，回升至 54.5%；业务活动预期指数保持在 60.8% 的较高水平，预示着后期社会物流运行会继续有所回升。

6 月

中国物流业景气指数为 54.9%，较上月回落 1.2 个百分点。

新订单指数回落，物流需求增势减弱。本月新订单指数为 52.8%，较上月回落 1.7 个百分点，显示物流需求增势有所减弱，但依然保持在较高水平。

设备利用率指数下降，但仍保持在增长区间。本月设备利用率指数较上月回落 4.2 个百分点，但仍保持在景气区间，显示出物流相关业务活动仍较活跃。

物流服务价格平稳，整体水平依然偏低。本月物流服务价格指数为 49.5%，与上月持平，仍位于 50% 荣枯线以下，显示出物流企业服务价格整体水平依然偏低。

固定资产投资完成额指数有所回落。本月固定资产投资完成额指数回落至 51.2%，环比有所回落但仍高于 50%，反映出物流运行的基础设施条件继续改善。

业务活动预期指数和新订单指数分别为 58.1% 和 52.8%，较上月分别回落了 2.7 个百分点和 1.7 个百分点，预示物流活动增长势头将继续放缓。

7 月

中国物流业景气指数为 50.9%，较上月回落 4 个百分点。

新订单指数回落。本月新订单指数为 50.2%，较上月回落 2.6 个百分点。虽有所回落，但仍位于较高景气区间，显示出物流需求增势趋稳。

平均库存量指数回落，库存周转次数加快。本月平均库存量指数较上月回落 2.3 个百分点至 47%；库存周转次数指数较上月回升 0.2 个百分点至 50.5%。显示出物流环节中库存量减少，同时库存周转次数的加快，为上游企业加快生产速度提供了需求方面的支撑。

资金周转率指数回升。本月资金周转率指数回升 0.7 个百分点至 50.2%。显示出由于“去杠杆”工作力度和节奏把握适度，物流企业加大资金使用，加快资金周转速度，资金利用效果转好。

固定资产投资完成额指数回落。本月固定资产投资完成额指数回落 2.7 个百分点至 48.5%。主要是受高温多雨等季节因素影响，部分地区基建项目进展速度放缓。

新订单指数为 50.2%，业务活动预期指数为

55.4%，均保持在扩张区间，预示着物流行业生产活动将保持平稳增长。

8 月

中国物流业景气指数为 50.7%，较上月回落 0.2 个百分点。

新订单指数回落，市场需求略有减弱。本月新订单指数为 49.9%，较上月回落 0.3 个百分点，该指数连续三个月回落，显示出受高温多雨等季节因素影响和生产企业产能下降的影响，需求相对平衡，但略有不足。

平均库存量指数与库存周转次数指数双降。本月平均库存量指数为 46.7%，较上月回落 0.3 个百分点，反映出上游企业处于去库存化阶段，流通环节库存不足的情况；库存周转次数指数为 49.8%，较上月回落 0.7 个百分点，反映出供应链上下游企业的经济活动仍保持平衡状态。

资金周转率加快，资金紧缺状况有所好转。本月资金周转率指数为 50.3%，较上月回升 0.1 个百分点，上月央行加大中期借贷便利消息的出台，在一定程度上体现了央行“锁短放长”的操作格调，下游企业供中短期使用资金量有所增加，上半年企业资金紧缺的状况略有好转，这有益于企业扩大经营规模，提高经营效率，促进企业健康有序发展。

业务活动预期指数为 58.4%，显示物流参与者对未来三个月的物流活动趋势有较高期望，预示后市随着传统生产经营旺季的逐步临近，物流运行的需求基础进一步巩固，物流业务活动将延续平稳走势。

9 月

中国物流业景气指数为 53.1%，较上月回升 2.4 个百分点。

新订单指数回升，市场需求增势提速。本月新订单指数为 52.4%，较上月回升 2.5 个百分点，显示出进入“金九银十”的旺季后，供应链上下游企业的物流需求进一步增大。

固定资产投资完成额指数回升，物流基础设施条件趋于改善。本月固定资产投资完成额指数为 53.4%，较上月回升 2.6 个百分点，反映出物流运行的基础设施条件呈现改善态势。

主营业务利润指数有所回升，企业效益有所改善。本月物流服务价格指数为 52.5%，较上月回升 3.5 个百分点。受业务规模扩大等多重因素带动，主营业务利润指数回升至 52% 的较高水平。

成本增长连续回升、人力缺口压力加大值得关注。本月主营业务成本指数为 57.6%，较上月回升 1.4 个百分点，为 2018 年以来新高，反映出企业经营成本压力较大、资金紧张的状况在延续。9 月从业人员指数为 48.6%，连续两个月回落，2018 年以来，从业人员指数始终在 50% 附近波动，显示物流业招工难、用工难的问题依然比较突出。

新订单指数回升 2.5 个百分点，回升至 52.4%；业务活动预期指数较上月回升 1.2 个百分点，回升至 59.6%，预示着后期物流运行将延续稳中有升的发展态势。

10 月

中国物流业景气指数为 54.5%，较上月回升 1.4 个百分点。

新订单指数回升，市场需求增势提速。本月新订单指数为 54%，较上月回升 1.6 个百分点，显示出随着电商促销活动月的临近，相关产品业务量和订单需求量增多。

平均库存量指数回升。本月平均库存量指数回升至 51.1%，生产企业经营活跃，产成品库存增多，生产企业积极备货。从品种上看，与民生有关的食品、纺织品和日用品库存回升明显。

固定资产投资完成额指数回升。本月固定资产投资完成额指数为53.5%，继续保持回升的态势，反映出物流运行的基础设施条件有所改善。

从业人员指数回升，用工压力缓解。本月从业人员指数回升2.1个百分点至50.7%，显示出物流行业就业形势稳定，前期用工压力有所减缓，但据企业反映情况看，道路运输业、装卸搬运及其他运输服务业和邮政业仍有较大用工需求。

新订单指数回升至54%，业务活动预期指数保持在60%以上高景气区间运行，预示着物流业经济将保持稳中有升的态势，而在“双十一”圣诞节等国内外节假日因素带动下，快递物流等细分物流业态将进入季节性旺季。

11月

中国物流业景气指数为55.9%，较上月回升1.4个百分点。

业务总量指数回升，需求保持旺盛。本月业务总量指数回升1.4个百分点，为55.9%，其中运输业、仓储业和邮政业均保持快速增长。

设备利用率指数回升，利用效率提高。本月设备利用率指数较上月环比回升3.1个百分点，回升至56.9%。显示出物流业务量的增加，带动了物流服务相关设备利用率的提高。

平均库存量指数和库存周转次数指数双升。本月库存周转次数指数较上月回升1.9个百分点至55.8%，平均库存量指数较上月回升2.7个百分点至53.8%。该两项指数保持在50%以上的景气区间，表明经济活动活跃，消费需求旺盛，仓储环节货物去库存明显，物流效率有所提升。

物流服务价格指数和主营业务利润指数同步回升，经营情况向好。本月物流服务价格指数和主营业务利润指数分别回升0.8个和3.1个百分点，反映出受供需改善拉动，物流价格在稳中有升的同时，企业利润回升幅度增大，企业经营状况整体向好。

新订单指数为55.1%，业务活动预期指数为61.3%，物流业经济将保持较好的运行态势。

12月

中国物流业景气指数为54.7%，较上月回落1.2个百分点。

业务总量指数仍在55%的景气区间。本月业务总量指数为54.7%，比上月回落1.2个百分点，反映出临近年底物流活动仍较为活跃，但较11月略有回落。

设备利用率指数和从业人员指数回落。本月设备利用率指数较上月回落0.9个百分点至56%。节前出现临时性物流人员供需缺口，从业人员指数比上月回落2.9个百分点，回落至51%。

固定资产投资完成额指数回升，物流企业基础建设完成度提高。本月固定资产投资完成额指数为53%，比上月回升0.1个百分点，显示出物流企业的固定资产投资完成速率加快，为后期物流行业继续保持增长奠定基础。

新订单指数和业务活动预期指数分别为55%和60%以上，保持今年以来较高水平，反映企业对后期市场预期总体较好，但仍然要重点关注一季度相关行业物流需求和从业人员情况。

2018年1—12月中国物流业景气指数走势如下图所示。

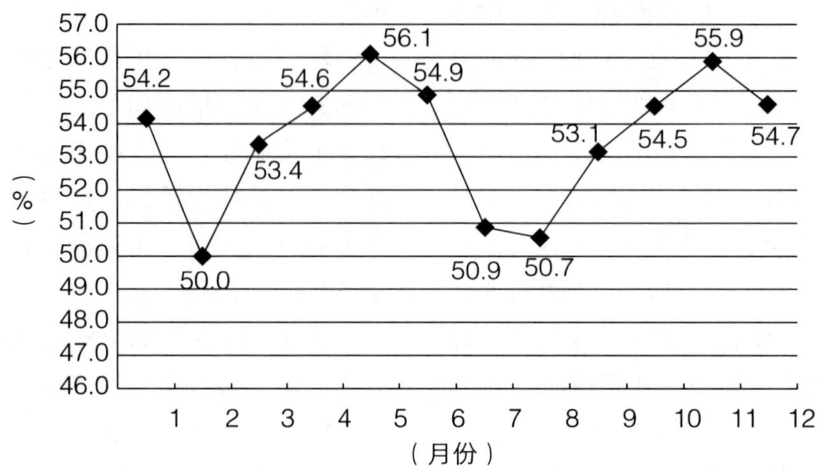

2018 年 1—12 月中国物流业景气指数走势

（中国物流信息中心）

2018 年 1—12 月中国制造业采购经理指数（PMI）

（中国物流与采购联合会、国家统计局服务业调查中心发布）

1 月

中国物流与采购联合会、国家统计局服务业调查中心发布的 2018 年 1 月中国制造业采购经理指数（PMI）为 51.3%，比上月下降 0.3 个百分点。

特约分析师张立群认为："1 月 PMI 指数小幅下降，但继续保持 51% 以上区间，表明经济平稳增长态势明显。订单类指数均出现下降，预示国内外市场需求增长水平有所回落。出口增速预计有所降低，还需着力稳定内需和市场需求。生产指数、采购量指数、购进价格指数下降，产成品库存指数提高，表明企业生产经营活动略有下降，补充库存活动减弱。总体来看，未来经济运行平稳，但需要巩固市场需求平稳增长的基础。"

1 月 PMI 中的 13 个分项指数变化情况如下。

生产指数为 53.5%，比上月下降 0.5 个百分点。从企业规模来看，大型和中型企业的生产指数均高于 50%，分别为 55.3% 和 52.5%；小型企业低于 50%，为 48.4%。

新订单指数为 52.6%，比上月下降 0.8 个百分点。从企业规模来看，大型和中型企业的新订单指数高于 50%，分别为 54.7% 和 50.4%；小型企业低于 50%，为 48.5%。

新出口订单指数为 49.5%，比上月下降 2.4 个百分点。从企业规模来看，大型企业的新出口订单指数高于 50%，为 50.5%；中型和小型企业低于 50%，分别为 46.8% 和 49.1%。

积压订单指数为 45.3%，比上月下降 1.0 个百分点。从企业规模来看，大型、中型和小型企业的积压订单指数均低于 50%，分别为 46.4%、44.5% 和 42.4%。

产成品库存指数为 47.0%，比上月上升 1.2 个百分点。从企业规模来看，大型、中型和小型企业的产成品库存指数均低于 50%，分别为 47.7%、46.7% 和 45.0%。

采购量指数为 52.9%，比上月下降 0.7 个百分点。从企业规模来看，大型、中型企业采购量指数高于 50%，分别为 54.5% 和 52.5%；小型企业低于 50%，为 47.5%。

进口指数为 50.4%，比上月下降 0.8 个百分点。从企业规模来看，大型和中型企业的进口指数高于 50%，分别为 50.3% 和 51.2%；小型企业低于 50%，为 48.3%。

购进价格指数为 59.7%，比上月下降 2.5 个百分点。从企业规模来看，大型、中型和小型企业的购进价格指数均高于 50%，分别为 60.7%、58.5% 和 57.9%。

出厂价格指数为 51.8%，比上月下降 2.6 个百分点。从企业规模来看，大型、中型和小型企业的出厂价格指数均高于 50%，分别为 51.9%、51.2% 和 52.2%。

原材料库存指数为 48.8%，比上月上升 0.8 个百分点。从企业规模来看，大型、中型和小型企业的原材料库存指数均低于 50%，分别为 49.5%、47.9% 和 47.7%。

从业人员指数为 48.3%，比上月下降 0.2 个百分点。从企业规模来看，大型、中型和小型企业的从业人员指数均低于 50%，分别为 48.9%、47.6% 和 47.4%。

供应商配送时间指数为 49.2%，比上月下降 0.1 个百分点。从企业规模来看，中型企业的供应商配送时间指数位于 50%；大型和小型企业低于 50%，分别为 48.7% 和 49.5%。

生产经营活动预期指数为 56.8%，比上月下降 1.9 个百分点。从企业规模来看，大型、中型和小型企业的生产经营活动预期指数均高于 50%，分别为 58.4%、56.1% 和 52%。

2 月

2018 年 2 月中国制造业采购经理指数（PMI）为 50.3%，比上月下降 1.0 个百分点。

特约分析师张立群认为：“2 月 PMI 指数中的生产指数和采购量指数降幅超过 2 个百分点，比较明显地反映了春节因素的影响。PMI 是环比指标，2018 年春节在 2 月中旬，春节因素影响集中反映在 2 月。与 1 月相比，生产和采购量水平下降必然会很明显。购进价格指数降幅超过 6 个百分点，反映了生产资料供求关系短期调整的影响，也预示企业生产活动将趋向平稳。订单类指数降幅保持在 2 个百分点以内，生产活动预期指数有所提高，则表明市场需求总体平稳，企业市场预期比较稳定。剔除短期因素影响，可以认为，经济平稳增长态势没有改变，要精心稳定消费、投资增长，稳定内需，为应对外部环境的不确定性和可能出现的出口增长波动提供保障，促进经济平稳增长和宏观经济环境稳定。”

2 月 PMI 中的 13 个分项指数变化情况如下。

生产指数为 50.7%，比上月下降 2.8 个百分点。从企业规模来看，大型企业的生产指数高于 50%，为 53.7%；中型和小型企业低于 50%，分别为 49.1% 和 41.5%。

新订单指数为 51.0%，比上月下降 1.6 个百分点。从企业规模来看，大型企业的新订单指数高于 50%，为 55.1%；中型和小型企业低于 50%，分别为 47.3% 和 41.4%。

新出口订单指数为 49.0%，比上月下降 0.5 个百分点。从企业规模来看，大型企业的新出口订单指数高于 50%，为 50.9%；中型和小型企业低于 50%，分别为 43.8% 和 46.9%。

积压订单指数为 44.9%，比上月下降 0.4 个百分点。从企业规模来看，大型、中型和小型企业的积压订单指数均低于 50%，分别为 47.5%、42.5% 和 39.0%。

产成品库存指数为 46.7%，比上月下降 0.3 个百分点。从企业规模来看，大型、中型和小型企业的产成品库存指数均低于 50%，分别为 48.8%、45.0% 和 41.4%。

采购量指数为 50.8%，比上月下降 2.1 个百分点。从企业规模来看，大型企业采购量指数高于 50%，为 53.9%；中型和小型企业低于 50%，分别为 47.8% 和 44.1%。

进口指数为 49.8%，比上月下降 0.6 个百分点。从企业规模来看，大型企业的进口指数高于 50%，为 52.2%；中型和小型企业低于 50%，分别为 43.8% 和 40.6%。

购进价格指数为 53.4%，比上月下降 6.3 个百分点。从企业规模来看，大型、中型和小型企业的购进价格指数均高于 50%，分别为 53.6%、53.2% 和 53.1%。

出厂价格指数为 49.2%，比上月下降 2.6 个百分点。从企业规模来看，大型、中型和小型企业的出厂价格指数均低于 50%，分别为 48.8%、49.6% 和 49.9%。

原材料库存指数为 49.3%，比上月上升 0.5 个百分点。从企业规模来看，大型企业的原材料库存指数位于 50%；中型企业高于 50%，为 50.1%；小型企业低于 50%, 为 45.0%。

从业人员指数为 48.1%，比上月下降 0.2 个百分点。从企业规模来看，大型、中型和小型企业的从业人员指数均低于 50%，分别为 47.9%、48.3% 和 48.7%。

供应商配送时间指数为 48.4%，比上月下降 0.8 个百分点。从企业规模来看，大型、中型和小型企业的供应商配送时间指数均低于 50%，分别为 48.9%、47.5% 和 48.2%。

生产经营活动预期指数为 58.2%，比上月上升 1.4 个百分点。从企业规模来看，大型、中型和小型企业的生产经营活动预期指数均高于 50%，分别为 59.4%、57.6% 和 54.7%。

3 月

2018 年 3 月中国制造业采购经理指数（PMI）为 51.5%，比上月上升 1.2 个百分点。

特约分析师张立群认为："3 月 PMI 指数明显上升，表明随着春节因素影响的消失，经济平稳增长的特点进一步明显。从 2017 年 12 月开始，PMI 指数持续小幅回落；受春节因素影响，2018 年 2 月出现较大幅度回落，对经济增速下行的担心随之增加。3 月数据表明，这一变化主要是季节性因素影响，经济增长不存在趋势性下行倾向。3 月 PMI 主要指标较 2 月大多都明显提高，既表明春节因素产生的波动较为明显，也表明自 2017 年以来的市场需求平稳、生产经营活动较为活跃、预期良好等基本特点更为鲜明。价格类指数持平或略降，反映生产资料价格涨幅仍在收窄。综合判断，经济平稳增长态势更加明确。"

3 月 PMI 中的 13 个分项指数变化情况如下。

生产指数为 53.1%，比上月上升 2.4 个百分点。从企业规模来看，大型、中型和小型企业的生产指数均高于 50%，分别为 54.2%、52.0% 和 50.6%。

新订单指数为 53.3%，比上月上升 2.3 个百分点。从企业规模来看，大型、中型和小型企业的新订单指数均高于 50%，分别为 54.4%、52.2% 和 50.9%。

新出口订单指数为 51.3%，比上月上升 2.3 个百分点。从企业规模来看，大型企业的新出口订单指数高于 50%，为 52.5%；中型和小型企业低于 50%，分别为 49.2% 和 46.4%。

积压订单指数为 46.0%，比上月上升 1.1 个百分点。从企业规模来看，大型、中型和小型企业的积压订单指数均低于 50%，分别为 47.0%、44.3% 和 45.1%。

产成品库存指数为 47.3%，比上月上升 0.6 个百分点。从企业规模来看，大型、中型和小型企业的产成品库存指数均低于 50%，分别为 48.6%、45.1% 和 46.3%。

采购量指数为 53.0%，比上月上升 2.2 个百分点。从企业规模来看，大型、中型和小型企业的采购量指数均高于 50%，分别为 54.3%、51.3% 和 51.0%。

进口指数为 51.3%，比上月上升 1.5 个百分点。从企业规模来看，大型、中型和小型企业的进口指数均高于 50%，分别为 51.2%、51.1% 和 54.1%。

购进价格指数为 53.4%，与上月持平。从企业规模来看，大型、中型和小型企业的购进价格指数均高于 50%，分别为 52.3%、54.6% 和 55.7%。

出厂价格指数为 48.9%，比上月下降 0.3 个百分点。从企业规模来看，大型和中型企业的出厂价格指数低于 50%，分别为 47.7% 和 49.8%；小型企业的出厂价格指数高于 50%，为 52.0%。

原材料库存指数为 49.6%，比上月上升 0.3 个百分点。从企业规模来看，大型企业的原材料库存指数高于 50%，为 50.1%；中型和小型企业低于 50%，同为 48.9%。

从业人员指数为 49.1%，比上月上升 1.0 个百分点。从企业规模来看，大型企业的从业人员指数高于 50%，为 50.1%；中型和小型企业低于 50%，分别为 47.5% 和 49.2%。

供应商配送时间指数为 50.1%，比上月上升 1.7 个百分点。从企业规模来看，大型的供应商配送时间指数低于 50%，为 49.8%；中型和小型企业高于 50%，分别为 50.6%、50.2%。

生产经营活动预期指数为 58.7%，比上月上升 0.5 个百分点。从企业规模来看，大型、中型和小型企业的生产经营活动预期指数均高于 50%，分别为 59.0%、57.6% 和 59.6%。

4 月

2018 年 4 月中国制造业采购经理指数（PMI）为 51.4%，比上月下降 0.1 个百分点。

特约分析师张立群认为：“4 月 PMI 指数小幅回落，继续保持在 51% 以上的景气区间，表明经济平稳增长特点明显。订单类指数基本上均小幅回落，反映国内外市场需求基本平稳，出口形势尚未发生明显逆转；生产指数与上月持平、采购量指数略有下降，表明企业市场预期总体稳定，生产经营活动平稳。综合研判，近期经济运行总体保持平稳。”

4 月 PMI 中的 13 个分项指数变化情况如下。

生产指数为 53.1%，与上月持平。从企业规模来看，大型、中型和小型企业的生产指数均高于 50%，分别为 54.1%、52.1% 和 51.4%。

新订单指数为 52.9%，比上月下降 0.4 个百分点。从企业规模来看，大型、中型和小型企业的新订单指数均高于 50%，分别为 54.0%、51.9% 和 51.0%。

新出口订单指数为 50.7%，比上月下降 0.6 个百分点。从企业规模来看，大型企业的新出口订单指数高于 50%，为 52.2%；中型和小型企业低于 50%，分别为 48.7% 和 43.9%。

积压订单指数为 46.2%，比上月上升 0.2 个百分点。从企业规模来看，大型、中型和小型企业的积压订单指数均低于 50%，分别为 47.2%、45.2% 和 44.7%。

产成品库存指数为 47.2%，比上月下降 0.1 个百分点。从企业规模来看，大型、中型和小型企业的产成品库存指数均低于 50%，分别为 47.8%、45.7% 和 47.8%。

采购量指数为 52.6%，比上月下降 0.4 个百分点。从企业规模来看，大型、中型和小型企业的采购量指数均高于 50%，分别为 53.5%、51.0% 和 52.4%。

进口指数为 50.2%，比上月下降 1.1 个百分点。从企业规模来看，大型和小型企业的进口指数高于 50%，分别为 50.5% 和 53.0%；中型企业低于 50%，为 48.5%。

购进价格指数为 53.0%，比上月下降 0.4 个百分点。从企业规模来看，大型、中型和小型企业的购进价格指数均高于 50%，分别为 51.8%、

53.1% 和 56.9%。

出厂价格指数为 50.2%，比上月上升 1.3 个百分点。从企业规模来看，大型企业的出厂价格指数低于 50%，为 49.6%；中型和小型企业高于 50%，分别为 50.4% 和 51.8%。

原材料库存指数为 49.5%，比上月下降 0.1 个百分点。从企业规模来看，大型和小型企业的原材料库存指数低于 50%，分别为 49.0% 和 49.5%；中型企业高于 50%，为 50.4%。

从业人员指数为 49.0%，比上月下降 0.1 个百分点。从企业规模来看，大型、中型和小型企业的从业人员指数均低于 50%，分别为 49.7%、47.5% 和 49.2%。

供应商配送时间指数为 50.2%，比上月上升 0.1 个百分点。从企业规模来看，大型和小型企业的供应商配送时间指数高于 50%，分别为 50.3% 和 50.7%；中型企业低于 50%，为 49.7%。

生产经营活动预期指数为 58.4%，比上月下降 0.3 个百分点。从企业规模来看，大型、中型和小型企业的生产经营活动预期指数均高于 50%，分别为 58.8%、58.2% 和 57.3%。

5 月

2018 年 5 月中国制造业采购经理指数（PMI）为 51.9%，比上月上升 0.5 个百分点。

特约分析师张立群认为："5 月 PMI 指数小幅提高，是该指数在景气区间的短期波动，不具趋势性意义。5 月工作日较 4 月增加，可能是原因之一。2017 年以来，PMI 指数一直在荣枯线以上小幅波动，这可能是其运行的新特点。5 月 PMI 指数中，新出口订单指数提高，显示 2018 年以来的出口增长态势未出现改变；购进价格指数和出厂价格指数提高，可能预示生产价格指数（PPI）涨幅回落过程接近终结；生产指数、采购量指数、进口指数、产成品及原材料库存指数的变化则显示企业生产经营活动比较活跃。综上，预计 5 月经济继续保持平稳增长态势。"

5 月 PMI 中的 13 个分项指数变化情况如下。

生产指数为 54.1%，比上月上升 1.0 个百分点。从企业规模来看，大型和中型企业的生产指数高于 50%，分别为 56.4% 和 52.2%；小型企业低于 50%，为 49.6%。

新订单指数为 53.8%，比上月上升 0.9 个百分点。从企业规模来看，大型、中型和小型企业的新订单指数均高于 50%，分别为 55.2%、52.8% 和 50.9%。

新出口订单指数为 51.2%，比上月上升 0.5 个百分点。从企业规模来看，大型和中型企业的新出口订单指数高于 50%，分别为 52.0% 和 50.8%；小型企业低于 50%，为 45.1%。

积压订单指数为 45.9%，比上月下降 0.3 个百分点。从企业规模来看，大型、中型和小型企业的积压订单指数均低于 50%，分别为 46.9%、44.5% 和 44.8%。

产成品库存指数为 46.1%，比上月下降 1.1 个百分点。从企业规模来看，大型、中型和小型企业的产成品库存指数均低于 50%，分别为 46.6%、45.8% 和 44.8%。

采购量指数为 53.0%，比上月上升 0.4 个百分点。从企业规模来看，大型和中型企业的采购量指数高于 50%，分别为 54.6% 和 52.0%；小型企业低于 50%，为 49.5%。

进口指数为 50.9%，比上月上升 0.7 个百分点。从企业规模来看，大型企业的进口指数高于 50%，为 51.7%；中型和小型企业低于 50%，分别为 49.8% 和 46.3%。

购进价格指数为 56.7%，比上月上升 3.7 个百分点。从企业规模来看，大型、中型和小型企业的购进价格指数均高于 50%，分别为 57.2%、56.9% 和 54.7%。

出厂价格指数为 53.2%，比上月上升 3.0 个百分点。从企业规模来看，大型、中型和小型企业的出厂价格指数均高于50%，分别为54.6%、51.2%和51.6%。

原材料库存指数为49.6%，比上月上升0.1个百分点。从企业规模来看，大型企业的原材料库存指数高于50%，为50.4%；中型和小型企业低于50%，分别为49.4%和47.0%。

从业人员指数为49.1%，比上月上升0.1个百分点。从企业规模来看，大型、中型和小型企业的从业人员指数均低于50%，分别为49.9%、47.7%和49.0%。

供应商配送时间指数为50.1%，比上月下降0.1个百分点。从企业规模来看，大型和小型企业的供应商配送时间指数高于50%，分别为50.2%和50.9%；中型企业低于50%，为49.4%。

生产经营活动预期指数为58.7%，比上月上升0.3个百分点。从企业规模来看，大型、中型和小型企业的生产经营活动预期指数均高于50%，分别为59.8%、56.9%和58.2%。

6月

2018年6月中国制造业采购经理指数（PMI）为51.5%，比上月下降0.4个百分点。

特约分析师张立群认为："6月PMI指数小幅回落，继续保持在51%以上的景气区间，表明经济继续保持平稳增长态势。6月PMI分项指数多数下降，原因可能是受端午小长假影响，6月工作日较5月减少了两天（PMI是月度环比数据）。剔除这一影响，可以认为生产、订单、采购等活动总体平稳，经济稳中向好态势继续发展。需注意出口、进口订单指数下降，可能预示外贸进出口形势波动加大。"

6月PMI中的13个分项指数变化情况如下。

生产指数为53.6%，比上月下降0.5个百分点。从企业规模来看，大型和中型企业的生产指数高于50%，分别为55.8%、51.5%；小型企业位于50%。

新订单指数为53.2%，比上月下降0.6个百分点。从企业规模来看，大型、中型和小型企业的新订单指数均高于50%，分别为55.5%、50.4%和50.4%。

新出口订单指数为49.8%，比上月下降1.4个百分点。从企业规模来看，大型企业的新出口订单指数高于50%，为51.3%；中型和小型企业低于50%，分别为47.5%和43.4%。

积压订单指数为45.5%，比上月下降0.4个百分点。从企业规模来看，大型、中型和小型企业的积压订单指数均低于50%，分别为46.5%、44.6%和43.9%。

产成品库存指数为46.3%，比上月上升0.2个百分点。从企业规模来看，大型、中型和小型企业的产成品库存指数均低于50%，分别为47.3%、45.2%和44.7%。

采购量指数为52.8%，比上月下降0.2个百分点。从企业规模来看，大型和中型企业的采购量指数高于50%，分别为54.7%和50.8%；小型企业位于50%。

进口指数为50.0%，比上月下降0.9个百分点。从企业规模来看，大型和小型企业的进口指数高于50%，分别为50.2%和51.6%；中型企业低于50%，为49.1%。

购进价格指数为57.7%，比上月上升1.0个百分点。从企业规模来看，大型、中型和小型企业的购进价格指数均高于50%，分别为58.2%、57.7%和56.1%。

出厂价格指数为53.3%，比上月上升0.1个百分点。从企业规模来看，大型、中型和小型企业的出厂价格指数均高于50%，分别为54.4%、52.5%和51.0%。

原材料库存指数为48.8%，比上月下降0.8个百分点。从企业规模来看，大型企业的原材料库存指数位于 50%；中型和小型企业低于 50%，分别为 46.7% 和 48.3%。

从业人员指数为 49.0%，比上月下降 0.1 个百分点。从企业规模来看，大型和中型企业的从业人员指数低于 50%，分别为 49.0% 和 48.3%；小型企业高于 50%，为 50.2%。

供应商配送时间指数为 50.2%，比上月上升 0.1 个百分点。从企业规模来看，大型和小型企业的供应商配送时间指数高于 50%，分别为 50.1% 和 51.0%；中型企业低于 50%，为 49.9%。

生产经营活动预期指数为 57.9%，比上月下降 0.8 个百分点。从企业规模来看，大型、中型和小型企业的生产经营活动预期指数均高于 50%，分别为 59.5%、54.7% 和 58.0%。

7 月

2018 年 7 月中国制造业采购经理指数（PMI）为 51.2%，比上月下降 0.3 个百分点。

特约分析师张立群认为：“7 月 PMI 指数小幅下降，继续保持在荣枯线以上，经济平稳增长态势不变。生产指数、采购量指数、生产经营活动预期指数均有下降，表明企业生产经营活动水平略有降低；新订单指数下降，新出口订单指数持平，反映市场需求水平总体略降；价格类指数下降，表明需求对供给拉动力度有所减弱。综合分析，经济继续保持平稳增长态势，但短期下行压力有所显现。”

7 月 PMI 中的 13 个分项指数变化情况如下。

生产指数为 53.0%，比上月下降 0.6 个百分点。从企业规模来看，大型、中型和小型企业的生产指数均高于 50%，分别为 54.5%、51.6% 和 50.6%。

新订单指数为 52.3%，比上月下降 0.9 个百分点。从企业规模来看，大型和中型企业的新订单指数高于 50%，分别为 54.3% 和 50.2%；小型企业低于 50%，为 49.2%。

新出口订单指数为 49.8%，与上月持平。从企业规模来看，大型和中型企业的新出口订单指数高于 50%，分别为 50.1% 和 50.5%；小型企业低于 50%，为 44.8%。。

积压订单指数为 45.7%，比上月上升 0.2 个百分点。从企业规模来看，大型、中型和小型企业的积压订单指数均低于 50%，分别为 46.2%、45.7% 和 44.2%。

产成品库存指数为 47.1%，比上月上升 0.8 个百分点。从企业规模来看，大型、中型和小型企业的产成品库存指数均低于 50%，分别为 47.7%、47.0% 和 45.3%。

采购量指数为 51.5%，比上月下降 1.3 个百分点。从企业规模来看，大型和中型企业的采购量指数高于 50%，分别为 53.2% 和 50.3%；小型企业低于 50%，为 48.0%。

进口指数为 49.6%，比上月下降 0.4 个百分点。从企业规模来看，大型企业的进口指数高于 50%，为 51.2%；中型和小型企业低于 50%，分别为 45.7% 和 45.2%。

购进价格指数为 54.3%，比上月下降 3.4 个百分点。从企业规模来看，大型、中型和小型企业的购进价格指数均高于 50%，分别为 54.3%、53.7% 和 55.3%。

出厂价格指数为 50.5%，比上月下降 2.8 个百分点。从企业规模来看，大型、中型和小型企业的出厂价格指数均高于 50%，分别为 50.7%、50.2% 和 50.5%。

原材料库存指数为 48.9%，比上月上升 0.1 个百分点。从企业规模来看，大型、中型和小型企业的原材料库存指数均低于 50%，分别为 49.6%、48.8% 和 46.7%。

从业人员指数为 49.2%，比上月上升 0.2 个百分点。从企业规模来看，大型企业的从业人员指数高于 50%，为 50.1%；中型和小型企业低于 50%，分别为 47.9% 和 48.4%。

供应商配送时间指数为 50.0%，比上月下降 0.2 个百分点。从企业规模来看，大型和小型企业的供应商配送时间指数低于 50%，均为 49.9%；中型企业高于 50%，为 50.3%。

生产经营活动预期指数为 56.6%，比上月下降 1.3 个百分点。从企业规模来看，大型、中型和小型企业的生产经营活动预期指数均高于 50%，分别为 57.6%、54.4% 和 57.2%。

8 月

2018 年 8 月中国制造业采购经理指数（PMI）为 51.3%，比上月上升 0.1 个百分点。

特约分析师张立群认为："8 月 PMI 指数略有提高，结束了连续两个月的回落，继续保持在 51% 以上的景气区间，表明经济短期下行压力有所减缓，经济平稳增长态势明确。需要关注进出口相关指数回落，注意贸易争端影响的逐步显现。从其他各类指数，特别是价格类指数看，企业信心恢复较为明显，生产经营活动亦呈恢复态势，预示近期制造业生产稳中趋升。"

8 月 PMI 中的 13 个分项指数变化情况如下。

生产指数为 53.3%，比上月上升 0.3 个百分点。从企业规模来看，大型、中型和小型企业的生产指数高于 50%，分别为 54.3%、52.7% 和 51.0%。

新订单指数为 52.2%，比上月下降 0.1 个百分点。从企业规模来看，大型、中型和小型企业的新订单指数均高于 50%，分别为 53.0%、51.4% 和 50.9%。

新出口订单指数为 49.4%，比上月下降 0.4 个百分点。从企业规模来看，大型企业的新出口订单指数高于 50%，为 50.2%；中型和小型企业低于 50%，分别为 48.0% 和 47.4%。

积压订单指数为 46.7%，比上月上升 1.0 个百分点。从企业规模来看，大型、中型和小型企业的积压订单指数均低于 50%，分别为 47.0%、45.8% 和 47.4%。

产成品库存指数为 47.4%，比上月上升 0.3 个百分点。从企业规模来看，大型和中型企业的产成品库存指数低于 50%，分别为 47.3% 和 45.9%；小型企业产成品库存指数高于 50%，为 50.3%。

采购量指数为 51.8%，比上月上升 0.3 个百分点。从企业规模来看，大型和小型企业的采购量指数高于 50%，分别为 52.7% 和 51.9%；中型企业低于 50%，为 49.9%。

进口指数为 49.1%，比上月下降 0.5 个百分点。从企业规模来看，大型、中型和小型企业的进口指数低于 50%，分别为 49.4%、48.7% 和 46.9%。

购进价格指数为 58.7%，比上月上升 4.4 个百分点。从企业规模来看，大型、中型和小型企业的购进价格指数均高于 50%，分别为 58.4%、58.6% 和 59.8%。

出厂价格指数为 54.3%，比上月上升 3.8 个百分点。从企业规模来看，大型、中型和小型企业的出厂价格指数均高于 50%，分别为 54.6%、54.5% 和 52.8%。

原材料库存指数为 48.7%，比上月下降 0.2 个百分点。从企业规模来看，大型、中型和小型企业均低于 50%，分别为 49.9%、47.2% 和 47.3%。

从业人员指数为 49.4%，比上月上升 0.2 个百分点。从企业规模来看，大型企业的从业人员指数高于 50%，为 50.5%；中型和小型企业低于 50%，分别为 48.0% 和 48.2%。

供应商配送时间指数为 49.6%，比上月下降 0.4 个百分点。从企业规模来看，大型、中型和小型企业的供应商配送时间指数均低于 50%，分别为 49.7%、49.8% 和 48.9%。

生产经营活动预期指数为 57.0%，比上月上升 0.4 个百分点。从企业规模来看，大型、中型和小型企业的生产经营活动预期指数均高于 50%，分别为 58.9%、54.2% 和 55.5%。

9 月

2018 年 9 月中国制造业采购经理指数（PMI）为 50.8%，比上月下降 0.5 个百分点。

特约分析师张立群认为："继 8 月回稳后，9 月 PMI 指数又显回落，表明经济短期下行态势仍未改变。新出口订单指数降幅较大，预示出口增速下降幅度加大。应该看到中国经济平稳增长基础已经形成，PMI 指数仍保持在荣枯线以上；针对短期下行因素，宏观经济政策已经有多方面针对性很强的安排部署，据此判断经济下行苗头不会形成趋势性态势。要抓紧落实好相关政策安排，积极扩大内需，尽快化解短期下行压力，巩固经济稳中向好势头。"

9 月 PMI 中的 13 个分项指数变化情况如下。

生产指数为 53.0%，比上月下降 0.3 个百分点。从企业规模来看，大型、中型和小型企业的生产指数高于 50%，分别为 54.7%、50.2% 和 52.2%。

新订单指数为 52.0%，比上月下降 0.2 个百分点。从企业规模来看，大型和小型企业的新订单指数高于 50%，分别为 54.1% 和 50.2%；中型企业低于 50%，为 49.0%。

新出口订单指数为 48.0%，比上月下降 1.4 个百分点。从企业规模来看，大型、中型和小型企业新出口订单指数均低于 50%，分别为 49.6%、44.8% 和 44.8%。

积压订单指数为 45.2%，比上月下降 1.5 个百分点。从企业规模来看，大型、中型和小型企业的积压订单指数均低于 50%，分别为 46.1%、44.2% 和 44.1%。

产成品库存指数为 47.4%，与上月持平。从企业规模来看，大型、中型和小型企业的产成品库存指数均低于 50%，分别为 48.6%、45.0% 和 47.5%。

采购量指数为 51.5%，比上月下降 0.3 个百分点。从企业规模来看，大型和小型企业的采购量指数高于 50%，分别为 53.3% 和 52.0%；中型企业低于 50%，为 47.6%。

进口指数为 48.5%，比上月下降 0.6 个百分点。从企业规模来看，大型和中型企业的进口指数低于 50%，分别为 48.9% 和 46.5%；小型企业高于 50%，为 52.0%。

购进价格指数为 59.8%，比上月上升 1.1 个百分点。从企业规模来看，大型、中型和小型企业的购进价格指数均高于 50%，分别为 60.5%、58.5% 和 59.8%。

出厂价格指数为 54.3%，与上月持平。从企业规模来看，大型、中型和小型企业的出厂价格指数均高于 50%，分别为 54.9%、53.8% 和 53.2%。

原材料库存指数为 47.8%，比上月下降 0.9 个百分点。从企业规模来看，大型、中型和小型企业均低于 50%，分别为 49.0%、45.2% 和 48.2%。

从业人员指数为 48.3%，比上月下降 1.1 个百分点。从企业规模来看，大型、中型和小型企业的从业人员指数均低于 50%，为 48.9%、46.5% 和 49.5%。

供应商配送时间指数为 49.7%，比上月上升 0.1 个百分点。从企业规模来看，大型企业供应商配送时间指数高于 50%，为 50.1%；中型和小型企业指数低于 50%，分别为 49.0% 和 49.5%。

生产经营活动预期指数为 56.4%，比上月下降 0.6 个百分点。从企业规模来看，大型、中型和小型企业的生产经营活动预期指数均高于50%，分别为58.5%、53.2%和54.8%。

10月

2018年10月中国制造业采购经理指数（PMI）为50.2%，比上月下降0.6个百分点。

特约分析师张立群认为："继9月以后，10月PMI指数继续明显回落，表明短期经济下行压力仍然较大。从指数反映情况看，预计10月工业生产水平将继续回落；国内外市场需求水平趋降，出口增速下降。从采购量、原材料库存等指数变化看，企业对市场的信心明显不足。此外，工业品价格水平预计也将趋降。同时需要看到，中国经济基本面已经明显改善，稳增长、稳预期的政策力度较大。综合看，短期因素导致的经济下行不会持续发展。经济形势在年末到年初会开始好转。"

10月PMI中的13个分项指数变化情况如下。

生产指数为52.0%，比上月下降1.0个百分点。从企业规模来看，大型和小型企业的生产指数高于50%，分别为54.1%和50.8%；中型企业低于50%，为48.6%。

新订单指数为50.8%，比上月下降1.2个百分点。从企业规模来看，大型和小型企业的新订单指数高于50%，分别为52.8%和50.6%；中型企业低于50%，为47.0%。

新出口订单指数为46.9%，比上月下降1.1个百分点。从企业规模来看，大型、中型和小型企业新出口订单指数均低于50%，分别为48.7%、42.3%和46.6%。

积压订单指数为44.3%，比上月下降0.9个百分点。从企业规模来看，大型、中型和小型企业的积压订单指数均低于50%，分别为45.4%、43.5%和42.1%。

产成品库存指数为47.1%，比上月下降0.3个百分点。从企业规模来看，大型、中型和小型企业的产成品库存指数均低于50%，分别为47.7%、46.5%和46.2%。

采购量指数为51.0%，比上月下降0.5个百分点。从企业规模来看，大型企业的采购量指数高于50%，为53.5%；中型和小型企业低于50%，分别为47.9%和48.0%。

进口指数为47.6%，比上月下降0.9个百分点。从企业规模来看，大型、中型和小型企业的进口指数均低于50%，分别为48.9%、44.3%和45.6%。

购进价格指数为58.0%，比上月下降1.8个百分点。从企业规模来看，大型、中型和小型企业的购进价格指数均高于50%，分别为58.8%、56.6%和57.8%。

出厂价格指数为52.0%，比上月下降2.3个百分点。从企业规模来看，大型、中型和小型企业的出厂价格指数均高于50%，分别为52.0%、51.3%和53.3%。

原材料库存指数为47.2%，比上月下降0.6个百分点。从企业规模来看，大型、中型和小型企业均低于50%，分别为48.9%、45.1%和45.2%。

从业人员指数为48.1%，比上月下降0.2个百分点。从企业规模来看，大型、中型和小型企业的从业人员指数均低于50%，为48.5%、47.1%和48.5%。

供应商配送时间指数为49.5，比上月下降0.2个百分点。从企业规模来看，中型企业供应商配送时间指数高于50%，为50.1%；大型和小型企业指数低于50%，分别为49.4%和48.8%。

生产经营活动预期指数为56.4%，与上月持平。从企业规模来看，大型、中型和小型企业的生产经营活动预期指数均高于50%，分别为

57.9%、53.8% 和 55.8%。

11 月

2018 年 11 月中国制造业采购经理指数（PMI）为 50.0%，比上月下降 0.2 个百分点。

特约分析师张立群认为："11 月 PMI 指数继续下降，表明经济运行仍处下行态势。新订单指数继续下降，反映国内市场需求不振；生产经营活动预期指数、采购量指数和进口指数下降，反映企业市场信心不足，生产经营活动偏谨慎；综合研判，经济下行压力仍比较明显。考虑中美贸易争端对未来出口的潜在影响较大，当前应积极扩大内需，促进经济平稳增长。"

11 月 PMI 中的 13 个分项指数变化情况如下。

生产指数为 51.9%，比上月下降 0.1 个百分点。从企业规模来看，大型和小型企业的生产指数高于 50%，分别为 53.1% 和 51.3%；中型企业位于 50%。

新订单指数为 50.4%，比上月下降 0.4 个百分点。从企业规模来看，大型企业的新订单指数高于 50%，为 51.5%；中型和小型企业低于 50%，分别为 49.5% 和 48.5%。

新出口订单指数为 47.0%，比上月上升 0.1 个百分点。从企业规模来看，大型、中型和小型企业新订单指数均低于 50%，分别为 47.9%、45.6% 和 43.9%。

积压订单指数为 44.3%，与上月持平。从企业规模来看，大型、中型和小型企业的积压订单指数均低于 50%，分别为 45.6%、41.9% 和 44.1%。

产成品库存指数为 48.6%，比上月上升 1.5 个百分点。从企业规模来看，大型、中型和小型企业的产成品库存指数均低于 50%，分别为 49.3%、48.1% 和 47.0%。

采购量指数为 50.8%，比上月下降 0.2 个百分点。从企业规模来看，大型企业的采购量指数高于 50%，为 52.2%；中型和小型企业低于 50%，分别为 49.3% 和 48.7%。

进口指数为 47.1%，比上月下降 0.5 个百分点。从企业规模来看，大型、中型和小型企业的进口指数均低于 50%，分别为 48.0%、45.0% 和 45.1%。

购进价格指数为 50.3%，比上月下降 7.7 个百分点。从企业规模来看，大型和小型企业的购进价格指数高于 50%，分别为 50.8% 和 50.3%；中型企业低于 50%，为 49.3%。

出厂价格指数为 46.4%，比上月下降 5.6 个百分点。从企业规模来看，小型企业的出厂价格指数高于 50%，为 50.3%；大型和中型企业低于 50%，分别为 45.5% 和 45.9%。

原材料库存指数为 47.4%，比上月上升 0.2 个百分点。从企业规模来看，大型、中型和小型企业原材料库存指数均低于 50%，分别为 48.2%、46.2% 和 46.9%。

从业人员指数为 48.3%，比上月上升 0.2 个百分点。从企业规模来看，大型、中型和小型企业的从业人员指数均低于 50%，为 48.3%、48.1% 和 48.8%。

供应商配送时间指数为 50.3%，比上月上升 0.8 个百分点。从企业规模来看，大型和小型企业供应商配送时间指数高于 50%，分别为 50.5% 和 50.4%；中型企业低于 50%，为 49.9%。

生产经营活动预期指数为 54.2%，比上月下降 2.2 个百分点。从企业规模来看，大型、中型和小型企业的生产经营活动预期指数均高于 50%，分别为 55.4%、52.6% 和 52.8%。

12 月

2018 年 12 月中国制造业采购经理指数（PMI）为 49.4%，比上月下降 0.6 个百分点。

特约分析师张立群认为："12 月 PMI 指数继

续下降，且已落入荣枯线以下，表明经济下行压力仍然较大。订单类指数全面下降，反映国内外市场需求走低。中美贸易争端对出口的负面影响预计将进一步显现，消费、投资等内需增长基础不稳，总需求下行压力较大。生产指数继续回落，预示12月工业增速可能进一步下降，从10—12月工业增长态势看，四季度GDP增长率将低于三季度。采购量、进口、原材料库存、生产经营活动预期指数均下降，表明企业对市场信心不足，生产经营活动较为谨慎。综上，当前经济下行压力比较明显，要加快落实中央经济工作会议安排部署，尽快发挥稳增长相关政策的积极效果。"

12月PMI中的13个分项指数变化情况如下。

生产指数为50.8%，比上月下降1.1个百分点。从企业规模来看，大型企业的生产指数高于50%，为52.1%；中型和小型企业的生产指数低于50%，分别为48.9%和49.5%。

新订单指数为49.7%，比上月下降0.7个百分点。从企业规模来看，大型企业的新订单指数高于50%，为50.8%；中型和小型企业低于50%，同为48.4%。

新出口订单指数为46.6%，比上月下降0.4个百分点。从企业规模来看，大型、中型和小型企业新出口订单指数均低于50%，分别为47.6%、43.0%和49.9%。

积压订单指数为44.1%，比上月下降0.2个百分点。从企业规模来看，大型、中型和小型企业的积压订单指数均低于50%，分别为45.6%、42.9%和41.2%。

产成品库存指数为48.2%，比上月下降0.4个百分点。从企业规模来看，大型、中型和小型企业的产成品库存指数均低于50%，分别为49.7%、46.6%和45.8%。

采购量指数为49.8%，比上月下降1.0个百分点。从企业规模来看，大型企业的采购量指数高于50%，为51.1%；中型和小型企业低于50%，分别为48.3%和48.0%。

进口指数为45.9%，比上月下降1.2个百分点。从企业规模来看，大型、中型和小型企业的进口指数均低于50%，分别为46.1%、44.9%和47.5%。

购进价格指数为44.8%，比上月下降5.5个百分点。从企业规模来看，大型、中型和小型企业的购进价格指数均低于50%，分别为44.2%、45.4%和45.7%。

出厂价格指数为43.3%，比上月下降3.1个百分点。从企业规模来看，大型、中型和小型企业的出厂价格指数均低于50%，分别为42.2%、44.0%和45.7%。

原材料库存指数为47.1%，比上月下降0.3个百分点。从企业规模来看，大型、中型和小型企业的原材料库存指数均低于50%，分别为47.9%、46.1%和46.1%。

从业人员指数为48.0%，比上月下降0.3个百分点。从企业规模来看，大型、中型和小型企业的从业人员指数均低于50%，为48.1%、47.8%和47.9%。

供应商配送时间指数为50.4%，比上月上升0.1个百分点。从企业规模来看，大型和中型企业的供应商配送时间指数均高于50%，分别为50.6%和50.5%；小型企业低于50%，为49.7%。

生产经营活动预期指数为52.7%，比上月下降1.5个百分点。从企业规模来看，大型和中型企业的生产经营活动预期指数均高于50%，分别为54.8%和50.7%；小型企业低于50%，为49.3%。

2018年1—12月中国制造业采购经理指数（PMI）走势如下图所示。

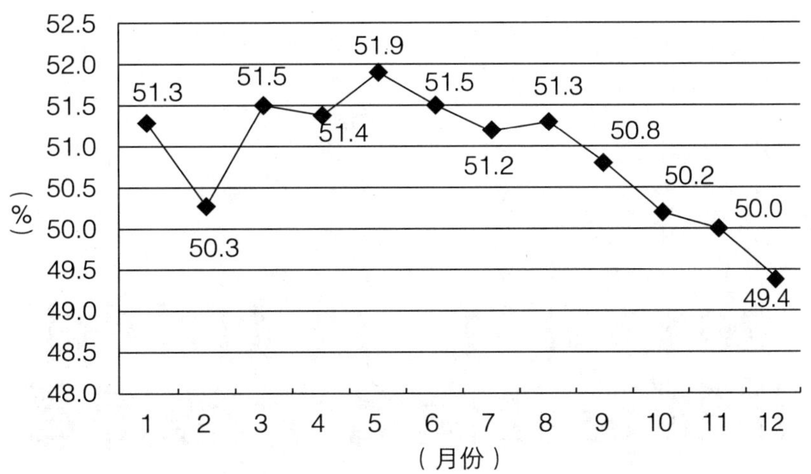

2018 年 1—12 月中国制造业采购经理指数（PMI）走势

（中国物流信息中心）

2018 年 1—12 月中国非制造业商务活动指数

（中国物流与采购联合会、国家统计局服务业调查中心发布）

1 月

中国物流与采购联合会、国家统计局服务业调查中心发布的 2018 年 1 月中国非制造业商务活动指数为 55.3%, 环比上升 0.3 个百分点。由于非制造业没有综合指数，通常以商务活动指数来反映非制造业经济的总体变化。

中国物流与采购联合会副会长蔡进认为：“1 月非制造业商务活动指数连续三个月小幅上升，指数保持在 55.3% 的高水平，新订单指数稳定在 52% 左右，从业人员指数小幅上升，显示非制造业发展持续向好。特别是服务业商务活动指数和新订单指数的双双上升，为 2018 年我国经济向高质量发展迈进奠定了良好开局。短期看，节日临近，拉动大众消费以及旅游相关消费，表现良好；长期看，服务业创新的持续发展有助于强化经济发展新动能。以信息技术服务业为代表的新兴服务业和小型企业的指数均持续高位，产业创新和企业创新继续发展的动力基础较强，有助于提升我国经济发展质量。本月房地产行业商务活动指数和新订单指数仍在 50% 以下，但指数较上月均有回升，表明房地产行业活动初步呈现恢复迹象，但仍需关注指数后续变化。”

1 月中国非制造业商务活动指数各单项指数的变化如下。

新订单指数稳中略降。2018 年 1 月，新订单指数为 51.9%，环比下降 0.1 个百分点。分行业来看，建筑业新订单指数为 52.8%；服务业新订单指数为 51.8%。20 个行业中，航空运输业、金融业、电信广播电视和卫星传输服务业和房屋建筑业等 12 个行业高于 50%；装卸搬运及仓储业、居民服务及修理业、道路运输业和房地产业等 8 个行业低于 50%。

新出口订单指数明显回落。2018 年 1 月，新出口订单指数为 50.1%，环比下降 1.4 个百分点。分行业来看，建筑业新出口订单指数为 46.3%；服务业新出口订单指数为 50.8%。20 个行业中，航空运输业、铁路运输业、水上运输业和房屋建筑业等 13 个行业高于 50%；居民服务及修理业、餐饮业和生态保护环境治理及公共设施管理业等 7 个行业低于 50%。

投入品价格指数下降。2018 年 1 月，投入品价格指数为 53.9%，环比下降 0.9 个百分点。分行业来看，建筑业投入品价格指数为 56.2%；服务业投入品价格指数为 53.5%。20 个行业中，水上运输业、航空运输业、住宿业、建筑安装装饰及其他建筑业和批发业等 18 个行业高于 50%；生态保护环境治理及公共设施管理业和电信广播电视和卫星传输服务业 2 个行业低于 50%。

从业人员指数微幅上升。2018 年 1 月，从业人员指数为 49.4%，环比上升 0.1 个百分点。分行业来看，建筑业从业人员指数为 55.4%；服务业从业人员指数为 48.4%。20 个行业中，建筑安装装饰及其他建筑业、航空运输业、土木工程建筑业和互联网及软件信息技术服务业等 8 个行业高于 50%；居民服务及修理业、住宿业、道路运输业和铁路运输业等 12 个行业低于 50%。

业务活动预期指数高位回升。2018 年 1 月，业务活动预期指数为 61.7%，环比上升 0.8 个百分点。分行业来看，建筑业业务活动预期指数为 64.7%；服务业业务活动预期指数为 61.2%。20 个行业中，金融业、航空运输业、建筑安装装饰及其他建筑业、房屋建筑业和餐饮业等 14 个行业高于 60%；水上运输业、道路运输业、居民服务及修理业和住宿业等 6 个行业低于 60%。

2 月

2018 年 2 月中国非制造业商务活动指数为 54.4%, 环比下降 0.9 个百分点。

中国物流与采购联合会副会长蔡进认为：“2 月受春节假期影响，建筑业和大宗商品批发业活动明显回调，使非制造业商务活动指数较上月有所下降。服务业运行相对稳定，特别是节日消费相关行业表现突出，零售、住宿餐饮和旅游等相关行业指数明显回升。业务活动预期指数保持在 61% 以上的较高水平，表明企业对节后市场预期较为乐观。进入 3 月，随着假期的结束，建筑业和生产性服务业将会有所回升，非制造业有望延续稳健较快发展格局。本月房地产商务活动指数、新订单指数和销售价格指数均有不同程度回落，淡季特征明显。”

2 月中国非制造业商务活动指数各单项指数的变化如下。

新订单指数下降。2018 年 2 月，新订单指数为 50.5%，环比下降 1.4 个百分点。分行业来看，建筑业新订单指数为 49.5%；服务业新订单指数为 50.7%。20 个行业中，餐饮业、建筑安装装饰及其他建筑业、邮政业和土木工程建筑业等 14 个行业高于 50%；装卸搬运及仓储业、房屋建筑业、房地产业、居民服务及修理业和道路运输业等 6 个行业低于 50%。

新出口订单指数显著下降。2018 年 2 月，新出口订单指数为 45.9%，环比下降 4.2 个百分点。分行业来看，建筑业新出口订单指数为 51.7%；服务业新出口订单指数为 44.9%。20 个行业中，铁路运输业、航空运输业、房屋建筑业和道路运输业等 5 个行业高于 50%；居民服务及修理业、生态保护环境治理及公共设施管理业和邮政业等 15 个行业低于 50%。

投入品价格指数略有下降。2018 年 2 月，投入品价格指数为 53.2%，环比下降 0.7 个百分点。分行业来看，建筑业投入品价格指数为 57.9%；服务业投入品价格指数为 52.4%。20 个行业中，餐饮业、航空运输业、土木工程建筑业、房屋建筑业、住宿业、建筑安装装饰及其他建筑业和租赁及商务服务业等 19 个行业高于 50%；批发业低于 50%。

从业人员指数微幅上升。2018 年 2 月，从业人员指数为 49.6%，环比上升 0.2 个百分点。分行业来看，建筑业从业人员指数为 53.5%；服务业从业人员指数为 48.9%。20 个行业中，建筑安装装饰及其他建筑业、航空运输业、生态保护环境治理及公共设施管理业和土木工程建筑业等 7 个行业高于 50%；道路运输业、房屋建筑业、邮政业、水上运输业和餐饮业等 13 个行业低于 50%。

业务活动预期指数高位小幅下降。2018 年 2 月，业务活动预期指数为 61.2%，环比下降 0.5 个百分点。分行业来看，建筑业业务活动预期指数为 65.7%；服务业业务活动预期指数为 60.4%。20 个行业中，金融业、建筑安装装饰及其他建筑业、土木工程建筑业和电信广播电视和卫星传输服务业等 12 个行业高于 60%；房地产业、住宿业、道路运输业和居民服务及修理业等 8 个行业低于 60%。

3 月

2018 年 3 月中国非制造业商务活动指数为 54.6%, 环比上升 0.2 个百分点。

中国物流与采购联合会副会长蔡进认为："3 月商务活动指数小幅上升，连续七个月稳定在 54% 以上，表明非制造业继续保持较快发展趋势。建筑业活动整体回升，特别是新出口订单指数回升明显，海外建设需求有望持续释放。金融业、航空运输业、快递业和信息服务业等新兴服务业发展势头良好，创新驱动引领高质量发展的动力基础增强。投入品价格指数降至 50% 附近，连续四个月环比下降，企业成本压力有所缓解。本月，房地产业商务活动指数和新订单指数均有回升，但仍在 50% 以下，行业发展保持调整趋势。"

3 月中国非制造业商务活动指数各单项指数的变化如下。

新订单指数小幅下降。2018 年 3 月，新订单指数为 50.1%，环比下降 0.4 个百分点。分行业来看，建筑业新订单指数为 52%；服务业新订单指数为 49.8%。20 个行业中，金融业、邮政业、互联网及软件信息技术服务业、航空运输业和电信广播电视和卫星传输服务业等 9 个行业高于 50%；餐饮业、生态保护环境治理及公共设施管理业和房地产业等 11 个行业低于 50%。

新出口订单指数显著上升。2018 年 3 月，新出口订单指数为 50.4%，环比上升 4.5 个百分点。分行业来看，建筑业新出口订单指数为 59.6%；服务业新出口订单指数为 48.8%。20 个行业中，房屋建筑业、土木工程建筑业、建筑安装装饰及其他建筑业和邮政业等 12 个行业高于 50%；道路运输业、餐饮业和生态保护环境治理及公共设施管理业等 8 个行业低于 50%。

投入品价格指数明显下降。2018 年 3 月，投入品价格指数为 49.9%，环比下降 3.3 个百分点。分行业来看，建筑业投入品价格指数为 48%；服务业投入品价格指数为 50.3%。20 个行业中，住宿业、金融业、建筑安装装饰及其他建筑业和铁路运输业等 13 个行业高于 50%；房屋建筑业、航空运输业、批发业和餐饮业等 7 个行业低于 50%。

从业人员指数小幅下降。2018 年 3 月，从业人员指数为 49.2%，环比下降 0.4 个百分点。分行业来看，建筑业从业人员指数为 52.6%；服务业从业人员指数为 48.6%。20 个行业中，邮政业、航空运输业、房屋建筑业和互联网及软件信息技术服务业等 6 个行业高于 50%；居民服务及修理业、道路运输业、餐饮业和建筑安装装饰及其他建筑业等 14 个行业低于 50%。

业务活动预期指数变化不大。2018 年 3 月，业务活动预期指数为 61.1%，环比下降 0.1 个百分点。分行业来看，建筑业业务活动预期指数为 66.7%；服务业业务活动预期指数为 60.1%。20 个行业中，邮政业、电信广播电视和卫星传输服务业、房屋建筑业和互联网及软件信息技术服务业等 13 个行业高于 60%；铁路运输业、道路运输业、房地产业和居民服务及修理业等 7 个行业低于 60%。

4 月

2018 年 4 月中国非制造业商务活动指数为 54.8%, 环比上升 0.2 个百分点。

中国物流与采购联合会副会长蔡进认为："4 月商务活动指数连续八个月稳定在 54% 以上，较上月和上年同期均有上升。新订单指数有所上升，经济发展的内需基础进一步巩固。服务业需求结构进一步优化，引领了消费升级，推动经济发展质量提升。一是网络消费的提速带动相关物流活动的活跃发展；二是以信息消费为主的新兴服务业指数水平好于以零售业为主的大众消费行业，服务消费优于商品消费，内需结构有所优化。内需向好拉动销售价格指数回升，有利于经济发展效益进一步改善。本月，房地产商务活动指数和新订单指数虽仍在 50% 以下，但较上月均有回升，房地产投资增速的提高带动行业活动出现恢复性增长。"

4 月中国非制造业商务活动指数各单项指数的变化如下。

新订单指数有所上升。2018 年 4 月，新订单指数为 51.1%，环比上升 1 个百分点。分行业来看，建筑业新订单指数为 55.6%；服务业新订单指数为 50.3%。20 个行业中，邮政业、电信广播电视和卫星传输服务业、航空运输业和房屋建筑业等 15 个行业高于 50%；餐饮业、房地产业、居民服务及修理业、道路运输业和铁路运输业 5 个行业低于 50%。

新出口订单指数小幅下降。2018 年 4 月，新出口订单指数为 50.0%，环比下降 0.4 个百分点。分行业来看，建筑业新出口订单指数为 49.9%；服务业新出口订单指数为 50.0%。20 个行业中，航空运输业、装卸搬运及仓储业、邮政业、水上运输业和批发业等 11 个行业高于 50%；铁路运输业、居民服务及修理业、建筑安装装饰及其他建筑业和餐饮业等 9 个行业低于 50%。

投入品价格指数显著上升。2018 年 4 月，投入品价格指数为 52.7%，环比上升 2.8 个百分点。分行业来看，建筑业投入品价格指数为 54.6%；服务业投入品价格指数为 52.4%。20 个行业中，邮政业、土木工程建筑业、房屋建筑业、水上运输业和批发业等 17 个行业高于 50%；航空运输业、电信广播电视和卫星传输服务业和生态保护环境治理及公共设施管理业 3 个行业低于 50%。

从业人员指数小幅下降。2018 年 4 月，从业人员指数为 49.0%，环比下降 0.2 个百分点。分行业来看，建筑业从业人员指数为 53.2%；服务业从业人员指数为 48.3%。20 个行业中，邮政业、房屋建筑业和航空运输业 3 个行业高于 50%；道路运输业、零售业、水上运输业、互联网及软件信息技术服务业和建筑安装装饰及其他建筑业等 17 个行业低于 50%。

业务活动预期指数高位小幅上升。2018 年 4 月，业务活动预期指数为 61.5%，环比上升 0.4 个百分点。分行业来看，建筑业业务活动预期指数为 66.3%；服务业业务活动预期指数为 60.6%。20 个行业中，邮政业、航空运输业、房屋建筑业和电信广播电视和卫星传输服务业等 13 个行业高于 60%；道路运输业、房地产业和居民服务及修理业等 7 个行业低于 60%。

5 月

2018 年 5 月中国非制造业商务活动指数为 54.9%, 环比上升 0.1 个百分点。

中国物流与采购联合会副会长蔡进认为："5 月商务活动指数连续三个月小幅上升，新订单指数连续两个月稳定在 51% 以上，销售价格指数连续两个月稳定在 50% 以上，从业人员指数小幅上升，非制造业呈现持续向好发展趋势。特别是服务业发展的稳定性进一步提升，其商务活动指数连续两个月上升，1—5 月均值好于去年同期。服务业的向好发展在增强经济运行稳定性的同时，更有利于我国经济结构的优化和新增动能的持续释放，进而为提升经济发展质量创造了更好的基础条件。本月房地产业商务活动指数小幅回调，新订单指数连续回升，仍均保持在 50% 以下，收费价格指数连续三个月小幅上升，整体延续恢复性增长趋势。

5 月中国非制造业商务活动指数各单项指数的变化如下。

新订单指数微幅下降。2018 年 5 月，新订单指数为 51.0%，环比下降 0.1 个百分点。分行业来看，建筑业新订单指数为 54.2%；服务业新订单指数为 50.4%。20 个行业中，电信广播电视和卫星传输服务业、航空运输业、邮政业和建筑安装装饰及其他建筑业等 14 个行业高于 50%；生态保护环境治理及公共设施管理业位于 50%；餐饮业、居民服务及修理业和房地产业等 5 个行业低于 50%。

新出口订单指数有所下降。2018 年 5 月，新出口订单指数为 49.1%，环比下降 0.9 个百分点。分行业来看，建筑业新出口订单指数为 49.4%；服务业新出口订单指数为 49.1%。20 个行业中，铁路运输业、航空运输业、住宿业、房屋建筑业和邮政业等 9 个行业高于 50% ；餐饮业、居民服务及修理业和装卸搬运及仓储业等 11 个行业低于 50%。

投入品价格指数显著上升。2018 年 5 月，投入品价格指数为 54.2%，环比上升 1.5 个百分点。分行业来看，建筑业投入品价格指数为 59.4%；服务业投入品价格指数为 53.3%。20 个行业中，房屋建筑业、土木工程建筑业、批发业、建筑安装装饰及其他建筑业、邮政业和水上运输业等 19 个行业高于 50%；生态保护环境治理及公共设施管理业低于 50%。

从业人员指数小幅上升。2018 年 5 月，从业人员指数为 49.2%，环比上升 0.2 个百分点。分行业来看，建筑业从业人员指数为 50%；服务业从业人员指数为 49%。20 个行业中，邮政业、航空运输业、房屋建筑业、水上运输业和租赁及商务服务业等 6 个行业高于 50%；生态保护环境治理及公共设施管理业、土木工程建筑业和道路运输业等 14 个行业低于 50%。

业务活动预期指数高位回落。2018 年 5 月，业务活动预期指数为 61.0%，环比下降 0.5 个百分点。分行业来看，建筑业业务活动预期指数为 65.1%；服务业业务活动预期指数为 60.3%。20 个行业中，电信广播电视和卫星传输服务业、航空运输业、房屋建筑业和邮政业等 15 个行业高于 60%；道路运输业、房地产业和餐饮业等 5 个行业低于 60%。

6 月

2018 年 6 月中国非制造业商务活动指数为 55.0%, 环比上升 0.1 个百分点。

中国物流与采购联合会副会长蔡进认为 :“6 月商务活动指数升至 55.0%，连续四个月小幅上升，建筑业活动的增速回升与服务业活动的持续活跃共同推进非制造业稳中趋好。投入品价格指数和销售价格指数的一降一升，反映企业成本压力有所缓解，有助于企业效益改善。基础建设需求增速明显回落导致本月建筑业需求增速放缓，回落具有合理性，是为提升投资质量而主动调控的结果。服务业需求增势依然稳定，金融业以及信息和旅游等服务消费相关行业需求保持适度活跃的发展趋势。以消费升级为导向，结合创新驱动，培育内生动力，应是未来经济发展的重要方向。本月，房地产商务活动指数和新订单指数在 50% 以下，均有回落，销售价格指数小幅回调，业务活动预期指数有所上升。

6月中国非制造业商务活动指数各单项指数的变化如下。

新订单指数小幅下降。2018年6月，新订单指数为50.6%，环比下降0.4个百分点。分行业来看，建筑业新订单指数为52.6%；服务业新订单指数为50.3%。20个行业中，房屋建筑业、铁路运输业、航空运输业和电信广播电视和卫星传输服务业等11个行业高于50%；装卸搬运及仓储业位于50%；房地产业、土木工程建筑业、道路运输业和餐饮业等8个行业低于50%。

投入品价格指数有所下降。2018年6月，投入品价格指数为53.5%，环比下降0.7个百分点。分行业来看，建筑业投入品价格指数为61.7%；服务业投入品价格指数为52.1%。20个行业中，房屋建筑业、土木工程建筑业、航空运输业、建筑安装装饰及其他建筑业和邮政业等18个行业高于50%；装卸搬运及仓储业位于50%；水上运输业低于50%。

销售价格指数小幅上升。2018年6月，销售价格指数为51.1%，环比上升0.5个百分点。分行业来看，建筑业销售价格指数为54.4%；服务业销售价格指数为50.5%。20个行业中，房屋建筑业、土木工程建筑业、水上运输业、装卸搬运及仓储业和房地产业等12个行业高于50%；生态保护环境治理及公共设施管理业、铁路运输业和居民服务及修理业3个行业位于50%；电信广播电视和卫星传输服务业、互联网及软件信息技术服务业、餐饮业、邮政业和零售业5个行业低于50%。

从业人员指数小幅下降。2018年6月，从业人员指数为48.9%，环比下降0.3个百分点。分行业来看，建筑业从业人员指数为51.2%；服务业从业人员指数为48.5%。20个行业中，邮政业、航空运输业、房屋建筑业、装卸搬运及仓储业和互联网及软件信息技术服务业5个行业高于50%；铁路运输业、道路运输业、居民服务及修理业和建筑安装装饰及其他建筑业等15个行业低于50%。

业务活动预期指数高位回落。2018年6月，业务活动预期指数为60.8%，环比下降0.2个百分点。分行业来看，建筑业业务活动预期指数为63.6%；服务业业务活动预期指数为60.3%。20个行业中，房屋建筑业、铁路运输业、电信广播电视和卫星传输服务业和航空运输业等11个行业高于60%；道路运输业、居民服务及修理业和房地产业等9个行业低于60%。

7月

2018年7月中国非制造业商务活动指数为54.0%,环比下降1个百分点。

中国物流与采购联合会副会长蔡进认为：“7月受建筑业以及节日消费相关行业淡季回落影响，商务活动指数有所回调，但仍保持在54%的较高水平，非制造业仍保持稳定较快运行。新订单指数、从业人员指数的回升以及销售价格指数持续上升，表明我国经济运行的内生质量和效益有所改善。从行业变化看，建筑业新订单指数明显上升，预示着下半年基础建设投资需求具备趋稳基础；大宗批发业供需活动趋于活跃，表明企业备货积极性提升；信息消费以及以邮政业为主的网络零售相关行业表现活跃，特别是拉动就业效果明显，新兴服务业对经济的拉动作用进一步增强。本月，受雨季以及房地产开发投资增速回落影响，房地产业商务活动指数和新订单指数较上月均有明显回落，销售价格指数持平。”

7月中国非制造业商务活动指数各单项指数的变化如下。

新订单指数小幅上升。2018年7月，新订单指数为51.0%，环比上升0.4个百分点。分行业来看，建筑业新订单指数为 56.4%；服务业新订单指数为 50.1%。20 个行业中，房屋建筑业、铁路运输业、电信广播电视和卫星传输服务业和航空运输业等 13 个行业高于 50%；餐饮业位于 50%；房地产业、道路运输业、居民服务及修理业和装卸搬运及仓储业等 6 个行业低于 50%。

投入品价格指数小幅上升。2018 年 7 月，投入品价格指数为 53.9%，环比上升 0.4 个百分点。分行业来看，建筑业投入品价格指数为 57.8%；服务业投入品价格指数为 53.2%。20 个行业中，房屋建筑业、建筑安装装饰及其他建筑业、水上运输业、批发业、道路运输业、土木工程建筑业和航空运输业等 19 个行业高于 50%；邮政业低于 50%。

销售价格指数有所上升。2018 年 7 月，销售价格指数为 52.0%，环比上升 0.9 个百分点。分行业来看，建筑业销售价格指数为 54%；服务业销售价格指数为 51.6%。20 个行业中，航空运输业、批发业、土木工程建筑业、房屋建筑业和邮政业等 15 个行业高于 50%；电信广播电视和卫星传输服务业、生态保护环境治理及公共设施管理业和居民服务及修理业等 5 个行业低于 50%。

从业人员指数升幅明显。2018 年 7 月，从业人员指数为 50.2%，环比上升 1.3 个百分点。分行业来看，建筑业从业人员指数为 53.5%；服务业从业人员指数为 49.6%。20 个行业中，航空运输业、邮政业、房屋建筑业、水上运输业、土木工程建筑业和金融业等 9 个行业高于 50%；生态保护环境治理及公共设施管理业位于 50%；居民服务及修理业、住宿业和道路运输业等 10 个行业低于 50%。

业务活动预期指数高位回落。2018 年 7 月，业务活动预期指数为 60.2%，环比下降 0.6 个百分点。分行业来看，建筑业业务活动预期指数为 64.1%；服务业业务活动预期指数为 59.5%。20 个行业中，铁路运输业、邮政业、房屋建筑业和互联网及软件信息技术服务业等 11 个行业高于 60%；租赁及商务服务业位于 60%；道路运输业、水上运输业和装卸搬运及仓储业等 8 个行业低于 60%。

8 月

2018 年 8 月中国非制造业商务活动指数为 54.2%, 环比上升 0.2 个百分点。

中国物流与采购联合会副会长蔡进认为："8 月商务活动指数小幅上升，连续 12 个月稳定在 54% 以上，非制造业继续保持稳健较快发展势头。服务业商务活动指数和新订单指数均有上升，较好发挥了经济稳定器作用。受暑期假日拉动，零售、餐饮和景区服务业相关行业有明显上升，有助于增强消费对经济的拉动作用。就业的持续改善和企业预期的升温，预示着经济平稳增长的基础仍在。值得关注的是建筑业新订单指数降至 50% 以下，反映出基础建设投资需求基础还需进一步巩固。投入品价格指数连续两个月上升，创年内新高，需关注价格持续过快上涨带来的通胀预期。本月，房地产业商务活动指数和新订单指数较上月均有回升，但仍在 50% 以下，销售价格指数有所回落，调控政策趋紧，行业整体调整格局未变。"

8 月中国非制造业商务活动指数各单项指数的变化如下。

新订单指数小幅下降。2018 年 8 月，新订单指数为 50.6%，环比下降 0.4 个百分点。分行业来看，建筑业新订单指数为 49.6%；服务业新订单指数为 50.7%。20 个行业中，铁路运输业、电信广播电视和卫星传输服务业、零售业、互联网及软件信息技术服务业和航空运输业等 13 个行业高于 50%；房地产业、土木工程建筑业、居民服务及修理业和道路运输业等 7 个行业低于

50%。

投入品价格指数小幅上升。2018年8月，投入品价格指数为54.3%，环比上升0.4个百分点。分行业来看，建筑业投入品价格指数为62.1%；服务业投入品价格指数为52.9%。20个行业中，房屋建筑业、航空运输业、土木工程建筑业、建筑安装装饰及其他建筑业和餐饮业等18个行业高于50%；金融业和电信广播电视和卫星传输服务业2个行业低于50%。

销售价格指数有所下降。2018年8月，销售价格指数为50.9%，环比下降1.1个百分点。分行业来看，建筑业销售价格指数为54.0%；服务业销售价格指数为50.3%。20个行业中，房屋建筑业、邮政业、建筑安装装饰及其他建筑业、批发业和装卸搬运及仓储业等12个行业高于50%；电信广播电视和卫星传输服务业、金融业、生态保护环境治理及公共设施管理业和道路运输业等8个行业低于50%。

从业人员指数小幅上升。2018年8月，从业人员指数为50.4%，环比上升0.2个百分点。分行业来看，建筑业从业人员指数为54.3%；服务业从业人员指数为49.7%。20个行业中，航空运输业、邮政业、房屋建筑业、建筑安装装饰及其他建筑业、装卸搬运及仓储业和金融业等10个行业高于50%；房地产业和生态保护环境治理及公共设施管理业2个行业位于50%；水上运输业、住宿业和居民服务及修理业等8个行业低于50%。

业务活动预期指数明显上升。2018年8月，业务活动预期指数为61.4%，环比上升1.2个百分点。分行业来看，建筑业业务活动预期指数为65.8%；服务业业务活动预期指数为60.6%。20个行业中，房屋建筑业、电信广播电视和卫星传输服务业和邮政业等13个行业高于60%；道路运输业、房地产业、居民服务及修理业和装卸搬运及仓储业等7个行业低于60%。

9月

2018年9月中国非制造业商务活动指数为54.9%，环比上升0.7个百分点。

中国物流与采购联合会副会长蔡进认为：“9月商务活动指数升至54.9%的较高水平，新订单指数升至51.0%，非制造业市场供需改善，为四季度经济平稳运行奠定较好基础。建筑业供需向好，特别是新订单指数的明显回升，意味着投资需求趋于稳定。服务业增势稳定。尤其是金融业和生产性服务业明显回升，有助于企业经营持续稳定；零售、餐饮、邮政等生活性服务业保持活跃趋势，随着节日消费的来临，有利于经济保持平稳增长。预计四季度，稳投资、促消费和减税降费相关政策仍将继续助力经济发展，具备经济保持平稳运行的基础。投入品价格指数连续三个月环比上升，再次创出年内新高。本月房地产市场整体偏弱，特别是需求下降明显，销售价格指数连续两个月环比回落。”

9月中国非制造业商务活动指数各单项指数的变化如下。

新订单指数小幅上升。2018年9月，新订单指数为51.0%，环比上升0.4个百分点。分行业来看，建筑业新订单指数为55.7%；服务业新订单指数为50.1%。20个行业中，房屋建筑业、航空运输业、互联网及软件信息技术服务业和电信广播电视和卫星传输服务业等14个行业高于50%；房地产业、居民服务及修理业、道路运输业和餐饮业等6个行业低于50%。

投入品价格指数升幅明显。2018年9月，投入品价格指数为55.6%，环比上升1.3个百分点。分行业来看，建筑业投入品价格指数为62.8%；服务业投入品价格指数为54.3%。20个行业中，房屋建筑业、航空运输业、建筑安装装饰及其他建筑业、土木工程建筑业和水上运输业等 18 个行业高于 50%；生态保护环境治理及公共设施管理业和装卸搬运及仓储业 2 个行业低于 50%。

销售价格指数有所上升。2018 年 9 月，销售价格指数为 51.5%，环比上升 0.6 个百分点。分行业来看，建筑业销售价格指数为 54.4%；服务业销售价格指数为 51%。20 个行业中，批发业、建筑安装装饰及其他建筑业、房屋建筑业、土木工程建筑业和水上运输业等 12 个行业高于 50%；房地产业位于 50%；电信广播电视和卫星传输服务业、租赁及商务服务业、金融业和住宿业等 7 个行业低于 50%。

从业人员指数有所下降。2018 年 9 月，从业人员指数为 49.3%，环比下降 1.1 个百分点。分行业来看，建筑业从业人员指数为 53.9%；服务业从业人员指数为 48.5%。20 个行业中，建筑安装装饰及其他建筑业、航空运输业、房屋建筑业和邮政业等 6 个行业高于 50% ；铁路运输业、道路运输业、土木工程建筑业和生态保护环境治理及公共设施管理业等 14 个行业低于 50%。

业务活动预期指数降幅明显。2018 年 9 月，业务活动预期指数为 60.1%，环比下降 1.3 个百分点。分行业来看，建筑业业务活动预期指数为 65.1%；服务业业务活动预期指数为 59.3%。20 个行业中，房屋建筑业、建筑安装装饰及其他建筑业和互联网及软件信息技术服务业等 12 个行业高于 60%；道路运输业、房地产业、居民服务及修理业和水上运输业等 8 个行业低于 60%。

10 月

2018 年 10 月中国非制造业商务活动指数为 53.9%，环比下降 1.0 个百分点。

中国物流与采购联合会副会长蔡进认为：“10 月非制造业商务活动指数有所回落，但仍保持在 53.9% 的较好水平。建筑业供需均趋回升，特别是新订单指数连续两个月环比上升。说明投资需求呈现稳中有升的发展趋势；业务活动预期指数环比上升，保持在 60% 以上的高位，企业对未来经济与市场发展保持乐观；投入品价格指数结束连续上升走势，本月有所回落，成本压力有所缓解。信息消费、旅游消费以及网络消费相关行业商务活动指数均有不同程度上升，且指数保持高位。服务业新动能持续活跃。本月房地产业商务活动指数和新订单指数均有小幅回升，但指数仍保持在 50% 以下的较低水平，销售价格指数连续三个月回落，本月降至 50% 以下，行业走势符合宏观调控预期。”

10 月中国非制造业商务活动指数各单项指数的变化如下。

新订单指数有所下降。2018 年 10 月，新订单指数为 50.1%，环比下降 0.9 个百分点。分行业来看，建筑业新订单指数为 56.2%；服务业新订单指数为 49.1%。20 个行业中，房屋建筑业、航空运输业、电信广播电视和卫星传输服务业和铁路运输业等 11 个行业高于 50%；房地产业、居民服务及修理业、建筑安装装饰及其他建筑业和住宿业等 9 个行业低于 50%。

投入品价格指数有所下降。2018 年 10 月，投入品价格指数为 54.9%，环比下降 0.7 个百分点。分行业来看，建筑业投入品价格指数为 63.0%；服务业投入品价格指数为 53.4%。20 个行业中，土木工程建筑业、房屋建筑业、航空运输业、建筑安装装饰及其他建筑业、道路运输业和餐饮业等 19 个行业高于 50%；金融业低于 50%。

销售价格指数小幅下降。2018 年 10 月，销售价格指数为 51.2%，环比下降 0.3 个百分点。分行业来看，建筑业销售价格指数为 54.0%；服务业销售价格指数为 50.7%。20 个行业中，房屋建筑业、批发业、铁路运输业、水上运输业、土木工程建筑业、零售业、住宿业、装卸搬运及仓储业和邮政业等15个行业高于50%；电信广播电视和卫星传输服务业、生态保护环境治理及公共设施管理业和金融业等5个行业低于50%。

从业人员指数小幅下降。2018年10月，从业人员指数为48.9%，环比下降0.4个百分点。分行业来看，建筑业从业人员指数为54.1%；服务业从业人员指数为48.0%。20个行业中，邮政业、房屋建筑业和航空运输业等8个行业高于50%；租赁及商务服务业、电信广播电视和卫星传输服务业2个行业位于50%；住宿业、生态保护环境治理及公共设施管理业和道路运输业等10个行业低于50%。

业务活动预期指数小幅上升。2018年10月，业务活动预期指数为60.6%，环比上升0.5个百分点。分行业来看，建筑业业务活动预期指数为66.0%；服务业业务活动预期指数为59.7%。20个行业中，建筑安装装饰及其他建筑业、房屋建筑业、邮政业、住宿业和互联网及软件信息技术服务业等13个行业高于60%；房地产业、道路运输业、水上运输业和餐饮业等7个行业低于60%。

11月

2018年11月中国非制造业商务活动指数为53.4%, 环比下降0.5个百分点。

中国物流与采购联合会副会长蔡进认为："11月非制造业商务活动指数虽小幅回落，但仍保持在53.4%的较高水平。其中，建筑业新订单指数连续三个月环比上升，表明投资稳中趋升的持续性在增强。金融业回升带动服务业稳定运行。业务活动预期指数连续两个月上升，企业未来预期持续乐观。投入品价格指数连续回落，本月降幅更为明显，企业成本压力进一步缓解。小型企业商务活动指数回升至高位，表明微观经济主体活力有所释放。本月房地产业商务活动指数和新订单指数低位回落，销售价格指数连续两个月在50%以下。"

11月中国非制造业商务活动指数各单项指数的变化如下。

新订单指数环比持平。2018年11月，新订单指数为50.1%，环比持平。分行业来看，建筑业新订单指数为56.5%；服务业新订单指数为48.9%。20个行业中，房屋建筑业、金融业、电信广播电视和卫星传输服务业、航空运输业等9个行业高于50%；房地产业、餐饮业、道路运输业和居民服务及修理业等11个行业低于50%。

投入品价格指数降幅显著。2018年11月，投入品价格指数为50.8%，环比下降4.1个百分点。分行业来看，建筑业投入品价格指数为53.9%；服务业投入品价格指数为50.3%。20个行业中，房屋建筑业、航空运输业、建筑安装装饰及其他建筑业、餐饮业、租赁及商务服务业和住宿业等17个行业高于50%；邮政业位于50%；批发业和水上运输业2个行业低于50%。

销售价格指数有所下降。2018年11月，销售价格指数为49.4%，环比下降1.8个百分点。分行业来看，建筑业销售价格指数为52.8%；服务业销售价格指数为48.8%。20个行业中，住宿业、邮政业、房屋建筑业、装卸搬运及仓储业和租赁及商务服务业等12个行业高于50%；批发业、电信广播电视和卫星传输服务业、水上运输业和零售业等8个行业低于50%。

从业人员指数小幅下降。2018年11月，从业人员指数为48.7%，环比下降0.2个百分点。分行业来看，建筑业从业人员指数为53.4%；服务业从业人员指数为47.9%。20个行业中，航空运输业、邮政业、房屋建筑业、建筑安装装饰及其他建筑业和租赁及商务服务业等6个行业高于50%；住宿业、道路运输业、生态保护环境治理及公共设施管理业和餐饮业等14个行业低于50%。

业务活动预期指数小幅上升。2018 年 11 月，业务活动预期指数为 60.9%，环比上升 0.3 个百分点。分行业来看，建筑业业务活动预期指数为 68.3%；服务业业务活动预期指数为 59.6%。20 个行业中，房屋建筑业、建筑安装装饰及其他建筑业、金融业、互联网及软件信息技术服务业和邮政业等 19 个行业高于 50%；道路运输业低于 50%。

12 月

2018 年 12 月中国非制造业商务活动指数为 53.8%，环比上升 0.4 个百分点。

中国物流与采购联合会副会长蔡进认为："12 月非制造业商务活动指数和新订单指数均有小幅回升，建筑业活动及民生消费相关行业指数的上升共同带动了本月指数回升。从全年走势看，与 2017 年相比，2018 年非制造业商务活动指数均值稳定在 54.4%，仅小幅回落 0.2 个百分点；从业人员指数均值稳定在 49.3%，仅小幅回落 0.1 个百分点；业务活动预期指数均值稳定在 60.9%，同比持平。数据变化表明，非制造业经营活动保持较快发展，就业稳定，企业预期保持乐观，为经济实现高质量发展奠定了较好基础。投入品价格指数连续 3 个月回落，且降至 50.1% 的较低水平，意味着 2019 年企业成本压力有望继续缓解。值得关注的是，2018 年新订单指数均值为 50.7%，较 2017 年回落 0.7 个百分点，四季度以来持续运行在 51% 以下，经济平稳运行的需求基础仍有待进一步巩固。本月，房地产业商务活动指数和新订单指数均较上月小幅回升，全年各月均保持在 50% 以下，收费价格指数连续 3 个月运行在 50% 以下，房地产整体走势符合宏观调控预期。"

12 月中国非制造业商务活动指数各单项指数的变化如下。

新订单指数环比上升。2018 年 12 月，新订单指数为 50.4%，环比上升 0.3 个百分点。分行业来看，建筑业新订单指数为 56.5%；服务业新订单指数为 49.3%。20 个行业中，金融业、房屋建筑业、电信广播电视和卫星传输服务业、互联网及软件信息技术服务业等 12 个行业高于 50%；装卸搬运及仓储业、批发业、零售业、居民服务及修理业和餐饮业等 8 个行业低于 50%。

投入品价格指数继续下降。2018 年 12 月，投入品价格指数为 50.1%，环比下降 0.7 个百分点。分行业来看，建筑业投入品价格指数为 52.8%；服务业投入品价格指数为 49.6%。20 个行业中，建筑安装装饰及其他建筑业、餐饮业、住宿业、房屋建筑业、铁路运输业和房地产业等 14 个行业高于 50%；装卸搬运及仓储业、零售业、道路运输业、批发业和水上运输业 6 个行业低于 50%。

销售价格指数降幅明显。2018 年 12 月，销售价格指数为 47.6%，环比下降 1.8 个百分点。分行业来看，建筑业销售价格指数为 49.1%；服务业销售价格指数为 47.3%。20 个行业中，航空运输业、住宿业、租赁及商务服务业、居民服务及修理业和建筑安装装饰及其他建筑业等 7 个行业高于 50%；铁路运输业、房地产业、道路运输业和互联网及软件信息技术服务业等 13 个行业低于 50%。

从业人员指数小幅下降。2018 年 12 月，从业人员指数为 48.5%，环比下降 0.2 个百分点。分行业来看，建筑业从业人员指数为 53.5%；服务业从业人员指数为 47.7%。20 个行业中，航空运输业、建筑安装装饰及其他建筑业、房屋建筑业和互联网及软件信息技术服务业等 4 个行业高于 50%；土木工程建筑业、租赁及商务服务业、铁路运输业和金融业等 16 个行业低于 50%。

业务活动预期指数保持高位。2018 年 12 月，业务活动预期指数为 60.8%，环比下降 0.1 个百分点。分行业来看，建筑业业务活动预期指数为 64.5%；服务业业务活动预期指数为 60.2%。20 个行业中，建筑安装装饰及其他建筑业、金融业、航空运输业、房屋建筑业和生态保护环境治理及公共设施管理业等 13 个行业业务活动预期指数高于 60%；租赁及商务服务业、装卸搬运及仓储业、房地产业和道路运输业等 7 个行业业务活动预期指数位于 50%~60%。

2018 年 1—12 月中国非制造业商务活动指数走势如下图所示。

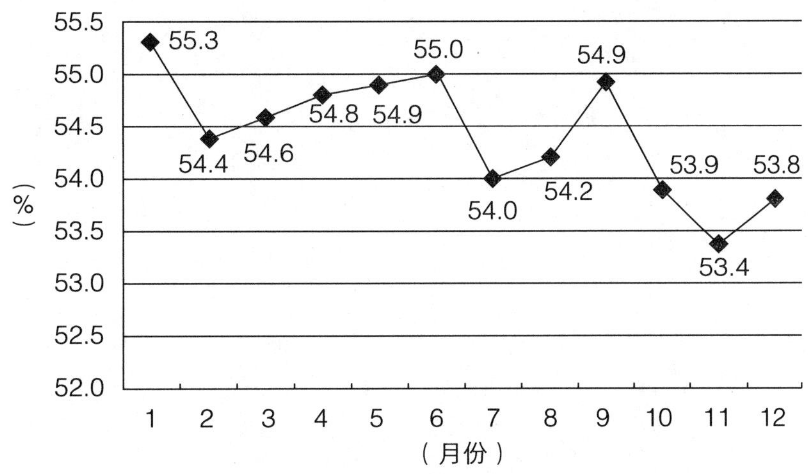

2018 年 1—12 月中国非制造业商务活动指数走势

（中国物流信息中心）

第三部分

物流产业

2018年中国交通运输业

2018年是我国改革开放40周年。这一年，我国发展面临的国际环境复杂严峻，国内经济社会发展总体态势良好，但不确定性因素增多，改革发展稳定的任务艰巨繁重。在这一背景下，交通运输领域全面贯彻党的十九大精神，积极应对国际、国内环境变化，继续深化改革、扩大开放，稳步推进“十三五”规划，加快建设和完善现代综合交通运输体系，取得了显著成效，为国家重大战略实施、全面小康社会建设提供了强有力的支撑。全年交通领域共完成固定资产投资32235亿元，比上年增长0.7%，占全社会固定资产投资总额的5.0%。

一、基础设施

（一）铁路

2018年，我国完成铁路固定资产投资8028亿元，比上年增长4.9%，全年投产新线4683公里，其中，高速铁路4100公里。

截至2018年年底，全国铁路营业里程达到13.1万公里，比上年增加0.4万公里，其中，高铁营业里程2.9万公里。路网密度136.9公里/万平方公里，比上年增加3.7公里/万平方公里。复线里程7.6万公里，电气化里程9.2万公里，复线率和电气化率分别达到58.0%和70.0%。

（二）公路

2018年，我国完成公路建设投资21336亿元，比上年增长0.4%。其中，高速公路建设完成投资9972亿元，增长7.7%；普通国省道建设完成投资6378亿元，增长12.2%；农村公路建设完成投资4986亿元，增长5.4%。

截至2018年年底，全国公路总里程484.65万公里，比上年末增加7.31万公里。公路密度50.48公里/百平方公里，提高0.76公里/百平方公里。二级及以上公路里程达到64.78万公里，增加2.56万公里，占公路总里程13.4%，提高0.3个百分点。高速公路里程14.26万公里，比上年末增加0.61万公里，其中，国家高速公路10.55万公里，增加0.33万公里。农村公路403.97万公里，其中，县道里程54.97万公里，乡道里程117.38万公里，村道里程231.62万公里。

（三）水运

2018年，我国内河及沿海建设完成投资1191亿元，比上年下降3.8%。其中，内河建设完成投资 628 亿元，增长 10.3%；沿海建设完成投资 563 亿元，下降 15.8%。

1. 内河航道

截至 2018 年年底，全国内河航道通航里程 12.71 万公里，比上年末增加 108 公里。其中，等级航道 6.64 万公里，占总里程 52.2%，比上年提高 0.2 个百分点；三级及以上航道 1.35 万公里，占总里程 10.6%，比上年提高 0.8 个百分点。

2. 港口

截至 2018 年年底，我国港口拥有生产用码头泊位 23919 个，比上年末减少 3659 个。其中，沿海港口生产用码头泊位 5734 个，减少 96 个；内河港口生产用码头泊位 18185 个，减少 3563 个。全国港口拥有万吨级及以上泊位 2444 个，比上年末增加 78 个。其中，沿海港口万吨级及以上泊位 2007 个，增加 59 个；内河港口万吨级及以上泊位 437 个，增加 19 个。万吨级及以上泊位中，专业化泊位 1297 个，比上年末增加 43 个；通用散货泊位和通用件杂货泊位分别为 531 个和 396 个，分别增加 18 个和 8 个。

（四）民航

2018 年，民航完成建设和技术改造投资 857 亿元，比上年下降 1.3%。

截至 2018 年年底，我国共有民用运输机场 235 个，比上年末增加 6 个，其中，定期航班通航机场 233 个，定期航班通航城市 230 个。年内定期航班新通航的城市有甘肃陇南、新疆若羌、青海海北、河南信阳、湖南岳阳、新疆图木舒克。陕西安康机场和广西梧州西江（原梧州长洲岛）机场停航。年旅客吞吐量达到 1000 万人次以上的机场有 37 个，比上年增加 5 个。年货邮吞吐量达到 1 万吨以上的机场有 53 个，比上年增加 1 个。北京、上海和广州三大城市机场完成的旅客吞吐量和货邮吞吐量分别占境内机场总量的 23.3% 和 48.8%，较上年分别下降 1.0 个百分点和 1.1 个百分点。

（五）城市轨道交通

截至 2018 年年底，我国大陆有 33 个城市开通轨道交通线路（不含有轨电车和市域快轨），其中，新开通城市 1 个，为乌鲁木齐市。城市轨道交通运营线路 171 条，总里程超过 5200 公里，其中，地铁线路 143 条、4727 公里，轻轨线路 6 条、218 公里。拥有轨道交通车站 3412 个，比上年增加 362 个。

（六）输油气管道

截至 2018 年年底，我国油气长输管道总里程 13.6 万公里，新建成里程约 2860 公里，新建成管道以天然气管道为主。油气管道总里程中，天然气、原油、成品油管道里程的比例约为 58%、22% 和 20%。

2017—2018 年交通基础设施规模及增长情况如表 1 所示。

表 1　2017—2018 年交通基础设施规模及增长情况

指标	2017 年	2018 年	比上年增长（%）
铁路营业里程（万公里）	12.7	13.1	3.1
其中：高速铁路（万公里）	2.5	2.9	16.0
公路总里程（万公里）	477.4	484.65	1.5
其中：高速公路（万公里）	13.65	14.26	4.5
内河航道通航里程（万公里）	12.7	12.71	0.1

续 表

指标	2017 年	2018 年	比上年增长（%）
其中：等级航道（万公里）	6.62	6.64	0.3
港口生产用码头泊位（个）	27578	23919	–13.3
其中：万吨级及以上泊位（个）	2366	2444	3.3
民用运输机场（个）	229	235	2.6

二、运输服务

（一）运输总量

2018 年，我国全社会完成营业性客运量 179.2 亿人次，比上年下降 3.1%，已连续 5 年呈下降趋势，完成旅客周转量 34213.5 亿人公里，比上年增长 4.3%，说明私人小汽车等非营业性客运对旅客出行方式，尤其是中长距离出行的替代作用持续增强。全年完成营业性货运量 514.6 亿吨、货物周转量 205451.6 亿吨公里，分别比上年增长 7.1% 和 4.1%。全国港口完成货物吞吐量 143.51 亿吨，比上年增长 2.5%，其中，外贸货物吞吐量 41.89 亿吨，比上年增长 2.4%。完成集装箱吞吐量 2.51 亿标准箱，比上年增长 5.3%。全国规模以上港口完成集装箱铁水联运量 450 万标准箱，比上年增长 29.4%，占规模以上港口集装箱吞吐量的 1.8%。

（二）运输结构

在旅客运输方面，铁路在旅客运输中的比重继续提升，客运量占比达到 18.8%，旅客周转量占比达到 41.3%，分别比上年提高 2.1 个和 0.3 个百分点，其中，动车组发送旅客 20.05 亿人，增长 16.8%，占铁路旅客发送量的 59.4%。高铁、城际列车已经成为旅客出行的重要选择，尤其中短途客运市场，原本是公路运输的优势领域，如今受到铁路运输的冲击较大，铁路运输的平均运距已下降至 419.8 公里，近 5 年间下降了 100 公里左右，同期公路旅客周转量由 40.8% 降至 27.1%，下降了 13.7 个百分点。同时，随着城乡居民收入增长，航空客运需求也不断上升，民航客运量继续保持两位数高速增长，客运量和旅客周转量分别比上年增长 10.9% 和 12.6%，其中旅客周转量占营业性客运总周转量的比重上升至 31.3%，首次超过公路运输所占比重。

在货物运输方面，煤炭等大宗物资加快向铁路转移，保障铁路运输延续企稳回升态势，货运量、货物周转量分别比上年增长 9.2% 和 6.9%，在整个货物运输中的占比进一步提升，分别达到 7.8% 和 14.0%。公路运输货运量比上年增长 7.4%，占比较上年略有提升，达到 76.9%，提高了 0.2 个百分点；货物周转量也提升至 34.7%，提高了 0.9 个百分点。水路运输货运量、货物周转量增速继续放缓，占比分别下降了 0.3 个和 1.7 个百分点，与该领域建设投资回落趋势基本吻合。民航货物周转量比重提高较快，达到 2.9%，快递业的扩张发展仍然是推动民航货运市场成长的重要因素。

2017—2018 年客货运输发展情况如表 2 所示。

表 2　　2017—2018 年客货运输发展情况

指标	2017 年	2018 年	比上年增长(%)
旅客运输量（亿人）	184.9	179.2	-3.1
其中：铁路（亿人）	30.8	33.7	9.4
公路（亿人）	145.7	136.5	-6.3
水运（亿人）	2.8	2.8	-0.5
民航（亿人）	5.5	6.1	10.9
旅客周转量（亿人公里）	32812.6	34213.5	4.3
其中：铁路（亿人公里）	13456.9	14146.6	5.1
公路（亿人公里）	9765.2	9275.5	-5.0
水运（亿人公里）	77.7	79.8	2.7
民航（亿人公里）	9513.0	10711.6	12.6
货物运输量（亿吨）	480.5	514.6	7.1
其中：铁路（亿吨）	36.9	40.3	9.2
公路（亿吨）	368.7	395.9	7.4
水运（亿吨）	66.8	69.9	4.6
民航（亿吨）	705.9	738.5	4.6
管道（亿吨）	8.1	8.5	5.0
货物周转量（亿吨公里）	197373.0	205451.6	4.1
其中：铁路（亿吨公里）	26962.2	28821	6.9
公路（亿吨公里）	66771.5	71202.5	6.6
水运（亿吨公里）	98611.2	99303.6	0.7
民航（亿吨公里）	243.6	262.4	7.7
管道（亿吨公里）	4784.0	5862	22.5

注：由于四舍五入等原因，表格内显示数值与表格计算结果略有偏差。全书同。

（三）运输质量

改革开放 40 年来，我国交通运输服务水平大幅提升，服务质量发生了翻天覆地的变化，人民群众获得感、满意度明显增强。2018 年，交通运输领域深入推进供给侧结构性改革，服务品质持续改善，运输效率与效益稳步提升，交通公平性、普惠性进一步显现，对国家重大战略的支撑作用更加凸显。

客运方面，高铁、高速公路、民航等便捷高效出行服务市场需求旺盛，运输企业积极创新服务模式，高铁动车组列车继续推行自主选座，部分高铁及民用航空推出无线互联网服务；游轮运输保持稳定增长，长江游轮旅游客运增长15%；定制客运等新模式得到进一步推广，汽车租赁规范发展，互联网租赁自行车日均使用量超过1000万人次。货运方面，46个多式联运示范工程开通线路超过300条，累计完成运量330万标准箱；全年快递服务企业完成业务量507.1亿件，同比增长26.6%，快递冷链运输网络覆盖139个城市，大包裹、快运、云仓、即时递送等新服务进一步拓展。

交通扶贫攻坚成效显著，贫困地区新增86个乡镇、4245个建制村通硬化路，坚持开行“赶集列车”“乡情慢车”等公益扶贫旅客列车；新增邮乐购站点5万个，快递企业打造服务农业“一地一品”项目905个。中欧班列通达欧洲15个国家49个城市，累计开行突破12000列；京雄城际铁路正式动工；长江危险货物运输、干流岸线保护与利用专项检查以及非法码头、非法采砂专项治理取得实效；长江南京以下12.5米深水航道贯通；港珠澳大桥开通，广深港高铁香港段投入运营；长三角交通一体化部省协调机制更加完善；琼州海峡客滚运输能力不断提升，交通服务国家重大战略的作用明显增强。

三、运输装备

截至2018年年底，我国铁路机车拥有量达到2.1万台，其中，内燃机车占38.1%，电力机车占61.9%。铁路客车拥有量为7.2万辆，比上年略有减少，其中，动车组3256标准组、26048辆，比上年增加321标准组、2568辆。全国铁路货车拥有量为83万辆。全国拥有城市轨道交通运营车辆34012辆，比上年增长18.5%。

全国民用汽车保有量达到34028万辆（包括三轮汽车和低速货车955万辆），比上年末增加10.5%，其中，私人汽车保有量20730万辆，增长10.3%。民用轿车保有量13451万辆，增长10.4%，其中，私人轿车保有量12589万辆，增长10.3%。拥有公路营运汽车1435.48万辆，比上年下降1.0%，其中，载客汽车79.66万辆，载货汽车1355.82万辆，分别比上年减少2.4%和0.9%。营运客车中，中大型客车30.27万辆，占比38.0%。营运货车中，普通货车816.76万辆，专用货车52.63万辆，占比分别为60.2%和3.9%。全国城市及县城拥有公共汽电车67.34万辆，比上年增长3.4%，其中，BRT（快速公交系统）车辆9110辆，增长3.5%。巡游出租汽车138.89万辆，比上年减少0.5%。

全国拥有水上运输船舶13.70万艘，净载重量25115.29万吨，分别比上年减少5.5%和2.1%。船舶集装箱箱位196.78万标准箱，比上年下降9.0%。

全国民航运输飞机在册架数3639架，比上年增加343架，其中，客运飞机3479架，货运飞机160架，分别比上年末增加331架和12架，在运输机队中占比分别为95.6%和4.4%。通用航空在册航空器总数达到2495架，其中，教学训练用飞机692架。全行业注册无人机共28.7万架，无人机经营性飞行活动达37万小时。

四、技术标准

2018年，交通运输与现代信息技术深度融合，智慧交通建设进程加快。“互联网+”便捷交通、“互联网+”高效物流积极开展试点示范，新一代国家交通控制网、智慧公路、智慧港口、智慧机场、智慧海事、综合交通出行及旅游服务大数据示范工程等稳步推进，高铁、民航等领域推广应用人脸识别系统，E航海、长江电子航道图等持续推广应用，自动驾驶技术及无人机在快递等应用领域开展测试，自动化分拣技术已在主要快递企业骨干分拨中心投入使用。

交通运输技术标准体系进一步完善。铁路领域，报经国家标准委审批发布铁道国家标准 41 项、国家标准修改单 2 项；发布铁道行业标准（技术标准）公告 16 批，共计技术标准 130 项、标准修改单 12 项；发布铁道行业标准（工程建设标准）公告 8 批，共计工程建设标准 26 项；发布铁路工程造价标准公告 3 批，共计铁路工程造价标准 15 项；发布铁道行业技术标准英文译本 41 项、铁道行业工程建设标准英文译本 12 项。公路水运领域，2018 年年末共有 52 个行业重点实验室、48 个行业研发中心以及 19 个协同创新平台。民航领域，14 家航空公司具备 HUD（平视显示器）运行能力，1133 架运输飞机具备 HUD 能力，新增 8 个具备 HUD 特殊 Ⅰ 类标准的机场，总数达到 82 个，具备 HUD 特殊 Ⅱ 类标准的机场 19 个，具备 HUD RVR150 米起飞标准的机场 10 个。

五、交通安全

2018 年，全国铁路未发生交通特别重大、重大事故；发生较大事故 1 件，同比持平，铁路交通事故死亡人数比上年下降 4.6%。公路、水路交通运输建设领域全年共发生生产安全事故 41 起，比上年下降 6.8%，死亡 63 人，下降 4.5%。公路、水路运输领域未发生重特大事故。运输船舶水上交通事故共发生 176 件，比上年下降 10.2%；死亡失踪 237 人，增长 24.7%；沉船 83 艘，增长 3.8%。民航业共有 38 家运输航空公司未发生责任事故，运输航空百万小时重大事故率 10 年滚动值为 0.013（世界平均水平为 0.153），自 2010 年 8 月 25 日至 2018 年年底，运输航空连续安全飞行 100 个月，累计安全飞行 6836 万小时。

六、节能减排

2018 年，交通运输部按照国务院《打赢蓝天保卫战三年行动计划》的总体部署，全面打响污染防治攻坚战，绿色交通发展取得突出成效。在全国 810 对高速公路服务区内建成充电桩 6400 多个；年底新能源公交车超过 30 万辆；在全国 22 个城市开展绿色货运配送示范工程；建成港口岸电 2400 余套；液化天然气（LNG）船舶加快推广；32 家千万级机场国内航班全面实现“无纸化”乘机；快递企业大力推广可循环中转袋全面替代一次性塑料编织袋，电子面单使用率达到 92%。

全年国家铁路能源消耗折算标准煤 1624.21 万吨，比上年下降 0.2%。单位运输工作量综合能耗 4.11 吨标准煤 / 百万换算吨公里，比上年减少 0.23 吨标准煤 / 百万换算吨公里。单位运输工作量主营综合能耗 3.90 吨标准煤 / 百万换算吨公里，比上年下降 2.0%。国家铁路化学需氧量排放量 1878 吨，二氧化硫排放量 9836 吨，分别比上年降低 0.7% 和 39.7%。监测的城市公交企业每万人次单耗 1.5 吨标准煤，百车公里单耗 41.7 千克标准煤，分别比上年下降 5.2% 和 8.9%。公路班线客运企业每千人公里单耗 14.6 千克标准煤，百车公里单耗 29.1 千克标准煤，均比上年下降 0.6%。公路专业货运企业每百吨公里单耗 2 千克标准煤，比上年增长 11.1%。远洋和沿海货运企业每千吨海里单耗 4.1 千克标准煤，比上年下降 6.8%。港口企业每万吨单耗 2.3 吨标准煤，比上年下降 4.1%。民航吨公里油耗为 0.287 千克，较 2005 年（行业节能减排目标基年）下降 15.6%。全年使用临时航路缩短飞行距离 1574

万公里，节省燃油消耗8.5万吨，减少二氧化碳排放约26.8万吨。

总体而言，2018年我国交通领域固定资产投资仍保持高位运行，铁路领域成为投资增长的重点领域，基础设施建设由全面规模扩张逐步向补短板、调结构方向转变。旅客运输量虽进一步下降，但降幅收窄，营运性公路客运量继续回落，个性化出行方式蓬勃发展，货物运输量延续2017年稳步增长态势，各种运输方式运量、周转量均有不同程度的提高，运输结构优化、服务品质提升已成趋势。交通运输与经济社会深度融合发展，智慧交通、绿色交通成为发展的重点方向，行业治理能力持续提升，交通强国建设继续稳步推进，为社会主义现代化强国建设奠定了坚实基础并发挥了重要的引领作用。

（国家发展改革委综合运输研究所　谢雨蓉　樊一江）

2018 年中国港口物流业

在国际经贸形势日趋复杂及国内经济下行压力加大的环境下，我国经贸发展面临新一轮挑战，而我国港口行业发展也将进入深度调整期。2018 年，我国国内生产总值增速维持在 6.6% 左右，较 2016 年和 2017 年的 6.7% 和 6.9% 呈稳中趋缓的趋势，同时从季度走势上也呈现出前高后低的趋势。2018 年，国内固定资产投资增速由上年同期的 7.2% 放缓至 5.9%，规模以上工业增加值和社会消费品零售总额同比增速略有收窄，但依然保持在 6.2%~9.0% 的平稳区间。国际贸易形势日益严峻，尽管 2018 年进出口贸易总额增长 9.7% 至 30.5 万亿元，但贸易顺差大幅收窄，由 2015 年的 5945 亿美元缩减至 3518 亿美元，东西向海运贸易不平衡减弱[①]，航运业实际运量增幅有限。在此影响下，2018 年我国港口货物和集装箱吞吐量增速明显收窄。2013—2018 年我国主要经济指标与大陆港口吞吐量增长变化趋势如图 1 所示。

① 原本在中国进出口贸易不平衡的情况下，货物出口海外、进口多为空箱运输，但随着进口货物增加，港口装卸和船舶运输的集装箱由空箱变为重箱。

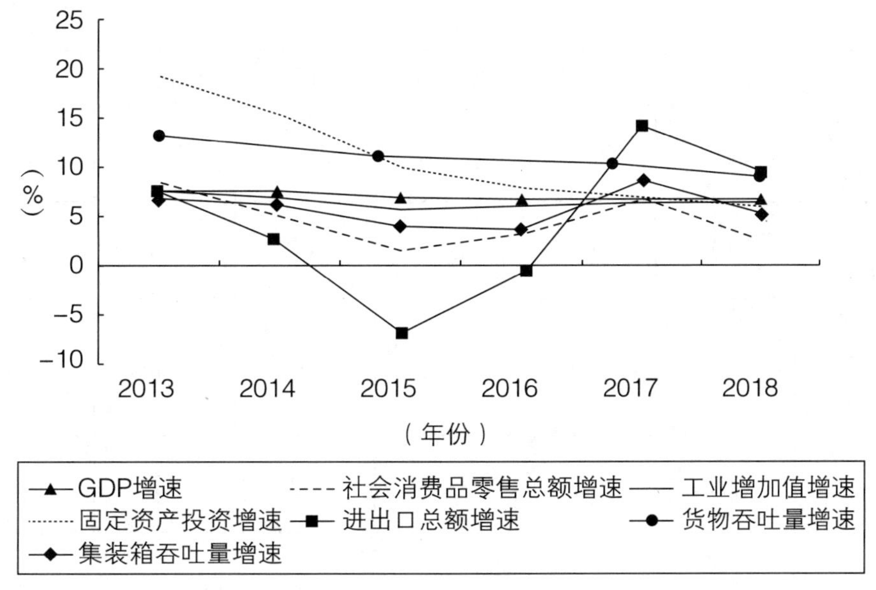

图 1　2013—2018 年我国主要经济指标与大陆港口吞吐量增长变化趋势

数据来源：国家统计局、交通运输部。

一、港口发展基本情况

（一）港口吞吐量增速放缓、远低于上年同期

2015—2017 年，我国经贸环境及产业发展相对较好，港口吞吐量增速保持逐年递增态势，但自 2018 年 3 月起，中美贸易战不断升温，贸易壁垒与加征关税的抵制措施迅速生效，导致中美企业贸易业务减少。同时，随着国际矿石、煤炭、原油等大宗商贸价格上升，我国大宗商品的进口需求也出现下滑。2018 年，我国规模以上港口完成货物吞吐量 133 亿吨，同比仅增 2.7%，增速较 2017 年大幅收窄。其中，外贸货物吞吐量增速低于总体，同比增速仅为 2.2%。从近两年外贸货物吞吐量增速低于总量来看，我国外向型经济的支撑作用有所不济，由于劳动力等生产要素成本的上升，以及国际竞争环境的艰难，我国港口外贸吞吐量的增长压力日益增加。具体吞吐量情况如表 1 所示。

表 1　　2012—2018 年中国大陆规模以上港口货物吞吐量及集装箱吞吐量

指标		2012 年	2013 年	2014 年	2015 年	2016 年	2017 年	2018 年
货物吞吐量	吞吐量（亿吨）	97.4	106.1	111.6	114.3	118.3	126.0	133.0
	同比增长（%）	6.8	8.5	4.8	1.6	3.2	6.4	5.6

续　表

指标		2012 年	2013 年	2014 年	2015 年	2016 年	2017 年	2018 年
外贸货物吞吐量	吞吐量（亿吨）	30.2	33.1	35.0	36.1	37.6	40.0	41.7
	同比增长（%）	9.5	9.6	5.7	3.2	4.1	5.7	4.3
集装箱吞吐量	吞吐量（亿标准箱）	1.77	1.89	2.00	2.10	2.18	2.38	2.50
	同比增长（%）	8.1	6.7	6.1	4.1	3.6	8.3	5.2

数据来源：交通运输部。

集装箱吞吐量方面，2018 年增速由上年的 8.3% 回落至 5.2%。国内多数港口企业均认为当前国际经贸形势的不确定性对企业经营造成较大困扰，但同时也坚信随着国内产业结构转型升级和国际化战略的深入推进，国内港口吞吐量仍将保持增长。除生产运营外，我国港口在内外部环境、政策条件、经营管理等方面也面临着众多新变化与新挑战。2014—2018 年中国大陆规模以上港口历年货物吞吐量增速变化如图 2 所示。

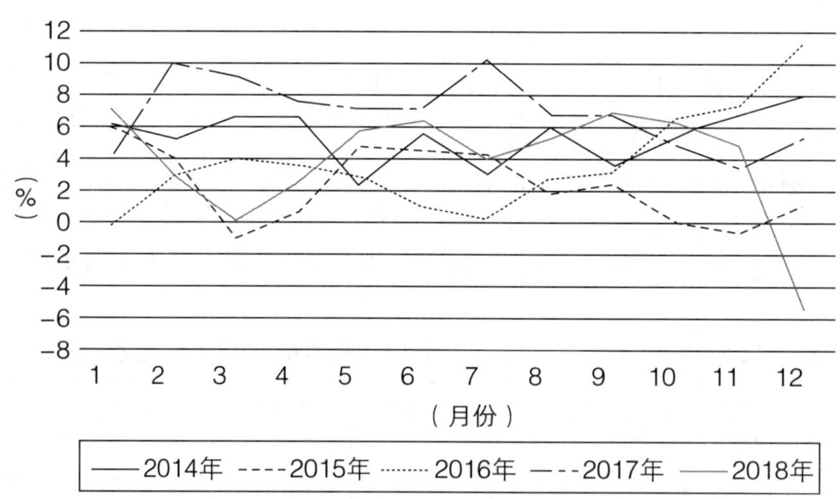

图 2　2014—2018 年中国大陆规模以上港口历年货物吞吐量增速变化

数据来源：交通运输部。

港口货物吞吐量总体保持正向增长，增速明显回落。2018年港口虽增长不济，但绝大部分港口均保持了小幅增长，尤其宁波舟山、唐山、广州、青岛等规模较大的重要贸易口岸都保持了较好的增速。宁波舟山港再次以7.7%的增长实现全年货物吞吐量10.8亿吨，位居全国首位；位居国内港口排名3~5位的唐山、广州、青岛等港口全年吞吐量同比分别增长11.1%、3.9%和6.3%至6.4亿吨、6.1亿吨和5.4亿吨。排名靠前的港口中，仅上海港因外贸经济形势不佳，同时为满足区域港口规划和发展要求，调整货源结构，放弃煤炭装卸业务，导致货量走低。此外，苏州港因受煤炭和矿石贸易需求下滑冲击吞吐量大幅下降。具体情况如表2所示。

表2　2017—2018年我国部分规模以上港口货物吞吐量增长情况　单位：万吨

排名	港口名称	2018年	2017年	增速（%）
1	宁波舟山	108439	100711	7.67
2	上海	73048	75051	−2.67
3	唐山	63710	57320	11.15
4	广州	61313	59011	3.90
5	青岛	54000	50799	6.30
6	苏州	53200	60774	−12.46
7	天津	50774	50056	1.43
8	大连	46784	45517	2.78
9	烟台	44308	40058	10.61
10	日照	38067	36136	5.34
11	营口	37001	36267	2.02
12	湛江	30185	28208	7.01
13	黄骅	28771	27028	6.45
14	南通	26700	23572	13.27
15	南京	25200	23913	5.38

数据来源：中国港口协会。

（二）大宗商品成港口货量下降主因

我国作为新兴经济体国家，在产业发展和基础设施建设领域对煤炭、矿石等基础型大宗商品的需求较高，但随着国内环保政策越来越紧、国际煤炭矿石价格走高以及国内产业结构转型的步伐加大，2018年我国对大宗商品的需求增长较弱。其中，进口铁矿石为近年来首次下跌，跌幅虽仅为1%，进口量也维持10.64亿吨的高位，但已预示了我国工业和建筑业对矿石等大宗商品需求的降低。2018年1—11月港口铁矿石吞吐量仅增 0.5% 至 17.1 亿吨；煤炭作为能源物资虽依然是我国进口的主要货类，但在环保政策收紧的背景下，2018 年我国进口煤炭增速下降 3 个百分点回落至 6%，1—11 月我国港口煤炭吞吐总量仅增 3% 至 22.5 亿吨。油品贸易上，2018 年我国依然保持着 10% 的进口增速，尽管受到美国出口石油限制，大幅削减了石油出口量，但因从美国进口原油规模较小，并且加大了从俄罗斯、沙特阿拉伯、安哥拉等国进口油品量，因此港口液体散货吞吐量未有明显下跌，1—11 月港口原油吞吐总量仅增 2.5% 至 5.2 亿吨。

（三）港口内外贸吞吐量低速增长

2018 年我国港口内贸、外贸吞吐量增速均有所放缓。其中，内贸发展略好于外贸，随着港口内贸运输的相对“转好”，港口内贸货物比重越来越大，已接近港口总货物的 7 成。国家西部大开发、振兴东北老工业基地、长江经济带等国家战略的实施，提升了国内商品流通需求，尤其在国际贸易出现较大波动的阶段，形成了国内一体化产业布局，通过内贸运输实现国内产业分工，促进中西部地区开发建设，有利于我国经济长期稳定发展。虽然目前沿海港口增长好于内河，但随着国内产业结构转型与区域分工体系的形成，今后我国港口内贸市场的发展依然充满勃勃生机。2018 年 1—11 月，我国沿海港口货物吞吐总量同比增长 4.3% 至 84.7 亿吨，内河港口下跌 0.5% 至 37.5 亿吨。其中，沿海港口外贸吞吐量增长 2.3% 至 34.2 亿吨，内河港口外贸吞吐量增长 1.8% 至 4.0 亿吨。2014—2018 年中国大陆规模以上港口内外贸吞吐量及增速如图 3 所示。

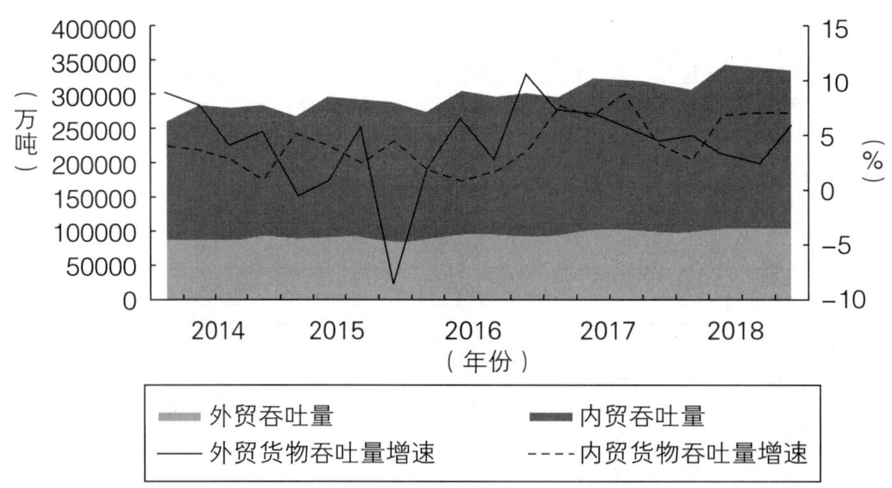

图 3 2014—2018 年中国大陆规模以上港口内外贸吞吐量及增速

数据来源：交通运输部。

（四）南方港口群依然涨幅领先

2018 年 1—11 月，我国沿海港口群总体保持 4.3% 的良好涨势，其中东南沿海、珠三角、西南沿海港口都保持着 5% 以上的良好增长。环渤海、长三角两大港口群虽增速较缓，但港口群体量较大，总规模接近 60 亿吨，占我国内河与沿海港口总吞吐量的 50%。具体来看，环渤海港口腹地产业发展较为薄弱，依托北煤南运保持着较大吞吐量规模，而长三角地区则对腹地产业开发较为充分，增长趋势稍缓。相对而言，南方三大港口群腹地产业正在逐步培育和发展，加之国家“一带一路”倡议促进了南方地区与东南亚贸易需求增长，福州、广西北部湾等港口均实现了两位数增长。货源结构方面，东南沿海港口主要依托煤炭制品和金属矿石的接卸；珠三角港口主要依托原油、天然气的贸易增长；而西南沿海港口的增幅更多来自煤炭制品、铁矿石和集装箱贸易。具体如表3所示。

表3　中国大陆沿海港口群吞吐量增幅情况　单位：万吨

港口区域	2018年1—11月	2017年1—11月	同比增速（%）	2018年占比（%）	2017年占比（%）
环渤海	384449	372168	3.30	45.37	45.81
长三角	214799	208159	3.19	25.35	25.62
东南沿海	51419	47664	7.88	6.07	5.87
珠三角	130835	122877	6.48	15.44	15.13
西南沿海	65842	61510	7.04	7.77	7.57
合计	847344	812378	4.30	—	—

数据来源：交通运输部。

（五）港口集装箱吞吐量增长稍缓

2018年，受全球贸易环境严峻以及内需增长动能不足的影响，我国港口集装箱吞吐量增速略有放缓，尤其是外贸集装箱增速仅为2.9%，全年完成集装箱吞吐量2.5亿标准箱，增速为5.2%，与2017年8.3%的增速相比有明显的下滑。但2018年1—11月，我国内贸集装箱吞吐量仍保持强劲增速，完成集装箱吞吐量9226万标准箱，同比增长9.2%。主要受环保政策影响，部分港口煤炭等货种抵港方式“散改集”，我国港口铁水联运的快速发展是内贸集装箱保持强劲增速的主要原因。2014—2018年中国大陆规模以上港口集装箱吞吐量增幅走势如图4所示。

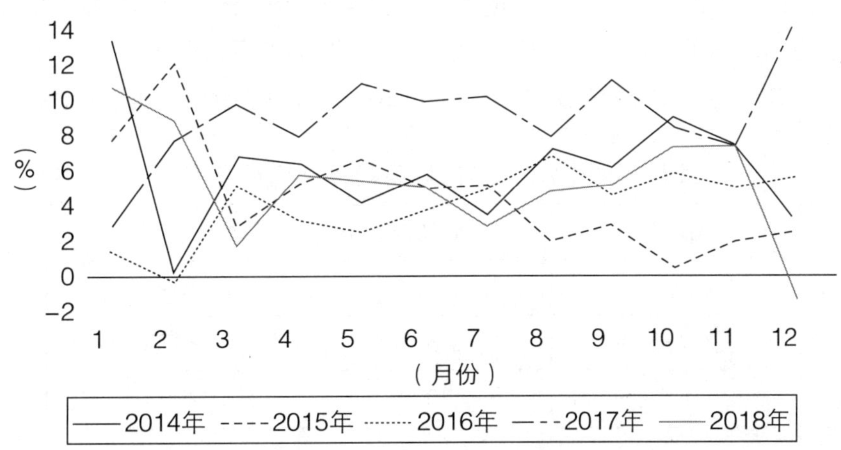

图4　2014—2018年中国大陆规模以上港口集装箱吞吐量增幅走势

数据来源：交通运输部。

具体到港口国际航线吞吐量则略有不同，可见我国与东盟、印度和澳大利亚等国和地区贸易发展相对较好，而与发生贸易冲突的美国货易发展相对平稳，尚未完全爆发，与欧洲、中东等地的集装箱贸易有所不足。中国港口国际航线集装箱吞吐量具体情况如表 4 所示。

表 4　　中国港口国际航线集装箱吞吐量　　单位：万标准箱

国家 / 地区	2018 年	2017 年	增速（%）
中国香港	1104	1218	–9.36
印度	196	172	13.95
日本	861	845	1.89
韩国	874	817	6.98
中国台湾	268	263	1.90
东盟	1693	1441	17.49
中东	709	755	–6.09
非洲	516	503	2.58
欧洲	2230	2269	–1.72
美国	2245	2162	3.84
澳大利亚	245	206	18.93

数据来源：交通运输部。

（六）集装箱港口普遍增长

分港口看，2018 年上海港完成集装箱吞吐量 4201 万标准箱，同比增长 4.4%，稳居全球集装箱第一大港。宁波舟山港集装箱吞吐量首超 2600 万标准箱，跃居全国第二，并首次闯进全球前三，主要得益于宁波舟山港外贸业务快速增长，以及与 2M、OCEAN、THE 等航运联盟在航线布局、腹地拓展等方面的合作。此外，广州港受益于港口资源整合带来的内贸箱增长，2018 年集装箱吞吐量达到 2192 万标准箱，同比增长 7.6%。而香港则由于受到深圳港和广州港的竞争影响，箱量处于下行趋势，且受到中美贸易战波及，集装箱吞吐量出现进一步下跌。2018 年我国 10 大港口集装箱吞吐量及增速情况如表 5 所示。

表 5　　2018 年我国 10 大港口集装箱吞吐量及增速　　单位：万标准箱

排名	港口	2018 年	2017 年	增速（%）
1	上海	4201	4023	4.42
2	宁波舟山	2635	2464	6.94
3	深圳	2574	2521	2.10
4	广州	2192	2037	7.61
5	香港	1959	2076	–5.64

续 表

排名	港口	2018 年	2017 年	增速（%）
6	青岛	1932	1831	5.52
7	天津	1600	1506	6.24
8	厦门	1070	1038	3.08
9	高雄	1045	1027	1.75
10	大连	977	971	0.62

数据来源：各港口官方网站。

二、2018 年我国港口发展热点

（一）“中美贸易战”影响逐渐深入

2018 年对我国港口业而言，影响最大的莫过于“中美贸易战”。从美国特朗普政府宣布对中国 340 亿美元出口商品加征 25% 关税，到为赶在我国提高进口关税之前到达大连口岸卸货的大豆船上演“生死时速”的海上狂奔，都预示着“中美贸易战”对港口航运产业发展的重要影响。由于“贸易战”增加关税预期，很多贸易商选择抢在关税提升前完成贸易运输，导致中美贸易商纷纷提前采购、提前运输，使得中美贸易货量不降反增，提前透支中美贸易市场需求。港口企业普遍认为 2018 年低速增长的港口贸易量有中美贸易提前发货的加成，因此对 2019 年运输需求持担忧态度。根据上海国际航运研究中心对港口企业的最新调查显示，2018 年我国港口企业景气度较上年同期有所回落，但下半年港口企业信心指数下跌更为明显，尤其南方港口企业对于“中美贸易战”造成贸易量萎缩的担忧更甚。

（二）区域港口资源整合全面实施

2018 年年初，交通运输部将包括辽宁、山东、河北、广东、福建等省份在内的港口资源整合工作作为工作重点。其中，以招商局港口为主实施的辽宁省港口资源整合最受关注，目前已明确整合大连、营口等港口资源的辽宁港口集团将由招商局港口进行托管。招商局港口以其资金和产业优势推动辽宁省港口企业转型升级，尤其在改革开放 40 周年会议上备受推崇的招商蛇口模式（前港—中区—后城），能否在辽宁的土地上绽放新的花朵，值得期待。然而，业内普遍认为区域港口资源整合对原先属地化管理的港口产业而言，存在极大的困难和挑战，不仅要理清各港口集团的资产规模、理顺原有企业和区域港口集团之间的利益关系，更需要协调区域物流资源和行政管理职能。未来，我国区域港口资源整合虽仍有漫长的道路要走，但一旦实现全方位的整合后，无疑对降低国内物流成本、增强沿海港口企业竞争力有着积极的作用。

（三）积极探索沿海口岸降费增效

截至 2018 年 10 月底，世界银行再次发布《2019 年全球营商环境报告》，由于此前国际对我国进出口贸易时间和成本的了解不足，使得我国口岸服务和效率在全球营商环境排名中长期处于劣势，严重影响我国港口物流行业在国际中的形象。鉴于此，2018 年年初国家便主导出入境检验检疫机构与海关合并，并联合海关、海事、港口等相关企业和机构优化进出口流程，减少不必要的审批手续，采取提前申报、并联作业等措施提升口岸效率。以上海港为例，2018年通过舱单数据提前申报、无纸化作业等改革，口岸整体通关时间压缩1/3以上，并推出《进口集装箱“并联作业”（48小时）参考流程》，同时在政府主管机构支持下优化相关费收体系。这是继2017年国家发展改革委反垄断调查要求港口企业降低进出口物流成本后，再次从整个通关环节推进降费。

2018年，厦门港等港口进一步降低港口收费标准，对集装箱货物港务费和港口设施保安费再降低50%征收，虽然距国务院要求降低集装箱进出口环节费用100美元仍有差距，但从各细小项目逐渐精简、优化费收体系，最终对综合物流成本降低将起到积极作用。但客观而言，目前国内港口市场竞争程度已较为激烈，港口企业利润空间和降费程度已较为有限，进一步降低码头装卸作业费对港口物流企业来说负担较重，对资产庞大、产业多元化的大中型港口集团企业还好，但对单一业务的纯码头物流企业来说，降费影响较为严重，尤其是业务规模不大的中小型港口企业。因此，呼吁政府重点优化行政性费收体系，而对于充分市场化的企业经营性收费采取市场调整的原则，以减少港口经营企业的担忧。

（四）环保要求成为港口生产红线

2018年7月3日，国务院正式发布《打赢蓝天保卫战三年行动计划》，并将港口生产的环保要求提上日程，其中明确要求重点区域港口新增或更换作业车辆要使用新能源或清洁能源汽车，排放不达标的港作机械必须实施清洁化改造或淘汰，加快港口码头岸电设施建设（2020年年底前50%以上专业化泊位具备提供岸电功能），同时主要散货港口必须优先通过铁路或水路集散货物。2018年天津港、秦皇岛港等北方港口继“汽运煤”禁令之后，进一步限制煤炭出运量，使得港口限产、船舶限装，环保政策已从供需端改善港口贸易结构，成为今后港口装卸的门槛。

同时，2018年《珠三角、长三角、环渤海（京津冀）水域船舶排放控制区实施方案》已到了全面实施阶段，船舶在排放控制区内所有港口靠岸停泊期间应使用硫含量≤0.5% m/m的燃油。在燃油成本上升压力下，船企对港口岸电和LNG等清洁能源加注服务的需求越发明显，为应对日益严格的环保要求，港口企业正投入更多的资金用于改善港口设施、配套相关服务，已满足排放控制区的基本要求。目前，内河港口企业因机械设备和管理制度不尽完善，对环保政策的影响更为担忧。

（五）海外港口投资合作日益紧密

近年，在国家“一带一路”倡议引领下，我国越来越多的港口企业意欲在海外进行港口投资建设，2018年招商局港口集团陆续完成了对巴西第二大集装箱港口巴拉那瓜港（TCP）和澳大利亚东岸最大港口纽卡斯尔港的收购；同时，2018年2月，中远海运港口集团投资的希腊比雷埃夫斯港（PCT）第三个2万标准箱级集装箱泊位正式投入运营，集装箱吞吐能力达到720万标准箱，中远海运港口集团计划5年内再对该港投资3.5亿欧元，将其打造成为地中海地区最大的集装箱转运港和海陆联运的桥头堡。尽管国际贸易环境日趋严峻，但经济全球化的步伐依然稳健。此外，我国宁波舟山港与西班牙阿尔赫西拉斯湾港务局也签署了谅解备忘录，国内港口与境外港口之间合作将越加紧密。

（上海海事大学 上海国际航运研究中心 谢文卿）

2018 年中国物流地产业

2018 年，伴随我国经济总体平稳、稳中有进的良好态势，以及物流业政策环境的持续改善，我国现代物流体系建设进入发展新阶段。2018 年全年社会物流总额保持平稳增长，达 280 多万亿元，同比增长 6.4%；物流需求结构继续优化，智慧物流加速发展；物流相关行业固定资产投资继续增长，物流运输费用增速比上年同期回落 4.3 个百分点。物流业的继续向好发展带动物流地产市场需求端持续活跃，投资热度不减，行业整体前景可期。但市场供需矛盾仍在，物流服务设施租金继续上涨。此外，仓储智能化、海外化趋势扩大，但信息化水平发展不均衡。总的来说，2018 年我国物流地产发展环境不断改善，发展态势良好。

一、物流相关行业固定资产投资继续增长，物流用地政策环境改善

据国家统计局数据显示，2018 年全国固定资产投资（不含农户）635636 亿元，增速有所回落，由 2017 年的 7.2% 滑落为 5.9%。

2018 年，我国交通运输、仓储和邮政业固定资产投资额约为 63572 亿元，增速由 2017 年的 14.8% 滑落为 3.9%。2014—2018 年我国交通运输、仓储和邮政业固定资产投资额和累计增长速度如下图所示。

同时，2018 年我国社会物流总费用略有上升，与 GDP 的比率为 14.8%，其中保管费用和管理费用是推高物流总费用的重要因素，但运输费用明显回落，增速比上年同期回落 4.3 个百分点。

此外，2018 年，我国物流地产业政策环境持续改善，有力地助推了物流地产的发展。根据《第五次全国物流园区（基地）调查报告（2018）》，物流用地供应紧缺是制约物流园区发展的首要问题。2018 年，国家从政策层面上帮助和支持物流园区解决这一问题，从而有力地支持了物流地产业的发展。如国家财政部、税务总局于 2018 年 6 月发布的《关于物流企业承租用于大宗商品仓储设施的土地城镇土地使用税优惠政策的通知》和国家发展改革委与交通运输部 12 月共同发布的《国家物流枢纽布局和建设规划》，都明确表达了对企业物流用地的支持。

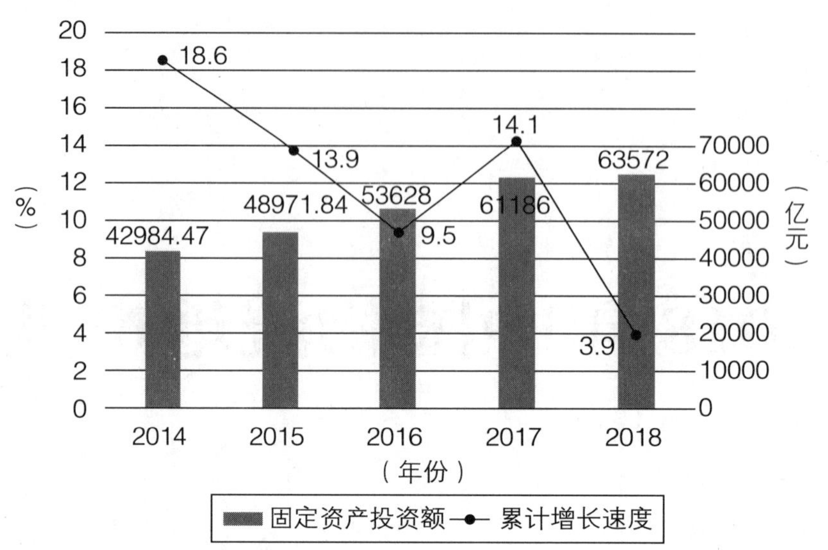

2014—2018 年我国交通运输、仓储和邮政业固定资产投资额和累计增长速度

数据来源：国家统计局。

二、物流地产需求持续活跃，租金继续上涨

2018 年，我国物流地产需求端持续活跃。新零售、电商的崛起为物流地产带来大量的仓储需求。统计局数据显示，2018 年全年，我国社会消费品零售总额 380987 亿元，比上年增长 9.0%。其中，网上零售额为 90065 亿元，占比明显提高，比上年增长 23.9%。按普洛斯方面认为的“每平方米的现代物流仓储面积约能支撑 7 万元的电商交易额，且电商对物流仓储的需求量是传统零售商的三倍”，那么，我国 2018 年 9.0 万亿元的网购交易额对应 1.3 亿平方米的物流仓储设施需求。

值得指出的是，电商带来的需求中，跨境电商物流需求增长尤为迅速，有力地助推了物流地产发展。根据海关总署发布的 2018 年中国外贸进出口情况，2018 年通过海关跨境电子商务管理平台零售进出口商品总额 1347 亿元，增长 50%，其增长速度远超我国社会消费品网上零售额的增长速度 23.9%。而且，据统计，近三年中国海关跨境电商零售进出口额年均增长率均在 50% 以上。此外，中欧班列开行数量的增加也在一定程度上说明了跨境电商物流需求的强劲。2018 年，中欧班列共开行 6300 列、同比增长 72%，其中返程班列 2690 列、同比增长 111%。

然而，在强劲的市场需求下，我国物流仓储存量却存在较大缺口，高标准物流设施在相当长一段时间内都将供应不足。戴德梁行报告显示，我国高端物流设施供给每年新增的缺口在 200 万平方米左右，预计至 2020 年，我国高标准物流仓储设施的需求将达到 1.4 亿 ~2.1 亿平方米，而到时供应量或许只有 5600 万 ~6600 万平方米，供应缺口将超过 1 亿平方米。此外，和国际水平对比，也能看出我国物流仓储设施供应的严重不足。我国作为全球最大的电子商务市场，人均仓储面积只有美国的 1/6、日本的 1/5。

受供需矛盾的影响，从整体来说，租金面

上，2018 年各城市物流服务设施租金继续上涨。具体来说，一线城市如北京、深圳等，由于日益严格的城市规划，土地供应紧张，对物流用地的利用要求日渐严格，物流服务设施供应紧缺，推动其物流设施租金继续上涨。部分二线城市内园区间物流服务设施租金表现分化，核心园区租金上涨，但受非核心园区租金的影响，2018 年年末全市整体租金反而下探。表 1 是世邦魏理仕提供的 2018 年北京、上海等几个城市物流仓储年末空置率和租金情况。

表 1　部分城市 2018 年物流仓储年末空置率和租金情况

<table>
<tr><th colspan="2">城市</th><th>年末空置率（%）</th><th>全年租金增长（%）</th></tr>
<tr><td colspan="2">北京</td><td>0.7</td><td>12.9（近五年最大涨幅）</td></tr>
<tr><td colspan="2">上海</td><td>—</td><td>4.7</td></tr>
<tr><td colspan="2">广州</td><td>—</td><td>3.5</td></tr>
<tr><td colspan="2">深圳</td><td>5.3</td><td>3.1</td></tr>
<tr><td rowspan="2">重庆</td><td>核心园区</td><td>16.4</td><td>1.3</td></tr>
<tr><td>非核心园区</td><td>36.3</td><td>–2.8</td></tr>
<tr><td colspan="2">成都</td><td>7.5（近五年最低）</td><td>2.8</td></tr>
</table>

三、政策利好催生“风口”，物流地产投资热度不减

2018 年，物流地产政策利好频出。表 2 是 2018 年发布的有利于物流地产行业发展政策的不完全梳理。

表 2　2018 年发布的有利于物流地产行业发展政策的不完全梳理

<table>
<tr><th>相关会议或文件</th><th>利好内容</th></tr>
<tr><td>2018 年国务院政府工作报告</td><td>加大物流企业仓储用地税收优惠范围</td></tr>
<tr><td>2018 年 11 月国务院常务会议</td><td>资本与物流枢纽建设的对接和配合跟进</td></tr>
<tr><td>《国家物流枢纽布局和建设规划》</td><td rowspan="2">明确对物流用地支持</td></tr>
<tr><td>《关于物流企业承租用于大宗商品仓储设施的土地城镇土地使用税优惠政策的通知》</td></tr>
</table>

在政策红利大背景下，2018 年物流地产仍是投资“风口”，各方布局物流地产的态势丝毫没有减弱。2018 年 1 月，城际整车运输互联网交易平台——福佑卡车获得的京东物流领投的 1.5 亿元 C+ 轮融资成为 2018 年物流行业公开的首笔融资；2018 年 5 月，京东集团旗下子公司

完成向物流地产开发商、业主和运营商——易商红木投资 3.06 亿美元；中通获阿里巴巴、菜鸟等 13.8 亿美元投资；菜鸟驿站获 31.67 亿美元增资；2018 年 7 月，圆通集团宣布，将在嘉兴机场投资 122 亿元建设全球航空物流枢纽，并依托该枢纽建设立足长三角、连通全国、辐射全世界的超级共享联运中心和商贸集散中心；2018 年 12 月，万科物流地产投资基金的认缴总额变为 29.56 亿元。

无疑，政策红利为广大投资者指明了方向。短期内我国物流地产市场供给结构性失衡、高标准物流设施供给的严重不足也预示着物流地产有着良好的发展潜力。据统计，我国现有物流仓储设施有 70% 建于 20 世纪 90 年代前，难以满足现代化企业的需求。前瞻产业院报告显示，目前我国高端仓储物流设施仅占仓储总量的 2.33%，若以未来高标准仓库占仓储总量 20% 测算，我国高标准仓库发展至少还有 7~10 倍的增长空间。

由于物流地产供不应求的矛盾长期存在，物流地产市场的空置率持续下降，租金稳步提升，投资回报率也要高于其他类型地产，故更能吸引投资者眼光。世邦魏理仕的报告显示，北京、上海、广州等一线城市物流仓储设施投资净回报率为 6%~8%，要高于购物中心、写字楼等商业地产的 4%~5% 和住宅地产的 2%~3%，物流地产收益明显高于住宅地产和商业地产。

可以看出，在国家政策支持的大背景下，受物流需求持续扩张及仓储设施长期供应不足的影响，物流地产租金稳步上升，投资回报率也高于其他商业地产，行业发展前景良好，2018 年仍是投资“风口”。

四、物流地产智慧化、海外化发展

2018 年，电商、新零售爆发，在仓储物流效率提高的刚性需求下，智慧物流创新迎来变革，物流地产行业向着智慧化发展。

首先，物流无人技术的日益成熟及推广应用推动着物流仓储设施的智慧化发展。2018 年 2 月，京东取得了覆盖陕西全省的无人机物流运营许可证，11 月，其自主研发的支线无人机“京鸿”完成首飞。2018 年 10 月，顺丰控股参与研发的大型货运无人机 AT200 完成了异地转场飞行试验，标志着该无人机向民用化和商业化又迈进了一步。

其次，物流大数据的加快应用和物流企业互联互通的需求也促进了物流地产行业智慧化发展。2018 年 4 月，顺丰控股与 8 家供应链企业或其子公司签署了《关于设立超级大数据合资公司之股东协议》，将搭建开放共赢的平台，推动建立高效协同的现代供应链体系。2018 年 9 月，菜鸟宣布与快递合作伙伴一起正式上线视频云监控系统，这意味着全国各类物流场站内的几百万个摄像头将从简单的监控回溯设施升级为智能感知设备，开启“物流天眼”，实现对场站的智能管理。

值得指出的是，我国各物流园区间的信息化、智能化发展水平还存在着不小的差距。《第五次全国物流园区（基地）调查报告（2018）》显示，全国有超过一半的物流园区信息化及设备投资占园区投资总额的比例在 5% 以下，而“国家智能化仓储物流示范基地”的 10 家物流园区信息化及设备投资占比均值则在 25% 以上，足以看出各物流园区信息化、智能化水平发展不均衡。

此外，2018年，国际物流网络受到重视，物流海外仓和国际仓加快网络建设。目前，京东物流国际供应链已在全球设立超过110多个海外仓，原产地覆盖达到100%；天猫国际仅在美国就有两个海外仓；苏宁海外购已经完成美国、中国香港、韩国、日本的海外仓建设，并将筹建澳大利亚、意大利等海外仓；唯品会已经在全球11个国家和地区建立了12大海外仓；网易考拉海购初步在美国、中国香港建成两大国际物流仓储中心，并将开通韩国、日本、澳大利亚、欧洲等地的国际物流仓储中心；蜜芽目前正在积极寻求海外仓布局，在德国、荷兰、澳大利亚建有3个海外仓；丰趣海淘已经在美国、澳大利亚、日本、中国香港建立了7个大型海外仓库；洋码头已经有洛杉矶、东京、悉尼、法兰克福等十多个海外仓，并正在不断扩容和丰富海外仓的构建，2018年又在日本新建了大阪仓，对东京仓、美国纽约仓进行了扩容，并计划在休斯敦、波特兰、西雅图以及意大利等地建仓。

物流地产海外化发展的原因是多方面的。首先，在“一带一路”和改革开放进程不断深入的大背景下，我国跨境物流需求的持续增长推动了海外仓的建设。2018年全年，我国货物进出口总额为305050亿元，比上年增长9.7%，总量首次超过30万亿元，创历史新高。对主要贸易伙伴进出口总额也全面增长，对欧盟、美国和东盟进出口总额分别增长7.9%、5.7%和11.2%；与“一带一路”沿线国家进出口增势良好，对“一带一路”沿线国家合计进出口总额增长13.3%，高出货物进出口总额增速3.6个百分点。物流地产作为物流网络的关键一环，是“一带一路”倡议和改革开放战略的重要支撑，也是物流企业建立覆盖全国和全球的协同物流网络的刚性需求。

其次，海外仓是政策导向。李克强总理在2018年的《政府工作报告》中提出，扩大跨境电子商务试点，支持企业建设一批出口产品“海外仓”，促进外贸综合服务企业发展。2018年，国家还颁布了一系列支持跨境电商发展的政策，如《优化口岸营商环境促进跨境贸易便利化工作方案》《关于完善跨境电子商务零售出口税收政策的通知》《关于跨境电子商务综合试验区零售出口货物税收政策的通知》等，使得建设“海外仓”成了许多电商的选择。

可以看出，在政策导向和企业建立全球供应链、走向世界的刚性需求下，海外仓的建设是大势所趋。

（西安交通大学管理学院 白甜 冯耕中 赵东月）

2018 年中国保税物流业

1990 年 5 月，上海外高桥设立了中国第一个保税区，开创了我国保税物流的先河。随后，陆续建立了出口加工区、保税物流园区、保税物流中心、保税港区和综合保税区等不同的海关监管区域形态。直到 2013 年上海建立了第一个自由贸易试验区，出现了现阶段我国最高形态的保税监管形式。2012 年开始，新设立的海关特殊监管区域统一为综合保税区及自由贸易试验区，基本结束了保税监管区域形态“百花齐放”的状态。截至 2018 年年底，我国已拥有海关特殊监管区域 140 个，有进出口统计的海关特殊监管区域 127 个，有进出口统计的保税场所共 55 个。

一、自由贸易区

中国自由贸易区是指在国境内关外设立的，以优惠税收和海关特殊监管政策为主要手段，以贸易自由化、便利化为主要目的的多功能经济性特区。原则上是指在没有海关“干预”的情况下允许货物进口、制造、再出口，营造一个符合国际惯例的、对内外资的投资都具有国际竞争力的国际商业环境。

2013 年 9 月上海自贸区成立，之后广东、天津、福建自贸区相继成立。2017 年 3 月 31 日，国务院批复成立中国（辽宁）自由贸易试验区、中国（浙江）自由贸易试验区、中国（河南）自由贸易试验区、中国（湖北）自由贸易试验区、中国（重庆）自由贸易试验区、中国（四川）自由贸易试验区、中国（陕西）自由贸易试验区 7 个自贸区，成为我国的第三批自贸区。

2018 年 4 月 13 日，党中央决定支持海南全岛建设自由贸易试验区，支持海南逐步探索、稳步推进中国特色自由贸易港建设。至此，中国自贸区的数量达到 12 个。

二、综合保税区

2018 年 1 月 25 日，国务院批复同意河北廊坊出口加工区整合优化为廊坊综合保税区，这是河北省第三家综合保税区。

2018 年 2 月 26 日，海关总署正式批准珲春综合保税区验收合格，至此珲春综合保税区完成了升级、整改、验收。这是吉林省继长春兴隆综合保税区之后的第二个综合保税区。

2018年5月，日照综合保税区经国务院批准设立，成为山东省第六个综合保税区。

2018年11月19日，国务院批复青岛西海岸出口加工区整合优化为青岛西海岸综合保税区。

为了扩大济南东部新城发展的空间，破解综合保税区不临空、不靠港的发展瓶颈，2018年12月5日，济南综合保税区迁建获国务院批准，济南综合保税区“一区两片”将改为“整体迁建”。

至2018年年末，我国综合保税区共有96个，如表1所示。

表1　我国综合保税区名录

序号	名称	序号	名称
1	北京天竺综合保税区	23	宝鸡高新区综合保税区
2	天津滨海新区综合保税区	24	银川综合保税区
3	威海综合保税区	25	重庆江津综合保税区
4	青岛西海岸综合保税区	26	重庆涪陵综合保税区
5	呼和浩特综合保税区	27	石家庄综合保税区
6	哈尔滨综合保税区	28	廊坊综合保税区
7	长春兴隆综合保税区	29	唐山曹妃甸综合保税区
8	沈阳综合保税区	30	太原武宿综合保税区
9	杭州综合保税区	31	山东东营综合保税区
10	上海浦东机场综合保税区	32	济南综合保税区
11	上海漕河泾综合保税区	33	临沂综合保税区
12	上海奉贤综合保税区	34	潍坊综合保税区
13	南京综合保税区	35	日照综合保税区
14	苏州昆山综合保税区	36	鄂尔多斯综合保税区
15	苏州工业园区综合保税区	37	满洲里综合保税区
16	苏州高新区综合保税区	38	黑龙江绥芬河综合保税区
17	苏州常熟综合保税区	39	大庆综合保税区
18	苏州吴江综合保税区	40	营口综合保税区
19	苏州吴中综合保税区	41	嘉兴综合保税区
20	苏州太仓港综合保税区	42	金华金义综合保税区
21	无锡江阴综合保税区	43	舟山港综合保税区
22	无锡高新区综合保税区	44	连云港综合保税区

续 表

序号	名称	序号	名称
45	南通综合保税区	71	乌鲁木齐综合保税区
46	泰州综合保税区	72	新疆阿拉山口综合保税区
47	新疆喀什综合保税区	73	淮安综合保税区
48	云南红河综合保税区	74	镇江综合保税区
49	合肥综合保税区	75	常州综合保税区
50	南昌综合保税区	76	常州武进综合保税区
51	广州白云机场综合保税区	77	扬州综合保税区
52	深圳盐田综合保税区	78	徐州综合保税区
53	南宁综合保税区	79	江苏盐城综合保税区
54	海南海口综合保税区	80	马鞍山综合保税区
55	郑州新郑综合保税区	81	芜湖综合保税区
56	郑州经济开发区综合保税区	82	蚌埠综合保税区
57	武汉东湖综合保税区	83	赣州综合保税区
58	武汉经济开发区综合保税区	84	九江综合保税区
59	武汉新港空港综合保税区	85	虎门港综合保税区
60	长沙黄花综合保税区	86	广西凭祥综合保税区
61	西安高新综合保税区	87	泉州综合保税区
62	西安综合保税区	88	南阳卧龙综合保税区
63	西安航空基地综合保税区	89	宜昌综合保税区
64	兰州新区综合保税区	90	衡阳综合保税区
65	昆明综合保税区	91	湘潭综合保税区
66	贵安综合保税区	92	岳阳城陵矶综合保税区
67	贵阳综合保税区	93	郴州综合保税区
68	成都双流综合保税区	94	西咸空港综合保税区
69	成都高新综合保税区	95	遵义综合保税区
70	重庆西永综合保税区	96	湘潭综合保税区

三、保税港区

我国从2012年开始，新批准的特殊监管区域统一为综合保税区，所以保税港区的数量仍然维持在14个，即上海保税港区、大连大窑湾保税港区、天津东疆保税港区、海南洋浦保税港区、宁波梅山保税港区、广西钦州保税港区、厦门海沧保税港区、青岛前湾保税港区、广州南沙保税港区、深圳前海湾保税港区、重庆两路寸滩保税港区、张家港保税港区、烟台保税港区、福州保税港区。

四、保税物流进出口数据

（一）2018年进出口商品贸易方式总值如表2所示

表2　　2018年进出口商品贸易方式总值　　单位：千美元

贸易方式		进出口	出口	进口
总值	金额	4623038036	2487400743	2135637293
	增幅	12.6	9.9	15.8
一般贸易	金额	2674916967	1400991850	1273925117
	增幅	15.5	13.9	17.4
国家间、国际组织无偿援助和赠送的物资	金额	721421	716614	4807
	增幅	33.4	33.1	86.6
其他捐赠物资	金额	75895	6572	69323
	增幅	907.9	198.1	1201.7
来料加工装配贸易	金额	179552429	87823029	91729400
	增幅	9.1	9.9	8.3
进料加工贸易	金额	1087999130	709345609	378653521
	增幅	6.1	4.5	9.3
边境小额贸易	金额	40333936	31117512	9216424
	增幅	3.1	2.9	3.6
加工贸易进口设备	金额	1062188	—	1062188
	增幅	41.7	—	41.7
对外承包工程出口货物	金额	16988084	16988084	—
	增幅	10.4	10.4	—

续 表

贸易方式		进出口	出口	进口
租赁贸易	金额	4224404	150762	4073642
	增幅	98.8	−2.7	106.8
外商投资企业作为投资进口的设备、物品	金额	3442551	—	3442551
	增幅	−22.8	—	−22.8
出料加工贸易	金额	525582	225161	300420
	增幅	−1.4	9.1	−8.0
免税外汇商品	金额	25240	—	25240
	增幅	18.6	—	18.6
免税品	金额	2480436	—	2480436
	增幅	28.1	—	28.1
保税监管场所进出境货物	金额	192696204	42688049	150008155
	增幅	23.1	3.9	29.9
海关特殊监管区域物流货物	金额	317388411	121082461	196305950
	增幅	17.1	21.4	14.5
海关特殊监管区域进口设备	金额	8511853	—	8511853
	增幅	32.2	—	32.2
其他	金额	92093306	76265040	15828266
	增幅	−10.3	−12.6	2.3

数据来源：海关总署。

（二）海关特殊监管区域全年经济数据

截至 2018 年 12 月末，纳入统计的各类海关特殊区域共有 108 家，其中，保税区 12 家、出口加工区 31 家、综合保税区 50 家、保税港区 12 家、物流园区 3 家，全国保税区统计数据含物流园区。

2018 年 1—11 月，全国有进出口统计的 127 个海关特殊监管区域及 55 个保税场所共计实现进出口总值 4.7 万亿元，折合 7124.34 亿美元，同比增长 12.3%，其中出口 3284.51 亿美元，进口 3839.83 亿美元。进出口总额为 2017 年全年 6859.94 亿美元的 103.9%，占同期全国外贸进出口总额的 16.78%，不仅止住了连续几年的进出口总额的跌势，还创造了我国海关特殊监管区域设立 28 年来外贸进出口总额的历史新纪录。

上海外高桥、深圳福田保税区以及成都高新、江苏昆山和郑州新郑综合保税区分别实现进出口 1148.62 亿美元、518.73 亿美元、481.22 亿美元、467.08 亿美元和 465.29 亿美元，合计 3080.94 亿美元，占全国特殊区域同期进出口总额的 43.25%，成为我国保税物流的排头兵。

上海自贸试验区内的外高桥保税区、物流园区、洋山保税港区、上海浦东机场综合保税区和上海金桥出口加工区五个区域，2018 年 1—11 月共计实现进出口 1382.99 亿美元，其中进口 1001.64 亿美元，净增 109.91 亿美元，占上海浦东新区同期进口增长额的 108.9%。

我国中西部地区的外向型经济发展近几年也呈现了赶超沿海地区之势。部分特殊区域进出口的业绩十分抢眼，如成都高新综合保税区实现进出口 481.22 亿美元，占同期四川省进出口额的 56.32%；重庆西永和寸滩两个区域实现进出口 430.44 亿美元，占同期重庆市进出口额的 69.15%；郑州新郑综合保税区实现进出口 465.29 亿美元，占同期河南省进出口额的 58.09%；陕西西安出口加工区和西安高新综合保税区实现进出口 307.72 亿美元，占同期陕西省进出口额的 64.06%。能够取得这样的成绩，“一带一路”倡议下的中欧班列蓬勃发展是一个重要因素。

一些设立在中小城市的或近年刚投入运行的特殊区域也有不俗的表现，如合肥出口加工区，广西凭祥、岳阳城陵矶、长沙黄花、广西南宁和云南红河等综合保税区的进出口增长速度也很快。

纵向分析，我国海关特殊监管区域进出口额 2014—2016 年一直是负增长，2017 年止住跌势开始回升，2018 年出现迅猛增势，创历史新高。我国海关特殊监管区域 2013 年至 2018 年 11 月进出口金额及增长情况如表 3 所示。

表 3　我国海关特殊监管区域 2013 年至 2018 年 11 月进出口金额及增长情况　单位：亿美元

指标	2013 年	2014 年	2015 年	2016 年	2017 年	2018 年 1—11 月
金额	7074.9	6961.7	6398.6	5909.3	6687.8	7124.34
增长情况（%）	16.6	−1.6	−8.1	−7.6	13.2	—

另外，海关特殊监管区域内物流企业经营收入、新增物流企业数、固定资产投资额、营业面积等数据，也出现了可喜的增长。2018 年 1—12 月全国海关特殊监管区域物流业务经济统计情况如表 4 所示。

表 4　2018 年 1—12 月全国海关特殊监管区域物流业务经济统计情况

月份	物流企业经营收入（万元人民币）	新增的仓储物流企业数（个）	固定资产投资额（万元）	期末批准面积（平方公里）	期末验收封关面积（平方公里）
1	32982925	67	1908353	358.77	250.77
2	—	—	—	—	—
3	2333048	75	660415	358.77	250.77
4	2101486	156	608887	358.77	250.77
5	2399718	87	497428	358.77	250.77
6	2689378	87	674533	359.88	253.06
7	2489013	63	604225	359.88	253.06

续 表

月份	物流企业经营收入（万元人民币）	新增的仓储物流企业数（个）	固定资产投资额（万元）	期末批准面积（平方公里）	期末验收封关面积（平方公里）
8	2140109	112	785962	359.88	253.06
9	4098336	66	918305	366.34	258.53
10	2318225	54	638896	366.34	258.53
11	3098557	47	589054	366.34	258.53
12	3676886	74	1343623	366.34	258.53

注：2018 年 2 月数据暂缺。

（三）各主要海关特殊监管场所经济数据

以 A 型、B 型保税物流中心为代表的海关特殊监管场所，进出口业绩创新高，达到 115.35 亿美元，同比增长 12.6%，如表 5 所示。

表 5　　保税物流中心 2018 年进出口情况　　单位：亿美元

序号	保税物流中心	进出口额	增幅（%）	出口额	增幅（%）	进口额	增幅（%）
1	东莞	31.92	86.0	8.45	186.4	23.47	65.1
2	深圳机场	16.34	−47.5	5.95	−67.1	10.39	−20.4
3	河南	10.67	−19.7	0.47	−2.1	10.20	−20.4
4	长沙金霞	6.24	62.7	5.48	46.4	0.76	759.2
5	天津经开区	6.30	55.6	0.01	−80.4	6.29	57.8
6	连云港	4.83	54.4	0.24	−14.4	4.59	61.1
7	重庆铁路	4.77	549.0	3.59	634.2	1.18	379.7
8	成都铁路	4.52	413.7	3.04	478.5	1.48	318.0
9	中山	4.33	1.0	1.11	−1.8	3.22	4.1
10	成都空港	3.51	80.6	1.71	144.6	1.80	44.7
合计		93.43	—	30.05	—	63.38	—
全部保税物流中心		115.35	12.6	33.05	−1.5	82.30	19.6

（大连海事大学　田征）

2018年中国铁路物流业

2018年，铁路货运系统加速推进"交通强国、铁路先行"建设步伐，深化强基达标、提质增效，贯彻落实党中央、国务院关于调整运输结构决策部署，以"调整运输结构"为工作重点，深入实施货运增量行动，不断优化组织模式，加大设施投入，深化铁路改革，做强物流品牌，提升服务水平，成效显著，为构建"宜铁则铁、宜水则水、宜公则公"的综合运输服务体系做出了显著贡献。

一、生产经营稳步向好

（一）货运增量行动成效显著

2018年中国铁路总公司制定实施了《2018—2020年货运增量行动方案》，指出到2020年，全国铁路货运量将达到47.9亿吨，较2017年增长30%。2018年货运增量行动开局良好、成效显著，一年来铁路聚焦于煤炭、矿石、多式联运三大业务板块，强化运力保障，优化运输组织，为完成货运增量目标提供有力保障、奠定良好基础。全力组织西煤东运与北煤南运，围绕山西、陕西、内蒙古西部等煤炭主产区，充分发挥大秦、唐呼、瓦日、侯月、宁西及兰渝的煤炭外运主通道运输能力，开展铁路直达、铁水联运等多种运输模式，大力组织开行万吨重载列车，其中在唐呼、瓦日铁路两条铁路线上首次开行万吨重载列车，实现陕煤外运同比增长24.3%，疆煤外运同比增长44.9%。以环渤海及山东江苏北部沿海港口为重点，坚持"一港一策"，逐港制定疏港矿石铁路运输方案，全年沿海主要港口疏港矿石运量完成3.11亿吨，同比增长11.2%，其中，曹妃甸港疏港矿石铁路运量同比增长352.4%，黄骅港疏港矿石铁路运量同比增长65.2%。

2018年全国铁路货物发送量完成40.2亿吨，同比增长9.1%，增运3.3亿吨。其中，国家铁路完成31.9亿吨，同比增长9.3%，增运2.7亿吨；铁路货运周转量为28820.6亿吨公里，同比增长6.9%。2018年老少边贫地区铁路货物发送量完成4.2亿吨，同比增长18%，高于全路平均增幅9个百分点。铁路煤炭运量不断扩大，全年铁路煤炭发送量占全部货运总量的50%以上，铁路集装箱、商品汽车、冷链运输同比分别增长33.4%、25.1%、52.3%，呈稳步上升趋势。

（二）经营成效显著提升

2018年，铁路运输总收入实现7720亿元，同比增收759亿元，增长10.9%，创历史新高，经营结果好于预期。在货运量及收入稳步上升的同时，单位运输工作量综合能耗同比下降5.7%。铁路2018年增加的货运量与公路完成同样货运量相比，节省了307万吨标准煤，减少了二氧化碳排放755万吨，节能减排成效明显，为打好污染防治攻坚战，尤其是打赢蓝天保卫战作出了积极贡献。

二、设施投入不断加强

（一）铁路建设取得丰硕成果

2018年，全国铁路固定资产投资完成8028亿元。其中，国家铁路完成7603亿元；新开工项目26个，新增投资规模3382亿元；投产新线4683公里，其中高铁4100公里。全面推行铁路分类分层建设，进一步形成了路地、路企合作推进铁路建设模式。2018年，地方、企业出资达到1854亿元，约占项目总投资的33.3%，同比提高近2个百分点。截至2018年年底，京哈高铁承德至沈阳段、新民至通辽高铁、哈尔滨至牡丹江高铁、济南至青岛高铁、青岛至盐城铁路、杭长高铁杭州至黄山段、南平至龙岩铁路、怀化至衡阳铁路、铜仁至玉屏铁路、成都至雅安铁路10条新线开通运营，全国铁路营业里程达到13.1万公里以上，复线率为58.3%，电气化率为70.3%，我国铁路建设又向前迈进一步，形成了世界上现代化的铁路网。

（二）中西部铁路投入加大

2018年，中国铁路总公司贯彻落实党中央关于加大基础设施等领域补短板力度的决策部署，持续加大铁路建设，特别是中西部铁路建设力度。紧密对接国家重大战略，优化完善京津冀和雄安新区、长江经济带、粤港澳大湾区、14个集中连片特困地区等铁路规划，持续加大中西部地区铁路建设力度。其中，14个集中连片特困地区、革命老区、少数民族地区、边疆地区累计完成铁路基建投资4139.6亿元，占全国铁路基建投资的77.6%。

三、铁路改革逐步深化

（一）企业经营管理不断改善

加强经营事项合法合规审查，提质降本增效取得明显成效。清理规范货运涉企收费，将国家对铁路的降税措施让利给客户，全面取消企业自备车过轨技术检查等收费，全年减少社会物流费用30亿元以上。完善价格机制，实施《中国铁路总公司关于调整铁路集装箱运价有关事项的通知》，优化调整铁路集装箱运价，理顺与整车比价关系，促进了铁路运输健康发展。

（二）持续深化非运输企业改革

深入推进非运输企业公司制改革和重组整合工作，产业转型升级取得明显成效。合资铁路公司重组整合稳步推进，设立铁路混改基金、进行东南沿海铁路混改、组建全国煤炭交易中心等工作启动实施。运营控股合资公司年度营业收入同比增长33.5%，铁路土地综合开发年度实现收入突破200亿元。

（三）积极推进混合所有制改革

2018年4月2日，上海证券交易所与中国铁路总公司签署了战略合作协议，双方围绕铁路建设债券、铁路资产证券化等多方面开展合作，通过IPO（首次公开募股）、并购等途径，分批分层推动铁路企业资本化、股权化及证券化改革。中国铁路总公司与腾讯、吉利控股携手，受让动车网络科技有限公司49%的股权。2018年7月5日，国铁吉讯科技有限公司正式揭牌成立。

2018年8月29日，由中铁快运股份有限公司与顺丰控股属下的深圳顺丰泰森控股（集团）有限公司共同组建的中铁顺丰国际快运有限公司在深圳揭牌成立，企业统筹运用铁路运力、货场等资源，利用顺丰市场、设施、机制等方面优势，开发推出系列快运物流产品，努力打造安全稳定、创新高效、服务一流的新型铁路快运服务体系，进一步实现铁路快运物流业务的提质增效。

四、物流品牌持续做强

（一）“中欧班列”助力“一带一路”建设

中欧班列开行数量大幅增长。近年来，中欧班列开行稳步发展，以X8044次中欧班列（汉堡—武汉）到达武汉吴家山铁路集装箱中心站为标志，中欧班列累计开行数量达10000列。2018年共开行中欧班列6300列，同比增长72%，提前两年完成《中欧班列建设发展规划2016—2020》中所设目标，其中返程班列2690列，同比增长111%，返程班列占去程班列比例由2017年的53%提高到72%。截至2018年年底，中欧班列8年运行累计达到12937列，不断拓展覆盖区域，国内开行城市达56个，开设了65条中欧班列线，到达欧洲15个国家、49个城市，形成了统一从西、中、东三条通道出境的格局。

中欧班列开行品质持续提升。《中欧班列高质量发展评价指标》《中欧班列宽轨集并运输组织暂行办法》等制度文件的研究发布，进一步推进了中欧班列的高质量发展。铁路部门充分发挥中欧班列国际铁路合作机制和国内运输协调委员会的作用，落实中欧班列在境外宽轨段三列并两列、优惠运价等措施，不断提升班列运行品质，返程货源不断增多。全程物流服务体系初步建立，品牌效应不断扩大，在国内申请注册中欧班列品牌标识全部5个类别，向德国、波兰等7国申请注册相关10个类别，均已注册完毕。

中欧班列保障体系稳步构建。中欧班列运输协调委员会第三次全体会议研究通过了《中欧班列运输协调委员会成员管理办法》《中欧班列运力保障和开行计划管理办法》等制度文件，同时吸纳了7个新成员，影响范围进一步扩大。委员会在制度机制建立、班列组织优化、服务品质提高、品牌效应提升等方面成效显著，助推了中欧班列高质量运行发展。

（二）高铁快运持续发力

高铁快运助力电商黄金周。2018年11月11—20日（电商黄金周）期间，按照中国铁路总公司统一部署，依托高铁成网给物流产业发展创造的巨大空间和强大运力供给，中铁快运股份有限公司（以下简称“中铁快运”）精准对接市场需求，超额完成计划任务量。中铁快运充分利用高铁载客动车组、高铁确认列车、旅客列车行李车等运力资源，全力服务电商、快递、物流以及生产制造企业，总体使用的运力资源创历年新高。电商黄金周期间日均综合运用高铁载客动车组（含复兴号高铁列车）700列，其中“高铁极速达”使用400列，为2017年同期的13倍，高铁载客动车组预留车厢132列、高铁确认列车使用20列。

高铁快运品质不断提升。高铁网从服务旅客出行到为物流提质增效，铁路物流企业（中铁快运股份有限公司）不断增进社会合作，融入市场，持续推出创新服务产品，“高铁极速达”“高铁顺手寄”“高铁京尊达”及“高铁生鲜递”等合作产品运营范围在不断扩大。中铁快运通过与顺丰速运、京东物流、邮政物流等大型物流企业合作，加大物流总包业务合作力度，推动了站到站运输向库到库运输升级。由中铁快运和顺丰速运联手打造的快运服务产品“高铁极速达”

于 2017 年正式推出，经过 1 次扩网，截至 2018 年已开通 431 条线路、69 个高铁车站、覆盖全国 58 个城市。复兴号“京湘专用车厢”、铁路冷链快递、高铁助农等新模式新服务的探索也成为高铁快运的又一亮点。部分铁路局集团公司“双十一”发展高铁快运主要做法如下表所示。

部分铁路局集团公司“双十一”发展高铁快运主要做法

铁路局集团公司	主要做法
哈尔滨局	为电商、快递企业提供“库到库”服务，并在管内主要车站首次推出“高铁顺手寄”服务
沈阳局	联手中铁快运沈阳分公司，将 8 列高铁载客列车在始发站预留一节车厢，另外还有沈阳北至大连北、沈阳北至长春 2 列高铁确认车在沈阳北、沈阳、长春、大连 4 个车站提供批量快件“高铁极速达”运输服务
北京局	日均运用始发终到高铁载客动车组、高铁确认车等 37 列，在北京至上海、杭州、武汉间推出“高铁京尊达”服务产品，配备高铁专箱、专柜，为高价值商品提供个性化运输服务
太原局	利用 40 对高铁动车组的大件行李存放处、最后一排座椅后空间及集装件专用存放柜等设施装运高铁快运货物，并结合市场调研情况，对太原到北京、西安、郑州方向及北京到太原方向的列车预留一节二等座车厢，专门用于装运批量快件
郑州局	利用 85 对高铁动车组的大件行李存放处、最后一排座椅后空间等设施装运高铁快运货物，对郑州至上海、北京、桂林、广州等方向的 6 趟列车预留一节二等座车厢装运批量快件
武汉局	日均综合运用高铁载客动车组 80 列，预留车厢的高铁载客动车组 15 列，高铁确认车 1 列，普速旅客列车行李车 23 列
西安局	每天开行 57 列高铁快运列车，与 2017 年“双十一”相比，新增西安至成都、南京、重庆、合肥、长沙等 14 个方向的高铁快运列车，业务主要办理的城市从原有 12 个增加到 26 个
济南局	每日开行济南西至北京南间载货高铁确认车 1 列，济南、青岛两地车站每日开行预留车厢的高铁载客动车组 4 列，承运发往北京、长春等方向企业电商货物，还承接北京、昆明、哈尔滨等方向 3 列高铁预留车厢动车组集中到达的高铁快件
广州（集团）公司	一是利用载客动车组大件行李存放处、最后一排座椅后空间及快件柜装运，提供“当日达、次晨达、次日达”时限运输；二是利用动车组不售票车厢装运，选择客座率在 60% 以下的载客动车组共 25 趟，预留 1 节二等座车厢（双十一期间不售票），装运批量快件；三是利用每日不载客的确认线路状况的确认动车组列车装运
昆明局	昆明南站每天有 6 列高铁载客动车组列车及预留车厢，用来组织高铁集装件运输，昆明站始发 K1502 次（昆明至乌鲁木齐）加挂普速行李车 1 辆

五、服务水平不断提升

（一）专业物流持续做强

全路将集装箱运输作为铁路货运增量行动的重要着力点，突出发展铁水联运及国际联运，双层集装箱运输探索开行。2018 年 12 月，铁路部门在宁波至绍兴间成功首发双层集装箱班列，全面提升多式联运的效率和质量。充分发挥铁路规模化运输优势和物流资源优势，深化与一汽、东风、上汽等大客户的战略合作，加快推进商品汽车物流基地和物流作业点建设，大力发展商品汽车运输，提高商品汽车铁路运输比例。铁路加大冷冻品及港口冷藏箱市场开发力度，通过采取开行冷链班列、组织整列运输等方式，成功打造了一批冷链运输精品线路，铁路冷链运输成效显著。业务不断拓展，融资租赁、工程咨询、金融保险等业务增收创效水平逐步提升。

（二）设备技术不断进步

新型机车车辆、大型养路机械等技术装备研发取得新进展，自动化列控系统、智能牵引供电系统等进一步优化完善，新的信息化管理体制运转顺利。铁路主数据中心建设投入运用，货票电子化实现常态化。全国范围内形成 49 处编组站，综合自动化系统普及，自动化编组系统提升 4 成劳动生产率。全球首创、自主研发的编组站自动化系统（CIPS）已经应用于成都北、贵阳南、武汉北等全国 17 个大型车站，市场占有率达 60% 以上。实现了编组站的集中调度、集中控制以及货运列车到达、解体、溜放、编组及出发作业全过程自动化，能够减少 35% 的工作人员，提升 40% 的劳动生产率。

（北京交通大学交通运输学院物流工程系　张晓东　王志婷）

2018 年中国快递业

2018 年，我国全年快递业务量突破 500 亿件，连续 5 年保持全球快递业务量第一的地位，超过美、日、欧等发达经济体总和，占到全球快递业务量市场份额的 45% 以上。快递业直接新增社会就业 20 万人以上，支撑网上零售额 6.9 万亿元，占社会消费品零售额比重超过 19%，支撑跨境电子商务贸易超过 3500 亿元。快递服务进一步深入乡间地头，农村地区年收投快件量达 120 亿件，带动农产品进城和工业品下乡超过 7000 亿元。

一、2018 年我国快递业发展概况

（一）快递业主要统计数据

2018 年，全国快递服务企业业务量累计完成 507.1 亿件，同比增长 26.6%；业务收入累计完成 6038.4 亿元，同比增长 21.8%。其中，同城业务量累计完成 114.1 亿件，同比增长 23.1%；异地业务量累计完成 381.9 亿件，同比增长 27.5%；国际 / 港澳台业务量累计完成 11.1 亿件，同比增长 34%。2017—2018 年分专业快递业务量的发展情况如图 1 所示。

2018 年，同城、异地、国际 / 港澳台快递业务量分别占全部快递业务量的 22.5%、75.3% 和 2.2%（见图 2）；快递业务收入分别占全部快递业务收入的 15.0%、51.4% 和 9.7%（见图 3）。与 2017 年同期相比，同城快递业务量的比重下降 0.6 个百分点，异地快递业务量的比重上升 0.5 个百分点，国际 / 港澳台业务量的比重上升 0.1 个百分点。

2018 年，东、中、西部地区快递业务量比重分别为 79.9%、12.3% 和 7.8%，业务收入比重分别为 80.0%、11.2% 和 8.8%（见图 4 和图 5）。与 2017 年同期相比，东部地区快递业务量比重下降 1.2 个百分点，快递业务收入比重下降 0.9 个百分点；中部地区快递业务量比重上升 0.7 个百分点，快递业务收入比重上升 0.4 个百分点；西部地区快递业务量比重和快递业务收入比重均上升 0.5 个百分点。

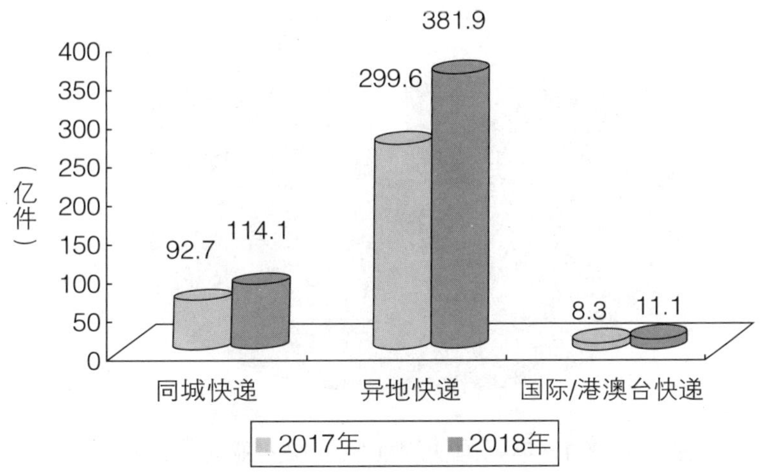

图 1　2017—2018 年分专业快递业务量的发展情况

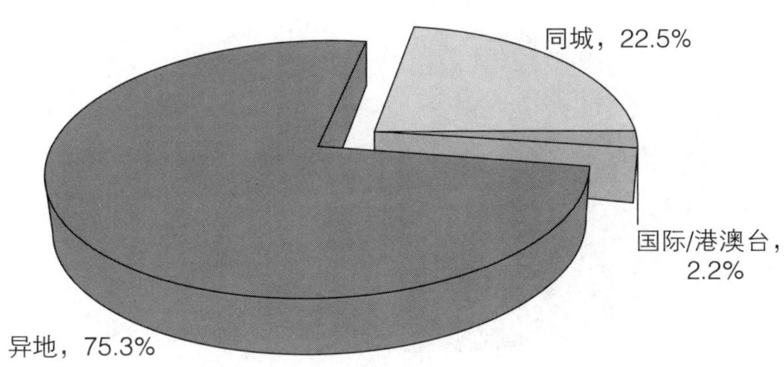

图 2　2018 年我国快递业务量结构

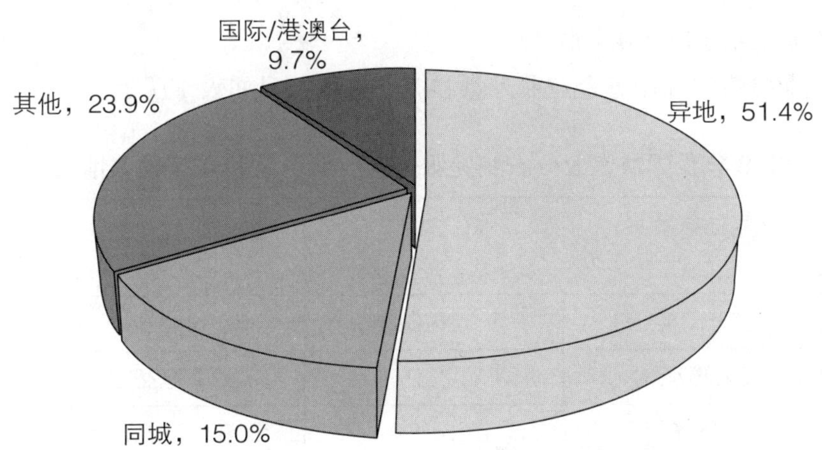

图 3　2018 年我国快递业务收入结构

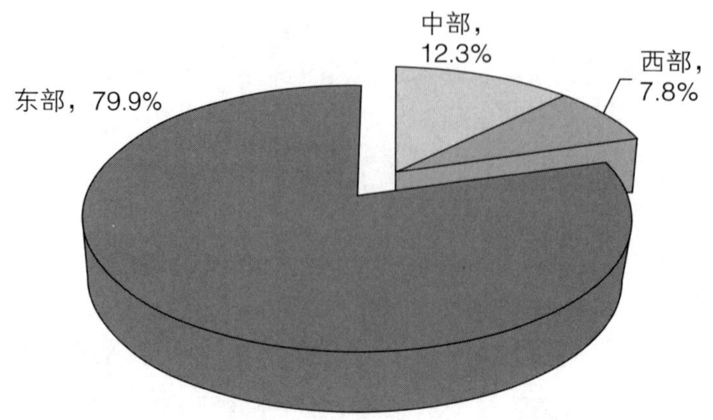

图 4　2018 年我国快递业地区快递业务量结构

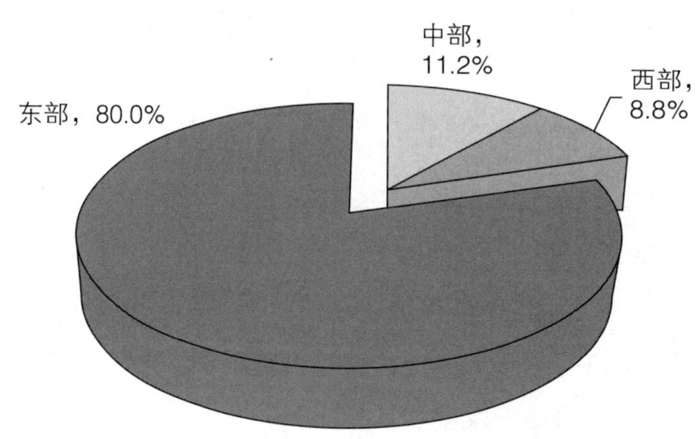

图 5　2018 年我国快递业地区快递业务收入结构

（二）快递企业业务指标对比

1. 分省快递服务企业业务量和业务收入

2018 年我国快递业分省快递服务企业业务量和业务收入情况如表 1 所示。

表 1　2018 年我国快递业分省快递服务企业业务量和业务收入情况

区域	快递业务量累计（万件）	同比增长（%）	快递收入累计（万元）	同比增长（%）
全国	5071042.9	26.6	60384253.7	21.8
北京市	220875.6	−2.9	3310328.2	9.0
天津市	57576.7	14.7	874555.6	14.6
河北省	174136.2	45.9	1807779.7	42.9

续 表

区域	快递业务量累计（万件）	同比增长（%）	快递收入累计（万元）	同比增长（%）
山西省	30332.9	24.5	385467.2	28.5
内蒙古自治区	15182.3	37.6	299100.7	24.8
辽宁省	65363.7	27.1	879726.8	29.3
吉林省	22637.5	28.8	377131.5	23.9
黑龙江省	30177.2	30.2	464325.9	29.5
上海市	348648.8	11.9	10202806.0	17.4
江苏省	438935.4	22.1	4808932.1	17.8
浙江省	1011050.7	27.5	7793024.1	16.6
安徽省	112322.4	30.1	1110120.0	23.9
福建省	211613.4	27.4	2066842.1	27.6
江西省	61929.5	41.5	670877.1	36.4
山东省	218701.1	44.4	2283960.8	33.9
河南省	152631.6	42.1	1529449.7	31.9
湖北省	135307.7	33.6	1437737.2	20.8
湖南省	78932.6	33.4	804691.3	25.4
广东省	1296195.7	27.9	14117279.4	23.1
广西壮族自治区	48101.1	51.5	615000.7	37.1
海南省	7107.1	20.1	163135.3	28.5
重庆市	45795.4	39.3	580358.4	29.7
四川省	145991.7	31.8	1671575.4	31.1
贵州省	21193.7	34.3	404531.8	29.9
云南省	33999.1	49.3	471438.1	30.9
西藏自治区	725.8	27.9	24297.1	18.6
陕西省	56876.5	24.3	673078.9	19.4
甘肃省	8911.6	23.7	188515.3	27.3

续 表

区域	快递业务量累计（万件）	同比增长（%）	快递收入累计（万元）	同比增长（%）
青海省	1897.2	30.9	47871.9	23.3
宁夏回族自治区	6771.3	82.0	81303.0	19.9
新疆维吾尔自治区	11121.4	23.0	239012.4	26.1

2. 快递业务量

2018 年我国快递业务量排位前 50 的城市如表 2 所示。

表 2　　2018 年我国快递业务量排位前 50 的城市

排名	城市	快递业务量累计（万件）	排名	城市	快递业务量累计（万件）
1	广州市	506447.8	19	汕头市	57480.8
2	金华（义乌）市	366123.2	20	嘉兴市	53787.6
3	上海市	348648.8	21	石家庄市	52268.3
4	深圳市	320825.6	22	无锡市	51181.9
5	杭州市	258910.0	23	佛山市	47657.0
6	北京市	220875.6	24	合肥市	47287.7
7	东莞市	133853.6	25	重庆市	45795.4
8	苏州市	124563.0	26	长沙市	44408.0
9	成都市	104785.4	27	济南市	43195.5
10	泉州市	97247.4	28	绍兴市	41993.7
11	揭阳市	95962.0	29	福州市	40904.9
12	武汉市	92636.3	30	西安市	39944.9
13	温州市	91485.0	31	南通市	39362.0
14	宁波市	78474.8	32	青岛市	38323.4
15	南京市	76634.5	33	中山市	36025.8
16	台州市	70312.4	34	保定市	35530.9
17	郑州市	68246.3	35	临沂市	33324.6
18	天津市	57576.7	36	沈阳市	31208.1

续　表

排名	城市	快递业务量累计（万件）	排名	城市	快递业务量累计（万件）
37	厦门市	30310.2	44	常州市	22811.4
38	湖州市	30069.4	45	昆明市	22367.4
39	南昌市	27718.2	46	哈尔滨市	21684.8
40	惠州市	27408.7	47	宿迁市	20800.4
41	徐州市	26250.9	48	潍坊市	18902.2
42	南宁市	25097.6	49	扬州市	15459.5
43	廊坊市	24482.2	50	大连市	15349.3

3. 快递业务收入

2018 年我国快递业务收入排位前 50 的城市如表 3 所示。

表 3　　2018 年我国快递业务收入排位前 50 的城市

排名	城市	快递业务收入累计（万元）	排名	城市	快递业务收入累计（万元）
1	上海市	10202806.0	14	泉州市	775398.2
2	广州市	4797456.2	15	郑州市	749027.7
3	深圳市	4357146.7	16	揭阳市	697920.9
4	北京市	3310328.2	17	温州市	663255.5
5	杭州市	2966169.2	18	佛山市	642942.7
6	金华（义乌）市	1699417.6	19	无锡市	588337.4
7	东莞市	1669023.1	20	重庆市	580358.4
8	苏州市	1557928.9	21	石家庄市	547646.9
9	成都市	1121953.5	22	嘉兴市	535876.7
10	武汉市	927295.2	23	青岛市	502220.0
11	天津市	874555.6	24	济南市	483830.3
12	南京市	867342.9	25	西安市	475782.6
13	宁波市	867172.0	26	合肥市	464941.0

续 表

排名	城市	快递业务收入累计（万元）	排名	城市	快递业务收入累计（万元）
27	长沙市	442470.6	39	南昌市	308613.7
28	厦门市	427861.9	40	惠州市	301136.5
29	福州市	402478.5	41	绍兴市	298898.6
30	中山市	400470.5	42	昆明市	278393.0
31	台州市	399576.8	43	大连市	268236.1
32	汕头市	374700.0	44	廊坊市	252038.3
33	南通市	366225.6	45	临沂市	229716.9
34	沈阳市	364519.5	46	长春市	225978.3
35	常州市	345195.2	47	潍坊市	214581.6
36	保定市	323373.5	48	湖州市	204935.9
37	哈尔滨市	314063.2	49	徐州市	201856.3
38	南宁市	312827.6	50	烟台市	177352.5

4. 2018 年快递服务满意度调查情况

（1）基本情况。

2018 年快递服务满意度调查范围覆盖 50 个城市，包括省会城市、直辖市以及 19 个快递业务量较大的重点城市，具体为：北京、天津、石家庄、太原、呼和浩特、沈阳、长春、哈尔滨、上海、南京、杭州、合肥、福州、南昌、济南、郑州、武汉、长沙、广州、南宁、海口、重庆、成都、贵阳、昆明、拉萨、西安、兰州、西宁、银川、乌鲁木齐、大连、苏州、无锡、宁波、金华、温州、芜湖、厦门、泉州、青岛、洛阳、株洲、深圳、东莞、中山、揭阳、桂林、遵义和宝鸡。

测试对象为 2017 年国内快递业务总量排名靠前的 10 家全网型快递服务品牌，包括：邮政 EMS、顺丰速运、圆通速递、中通快递、申通快递、韵达速递、百世快递、京东物流、德邦快递和优速快递。

调查由 2018 年使用过快递服务的用户对受理、揽收、投递、售后和信息服务 5 个快递服务环节及 22 项基本指标进行满意度评价，通过计算机辅助电话访问和在线调查等方式，共获得有效样本 91593 个。

（2）调查结果。

调查结果显示，2018 年用户对于快递业的服务总体满意度略有提升，公众满意度保持上升势头。2018 年快递服务总体满意度得分为 75.9 分，较 2017 年上升 0.2 分；公众满意度得分为 81.7 分，较 2017 年上升 0.9 分，快递服务的公众评价稳中向好；时测满意度得分为 70.1 分，较 2017 年下降 0.6 分。

快递企业总体满意度排名依次为：顺丰速

运、邮政 EMS、京东物流、中通快递、韵达速递、圆通速递、百世快递、申通快递、德邦快递、优速快递。其中，中通快递与邮政 EMS 的公众满意度上升较为明显。

公众满意度方面，在涉及评价的 5 项二级指标中，受理环节满意度得分为 86.9 分，较 2017 年上升 2.3 分；揽收环节满意度得分为 84.1 分，较 2017 年下降 0.3 分；投递环节满意度得分为 85.1 分，较 2017 年上升 4.0 分，进步明显；售后环节满意度得分为 70.0 分；信息服务环节满意度得分为 81.8 分。

在涉及评价的 22 项基本指标中，用户满意度较高的指标是：普通电话下单、送达质量、揽收员服务、智能快件箱投递、派件员服务、网络下单、统一客服下单、封装质量、住宅投递、上门时限、物流信息及时性和准确性、公共服务站下单。满意度有所上升的指标是：送达质量、送达范围感知、派件员服务、统一客服下单、投诉服务、发票服务、时限感知、网络下单、普通电话下单。满意度有所降低的指标是问题件处理服务。

在受理环节，普通电话下单、统一客服下单、网络下单满意度得分分别为 88.5 分、85.9 分、86.0 分，与 2017 年相比均有改善。各快递企业在普通电话下单服务方面差异较小，服务均达到较高水平。网络下单作为一种新型受理方式得到用户认可，但仍有进一步提升空间。在受理环节表现较好的企业有：顺丰速运、中通快递和韵达速递。

在揽收环节，上门时限、封装质量、揽收员服务满意度得分分别为 84.1 分、85.1 分、86.9 分，与 2017 年相比均有一定幅度的下降；快递费用满意度得分为 82.4 分，与 2017 年持平。在揽收环节表现较好的企业有：顺丰速运、中通快递、邮政 EMS、百世快递。

在投递环节，时限感知、送达质量、送达范围感知、派件员服务满意度得分分别为 81.0 分、87.6 分、82.6 分、86.4 分，与 2017 年相比均进步明显；智能快件箱投递满意度得分为 86.6 分，服务达到较高水平。在投递环节表现较好的企业有：顺丰速运、京东物流、中通快递、邮政 EMS、韵达速递。

在售后环节，投诉服务与发票服务满意度得分分别为 53.3 分、82.5 分，与 2017 年相比分别上升 3.1 分、2.9 分，进步明显；问题件处理服务满意度得分为 65.7 分，较 2017 年下降 2.1 分，值得关注；损失赔偿服务满意度得分为 61.6 分，需进一步提升。在售后环节表现较好的企业有：京东物流、顺丰速运、中通快递、邮政 EMS 和德邦快递。

在信息服务环节，物流信息及时性和准确性、全程信息推送、个人信息安全保护满意度得分分别为 83.9 分、80.9 分、80.4 分。在信息服务环节表现较好的企业有：京东物流、顺丰速运、中通快递、韵达速递。

在不同区域中，我国中部地区服务表现最好，中、西部地区满意度得分继续上升，表明“快递向西、向下”成效继续显现。东北地区满意度得分较高，华北、华南地区上升明显。用户对城市寄往农村或偏远地区快递服务的满意度得分为 78.0 分，较 2017 年上升 3.3 分。2018 年快递公众满意度得分居前 15 位的城市是：青岛、洛阳、郑州、沈阳、济南、大连、呼和浩特、石家庄、桂林、长春、天津、芜湖、乌鲁木齐、北京、株洲。

5. 2018 年快递服务时限准时率测试结果

（1）基本情况。

2018 年快递服务时限测试范围覆盖 50 个城市，包括省会城市、直辖市以及 19 个快递业务量较大的重点城市，具体为：北京、天津、石家庄、太原、呼和浩特、沈阳、长春、哈尔滨、上海、南京、杭州、合肥、福州、南昌、济南、郑州、武汉、长沙、广州、南宁、海口、重庆、成都、贵阳、昆明、拉萨、西安、兰州、西宁、银川、乌鲁木齐、大连、苏州、无锡、宁波、金华、温州、芜湖、厦门、泉州、青岛、洛阳、株洲、深圳、东莞、中山、揭阳、桂林、遵义和宝鸡。

测试对象为2017年国内快递业务总量排名靠前的10家全网型快递服务品牌，包括：邮政EMS、顺丰速运、圆通速递、中通快递、申通快递、韵达速递、百世快递、京东物流、德邦快递和优速快递。测试方式为系统抽样测试和实际寄递测试，有效样本约400万个。

（2）测试结果。

全程时限：2018年全国重点地区快递服务全程时限（注：与2017年算法相同。为使计算方法更为严谨科学，依据被测试企业业务量占比，采用加权平均法替代以往算术平均法，并对历史数据进行了同口径调整，调查样本为异地快件）为56.84小时，较2017年延长0.82小时。72小时准时率为78.97%，较2017年提高0.3个百分点。从各月表现来看，6月、7月、8月时限准时率较高；受电商集中促销影响，11月时限准时率略低；受春节假期及天气影响，1月、2月时限准时率全年最低。

分环节时限：寄出地处理环节平均时限为9.22小时，运输环节平均时限为33.96小时，寄达地处理环节平均时限为9.25小时，投递环节平均时限为4.41小时。四个环节中，寄出地处理时限和寄达地处理时限均有改善，运输时限、投递时限有一定延长。

不同寄送距离时限：1000公里以下平均时限为44.61小时，较2017年缩短0.06小时；1000~2000公里平均时限为56.19小时，较2017年缩短0.03小时；2000~3000公里平均时限为67.35小时，较2017年延长0.66小时；3000公里以上平均时限为79.08小时，较2017年延长2.68小时。2000公里以下快递时限基本保持稳定，3000公里以上有较为明显的延长。

分区域时限：寄往东部地区的快件平均时限为56.51小时，较2017年缩短0.09小时；寄往中部地区的快件平均时限为58.38小时，较2017年缩短0.3小时；寄往西部地区的快件平均时限为63.56小时，较2017年延长1.21小时。2018年9家快递服务品牌主要时限指标排名如表4所示。

表4　　2018年9家快递服务品牌主要时限指标排名

排名＼时限	全程时限	寄出地处理时限	运输时限	寄达地处理时限	投递时限	72小准时率
顺丰速运	1	1	1	1	1	1
邮政EMS	2	3	2	2	2	2
韵达速递	3	2	5	3	7	3
中通快递	4	6	4	4	5	4
圆通速递	5	8	3	6	3	6
申通快递	6	7	7	5	4	7

续 表

排名＼时限	全程时限	寄出地处理时限	运输时限	寄达地处理时限	投递时限	72 小准时率
百世快递	7	5	6	8	6	5
德邦快递	8	9	8	7	8	8
优速快递	9	4	9	9	9	9

6. 2017—2018 年 1—12 月快递有效申诉数量如图 6 所示

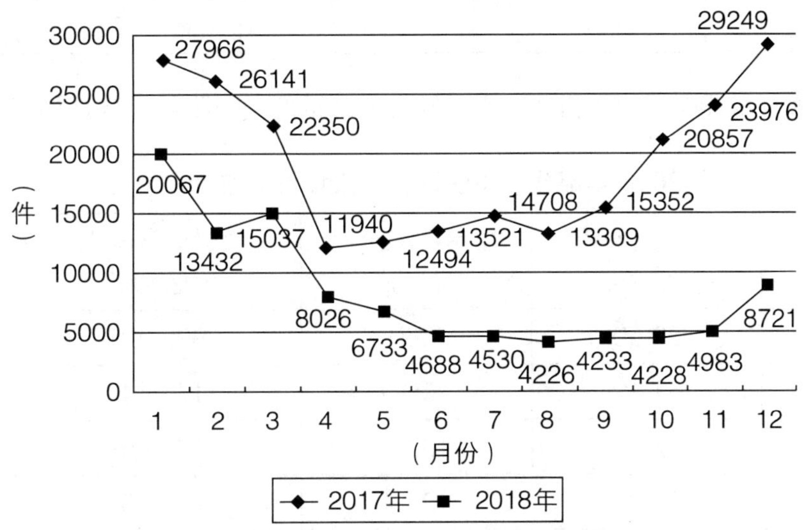

图 6　2017—2018 年 1—12 月快递有效申诉数量

7. 2018 年 1—12 月中国快递发展指数与各分项具体指数如表 5 所示

表 5　2018 年 1—12 月中国快递发展指数与各分项具体指数

月份	中国快递发展指数	发展规模指数	服务质量指数	发展能力指数	发展趋势指数
1	132.4	166.3	122.8	133.8	54.8
2	86.7	74.3	107.6	82.6	73.3
3	140.8	163.3	137.5	142.0	79.3
4	148.8	152.1	186.9	134.6	66.7
5	171.2	172.6	229.4	144.5	72.2
6	176.2	173.9	239.9	147.7	77.6

续 表

月份	中国快递发展指数	发展规模指数	服务质量指数	发展能力指数	发展趋势指数
7	170.0	166.2	240.2	135.3	74.1
8	173.3	168.0	252.5	135.0	66.0
9	179.9	183.0	252.9	146.5	60.8
10	174.4	187.8	229.2	143.8	62.1
11	183.7	233.5	184.0	175.5	57.7
12	160.0	217.1	140.7	157.6	54.0

8. 2018 年部分大型快递企业市场份额（截至发稿未公示的公司除外）统计如表 6 所示

表 6　　2018 年部分大型快递企业市场份额统计

序号	企业名称	快递业务量（亿件）	快递市场份额（%）	快递业务收入（亿元）	净利润（亿元）
1	顺丰	38.50	7.60	909.43	45.59
2	申通	51.12	10.10	170.14	20.45
3	韵达	67.78	13.80	138.28	26.60
4	圆通	66.65	13.14	274.65	19.04
5	中通	85.70	16.90	176.00	43.80
6	百世	54.70	10.80	177.00	—
7	其他	142.57	27.66	4192.90	—

二、2018 年快递业发展特点

（一）快递业务增速进一步下降，品牌集中度指数上升

根据国家邮政局统计对比分析，2018 年全国快递业务量较 2017 年增速下降 1.4%；业务收入较 2017 年增速下降 2.9%，件均收入 11.9 元，较 2017 年 12.36 元，减少了 0.46 元，同比下降 3.7%；快递与包裹服务品牌集中度指数 CR8 为 81.2，较 2017 年快递与包裹服务品牌集中度指数 CR8 的 78.7，上升了 2.5。

（二）重要的法律法规和意见颁布，快递业的法律法规进一步完善

国务院总理李克强签署国务院令，《快递暂行条例》于 2018 年 2 月 7 日在国务院第 198 次常务会议通过，自 2018 年 5 月 1 日起施行。

《中华人民共和国电子商务法》已于 2018 年

8月31日由中华人民共和国第十三届全国人民代表大会常务委员会第五次会议通过，自2019年1月1日起施行。

2018年1月23日，国务院发布《国务院办公厅关于推进电子商务与快递物流协同发展的意见》（国办发〔2018〕1号）。

2018年3月23日，公布国家邮政局办公室关于印发《2018年深化邮政业供给侧结构性改革工作要点》的通知。

2018年10月22日，交通运输部公布《邮件快件实名收寄管理办法》，自公布之日起施行。

《中华人民共和国电子商务法》和《快递暂行条例》将快递业发展提升到国家层面，法律法规的覆盖范围进一步扩大。

（三）“三上”工程提升行业竞争硬实力

快递运输环节显著改善。2018年，快递业已经拥有3家航空货运公司，自有全货机达113架。除了中国邮政航空的南京机场快件枢纽外，顺丰湖北鄂州机场加紧建设，圆通嘉兴机场航空枢纽项目启动。多个城市开通航空快件绿色通道，为航空快件提供优先配舱、优先安检、加速通关服务。顺丰与中铁快运合资推出“高铁快递”的“极速达”产品已开通运营431条线路，覆盖58个大中城市，新增运能250吨。

（四）快递末端配送模式呈现多样化、规模化

随着“快递入区”工程有效推进，以住宅投递、智能快件箱投递和公共服务站投递等模式互为补充的末端投递服务新格局已初步形成。截至2018年年底，全国范围内已建设7.1万个快递末端公共服务站点，投入运营27.2万组智能快件箱。末端快递公共平台化、集约化发展成为趋势。同时，同城即时递送、网络服务平台等新模式、新业态也在兴起。2018年，全国新增“邮乐购”站点5万个，累计达到46万个，县乡村三级邮政服务体系日益完善。同时，持续推进“快递下乡”，全国乡镇快递网点覆盖率达到92.4%，21个省份实现乡镇快递网点全覆盖。

（五）科技应用助推快递业务效率进一步提升

大数据、云计算、机器人等现代信息技术和装备加快应用，让仓配一体化、车辆智能调度管理、科学配载、路由优化等效率大幅度提升，减少了对人员的需求，逐步开始缓解“用工难”问题。如“智能算法+自动化流水线+分拣机器人”模式可以节省70%的人工，大型自动化分拣中心已建成232个。与此同时，支撑快递分拣基础电子运单使用率已达92%，极大地提升了工作效率。无人机、无人车、无人仓的“三无”模式针对特殊的应用场景开始进入使用阶段。

（六）快递市场进一步细分，专业化程度越来越高

针对不同客户的需求，快递产品越来越细。当日达、次日达、隔日达、定时达、限时达等多种方式构成的产品线不断丰富，快递业开始以规模化向即时配送、冷链、医药等新兴服务拓展，大型快递企业加快向综合物流服务商转型。快递开始从“递”向承诺定时“快”转型升级。高校快递规范收投率达到98.7%。

（七）快递业的绿色工程有序推动

一是政策标准体系不断健全。配合推动出台《中华人民共和国电子商务法》，明确快递绿色包装的上位法依据，制修订《快递封装用品》系列国标和《邮件快件包装填充物技术要求》等行业标准，印发《快递业绿色包装指南（试行）》。

二是落实绿色包装行动。邮政企业实施新能源车辆、电子运单、绿色包装材料和绿色金融4项行动计划。行业电子运单使用率达到92%，纸张使用量仅占传统运单的1/12左右。有6个快

递企业品牌开展可循环中转袋（箱）替代一次性塑料编织袋试点，3 个品牌研发应用循环快递箱和可降解包装材料。快递企业相继推行胶带“瘦身计划”，采用 35 毫米或者 40 毫米的低宽度规格胶带，宽度较 50 毫米以上的传统胶带缩减 25% 以上，预计每年至少能减少胶带用量上亿米。据初步统计，主要品牌快递企业通过采取减少过度包装、循环利用纸箱等措施，每年至少可节约快递封装用品 55 亿个；普及电子面单，每年至少可节约传统纸质面单 314 亿张。

三是在城市配送推广使用新能源和清洁能源车辆，行业新能源汽车保有量超过 1.2 万辆。

（八）快递加盟商盈利能力还在持续下降

电商货源优势对快递价格的“打压”、快递企业之间的同质化竞争以及快递人工成本的上涨，三重因素叠加在一起，让快递加盟商的利润继续呈现下滑趋势。加盟模式快递企业的部分网点开始通过公共配送平台进行集约化配送，降低配送成本。

而深层原因之一是产业集中度很低，同质化竞争程度依然严重，故而结果就是引发价格战。尽管 2018 年我国快递与包裹服务品牌集中度指数 CR8 为 81.2，但与市场集中度是不同的概念。市场集中度低的特征是产品同质化程度很高，定价权分散且随意。

因此，我们要清醒地认识到，2018 年我国快递业大而不强、大而不优的情况尚未改变，提高供给质量和效益的任务还很繁重，转变发展方式、完善行业生态体系的任务还很繁重，实现行业治理体系和治理能力现代化的任务还很繁重。

三、2018 年我国快递业发展大事记

（一）顺丰速运首次入围“2018 年 BrandZ 全球最具价值品牌 100 强排行榜”。2018 年 5 月 29 日，“2018 年 BrandZ 全球品牌价值 100 强”发布，顺丰速运首次上榜，名列第 90 位，品牌价值 145.37 亿美元。

（二）圆通速递第 10 架自有全货机投入营运。2018 年 5 月 15 日，杭州圆通货运航空有限公司第 10 架自有全货机 B757-200（B-2812）于厦门完成交付，调机回杭州，并立即投入杭州至成都航线营运。

（三）阿里巴巴联手菜鸟入股中通。2018 年 5 月 29 日，阿里巴巴、菜鸟与中通快递宣布达成战略投资协议，阿里巴巴、菜鸟等向中通快递投资 13.8 亿美元，持股约占 10%。

（四）中通快递 1.68 亿美元投资菜鸟驿站，获约 15% 股份。

（五）顺丰速运超越佐川急便跻身全球快递企业五强。2018 年 7 月 19 日，世界 500 强发布，中国邮政排名大幅上升，跃至国家邮政系亚军，顺丰速运则被认为有望在 2021 年冲击世界 500 强的榜单。

（六）《中华人民共和国电子商务法》审议通过。2018 年 8 月 31 日，第十三届全国人民代表大会常务委员会第五次会议通过《中华人民共和国电子商务法》。其中，第五十一条规定，合同标的为交付商品并采用快递物流方式交付的，收货人签收时间为交付时间；第五十二条规定，电子商务当事人可以约定采用快递物流方式交付商品。

（七）顺丰速运牵手中铁快运“坐”高铁。2018 年 8 月 29 日，中国铁路总公司所属中铁快运股份有限公司和深圳顺丰泰森控股（集团）有限公司成立的合资公司中铁顺丰国际快运有限公司在深圳揭牌成立。合资公司中，中铁快运占股 55%，顺丰占股 45%。

（八）快递网点乡镇覆盖率逾 90%。截至 2018 年 8 月，全国快递网点乡镇覆盖率超过了

90%，建制村直接通邮率超过 97%。通过“邮政在乡”“快递下乡”工程，邮政企业新增“邮乐购”站点 10.8 万个，快递企业打造服务现代农业“一地一品”项目 905 个，2018 年上半年农村地区累计收寄快件 44 亿件，支撑工业品下乡和农产品进城货值超 2600 亿元。

（九）圆通速递正式发布独立品牌“承诺达特快”。2018 年 10 月，圆通速递举行新总部大楼启用典礼，并对外发布独立品牌“承诺达特快”。该品牌对标国际、服务中高端客户，致力于打造高品质、高科技、国际化的快递供应链网络。圆通由此正式开启“圆通速递”与“承诺达特快”双品牌运行的新征程。

（十）我国快递对世界快递增长贡献率超过一半。2018 年 10 月 9 日是第 49 届世界邮政日。我国快递业务量连续 4 年稳居世界第一，年业务量占全球 45% 以上，对世界快递增长贡献率超过一半。

（十一）顺丰收购 DHL 在华供应链业务作价 55 亿元。2018 年 10 月 26 日，顺丰控股公告称，拟以现金方式收购全球物流巨头德国邮政敦豪集团（Deutsche Post DHL Group，DHL）旗下两家供应链子公司的全部股权，整合 DHL 在中国大陆、香港和澳门地区的供应链业务。

（十二）京东物流首架全货机成功完成首航。2018 年 11 月 6 日，京东物流的第一架全货机成功完成首航，意味着京东物流从此进入全货机时代。这架飞机是从广州起飞、由波音 737 飞机执飞的 HT3806 次航班，经过约 3 小时的飞行、跨越 1900 余公里，在天津滨海机场平稳着陆。

（十三）全国快递末端网点备案数量突破 10 万个。2018 年，全国快递末端网点备案数量已突破 10 万个，平均办理时间缩短至 1.4 个工作日，全面实现全流程在线办理“一网通办”、企业“一次不用跑”。

（十四）顺丰控股、京东物流等入围 2018 年中国物流企业 50 强。据榜单显示，进入榜单前十的企业中有中国远洋海运集团有限公司、中国外运股份有限公司、顺丰控股股份有限公司、中铁物资集团有限公司、京东物流集团等。德邦物流股份有限公司等均入围 2018 年中国物流企业 50 强。

（十五）顺丰、德邦再次入围“中国最佳雇主 30 强”，分列第 5 位和第 15 位。此外，顺丰还成为“最受大学生关注雇主”之一，菜鸟网络入围“最具智造精神雇主”，联邦快递（中国）入围“最具潜力雇主”。

（十六）顺丰货机规模达到 50 架、已达到中等航空公司标准。2018 年 12 月 22 日，顺丰集团宣布，顺丰航空第 50 架新运力于 2018 年 12 月 21 日正式投入运行，这是顺丰航空机队建设的标志性突破。从此，顺丰航空正式迈入中型航空公司行列。

（十七）嘉兴军民合用机场工程奠基，圆通全球航空物流枢纽建设启动。2018 年 12 月 24 日，嘉兴军民合用机场工程奠基暨配套工程开工仪式举行，嘉兴市委书记张兵宣布开工，嘉兴市代市长毛宏芳、圆通蛟龙集团董事长喻渭蛟等出席并讲话。这意味着圆通集团投资的全球航空物流枢纽项目启动建设。

（快递物流咨询网　徐勇　徐梦馨）

2018年中国航空货运业

2018年，航空货运业以习近平新时代中国特色社会主义思想为指导，全面贯彻党的十九大和十九届二中、三中全会以及中央经济工作会议精神，坚持稳中求进总基调，坚持供给侧结构性改革，全面落实民航行业“践行一个理念、推动两翼齐飞、坚守三条底线、完善三张网络、补齐四个短板”的总体工作思路，积极推进“一加快、两实现”战略进程，圆满完成各项工作任务。

一、航空货运业情况

2018年，我国发展面临多年来少有的国内外复杂严峻形势，经济出现新的下行压力，航空货运业紧扣行业发展的主要矛盾和瓶颈制约，步步为营，攻坚克难，行业发展保持了稳中有进的良好态势。

（一）运输周转量

2018年，全行业完成运输总周转量（包括民航旅客周转量、行李周转量、邮件周转量和货物周转量）1206.53亿吨公里，比上年增长11.4%。国内航线完成运输总周转量771.51亿吨公里，比上年增长11.1%，其中港澳台航线完成17.51亿吨公里，比上年增长8.8%；国际航线完成运输总周转量435.02亿吨公里，比上年增长12.0%。

全行业完成货邮（货物和邮件，下同）周转量262.50亿吨公里，比上年增长7.8%。国内航线完成货邮周转量75.47亿吨公里，比上年增长3.4%，其中港澳台航线完成3.01亿吨公里，比上年下降1.2%；国际航线完成货邮周转量187.03亿吨公里，比上年增长9.6%。2014—2018年航空货邮周转量及增长变化情况如图1所示。

（二）货邮运输量

2018年，全行业完成货邮运输量738.51万吨，比上年增长4.6%。国内航线完成货邮运输量495.79万吨，比上年增长2.5%，其中港澳台航线完成23.48万吨，比上年下降2.8%；国际航线完成货邮运输量242.72万吨，比上年增长9.3%。2014—2018年航空货邮运输量及增长变化情况如图2所示。

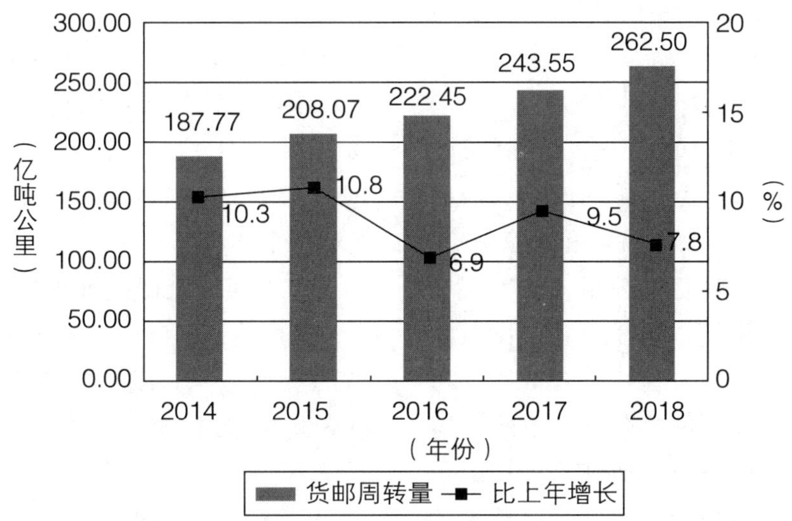

图1　2014—2018年航空货邮周转量及增长变化情况

数据来源：《2018年民航行业发展统计公报》。

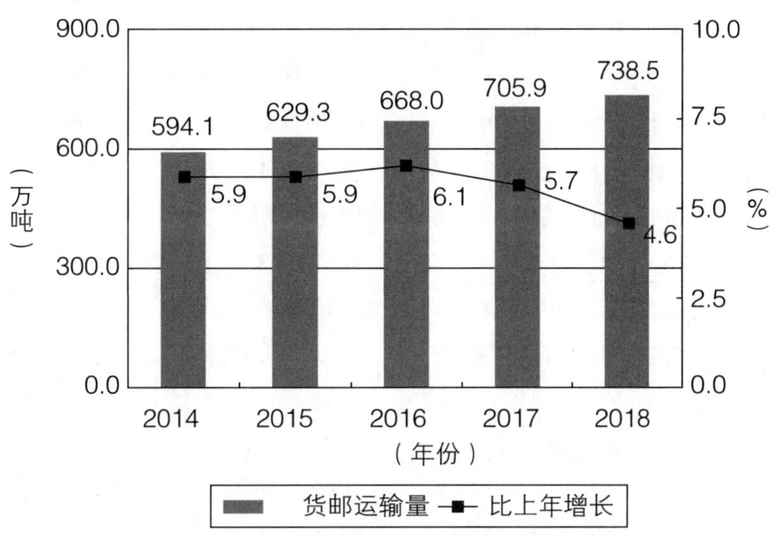

图2　2014—2018年航空货邮运输量及增长变化情况

数据来源：《2018年民航行业发展统计公报》。

（三）运输航空企业数量

截至2018年年底，我国共有运输航空公司60家，比上年年底净增2家，按不同所有制类别划分，国有控股公司45家，民营和民营控股公司15家。在全部运输航空公司中，全货运航空公司9家，中外合资航空公司10家，上市公司8家。

（四）运输机队

截至2018年年底，民航全行业运输飞机期末在册架数3639架，比上年年底增加343架。

其中货运飞机 160 架，比上年增加 12 架，在运输机队中占比 4.4%。

（五）运输航空（集团）公司货邮量

2018 年，中航集团（包括国航、国际货运航空、深圳航空、山东航空、昆明航空、西藏航空、国航内蒙古公司、大连航空和北京航空）完成运输总周转量 312.53 亿吨公里，比上年增长 9.1%；完成货邮运输量 209.11 万吨，比上年增长 4.0%。

2018 年，东航集团（包括东航、中国货运航空、上海航空联合航空、东航江苏公司、东航武汉公司和东航云南公司）完成运输总周转量 232.73 亿吨公里，比上年增长 9.1%；完成货邮运输量 144.30 万吨，比上年增长 0.3%。

2018 年，南航集团（包括南航、厦门航空、南航河南航空、贵州航空、汕头航空、重庆航空、河北航空、珠海航空和江西航空）完成运输总周转量 303.34 亿吨公里，比上年增长 11.2%；完成货邮运输量 173.23 万吨，比上年增长 3.6%。

2018 年，海航集团（包括海南航空、首都航空、天津航空、金鹏航空、大新华航空、祥鹏航空、西部航空、长安航空、福州航空、乌鲁木齐航空、北部湾航空、桂林航空和新华航空）完成运输总周转量 194.42 亿吨公里，比上年增长 15.5%；完成货邮运输量 86.14 万吨，比上年增长 10.1%。

2018 年，其他航空公司共完成运输总周转量 163.51 亿吨公里，比上年增长 14.9%，完成货邮运输量 125.73 万吨，比上年增长 8.9%。

（六）运输机场

截至 2018 年年底，我国共有颁证运输机场 235 个，比上年年底增加 6 个，2018 年新增机场分别为甘肃陇南机场、新疆若羌机场、青海海北机场、河南信阳机场、湖南岳阳机场、新疆图木舒克机场。

2018 年，安康机场和梧州长洲岛机场停航。

颁证运输机场按飞行区指标分类：4F 级机场 12 个，4E 级机场 35 个，4D 级机场 40 个，4C 级机场 142 个，3C 级机场 5 个，3C 级以下机场 1 个。

2018 年，全行业新开工、续建机场项目 174 个，新增跑道 6 条，停机位 305 个，航站楼面积 133.1 万平方米。截至 2018 年年底，全行业运输机场共有跑道 255 条，停机位 5800 个，航站楼面积 1454.58 万平方米。

（七）机场货邮吞吐量

2018 年全国民航运输机场完成货邮吞吐量 1674.02 万吨，比上年增长 3.5%。2014—2018 年全国民航运输机场货邮吞吐量及增长变化情况如图 3 所示。

其中，2018 年东部地区（包括北京、上海、山东、江苏、天津、浙江、海南、河北、福建和广东 10 省市）完成货邮吞吐量 1245.75 万吨，比上年增长 2.5%；东北地区（包括黑龙江、辽宁和吉林 3 省）完成货邮吞吐量 55.07 万吨，比上年增长 0.6%；中部地区（包括江西、湖北、湖南、河南、安徽和山西 6 省）完成货邮吞吐量 113.42 万吨，比上年增长 10.5%；西部地区（包括宁夏、陕西、云南、内蒙古、广西、甘肃、贵州、西藏、新疆、重庆、青海和四川 12 省市区）完成货邮吞吐量 259.78 万吨，比上年增长 6.3%。

2018 年，全国民航运输机场完成航班起降 1108.83 万架次，比上年增长 8.2%。其中运输飞行 937.27 万架次，比上年增长 7.4%。

2018 年，年货邮吞吐量 1 万吨以上的运输机场 53 个，其中北京、上海和广州三大城市机场货邮吞吐量占全部境内机场货邮吞吐量的 48.8%，比上年降低 1.1 个百分点。

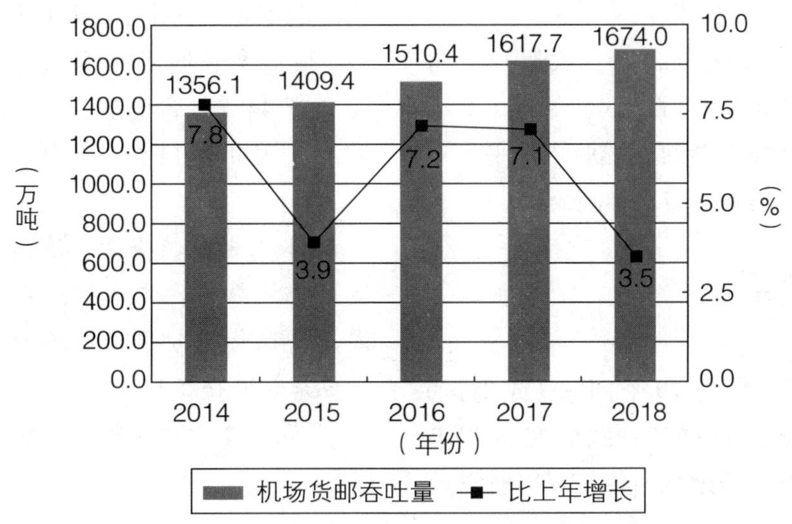

图3 2014—2018年全国民航运输机场货邮吞吐量及增长变化情况

数据来源：《2018年民航行业发展统计公报》。

二、通用航空

（一）通用航空企业数量

截至2018年年底，获得通用航空经营许可证的通用航空企业422家。其中，华北地区96家，中南地区37家，华东地区106家，东北地区89家，西南地区52家，西北地区27家，新疆地区15家。

（二）机队规模

2018年年底，通用航空在册航空器总数达到2495架，其中教学训练用飞机692架。

（三）通航机场

2018年，共有126座通用机场获得颁证，全行业颁证通用机场数量达到202座。

（四）飞行小时

2018年，全行业完成通用航空生产飞行93.71万小时，比上年增长11.9%。其中，载客类作业完成8.47万小时，比上年增长7.9%；作业类作业完成15.39万小时，比上年增长6.4%；培训类作业完成30.65万小时，比上年增长18.6%；其他类作业完成4.99万小时，比上年增长200.5%；非经营性作业完成34.21万小时，比上年增长0.8%。

（五）无人机情况

截至2018年年底，全行业无人机拥有者注册用户达27.1万个，其中个人用户24万个，企业、事业、机关法人单位用户3.1万个。

2018年，全行业无人机有效驾驶员执照44573本。

2018年，全行业注册无人机共28.7万架，无人机经营性飞行活动达37万小时。

三、运输效率与经济效益

2018年，全行业在册运输飞机平均日利用率为9.36小时，比上年减少0.13小时。其中，大中型飞机平均日利用率为9.48小时，比上年减少0.15小时；小型飞机平均日利用率为6.91

小时，比上年减少 0.13 小时。

2018 年，正班载运率（含客货载运）平均为 73.2%，比上年降低 0.3 个百分点。

据初步统计，2018 年货邮运输收入水平 1.56 元 / 吨公里，比上年提高 0.07 元 / 吨公里。

四、对外关系

2018 年，我国先后与 29 个国家（或地区）举行双边航空会谈或书面磋商。截至 2018 年年底，我国与其他国家（或地区）签订双边航空运输协定 126 个，比上年年底增加 4 个［分别是刚果（布）、科特迪瓦、卢旺达、多米尼加］，其中，亚洲有 44 个（含东盟），非洲有 27 个，欧洲有 37 个，美洲有 11 个，大洋洲有 7 个。

（本文未包括香港、澳门特别行政区及台湾地区统计数据。文中部分数据因四舍五入等原因，存在着与分项合计不等的情况，本书中这种现象普遍存在）

（节选自《2018 年民航行业发展统计公报》）

第四部分

行业物流

2018年中国制造业物流

2018年是我国“十三五”规划承上启下的关键之年，是贯彻十九大精神的开局之年。受国际贸易摩擦加剧、全球经济增长放缓等多重因素影响，我国经济增速有所回落，但依旧呈现总体平稳、稳中向好的发展态势。面对我国经济发展进入新常态等一系列深刻变化，我国制造业发展坚持稳中求进工作总基调，坚持以提高发展质量效益为中心，坚持以供给侧结构性改革为主线，砥砺奋进。工业经济增长动能转换加速，工业生产保持平稳增长，制造业物流加快转型升级，智能制造和服务型制造成为主流趋势，各级政府和企业深入推进两业融合发展，涌现出许多创新的两业融合模式。

一、2018年制造业发展主要特点

（一）国民经济稳中有进，制造业发展总体平稳

2018年，全国各地区、各部门认真贯彻落实党中央、国务院各项决策部署，坚持稳中求进的工作总基调，坚持新发展理念，坚持推动高质量发展，坚持以供给侧结构性改革为主线，凝心聚力，攻坚克难，较好地完成了经济社会发展的主要预期目标，三大攻坚战开局良好，供给侧结构性改革深入推进，改革开放力度加大，人民生活持续改善，国民经济运行保持在合理区间，朝着实现全面建成小康社会的目标继续迈进。

2018年，经初步核算，全年国内生产总值900309亿元，按可比价格计算，比上年增长6.6%，实现了6.5%左右的预期发展目标。分季度看，一季度同比增长6.8%，二季度同比增长6.7%，三季度同比增长6.5%，四季度同比增长6.4%。分产业看，第一产业增加值64734亿元，比上年增长3.5%；第二产业增加值366001亿元，比上年增长5.8%；第三产业增加值469575亿元，比上年增长7.6%。2014—2018年国内生产总值及增长速度如图1所示。

国家统计局发布的《中华人民共和国2018年国民经济和社会发展统计公报》中显示，2018年全部工业增加值305160亿元，比上年增长6.1%。规模以上工业增加值增长6.2%。在规模以上工业中，分经济类型看，国有控股企业增加值增长6.2%，股份制企业增长6.6%，外商及港澳台商投资企业增长4.8%，私营企业增长6.2%；分门类看，采矿业增长2.3%，制造业增长6.5%，电力、热力、燃气及水生产和供应业增长9.9%。

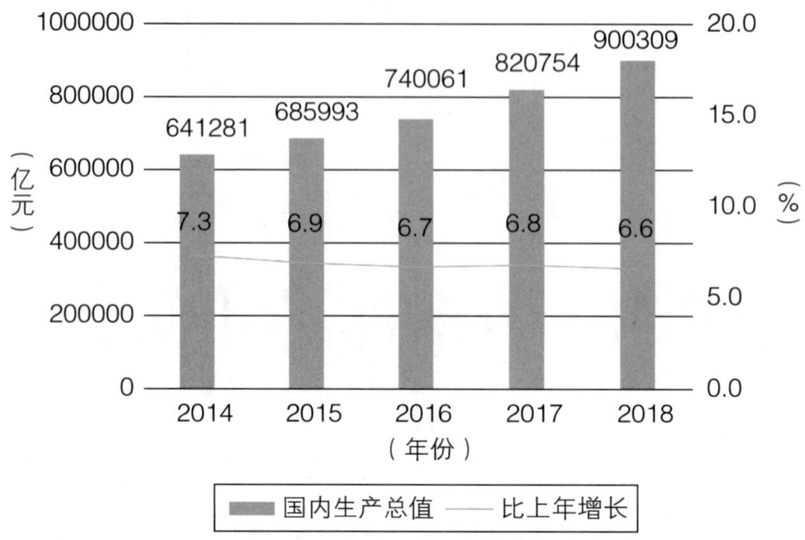

图 1 2014—2018 年国内生产总值及增长速度

全年规模以上工业中，农副食品加工业增加值比上年增长 5.9%，纺织业增长 1.0%，化学原料和化学制品制造业增长 3.6%，非金属矿物制品业增长 4.6%，黑色金属冶炼和压延加工业增长 7.0%，通用设备制造业增长 7.2%，专用设备制造业增长 10.9%，汽车制造业增长 4.9%，电气机械和器材制造业增长 7.3%，计算机、通信和其他电子设备制造业增长 13.1%，电力、热力生产和供应业增长 9.6%。

2018 年，全国规模以上工业企业实现利润总额 66351 亿元，同比增长 10.3%；规模以上工业企业主营业务收入利润率为 6.49%，比上年同期提高 0.11 个百分点。2014—2018 年全部工业增加值及增长速度如图 2 所示。

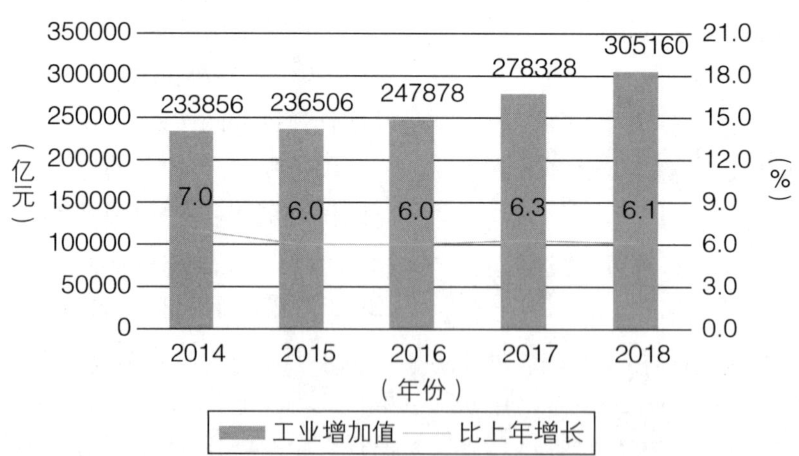

图 2 2014—2018 年全部工业增加值及增长速度

（二）制造业 PMI 指数有所回落，制造业运行有压力

制造业 PMI 指数（即采购经理指数）是国际上通行的宏观经济监测指标体系之一，也被称为“荣枯线”，当 PMI 高于 50% 时，反映制造业经济扩张，低于 50% 时，则反映制造业经济萎缩。2013—2018 年国家统计局发布的我国制造业 PMI 指数汇总结果如表 1 所示。从表中可以看出，2018 年中国制造业 PMI 均值为 50.9%，表明全年制造业总体保持增长。近期受国际贸易摩擦加剧、全球经济增长放缓等多重因素影响，我国制造业发展环境稳中有变，2018 年 12 月我国制造业 PMI 指数为 49.4%，环比回落 0.6 个百分点，景气度有所减弱。

表 1　　2013—2018 年我国制造业 PMI 指数　　单位：%

月份	2013 年	2014 年	2015 年	2016 年	2017 年	2018 年
1	50.4	50.5	49.8	49.4	51.3	51.3
2	50.1	50.2	49.9	49.0	51.6	50.3
3	50.9	50.3	50.1	50.2	51.8	51.5
4	50.6	50.4	50.1	50.1	51.2	51.4
5	50.8	50.8	50.2	50.1	51.2	51.9
6	50.1	51.0	50.2	50.0	51.7	51.5
7	50.3	51.7	50.0	49.3	51.4	51.2
8	51.0	51.1	49.7	50.4	51.7	51.3
9	51.1	51.1	49.8	50.4	51.4	50.8
10	51.4	50.8	49.8	51.2	51.6	50.2
11	51.4	50.3	49.6	51.7	51.8	50.0
12	51.0	50.1	49.7	51.4	51.6	49.4
全年平均	50.8	50.7	49.9	50.3	51.5	50.9

虽然制造业 PMI 指数回落，但生产继续保持增长，企业成本压力有所缓解。2018 年 12 月生产指数为 50.8%，继续处于扩张区间。在调查的 21 个行业中，14 个行业的生产指数高于临界点。其中，食品及酒饮料精制茶、专用设备、铁路船舶航空航天设备等制造业位于 57.0% 以上，且景气度环比上升。调查结果显示，2018 年 12 月反映原材料成本高和物流成本高的企业比重为 37.3% 和 28.6%，分别比上月下降 2.0 个和 0.4 个百分点，均为近期低点。

2018 年各月我国制造业 PMI 分项指数如表 2 所示，可以看出，虽然受中美贸易摩擦等国际大环境变动的影响，但 2018 年 12 月生产指数和供应商配送时间指数均高于临界点，表明制造业生产继续保持增长，制造业前景趋势良好，同时供应商配送时间较上月有所加快。

表 2 2018 年各月我国制造业 PMI 分项指数 单位：%

月份	生产指数	新订单指数	供应商配送时间指数	原材料库存指数	从业人员指数
1	53.5	52.6	49.2	48.8	48.3
2	50.7	51.0	48.4	49.3	48.1
3	53.1	53.3	50.1	49.6	49.1
4	53.1	52.9	50.2	49.5	49.0
5	54.1	53.8	50.1	49.6	49.1
6	53.6	53.2	50.2	48.8	49.0
7	53.0	52.3	50.0	48.9	49.2
8	53.3	52.2	49.6	48.7	49.4
9	53.0	52.0	49.7	47.8	48.3
10	52.0	50.8	49.5	47.2	48.1
11	51.9	50.4	50.3	47.4	48.3
12	50.8	49.7	50.4	47.1	48.0

（三）工业经济运行质量提升，提质增效取得积极进展

在“中国制造 2025”“互联网 +”“工业 4.0”等一系列新规划和发展理念的指引下，在“制造强国”“先进制造业”“深度融合”“世界级先进制造业集群”等一系列新方向的带动下，中国制造业提质增效发展取得了长远的进步，先进制造创新进一步引领，传统产业数字化转型升级。我国智能制造工程全面实施，工业强基工程稳步实施，制造业数字化转型步伐加快。先进制造创新从跟跑为主，进入到“跟跑在加快、并跑在增多、领跑在涌现”的新阶段。在创新驱动发展战略的推动下，新产业、新业态、新商业模式不断涌现，新技术、新产品、新服务日新月异，为经济发展注入连绵不断的活力，成为经济运行的重要推手。

2018 年，面对错综复杂的国际环境和艰巨繁重的国内改革发展稳定任务，在传统制造业增长放缓的情况下，高技术制造业持续保持较快增长，产业结构持续优化。规模以上工业企业中，高技术制造业、装备制造业、战略性新兴产业增加值增速和投资增速相对全国规模以上工业增加值和投资都保持了更快增长，培育壮大新动能取得明显成效。其中，高技术制造业增加值增长 11.7%，高于规模以上工业增加值增速 5.5 个百分点，占规模以上工业增加值的比重为 13.9%，比 2017 年提高 1.2 个百分点。电子及通信设备制造业增加值增长 14.7%，高于规模以上工业增加值增速 8.5 个百分点；医药制造业增加值增长 9.8%，高于规模以上工业增加值增速 3.6 个百分点；计算机及办公设备制造业增加值增长 8.9%，高于规模以上工业增加值增速 2.7 个百分点。同时，2018 年前 11 个月，高技术投资额同比增加 16.1%。可以看出中国制造业正在加

快从数量扩张向质量提高的转变，经济发展更加依靠创新驱动，供给侧结构性改革持续推进，数字经济发展、制造业数字化网络化智能化发展为中国带来了“数字红利”，中国制造迈向中高端。同时，部分新兴工业产品产量快速增长。2018年，新能源汽车产量比2017年增长40.1%，生物基化学纤维增长23.5%，智能电视增长18.7%，锂离子电池增长12.9%，集成电路增长9.7%。

2018年，全国工业经济运行质量得到较大提升，制造业提质增效取得积极进展。以湖北省为例，2018年全省高技术制造业增加值增长13.2%，快于规模以上工业6.1个百分点。其中，计算机、通信和其他电子设备制造业增长18.8%，比全省规模以上工业高11.7个百分点。医药制造业、通用设备制造业分别增长9.2%、10.3%，比规模以上工业分别高2.1个、3.2个百分点。高新技术产业市场主体快速成长。全省规模以上高新产业市场主体达到5206家，增长13.7%。其中，高新技术企业3174家，占比60.97%；新增登记备案的高新产品1946项。新增高新技术产业市场主体对全省高新技术产业增长的贡献率达28.5%。

（四）持续推进供给侧结构性改革，制造业补短板进一步加快

供给侧结构性矛盾仍是当前我国经济发展的主要矛盾，根源是要素配置的扭曲，2018年我国继续坚持以供给侧结构性改革为主线，围绕提高供给体系质量，优化升级要素结构，激发创新创业活力，推动制造业质量变革、效率变革和动力变革。

2018年，“三去一降一补”重点任务扎实推进。①去产能方面，钢铁、煤炭年度去产能任务提前完成。全国工业产能利用率为76.5%，其中，黑色金属冶炼和压延加工业、煤炭开采和洗选业产能利用率分别为78.0%和70.6%，分别比上年提高2.2个和2.4个百分点。②去杠杆方面，企业资产负债率下降。2018年11月末，规模以上工业企业资产负债率为56.8%，同比下降0.4个百分点，其中国有控股企业资产负债率为59.1%，下降1.6个百分点。③去库存方面，2018年年末全国商品房待售面积52414万平方米，比上年年末下降11.0%。④降成本方面，企业成本继续下降。2018年1—11月，规模以上工业企业每百元主营业务收入中的成本为84.19元，比上年同期减少0.21元。⑤补短板方面，2018年制造业“补短板”继续发力，薄弱环节投资较快增长，我国产业结构调整、经济转型升级进程加快。在巩固供给侧结构性改革前期成果的基础上，补短板速度持续加快。

（五）高新技术快速发展，智能制造与服务型制造取得新突破

国家制造业创新中心建设、智能制造、工业强基、绿色制造、高端装备创新五大工程顺利推进，有效增强了制造业竞争力。智能生产、智能工厂等智能制造正在引领制造方式变革。此外，信息化的浪潮使得数字化、网络化和信息化成为决定制造业“附加值”的最大要素。“互联网+”不再局限于平台、工具和手段，而是成为驱动新技术、新产品的核心动力。

数字化制造技术深入发展，数字化车间与数字化工厂、数字化装配与维修、工业互联网、虚拟制造、3D制造云等为制造业赋予新动能。制造领域的数字化是制造技术、计算机技术、网络技术与管理科学的交叉、融合、发展与应用的结果，也是制造企业、制造系统与生产过程、生产系统不断实现数字化的必然趋势。将数字化技术用于制造过程，可大大提高制造过程的柔性和加工过程的集成性，从而提高产品生产过程的质量和效率，增强工业产品的市场竞争力。

2018年，我国经济由高速增长转为中高速

增长，经济结构进一步优化升级，由要素驱动、投资驱动转向创新驱动。AR/VR（增强现实 / 虚拟现实）、工业物联网、新一代网络、5G 等信息技术的突破与运用作为主要驱动力，为制造业进一步赋予新动能，带动着中国进入“新常态”的稳定可持续的经济环境，智能制造、服务型制造取得重大突破。以沈阳鼓风机集团为例，近年来在主营业务市场低迷的情况下，通过建立流程工业设备健康服务中心、打造沈鼓云平台，实现产品全生命周期服务和客户终身价值管理，服务业务收入从 10 亿元增加至 17 亿元，利润增长了 33.5%，在集团利润总额中增加了 37 个百分点。

二、2018 年制造业物流发展主要特点

（一）工业物流需求增长平稳，物流业景气指数稍有下降

2018 年，国际形势风云变幻，依旧面临着机遇与挑战并存的世界环境。物流行业作为保障国民经济增长的基础性行业，也是国民经济发展的一个信号灯。从图 3 可以看出，近年来中国社会物流总额的增速有所减缓，但是仍然稳中有进。我国社会物流总额 283.1 万亿元，按可比价格计算，同比增长 6.4%，增速比上年同期回落 0.2 个百分点。从制造业角度来看，工业品物流总额 256.8 万亿元，按可比价格计算，同比增长 6.2%，增速与上年同期持平。工业物流需求发展动力转换不断增强。伴随着我国经济发展模式的转型升级，物流需求结构也呈现出不同的变化，突出表现在物流发展结构持续优化、新旧动能转换持续加快、发展的均衡性在增强。2018 年 1—11 月，高新技术和装备制造业物流需求保持领先，医药工业物流总额增长近 10%，计算机工业物流总额增长 13%，显示物流发展动力在持续转换；从快递物流指数来看，电器机械制造业、计算机制造业、交通运输设备制造业、专用设备制造业等行业商务快件指数均值分别为 103.2%、105.7%、105.7% 和 106.5%，高于黑色金属加工、非金属制品业和化学原料制造业 101% 左右。

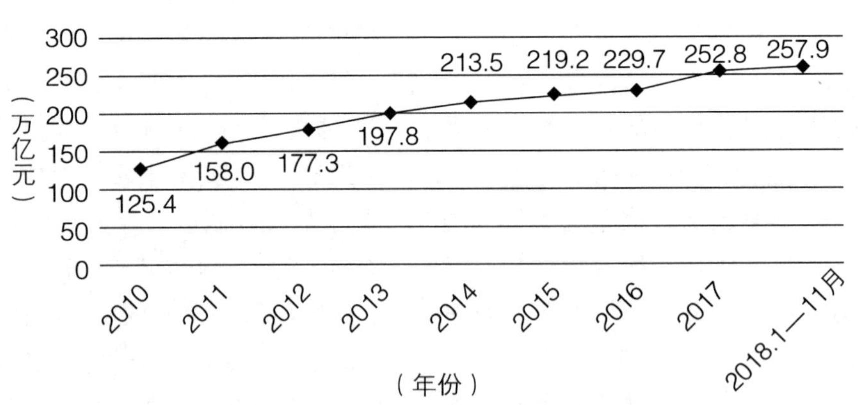

图 3　2010—2018 年全国社会物流总额增长变化趋势

资料来源：公开资料整理。

物流行业的整体发展形势，可以用中国物流业景气指数（LPI）反映。该指数由业务总量、新订单、从业人员、库存周转次数、设备利用率5项指数加权合成，可以用来反映物流业经济发展的总体变化情况。以50%作为经济强弱的分界点，高于50%时，反映物流业经济扩张，反之则反映物流业经济收缩。图4展示了2017—2018年各月的LPI指数。从图4中可以看出，2018年中国物流业景气指数总体升降趋势与上一年相同，均在第二季度和第四季度比较活跃，在第一季度和第三季度活跃程度减弱，但是对比峰值等关键信息，发现相较上一年景气指数出现整体下降的趋势，但始终处于积极向好的一面。一方面，2018年2月的景气指数为50%，是物流业行业强弱的分界点，创下近两年景气指数的最低纪录；另一方面，2018年5月的景气指数为56.1%，虽然是本年度的最高点，但仍低于2017年的最高值。该结果主要受国内经济增长放缓、制造业结构性调整以及中美贸易战等因素影响。

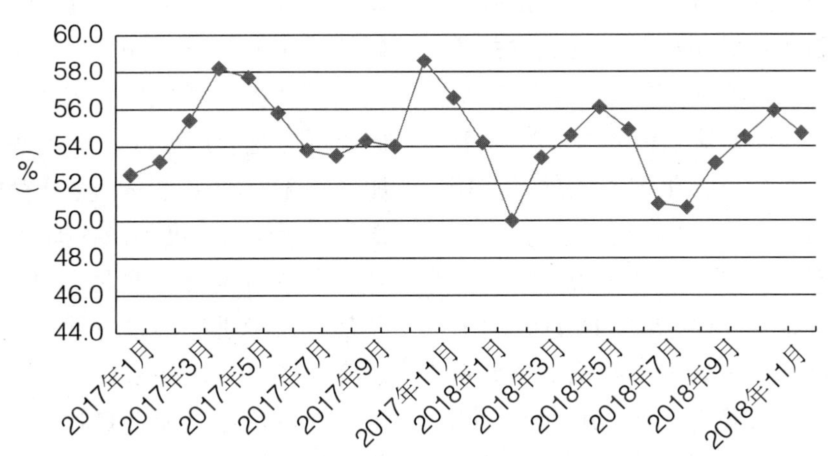

图4　2017—2018年中国物流业景气指数（LPI）走势

资料来源：中国物流与采购联合会。

2018年中国物流业景气指数与上一年相比出现整体下降的趋势（见表3）。这与2018年制造业发展遭遇挑战密不可分。2017—2018年第一季度LPI差距较小是因为受到节假日的影响，市场对物流的需求降低。第四季度LPI差距较小是因为中央出台了一系列刺激经济的政策和措施，释放了积极的信号，例如，促进基础设施投资稳定发展的政策措施、支持民营企业发展等信号，提振了外界对制造业的信心。第二季度到第三季度跌落较为严重，主要是受到中美贸易摩擦带来的国内外经济环境不确定性陡增的影响，企业的预期趋于谨慎。总体来看，“中国制造”和制造业物流正在面临空前的机遇，同时也面临着前所未有的挑战。

表 3　　2017—2018 年分季度 LPI 指数统计　　单位：%

2018 年	指数平均值	2017 年	指数平均值	差值
第一季度	52.53	第一季度	53.70	-1.17
第二季度	55.20	第二季度	57.23	-2.03
第三季度	51.57	第三季度	53.87	-2.30
第四季度	55.03	第四季度	56.40	-1.37

资料来源：中国物流信息中心。

（二）降本增效力度加大，物流成本持续回落

2018 年，在中央的引导和地方政府的探索下，各企业不断创新降低制造业物流成本的方式，降本增效呈现出良好的发展格局。据统计，2013 年以来，我国社会物流总费用与 GDP 的比率连续 5 年保持下降，2018 年上半年进一步降至 14.5%。

2018 年，政府相继出台降费减税政策，企业获得感不断增强。2018 年 5 月 16 日，召开的国务院常务会议进一步确定了降低实体经济物流成本的措施。会议确定，从 2018 年 5 月 1 日至 2019 年 12 月 31 日，对物流企业承租的大宗商品仓储设施用地减半征收城镇土地使用税。同时，从 2018 年 7 月 1 日至 2021 年 6 月 30 日，对挂车减半征收车辆购置税。会议还提出推动取消高速公路省界收费站、简化物流企业分支机构设立手续等措施，进一步提升物流效率。2018 年 6 月 27 日召开的国务院常务会议发布了五项降低物流成本的措施，部署调整运输结构，提高运输效率，降低实体经济物流成本，主要体现效率化、信息化和规范化的特点。2018 年 7 月 24 日，国家发展改革委、交通运输部联合召开全国物流降成本工作电视电话会议，总结推广各地物流降成本的好经验，示范带动更多领域挖潜降本。

从地方政府来看，各地在推动物流降本增效方面也是不遗余力的。2018 年 2 月 28 日，江苏省政府办公厅印发了《关于进一步推进物流降本增效促进实体经济发展的实施意见》，主要包括深化放管服改革、推进降税清费、提升枢纽通道物流服务能力、发展智慧物流、推进制造业供应链应用创新、加快城乡物流网络建设、加强物流标准化建设、充分发挥示范带动作用、强化要素保障力度等，共提出了 34 条政策措施。2018 年 5 月 4 日，湖北省出台了《省人民政府办公厅关于进一步推进物流降本增效促进实体经济发展的实施意见》，进一步推进物流降本增效，着力营造物流业良好发展环境，提升物流业发展水平，促进实体经济健康发展。2018 年 8 月 17 日，山东省印发了《山东省人民政府办公厅关于进一步推进物流降本增效促进实体经济发展的通知》，深化物流供给侧结构性改革，加快培育物流发展新动能。

从政策内容来看，上述的降本增效政策措施主要集中在通过“放管服”等措施实现物流行业降税减费。此外，各地政府服务还通过各种基础设施建设，帮助企业打通物流环节，实现降本增效。总部位于广西柳州市的上汽通用五菱是国内乘用车市场的龙头企业，其生产的 90% 以上的成品车要通过公路和铁路对外运输，其中公路运输物流成本较高而且质损风险大。为此柳州市将车站扩建为商品汽车物流基地，距离上

汽通用五菱柳州东新厂仅 3 公里，基本实现成品车从出库到装车的无缝对接，确保成品车安全、高效、快捷运往全国各地。广东省也通过加强重大项目建设，完善物流基础设施体系，比如积极推进多式联运重大项目建设，强化重要港口与铁路、公路的衔接，完善港口集疏运体系。

实现物流降本增效，各地政府不仅通过制度创新做减法，更通过技术创新、模式创新做加法。2018 年，政企加快供应链创新协同，供应链企业为更多企业提供一体化物流管理综合服务，将很多个体企业从繁重且低效的自建物流中解放出来，降低社会整体物流费用。例如，广西北海诚德镍业有限公司是一家专门经营不锈钢产品的制造型企业，北部湾港务集团对其提供“港—工—贸”一体化全供应链服务后，北海诚德的物流成本大幅降低，每吨货物物流成本省下 250 元，一年节约成本超过 6 亿元，跑赢了全国绝大多数不锈钢企业的“成本账”。

（三）物流技术投资力度加大，物流向自动化、智能化转型

2018 年是传统物流行业向物流金融、供应链金融等领域不断扩展的一年，同时也是技术创新、物联网、人工智能、信息化等科技与物流不断融合的一年。高新技术的加入大大改变了制造业和物流业“靠苦力”的刻板印象，设备智能化在不断进步中。

作为中国商用车领导品牌，福田汽车不断加大车辆智能化研发和车联网的投入，积极推动制造业物流向自动化和智能化转型，实现物流流通环节全程可监控、可追溯。福田汽车的车联网、车辆智能应用等方面的创新技术，依托“福田汽车工业互联网”，在“一云五智能”的顶层战略支持下，将实现智能汽车与智慧物流完全互联，即车与人、车与车、车与路、车与物形成共享的网络空间，未来还将覆盖卡车、乘用类车等所有产品，协助构建智慧物流完整产业链，打造开放型智慧物流体系。

制造业不仅通过技术革新助力物流装备转型升级，而且在生产环节发力，从物料流通的角度进行工厂布局，优化生产流程。生产物流的优化升级得到了越来越多制造企业的重视，使制造业从机械化向智能化、数字化、无人化不断迈进。2018 年，美的磁控管数字工厂完成了由传统向智能的转身。美的磁控管数字工厂根据磁控管产品、生产具备精密标准化制造的特点，按照工业 4.0 智能工厂规划，即高度精益化、全流程自动化、信息集成数字化，包括“一个流”的整体布局，力争实现自动配送，人、机、料互联，可视化信息管理系统，系统分析逻辑与决策，设备智控等。目前自动化率已经达到 95%，基本实现了“一个流”的整体布局，同时基本实现人、机、料互动可视化信息。2018 年建立了实现可追溯、可识别的数字化工厂体系，建立了数据库、人机交互和工业互联网；2019 年实现数据可分析、可预测；到 2020 年，让数据本身实现自我运营、自我决策、自我管理。智能分拣机器人、无人机、无人仓等“黑科技”越来越多地运用到制造业中，制造业“傻大笨粗”“野蛮生长”的标签正在被撕去。

不仅是制造型企业朝着物流自动化智能化目标迈进，一些为制造企业提供物流服务的专业物流企业也在逐步提高业务能力，为客户提供自动化和智能化的物流服务，中国外运股份有限公司（以下简称“中国外运”）就是其中之一。在合同物流领域，中国外运为客户提供全场景全程可视化供应链解决方案。中国外运为华为开发的“物流可视化平台”，实现了华为项目全国仓储及汽运业务的 100% 全程可视化。在生产供应环节，中国外运积极配合华为公司的智慧物流建设项目，实施智慧物流建设计划。在流通

环节，中国外运积极配合华为公司的物流作业要求，从“看全程、管异常”角度出发，提供GPS定位、电子锁、急转弯限速、装卸货超时等监控技术，并且通过订单运输实现全程轨迹可视和预警。在末端配送环节，中国外运积极为华为公司提供智能配送服务。中国外运整合社会供应商形成分布“最后一公里”的供应商体系，全国325个地市的干线直达物流网络资源、2832个县级城市的末端直接派送网络资源用于服务通信行业。由此可见，中国外运的物流服务也朝着自动化和智能化方向发展。

现代制造业物流比拼的早已不仅仅是生产、运输和存储能力，而是包括AI、大数据等在内的综合科技实力。中国物流行业的科技化发展，在过去的十几年间取得了巨大的成就，并将持续发力，在许多领域和环节引领崭新的发展方向。

（四）制造业加速物流信息平台建设，智慧物流发展渐成潮流

2018年，工业和信息化部启动了制造业与互联网融合发展试点示范工作，探索形成可复制、可推广的新业态和新模式，增强制造业转型升级新动能，向社会传递了促进制造业与互联网融合的信号。工业大数据价值被进一步发掘，正成为制造企业智能化转型的核心驱动力。面向工业大数据的分析平台，正成为构建面向智能产品的行业级制造生态以及面向协同制造的跨行业、综合性制造生态的核心，一些大型制造企业纷纷加快布局，抢占产业发展制高点。

许多制造企业布局工业大数据分析平台，并通过跨界合作不断拓展平台功能和服务，提供面向行业需求的定制化数据分析和应用解决方案，加快构建基于产业生态的新竞争优势。例如，沈飞、西安航空、航天二院、中船重工、一航、北京石油机械厂等数百家大型制造企业与北京数码大方科技股份有限公司（CAXA）合作，在基于工业大数据的智能制造解决方案上，已成功实施一批智能车间应用案例，将制造企业中孤立的数控车间，通过智能设备组网，解决数据的共享与贯通问题，实现了生产物流的最优控制和设计。

2018年不仅涌现出许多生产大数据平台，还有很多制造企业通过新技术和平台为智慧物流注入新动能。华为松山湖供应链物流中心采用射频（RF）、电子标签拣货系统（PTL）、货到人拣选（GTP）、旋转式传送带（Carrousel）等多种先进技术，集物料接收、存储、拣选、齐套、配送功能于一体，是华为全球物流供应网络中的典型代表。华为松山湖供应链物流中心按功能模块分成不同区域，包括栈板存储区及料箱存储区、货到人拣选区、高频物料拣选区、集货区等，以多位一体的先进模式，实现物流“端到端”业务可视及决策性业务智能处理，极大提升物流各环节协同运作效率。栈板存储区及料箱存储区可覆盖华为公司所有PCBA单板原材料管理；货到人拣选区为中低频物料拣选，采用货到人的作业模式，降低了人工作业劳动强度，其二级缓存库实现了全自动出入库作业，不仅如此，该区域还通过采用PTL、播种式拣选、自动关联条码打印，实现了同时处理多个订单以及全面作业质量防呆和条码追溯；高频物料拣选区采用小型堆垛机和流利式货架，实现了自动存储和补货作业，打造了存储、补货、拣选三位一体的立体作业模式；集货区根据交付对象设置不同区域，并配有多个滑道，按任务指令分滑道进行齐套，配合AGV无人智能送料小车，直接供应生产线，实现库房与产线无缝对接。自动物流日均可处理10000个订单行，日均出库16000个LPN（注册容器编码）。

此外，平台已经融入许多制造企业的商业模式中，成为标准化管理的助推器。随着海澜之

家品牌门店的增加和企业规模的不断发展，仓储物流量不断增长。为增强物流能力建设，海澜之家建立了高度信息化和自动化的智能仓储系统以支持业务高速发展。海澜之家采用“品牌+平台”的商业模式，掌握产品开发、品牌管理、供应链管理、营销网络管理，将中间的成衣生产、运输配送外包出去。随着连锁门店网络不断扩大，海澜之家实现门店、供应链和服务标准的统一管理，带动了销售额增长。

三、2018年制造业与物流业融合发展进程分析

（一）两业融合的驱动方式

从制造业角度来看，伴随着制造业产业的转型升级，制造企业对于供应链中物流层面的要求也在逐步提高，升级到战略层面的需求。物流业务外包已经无法满足制造业供应链越来越快的响应速度，不断加速的生产节奏也促使双方的合作向着更深入、更广泛、更密切的方向演化，两业的融合势在必行。从驱动方式来看，两业融合主要依靠制造企业的物流战略驱动、消费端需求变革驱动、政策环境驱动以及技术创新驱动。

（二）两业融合发展的新特点

当前，制造业和物流业融合范围越来越广，二者由原来的契约关系逐步转为战略合作关系，进而衍生出多样的运营模式。2018年，无论是制造业还是物流业都经历了复杂的经济环境及竞争形势，市场的需求和供给模式发生了很大的变化。从需求方面来看，客户的需求日渐多样化，生产方式开始向大规模定制化发展；从供给方面来看，供给模式也由原来的独立、分散型供给，转变成了平台整合型服务供给的方式。平台开始成为物流供给的重要来源。此外，技术的进步使企业原本的生产运营模式发生巨大变革，互联网的发展也让商业模式发生变革，线上渠道成为必争之地。

1. 制造业与物流融合向两极化发展

一方面，制造业面临结构转型升级，激励制造业将物流外包，着力提升和研发核心技术；另一方面，制造业外流、中美贸易冲突使得国内制造业订单量受到较大影响，进而物流需求受到重创。两种因素互相作用，使得制造业与物流融合出现两种极端现象：一是已经实现物流外包的制造企业与物流企业抱团取暖，加强协同与战略合作，降低成本以应对贸易摩擦；二是由于订单量过少，小型制造企业放弃物流外包转为自营。但在中美贸易摩擦的影响下，需求萎缩给两业深度融合提供了契机和动力。首先，由于制造业不景气发展，物流需求显著降低，并且需求的下降也让制造业不断向物流业提出降低成本的要求，物流业面临巨大压力。为了降低物流成本，2018年联想集团对原有的统仓共配SEC模式进行升级和拓展，使整个供应链均处于这种统仓、统配的直供模式下。这对联想集团降低成本、提升竞争力带来了很大帮助。通过提升E2E（端到端）供应链效率，使供应链成本下降了33%，端到端时效提升了30个小时。直供模式前，RDC（区域分发中心）送至分销库需要24小时，再配送至经销库需要30小时；直供模式后，只需分销库配送至经销库，一共需要24小时，时效改善了56%，同时货损率下降了33%。其次，由于消费者的个性化需求不断加强，制造业也需要通过提高制造和物流服务水平打开市场，提高客户忠诚度。不断提高的消费端需求反过来对于供应链上游的制造业和物流业提出了更高的要求，为两业深度融合发展提供了外在动力。例如，南钢集团实现了制造业与物流的深度融合，从原来钢材的批量生产转为个性化生产和精加工配送，通过实现大规模定制和物流配送满足客

户差异化需求，助推了传统钢铁行业的转型升级。为了集成小客户的不同需求，南钢集团设立了 B2B 平台——金陵钢宝网，为客户提供定制化加工、包装、配送等服务，同时提供原料采购及副产品、循环物资线上拍卖等增值服务，打造了一个“电商 + 仓储物流 + 加工配送 + 金融”的闭环产业生态链电商平台。南钢集团的转型和创新成为制造业与物流行业深度结合的典范。

2. 从管理模式看，两业融合形成了“线上 + 线下 + 物流”的三业融合模式

当前，制造业物流企业开展与线上销售渠道相匹配的物流渠道，以保证其市场占有率。此外，商业模式的变革让两业融合更加紧密，促进了“产销结合”的发展。目前，一些企业已经采取“制造订单即物流订单”模式，一切以客户订单为中心。互联网平台作为独立一方，成为衔接制造商和物流企业的枢纽，大大节约了运营成本和资源，平台不仅加强了制造业与物流业的融合，还成了供应网络的虚拟节点，加强了“产销协同”工作，使“直销直发”模式成为可能。

3. 利用新技术和新理念为制造企业量身设计配送渠道

一方面，物流配送环节面临着去中间化的问题。过去终端配送的物流模式需要经过从工厂送到配送仓再到经销商等一系列流程，需要 4~5 个环节，信息不对称导致产生了很多没有价值的物流环节；另一方面，在个性化需求下，物流公司需要整合需求，实现规模效用。一般来说，大订单通过整合直接送终端，小订单通过经销商的前置仓或者与“三通一达”的终端配送仓合作进行个性化满足。基于去中间化和规模效用，益海嘉里集团创新了一种适合制造业的新模式——制造端的共享集约化仓库。通过船运送来的米、油等原料，经输送设备或管线直接送至筒仓和罐区。厂区不再单独设置成品库，将成品仓库全部集中到共享集约化仓库中，这个仓库是独立运营的，整个过程相当于把制造业和物流平台有机结合起来，而平台将会产生很多的数据，可根据客户的需求，进行数据的收集和整合。

（三）制造业和物流业融合发展的典型模式分析

2018 年，平台技术的成熟和供应链金融风险管控技术的不断优化，为两业深度融合提供了契机，因此制造业和物流业融合涌现出两大新模式。

（1）物流企业为制造业提供全渠道供应链服务，打造智慧物流系统，建立订单全生命周期物流管理，由平台自动匹配资源，实现线上线下全渠道的对接。以益嘉物流和金龙鱼公司的合作为例，益嘉物流致力于构建全国覆盖、全渠道的 B2B 专业物流平台，建立统一的物流订单处理中心，提供统一的 IT 服务、统一的物流组织管理，共享仓、人、车、信息。对于上游来说，益嘉物流不仅接收金龙鱼公司的订单，还会与类似的食品制造企业进行合作，提高装载率，降低物流成本；对下游整合经销商流通渠道、连锁店、便利店、社区店、电商总仓及餐饮渠道来讲，掌握终端客户需求和消费情况，为未来实现 C2B2M 做好基础服务工作。为了提高终端覆盖率并快速响应，通过与经销商、快递暂存点等合作铺设前置仓，订单就近智能匹配，完成从仓储到配送的协调和管理，提升商品流通的速率，终端网络全覆盖。以益嘉物流重庆区域为例，设置覆盖 5~10 公里的网格化前置仓，通过测算前置仓模式，较经销商配送可节省 58 元 / 吨，较“惠下单”模式可节省 398 元 / 吨，取得了较好的收益。

（2）制造业全流程供应链金融服务模式，是以供应链金融为抓手，为工业制造型企业的发展提供高品质、全方位的供应链管理流通服务。象屿股份形成了以口岸城市为中心辐射全国的物流网络体系，对内为象屿股份供应链管理提供物流服务，对外为众多企业提供国际采购与分拨、国际多式联运、国内门到门全程物流服务、物流金融等业务为一体的综合物流服务。以象屿股份与其客户的合作为例，针对工业型企业在资金流通较慢、融资困难且成本高昂、货物购销不畅等问题的困扰下难以实现产能扩张的困境，象屿股份为其提供供应链金融服务，除了包括代采代销、资金融通、货权质押、资金监管等传统供应链金融业务以外，象屿股份还充分发挥物流业务、商品研究上的优势，为上游工厂提供金融服务，并通过提供产品市场研报，引导企业生产方向。一方面，使客户专注生产管理，降低综合成本，充分发挥其生产能力，并逐步实现产能扩张；另一方面，象屿股份节约大量生产基建投资、设备购置费用以及人工费用，实现对制造业的介入，分享企业利润增加值，实现象屿股份与客户间的互利共赢。从客户角度来看，一是获得来自合作方的流动资金配套，缓解资金压力，有力保障工厂的正常生产经营。象屿股份协助工厂盘活优质产能，使客户工厂平均开工率从原来的30%以下稳步提升至70%以上、平均产销率从原来的60%以下提升至85%以上、平均净利率从原来的微利甚至亏损提升至10%以上。二是释放经营者精力，专注于产品研发及技术更新升级。从象屿股份的角度来看，通过代采与代销服务，实现规模和利润双突破，同时保证业务合作的黏性与可持续性。三是带动象屿股份旗下综合物流业务发展，如国际航运、国内运输等。

（四）制造业和物流业两业融合面临的问题

首先，制造业和物流业需要不断提高核心技术，提高融合过程中的匹配度。《2018先进制造业产业发展白皮书》指出，新技术革命背景下，全球制造业分化加剧，由于低技术含量的制造业利润微薄而原材料和劳动力价格不断升高，制造业流出风险加大；一些制造业企业以挣快钱的浮躁心态去经营企业，并不重视核心技术，长期忽视技术研发与科技创新，在一定程度上导致了核心技术的落后。综上可知，对于制造业来说，核心技术是硬伤。一方面，物流企业缺乏较强的服务能力；另一方面，制造业选择服务质量高的物流企业进行合作，成本往往比较高，而选择服务质量较低的物流企业难以与其深度融合。因此，物流企业也应当拥抱大数据、物联网等新技术，不断提升自身的竞争力。

其次，制造企业平台支撑力比较弱，难以与物流企业实现快速对接。制造企业互联网化转型需求迫切，但目前基于互联网基础、贯穿融合发展理念的平台在汇聚整合创业创新资源、带动产品及技术创新、组织管理与时俱进的优化、新型经营机制创新等方面的潜力远没有发挥出来。同时许多制造企业受制于传统的企业基因及多方面思想桎梏，对于平台建设的复杂性认识不足，对平台建设的规律把握不准，极易流于表面化、形式化，而物流企业的平台技术发展相对成熟，这导致二者融合过程中出现不匹配、不衔接的情况。

最后，现阶段制造业和物流业仍呈现融合程度不够深入的问题。制造业和物流业融合大多为简单外包和业务合作，战略合作案例较少，深层次的两业融合仍有广阔的发展空间。现阶段，虽然很多物流企业能够为生产物流环节提供服务，但双方仅仅是业务上的合作，这主要是因为双方无法互相信任。制造企业应当接纳物流企业渗透到自身所在的供应链的各个环节中去，给予物流企业足够的自主决策权，从专业的角度完成物流业务的优化运营，提升供应链效率。此外，制造业在促进物流业发展的同时，由于我国制造业本身存在着结构性问题，物流业对制造业的推动效果较小，这也在一定程度上阻碍了两业融合的程度。

（天津大学管理与经济学部　刘伟华　梁艳杰　吴文飞）

2018年中国钢铁物流

2018年，我国经济坚持稳中求进，以供给侧结构性改革为主线，持续扩大有效需求，加大稳就业、稳金融、稳外贸、稳外资、稳投资、稳政策落实，经济实现平稳健康发展。钢铁行业在供给侧结构性改革继续深入推进下，提前完成“十三五”时期化解过剩产能目标。蓝天保卫战、环保督查、专项大检查等项目的持续开展，有效防范了“地条钢”的死灰复燃和已化解的过剩产能复产，同时严禁违规新增产能，供给侧结构性改革成效得到了较好的维护和巩固。国内钢铁市场价格高位运行，钢铁企业效益继续改善。

一、2018年钢铁产业发展情况

2018年，我国钢铁行业继续深入推进供给侧结构性改革，完成3000万吨去产能目标任务，提前2年完成1.5亿吨去产能上限目标。钢铁产能利用率明显提升，市场价格高位运行，行业盈利继续增长。

（一）钢铁价格震荡运行

2018年，在供给侧结构性改革持续推进、去产能和防范“地条钢”死灰复燃、严防已化解过剩产能复产、取暖季限产不搞“一刀切”等一系列因素影响下，国内钢铁市场呈现震荡运行格局，全年走势基本可以分为三个阶段，第一阶段是（2018年1月1日—2018年3月27日）春季需求延后，钢价震荡下行，据兰格钢铁云商平台监测数据显示，截至2018年3月27日，兰格钢铁综合钢材价格指数为149.4，较年初下降9.9%；第二阶段是（2018年3月28日—2018年10月29日）环保、需求共同托底，钢价持续七个月波动上行，截至2018年10月29日，兰格钢铁综合钢材价格指数为170.3，较3月27日上升14.0%；第三阶段是（2018年10月30日—2018年12月29日）需求放缓叠加环保限产松动，钢价进入断崖式下跌调整期，截至2018年12月29日，兰格钢铁综合钢材价格指数为147.8，较10月底下降13.2%。

从2018年全年整体价格走势来看，呈现出年底价格同比下跌、全年均价有所上移的特征。据兰格钢铁云商平台监测数据显示，截至2018年12月29日，兰格钢铁全国综合钢材价格指数为147.8，同比下降11.1%。其中，建材价格指数为159.5，同比下降11.6%；板材价格指数为134.8，同比下降11.8%；型材价格指数为 157.0，同比下降 7.6%；管材价格指数为 159.2，同比下降 8.0%(见图 1)。就全年均价来说，2018 年兰格钢铁综合钢材价格均值为 4413 元 / 吨，较 2017 年上涨 7.8%。

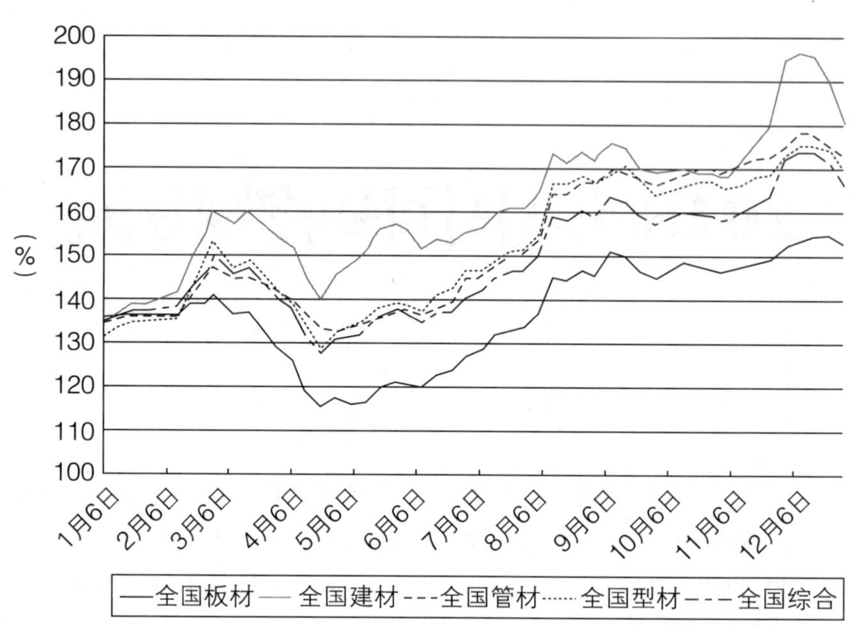

图 1 2018 年兰格钢铁综合钢材价格指数走势

数据来源：兰格钢铁研究中心。

（二）钢铁产能利用率提升，钢铁产量同比继续上升

2016—2018 年，钢铁行业供给侧结构性改革取得了阶段性成果。2016 年实现化解过剩产能 6500 万吨；2017 年继续化解炼钢产能 5500 万吨；2018 年去产能目标任务 3000 万吨，提前 2 年完成“十三五”时期 1.5 亿吨去产能上限目标。2018 年钢铁行业受益于去产能，市场秩序进一步规范，合规企业生产积极性持续提高，产能利用率明显提升，钢铁产量同比继续上升。据国家统计局数据显示，2018 年黑色金属冶炼和压延加工业产能利用率为 78.0%，较 2017 年全年上升 2.2 个百分点。2018 年，中国生铁累计产量 77105.4 万吨，同比增长 3.0%；粗钢累计产量 92826.4 万吨，同比增长 6.6%（见图 2）；钢材累计产量 110551.6 万吨，同比增长 8.5%。

2018 年统计粗钢日均产量屡创新高。就年度日产来看，2018 年粗钢平均日产 254.3 万吨，较 2017 年全年平均日产 227.9 万吨增加了 26.4 万吨；就月度日产来看，2018 年 4 月、5 月、6 月粗钢日产屡创历史新高，分别达 255.7 万吨、261.7 万吨和 267.3 万吨；9 月破前期日产高点，再创新高，为 269.5 万吨。

（三）钢铁企业运营环境良好，行业盈利继续增长

受供给侧结构调整、环保督查、市场需求旺盛等因素共同作用，2018 年钢材价格高位运行，进口铁矿石价格保持稳定，行业效益达到历史最佳水平。2018 年，我国钢铁行业主营业务收入 7.65 万亿元，同比增长 13.8%；实现利润 4704 亿元，同比增长 39.3%。其中，重点大中型钢铁企业主营业务收入 4.13 万亿元，同比增长

13.8%；实现利润 2863 亿元（见图 3），同比增长 41.1%，销售利润率达到 6.93%。截至 2018 年年底，重点大中型钢铁企业资产负债率为 65.02%，同比下降 2.6 个百分点。

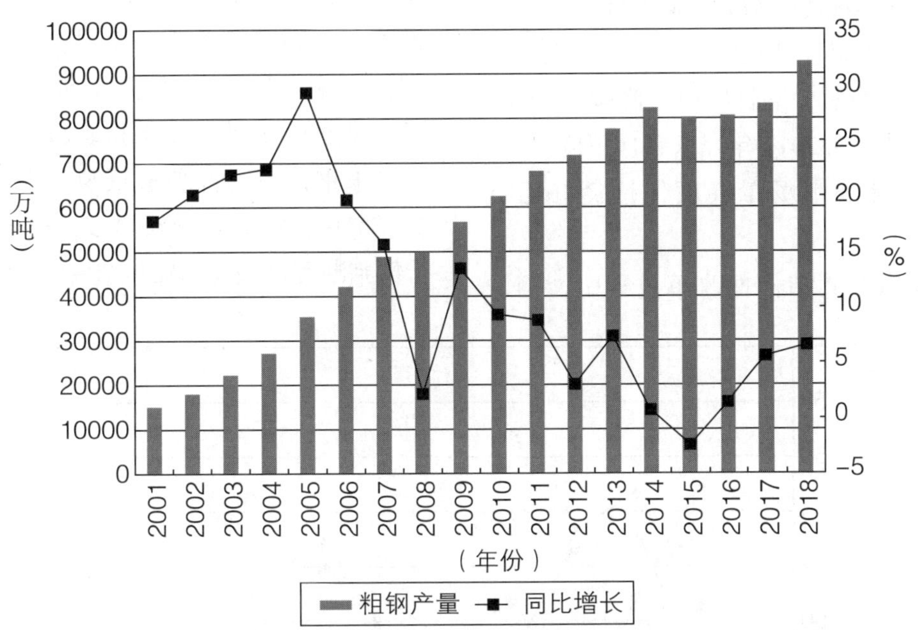

图 2　2001—2018 年我国粗钢产量及同比增速变化

数据来源：国家统计局，兰格钢铁研究中心。

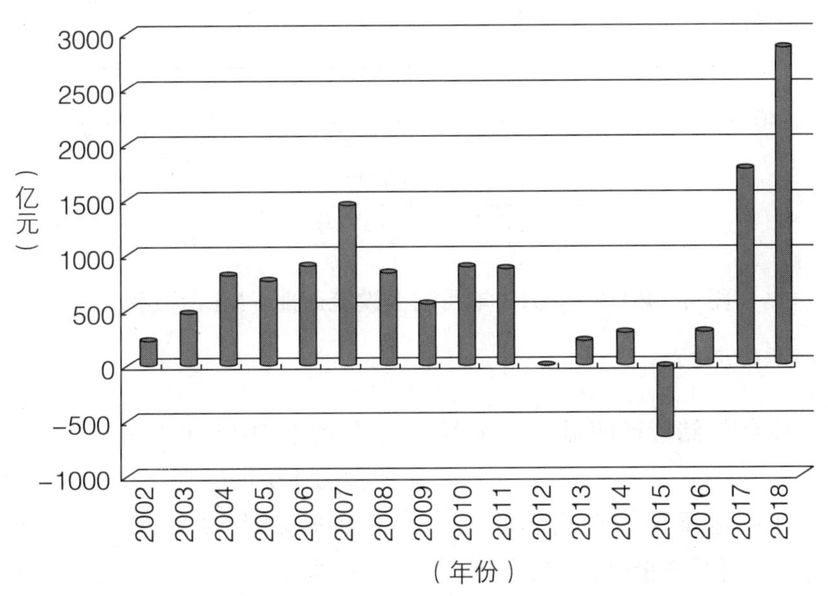

图 3　2002—2018 年重点大中型钢铁企业利润变化

数据来源：中国钢铁工业协会，兰格钢铁研究中心。

二、2018 年钢铁物流发展情况

2018 年，我国钢铁物流行业运行良好，钢铁流通市场景气度仍保持稳中向好态势，钢材流通环节冬储特征明显，钢材出口下降幅度趋缓，进口铁矿石数量出现 2011 年以来首次下降。

（一）钢铁流通市场景气度保持良好运行态势

钢铁行业供给侧结构性改革过程中，钢铁流通业 PMI 持续改善。就兰格钢铁云商平台统计发布的钢铁流通业 PMI 指数来看，2015 年仅有 3 月钢铁流通业 PMI 总指数高于 50% 临界点；2016 年、2017 年均有 5 个月高于 50%；2018 年 3 月、4 月、8 月、9 月高于 50%，如图 4 所示。钢铁流通市场景气度保持良好运行态势，2018 年以来钢铁贸易商普遍反映，由于中美贸易摩擦等市场行情影响因素增多，市场震荡频率大，行情判断和波段操作难度进一步加大。

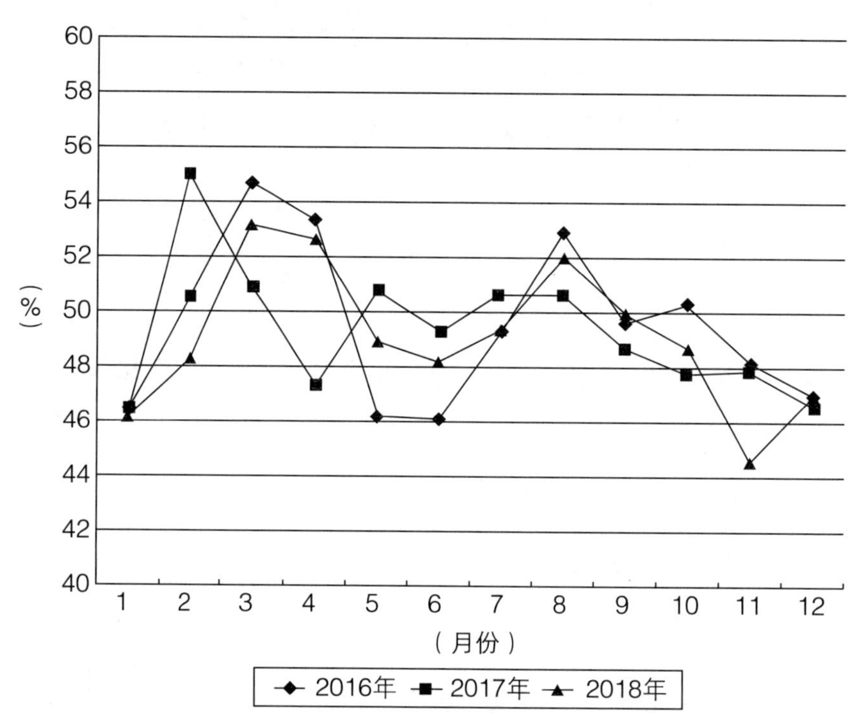

图 4　2016—2018 年我国钢铁流通业 PMI 指数变化

数据来源：兰格钢铁研究中心。

（二）钢材社会库存冬储特征明显，去库存速度加快

2017 年冬季，在取暖季限产全面实施下，钢铁产量，特别是建筑钢材产量受到较大影响，市场供求“紧平衡”的局面使得钢价在 11 月至 12 月中旬大幅上升，特别是长材价格涨幅最为明显，冬储持续开启，钢材社会库存在 2018 年 3 月创下 2015 年以来新高，建筑钢材社会库存创下 2009 年以来新高。据兰格钢铁云商平台监测数据显示，2018 年 3 月 9 日，全国钢材社会库存为 1765.3 万吨，较上年同期上升 27.1%；建筑钢材社会库存为 1319.8 万吨，较上年同期上升 41.1%，如图 5 所示。

2018 年 3 月钢材社会库存虽创新高，但随后去库存速度明显加快，截至2018年年底钢材社会库存与2017年同期相比略有下降，建筑钢材社会库存基本与2017年同期持平，反映市场需求较为强劲。据兰格钢铁云商平台监测数据显示，2018年12月29日全国29个重点城市钢材社会库存量为671.9万吨，同比下降1.1%。其中，建筑钢材社会库存340.0万吨，同比上升0.4%；板材社会库存331.9万吨，同比下降2.7%；冬季钢材社会库存仍保持较低水平。

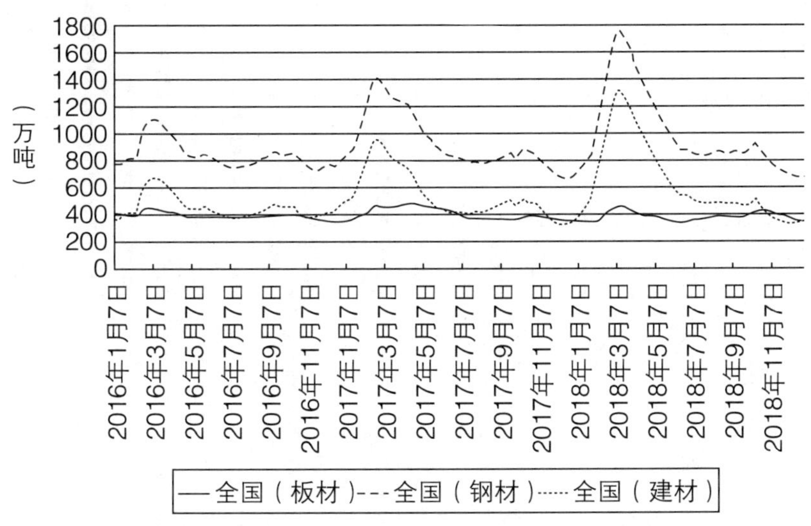

图5　2016—2018年我国钢材社会库存变化情况

数据来源：兰格钢铁云商平台。

（三）钢材出口量同比降速减缓，贸易摩擦形势加剧

2018年，在国内钢材价格高位运行、钢铁行业贸易摩擦增多，特别是中美贸易摩擦贯穿全年的影响下，我国钢材出口同比仍有所回落，但降速明显放缓。据海关统计数据显示，2018年我国累计出口钢材6934万吨，同比下降8.1%，较2017年同期收窄22.4个百分点；我国累计进口钢材1317万吨，同比下降1.0%（见图6）。2018年我国净出口钢材5617万吨，同比下降9.6%，较2017年同期收窄25.2个百分点。

2018年是我国钢铁行业面临国际贸易形势更加复杂、贸易摩擦明显增多的一年。在美国政府“232调查”后针对进口钢材产品征收25%关税的情况下，众多国家为了获得美国的豁免，对我国钢铁产品贸易调查增多。据兰格钢铁研究中心监测数据显示，2018年1—12月，我国钢铁出口产品遭遇来自18个国家和地区发起的36起贸易救济调查，其中，反倾销调查案件13起，反倾销、反补贴合并案件15起，反补贴调查案件1起，保障措施案件7起，与2017年相比，国家数量增加5个，案件数量上升了80%。

（四）铁矿石进口量出现下降，进口均价同比持平

2018年，在供给侧结构性改革和环保政策常态化环境下，我国钢铁企业利润高企，为增加产出，钢铁企业采用高炉添加高品位铁矿石及转炉添加废钢的形式来增加产出，使得进口铁矿石数量出现2011年以来首次下降。据中国海关统计数据显示，2018年，我国进口铁矿石

106447 万吨，同比下降 1.0%。就铁矿石进口均价来看，据兰格钢铁研究中心测算，2018 年我国进口铁矿石均价为 71.0 美元 / 吨，与 2017 年持平。具体进口量与进口均价变化如图 7 所示。

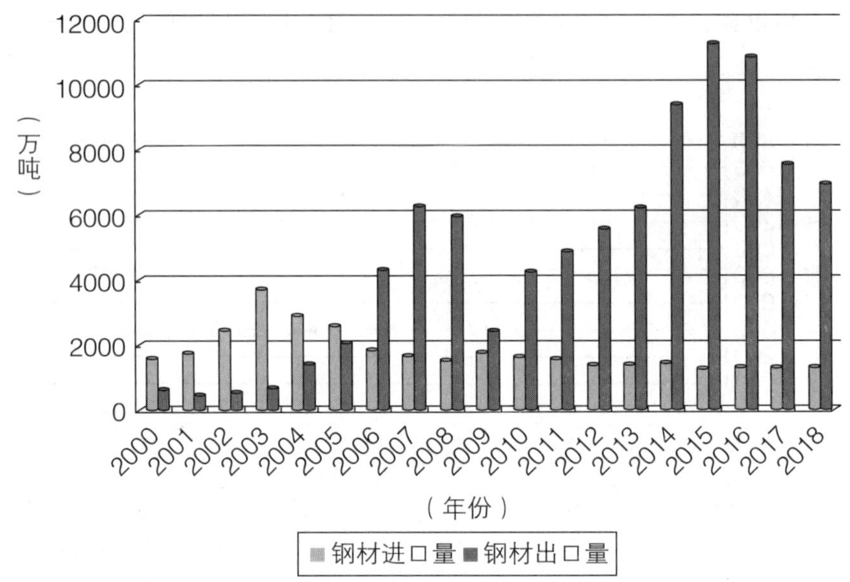

图 6　2000—2018 年我国钢材进出口变化情况

数据来源：中国海关，兰格钢铁研究中心。

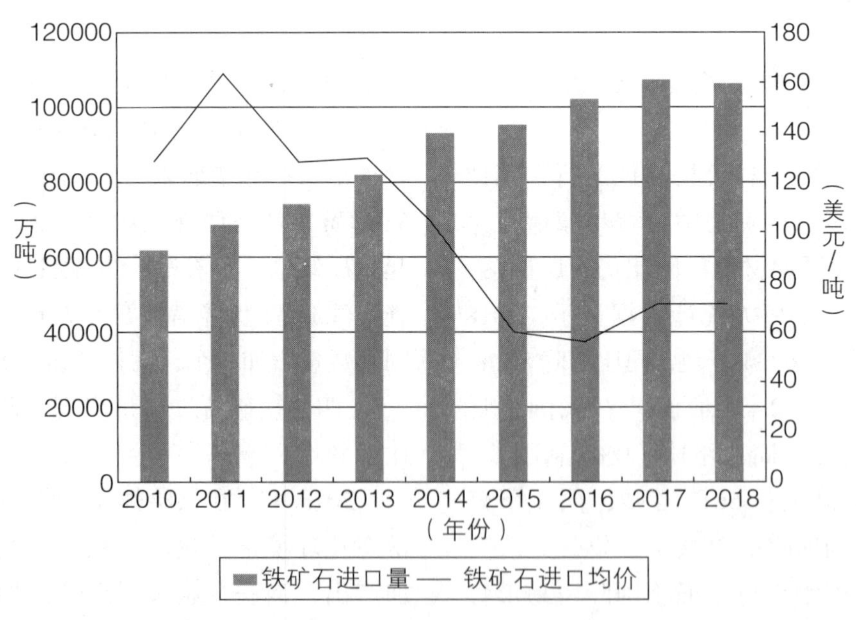

图 7　2010—2018 年我国铁矿石进口量及进口均价变化情况

数据来源：兰格钢铁研究中心。

三、2018 年钢铁物流发展的新亮点

2018 年，我国钢铁行业钢筋新标准实施，国家运输结构向绿色化调整，“公转铁”不断推进，多式联运步入快速发展期，钢铁业整合并购基金助力钢铁行业兼并重组，钢铁物流进入新的历史发展期。

（一）钢筋新标准实施，防止穿水钢筋生产和流通

2018 年 2 月 6 日，国家质量监督检验检疫总局、国家标准化管理委员会以 2018 年第 2 号公告批准发布了 GB/T 1499.2—2018《钢筋混凝土用钢第 2 部分：热轧带肋钢筋》新标准。该标准已于 2018 年 11 月 1 日正式实施。

从 2018 年钢筋新标准的变化来看，主要体现在以下几个方面：一是增加冶炼方法的规定，即钢应采用转炉或电弧炉冶炼，必要时可采用炉外精炼；二是调整了强度级别，取消 335MPa 级钢筋，增加 600MPa 级钢筋，形成 400MPa、500MPa、600MPa 强度系列级别，同时增加了带 E 的抗震钢筋牌号；三是适当加严偏差，对长度允许偏差、弯曲度、重量允许偏差进行适当加严，明确重量偏差不允许复验，加严尺寸和重量偏差规定；四是增加了相关检验方法，即增加金相组织检验规定及配套的宏观金相、截面维氏硬度、微观组织检验方法，增加金相组织检验要求及其配套检验方法。

新国标的最大变化在于通过增加对金相组织检验的要求及配套的宏观金相、截面维氏硬度、微观组织检验方法，来规避穿水钢筋的生产和流通。新国标实施的目的是提升钢筋产品质量，更好地满足其在房屋建筑、桥梁、公路、铁路、机场等方面建设的需求。

（二）推进“公转铁”，钢铁业多式联运步入快速发展期

2018 年 4 月 2 日，中央财经委员会第一次会议明确提出要打赢蓝天保卫战，调整“四个结构”，做到“四增四减”。其中一个重要内容就是调整运输结构，减少公路运输量，增加铁路运输量。

我国钢铁企业的原燃料以铁矿石、煤、焦炭为主。铁矿石、煤、焦炭等原燃料的运输量占进厂运量的比例达到 80% 左右，铁矿石、煤、焦炭等原燃料的运输量占进出厂总运量的比例在 50% 以上。因此，铁矿石、煤、焦炭等原燃料作为我国钢铁企业的大宗稳定货源，在运量方面占有较高的比例。

河北省唐山市正加快推进钢铁企业铁路专用线建设，曹妃甸港疏港矿石从 2018 年 3 月 1 日起逐步转由铁路运输，2019 年将全部实现“公转铁”，唐山市 16 家钢铁企业铁路专用线将于 2019 年 12 月月底前建成。

国家政策的引导、运输结构的调整，都表明传统的单一运输方式将逐渐失去市场。多式联运由于具备可以充分发挥各种运输方式的整体优势和组合效率，能为货主提供无缝衔接的门到门服务，提高物流效率、降低物流成本，同时还具备推动综合运输结构性节能减排等优势，能对钢铁运输业的改革发展和转型升级发挥重要作用。因此，“公转铁”的推行将促进钢铁运输业的多式联运步入快速发展期。

（三）钢铁业整合并购基金助力钢铁产业兼并重组

2018 年 9 月 13 日，我国境内首家专注于冶金行业资产整合与管理的专业化资本运作平台，由 4 家国企股东联手打造的华宝冶金资产管理有限公司在上海成立。华宝冶金是由 3 家央企与

1 家地方国企作为联合发起人，合计出资 20 亿元搭建的产融结合平台公司。4 个股东分别是中国宝武钢铁集团有限公司、中国东方资产管理股份有限公司、鞍钢集团有限公司和马钢集团控股有限公司旗下马钢集团投资有限公司。其中，中国宝武持股比例为 37.5%，中国东方和鞍钢集团各持股 25%，马钢集团持股 12.5%。

继 2017 年中国宝武钢铁集团联合 WL 罗斯公司、中美绿色基金、招商局金融集团设立四源合钢铁产业结构调整基金整合重庆钢铁资产以来，钢铁业整合并购基金逐步发展，目前已拥有四源合钢铁产业结构调整基金、长城河钢产业发展基金、山西钢铁产业结构调整基金、华宝冶金资产管理有限公司四大并购基金，如下表所示。

国内四大钢铁产业整合基金情况

基金名称	成立日期	投资主体	持股比例（%）	基金规模（亿元）
四源合钢铁产业结构调整基金	2017 年 4 月 7 日	中国宝武钢铁集团	25	400~800
		美国私募股权机构 WL 罗斯公司	26	
		中美绿色基金	25	
		招商局金融集团	24	
长城河钢产业发展基金	2017 年 7 月 28 日	中国长城资产管理股权有限公司	49	100
		河钢集团有限公司	51	
山西钢铁产业结构调整基金	2018 年 1 月 9 日	山西省国有资本投资运营有限公司	—	50
		北京建龙重工集团有限公司	—	
		陕西鼓风机（集团）有限公司	—	
		中冶京诚工程技术有限公司	—	
华宝冶金资产管理有限公司	2018 年 9 月 13 日	中国宝武钢铁集团	37.5	20
		中国东方资产管理股份有限公司	25	
		鞍钢集团有限公司	25	
		马钢集团投资有限公司	12.5	

注：山西钢铁产业结构调整基金持股比例未公布。

钢铁行业整合并购基金已逐渐成为钢铁产业整合的市场化、资本化运作主体。钢铁基金以钢铁以及上下游产业链整合拓展为重点，在钢铁产业并购重组中的作用逐渐显现，将加速全国钢铁产业集中度提升与整体产业优化升级。

（北京兰格电子商务有限公司　王国清　刘陶然　刘长庆）

2018年中国粮食物流

2018年我国粮食总产量65789万吨（13158亿斤），比2017年减少371万吨（74亿斤），下降0.6%。其中谷物产量61019万吨（12204亿斤），比2017年减少502万吨（100亿斤），下降0.8%；夏粮产量13878万吨，比2017年减少1.1%；早稻产量2859万吨，比2017年减少9.9%；秋粮产量49052万吨，比2017年增加10%。2018年粮食播种面积117037千公顷（175555万亩），比2017年减少952千公顷（1428万亩），下降0.8%。总产量下降比例低于播种面积下降比例，主要得益于粮食单产水平的提高。我国粮食生产连获丰收，供给总体宽松，但结构性矛盾较为突出。稻谷连续多年产大于需，阶段性过剩特征明显；小麦产需基本平衡，但优质专用品种供给不足；玉米种植结构连年调整，且加工消费快速增长；大豆产需存在缺口，进口量仍然较高，尽管我国2018年全年的大豆进口出现2011年以来首次下滑，进口量减少7.9%，但也达到了8803万吨，全年食用油进口量为629万吨，同比提高8.4%。2009年至今，我国已经连续10年成为谷物净进口国，全年谷物和谷物粉累计进口2559万吨，较2017年减少20.1%，其中，稻米进口308万吨，同比减少23.6%；小麦进口310万吨，同比减少29.9%；玉米进口352万吨，同比增加24.4%。全年我国粮食累计出口366万吨，同比增加31.4%，其中，玉米出口1.22万吨，同比减少82.5%；大豆出口13万吨，同比增加19.4%；稻米出口208.9万吨，为2004年以来年度最高水平，同比增加74.7%。从国际粮食供求形势看，据联合国粮农组织估计，2018年世界谷物总产量达到26.5亿吨，同比减少1.85%，其中，粗粮产量预计为14.04亿吨，小麦产量预计为7.3亿吨，大米产量预计为5.16亿吨。

2018年中美经贸摩擦牵动世界粮食生产贸易格局，为面对粮食供求呈现的新趋势，应对化解结构矛盾的新挑战，提高粮食物流效率，中央发出了改革开放以来第20个、21世纪以来第15个指导“三农”工作的中央一号文件，全面部署实施乡村振兴战略，国家有关部门认真贯彻落实党中央、国务院关于保障国家粮食安全的战略部署，始终以习近平新时代中国特色社会主义思想为指导，坚持稳中求进工作总基调，坚持新发展理念，坚持以供给侧结构性改革为主线，落实高质量发展要求，着力构建高效的现代粮食流通体系和统一的国家物资储备体系，全面提高国家粮食安全和战略应急储备安全保障能力。

一、粮食收储制度改革持续深化

按照市场定价、价补分离、主体多元的原则，推进粮食收储制度改革，以保障国家粮食安全和农民种粮收益为前提，促进粮食生产稳定发展，进一步优化调整最低收购价和补贴政策，健全粮食价格市场化形成机制，优质优价特征明显。综合考虑粮食生产成本、市场供求、国内外市场价格和产业发展等各方面因素。2018 年我国继续在稻谷、小麦主产区实行最低收购价政策，2018 年生产的早籼稻（三等，下同)、中晚籼稻和粳稻最低收购价格分别为每 50 公斤 120 元、126 元和 130 元，2018 年生产的小麦（三等）最低收购价为每 50 公斤 115 元。全国粮食统一竞价交易系统升级为国家粮食电子交易平台，29 个省（区、市）组建粮食交易中心接入，初步形成以国家粮食电子交易平台为中心，以省（区、市）粮食交易平台为支撑的国家粮食交易体系，认真组织政策性收购和市场化收购，各类企业全年共收购粮食 7200 多亿斤，政策性粮食不合理库存消化进度加快，全年消化库存近 2600 亿斤，是 2017 年的 1.54 倍，超额完成年度目标任务，没有出现“卖粮难”现象，夏粮市场化收购比重超过 90%，秋粮市场化收购比重达 85%，粮食市场调控有力运行平稳。举办首届中国粮食交易大会，交易粮食 360 亿斤，成交总金额 400 多亿元，成为全国性优质粮油产品供需对接新平台。

二、粮食产业强国建设加力提效

国家有关部门深入贯彻“粮头食尾、农头工尾”的要求，出台有力举措，推动粮食产业经济发展迈上新台阶。注重强化产业链、创新链、价值链“三链协同”，统筹建设示范市县、产业园区、骨干企业、专项工程“四大载体”，大力推动优粮优产、优粮优购、优粮优储、优粮优加、优粮优销“五优联动”，现代化粮食产业体系建设向纵深发展，全国粮食产业经济总产值增幅有望达到 10% 左右，保持稳中向好势头。深入实施“优质粮食工程”，将实施范围由 16 个省份扩大到 30 个省份，进一步增加扶持资金规模，启动建设 4 个国家粮食技术创新中心和首个国家粮食技术转移中心，粮食产后服务能力稳步增加，粮食质量安全检验检测体系不断完善，优质粮食种植面积进一步扩大，绿色优质粮油产品供给持续增加，一二三产业融合发展。在“中国好粮油”行动的引导带动下，区域品牌联合发力扩大影响，“山西小米”“吉林大米”“江苏苏米”“齐鲁粮油”“荆楚大地”“天府菜油”“广西香米”等均已成为区域品牌的排头兵，粮油品牌效益不断扩大，粮食加工产业市场竞争力明显提升。

三、粮食行业依法治理能力不断提高

依法依规管粮机制日趋完善，维护国家粮食安全的支撑作用明显增强。粮食行业立法修规进程加快，《粮食安全保障法》列入十三届全国人大常委会立法规划一类项目，《粮食流通管理条例》修订送审稿已呈报国务院，《浙江省粮食安全保障条例》经浙江省人大常委会第七次会议通过，于 2019 年 1 月 1 日施行，广东、贵州、江苏、安徽等省也已经出台或正陆续出台粮食安全保障地方性法规，这些地方性法规的出台对提升全社会粮食安全意识、补齐粮食安全制度供给短板、推进粮食安全治理体系的规划化和制度化具有重要意义。

顺利完成年度粮食安全省长责任制考核，进一步强化考核导向性。国家粮食和物资储备局分别与山西、湖北、甘肃、黑龙江、浙江省政府签署战略合作协议，共同加强粮食安全保障能力建设。扎实开展全国政策性粮食库存数量和质量大清查试点，规范工作流程、压实各方责任、放大试点成效，完善分级监管体系，强化事中事后监管，开通12325粮食流通监管热线，一年来共接听电话上万次，电话接通率达99%以上，案件按期办结率达90%以上，对强化监管、维护售粮农民利益、保障储备粮安全发挥了重要作用。

四、粮食仓储物流体系建设不断加强

储备管理和设施建设水平逐步提高，保安全守底线的基础更加牢固。截至2017年年底，全国各类涉粮企业标准仓房总仓容达到6.48亿吨，其中完好仓容6.17亿吨。下达粮食安全保障调控和应急设施专项中央预算内投资25亿元，支持大型综合性粮食物流枢纽项目，引导和促进粮食物流通道化、网络化运行，逐步形成布局合理、层次有序的粮食物流枢纽设施体系。全国粮食仓储设施技术升级步伐加快，科学储粮水平进一步提高，粮库智能化项目完工2794个，安防能力、作业效率和监管水平普遍提升。如四川省重点改造低端仓储业务，着力推动传统业务转型、仓库管理体系变革，完成了作业方式从半机械化到机械化、信息化，为实现仓库自动化、智能化奠定了基础。

国家粮食管理平台一期试运行，通过借助大数据、物联网、云计算等新兴技术的科技力量，推动信息技术与粮食行业深度融合，与12个省级平台和有关部门实现互通共享，提高粮食管理的现代化水平，加快粮食供给侧结构性改革，落实粮食安全战略。

（中国粮食行业协会　韩兆轩）

2018 年中国汽车物流

2018 年是我国汽车物流行业发生巨大转变的一年，也是物流服务深度转型升级的一年。2018 年汽车产销量出现了近年来首次负增长。随着车辆运输车治理工作的结束，车辆运输车全面实现了合规运营，汽车整车物流行业全面改变了物流服务的模式。同时，随着汽车产业链上下游的不断延伸，汽车供应商物流、后市场物流服务将越来越受到重视，零部件物流市场竞争日趋激烈，汽车物流企业间合作日益加深。这些变化为汽车物流行业的发展带来了新的机遇与挑战，助推了行业健康稳定发展。

一、汽车销售市场出现下滑

汽车行业作为我国经济发展的支柱型产业之一，一直保持着稳定的增长，但 2018 年全年汽车销售市场遇冷，据中国汽车工业协会统计，汽车产销分别为 2780.92 万辆和 2808.06 万辆，同比下降 4.16% 和 2.76%，是自 1990 年起 28 年来首次出现年度下降，对于物流市场造成了一定的影响。2009—2018 年我国汽车年产销量及其增长速度如图 1 所示。

其中，乘用车产销 2352.94 万辆和 2370.98 万辆，同比下降 5.15% 和 4.08%；商用车产销 427.98 万辆和 437.08 万辆，同比增长 1.69% 和 5.05%。2018 年我国乘用车、商用车销量市场份额如图 2 所示。

随着国家限迁政策的取消和百姓用车需求的改变，二手车、在用车的市场业务量明显提高，2018 年全国累计完成交易二手车 1382.19 万辆，同比增长 11.46%，二手车的交易规模已超过新车销售市场规模的一半，二手车、在用车将成为汽车物流服务的新领域。

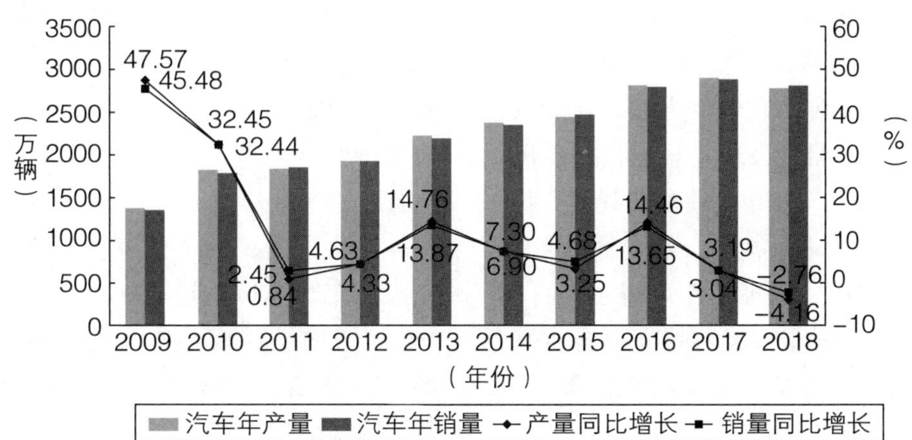

图 1　2009—2018 年我国汽车年产销量及其增长速度

数据来源：中国汽车工业协会。

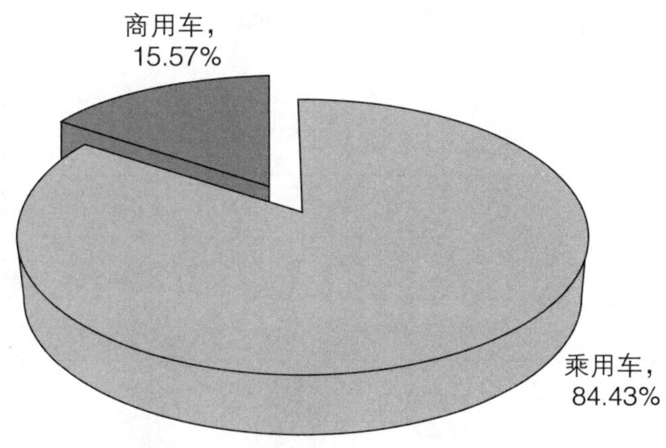

图 2　2018 年我国乘用车、商用车销量市场份额

数据来源：中国汽车工业协会。

二、汽车整车物流行业结构性变化

2018 年是国家车辆运输车治理工作的收官之年，在国家各部委、行业协会、主机厂、整车物流企业等多方的共同努力下，为期 2 年的专项治理工作取得了显著的成效，公路运输市场合规运营，多式联运得到快速发展，运输价格合理回归，汽车整车物流市场向健康发展迈进。

（一）汽车整车物流全面合规运营

自 2016 年 9 月 21 日起，交通运输部、公安部、工业和信息化部等部门下发了《车辆运输车治理工作方案》，全面开启了车辆运输车治理工作。到 2018 年 7 月 1 日，全行业全面淘汰了 4 万余辆不合规车辆运输车，新增符合国家标准的中置轴车辆运输车 2 万辆、半挂车 5 万辆，全面实现了车辆运输车标准化、合规化，公路运输市场安全运营水平全面提升。同时，各部委将车辆运输车的专项治理转变为常态化管理，行业也形成了全民监督、发现举报的良好氛围，积极反映“6+2”“7+2”等个别违法装载的行为，共同维护治理工作取得的成果，净化整车物流公路市场。总的来说，治理工作取得了很好的成绩，优化了车辆运输装备，提高了服务水平，净化了市场环境，对于整车物流行业发展具有重要的意义。

（二）汽车整车多式联运得到快速发展

据中物联与 G7（北京汇通天下物联科技有限公司）月度数据显示，2018 年较 2017 年车辆周转次数增加近 4.5 次，公路短途业务接近 80%，整车物流市场已经由以公路运输直送为主的运营模式转变为以铁水干线运输、公路两端短驳方式为主的多式联运组织模式，铁路、水路运输比例明显提高，铁路和水运能力进一步释放，综合运输体系建设不断完善。

铁路方面，据中铁特货数据显示，2018 年完成汽车整车运输量 580 万辆，较 2017 年增长 26%；新增铁路商品车运输专用车辆 4000 辆，增长了 28%，总计拥有专用车辆 18500 辆；同时进一步优化运输组织，汽车运输周期为 10.1 天，较 2017 年减少了 0.7 天；拥有 42 个物流基地，可同时存储 23.1 万辆汽车，铁路运输优势明显增强。2014—2018 年我国汽车整车铁路运输量如图 3 所示。

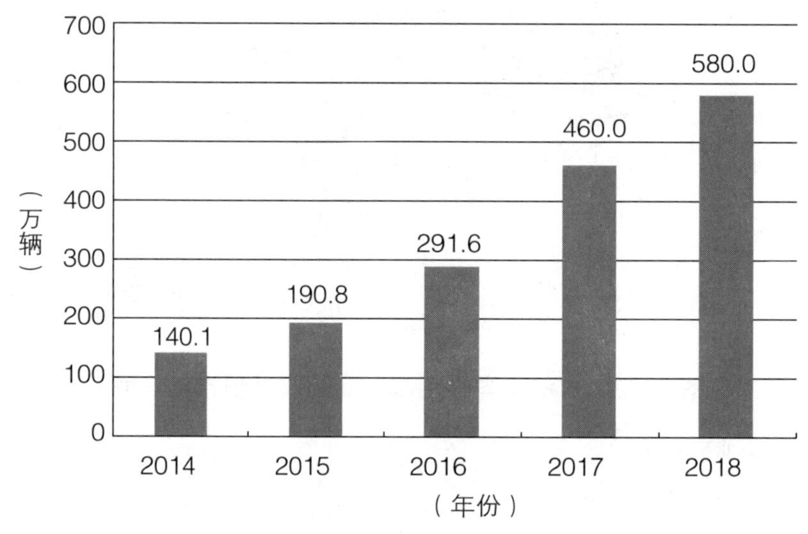

图 3 2014—2018 年我国汽车整车铁路运输量

数据来源：中铁特货运输有限责任公司。

水路方面，我国整车水路运输仍以滚装运输模式为主，少量采用集装箱运输。2018 年，全国滚装运输量达到 330 万辆，其中沿江运量为 110 万辆，沿海运量为 220 万辆；深圳长航、上海安盛、民生轮船、中远海运、中甫航运和华嘉船务等公司共计拥有 91 艘滚装船，其中 2018 年新投入使用的滚装船 12 艘，为我国水路运输发展提供了良好的服务基础。2014—2018 年我国汽车整车水路运输量如图 4 所示。

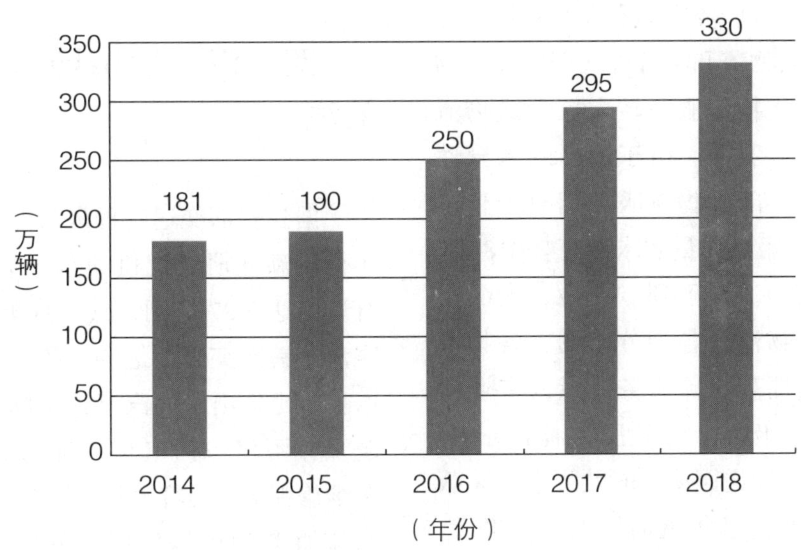

图4　2014—2018年我国汽车整车水路运输量

三、汽车零部件物流更加注重服务质量

汽车零部件作为汽车工业发展的基础，是国家长期重点支持发展的产业，2018年我国汽车零部件制造业的主营业务收入为40047亿元，同比增长7.10%。2014—2018年我国汽车零部件行业销售收入及增长情况如图5所示。

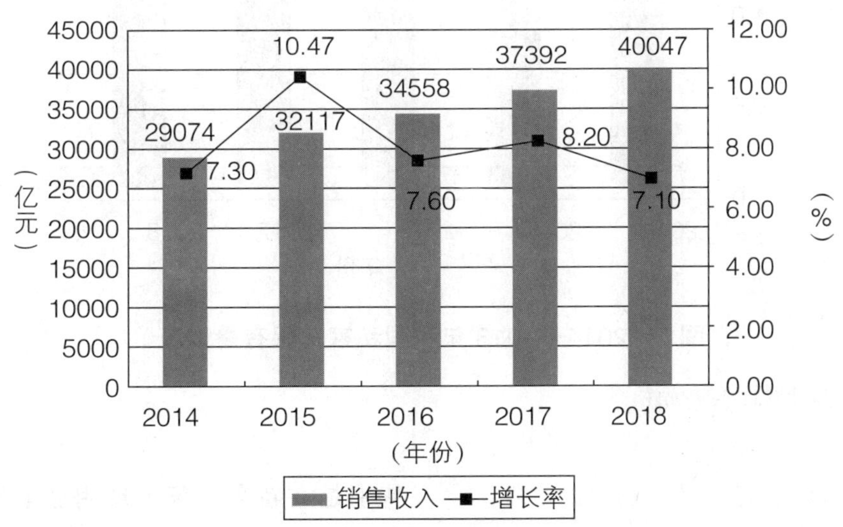

图5　2014—2018年我国汽车零部件行业销售收入及增长情况

数据来源：中国汽车工业协会。

零部件物流服务从服务主体和环节来看，可以分为零部件供应商物流和零部件入厂物流，物流服务逐步从推动式物流服务转向拉动式物流服务、再到智能物流服务。由于产品的差异性与服务的多样性，零部件物流服务相对于整车物流服务更加复杂，服务质量要求更高。2018年，上到零部件供应商物流，下到专业性、大品类的汽车零部件产品物流，各细分市场、各物流服务环节均在不断提高物流服务质量，专业化服务程度日益加深。例如，在轮胎物流服务中，针对轮胎销售渠道、配送网络、时效要求、装载效率、仓储标准、预配装等流通加工技术集成、自动化物流设备应用等行业热点内容的研究与应用在不断深入。

四、汽车后市场物流越来越受到关注

据公安部交通管理局公布的数据显示，2018年全国新注册登记机动车 3172 万辆，机动车保有量已达 3.27 亿辆，其中汽车 2.4 亿辆，小型载客汽车首次突破 2 亿辆。我国汽车保有量的迅速增长，延伸出来的汽车后市场物流服务需求越来越多，不仅包括汽车备件物流服务，还涉及汽车维修保养、美容养护、汽车金融、保险服务等，物流服务的市场发展空间非常大。2014—2018 年我国私家车保有量情况如图 6 所示。

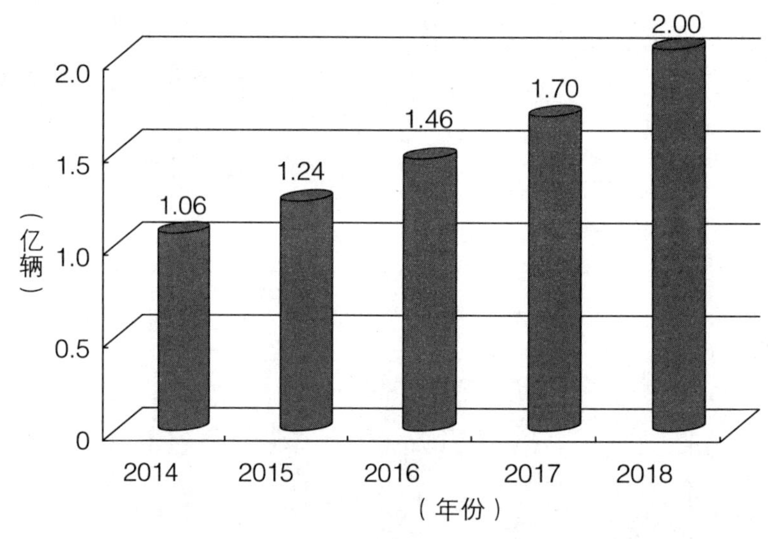

图 6　2014—2018 年我国私家车保有量情况

数据来源：公安部交通管理局统计。

（一）整车后市场物流

整车后市场物流领域主要包括在用车物流、二手车物流、报废汽车物流等。其中，二手车市场规模已经形成，随着"全面取消二手车限迁政策"的落地实施，二手车市场规模在不断扩大，特别是在新车市场出现明显下滑的情况下，二手车市场虽有波动，但总体保持了增长的态势。2014—2018 年我国二手车市场交易量及增长趋势如图 7 所示。

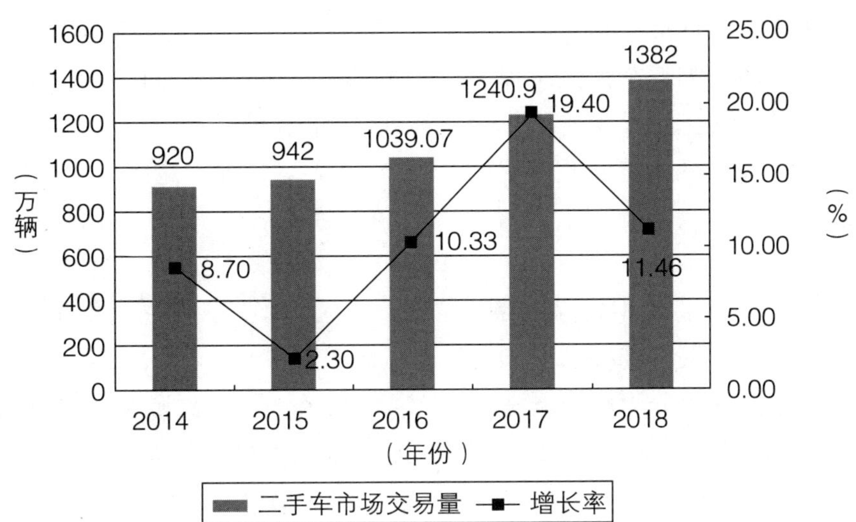

图 7　2014—2018 年我国二手车市场交易量及增长趋势

数据来源：中国汽车流通协会。

2018 年，国家加强了对地方政府抓落实的督办力度，随之各省于 2018 年年初陆续出台了相关文件，二手车跨城市交易的比例迅速攀升。汽车物流企业面对新车市场物流业务下滑的同时也更加关注二手车物流业务。2014—2018 年我国二手车异地转移登记比例如图 8 所示。

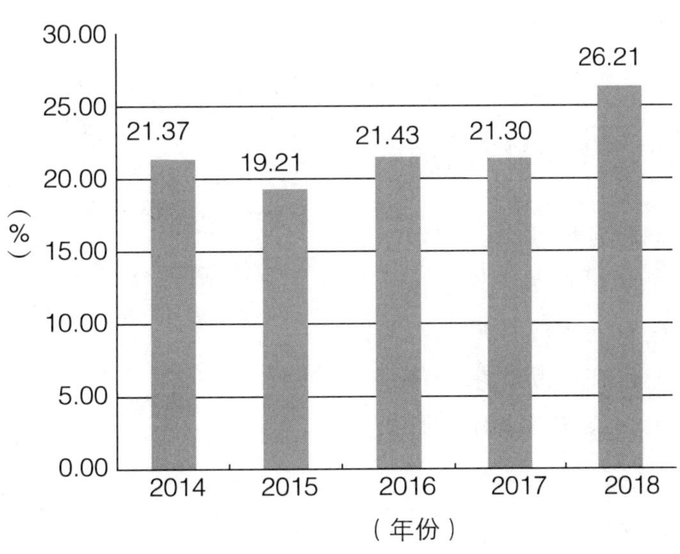

图 8　2014—2018 年我国二手车异地转移登记比例

数据来源：中国汽车流通协会。

报废汽车回收环节同样是汽车物流行业的重要市场，按照成熟市场报废汽车占汽车保有量6%~8%的水平来计算，我国每年报废汽车量将达到1600万辆，这些车辆的报废回收过程的物流服务更加需要关注。

（二）汽车备件物流

中国汽车后市场的崛起，将为相关行业带来商机，其中汽车备件物流与供应链特别受到行业的重视。汽车备件物流一般分为两类：一类是通过主机厂到4S店的渠道；另一类是独立后市场。随着人们消费不断升级、选择更加丰富，在选择售后服务提供商时更加注重灵活性和便利性，同时互联网销售模式的进入，也为汽车备件服务提供了新的渠道与可能。共享出行模式与新能源汽车的发展与普及都将对汽车后市场产生影响。这些变化给备件物流市场带来了新的机遇，汽车后市场原有的分布广、维修点多、规模集聚性差的格局将会逐渐转变，物流末端市场将向规范化、标准化方向转变。同时，共享出行模式也将会推动后市场物流走向集中高效化，未来备件物流的服务对象会由广大的车主向汽车租赁公司、共享服务企业转变。

五、汽车物流企业合作日益加深

近些年，汽车物流企业发展快速，规模较大。2018年，入围物流行业50强的汽车物流企业有5家，企业间良性竞争的市场格局已经形成，企业在竞争的基础上也在不断寻求合作共赢。2018年，一汽、东风、长安三大体系开展了物流合作（T3L5），共建物流网络布局，开展物流技术研究，共同推动物流发展，这是企业间战略合作的新尝试；中铁特货同时与一汽、二汽、上汽、长安、北汽、广汽六大汽车物流主机厂签订战略合作协议，全面开展铁路方面的合作。

六、跨界物流服务能力不断增强

2018年，汽车物流全行业跨界服务趋势更加明显，传统汽车物流向外拓展，上汽集团收购了天地华宇，安吉物流逐步从汽车物流服务商向综合性物流服务商快速转变。同时，传统电商快递企业不断渗入汽车物流服务，同年，顺丰速运收购了DHL供应链业务，开始步入汽车物流行业。

七、汽车物流行业创新能力提升

随着互联网、大数据、云计算等信息技术的发展，物流技术的创新与应用已经成为物流行业最热门的话题之一，汽车物流一直处在产业物流创新发展的前列。2018年，汽车物流的创新主要集中在零部件物流行业中，主要表现在自动化、智能化、智慧化等应用先进装备的开发应用上，如无人车、无人机、自动化库等自动化装备投入加大，包装和工艺细节不断改进，汽车物流整体创新能力不断加强。

（中国物流与采购联合会汽车物流分会）

2018 年中国书业物流

2018 年，我国书业持续转型升级，业务多元化深入推进，新技术应用不断增加。在转型升级、业务多元化与新技术应用融合发展的大背景下，我国书业物流建设、物流业务也在不断转型升级，业务模式持续变革，由单一的企业物流向综合物流推进。我国书业物流在向现代物流转型的过程中，逐步向资本型、科技型、智慧型、金融和商贸型、全产业链型物流发展，由企业物流向物流企业、由行业物流向社会化物流转变，由单一的线下配送平台向以电子商务为依托的现代物流信息交易平台迈进。2018 年，我国书业物流正在实现全面跨越式发展。

一、书业物流生态圈显现

2018 年 11 月 11 日是天猫打造的第 10 个“双十一”，天猫以 2135 亿元的成交额再度刷新销售纪录。各大线上平台的图书销售也表现出色，京东、当当、天猫三大网上平台增速明显，新华文轩、博库网等成绩显著。此外，以江苏新华、湖北新华、湖南新华以及言几又、西西弗等为代表的实体书店，也从最初悲观面对“双十一”的冲击，转变为积极参与其中，成为线上平台的一股重要力量，销售表现出众。其中，凤凰新华书店旗舰店在天猫平台同比实现了 231.4% 的销售净增长，店铺行业排名由第 12 名上升为第 8 名，在京东的店铺行业排名由 2017 年的第 8 名上升为第 4 名；湖北新华在天猫、京东、自营平台九丘网的销售码洋累计超过 1500 万，天猫店铺排名进入全图书行业前 25 名，京东店铺排名进入前 10 名。

销售业绩喜人的背后，离不开现代物流的支撑。将图书拆零与电商物流进行结合是传统书业物流企业的难题之一，2018 年，为更好地向现代物流转变，各新华发行集团、民营书店在做精、做强主业教材教辅、一般图书配送的基础上，加强技术设备升级，提升内部管理水平，向现代物流方向转变，打造、建设以实体店网点体系为支撑、以渠道整合为骨架、以业务体系为依托的物流生态圈。

新华书店 70 余年出版物流行业的服务基础为新华发行集团积累了丰富的操作运营经验。江西新华、江苏新华、浙江新华、新华文轩、湖北新华、深圳出版发行集团等拥有较大物流优势的发行集团，已完成了由传统物流向现代物流转型的步伐，并初显成效。例如，浙江新华基层物流分拨仓超百家，总面积逾 10 万平方米；重庆新华对商品流转系统和物流配送系统立足于互联网时代云平台数据先行、订分同步、结算一体、智能互动的思维，实现主业各环节高效对接；湖北新华加快推进“一中心、四基地”的物流项目建设，优化物流作业流程和功能，推进湖北全省一体化物流配送服务体系建设；安徽新华积极推进传统物流的转型升级，从金融、配送、智慧园区展开布局，将业务形态向供应链的前端、中端和后端覆盖，整合安徽全省现有 95 个仓储网点，通过与民生消费型企业合作，仓配一体服务到点，实现“互联网 + 最后一公里 + 零售”模式，物流服务实现向第三方、第四方专业服务转型以及向省外市场延伸，推动“最后一公里”服务落地，尝试小微运营模式，逐步与快递企业展开合作，介入电商、快消品配送业务，同时全面推动以智能一体化为创新引领的三大物流园区、仓储管理系统建设，通过介入供应链业务，加速向数字化平台型物流转型升级。

二、物流中心建设促进书业升级

2018 年，书业物流中心建设仍是热点，通过现代物流中心的建设，促进出版产业转型升级，开启新时代高质量发展新征程。

（一）出版集团自建物流中心

2018 年 3 月 15 日，云南出版电子商务现代物流中心项目在昆明空港经济区航空物流产业园区奠基。该项目是云南省“十三五”重点建设项目，是云南出版集团加快文化产业发展，推动文化事业繁荣，主动融入国家“一带一路”建设，结合企业自身发展需要，大力调整产业结构，深化体制机制改革，转变发展方式，整合物流资源，加快物流产业升级，建设现代流通体系的重大战略部署。项目计划建设面积 95000 平方米，总投资 4 亿元，计划于 2018 年年底完成项目一期的建设工作并投入使用。一期项目建成后，出版物存储能力达 30 万种，流转品种达 50 万种，年吞吐能力达 50 万吨，发货包件 1000 万件，可以满足集团未来 10 年业务发展需求，预计未来五年云南出版集团主营业务流转货物达 100 亿元。二期工程将随云南出版集团现代物流体系建设和三方物流业务的推进，在 2022 年年底前部署建设完成。

2018 年 7 月 6 日，由海格里斯智能物流技术设计、生产、安装的内蒙古新华出版集团系统首个大型现代化仓储物流项目——内蒙古人民出版社仓储物流中心竣工并投入使用。

2018 年，言几又集团完成了物流中心的打造。随着实体书店转型的不断深入，民营书店的物流持续推进，向集约化运营迈进。以言几又、方所、西西弗为代表的民营连锁书店规模不断增长、经营模式不断变化，这些企业物流所发挥的作用和功能不断变化，配送商品种类相比过去更多，并针对不同种类产品打造不同的物流解决方案。而物流中心建设又能够反哺书店转型升级，二者形成良好的关系。

（二）出版集团与物流企业合作打造书业新零售业态

除了自建，合作也是转型升级的好途径。2018 年 4 月 2 日，京东集团与贵州出版集团及旗下子公司贵州省新华书店有限公司宣布在零售领域开展全面战略合作，打造图书新零售业态。此举将发挥京东集团先进的供应链技术，提高仓储发货效率，拉近消费者与线下图书的距离。双方将在零售领域各个方面相互整合、赋能，从前台具有国际一流水准的线下连锁新华书店建设，到以大数据技术和强大的物流分发体系以及会员服务体系为核心能力的中台建设，再到后台丰富的产品供应链建设，力争在未来三年内实现全新的无界零售新华书店体系。双方的合作将在五个方面展开，其中包括供应链体系的深度合作，京东将使用国内领先的供应链技术，整合贵州新华书店的图书库存，建立适用于新业态的贵州新华供应链后台。双方充分利用强大的供应链整合能力、线上线下采购及营销能力，通过共享物流与供应链资源，拓展供应链一体化，达成核心合作伙伴关系，实现共赢。依托京东客户群资源，整合贵州新华仓储资源，将贵州新华书店物流打造成为预测、库存、仓储、运输、配送全链路智慧物流体系，构建现代物流产业基地，支持京东各个渠道的图书发货。

三、“物流+”、智慧物流备受青睐

融合发展是时代要求，如物流与科技融合、物流与市场融合、物流与产业融合等，通过互联网思维和现代物流技术高度融合，以互联网、物联网、云计算、大数据等先进信息技术为支撑，以智能化机械技术、计算机技术、RF射频技术、条码技术等为基础，书业物流向着智慧物流迈进。

以江西新华书店（以下简称“江西新华”）为例，江西新华投资6亿多元建设的现代出版物流港，以南昌物流中心为总部，在九江、上饶等地建设物流分中心，搭建了覆盖全省的骨干物流网络，打造全国物流3.0标杆。早在2003年，江西新华就将国际先进的物流技术与书业相结合，建立了一座集商流、物流、信息流、资金流于一体的现代化物流配送中心，推动了我国图书流通体制实质性变革。经过15年的发展，江西新华物流产业通过加大推进物流与科技、物流与市场、物流与产业的不断融合，促进了“互联网+物联网”的双网融合。

（一）物流与科技的融合

自2003年江西新华投资1亿元引进自动分拣机、电子标签等现代化物流设备及现代物流经营理念后，江西新华就在不断推进物流技术革新。2018年是江西新华物流产业的技术改革之年，江西新华依托物流技术改革和物联网项目的实施，进一步推动智慧物流网络平台的打造，全力推进智慧物流全面技术改革工作，完成硬件安装、电气安装、联合调试等工作。通过技术改革项目，物流综合作业效率大幅提高，库存容量将从原来的10万件达到改造后的不少于40万件，进一步提高了作业效率和准确性，降低了作业成本，提升了物流现代化水平，不断推进线下配送，为图书电商和出版社提供“中盘”服务，满足读者需求。与此同时，江西新华着力打造了覆盖全省的现代出版物流港。目前，江西九江、景德镇等地物流分中心已投入运营。不仅如此，还积极拓展当地物流市场，引进了江西邮政集团公司等单位入驻园区，提高分中心仓储使用价值，打造了多个快递物流园，搭建了覆盖江西全省的骨干物流网络，形成了全省规模最大的现代出版物流港。江西新华通过物联网技术植入物流仓储技术改革项目，不断提高物流的智能化、自动化水平，积极打造全国同行业智慧物流的3.0标杆。

（二）物流与市场的融合

2003年，江西新华建设了现代化物流配送中心，经过10多年的发展，江西新华的物流产业已成为其优势业务板块，年销售收入高达11亿元，居全国同行业规模之首。10多年来，江西新华重点发展了新华城际快运班车、新华亿企送物流云平台等产品，加强与国内外知名物流企业的合作，积极寻找市场机会。江西新华通过新增广州世晨、广州天图、四川天府机场土石方运输等项目以及稳步推进新华快运、调配人员充实市场物流专线项目等，不断提升市场占有率。为了搭建一个覆盖全省、辐射全国的骨干物流网络，江西新华与中国出版集团等合作在北京建设的新华联合物流中心已投入运营。依托中国出版集团巨大的出版物物流配送需求和广阔的北京物流市场，新华联合物流中心开展了跨区域、全国性的物流业务。2018 年该中心已达成日发货 1 万件不加班的目标，这对江西新华逐步构建江西全省乃至全国无盲点的网络和服务、打造实体物流与在线物流融合互动的产业发展平台起到了有力的促进作用。

（三）物流与产业的融合

按照中宣部的要求，江西新华完成了《新闻出版领域物联网框架体系标准》的编写、审订，全力加快物联网应用示范基地项目建设，先行将物联网技术在江西出版发行业进行实景应用，把整套标准和技术植入出版发行全流程，形成成熟的应用模式，并探索了“物联网 + 图书 + 大数据”的新型智能化出版物流通模式。2018 年完成《〈图书物联网数据中心建设方案〉技术服务合同》以及《物联网出版融合实验室 2018 年课题委托研发合同》的签订工作。实验室课题之一的成书自动贴标机研发制造完毕，机器人自动盘点设备正在设计研发当中。江西新华还充分进行产品和技术展示与推广，参加招商大会引进合作单位，例如，将物联网技术植入南昌市高新双创园书店；与皖新传媒就 24 小时共享书店打造了物联网技术改造方案；为深圳文博会物联网技术的实现提供技术与现场支持。江西新华逐步形成了“标准制定 + 实景应用 + 产业推广”的发展模式，打造全国出版发行行业物联网平台，不断引领行业技术新变革。

2018 年我国书业物流发展速度加快，虽然在物流建设方面依然存在着仓储能力尚不能满足迅速增长的业务需求、业务模式尚未成熟、高端专业经营管理人才匮乏以及运营体系、业务体系、精细化管理体系尚未建设完善等问题，但是书业物流作为经济发展的重要部分，已越来越凸显其重要作用。

（《中国出版传媒商报》社　穆宏志）

2018年中国冷链物流

2018年受全球经济温和增长的影响，我国冷链物流发展平稳。全年冷链物流市场总需求量为1.887亿吨，比2017年增长4127万吨，同比增长21.4%；全年冷链物流规模2886亿元，比2017年增长336亿元，同比增长13.2%。

一、冷链物流发展基本情况

2018年，我国冷链物流呈现稳步发展态势，具体表现在以下几个方面。

（一）基础设施设备发展情况

2018年，我国冷链基础设施设备水平进一步提升，全国冷库总量达到5238万吨（1.3亿立方米），新增库容488万吨，同比增长10.3%；全国冷藏车保有量突破18万辆，新增冷藏车4万辆，同比增长28.6%；国内新开通铁路冷链线路近20条，铁路冷链运量超过160万吨；公路冷链货运周转量达到1320亿吨公里，同比增长20.3%。

（二）食品冷链物流需求总量增长情况

2018年，我国食品冷链物流需求总量为1.887亿吨，比2017年增长4120万吨，同比增长27.9%。2013—2018年我国食品冷链物流需求总量及增长情况如图1所示。

其中，蔬菜冷链物流需求总量为4866.0万吨，水果冷链物流需求总量为5048.4万吨，肉制品冷链物流需求总量为3345.6万吨，水产品冷链物流需求总量为3867.2万吨，乳制品冷链物流需求总量为1076.7万吨，速冻米面冷链物流需求总量为675.0万吨，具体需求总量及比例如图2所示。

（三）冷链运输环节

2018年，我国冷链物流企业运输环节各项指标总体呈增加趋势。在增长项中，总运输量排第一，55.9%的企业表示总运输量相比上年有所增加；在减少项中，运输人员排第一，23.6%的企业表示运输人员有所减少，如图3所示。

（四）冷链仓储环节

2018年，冷链物流企业仓储环节指标中，总入库量、总出库量、安全库存量增长趋势明显，仓储人员、仓储/物流中心建设、托盘/叉车等设备、信息化程度与上年持平无明显变化，周转天数减少最为明显，如图4所示。

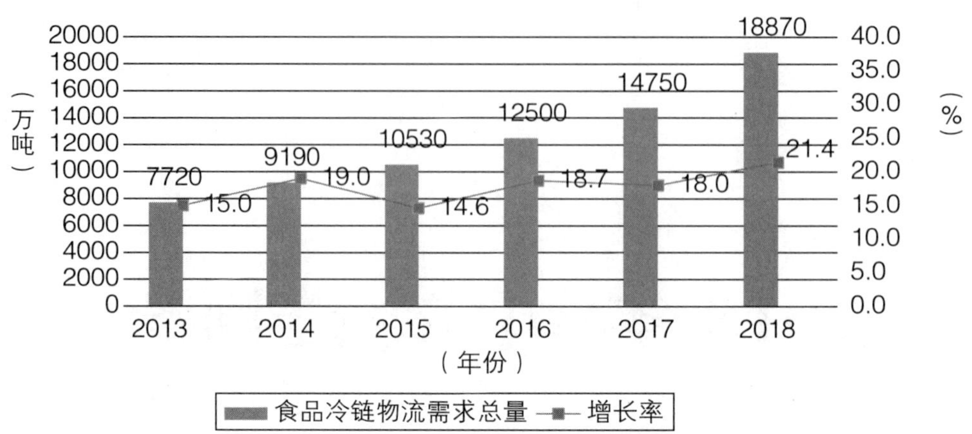

图 1　2013—2018 年我国食品冷链物流需求总量及增长情况

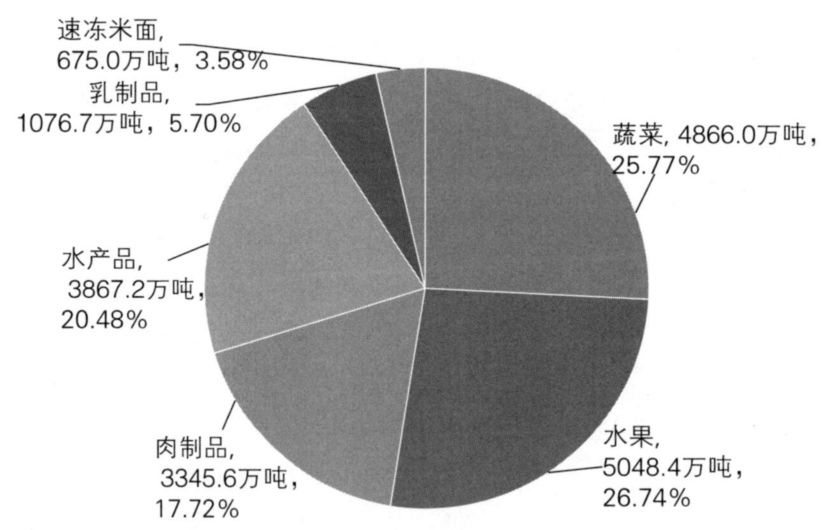

图 2　2018 年不同类型食品冷链需求总量情况

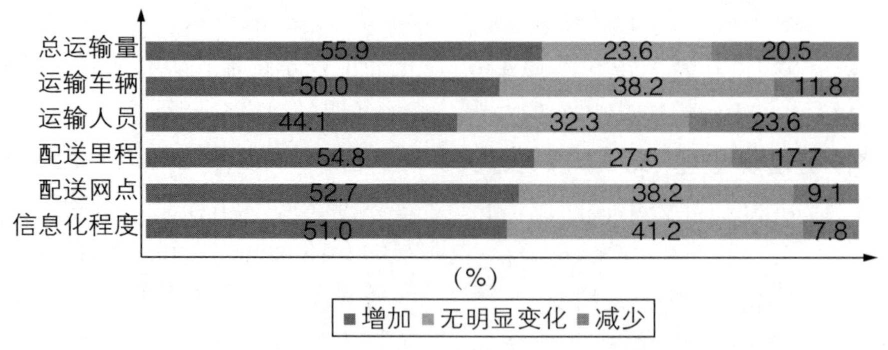

图 3　2018 年冷链物流企业运输环节变化情况

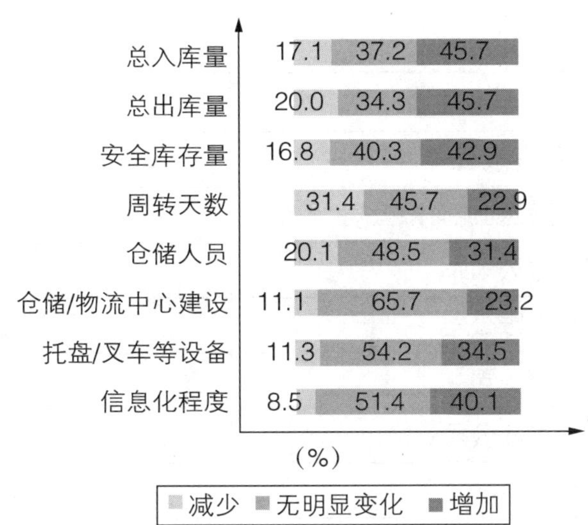

图 4　2018 年冷链物流企业仓储环节变化情况

二、冷链物流发展的政策环境影响

2018 年国家有关部门和各地政府相继出台的冷链相关政策合计超过 70 项，如商务部、中国物流与采购联合会等 8 部门出台的《关于开展供应链创新与应用试点的通知》、国务院办公厅印发的《推进运输结构调整三年行动计划(2018—2020 年)》和《关于推进奶业振兴保障乳品质量安全的意见》等。这些政策规划的正文中提及冷链篇幅颇多，冷链物流作为保障食品和民生安全的重要手段，已深度融入各产业链的核心环节当中，成为助力产业转型升级的关键一环，整个冷链产业的价值和地位愈发凸显。很多地区的冷链物流企业也切实享受到了政策的利好和资金的扶持。由中物联冷链委推动的星级冷链物流企业评估工作，得到了地方政府的高度认可和大力支持，在山东、福建、江西、辽宁等地对星级冷链物流企业制定了相应的资金补贴政策，企业根据不同级别最高可获得 100 万元的资金补贴，这一举措也大大提升了冷链物流行业发展的积极性。

截至 2018 年年底，全国共有 57 家星级冷链物流企业，其中五星级冷链物流企业共 16 家。具体五星级冷链物流企业名单如下表所示。

全国五星级冷链物流企业名单

企业名称	级别
浙江统冠物流发展有限公司	五星综合服务型
上海郑明现代物流有限公司	五星综合服务型
上海领鲜物流有限公司	五星综合服务型
希杰荣庆物流供应链有限公司	五星综合服务型

续　表

企业名称	级别
河南鲜易供应链有限公司	五星综合服务型
獐子岛锦通（大连）冷链物流有限公司	五星综合服务型
顺丰速运有限公司	五星综合服务型
云通物流服务有限公司	五星综合服务型
夏晖物流有限公司	五星综合服务型
上海广德物流有限公司	五星综合服务型
漯河双汇物流投资有限公司	五星运输型
安得物流股份有限公司	五星运输型
靖海集团有限公司	五星运输型
大连獐子岛中央冷藏物流有限公司	五星仓储型
漳州大正冷冻食品有限公司	五星仓储型
宁波兴港货柜有限公司	五星仓储型

三、冷链物流发展面临的机遇与问题

（一）冷链物流发展面临的机遇

2018 年生鲜电商、新零售、新餐饮等业态的发展进一步爆发，全国连锁超市、便利店继续扩大，各类客户对冷链物流企业的辐射半径、物流时效要求越来越高，逐渐催生出像新夏晖、京东物流、苏宁物流、荣庆物流、顺丰冷运等一批具备全国性服务能力的冷链物流企业，他们依托雄厚的资金实力、强大的信息化管理系统和统一的冷链服务标准，通过布局全国性冷库节点，拓展中小城市运输网络，延伸“最后一公里”配送能力。

2018 年我国生鲜市场交易规模增长至 1.91 万亿。“双十一”期间，京东冷链开放业务的增长情况尤为亮眼，单量同比增长超 110%。消费者对生鲜食品的强大需求，正在推动冷链物流快速发展，尤其是高附加值食品领域的冷链市场需求。全年小龙虾市场规模超过 3000 亿元，大闸蟹市场规模接近 1000 亿元，顺丰、京东、EMS 等纷纷参与到此类冷链物流市场的争夺当中。

（二）冷链物流发展面临的问题

我国冷链物流业具有很大的成长空间，但在发展过程中依然面临很多亟待解决的问题。

1. 冷链物流营商环境有待优化

虽然 2018 年多项冷链物流政策和标准相继出台，但在与企业干系重大的物流用地、减税降费等方面却鲜有配套方案，随着各地区经济产业结构转型压力的增加，政府对冷链物流企业在用地、融资、城市通行、绿通等方面管制日益苛刻。例如，冷链物流企业反映，城市物流用地空间不足成为企业发展壮大的根本难题，同时由于房产税、土地使用税及附加税缴纳额度太高，而可抵扣项较少，又导致企业承受较大的税务负担。此外，冷藏车上牌难、年审难、进城难等问题也制约了行业的高质量发展。

2. 部分地区冷链基础设施结构失衡

一方面，大部分农产品产地仍旧存在冷链最初一公里配套设施不足、产地预冷设施和冷库偏少、冷链商品处理中心缺失的问题；另一方面，局部省市仍旧存在冷库盲目过量建设、扎堆建设，功能定位落后于市场需求，导致冷库市场供大于求或者供需无法匹配的现象。目前一线城市冷库总体供不应求，但二、三线城市已经出现冷库供大于求的现象。据链库网统计，截至 2018 年年底，全国共有超过 340 万平方米冷库面临招租问题，如何消化现有存量冷库是从业者需要思考解决的问题，同时也需要政府部门积极参与把控和解决。

3. 企业利润空间在进一步下降，增收不增利

我国冷链物流企业的平均毛利率仅为 15%~18%，净利率为 3%~4%，而且仍在不断被压缩，部分企业不惜主动放弃既有业务，断臂求生。

4. 诚信缺失、监管不到位问题突出

行业诚信的缺失导致冷链物流业的成本增加、利润降低，诚信体系建设迫在眉睫。行业既要有白名单，也要有黑名单。此外，搭建全国性冷链物流信息监管平台，逐步打通冷链运输、仓储、配送等多环节的信息孤岛，实现动态数据的查询共享，将对整个冷链物流业的进步和发展起到积极推动作用。

5. 冷链物流人才短缺

人才短缺，一方面，跟行业环境差、工作强度大、薪资待遇偏低有很大关系；另一方面，冷链相关专业院校少、校企之间联动合作机制欠缺，企业对人才的培养不到位。冷链物流业专业人才的缺乏产生的主要影响有以下两方面。

一是当前行业既有理论基础又具备实操能力的高级管理人才不足 2000 人，导致企业的管理不规范、竞争力不足。

二是在冷链物流业发展前景广大的情况下，行业急需一批懂得“冷、链、物、流”的新型专业人才。否则企业面对新的发展机遇，既无法把握机遇，也无法适应新时代新需求的发展。

四、小结

随着消费升级与政策红利的释放，冷链市场规模将继续扩大，竞争将更加激烈，面对行业市场的发展，冷链物流企业需要夯实内功，积极应对新的市场需求，稳步发展。

（中国物流与采购联合会冷链物流专业委员会秘书长　秦玉鸣）

2018年中国危化品物流

2018年，我国经济发展进入提质增效阶段，石油化工行业继续深入开展供给侧结构性改革，加快去产能，加强安全管理和环境保护。通过加强新技术、新装备的应用，在国家相关政策的指导和规范下石油化工行业保持了稳定性增长。据国家统计局数据显示，截至2018年年底，石油化工行业全年增加值同比增长4.6%；主营业务收入12.40万亿元，同比增长13.6%；利润总额8393.8亿元，同比增长32.1%，分别占全国规模工业主营业务收入和利润总额的12.1%和12.7%；出口交货值7018.7亿元，同比增长22.0%。

危化品物流发展受石油化工行业整体利润和效益的影响，获得较大发展。货物总量、企业数量、业务覆盖范围、专业运输车辆等都稳步增长。当前国内化工企业的物流需求与物流企业的发展需求逐步走向统一，行业发展呈现出更加融合、更加创新的趋势。2018年危化品物流业是迎新创新、协同共享的一年，总体看来，行业整体呈现四大发展趋势。

一、持续聚焦安全和环保

习近平总书记多次强调指出："发展决不能以牺牲人的生命为代价"，这既是对全社会的要求，更是对危化品物流业的告诫。我国危险货物种类多、产量大，已成为世界化学品的第一生产大国。2018年危化品全行业货物运输量超过16.5亿吨，占所有运输方式完成货运量的60%以上，危化品公路运输占公路年运输总量的30%以上，且仍在逐年上升。其中铁路运输运量1.26亿吨、水路运输运量3亿吨。

每年发生的危化品道路运输安全事故上百起，给人民生命财产安全带来了巨大的损失，危化品物流业面临的安全形势十分严峻。2018年1—10月危化品物流运输事故统计如图1所示。

造成目前国内危化品物流道路运输事故频发的原因主要体现在以下几个方面。

一是行业准入门槛不高。我国目前从事危险化学品道路运输的物流企业达到了1.15万家，运输车辆超过30万辆，从业人员超过120万人。2018年全国按地区道路危险货物运输业户数统计如下表所示。

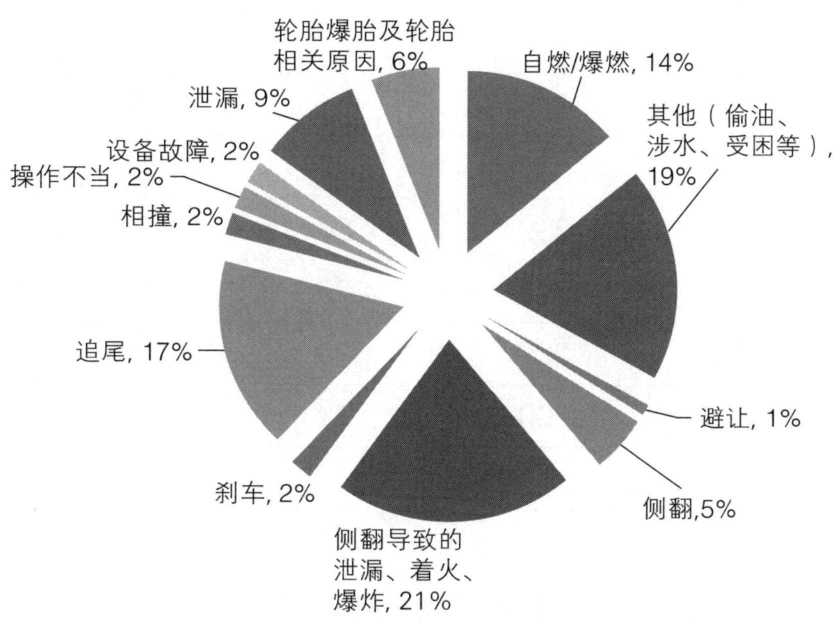

图 1　2018 年 1—10 月危化品物流运输事故统计

注：据不完全统计，截至 2018 年 10 月底，我国在公路运输环节发生与危化品车辆相关的交通事故约 304 起。

2018 年全国按地区道路危险货物运输业户数统计　　单位：户

排名	地区	户数	排名	地区	户数
1	辽宁	997	11	吉林	364
2	江苏	926	12	江西	313
3	山东	875	13	河南	308
4	广东	808	14	湖北	303
5	河北	751	15	湖南	284
6	浙江	665	16	内蒙古	282
7	黑龙江	426	17	上海	275
8	陕西	407	18	安徽	272
9	四川	385	19	甘肃	263
10	新疆	374	20	福建	242

续 表

排名	地区	户数	排名	地区	户数
21	北京	239	27	云南	169
22	山西	232	28	重庆	152
23	贵州	232	29	青海	64
24	广西	222	30	海南	37
25	宁夏	200	31	西藏	36
26	天津	180	—	—	—

数据来源：中物联危化品物流分会。

从各类运输户数看，具有运输类 3 类和运输类 2 类从业资格的户数较多，合计占比超过 50%。2018 年从事各类危化品运输的户数（有重合经营的商户）情况如图 2 所示。

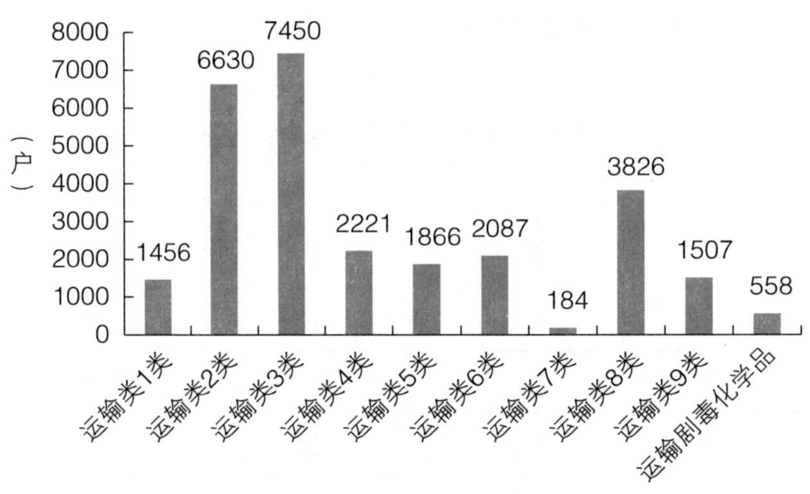

图 2　2018 年从事各类危化品运输的户数

数据来源：中物联危化品物流分会。

注：同一从业户可能拥有多个类别的危化品运输资格，从事多类别危化品运输，因此在统计上各类型运输户数合计数量大于从业户总数量。

二是行业规模化、专业化、集约化发展相对滞后。例如，危化品物流车辆日均行驶里程和日均行驶时间较行业内效率先进的快递快运业有较大差距。这与行业属性有关，也显示了当前危化品车队工作量不饱和，亟待加强效率管理。2018 年行业日均行驶里程和日均行驶时间与快递快运业的对比情况如图 3、图 4 所示。

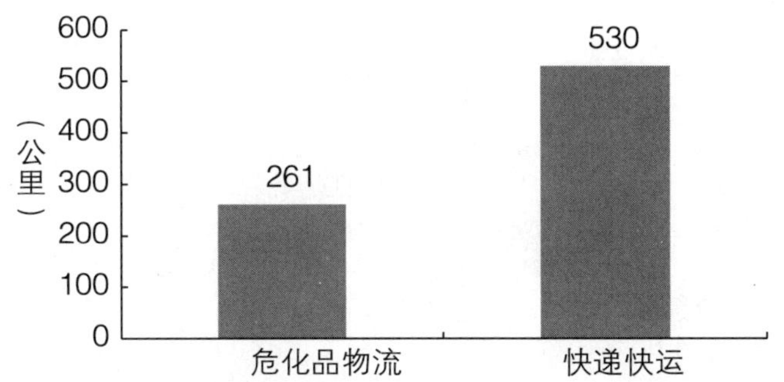

图 3　2018 年危化品物流业日均行驶里程与快递快运业对比

数据来源：G7。

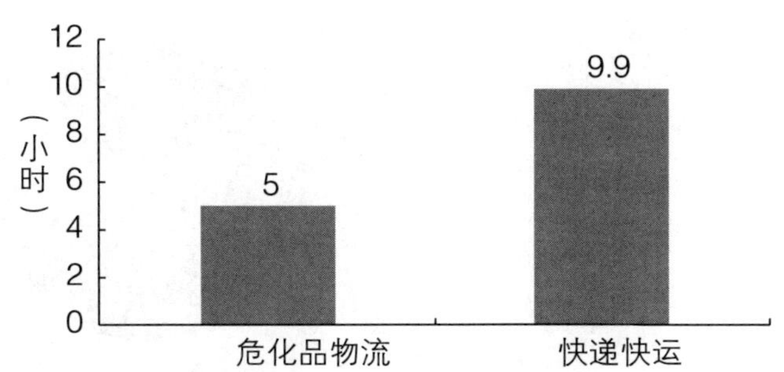

图 4　2018 年危化品物流业日均行驶时间与快递快运业对比

数据来源：G7。

三是从业人员整体素质不高，近年来招聘基层人员困难，很多事故的发生就是因为从业人员基础知识、基本技能欠缺。按 G7 数据反馈，驾驶人员驾驶状态风险事件中，闭眼、注意力分散、脱离监控 3 种行为占比最高。具体的驾驶状态风险事件类型占比统计情况如图 5 所示。

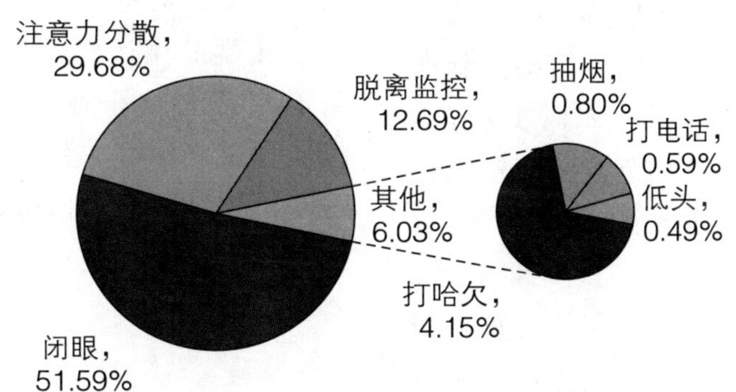

图 5　驾驶状态风险事件类型占比统计

数据来源：G7。

在人员驾驶行为中，按 G7 数据反馈，车道偏移、车距过近、超速、弯道超速、急刹车等事件占比较高。由于大部分驾驶行为属于下意识习惯，在没有主动干预情况下很难纠正，长期积累容易造成安全事故。驾驶行为风险事件类型统计情况如图 6 所示。

四是政府监管对行业的引导、帮助和扶持欠缺。部分地区依旧存在以罚代管的现象，不利于培育本地区优秀的化工物流企业。

环保成为行业发展的重中之重，从习近平总书记深入长江沿线再到生态环境部启动“清废行动 2018”，长江沿线的化学品仓储企业和水路运输企业身上的安全和环保责任重大，不仅要持续提升运载工具的技术装备水平，加强库区以及物流全过程的监管，还要确保仓储过程以及水路运输的安全和绿色运行。

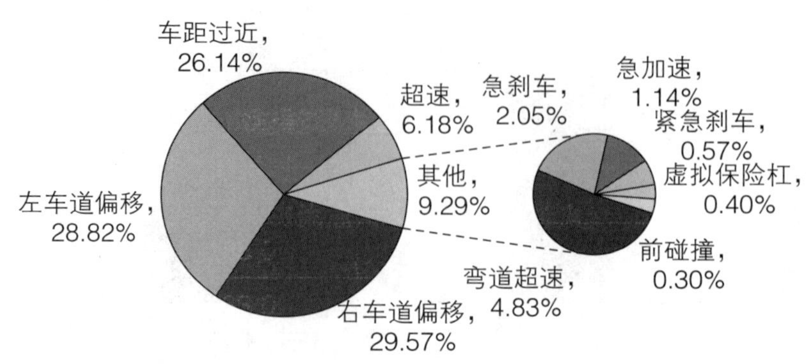

图 6 驾驶行为风险事件类型统计

数据来源：G7。

二、相关政策、标准的发布和实施，提升行业发展质量

2018 年，国务院及交通运输部、应急管理部、生态环境部、公安部等几大主管部门新政频发，多项道路运输及车辆安全技术标准正式实施，要求从源头加强托运各环节监管，规模化改进危货罐车管理、实施运单管理制度，安全监督船舶载运危险货物、系统化完善培训管理、建立危货豁免制度等，为响应国家号召及推动政策的落地实施，各地方政府对危化品物流新增运力的管控更加严格，行业准入门槛进一步提高，并开展了一系列的危化品运输专项整治活动，例如，山东省开展道路危化品运输车辆本质挂靠经营和运输介质不符整治行动；辽宁省发布实施危险货物道路运输专项整治实施方案（2018—2020）；湖北省开展港口危险货物专项整治行动等。新政策的制定与实施，为危化品物流优质高效的政务环境、先进规范的体制环境、优惠连续的政策环境、公平规范型转变创造了条件，也促使现有行业内企业加快提升管理水平。

2018 年 12 月 1 日正式实施《危险货物道路运输规则》(JT/T 617—2018)，针对危险货物道路运输分类、包装、托运、装卸、运输等全链条各个环节均制定了明确的规则，该规则的发布实施，对危险化学品运输相关企业(包括危险化学品生产经管单位、运输与仓储企业、各类车辆制造企业、包装相关企业、物流监控技术服务企业)都将产生深远的影响，并提升我国相关标准与国际规则的接轨程度，对于促进危化物流业安全高效发展具有重要的现实意义。

三、供应链创新、升级，成绩显著

化工物流作为化工产业供应链中的重要环节，随着化工产业的快速发展而步入了高速增长阶段，当前国内化工行业的绝大多数生产企业和贸易企业都依靠第三方物流企业实现产品的转移和输送，因此，规范行业发展，建立以运力共享、管控统一、服务标准从优为中心的第四方物流平台，将成为行业发展的方向。中国物流与采购联合会危化品物流分会自 2017 年以来一直积极推进第四方物流平台的发展，以“强强联合 +

区域联合+板块联合”的模式，进一步推动供应链持续创新升级，积极推进人工智能的应用，建立完善的化工物流监控体系，实现大数据分析的广泛应用，确保化工物流全程供应链的安全。主动安全驾驶视频系统、化工园区智慧物流全过程管控技术等已成为化工物流供应链的应用重点。

化工物流行业中，江阴恒阳化工储运有限公司、上港集团物流有限公司、万华化学集团股份有限公司、宝供物流企业集团有限公司、鞍山钢铁集团有限公司、山东清源集团等企业入选了八部委联合推出的供应链创新试点企业名单，并将重点围绕提高供应链管理和协同水平、加强供应链技术和模式创新、建设和完善各类供应链平台、规范开展供应链金融业务、积极倡导供应链全程绿色化等内容开展工作，为危化品物流下一步的协同发展指明了方向。

四、引进新技术、新装备，提升管理能力

在危化品物流业中，新技术、新装备不断涌现，特别是人工智能、大数据的发展促进新的监控技术不断升级，主动安全驾驶技术以及物流全过程的智能化管控已成为行业持续升级发展的基础。为实现危化品物流企业降本增效，物流组织方式和过程的不断创新和优化，企业对内持续提升人员专业素质，对外积极引进新技术、新装备，提升管理能力和管控水平。

新技术的引入和升级，将使危化品物流业的管理监控水平得到实质性的提升，地方政府对新的监控技术应用采取了积极引导和鼓励的做法，促使新技术、新装备在行业内得到快速推广和普及。

（中国物流与采购联合会危化品物流分会）

2018 年中国绿色物流业

当前，我国已经成为世界第二大经济体、第一大工业国、第一大货物贸易国。但随着经济的高速发展，我国也付出了环境污染和生态破坏的代价。我国物流业能耗量由 2001 年的约 1.1 亿吨标准煤增长至 2016 年的约 3.9 亿吨标准煤，随着物流业能耗量的增长，2016 年物流业二氧化碳排放量达到 7.4 亿吨，成为我国碳排放增长速度最快的行业之一。在防止污染攻坚战和蓝天保卫战力度不断加大的影响下，物流行业要想逆水行舟，实现转型升级，提质增效，落实党中央提出的绿色发展理念，发展绿色物流就成为必然选择。

一、国家政策层面指导

党的十八大以来，以习近平同志为核心的党中央提出了“五位一体”总体布局和“四个全面”战略布局，把生态文明建设摆在全局工作的突出地位，坚定贯彻“创新、协调、绿色、开放、共享”新发展理念，开创了生态文明建设和环境保护新局面。2014 年 9 月 12 日，国务院印发《物流业发展中长期规划（2014—2020 年）》（国发〔2014〕42 号），提出将大力发展绿色物流作为七大主要任务之一。《国务院关于印发“十三五”节能减排综合工作方案的通知》（国发〔2016〕74 号）中也将“促进交通运输节能，推动商贸流通领域节能”纳入“十三五”重点领域节能范畴。

二、基础设施、物流设备、组织管理、科技应用四个方面的提升，推动绿色物流发展

物流企业积极响应党中央号召，不断创新管理组织模式和运输方式，运用互联网、物联网、云计算、大数据、机器人、无人机等新技术及设备，实现“绿色物流 + 智慧物流”的升级转型。

（一）绿色物流基础设施规划和建设情况

从物流园区、物流中心、货运场站、仓库等物流节点选址来看，国家及时出台《全国物流园区发展规划（2013—2020 年）》《全国流通节点城市布局规划（2015—2020 年）》和《推进物流大通道建设行动计划（2016—2020 年）》，结合

国家公路、铁路、水运、民航等交通运输体系发展规划，为物流节点选址提供重要指导。

随着国家节能减排工作的推进，大多数物流企业坚持“绿色办公”的环保理念，对办公楼进行节能改造，例如，将高耗能的传统照明更换为节能灯具。莆田港务通过使用高效灯具产品，比传统照明节能68%，折合节约45.22吨标准煤/年。京东物流、顺丰集团、京粮物流、广东南方、宜昌三峡、安徽华源、江苏金驹等物流企业在主要楼宇及仓库屋顶建设屋顶分布式光伏发电项目，积极开发太阳能资源。特别是宜昌三峡通过专业设计和实际测算，最大限度利用农贸城市场、立体仓库、冷库、长短途物流配送区等建筑房屋屋面，建成了铺设面积达22万平方米的21兆瓦太阳能光伏发电站1座。发电站运营三年来，已实现年均发电1800万度的设计要求，在全面满足园区及入驻企业用电量的基础上，每年还可以实现并网售电600万度，每年可节约电费近50万元，园区及入驻企业全年用电量1200万度，全年园区整体发电量1800万度，相当于节约了6千吨标准煤，在节能和减排方面都取得了显著的经济和社会效益。江苏金驹的中央空调系统采用地源热泵系统，集采暖和空调制冷于一体，与传统空调相比，既减少能耗量，又增长使用寿命。广东南方建设酒仙网仓库时，将绿植隔离、负风压机和水帘降温等传统技术相结合，能够使38℃的空气进入仓库后降低至28℃，减少仓库内维持恒温的空调能耗。此外，上港集团、张家港港务、莆田港务等港口物流企业，积极推广岸电系统，使大型船舶到港后使用岸上提供的市电供电，不再使用船舶自身供电，大量减少船舶停靠码头所消耗的燃料油和污染物排放。

（二）物流设备创新发展

在物流设备方面，物流相关企业积极研发和推广新能源设备。杭叉、比亚迪、宁波如意、TVH等叉车企业加大研发力度，不断升级叉车的轻量化和智能化，优化新能源叉车性能。在国家大力推进新能源货运汽车的政策支持下，绝大多数物流企业购置LNG环保货车和新能源物流汽车。例如，无限极通过推行新能源汽车的使用，使百公里能耗成本降低75%，碳排放减少25%，综合运营成本较燃油车节省20%。早在2015年京东物流就在北京投入使用了第一批的纯电动新能源物流车，截至目前已经在全国近50个城市推广使用了5000多台自营的新能源物流车，与此同时联合合作伙伴，在全国建设及引入充电终端数量1600多个，可保障京东物流及合作伙伴新能源物流车辆的充电服务，以更加绿色、环保的方式保障物流体验。此外，京东物流是我国首个引入使用氢能源车的物流企业，2018年6月14日，京东物流在上海大规模引入超过150辆氢能源物流车，已经在上海、广州、佛山三个城市投入使用氢能源物流车，并实现常态化运营。顺丰集团在2018年投入使用7734台新能源运输车辆，用于承担企业网络内的运输服务，实现支线运输和城市末端配送的无缝衔接，提升货物流通效率，促进节能减排，已节能7000吨，减少碳排放22000吨。

国务院《物流业发展中长期规划（2014—2020年）》（国发〔2014〕42号）明确提出“鼓励包装重复使用和回收再利用，提高托盘等标准化器具和包装物的循环利用水平”。通过调研我们了解到，标准化周转容器，特别是标准托盘和可循环托盘受到越来越多的关注。例如，中铁兰州自2015年以来共投资4627.1万元，购置了1200个集装笼、5000个铁托盘、1.65万个集装塑料托盘、1987只1吨折叠箱和1000只敞顶箱，不断提高集装化用具和标准化器具使用率。2017年，中铝昆铜由于一次性木托盘价格上涨且木托盘水汽蒸发使铜杆氧化发黑，急需寻求新型载货托盘，中国物流下属企业重庆诚通物流有限公司根据中铝昆铜的需求设计铁制循环托盘和运作方案；2018 年上半年，托盘共使用 14564 个次，周转约 5 次；该托盘不仅为中铝昆铜节约采购成本 30 万元，还提高了铜产品运输质量。标准托盘和可循环托盘的应用使得运输、仓储、装卸搬运、配送物流作业流程实现了集约资源、绿色运输、绿色仓储。

自 2014 年起，中国快递业务量连续四年位居全球第一，在各大电商平台和物流企业的积极参与和科技助推下，针对快递包装的绿色科技研发和应用全面兴起。2018 年，顺丰集团通过迭代文件封用纸、压缩包装胶带厚度、优化纸箱用料、推广充气包装替代内填充等方式推进包装减量化，节约成本 5700 万元；在可循环包装方面，顺丰推广的循环快递箱“丰 BOX”能够免胶纸、免内填充，防水、抗压性是一次性纸箱的 4 倍，且可追踪，同时具备方便折叠、可循环使用 50 次等优点，每 100 个“丰 BOX”，可减少使用 5000 个纸箱、154 卷胶纸、300 卷气泡膜、95% 缓冲物；在可降解包装材料方面，顺丰对半降解生物基淀粉类（TPS）技术、全降解聚乳酸（PLA）技术、全降解对苯二酸已二酸丁二醇酯（PBAT）四重可控全降解技术进行研发并投入应用，截至 2018 年年底，已切换 40%，可节约塑料 9.7 万吨 / 年；此外，顺丰已全面实现电子运单，减少的纸张损耗相当于 1590 棵树木 / 年。2016 年，菜鸟网络“绿动计划”承诺到 2020 年替换 50% 的包装材料，填充物为 100% 可降解绿色包装材料。经过两年多的探索，菜鸟为行业输入了多样的快递包装解决技术，包括电子面单、切箱算法、智能箱型推荐等。2018 年，菜鸟启动全新升级的“回箱计划”，在全国百城设置 5000 多个回收点，民众可以通过高德地图搜索最近的回收点，完成纸箱捐赠，同时使用淘宝、支付宝、菜鸟裹裹的 App 扫码可获得蚂蚁森林的绿色能量。菜鸟网络合作快递企业也纷纷助力绿色物流：中通快递电子面单使用率超过了 94%，且全国 68 套自动分拣线全部使用可循环帆布袋进行集中包装；圆通速递上线了 RFID（射频识别技术）系统，并在全国四个启用自动化设备的中心批量使用可循环的 RFID 环保袋。

（三）组织管理系统优化为物流行业绿色发展提供了保障

完善的组织管理是物流企业提质增效、降低成本的根本保证，也是推动物流行业绿色发展的重要支撑。以宜昌三峡为代表的物流园区，积极加强组织管理，不断引入各类政务、商务服务机构，致力于为入驻企业提供“一站式”服务，打造了商户社区化服务、食品安全管控体系、消费者维权三大服务平台，既能让企业少跑路，又减少了能耗。

在运输方式组织管理方面，多式联运、“公转铁”、“公转水”和甩挂运输等模式极大地推动了绿色物流发展。我国目前货运方式主要包括公路、铁路、航空、水运、管道五种，各自存在一定的优势和局限性。随着我国经济的不断发展，单一的运输方式很难满足企业庞大的物流需求，根据交通运输部调研，大多数的多式联运路线运输费用低于公路直达运输费用，平均降低成本约 30%，且多式联运能有效对固有运输方式实现优势互补，削弱单一运输方式的不利影响。目前，宝供物流、百川物流、无限极、山西汽运、山东京博等众多物流企业均在大力推广多式联运。百川物流创立以来，在东北区域，以大连港—沈阳—长春—哈尔滨为铁路干线，以哈尔滨—大庆—齐齐哈尔—佳木斯—七台河等地为铁路支线，形成了水路铁路干线与铁路支线相结合的物流模式；在山东省内，形成济南—临沂—

青岛—烟台—济南特有的铁路环线物流模式；在华南区域形成了广东湛江—海口—三亚商品车跨琼州海峡的粤海铁路轮渡及海南内的铁路短驳物流模式。百川物流同时将自有的物流网络覆盖至全国各地，以自身资源优势整合不同的运输方式，从单一运输模式，到多元运输模式，形成了多式联运、环保科学的产品服务体系，并以此更好地满足客户的需求，有效降低了40%的运输成本，成功缩短了15%的运输周期，从而更好地实现节能减排、绿色发展的目标。2018年中国铁路总公司印发《2018—2020年货运增量行动方案》，提出要进一步提升铁路运输能力，降低物流成本，优化产品供给，到2020年，全国铁路货运量将达到47.9亿吨，较2017年增长30%。中铁西安、中铁广州、中铁兰州、中铁沈阳等子公司积极落实总公司行动方案，大力推进“公转铁”和铁路集装箱运输等重点项目落地。林森物流和河南安运均为我国甩挂运输试点企业，目前两家企业的牵引车和甩挂车总量分别为371辆和177辆。采用甩挂模式，牵引车单车年总行程、单车载重行驶里程和单车完成周转量均有所提高。甩挂运输模式的开展，降低了车辆的空驶率，减少了单位周转量能耗，与传统运输模式相比，油耗下降0.3升/百吨公里，大幅度减少了二氧化碳排放量。

除了正向物流模式外，京东物流、菜鸟网络、爱回收等企业积极开展逆向物流模式。如京东物流联合京东公益向全社会发起旧物回收计划，2016—2018年，配送员上门回收了约150万件旧衣、40万余份闲置玩具、1万余单过期药品、100万个纸箱。回收物资通过捐赠、再循环，减少碳排放量2400吨。2019年，京东物流联合京东公益以及WWF（世界自然基金会）、一个地球自然基金会、中国儿童少年基金会，在北京、上海、宿迁等全国近50个城市开启长期免费的旧衣回收活动。用户可一键呼叫京东小哥上门免费回收旧衣。2018年年初，京东物流正式启动了“京东物流纸箱回收项目”，已全国覆盖，日均回收11000个二手纸箱，截至目前回收纸箱总量约为540万个，被回收的纸箱会集中到营运站点，供快递员使用。

（四）科技驱动绿色物流发展

科学技术是推动经济发展的重要力量。随着现代物流的发展，以互联网、物联网、云计算、大数据、区块链、移动互联网为基础的信息技术为物流企业提供强大引擎，结合新能源汽车、人工智能等技术，切实为物流企业降本增效、减少环境污染，进而推动物流行业绿色发展。科技是推动绿色物流的第一动力，物流行业也是技术创新的重要基地，科技应用将是推动物流行业绿色发展的重要抓手。

三、发展绿色金融，为绿色物流营造创新发展的市场

物流业属于资本密集型的服务业，绿色物流体系的建设涉及仓储中转等基础设施的优化布局和改造、交通运输与分拣设备升级和替换、包装材料的替换以及信息系统建设等。作为一个具有高度综合性的产业部门，绿色物流所涉及的很多领域都符合绿色金融支持的标准。从融资需求的特征来看，各项工作都需要较大的前期资金投入，而相应的收益除了相关企业的成本节约、商誉提升等隐性收益外，还包括实现的碳减排带来的碳金融市场潜在收益。因此，适合绿色物流的绿色金融市场包括以下四项。

（一）绿色信贷融资

物流行业的绿色改造覆盖多个领域，其中很多都可以纳入“绿色信贷”支持的范畴。按照

银监会《绿色信贷统计制度》，使用高效、新能源汽车替换传统能源运输工具，或者采用技术措施提升运输工具的能效，属于交通能效类项目；仓储设施及其他工作区域照明、通风改造属于工业节能或建筑节能类项目（具体视建筑物用途而定）；包装材料循环利用和逆向物流体系建设，属于资源循环利用类项目；而使用可降解、无公害包装材料则属于垃圾处理及污染防治类项目。

目前我国各大国有银行、股份制银行，以及部分城商行均已推出了专门的绿色信贷业务，并提供相应的优惠以支持绿色物流发展。

针对不同的融资主体和需求，绿色信贷可以有不同的形式。对于物流企业自主进行绿色改造的，除了可以申请常规贷款以外，还可以向国际金融公司及国内合作机构申请能效贷款，由国际金融机构和国内合作机构一起为交通能效提升项目提供融资。对于由第三方专业机构提供的节能服务，则可以通过合同能源管理融资等模式，通过抵押未来节能收益实现增信，降低融资成本。

（二）绿色融资租赁

交通运输设备的升级替换和改造等，都需要较大规模的一次性投资，而形成的资产具有较强的通用性。此类项目最适合采用融资租赁的业务模式。

绿色融资租赁指由金融机构（金融租赁公司）按照物流企业的需求，购买节能高效设备，并向物流企业出租这些设备，在租赁期内按期收取租金。租赁期满、租金支付完毕后，相关设备的所有权转让给物流企业。这种融资模式集融资与融物、贸易与技术更新于一体，由于租赁期内资产所有权归金融机构所有，因此出现违约时可以通过回收、处理租赁物来偿还债务，因而融资成本较低、手续便捷灵活。由于绿色融资租赁属于类信贷类业务，在实务中也同样适用银监会规定的“绿色信贷”的相关标准。

（三）绿色债券融资

按照人民银行《绿色债券支持项目目录》，交通运输节能技改、能源管理中心和交通节能信息系统等绿色物流项目，均被纳入其中。因此相关项目融资可以通过发行绿色债券，在证券交易所挂牌交易，或发行绿色债务融资工具，在银行间市场挂牌交易。

发行绿色债券不仅能够为绿色物流项目提供融资，更能够彰显相关企业的绿色发展战略，提升企业形象和知名度。

（四）碳金融

绿色物流体系的改造，能够产生可观的交通节能减排效应，其中大部分可以按照国家发展改革委公布的相关文件，开发成自愿减排量（CCER）用于碳市场交易。而基于 CCER 交易，又可以衍生出一系列碳金融业务，包括 CCER 的交易结算、CCER 抵押 / 质押贷款、碳资产管理计划等，都可为企业带来潜在的收益。

目前，在“中国自愿减排交易信息平台”公示的自愿减排方法中，与绿色物流相关的包括“使用改造技术提高交通能效”“使用适配后的怠速停止装置提高交通能效”“商业货运车辆上安装数字式转速记录器提高能效”“电动和混动汽车减排”“商用车队中引入低排放车辆 / 技术”“采用能效提高措施降低车船温室气体排放的小型方法学”等。

四、物流企业、行业协会积极践行绿色行动

在我国大力推进生态文明建设、努力建设美

丽中国的大背景下，物流行业各企业、物流园区和行业协会等积极践行国家绿色物流发展理念，通过门户网站、微信公众平台等方式将国家关于推动绿色物流工作的要求进行宣贯。不论是中国储运、中国外运等大型国有企业，还是菜鸟、京东、宝供、云丰等民营企业都积极履行社会责任，推进绿色物流发展，例如，2016 年菜鸟网络联合 32 家中国及全球合作伙伴启动菜鸟绿色联盟，即“绿动计划”；2018 年，菜鸟联合阿里巴巴公益基金会、中华环境保护基金会、中通、圆通、申通、天天、百世、韵达等主要快递公司共同发布“中国绿色物流研发资助计划”；菜鸟绿色联盟公益基金还发起成立了国内首个“绿色专家委员会”。2017 年，京东物流联合九家品牌共同发起绿色供应链行动——青流计划，通过京东物流与供应链上下游合作，探索在包装、仓储、运输等多个环节实现低碳环保、节能降耗；2018 年 5 月 25 日，由京东主办的“青流万向——全球可持续发展升级发布会”在北京举行，来自联合国环境规划署、世界自然基金会、绿色消费与绿色供应链联盟、中国连锁经营协会、陶氏化学、宝洁、雀巢等相关机构和知名企业的代表参会，并就全球可持续发展中的企业价值进行了深入探讨与展望；京东集团宣布全面升级“青流计划”，从聚焦绿色物流领域，上升为整个京东集团可持续发展战略，从关注生态环境扩展到人类可持续发展相关的“环境（Planet）”“人文社会（People）”和“经济（Profits）”全方位内容。

中国物流与采购联合会非常重视物流行业的绿色发展，起草了我国首个绿色物流国家标准《绿色物流指标构成与核算方法》（GB/T 37099—2018），并成立中国物流与采购联合会绿色物流分会，助力我国绿色物流发展。中国仓储与配送协会等起草了《绿色仓库要求与评价》（SB/T 11164—2016），并组织遴选“中国绿色仓库”。此外，上海物流协会成立逆向物流分会，在推动我国逆向物流标准化建设、逆向物流系统构建方面做出重大贡献。

（中国物流与采购联合会绿色物流分会 赵洁玉 蒋浩 岳高 刘然 刘哲 崔丹丹）

改 - 革 - 开 - 放 - 四 - 十 - 周 - 年

40TH ANNIVERSARY OF REFORM AND OPENING-UP

改革开放四十周年

物流行业表彰名单

★ 1978-2018 ★

物流行业隆重纪念
改革开放四十周年

2018年适逢改革开放40周年。改革开放40年来，我国经济实现了快速增长，并步入由高速增长转向高质量发展的新阶段，我国物流业也发展成为支撑国民经济和社会发展的基础性、战略性产业，实现了跨越性的发展。

在这40年里，物流行业既涌现出了众多不忘初心、牢记使命、敢于担当的杰出人物，也出现了大量务实创新、勇于开拓、诚实守信的优秀物流企业，为行业发展做出了卓越的贡献。

为回顾改革开放40年来我国物流行业的发展历程，总结40年来中国物流发展的经验，探索加快物流行业改革发展的新思路，中国物流与采购联合会评选出了“改革开放40年物流行业代表性企业”“改革开放40年物流行业企业家代表性人物”“改革开放40年物流行业专家代表性人物”“改革开放40年物流行业组织代表性人物”“改革开放40年物流行业代表性事件”（具体内容详见第九部分）。

改革开放40年物流行业企业家代表性人物

（共40名，排名不分先后）

万　霖　菜鸟网络科技有限公司总裁

马正武　中国诚通控股集团有限公司董事长

王　卫　顺丰控股股份有限公司董事长

王长林　江苏苏宁物流有限公司副总裁

王正刚　青岛日日顺物流有限公司首席执行官

王龙雏　厦门象屿集团有限公司原董事长

王树生　天津大田集团有限公司董事长

王振辉　京东物流首席执行官

田俊彦　中国南山开发（集团）股份有限公司总经理

邢悚弟　上海保税区域协会会长

朱献福　河南鲜易科技产业集团有限公司董事长

刘　武　宝供物流企业集团有限公司董事长

刘用辉　盛辉物流集团董事局主席

刘景福　中物华商集团股份有限公司董事长

许立荣　中国远洋海运集团有限公司董事长

孙　倩　山东佳怡物流有限公司董事长

李　雄　中国邮政速递物流股份有限公司董事长

李关鹏　中国外运股份有限公司总经理

李兴湖　福建省交通运输集团有限责任公司董事长

李金平　广东林安物流集团董事长

李艳归　湖南一力股份有限公司董事长

杨文华　正广通科技集团有限公司董事长

余　德　上汽安吉物流股份有限公司首席执行官

陈嘉良　联邦快递高级副总裁、中国区总裁

罗　鹏　货车帮首席执行官

周国辉　深圳市怡亚通供应链股份有限公司董事长

官金仙　广东南方物流集团有限公司董事长

赵方宽　中国第一汽车集团股份公司原党委书记

胡江潮　浙江物产集团公司原董事长

施文进　惠龙易通国际物流股份有限公司董事长

徐水波　上海天地汇供应链管理有限公司董事长

徐冠巨　传化集团有限公司董事长

黄远成　远成物流股份有限公司董事长

梅志明　普洛斯联合创始人、首席执行官

崔维星　德邦快递董事长

盖守群　山东盖世国际物流集团有限公司董事长

喻渭蛟　圆通速递有限公司董事长

虞　钢　西本新干线股份有限公司首席执行官

翟学魂　G7智慧物联网公司创始人兼首席执行官

薄世久　北京长久物流股份有限公司董事长

改革开放40年物流行业代表性企业

（共40家，排名不分先后）

宝供物流企业集团有限公司	上汽安吉物流股份有限公司
宝湾物流控股有限公司	深圳市怡亚通供应链股份有限公司
北京长久物流股份有限公司	神华铁路货车运输有限责任公司
北京京邦达贸易有限公司	盛辉物流集团
菜鸟网络科技有限公司	顺丰控股股份有限公司
传化智联股份有限公司	苏州物流中心有限公司
德邦快递	天津物产集团有限公司
广东林安物流发展有限公司	希杰荣庆物流供应链有限公司
广东南方物流集团有限公司	厦门象屿集团有限公司
国药集团医药物流有限公司	圆通速递有限公司
河南省进口物资公共保税中心集团有限公司	物产中大集团股份有限公司
惠龙易通国际物流股份有限公司	正广通科技集团有限公司
江苏苏宁物流有限公司	中储发展股份有限公司
九州通医药集团物流有限公司	中国石化化工销售有限公司
联邦快递（中国）有限公司	中国外运股份有限公司
满帮集团	中国物流股份有限公司
美国联合包裹运送服务公司	中国邮政速递物流股份有限公司
普洛斯投资（上海）有限公司	中国远洋海运集团有限公司
青岛日日顺物流有限公司	中铁快运股份有限公司
上海外高桥物流中心有限公司	中外运-敦豪国际航空快件有限公司

改革开放40年物流行业专家代表性人物

（共30名，排名不分先后）

姓名	职务
丁俊发	中国物流与采购联合会原常务副会长
马士华	华中科技大学教授
王　佐	中国北方工业公司高级政策研究员
王　微	国务院发展研究中心市场经济研究所所长
王　健	福州大学副校长、教授
王之泰	北京物资学院原副院长、教授
王宗喜	中国人民解放军国防大学联合勤务学院教授
王国文	中国（深圳）综合开发研究院物流与供应链管理研究所所长、教授
冯耕中	西安交通大学管理学院院长、教授
朱道立	上海交通大学教授
吴清一	北京科技大学物流研究所原所长、教授
刘志学	华中科技大学管理学院教授
刘秉镰	南开大学经济与社会发展研究院院长、教授
宋　华	中国人民大学商学院副院长、教授
何明珂	北京物资学院副校长、教授
汪　鸣	国家发改委综合运输研究所所长、研究员
陈文玲	中国国际经济交流中心总经济师、执行局副主任、学术委员会副主任
陈功玉	中山大学岭南学院教授
陈仲维	成都市口岸与物流办公室原主任
陈丽华	北京大学光华管理学院教授
张　锦	西南交通大学物流研究院院长、教授
张文杰	北京交通大学经济管理学院教授
张晓东	北京交通大学交通运输学院副教授
姜超峰	中国物资储运协会名誉会长
荆林波	中国社会科学评价研究院院长、研究员
恽　绵	天津德利得供应链管理股份有限公司运营总监
黄有方	上海海事大学校长、教授
缪立新	清华大学深圳研究生院教授
戴定一	中国物流与采购联合会专家委员会主任、研究员
魏际刚	国务院发展研究中心产业经济研究部研究室主任

改革开放40年物流行业组织代表性人物

（共30名，排名不分先后）

姓名	职务
林有来	北京市物流协会会长
李厚圭	上海市物流学会原会长
陈　震	上海市物流协会常务副秘书长
范鸿喜	上海物流企业家协会原会长
鲁　泽	河北省现代物流协会原会长
郭鹏飞	山西省物流与采购联合会会长
闵　春	辽宁省营口市物流协会会长
李介车	吉林省物流与采购联合会会长
高煜时	黑龙江省物流与采购联合会原会长
吴伯坚	江苏省现代物流协会评估办主任
胡江潮	浙江省物流与采购协会会长
李兴湖	福建省物流协会会长
杨名炎	厦门市物流协会原会长
陈爱东	江西省赣州市物流协会会长
王国利	山东省物流与采购协会执行会长
毕国海	河南省物流学会会长
谭荣铸	河南省物流协会会长
章学军	湖北省现代物流发展促进会会长
伍如良	湖北省物流协会原会长
韩洪保	武汉物流协会原常务副会长
刘　平	湖南省物流与采购联合会书记、原会长
郑艳玲	深圳市物流与供应链管理协会秘书长
吴　锐	海南省物流与采购联合会会长
文德华	四川省现代物流协会会长
朱坤民	云南省物流与采购联合会原副会长兼秘书长
侯东卫	陕西省物流与采购联合会原会长
段晓昆	青海物流与采购联合会会长
刘汉才	宁夏现代物流协会秘书长
潘红春	新疆物流行业协会常务副秘书长
牟惟仲	中国物流技术协会原理事长

运能保大宗 | 班列提质量 | 集箱增效率 | 专业优布局 | 全程重服务

广铁集团认真落实党中央和国务院关于“调整运输结构、改善环境质量、促进公转铁”的战略部署，按照“运能保大宗、班列提质量、集箱增效率、专业优布局、全程重服务”的思路，以客户需求为导向，从扩展战略合作、稳定“白货”班列开行、增加集装箱运量、提升商品车运输份额、提升货运能力效率5个方面入手，全面强化货运营销，大力提高服务质量。扩大战略合作广度和深度，与华菱集团、粤电集团、华润电力、韶关钢铁、深圳中集、海螺水泥、华盛水泥等17家大客户签订战略合作协议，在运力保障等方面向战略客户、大客户倾斜，以优质服务换取货源增量。按照“一企一策、一港一策”的原则，精准施策，引导大中型企业提升“公转铁”力度，路港双方共同研究解决方案，协调提升港口装车能力，最大限度承接港口“公转铁”煤炭、矿石等大宗货源运输。加快发展集装箱多式联运，积极引导客户采用更加绿色环保的“散改集”运输方式，不断拓展适箱货源。创新推进集装箱装运商品车的运输项目，实现商品车“门到门”运输，在全路率先实现常态化集装箱装运商品车。服务“一带一路”建设，大力发展中欧、中亚班列运输，开行中欧、中亚班列共350列，可到达欧洲、亚洲14个国家的42个城市，在中国和欧洲、亚洲国家之间打造了一条互联互通、高效便利的铁路运输大通道。

管理提升
激活高质量转型发展动能

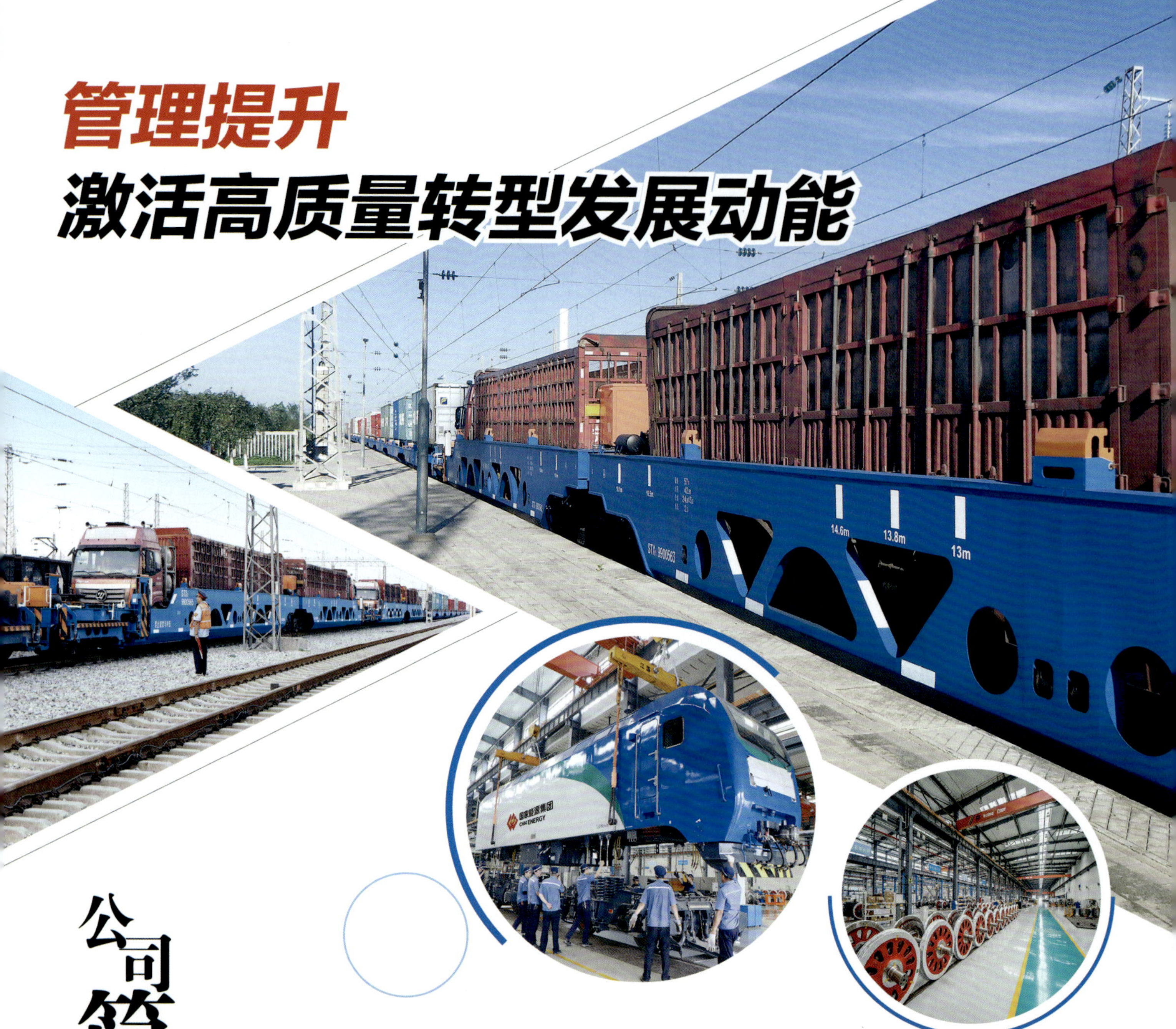

公司简介
COMPANY PROFILE

神华铁路货车运输有限责任公司（以下简称铁路货车公司）是中国神华能源股份有限公司全资子公司，作为国家能源集团产运销一体化运营的重要组成部分，承担着集团铁路自备货车运输组织、机车车辆维修保障、“非煤品”运输及装备“再制造”等业务。总部设在北京。

铁路货车公司下设16个职能部室，代管《能源运输》杂志社。下设6家分公司，分别是沧州机车车辆维修分公司、榆林车辆维修分公司、包头车辆维修分公司、肃宁车辆维修分公司、内蒙古分公司和陕西分公司，其中内蒙古分公司下辖17个办事处，公司驻外单位遍布全国7个省、自治区、直辖市铁路沿线。截至2018年年底，铁路货车公司实现营业收入54.05亿元，较2017年增长4.18亿元，增幅8.4%；实现利润总额12.83亿元，完成集团考核指标的111.5%。截至2019年6月底，铁路货车公司管理铁路自备货车52275辆，总资产220亿元，在册职工2001人，是目前国内大型且专业的铁路自备货车创新型管理公司。

创新驱动　打造世界一流自备车管理企业

2018年8月，按照国家能源集团统一安排，国家多式联运示范工程“‘西北地区——京津冀’多功能车智慧公铁水联运项目”首趟平推试验班列正式开行，标志着该项目是第二批国家多式联运示范工程中率先落地的项目。

2015年铁路货车公司新一届领导班子提出“盘活资产，开展营销，延伸物流，开发‘非煤品’运输市场”的新发展思路，从“非煤品”运输，到集团确定“大物流”运输发展战略至今，“非煤品”运输量和运输收入逐年递增。五年“非煤品”运输经营，硕果累累，铁路货车公司充分发挥公铁海联运优势，实现非煤货物在集团内部铁路运距最长、创造集团利益最大化。目前货物已经涵盖了铁矿石、锰矿石、聚氯乙烯、聚丙烯、聚乙烯、铝棒、化肥、焦炭、兰炭9个品类；与宁夏钢铁集团、甘肃兰鑫钢铁集团、陕西奥维乾元公司、宁煤集团、煤制油公司、鄂尔多斯电力冶金公司、宁夏晟晏集团、宁夏港通物流公司建立合作关系，与东乌、三新、沧港、南环等铁路公司，中远海运集团、中国外运长航集团、上港集团等铁路、航运领域的专业化公司强强联合，协作运输，促进大物流运量持续攀升。截至2019年4月30日共计完成“非煤品”运输2412列814.8万吨，总包收入78749.17万元，利润5920.4万元。铁路货车公司在开展“非煤品”货物运输中转变了员工的观念，践行了“1244”发展战略，实现了企业的转型发展，在运输产业“非煤品”运输中起到了创新引领作用，给国家能源集团带来了极大的经济效益。

铁路货车公司转型发展，开拓创新，构建生产经营新模式，开展设备“状态修”，在经济效益和质量提升上取得了显著成效。2019年4月14日，铁路货车公司重点科技创新项目“神华重载铁路货车状态检修成套技术研究及装备研制”完成首列“模拟状态修运行试验”车辆整备工作；初步建立了状态修数据中心，通过信息化、大数据手段全面提升车辆检修智能化水平的目标指日可待。同时开展陕西分公司再制造业务，公司闸瓦制造项目在历经340天的前期调研、测算评估、组织生产等的流程下，于2019年3月22日进入试生产阶段。

2019年铁路货车公司以稳步推行精益管理为抓手，加强过程和结果双管控，发挥激励效应，继续推进“CPOS”绩效考核，同时结合“管理提升年”工作，提出向管理提升要安全、向管理提升要质量、向管理提升要效率、向管理提升要效益、向管理提升要发展的要求，真正实现高质量发展。铁路货车公司紧紧围绕国家能源集团“建设具有全球竞争力的世界一流能源集团的奋斗目标”，上下团结一心，在生产经营中取得了显著的成绩。

铁路货车公司在“不忘初心、牢记使命”主题教育中继续深入学习新时代中国特色社会主义思想，牢固树立“四个意识”，坚定“四个自信”，坚决做到“两个维护”，铁路货车公司学习贯彻落实党的十九大精神，把政治建设摆在首位，健全党建责任制考核体系，完善党建工作制度，编印铁路货车公司首部正式出版书籍《红色引擎》，组织开展“社会主义是干出来的”岗位建功行动、“把安全生产经营难点作为党建工作重点”党建项目工程。在国家能源集团改革重组的优势互补中增强企业发展韧性、拓宽承载能力，推进安全生产、运输组织、机车车辆检修、智慧物流、装备再制造等工作，科学打造世界一流自备车现代管理企业，为国家能源集团运输产业以及中国铁路行业专业化创新发展做出新的贡献。

济南铁路经营集团有限公司

真诚服务 携手共赢

济南铁路经营集团有限公司（以下简称集团）成立于1994年12月30日，注册资本72386.84万元，是中国铁路济南局集团有限公司投资成立的法人独资公司。

集团下设3个直属经营部、20个子分公司，分布在山东济南、青岛、烟台、兖州、枣庄、聊城、日照、菏泽等地市，并依托旗下平原、临沂、菏泽、齐河、陵城5个铁路物流园和现代物流、在平和日照等物流基地，形成了覆盖山东全省的全方位经营网络。

集团以公、铁、水联运为主营业务，以物流总包和金融物流为主要服务模式，涵盖了物流配送、仓储、国际联运、物流信息服务、定制物流方案和传统的货运代理等业务。多年来，集团秉承“真诚服务，携手共赢”的服务理念，以适应市场多样化的需求为己任，以降低全社会物流成本、打造绿色物流企业为目标，积极为客户提供全方位的物流解决方案，并与省内外20余家大型生产流通企业建立了长期合作关系。

集团是中国物流与采购联合会常务理事单位，山东省物流与采购协会副会长单位。被评为全国先进物流企业、中国能源物流最佳企业、中国5A级物流企业、中国物流百强企业第15名。连续多年保持了全国及山东省“守合同、重信用”企业称号。

集团地址：济南市经一路车站街30号　**邮编：**250001　**联系电话：**0531-82426806

第45届世界技能大赛货运代理项目中国集训基地（武汉工商学院）

武汉工商学院（以下简称学校）是一所应用型全日制普通本科高校，创建于2002年，教育部授予“全国深化创新创业教育改革示范高校”“2018年度全国创新创业典型经验高校”称号，是湖北省转型发展试点高校。学校以社会需求为导向，深化产教融合、校企合作，不断提升应用型人才培养质量、应用技术研究水平和服务区域经济社会发展能力。

2018年5月，湖北省人力资源和社会保障厅授予学校为“第45届世界技能大赛货运代理项目湖北省集训基地”；2018年8月，人力资源和社会保障部授予学校为“第45届世界技能大赛货运代理项目中国集训基地”。

学校积极参加世界技能大赛货运代理项目的选拔培训工作。湖北经济学院、武汉职业技术学院、武汉交通职业学院、武汉商贸职业学院、长江职业学院、武汉城市职业学院、武汉船舶职业技术学院、武汉外语外事职业学院等院校选派选手到学校强化集训。中国物流学会、中国国际货运代理协会、武汉物流协会、《现代物流报》社、《物资流通》杂志社、浩通国际货运代理有限公司、中外运股份有限公司湖北公司等单位与学校通力合作。目前正全力以赴进行第46届世界技能大赛货运代理项目的选拔工作。

中国期待举办一届高水平的世界技能大赛，以进一步激发全国民众对技能重要性的认识和重视，推动我国职业教育培训事业发展，促进我国经济更好发展，扩大世界技能组织和技能运动的影响力。

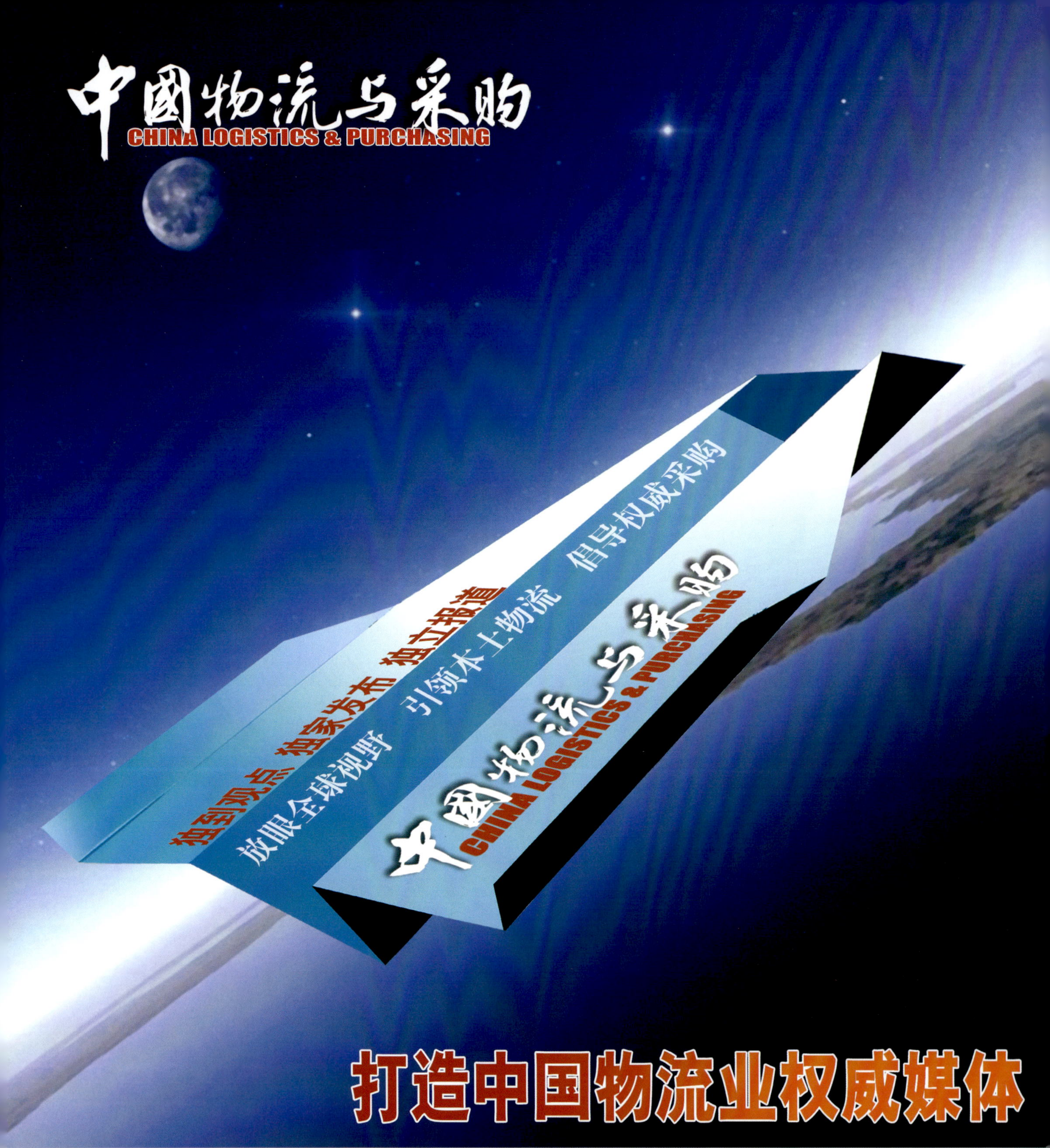

（原中国物资出版社）

中国财富出版社是经新闻出版总署新出审字〔2012〕15号批复，于2012年3月由中国物资出版社更名而来。下设物流图书出版分社、科技与职业教育出版分社、人文社会科学出版分社、经济与管理出版分社四个分社，是国务院国有资产监督管理委员会举办的全民所有制单位，由中国物流与采购联合会管理。

物流图书出版分社作为中国财富出版社的品牌分社，以成为物流知识的传播者和物流教育的出版者为出版宗旨，以“读物流书，看财富版；出物流书，到财富社”为出版目标。出版范围包括物流类高等教育教材和职业教育教材、物流学术专著、国外物流版权引进、物流企业实务、物流工程与技术普及读物以及物流行业各类报告、年鉴等。其中“中国物流专家专著系列”是广受作者欢迎的出版项目。

地址：北京市丰台区南四环西路188号5区20楼
电话：010-88385261 88381371 88380391

万联网

供应链金融智慧服务平台

分享智慧，创造价值

万联网是国内领先的供应链金融智慧服务平台之一，专注于物流、供应链及其与互联网、金融跨界创新的领域，我们基于万联网团队在物流供应链领域多年积累的知识及人脉，利用万联网团队的技术处理能力和专业分析及内容制作能力，为供应链金融生态圈内的企业提供包括资讯、营销、活动、培训、咨询、报告、对接等供应链智慧服务产品。

万联传媒——供应链金融传媒

接轨供应链金融前沿的资讯、知识与人脉

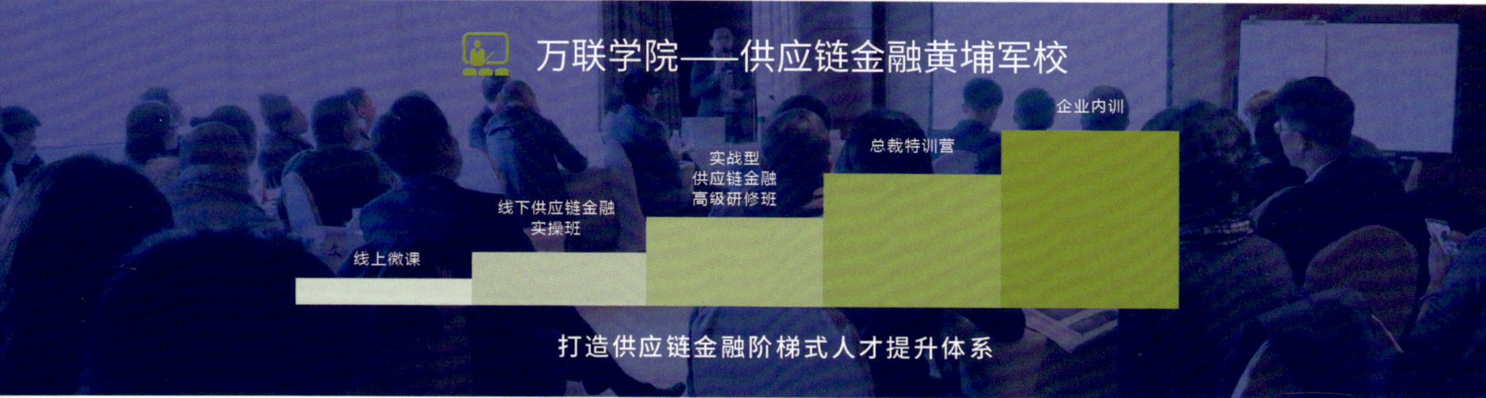

万联智库——供应链金融智库

延展行业广度，挖掘企业深度

万联经纪——供应链金融连接器

助力5000+企业用户商务对接、链接市场！

中国物流年鉴

2019（下册）

CHINA LOGISTICS YEARBOOK 2019

中国物流与采购联合会编

图书在版编目（CIP）数据

中国物流年鉴 . 2019：全 2 册 / 中国物流与采购联合会编 . — 北京：中国财富出版社，2019.10
ISBN 978 – 7 – 5047 – 7056 – 1

Ⅰ . ①中…　Ⅱ . ①中…　Ⅲ . ①物流—中国—2019—年鉴　Ⅳ . ① F259.22 – 54

中国版本图书馆 CIP 数据核字（2019）第 236837 号

策划编辑　郑欣怡　黄正丽　　**责任编辑**　邢有涛　黄正丽　马　铭
责任印制　尚立业　　**责任校对**　孙会香　许　诺　　**责任发行**　敬　东

出版发行　中国财富出版社
社　　址　北京市丰台区南四环西路 188 号 5 区 20 楼　　**邮政编码**　100070
电　　话　010 – 52227588 转 2098（发行部）　　010 – 52227588 转 321（总编室）
010 – 52227588 转 100（读者服务部）　　010 – 52227588 转 305（质检部）
网　　址　http：//www. cfpress. com. cn
经　　销　新华书店
印　　刷　北京市天河印刷厂
书　　号　ISBN 978 – 7 – 5047 – 7056 – 1/F · 3095
开　　本　880mm× 1230mm　1/16　　**版　　次**　2019 年 11 月第 1 版
印　　张　40　　彩　页　4　　**印　　次**　2019 年 11 月第 1 次印刷
字　　数　1094 千字　　**定　　价**　480.00 元（全 2 册）

《中国物流年鉴》（2019）编委会

张玉庆　希杰荣庆物流供应链有限公司董事长

陈嘉良　联邦快递（中国）有限公司中国区总裁

陈镜治　香港物流协会前会长

武　勇　中国铁路广州局集团有限公司党委书记、董事长

周宇浩　广西玉柴物流股份有限公司董事长

周建亚　武汉工商学院物流学院名誉院长

孟庆欣　国家统计局贸易外经统计司司长

赵红鹰　中铁物资集团有限公司党委书记、董事长

赵希和　江西新华发行集团有限公司副总经理、江西蓝海物流科技有限公司总经理

赵沪湘　中国国际货运代理协会会长

钟荣钦　台湾物流协会秘书长

姜超峰　中国物资储运协会名誉会长

徐　群　临港工业与国际物流园区管理服务中心常务副主任

徐胜明　四川安吉物流集团有限公司董事长

黄有方　上海海事大学校长、教授、博导

康凤伟　国家能源集团铁路货车运输有限责任公司党委书记、执行董事、总经理

盖忠琳　山东盖世国际物流集团有限公司党委书记、总经理

梁伟华　中国物流股份有限公司党委书记、董事长

董国银　上海光明领鲜物流有限公司董事长

韩　骏　中远海运物流有限公司董事长、党委书记

掌　旭　上海外高桥物流中心有限公司常务副总经理

景世民　北京普田物流有限公司党委书记、总经理

雷钧友　秀山华渝物流投资有限公司总经理

裴　亮　中国连锁经营协会会长

谯智毓　重庆公运东盟国际物流有限公司总经理

薄世久　北京长久物流股份有限公司董事长

特别支持单位

中远海运物流有限公司

长沙金霞经济开发区
CHANGSHA JINXIA ECONOMIC DEVELOPMENT ZONE

Hydoo 毅德控股

毅德国际控股有限公司

北京普田物流有限公司

希杰荣庆物流供应链有限公司

联邦快递（中国）有限公司

《中国物流年鉴》（2019）

主　　办　中国物流与采购联合会
承　　办　《中国物流与采购》杂志社
主　　编　何黎明
副 主 编　崔忠付　蔡　进　贺登才
编辑部主任　刘乃杰
编　　辑　崔　冬　朱贝特　杜　林　贾　丽
发　　行　高　威
广告设计　阳光设计工作室

编辑部电话　010－63738995（兼传真）　010－83772509
邮　　箱　gwrshk@126. com
发　　行　010-63738995
传　　真　010-63738995

《中国物流年鉴》（2019）供稿者

（按姓氏笔画排序）

万向鹏	马增荣	王　芮	王方春	王志婷	王国文	王国清	王继祥	历方奎	文德华	左培文
田　征	白　甜	冯耕中	任清清	刘　哲	刘　然	刘长庆	刘汉才	刘伟华	刘宇航	刘陶然
闫　鸣	江　滢	孙熙军	李　鹏	李红梅	李新波	吴文飞	吴洋洋	张　洁	张晋姝	张晓东
岳　高	周　媛	周雪松	周增宝	郑少波	赵东月	赵洁玉	查莉华	姜　旭	秦玉鸣	秦华侨
顾宁军	顾国祥	晏庆华	徐　勇	徐梦馨	高　珉	唐　英	戚丽丽	崔丹丹	梁艳杰	蒋　浩
韩兆轩	焦　飞	谢文卿	谢雨蓉	谢宝贵	谭　平	樊一江	颜文明	薛尚泉	穆宏志	

国家发展改革委、国家发展改革综合运输研究所、安徽省发展改革委、河南省发展改革委、湖南省发展改革委、四川省发展改革委、安徽省交通运输厅、江苏省工业和信息化厅、福建省工业和信息化厅、青海省工业和信息化厅、河南省统计局、四川省统计局、黑龙江省商务厅、郴州市发展改革委、扬州市工业和信息化局、武汉市统计局、郴州市统计局、南京市商务局、岳阳市商务局、青岛市交通运输局、武汉市物流局、宜昌市物流局、中国粮食行业协会、河北省现代物流协会、内蒙古物流协会、黑龙江省物流与供应链商会、浙江省物流协会、河南省物流与采购联合会、海南省物流与采购联合会、重庆市物流与供应链协会、四川省现代物流协会、宁夏现代物流协会、中国仓储与配送协会、中国物流信息中心、中物联网络事业部、中物联行业事业部、中物联教育培训部、中物联标准工作部、中物联评估办、中国物流发展专项基金“宝供物流奖”办公室、中物联汽车物流分会、中物联危化品物流分会、中物联绿色物流分会、中物联冷链委、中物联托盘委、郴州市物流与采购联合会、中国民用航空局、中国汽车技术研究中心、中国工程机械工业协会工业车辆分会、上海国际航运研究中心、快递物流咨询网、武汉现代物流研究院、北京物资学院、上海海事大学、西安交通大学、大连海事大学、天津大学、北京交通大学、《物流技术与应用》杂志社、《中国出版传媒商报》社、北京兰格电子商务有限公司、供应链管理专业协会（CSCMP）、陕西省企业发展商会、哈尔滨看好你供应链管理有限公司

《中国物流年鉴》(2019)
广告提供单位

上册

中国物流股份有限公司
长沙金霞经济开发区管理委员会
江铃汽车销售有限公司
北京长久物流股份有限公司
毅德国际控股有限公司
鞍钢汽车运输有限责任公司
临港工业与国际物流园区管理服务中心
（宁波经济技术开发区现代国际物流园区管委会）
希杰荣庆物流供应链有限公司
北京普田物流有限公司
联邦快递（中国）有限公司
秀山华渝物流投资有限公司
四川安吉物流集团有限公司
广西北部湾国际港务集团有限公司
四川中移通信技术工程有限公司
上海外高桥物流中心有限公司
中铁物资集团有限公司
青海省物产集团有限公司
云南宝象物流集团有限公司
山东盖世国际物流集团
福建八方物流股份有限公司
重庆公运东盟国际物流有限公司
四川遂宁高新技术产业园区管理委员会
三峡物流园
上海光明领鲜物流有限公司
广西玉柴物流股份有限公司

下册

改革开放四十周年物流行业表彰
物流行业隆重纪念改革开放四十周年
改革开放40年物流行业企业家代表性人物
改革开放40年物流行业代表性企业
改革开放40年物流行业专家和行业组织代表性人物
中国铁路广州局集团有限公司
神华铁路货车运输有限责任公司
河南中原铁道物流有限公司
青岛铁路经营集团有限公司
济南铁路经营集团有限公司
玖隆钢铁物流有限公司
江西蓝海物流科技有限公司
武汉工商学院
《中国物流与采购》杂志社
中物联物流信息服务平台分会
中国财富出版社
《中国储运》杂志社
万联网

第八部分

江铃汽车销售有限公司
中远海运物流有限公司
北京长久物流股份有限公司
临港工业与国际物流园区管理服务中心
（宁波经济技术开发区现代国际物流园区管委会）
北京普田物流有限公司
深圳市兆航物流有限公司
广东秦粤物流有限公司

编辑说明

一、《中国物流年鉴》（以下简称《年鉴》）是中国物流与采购联合会主办、《中国物流与采购》杂志社承办的大型文献性工具书。自2002年创办至今，已经出版发行十八年。十八年来《年鉴》的编纂质量不断提升，赢得了业界广泛好评。《年鉴》的权威性、可读性和资料性，使其成为业界人士查询、引用、论证、存档不可或缺的“工具”。

二、2018年是贯彻党的十九大精神的开局之年，也是物流业供给侧结构性改革深入推进之年。在广大物流企业和从业人员的努力下，我国物流业运行总体平稳增长，呈现出新的发展特点。物流需求结构持续优化，制造业物流外包规模扩大、程度加深，供应链物流成为趋势；消费品物流成为重要驱动力，电商物流继续快速增长，汽车、医药、冷链、快递等物流业务受消费物流带动，持续高速增长，全年快递业务量实现507亿件，同比增长26.6%；物流企业之间兼并重组活跃，在优化自身战略布局的同时，向着多元化、专业化和规模化继续转型升级；全国A级物流企业已超过5000家，标示着我国物流企业的综合实力不断加强；智慧物流模式下，大数据平台、车货匹配、无人机、无人驾驶、无人码头、物流机器人等国际领先技术在物流行业广泛应用，物流企业“数字化”转型提速；交通与物流基础设施互补短板，物流枢纽建设提上日程，计划到2020年和2025年，分别确定30个和150个左右国家物流枢纽，为建设国家物流枢纽网络奠定良好基础；供应链新动能逐步发力，商务部等7部门与中国物流与采购联合会开展供应链创新与应用试点，将55个城市列入试点城市、266家企业纳入试点企业名单，越来越多的制造、商贸和物流企业加快向供应链转型发展。

2018年我国继续以供给侧结构性改革为主线，国民经济运行总体平稳。在此形势下，作为支撑国民经济和社会发展的基础性、战略性的物流业，不仅要转型升级发展新物流，为经济发展提供优质高效的物流支撑，更要适应社会主义现代化强国建设的需要，不断完善供应链和智慧物流在行业中的应用，围绕“物流强国”的目标，努力建设高质量物流服务新体系。

三、2019版《年鉴》的组稿、编纂工作得到了国家发展改革委、商务部、交通运输部、国家统计局等中央部委和部分省市自治区政府部门、物流行业社团、相关行业协会、中国物流信息中心、全国物流标准化技术委员会等机构，以及中远海运物流有限公司、中铁物资集团有限公司、神华铁路货车运输有限责任公司、长沙金霞经济开发区、中国铁路广州局集团有限公司、青岛铁路经营集团有限公司、济南铁路经营集团有限公司、毅德国际控股有限公司、北京普田物流有限公司、希杰荣庆物流供应链有限公司、联邦快递（中国）有限公司、山东盖世国际物流集团、北京长久物流股份有限公司、云南宝象物流集团有限公司等知名企业的大力支持，对此我们表示衷心的感谢。

四、对不符合《年鉴》编辑要求的来稿，编辑人员做了谨慎认真的删改，由于时间问题，这部分稿件来不及请作者核校，希予见谅。

五、因编辑部人员水平有限，如有不妥之处，恳请批评指正。

六、2019 版《年鉴》在框架结构和主体内容上将继续 2018 版的风格，力求真实地展示行业发展变化的全貌，继续加大数据和图表的内容，继续扩充地区物流的篇幅，使《年鉴》更具可读性、资料性，成为社会了解行业发展的窗口。

欢迎大家继续对 2020 版《年鉴》的组稿和编辑工作给予支持！

《中国物流年鉴》编辑部

二〇一九年八月三十日

前　　言

2018 年，受国内外形势变化影响，我国物流业面临严峻挑战，下行压力有所加大。广大物流企业和从业人员迎难而上、扎实工作，深入推进供给侧结构性改革，培育产业新动能，提升供给质量，满足日益增长的社会物流需求，物流运行呈现总体平稳、稳中有进的基本态势。

一、总体运行稳中趋缓

2018 年，我国 GDP（国内生产总值）首次超过 90 万亿元，同比增长 6.6%，增速较上年回落 0.2 个百分点。全年社会物流总额为 283.1 万亿元，按可比价格计算，同比增长 6.4%，增幅较上年回落 0.2 个百分点。

二、需求结构持续优化

（一）消费品物流成为重要驱动力。2018 年社会消费品零售总额突破 38 万亿元，消费对经济增长的贡献率达 76.2%，消费逐渐成为经济增长的主动力，进而带动消费品物流快速增长。全年单位与居民物品物流总额 7 万亿元，较上年可比增长 22.8%。电商物流指数中总业务量指数全年均值为 132.4，反映出电商物流业务规模较上年增长超过三成。受消费物流带动，全年快递业务量实现 507 亿件，较上年同比增长 26.6%。零担快运、大车队、仓储配送、冷链物流、即时物流等与消费和电商相关的物流领域保持较快增长势头。

（二）工业品物流向价值链上游延伸。全年工业品物流总额 256.8 万亿元，占社会物流总额的 90.7%，较上年可比增长 6.2%。工业物流仍然是社会物流主要需求来源，其中，高新技术和装备制造业物流需求保持较快增长，汽车物流、IT（信息技术）物流、家电物流等物流领域处于领先水平。2018 年，一批服务型制造示范企业和示范项目聚焦供应链物流，现代物流业与制造业深度融合，助力制造业高质量发展。

（三）进口货物物流增速放缓。全年货物进出口总额 30.5 万亿元，首破 30 万亿元，比上年增长 9.7%。2018 年进口货物物流总额为 14.1 万亿元，同比增长 3.7%，增速较上年回落 5 个百分点。

三、社会物流总费用略有上升

2018 年，全年社会物流总费用为 13.3 万亿元，同比增长 9.8%，增速较上年提高 0.6 个百分点。社会物流总费用与 GDP 的比率为 14.8%，较上年略有上升。其中，运输费用明显回落，全年运输费用 6.9 万亿元，同比增长 6.5%，增速较上年下滑 4.3 个百分点，运输费用与 GDP 的比率为 7.7%，较上年下降 0.3 个百分点。保管费用和管理费用有所上涨，全年保管费用 4.6 万亿元，同比增长 13.8%，增速较上年提高 7.1 个百分点，保管费用与 GDP 的比率为 5.1%，较上年提高 0.4 个百分比；管理费用 1.8 万亿元，同比增长 13.5%，增速较上年提高 5.1 个百分点，管理费用与 GDP 的比率为 2.0%，较上年提高 0.1 个百分点。

四、物流企业集中度增强

（一）企业兼并重组做大做强。2018 年，中远海控完成收购东方海外，有望成为全球第三大集装箱运营企业；顺丰收购 DHL（敦豪航空货运公司）在华供应链业务，加速向综合物流服务商转型；深圳投控入股怡亚通，打造高端服务产业集群；万科物流并购太古冷链，布局全国冷链物流版图；天地华宇并入上汽物流板块，向综合物流服务提供商全面转型；中铁快运与顺丰组建合资公司发力高铁快运，铁路混改走向深入。

（二）市场集中度稳步提升。目前，全国物流相关法人单位已近 40 万家。截至 2019 年 2 月，全国 A 级物流企业达 5025 家。其中，代表国内最高水平的 5A 级物流企业 310 家，星级冷链物流企业 60 家，星级车队企业 118 家。“中国物流企业 50 强”主营业务收入超 1 万亿元，进入门槛提高到 29.6 亿元，市场集中度进一步提高。

五、物流新动能引领变革

（一）智慧物流创新迎来变革。2018 年，全国动态监控货运车辆超过 570 万辆。菜鸟启动物流物联网（IoT）战略，推动物流数据化转型；顺丰联合多家公司成立供应链大数据平台；物流无人技术逐步推广，部分城市开展无人驾驶货车道路测试，“无人机、无人车、无人仓、无人配送、无人码头”等创新应用走在世界前列；“语音助手、单证识别、深度学习”等人工智能技术得到应用，区块链技术应用在物流行业开始启动；流程可视化、操作自动化和决策智能化水平成为重点；“互联网 +”物流促进“协同化”模式创新；无车承运试点企业取得积极成效，骨干物流信息平台加快发展，产业“平台化”趋势显现。

（二）供应链新动能逐步发力。2018 年，商务部等 7 部门与中国物流与采购联合会开展供应链创新与应用试点，将 55 个城市列入试点城市、266 家企业纳入试点企业名单。

六、物流基础设施建设提速

（一）交通与物流基础设施互补短板。2018 年交通固定资产投资完成 3.18 万亿元。铁路营业里程超过 13 万公里，高速公路通车里程超过 14 万公里，沿海万吨级泊位超过 2400 个，综合交通运输网络加快完善。2018 年，据中国物流与采购联合会调查统计，全国运营、在建和规划的各类物流园区超过 1600 个。

（二）物流设施网络化发展渐成趋势。中国物流与采购联合会牵头成立的百驿物联搭建社会化服务平台，推动物流园区间互联互通。物流企业网络建设力度加大，主要快递快运企业基本建成覆盖城市和农村的快递物流服务网络，物流海外仓和国际仓加快网络建设。2018 年，国内已有 59 个城市开通了中欧班列，全年开行超过 6000 列。

七、行业营商环境持续改善

简政减税降费政策相继出台并逐步落地。物流企业承租的大宗商品仓储设施用地减半征收城镇土地使用税，挂车减半征收车辆购置税，货车年审、年检和尾气排放检验“三检合一”，取消 4.5 吨及以下普通货运从业资格证和车辆营运证，对货运车辆推行跨省异地检验，推动取消高速公路省界收费站等政策措施已逐步实施。《快递暂行条例》正式出台，降低物流成本成为国务院大督查重点内容，车辆运输车治理工作圆满结束，交通运输业增值税税率调整，出入境检验检疫划入海关总署，外商投资道路运输业立项审批取消、优化跨省大件运输并联许可、规范公路治超执法行为、绿色货运示范城市创建、进一步规范和优化城市配送车辆通行等政策也相继出台。

八、基础性工作稳步推进

教育培训、统计、标准、诚信等基础性工作有新进展。目前，全国已有610多所本科院校和近2000所中、高职院校开设了物流专业，在校生规模达50万人。已有60万人参加了物流、采购等职业能力等级培训与认证，多层次、全方位、高素质的物流人才队伍成长壮大。中国物流与采购联合会在物流服务平台、即时配送等细分领域建立行业非诚信名单机制，强化行业规范自律，引导提升行业治理水平。

《中国物流年鉴》是中国物流与采购联合会主办、《中国物流与采购》杂志社承办的大型文献性工具书。十几年来，《中国物流年鉴》坚持用数据和事实反映物流业发展变化的轨迹、记录我国物流业发展的历程，赢得了业界好评。面对我国物流业不断发展变化的新形势，《中国物流年鉴》将继续以求真务实、严谨负责的态度做好资料收录工作。同时，真诚地希望业界同人提出宝贵意见，使其越做越精、越做越好。

何黎明

二〇一九年八月三十日

目　　录

上　册

第一部分　物流政策法规

第二部分 物流统计

第三部分 物流产业

第四部分　行业物流

下　册

第五部分　地区物流

第六部分 物流技术与装备

第七部分 物流教育、信息化、标准化

第八部分 部分优秀物流企业及经典案例

第九部分　物流综合

第五部分

地区物流

2018 年河北省物流业发展情况

2018 年是改革开放 40 周年，也是全面贯彻党的十九大精神的开局之年。河北省物流需求增长基本平稳，需求结构持续优化，物流成本进一步降低，服务水平进一步提升，物流运行实现平稳增长。

一、物流业运行平稳

2018 年河北省社会物流总额为 84892.3 亿元，比上年增长 6.7%。其中，工业品物流总额为 41161.0 亿元，比上年增长 4.2%，占社会物流总额的比重为 48.5%；省外流入物品物流总额为 37330.5 亿元，比上年增长 9.7%，占社会物流总额的比重为 44.0%；进口货物物流总额为 1375.6 亿元，比上年增长 7.8%。石家庄机场全年完成货邮吞吐量 4.61 万吨，同比增长 12.5%。2018 年河北省社会物流总额增长情况如表 1 所示。全省物流业增加值为 2798.8 亿元，比上年增长 6.1%，占服务业增加值的比重为 16.8%，占 GDP 的比重为 7.8%， 2018 年各季度河北省物流增加值增长情况如表 2 所示，2014—2018 年河北省物流增加值增长情况如表 3 所示。

表 1　　2018 年河北省社会物流总额增长情况　　单位：亿元

时间 指标	1—3 月	1—6 月	1—9 月	1—12 月
社会货物物流总额	18897.6	40294.7	60811.8	84892.3
农产品物流总额	868.5	1801.0	2888.1	4835.0
工业品物流总额	9881.5	20520.8	30708.6	41161.0
进口货物物流总额	328.6	666.9	1040.1	1375.6
单位与居民物品物流总额	40.3	85.4	132.8	190.2
省外流入物品物流总额	7778.7	17220.6	26042.2	37330.5

表 2　　　　2018 年河北省物流增加值增长情况

指标＼时间	1—3 月	1—6 月	1—9 月	1—12 月
物流增加值（亿元）	655.3	1346.9	2044.4	2798.8
同比增长（%）	6.6	6.5	7.4	6.1

表 3　　　　2014—2018 年河北省物流增加值增长情况

指标＼时间	2014 年	2015 年	2016 年	2017 年	2018 年
物流增加值（亿元）	2437.8	2612.9	2636.2	2680.0	2798.8

二、货物运输结构优化明显

2018 年运输结构调整成效明显，通行效率不断提升。河北省货运量为 25 亿吨，比上年增长 8.9%。全省地方铁路货运量完成 4.3 亿吨，同比增长 25.9%；地方铁路货运量占营业性货运量比重由 13.9% 提高到 15.8%，公路货运量占营业性货运量比重由 84.3% 下降到 83%。

三、港口发展取得新突破

2018 年，河北省港口货物吞吐量首次突破 11 亿吨大关，共完成 11.56 亿吨，同比增长 6.2%，居全国第四位，河北港口服务区域经济发展的能力进一步增强。三大港口单港吞吐量全部跻身国内 2 亿吨大港俱乐部，其中唐山港成为集装箱吞吐量超 6 亿吨的大港，居全国沿海港口第三位。全省港口正在由单一的煤炭过境运输，向多种货物集散发展，向港口与腹地经济良性互动发展，拉动作用日益明显。河北省港口以煤炭为主的发展模式大幅改善，2012—2017 年，煤炭比重由 63.9% 下降至 55%，金属矿石比重由 23.1% 上升至 30.1%；2018 年煤炭吞吐量占全省港口货物吞吐量的比重下降了 10 个百分点，金属矿石吞吐量占比增长 6 个百分点，成为继煤炭之后的第二大货种，钢铁、原油及制品比重也有不同程度增长。集装箱吞吐量年均增速 30% 以上，2016 年达到 305 万标准箱，2017 年达到 374.3 万标准箱，2018 年集装箱吞吐量首超 400 万标准箱，完成 426 万标准箱，同比增长 13.8%，增长速度居全国沿海省份第二位。

2018 年，唐山港京唐港区、曹妃甸港区在山西、内蒙古、新疆新设内陆港 12 个，曹妃甸港区开通首条外贸集装箱航线，唐山港京唐港区至比利时安特卫普、曹妃甸港区至乌兰巴托中欧等班列顺利通车，为加快河北港口集装箱发展，主动对接京津冀协同发展和国家“一带一路”建设奠定了坚实基础。随着唐山港曹妃甸港区煤码头三期工程、黄骅港综合港区通用散货码头工程等的建成投产，河北省新增生产性泊位 5 个，总泊位数达到历史性的 213 个，港口货物通过能力首次突破 11 亿吨大关，港口基础设施规模跃居全国第二位。河北省三大港航道均达到 20 万吨级以上，曹妃甸港区可实现 40 万吨级散货船进出港，为河北省港口矿石疏港运输奠定了坚实基础。

四、口岸通关环节进一步优化

石家庄海关全年监管进出口货运量为3.15亿吨，进出口货值460.75亿美元，增长9.2%，报关单（接单）115801份，增长12.4%。全力优化营商环境，促进进出口贸易便利化，2018年12月河北省口岸进出口通关时间分别较2017年压缩75.56%和64.38%，超额完成年内压缩1/3的工作任务。“单一窗口”主要功能应用率稳定在90%以上，超额完成覆盖率80%的目标任务，全面推行阳光清单，2018年10月底完成公开公示口岸收费清单工作。2018年秦皇岛港、唐山港进出口集装箱合规成本压减100美元以上。2018年年底前，进出口环节验核的监管证件由86种减至46种，除安全保密需要等特殊情况外，其余监管证件全部实现联网核查。

根据海关总署下发2018年第50号公告，2018年6月1日起全面取消“出入境货物通关单”，改为由海关统一向口岸场站发送放行指令。此项新规覆盖了河北省所有口岸的出入境法定检验检疫商品，有利于进出口企业减少通关环节、加速货物放行，全省有超过22%的进出口货物报关单从中获益。

唐山港京唐港区保税物流中心（B型）已于2018年7月19日正式运行，是河北省第二家获批的保税物流中心，位于唐山港京唐港区，具有保税仓储、转口贸易、国际物流配送、出口货物入中心退税、跨境电商等多种政策功能，可有效满足冀东地区外向型经济发展的需求，大幅降低企业物流成本。同年8月24日，辛集保税物流中心（B型）获海关总署、财政部、国家税务总局、国家外汇管理局批准设立，这是继河北省武安保税物流中心（B型）、京唐港区保税物流中心（B型）后，河北省第三家保税物流中心（B型）。保税物流中心具有国家赋予的进口货物入区保税、出口货物入区退税等优惠政策，是连接国内、国外两个市场的重要物流节点，是扩大对外开放的重要基础性平台。辛集保税物流中心（B型）的设立对扩大辛集及周边地区外贸进出口、促进河北省外贸物流业发展将起到积极作用。

五、物流需求快速增长

2018年，河北省服务业增长较快，比重超过第二产业。全年服务业增加值增长9.8%，快于全省生产总值3.2个百分点。服务业占全省生产总值的比重达46.2%，超过第二产业1.7个百分点，居三次产业之首，服务业对经济增长的贡献率达65.5%。固定资产投资稳中有升，制造业投资较快增长。全年固定资产投资（不含农户）增长6.0%，比上年加快0.7个百分点。消费品市场运行平稳，网上零售快速增长。全年社会消费品零售总额16537.1亿元，比上年增长9.0%，市场总体保持平稳。单位与居民物品物流总额190.2亿元，同比增长37.6%。

商品交易市场规模进一步扩大。全省目前拥有各类商品交易市场4168个，经营商品19大类，市场经营商户110万户，从业人员760万人。

全省快递服务企业业务收入累计完成180.8亿元，同比增长40.7%；业务量累计完成17.4亿件，同比增长45.9%。其中，同城业务量累计完成2.7亿件，同比增长33.9%；异地业务量累计完成14.7亿件，同比增长48.5%。国际及港澳台业务量累计完成295.9万件，同比下降14.9%。2014—2018年河北省快递服务企业业务收入增长情况如表4所示。

表 4 2014—2018 年河北省快递服务企业业务收入增长情况

指标 \ 时间	2014 年	2015 年	2016 年	2017 年	2018 年
快递业务收入（亿元）	41.1	56.2	94.0	128.5	180.8
比上年增长（%）	42.2	36.7	67.3	36.7	40.7

六、进出口贸易稳步提升

进出口规模不断扩大，利用外资稳步增长。2018 年河北省进出口总值 3351.7 亿元，比上年增长 5.1%。其中，出口总值 2243.0 亿元，增长 5.5%；进口总值 1308.7 亿元，增长 4.5%。全年实际利用外资 97 亿美元，比上年增长 8.6%。全省进口货物物流总额为 1375.6 亿元，比上年增长 7.8%。

2018 年 12 月 19 日，发往蒙古国的集装箱货运班列启动，中欧（曹妃甸—乌兰巴托）集装箱国际班列正式开通。随着《中欧班列建设发展规划（2016—2020 年）》的开展实施，曹妃甸港作为中欧班列通道中重要港口节点的优势进一步凸显。该班列的开通，为我国华北、东北、西北地区架设了一条直达欧洲的快捷通道。石家庄、唐山、邯郸等市已开通 5 条冀欧国际班列。石家庄培育跨境电商示范企业 20 家、跨境电商示范平台 7 个、跨境电商示范园区 1 个、公共海外仓 8 个。其中，省级跨境电商示范企业 17 家、平台 5 个、园区 1 个、公共海外仓 6 个，争取到省级跨境电商公共海外仓支持资金 200 万元。目前，开展跨境电商出口业务的外贸企业达 700 余家，其中开展跨境电商 B2B 业务的企业 672 家。

七、物流业成本进一步降低

2018 年，河北省社会物流总费用为 5884.8 亿元，同比增长 3.8%。随着全省经济转型升级，结构调整速度加快，物流业降本增效明显，物流总费用占 GDP 比率为 16.3%，比上年同期下降 0.4 个百分点。

2018 年 3 月河北省《国务院办公厅关于进一步推进物流降本增效促进实体经济发展的意见》文件发布后，落实物流业降本增效工作取得明显成效。通行费电子发票可抵扣税额明显增加，港口经营服务性收费项目减至 15 项。全面取消营运货车二级维护强制检测，实行货车“两检合一”，普通货运车辆综检实现全国范围异地检测，跨省大件运输并联许可服务水平得到进一步提升。开展涉企行政事业性收费专项清理，取消了城市路桥车辆通行费，实现省立涉企行政事业性收费清零。进一步落实收费公路免收鲜活农产品车辆通行费等优惠政策。

河北省物价局下发《关于农产品生产流通环节电价问题的通知》和《关于明确电价有关政策的通知》，明确全省农产品批发市场、农贸市场用电、农产品冷链物流的冷库用电按一般工商业及其他用电价格执行。明确全省农产品批发市场、农贸市场、农产品冷链物流的冷库用电暂不执行峰谷分时电价（自愿选择执行峰谷分时电价的用户除外）；明确全省农产品批发市场、农贸市场和农产品冷链物流的冷库用气、用热、用水价格与工业同价。

为营造物流业良好发展环境，河北省放宽了物流业市场主体登记条件，支持物流企业经营场所“一照多址”登记，简化物流企业和快递企业分支机构登记手续，支持具备法定资格的单位和个人出资设立物流企业，2018 年有 8700 余户物流企业办理了相关业务。按照《关于进一步落实快递企业分支机构、末端网点登记注册有关规定积极支持民营经济发展的通知》（冀工商办字〔2018〕168 号），指导各级企业登记机关切实做好快递企业分支机构“一照多址”登记工作，快递企业末端网点无须再办理营业执照。

2018 年 1 月，河北省高速公路 ETC（不停车电子收费系统）业务数据成功上传交通运输部收费公路通行费电子发票服务平台，并开具出第一张充值电子发票，河北高速公路营改增系统顺利上线。依据财政部、国家税务总局联合发布的《关于调整增值税税率的通知》，2018 年 5 月起，增值税原有的 17% 和 11% 税率，分别调整为 16% 和 10%，有力促进了物流行业的持续健康发展。已批准河北衡水运输集团有限公司、河北保定交通运输集团有限公司、邢台交通运输集团、石家庄德邦物流有限公司、沧州运输集团股份公司、河北省顺丰速运有限公司、河北省邮政速递物流有限公司等 9 家物流企业实行增值税汇总纳税，有力促进了河北省物流行业的健康发展。

八、交通基础设施建设加快

2018 年河北省交通运输固定资产投资完成 891.6 亿元，同比增长 14.5%；公路货运量占营业性货运量比重由 84.3% 下降到 83.0%，地方铁路货运量占营业性货运量比重由 13.9% 提高到 15.8%。固定资产投资大幅增长，交通基础设施补短板成效显著。区域综合交通网络日益完善，省内高速公路和铁路总里程均居全国第二位，太行山高速南北贯通，北京大兴国际机场主体工程基本完成。全省高速公路投资完成 476.8 亿元，建成通车 748 公里，居全国第一位，截至 2018 年年底，河北省高速公路通车总里程达到 7279 公里；普通干线完成投资 101 亿元，建成 639 公里；农村公路投资完成 84.8 亿元，建成 7005 公里；港口投资完成 48.6 亿元，新增通过能力 4400 万吨，总能力突破 11 亿吨，居全国第二位；机场投资完成 52.8 亿元，新增通用机场 1 个；地方铁路投资完成 41.5 亿元，新增营业里程 77 公里；场站投资完成 25.2 亿元，建成物流园区 2 个、客运站 9 个。

聚焦疏解首都交通压力，河北省全力支持北京市实现高排放货车全域绕行，推进北京大外环规划建设，京秦高速公路京冀、冀津接线段建成通车，京新京藏高速联络线开工建设，承平高速完成核准；推进干线公路互联互通，唐廊高速唐山段等 5 条段高速公路和松兰公路等 4 条段普通干线公路建成通车，京秦高速遵化至秦皇岛段控制性工程开工建设。截至 2018 年年底，延崇高速主线段建设工程路基、桥涵、隧道分别完成 82%、79%、54%，崇礼南互通改建工程开工建设。张家口南综合客运枢纽、宁远机场改扩建工程等 6 个项目开工建设。

太行山、苏张、曲港等 690 公里高速公路建成通车，张尚高速具备开工建设条件，邯港高速衡水段完成项目核准；国道 G101 平泉段等 454 公里普通干线公路建成通车，国道 G112 赤城至五道营等 5 条段开工建设，省道 S333 安平段等 4 条段前期工作取得实质进展。截至 2018 年年底，全省农村公路总里程达到 16.7 万公里，县城 20 公里范围内农村客运班线公交化运营率达到 47%，乡镇农村客运班线完成公交化改造率达到 45%。快递服务网点达到 1.16 万个，邮政快递覆盖所有乡镇。

据物流园区调查统计，全省规模以上物流园区超过72个。按照国家部署，全省积极推进物流枢纽布局建设，多措并举发展“通道+枢纽+网络”的现代物流体系，物流基础设施网络建设将进入发展新阶段。

九、物流信息化加快发展

2018年6月，河北省首个高速公路货车ETC车道在京张高速公路（G6）开通，实现了货车不停车计重缴费；同年10月，河北省公路水路建设与运输市场信用信息服务平台启动；同年11月，实现企业自行打印《海关专用缴款书》，打通全国通关一体化“最后一公里”。2018年12月27日，河北省道路运输第三方安全监测平台正式上线，该平台将对全省“两客一危” 车辆（旅游包车、三类以上班线客车和危险货物运输车辆）进行24小时不间断实时动态监测，并对违规车辆实时报警和及时提醒。2018年11月29日，长城汽车“国家智能汽车与智慧交通（京冀）示范区”正式启用。示范区建成后，将开展包括智能驾驶、智慧路网、新能源汽车、共享出行等在内的多个应用示范，推动5G、智能汽车与智慧交通产业生态融合发展。

按照国务院和国家市场监管总局部署要求，全面建成国家企业信用信息公示系统（河北），全省社会公众、政府部门均可登录公示系统（河北）查询应用相关企业的登记注册、备案许可、行政处罚等信息。积极推进政府有关部门将依法履职中产生的涉企信用信息通过“河北省法人库”和国家企业信用信息公示系统（河北）统一归集共享，实现了“一网归集、三方使用”，促进了物流行业诚信体系建设。

十、物流标准化工作有序推进

冷链物流地方标准进一步完善。河北省发布了《连锁超市物流配送服务规范》《共用系统托盘标识规范》2项省级地方标准，联合京津共同制定发布了《冷链物流冷库技术规范》《冷链物流运输车辆设备要求》《冷链物流温湿度要求与测量方法》《低温食品储运温控技术要求》《畜禽肉冷链物流操作规程》《果蔬冷链物流操作规程》《水产品冷链物流操作规程》《低温食品冷链物流履历追溯管理规范》8项京津冀协同标准，为冷链物流行业提供了有力的技术支撑，推动了现代化冷链物流体系建设。

依据《物流企业分类与评估指标》和《通用仓库等级》等国家物流标准，河北省现代物流协会积极组织开展了A级物流企业评估、星级仓储企业评定等工作。2018年，全省新评和升级A级物流企业22家。2018年，全省共有83家物流企业达到了国家A级物流企业标准（其中5A级企业11家），有10家仓储企业达到了国家星级仓储企业标准。同时，在物流行业中还开展了质押监管评定工作。通过推进物流标准化工作，A级物流企业、星级仓储企业的管理和服务水平明显提高，降本增效和品牌效益进一步提升。

十一、物流行业诚信体系建设取得新突破

河北省现代物流协会被中国物流与采购联合会纳入全国物流行业协会诚信互联体系共建单位，全省有4家A级物流企业被选入首批物流行业诚信互联体系建设共建单位。按照中国物

流与采购联合会《物流企业信用信息管理办法》《物流企业信用评级管理办法》等相关规定，河北省现代物流协会组织开展了物流企业信用评价工作。目前，全省有11家企业被评为A级信用企业，其中获3A级9家、获2A级2家，通过开展A级信用企业评价工作，提高了企业品牌竞争力，规范了企业经营行为，为企业营造了公平竞争、诚信经营的良好市场环境。

十二、物流企业不断做优做强

河北省物流业发展水平和竞争能力明显提高，一批综合实力强、引领行业发展的标杆物流企业不断涌现，冀中能源国际物流集团有限公司、河北省物流产业集团有限公司、开滦集团国际物流有限责任公司和河北港口集团有限公司分列中国物流与采购联合会2018中国物流企业50强第3位、第6位、第12位和第17位；全省物流企业运作水平持续提升，河北省现代物流协会发布的2018年“河北物流企业50强”主营业务总收入达到2143.9亿元，企业进入50强入选“门槛”提高到7986.9万元。冀中能源国际物流集团有限公司、河北物流集团金属材料有限公司和河北新发地农副产品有限公司等6家企业入围全国供应链创新与应用试点企业。在第25届河北省企业管理现代化创新成果审定评选活动上，冀中能源国际物流集团有限公司荣获两个省级企业管理现代化创新成果一等奖和一个省级企业管理现代化创新成果二等奖。河北物流集团金属材料有限公司坚持“一体两翼”发展战略，推进大宗商品供应链集成服务模式稳步落地，2018年圆满完成各项任务指标，营业收入同比增长37.5%，其中进出口总额同比增长76%。

河北港口集团有限公司“京津冀协同下的‘一键通’大宗干散货智慧物流示范工程”已进入全面实施阶段。大宗干散货物流公共信息服务云平台建设方面，重点完成了口岸公共物流公共信息服务子系统中港口与海事、海关、北京铁路局等数据接口的建设。该示范工程建成后，将实现港口物流全程“一单制”服务模式和港口作业信息协同化，提高港口物流运作效率，大幅提高港口物流信息透明度，实现大宗干散货港口物流各个环节信息的汇聚和共享。此外，该工程预计将实现上百家港口上下游企业信息互联，为用户降低物流费用约4000万元/年。

十三、“三件大事”促进物流业发展

伴随着京津冀协同发展、雄安新区规划建设、冬奥会筹办“三件大事”的深入推进，河北省物流业加快发展。

京津冀协同发展向深度、广度拓展，承接北京非首都功能疏解，深入落实“三区一基地”功能定位，与北京、天津签署新一轮战略合作协议，84项年度重点工作任务基本完成。河北省与北京、天津分别签署《进一步加强京冀协同发展合作框架协议》和《进一步加强战略合作框架协议》，并印发京冀、津冀合作框架协议重点事项任务分解方案，进一步深化京津冀多领域、深层次的务实合作。联合京津举办2018年京津冀产业对接系列活动。曹妃甸港集团与天津港集团签署项目合作意向书，双方在集装箱板块、物流板块、散货板块及战略资本层面开展多领域、深层次项目合作。服从服务于北京城市副中心建设，坚持廊坊北三县与北京城市副中心“四统一”（统一规划、统一政策、统一标准、统一管控），加快开展北京通州区与廊坊北三县区域交通规划建设研究工作，为通州与北三县区域整合规划提供支撑。货车绕行北京方案已正式实施，疏解了北京过境交通压力，提高了京津冀交通基础设施互联互通水平。截至2018年年底，河北与京津先后联手打通京台、京港澳、京昆、首都地区环线等高速公路和干线公路对接路，总里程达1600公里。高速公路方面，太行山高速、曲港高速曲阳至肃宁段以及京秦高速京冀、冀津接线段建成通车；国省干线公路方面，松兰公路、密涿高速万庄连接线、东湾连接线北延段已全部完工，京蒋公路基本建成。京秦高速遵化至秦皇岛段、国道G105等项目前期工作持续推进。完善区域机场运输网络，河北机场集团纳入首都机场集团统一管理，京津冀主要机场实现一体化运营管理，京津冀民航协同发展取得关键性进展。

京东物流联合南开大学、国家发展改革委综合运输研究所等9家单位，共同发起成立了城市智能物流研究院（雄安）。该研究院将聚焦京津冀世界级城市群智能物流枢纽规划、城市物流系统顶层设计、物流大数据和云计算平台建设等，服务雄安新区智能物流和智能城市建设。河北省发展改革委、省交通运输厅联合印发《推进河北省现代化综合交通运输体系建设三年行动方案（2018—2020年）》，明确实施加快建设雄安新区对外骨干路网等多项任务，加快现代化综合交通运输体系建设。到2020年，河北省将实现市市通高铁、县县通高速公路。加快雄安新区对外骨干路网建设是重点任务之一，河北省将建成京雄城际、京雄高速公路、荣乌高速公路新线京台高速公路至京港澳高速公路段、京德高速公路北京新机场至津石高速公路段等对外骨干交通路网项目和容易、安大两条施工通道。在张家口冬奥会交通保障项目建设上，河北省将完成崇礼铁路、崇礼城区至太子城等6个核心区公路项目，张家口宁远机场改扩建工程、市区及赛场直升机停机坪、张家口南综合客运枢纽等4个客货运枢纽项目。河北省全面完成《雄安新区综合交通运输规划建设研究方案》等“7+1”专件，以及“雄安新区智慧交通”和“雄安新区交通组织”两个课题研究。津石高速开工建设，京雄、荣乌新线、京德高速通过交通运输部评估评审。容易、安大普通干线公路项目正在开展前期工作，其他干线公路项目正在有序推进。

推进2022年冬奥会交通运输保障设施建设。河北省编制了《2022年冬奥会张家口区域综合交通规划》，延崇高速公路河北段、万龙至转枝莲特长隧道、张家口奥运物流中心等项目全面开工建设；其他公路、机场、客运枢纽等项目均按时间节点推进。

十四、物流业发展环境持续改善

国务院、河北省政府及各部门全年涉及物流的相关政策频出，政策措施进一步得到落实。国务院印发《关于推进电子商务与快递物流协同发展的意见》，国务院出台《快递暂行条例》，财政部出台《关于调整增值税税率的通知》，商务部会同九部门联合印发《关于推广标准托盘发展单元化物流的意见》，商务部等四部门办公厅《组织实施城乡高效配送重点工程》，交通运输部印发《关于深入推进无车承运人试点工作的通知》，财政部办公厅、商务部办公厅印发《关于开展2018年流通领域现代供应链体系建设的通知》，财政部、税务总局发布《关于物流企业承租用于大宗商品仓储设施的土地城镇土地使用税享受优惠政策的通知》，国务院办公厅印发《推进运输结构调整三年行动计划（2018—2020年）》，公安部印发《关于进一步规范和优化城市配送车辆通行管理的通知》，交通运输部印发《交通运输物流标准体系（2018 年）》，国家发展改革委、交通运输部印发《国家物流枢纽布局和建设规划》，交通运输部取消总质量 4.5 吨及以下普通货运车辆道路运输证和驾驶员从业资格证。河北省相继印发了《关于进一步推进物流降本增效促进实体经济发展的实施意见》《关于加快发展冷链物流的实施意见》《推进河北省现代化综合交通运输体系建设三年行动方案（2018—2020 年）》《关于推进电子商务与快递物流协同发展的实施意见》《河北省快递服务管理规定（试行）》《河北省港航发展三年行动方案（2018—2020 年）》等政策文件，物流业政策、规划体系进一步完善，推动河北省物流业发展环境持续改善。

十五、物流车辆检测通行更加安全便利

公安部部署"放管服"改革新举措后，自 2018 年 9 月 1 日起，在全国范围内实现异地办理机动车安全技术检验，无须开具委托手续。为方便货车"随到随检"，公安交管部门通过互联网综合应用平台、手机 App（手机软件）等方式，积极鼓励安检机构开展预约检车服务，各检测机构还推出电话预约、微信预约服务。进一步明确快递机动车辆属民生保障车辆范围，并要求各地公安交管部门在道路通行证办理、临时停车管理、轻微交通事故应急处理等方面予以保障。降低大件运输车辆物流成本，优化、简化办事流程，2018 年以来，已对 89 批次的大件运输计划通过互联网"河北省大件运输许可平台"进行意见反馈，对运输车辆拟通行路段存在道路施工、交通管控等情况的及时反馈运输企业和驾驶人，建议调整运输计划，合理选择通行路段，避免了运输车辆多跑路、跑弯路等情况的发生，有效降低了大件运输车辆的物流成本。

十六、冷链物流建设进程加快

2016—2017 年，河北省被列为中央财政支持冷链物流发展示范省份，获得 2 亿元中央财政专项资金支持，全部以股权投资方式支持冷链物流项目建设。共确定 18 家企业，签订投资合作协议，并按照协议规定，完成了资金拨付和股权变更等手续，2018 年大部分企业已完成对接地方监控平台方面的建设。在河北省政府政策支持、资金投入和各行各业共同努力下，目前全省冷链物流设施在冷库和冷藏运输这两个方面已粗具规模，集冷冻、冷藏、加工、配送、销售于一体的冷链物流体系正在形成。2018 年 4 月，为贯彻落实《京津冀协同发展规划纲要》，京津冀三地商务、质监部门召开冷链物流区域标准化工作联席会，研究制定了《京津冀冷链物流区域协同标准汇编》，包含八项京津冀冷链物流区域协同地方标准。八项区域协同地方标准将有助于统一、规范京津冀冷链物流行业发展，提升区域冷链物流水平，打造区域冷链物流品牌，为全国冷链物流提供可借鉴、可复制、可推广的经验。

十七、物流基础性工作稳步推进

《河北省物流业发展报告》连续 3 年出版发行；"河北省物流业景气指数"试运行效果良好；中国物流与采购联合会评选出 2018 年物流统计工作先进单位、先进工作者和优秀企业，河北省发展改革委、河北省统计局和河北省现代物流协会等 7 家单位获先进单位荣誉称号，12 名同志获先进工作者荣誉称号，河钢集团国际物流有限

公司等 3 家企业获优秀企业荣誉称号；河北省 A 级物流企业综合评估办公室连续 8 年被中国物流与采购联合会评估办评为“先进单位”。物流人才建设取得新成绩，2018 年 7 月 11 日，河北省教育厅公布成立了河北省现代物流职业教育集团，保定职业技术学院为牵头单位。参加单位有物流行业协会、物流企业、科研单位以及中、高等职业学校 60 余家。集团成立后将参与开发物流行业职业教育系列标准，开展物流职业技能培训，组织物流职业技能竞赛，形成产学研协同育人机制。

当前经济运行稳中有变、变中有忧，不确定因素增多。“三期叠加”对河北省的影响仍在持续，去产能、结构调整阵痛凸显，物流业发展不平衡不充分问题依然突出，融资难、融资贵问题依然存在，营商环境还需大力改善。

（河北省现代物流协会）

2018年内蒙古自治区物流业发展情况

2018年，内蒙古自治区经济运行平稳增长，物流运行发展势头良好。物流需求增长较为平稳，物流企业整体呈现“微利”经营，物流运行质量有所提高。

一、社会物流总额保持平稳

2018年，社会物流总额完成35091.4亿元，按可比价格计算，同比增长3.2%，较前三季度增速提高0.1个百分点，与上年同期增速持平，全年呈平稳运行趋势。从社会物流总额构成看：工业品物流总额占43.9%，农产品物流总额占8.5%，进口货物物流总额占1.9%，单位与居民物品物流总额占0.1%，其他货物物流总额占45.6%。2018年各季度内蒙古自治区社会物流总额增长趋势如图1所示，社会物流总额构成情况如图2所示。

伴随着全区经济发展模式的转型升级，工业物流需求结构不断优化，工业动能不断转换，新产业发展加快，新产品增长强劲。规模以上工业战略性新兴产业增加值比上年增长8.7%，增速比规模以上工业快1.6个百分点；高新技术工业增加值比上年增长17.1%，增速比规模以上工业快10个百分点。单晶硅增长1.2倍，多晶硅增长47.1%，石墨及碳素制品增长42.8%，汽车增长26.6%。全年规模以上工业企业产销率达到99.2%，比上年提高0.7个百分点。

民生、绿色经济相关的物流规模保持快速增长，单位与居民物品物流总额同比增长29.2%。

进口货物物流需求小幅回升，进口货物物流总额完成655.7亿元，同比增长7.5%，较上年同期增速下降19.8个百分点。2018年，全区外贸进出口值突破1000亿元大关，创历史新高，煤、木材、铜矿砂为进口值前三的商品，三者合计占同期进口总值的55.8%；钢材、机电产品、农产品为出口值前三的商品，三者合计占同期出口总值的53.9%。

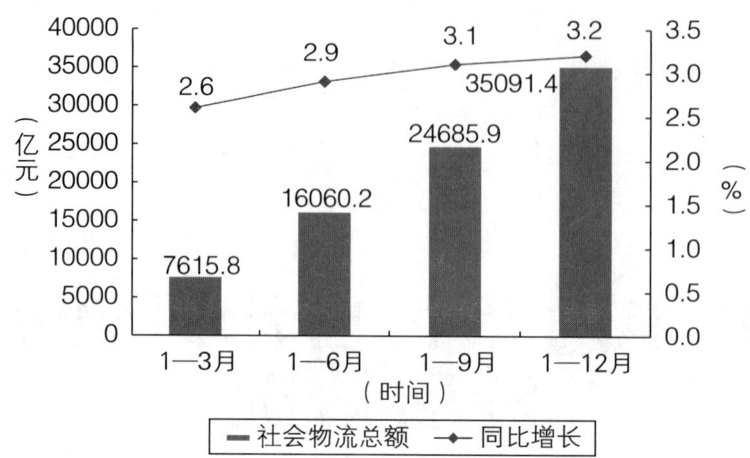

图 1　2018 年各季度内蒙古自治区社会物流总额增长趋势

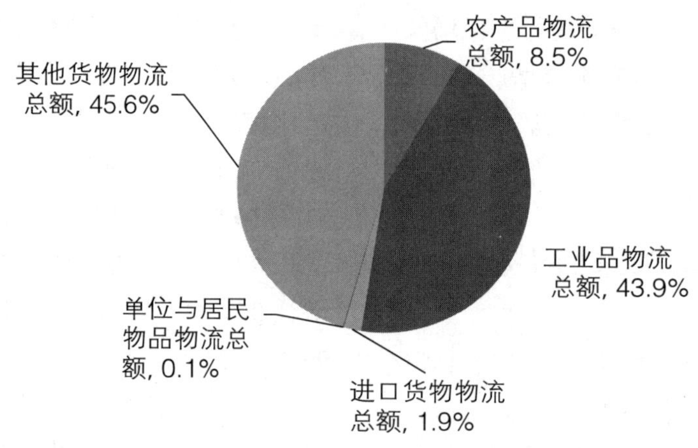

图 2　2018 年内蒙古自治区社会物流总额构成情况

二、社会物流运行效率有所提升

物流效率有所提升，物流效率“降成本”有所显现。2018 年，社会物流总费用完成 3061.7 亿元，同比增长 8.3%，全年呈回落趋势。社会物流总费用与 GDP 的比率为 17.7%，较前三季度回落 0.5 个百分点，每百元社会物流总额花费的社会物流总费用 17.7 元。2018 年各季度内蒙古自治区社会物流总费用发展趋势如图 3 所示。

从社会物流费用结构看，运输费用完成 2277.5 亿元，同比增长 7.4%，增速与前三季度持平，占全区社会物流总费用的 74.4%，运输费用与 GDP 的比率为 13.2%，较前三季度运输费用与 GDP 的比率下降 0.4 个百分点；保管费用完成 559.8 亿元，同比增长 12.2%，增速较前三季度回落 0.6 个百分点，占全区社会物流总费用的 18.3%，保管费用与 GDP 的比率为 3.2%，较前三季度保管费用与 GDP 的比率下降 0.1 个百分点；管理费用完成 224.4 亿元，同比增长 8.6%，增速较前三季度回落 0.2 个百分点，占全区社会物流总费用的 7.3%，较前三季度管理费用与 GDP 的比率提高 0.2 个百分点，管理费用与 GDP 的比率为 1.3%。2018 年内蒙古自治区社会物流总费用构成情况如图 4 所示。

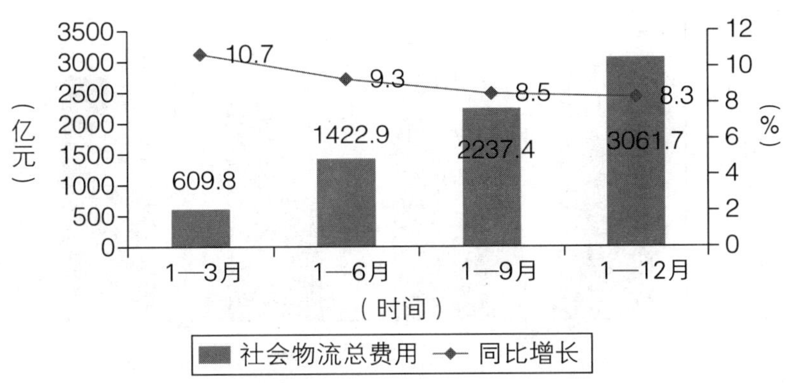

图 3　2018 年各季度内蒙古自治区社会物流总费用发展趋势

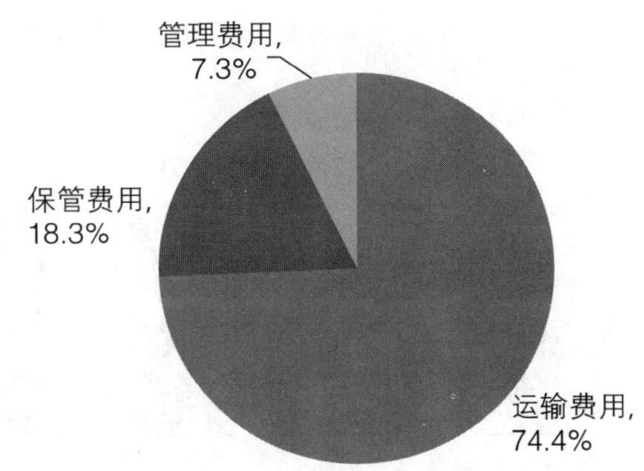

图 4　2018 年内蒙古自治区社会物流总费用构成情况

三、物流业相关行业发展较好

物流业相关行业总收入完成 2607 亿元，同比增长 8.8%，增速较前三季度提高 0.1 个百分点。与物流业相关的邮政行业增势良好，邮政业务收入完成 53.1 亿元，同比增长 17.5%。其中，快递业务收入增速为 24.8%，高于物流业总收入增速 15.9 个百分点。

四、货运市场稳中向好

全区货运量完成 24.8 亿吨，同比增长 9%；货物周转量完成 5644.1 亿吨公里，同比增长 8.4%。其中，铁路货运量完成 8.8 亿吨，同比增长 9.9%，铁路货物周转量完成 2658.5 亿吨公里，同比增长 8.9%；道路货运量完成 16 亿吨，同比增长 8.5%，道路货物周转量完成 2985.6 亿吨公里，同比增长 8%；航空货运量完成 2.9 万吨，同比增长 2%。2015—2018 年货运量完成情况和货物周转量完成情况如图 5 和图 6 所示。

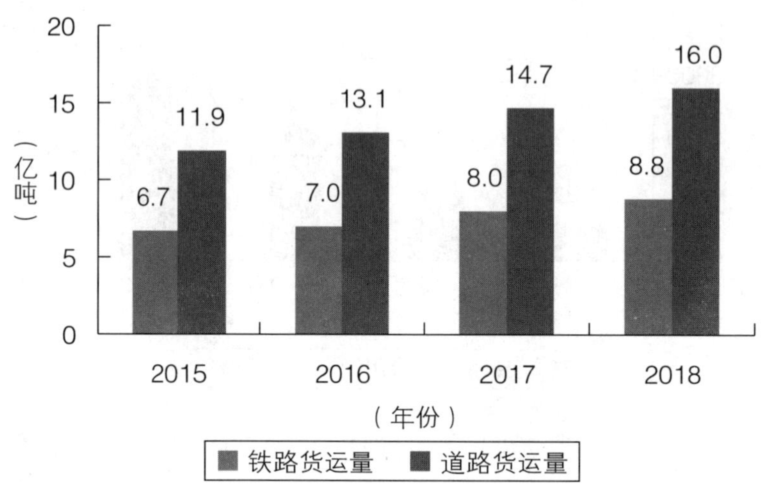

图 5　2015—2018 年内蒙古自治区货运量完成情况

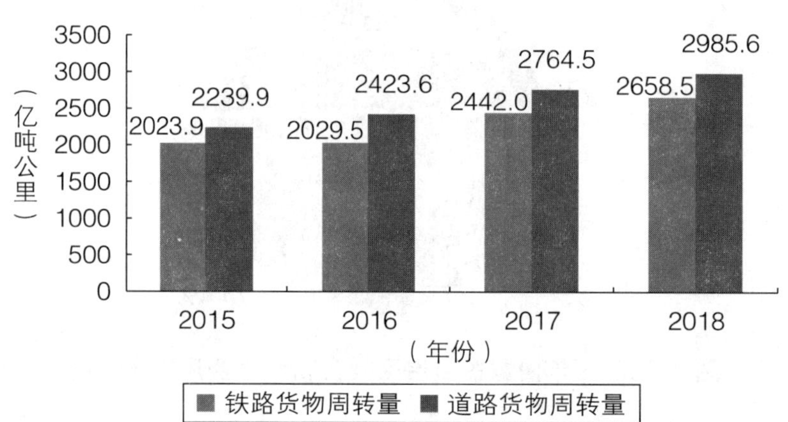

图 6　2015—2018 年内蒙古自治区货物周转量完成情况

五、快递业保持较快发展

2018 年，全区快递服务企业业务量累计完成 15182.4 万件，同比增长 37.6%；业务收入累计完成 29.9 亿元，同比增长 24.8%。其中，同城业务量累计完成 4186.7 万件，同比增长 55.6%；异地业务量累计完成 10982.4 万件，同比增长 31.8%；国际及港澳台业务量累计完成 13.3 万件，同比下降 4.9%。

2018 年，同城、异地、国际及港澳台快递业务量分别占全部快递业务量的 27.6%、72.3% 和 0.1%；业务收入分别占全部快递收入的 15.9%、54.2% 和 1.2%。与 2017 年同期相比，同城快递业务量比重上升近 3 个百分点，异地快递业务量下降近 3 个百分点，国际及港澳台业务量的比重基本持平。

六、物流业景气指数稳中趋缓

物流业景气状况稳中趋缓，物流业整体发展向好。2018 年全区物流业景气指数（LPI）平均为 53.2%，与 2017 年持平，低于全国平均物流业景气指数 0.4 个百分点，2018 年 2 月跌至最低点 50%，2018 年 11 月升至最高点 56.1%，反映出全区物流业景气状况处于较高水平。

2018 年全年按月份看：1—2 月全区受春节效应影响，物流业务活动规模增势放缓；3 月全区进入新的生产建设周期，企业承接客户业务订单数量上升，供应链上下游的物流业务活动趋于活跃，物流业需求呈现出稳中趋升的态势；4 月全区受季节性因素影响，粮食相关物流业务总量总体下降，部分地区环保督查造成煤炭等大宗货物减产，订单式物流企业短途业务量下降，造成供应链上游生产企业减产；5—7 月全区持续受环保督查的影响，煤炭等大宗货物仍处于减产状态；8 月全区受多雨天气影响，物流企业业务量略有减少，物流业务活动规模增势减弱，但总体上物流活动仍较活跃；9 月全区进入采暖期，各地电厂、热力公司加紧煤炭储备，煤炭运输量大幅上涨；10 月全区各地加强了对重点领域环境保护的专项督查力度，货物生产及销售均受到不同程度影响，致使全区本月物流企业业务量小幅下降；11 月随着“双十一”电商节的到来，电子商务交易量在本月出现大幅上涨，全区快递及相关物流企业业务量显著上升；12 月全区主要受节假日临近，需求略有回落、设备设施利用率下降和短期就业缺口等方面影响。2018 年内蒙古自治区 LPI 走势情况如图 7 所示。

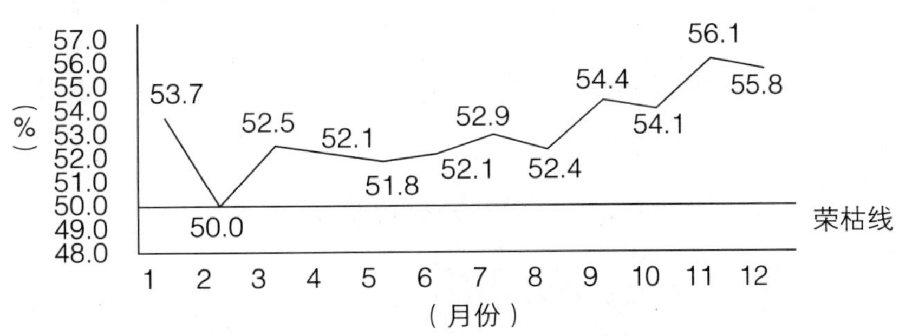

图 7　2018 年内蒙古自治区物流业景气指数（LPI）走势

七、物流企业整体“微利”经营

2018 年，内蒙古自治区物流企业收入平均利润率为 4.1%，反映出物流经营效益偏低。经营成本压力较大，资源要素成本持续上涨。2018 年物流企业物流业务成本同比增长 12.3%，增速快于物流业务收入增速 6.6 个百分点。人工成本上涨趋势放缓，物流人员报酬占物流业务收入的比率由 2017 年的 3.6% 下降到 2018 年的 3.5%，较上年同期下降 0.1 个百分点，反映出物流人员成本趋于稳定。资产流动性有所增长，2018 年物流企业应收账款周转率为 20%，比上年同期提高 15 个百分点，应收账款平均回收期同比减少

15 天，反映出物流企业经营环境有所改善，企业回款速度加快。

本次调查共收到 136 家企业资料。其中，工业企业 37 家，占 27.2%；批发和零售业企业 4 家，占 2.9%；物流企业 95 家，占 69.9%。从物流企业类型来看，综合型物流企业 33 家，占 34.7%；运输型物流企业 36 家，占 37.9%；仓储型物流企业 26 家，占 27.4%。2018 年内蒙古自治区重点调查企业行业及物流企业类型分析如图 8 所示。

从物流企业主营业务收入增速来看，增速在 10% 以上的企业 36 家，占 37.9%；增速在 5%~10% 的企业 12 家，占 12.6%；增速在 1%~5% 的企业 3 家，占 3.2%；增速在 1% 以下的企业 14 家，占 14.7%；亏损（增速在 0 以下）的企业 30 家，占 31.6%。2018 年内蒙古自治区物流企业主营业务收入增速情况如图 9 所示。

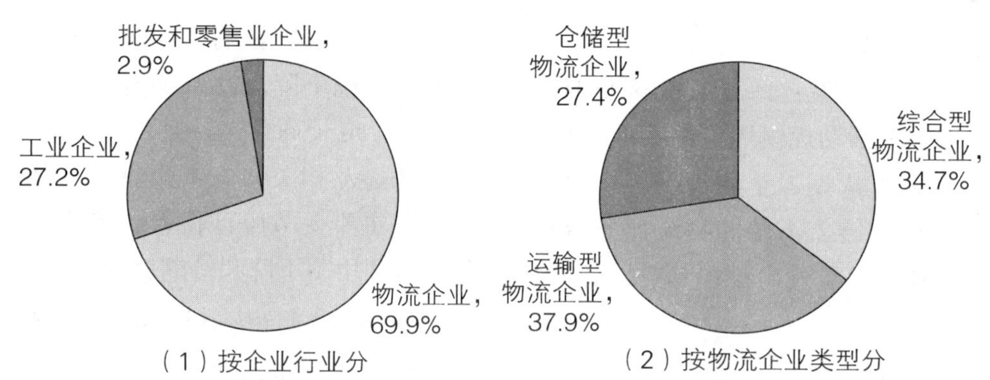

图 8　2018 年内蒙古自治区重点调查企业行业及物流企业类型分析

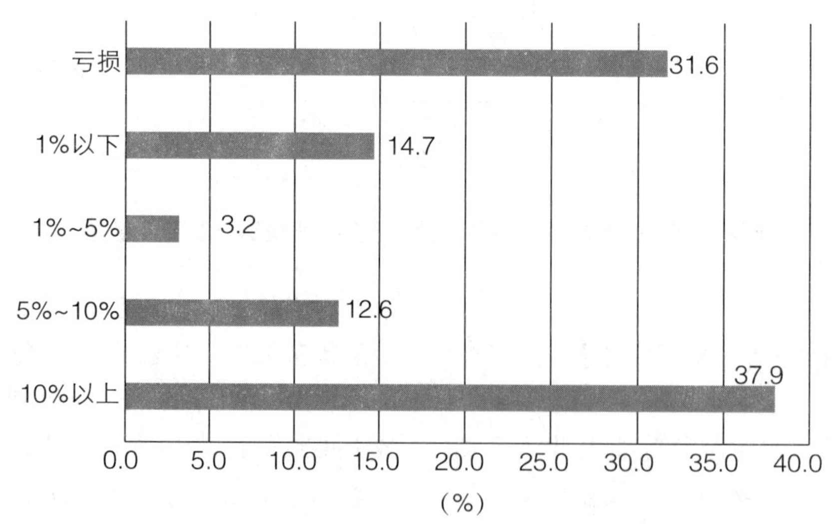

图 9　2018 年内蒙古自治区物流企业主营业务收入增速情况

从物流企业营业利润率来看，营业利润率在 10% 以上的企业 20 家，占 21.1%；营业利润率在 5%~10% 的企业 12 家，占 12.6%；营业利润率在 1%~5% 的企业 18 家，占 18.9%；营业利润率在 1% 以下的企业 23 家，占 24.2%；营业利润率亏损的企业 22 家，占 23.2%。2018 年内蒙古自治区物流企业营业利润率情况如图 10 所示。

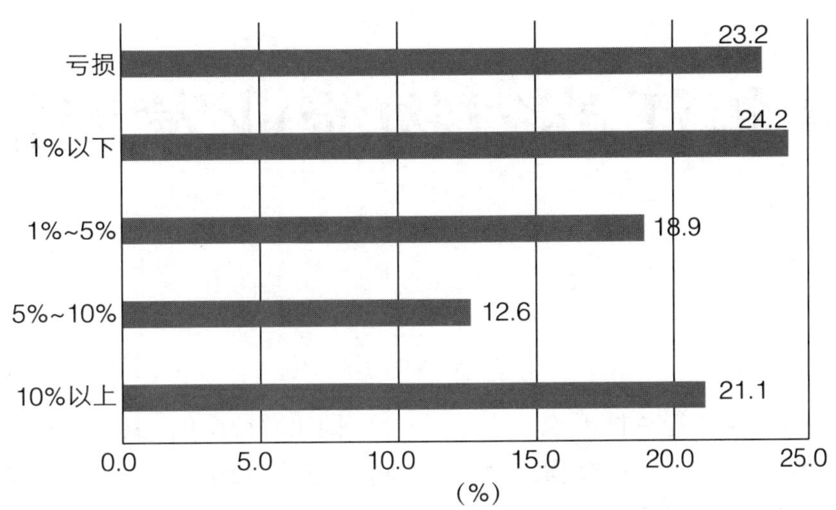

图 10　2018 年内蒙古自治区物流企业营业利润率情况

八、企业物流对外物流成本逐步走高

2018 年，内蒙古自治区企业物流对外物流成本同比增长 121.2%。物流外包业务呈走高趋势，工业、批发和零售业企业对外支付的物流成本占企业物流成本的 72.3%，同比提高 8 个百分点。运输物流外包比例逐步升高，工业、批发和零售业企业运输成本占物流成本的 65.8%，比上年提高 15.2 个百分点。

（内蒙古物流协会　王方春　周媛）

2018 年江苏省物流业发展情况

2018 年江苏省物流业运行总体平稳、稳中有进，社会物流规模持续扩大，社会物流效率稳步提高，物流经济发展质量有所提升。

一、物流业发展概况

（一）社会物流总额

2018 年，江苏省社会物流总额为 302131.6 亿元，同比增长 8.1%。其中，工业品物流总额为 243953.8 亿元，同比增长 7.6%，占社会物流总额的比重为 80.74%，同比下降 0.35 个百分点；进口物流总额 17144.7 亿元，同比增长 13.4%，占社会物流总额的 5.67%，同比上升 0.27 个百分点；农产品物流总额 3123.6 亿元，同比增长 3.8%，占社会物流总额的 1.03%，比重同比下降 0.04 个百分点；外省市商品购进额 36201 亿元，同比增长 9.4%，占社会物流总额的 11.98%，同比上升 0.15 个百分点；再生资源总额、单位与居民物流总额两项共 1708.5 亿元，占社会物流总额的 0.57%。

（二）社会物流总费用

2018 年，江苏省社会物流总费用 12863.2 亿元，同比增长 6.0%。其中，运输费用 6521.5 亿元，同比增长 5.2%，占社会物流总费用的 50.70%，同比下降 0.4 个百分点；保管费用 5001.6 亿元，同比增长 7.1%，占社会物流总费用的 38.88%，同比上升 0.4 个百分点；管理费用 1340.1 亿元，同比增长 5.9%，占社会物流总费用的 10.42%。社会物流总费用与 GDP 的比率为 13.9%，比 2017 年下降 0.2 个百分点。

（三）物流业增加值

2018 年，江苏省实现物流业增加值 5601.7 亿元，按可比价格计算同比增长 3.2%，占全省 GDP 的比重为 6.05%，占全省服务业增加值的比重为 11.62%。

二、物流业发展主要特点

（一）市场主体活力释放

2018 年，江苏省新增 5 家省重点物流基地（园区）、32 家省重点物流企业和 20 家国家 4A 级以上物流企业，企业总数分别达到 101 家、343 家和 234 家。其中，国家 4A 级以上物流企业数量居全国第一。这些企业（基地）普遍具有较强的市场竞争力、较高的市场占有率和较好的市场诚信度，在全省物流业发展中具有较强的示范带动作用，带动了全省物流行业整体水平的提升。重点监测的20家物流基地数据显示，全年单位物流园区基地自身营业总收入、利税总额同比增长7.5%、6.7%，入驻企业数量、营业收入同比增长31.3%、7.7%，规模效益不断提高。全省重点监测的100家物流企业的平均物流业务收入、成本及利润额分别比上年增长16.7%、16.1%和21.8%，增幅均有所上升，其中利润增速较高，表明企业经营状况总体平稳，各项降本增效措施成效显著。受益于国家一系列物流企业降本增效措施，上缴税收总额占营业收入比重较上年下降0.3个百分点。重点企业经营状况显示，全省物流市场经营环境总体宽松，业务收入与成本规模大致平衡，经营过程中所承担的税费负担趋于减轻。

（二）市场预期有所回暖

2018年前三季度，江苏省物流市场景气度总体偏弱，但保持了景气程度逐步提升的趋势。受国际关系突变、环保限载等政策影响，各月景气指数波动幅度较大且平均景气程度比上年下降2个百分点，主营业务成本指数始终高位运行，固定资产投资完成额指数和从业人员指数低位运行，下行压力有所增大。月度综合指数一直位于荣枯线以上，业务总量指数、新订单指数、资金周转率指数、设备利用率指数、主营业务利润指数等方面均保持高位运行，反映了市场对业务需求、物流效率及预期收益等均有较高预期。第四季度，市场经受了长期雨雾冰冻天气影响与电商物流需求激增的双重影响，物流景气指数呈小幅回升态势，反映了市场对后市的业务活动预期明显增强。在“一带一路”实施及产业转型升级结构调整的过程中，市场孕育着众多物流业务新增长点，带动全省物流继续呈现稳中趋升的发展预期。

（三）创新驱动新动能发力

基于物联网、大数据的智慧物流发展迅猛，以“互联网+”带动的物流新业态快速增长，江苏运满满、福佑卡车、中储智运、物润船联等一批车货匹配和多式联运平台企业快速发展壮大，在全国具有较强知名度和影响力。物流智能化仓储及技术研发加快应用，苏宁物流建设两个AGV无人拣选仓库、末端小型无人机基本实现常态化运营，物流无人技术进一步推广。2018年，商务部等8部门联合开展供应链创新与应用试点工作，南京市、张家港市和33家企业被纳入试点名单，制造、商贸和物流企业加快向供应链转型发展。宏坤供应链、江苏跨境电子商务、江苏飞力达、徐工智联、海澜之家等供应链创新应用和物流业与制造业两业融合平台，通过持续不断的技术创新，逐步变革传统的产业组织模式，构建智慧物流产业新生态，在推进物流技术创新、建立物流行业诚信、提升物流运行效率、推动两业深度融合、促进实体经济降本增效等方面为全省物流企业提供了生动示范与有益启示。

（四）变革引领高质量发展

国家制定了一系列促进物流降本增效的降费便民措施，包括对物流企业承租的大宗商品仓储设施用地阶段性减半征收城镇土地使用税、对挂车减半征收车辆购置税等税收优惠政策，推进货车“三检合一”、简并认证许可、放宽从业审查、推行跨省异地检验和制定加装尾板国家标准等，推动取消高速公路省界收费站，简化物流企业分支机构设立手续，最终实现一次托运、一次收费和一单到底，进一步提升物流效率。传统重点产业转型升级发展，社会化物流高效、专业优势显著，物流供应链一体化管理需求明显增强。新兴产业加速发展，带动相关产业规模化发展，为市场提供了物流供应链管理能力优化提升需求。在政策鼓励和市场需求双轮驱动下，更多物流企业向提供供应链服务方向延伸发展。全省物流资源进一步优化整合，通过不断创新变革，为各行业客户提供各类增值服务，形成装备制造供应链闭环管理、港口物流设施进一步完善、汽车物流市场业务前景广阔、零担快运物流专业化服务水平进一步提升的良好发展生态。在对外贸易摩擦多变的国际物流经营环境中，多数企业能沉着应对，提前调整市场布局，通过开拓新渠道和开发新市场减少对单个市场的片面依赖，最大限度消化了进出口形势波动造成的经营压力。

三、物流业主要工作情况

（一）加强顶层设计，优化物流发展环境

2018 年，江苏省政府办公厅印发《省政府办公厅关于进一步推进物流降本增效促进实体经济发展的实施意见》（苏政办发〔2018〕17 号）、《省政府办公厅关于推进供应链创新与应用培育经济增长新动能的实施意见》（苏政办发〔2018〕35 号）、《省政府办公厅关于推进电子商务与快递物流协同发展的实施意见》（苏政办发〔2018〕56 号），在推进全省物流业降本增效、推动供应链创新与应用、电子商务与快递物流协同发展等方面制定扎实举措，进一步加快培育物流业发展新动能；省工信厅等十五部门联合下发了《关于加快推进“互联网 +”高效物流行动的实施意见》，明确了推动实现“互联网 +”高效物流的九大途径 、26 条具体意见，促进智慧物流、多式联运和一体化供应链管理等物流模式创新。结合国家发展改革委来江苏省开展的交通与物流运行态势专题调研，在听取企业在降本减税、打破区域壁垒、提高物流效率等方面的政策建议和诉求的基础上，积极提出需要国家层面协调解决事项的建议，争取上下共同关注，致力于解决物流降本增效问题。

（二）夯实工作基础，培育物流优势品牌

围绕平台升级、区域协同、体系建设、市场监测和分析研究，持续提升物流统计工作能力和水平。开展物流行业统计核算、景气度调查、物流专题调研、物流课题研究等基础性工作，强化物流市场预警预测，编制季度分析报告，完成 2017 年度物流运行情况简析。组织开展第十三批江苏省重点物流基地和省重点物流企业认定工作及前十一批省重点物流基地和省重点物流企业复核工作，2018 年新增省级重点物流基地 5 家，省级重点物流企业 32 家。联合高校完成《江苏物流企业规模化和网络化发展对策研究》课题，进一步提升江苏物流企业规模化、网络服务能力和智慧化水平，培育江苏知名物流企业品牌，探索研究提出物流企业做大做强可行性路径，在全省范围内予以推广。

（三）注重宣传推广，推进智慧物流建设

编写完成《江苏智慧物流典型案例》，重点选取第三方物流、专业物流、供应链管理、物流业与制造业联动、物流平台、共同配送、多式联运、物流国际化、物流园区等典型领域的 50 余家典型案例，多角度、全方位展示了新时代江苏现代物流业发展的蓝图。充分利用典型案例采编成果，利用媒体、出版等多种形式，加大宣传力度，深入推广典型案例的经验做法，为江苏省全省物流产业和企业发展提供思路和经验借鉴，推动江苏省智慧物流不断创新发展。梳理调研一批全省智慧物流重点建设项目，在年度重点物流监测项目的基础上，调研了一批智慧化、平台化、一体化物流项目，及时了解掌握全省智慧物流、制造业物流功能改造提升，物流供应链管理及区域物流建设等重点物流项目发展建设情况。

（四）大力培育引导，推进两业深度融合

在《江苏智慧物流典型案例》中设置专门篇幅，总结了一批围绕电子信息、汽车制造、化工等行业提供专业化、一体化、集约化物流服务的典型案例，在江苏省全省范围内推广宣传，提升物流业服务制造业的水平。定期召开市场运行分析会议，不定期地组织开展市场调研活动，及时了解两业融合样本企业的经营动态及有关诉求，跟踪重大政策制定和市场反应信息。在2018年申请认定的省重点物流基地和企业中，重点培育认定了一批围绕化工、快消品、新能源、通信等行业提供专业化服务的物流企业，引导物流企业密切围绕制造企业需求，不断提高服务制造的专业化综合物流服务能力。

（五）加强交流合作，做好区域协同协作

进一步做好区域物流合作，重点深化和扩大丝绸之路经济带物流合作联盟合作内容，促进丝路沿线地区间的企业互动、信息互享、项目共建。2018年8月，开展江苏—甘肃“一带一路”物流考察对接活动，组织省内部分物流企业赴甘肃省兰州市开展“一带一路”物流考察对接活动，实地考察兰州新区、兰州国际陆港保税物流中心，与甘肃省物流产业多个领域进行了项目对接、洽商。2018年10月，主动与甘肃省商务厅、经济合作局进行对接，共同举办两省重点物流项目推介交流会，充分发挥两省各自比较优势，促进双方物流市场对接，推动两省区域物流联动，共同推进丝绸之路经济带建设。支持举办好“第五届中国（连云港）丝绸之路国际物流博览会”、2018中国国际物流科技博览会及全省物流技能大赛等，进一步完善物流交流合作和人才对接平台。

（江苏省工业和信息化厅交通与物流处）

2018 年浙江省物流业发展情况

一、总体情况

2018 年，浙江省物流业运行总体缓中趋稳，社会物流运行效率继续改善，企业业务规模增长总体平稳，面对外部经济环境和竞争压力，企业主动求变意识普遍增强，创新融合协调成为发展共识。

（一）社会物流总额持续增长

2018 年，浙江省社会物流总额为 16.93 万亿元，按可比价格计算，比上年增长 7.7%。从构成情况看，浙江省单位与居民物品物流总额为 0.23 万亿元，可比增长 21%，占比 1.36%；工业品物流总额 12.8 万亿元，可比增长 6.7%，占比 75.61%；进口货物物流总额为 0.73 万亿元，可比增长 2.8%，占比 4.31%；外省流入物流总额为 2.8 万亿元，可比增长 4.2%，占比 16.54%；农产品物流总额为 0.31 万亿元，可比增长 9.9%，占比 1.83%；再生资源物流总额 0.06 万亿元，占比 0.35%。具体构成情况如图 1 所示。

2018 年，浙江省物流业增加值为 5426 亿元，占全省 GDP 比重 9.7%；占服务业比重 17.66%，是浙江省经济发展的重要力量。

（二）社会物流总费用不断增长，运行效率逐步提高

2018 年，浙江省社会物流总费用保持增长趋势。全年社会物流总费用为 8127 亿元，同比增长 8.2%，比上年增速下降 2.58 个百分点，与 2018 年浙江省 GDP 的比率为 14.5%，与上年基本持平。其中，管理费用为 1707 亿元，占比 21%，运输费用为 2763 亿元，占比 34%；保管费用为 3657 亿元，占比 45%。具体构成情况如图 2 所示。

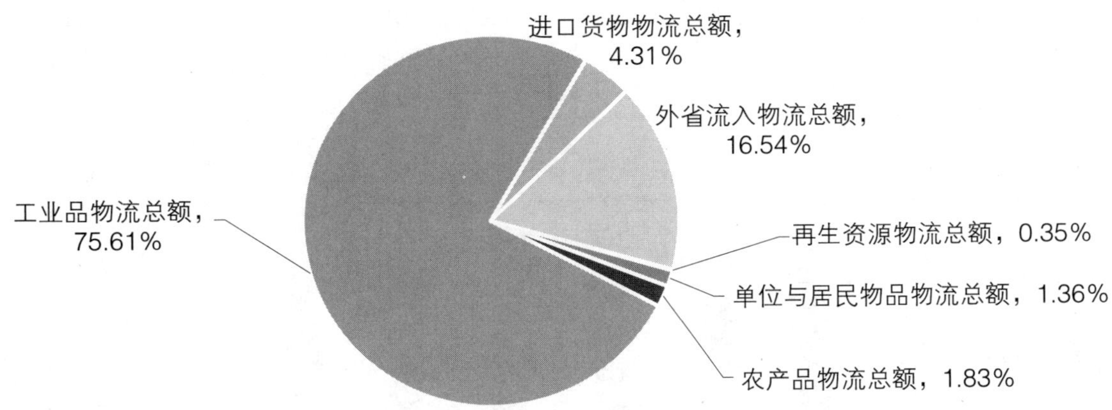

图1　2018年浙江省社会物流总额构成情况

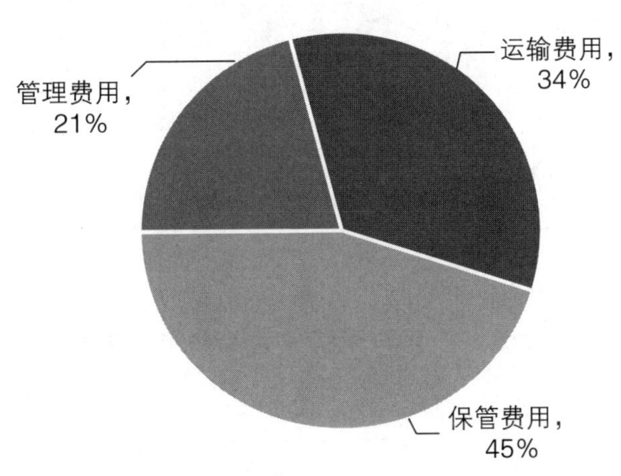

图2　2018年浙江省社会物流总费用构成情况

二、A级物流企业发展情况

根据浙江省物流协会对浙江省A级物流企业年度监测情况显示，全省A级物流企业呈现以下几个特点。

（一）总体数量逐年增加，规模以3A级为主，区域分布多寡不一

截至2018年年底，浙江省已有A级物流企业641家，占全国A级物流企业总量的12.8%，数量位居全国各省市第一。2015—2018年全国与浙江省A级物流企业数量增长情况如图3所示。

从类型情况看，641家A级物流企业中，仓储型企业为53家，占比8.3%；运输型企业为112家，占比17.5%；综合型企业为476家，占比74.3%。

从规模情况看，浙江省A级物流企业以3A级物流企业为主体，大型物流企业虽有增加，但仍处于少数。其中，5A级物流企业19家，数量占比为3.0%；4A级物流企业130家，占比

20.3%；3A 级物流企业 341 家，占比 53.2%；2A 级物流企业 136 家，占比 21.2%；1A 级物流企业 15 家，占比 2.3%。2018 年浙江省 A 级物流企业按类型统计数量分布情况如图 4 所示。

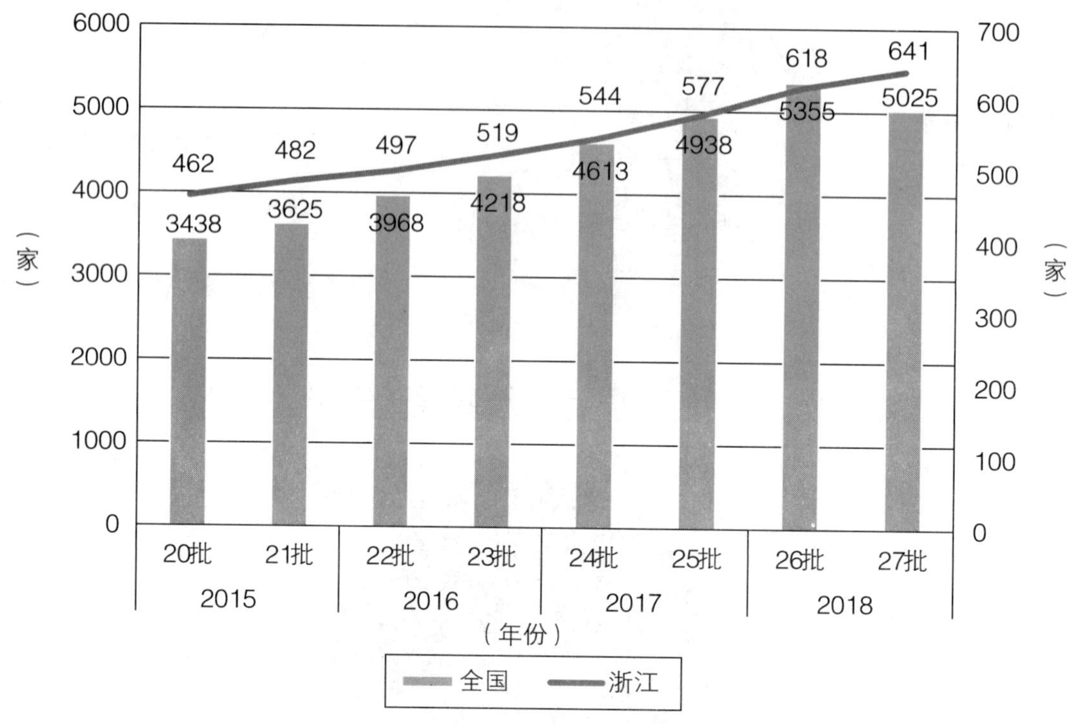

图 3　2015—2018 年全国与浙江省 A 级物流企业数量增长情况

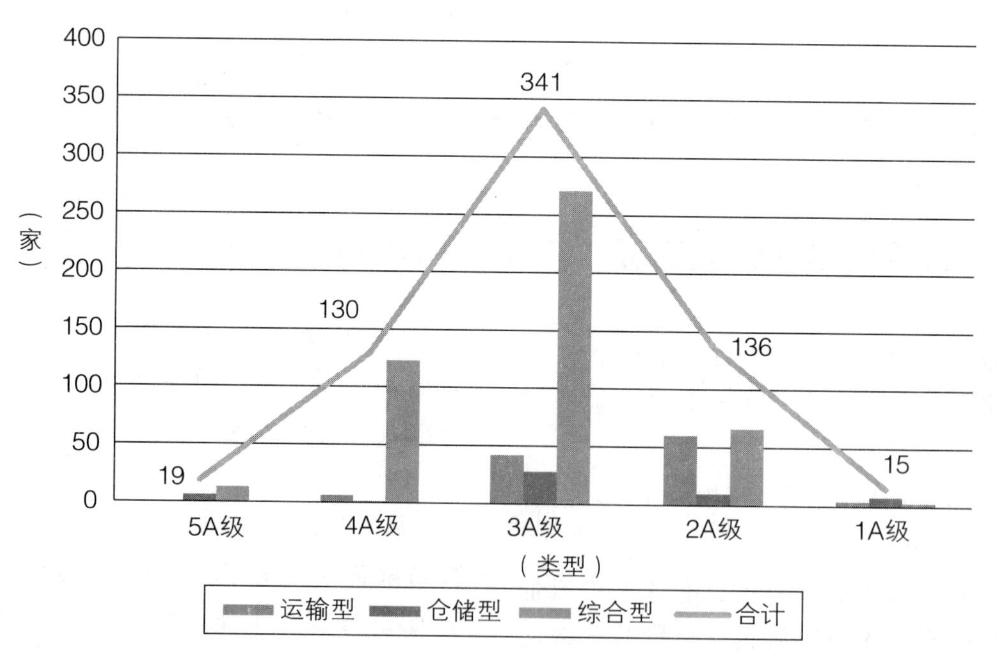

图 4　2018 年浙江省 A 级物流企业按类型统计数量分布情况

从区域分布看，经济发达的地区，人口密度高，制造企业多，运输需求大，运力供给也大。其中宁波、金华（含义乌）、杭州三地A级企业数量占全省A级物流企业的半壁江山，是全省A级物流企业总数的57.6%。具体分布情况如图5所示。

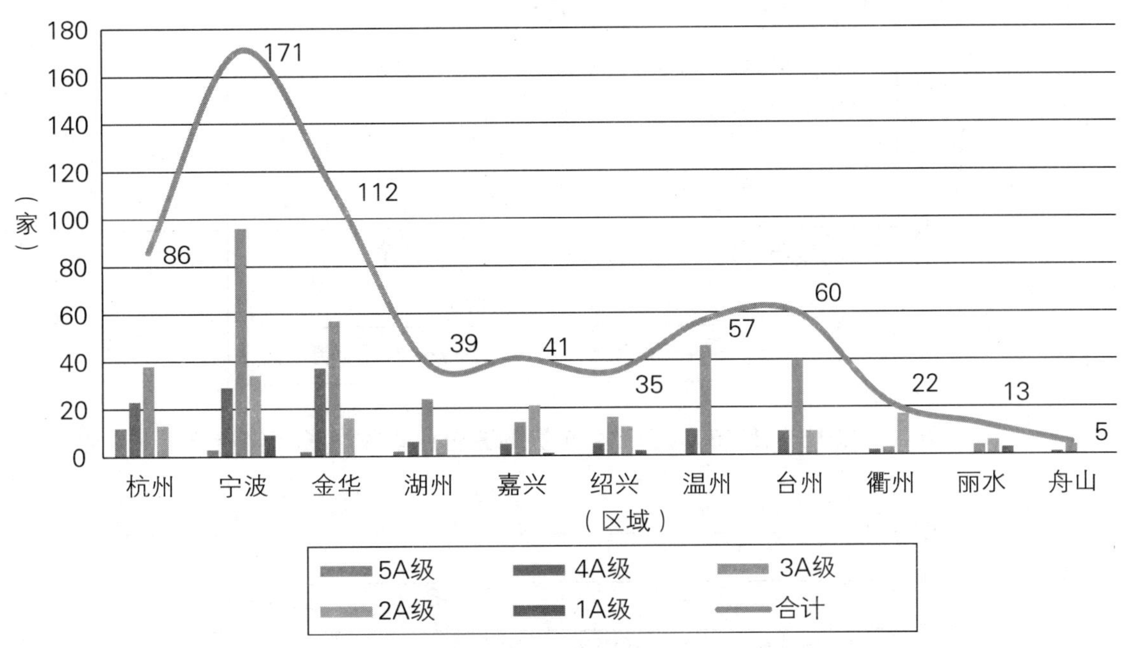

图5　2018年浙江省各地市A级物流企业数量分布情况

（二）物流企业业务收入持续增长

2018年，浙江省A级物流企业主营业务收入和物流业务收入均有所增长。从2015—2018年的营收情况看，A级物流企业的营收呈现小幅增长的态势，如图6所示；2015—2018年浙江省各类型物流企业主营业务收入增长情况如图7所示；2015—2018年浙江省各类型物流企业物流业务收入增长变化情况如图8所示。

2017年浙江省不同规模物流企业主营业务收入情况呈现出收入增幅分化状态，2018年趋同，5A级、4A级等大中型物流企业的收入增幅缓慢状态仍然持续，1A级、2A级和3A级物流企业的收入增长从2017年的高点迅速降低，到2018年年底低于大中型物流企业的收入增幅。具体如图9所示。

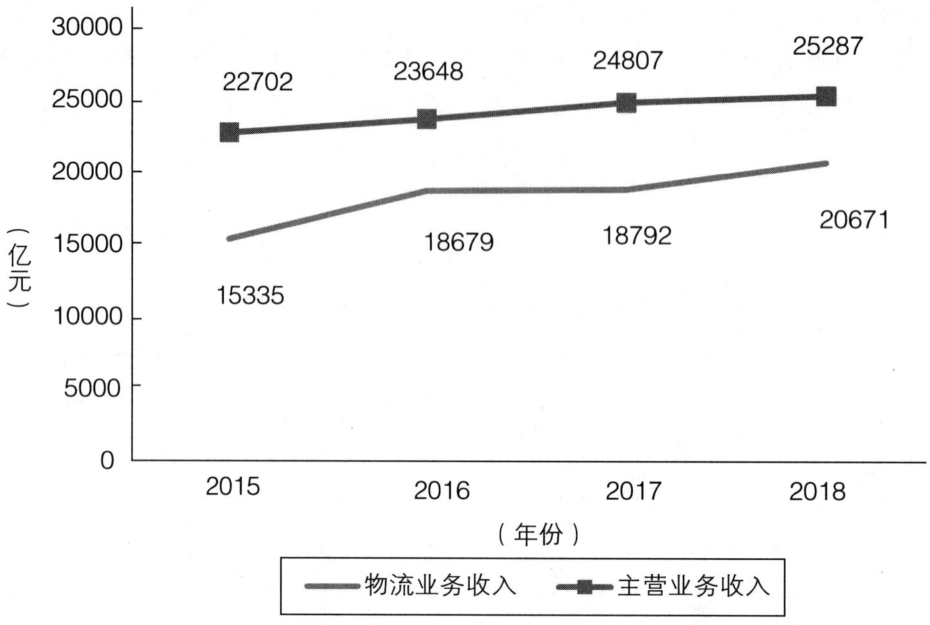

图 6　2015—2018 年浙江省 A 级物流企业营收增长变化情况

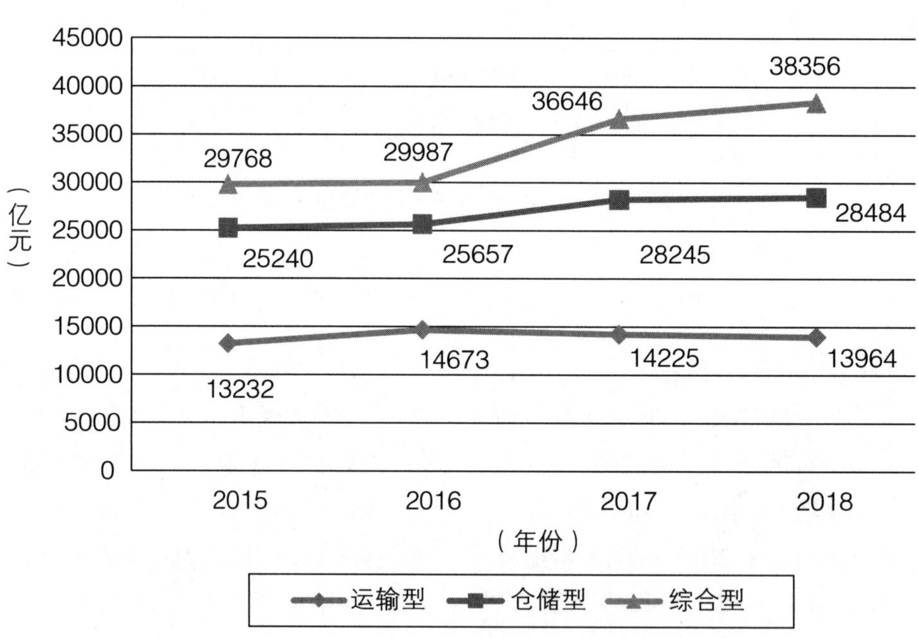

图 7　2015—2018 年浙江省各类型物流企业主营业务收入增长情况

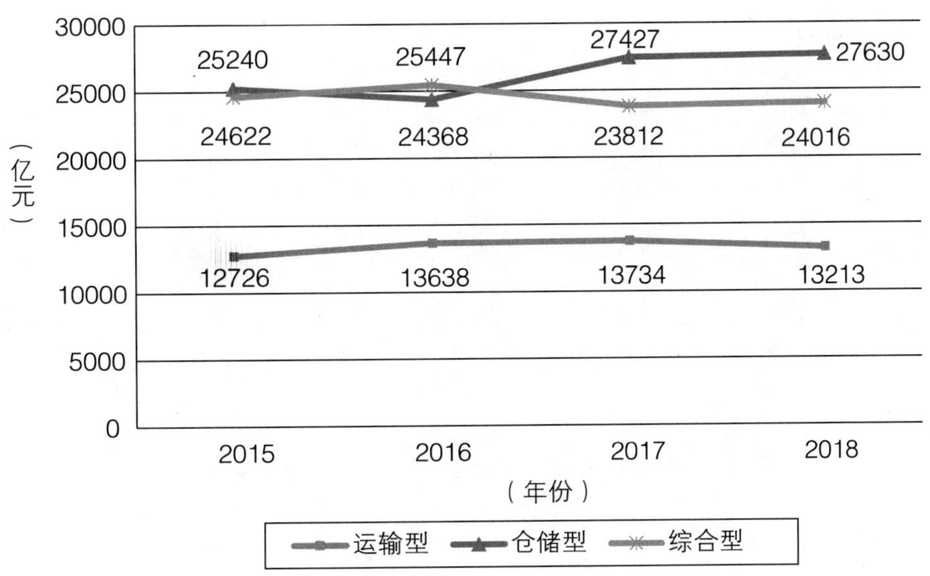

图 8 2015—2018 年浙江省各类型物流企业物流业务收入增长变化情况

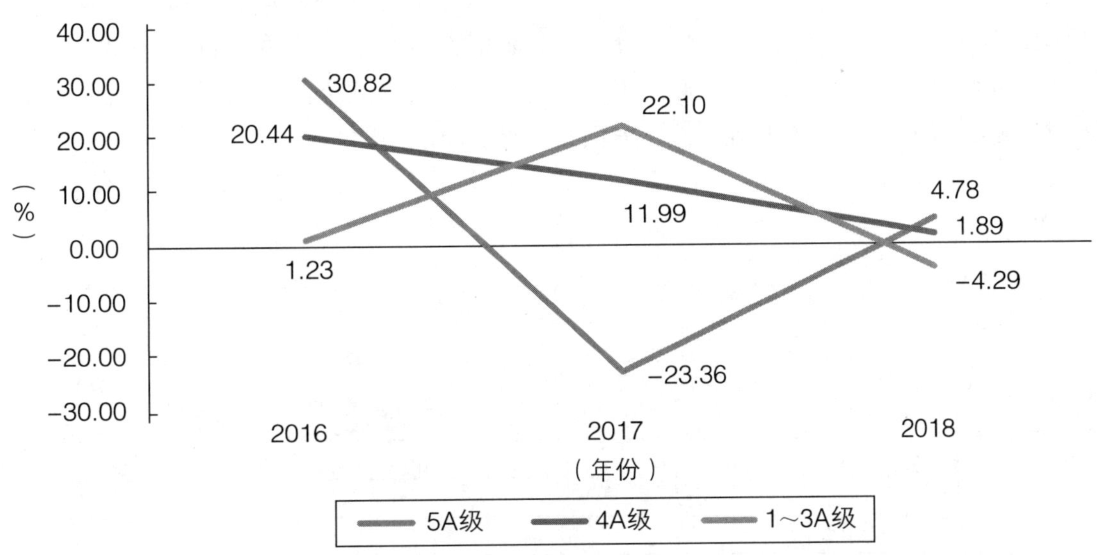

图 9 2016—2018 年浙江省不同规模物流企业主营业务收入同比增幅情况

（三）物流企业经营效益仍待提升，利润率低位徘徊

2018 年，浙江省 A 级物流企业经营情况并不乐观，“高本低效”的现象依旧普遍存在。2013—2018 年，物流企业营收利润率一直低于 4%，具体如图 10 所示。

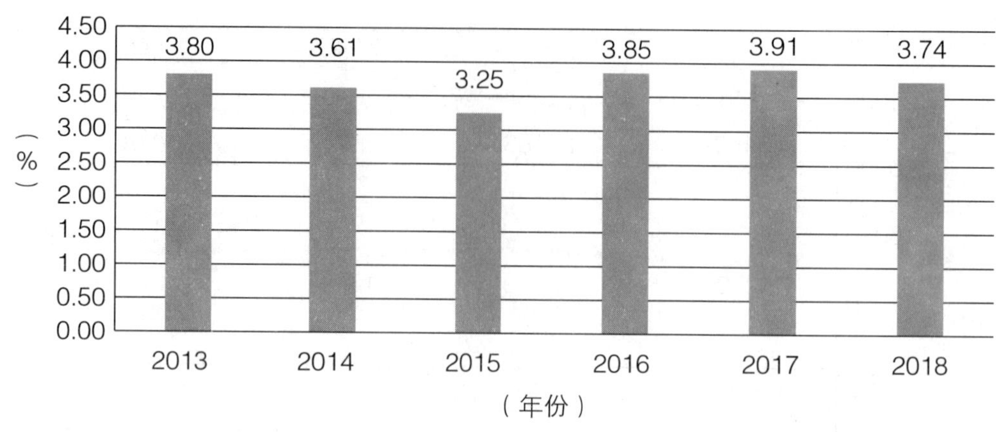

图 10　2013—2018 年浙江省物流企业营收利润率

分类别情况看，2013—2018 年物流企业的营收利润率均有变化，仓储型和综合型物流企业营收利润率一直处于较低位徘徊。综合型物流企业从 2016 年起有所上升，至 2018 年升至各类型之首。而运输型物流企业的利润率降幅最大，主要是因为：一方面，要适应黄标车淘汰、车辆超限超高禁行、企业税务规范性等方面的要求；另一方面，还要适应上游企业小批量多批次的多样化需求，为更好地服务上游企业，必然带来成本上的增长。同时，物流企业自身人工成本等各要素的成本继续叠加，压缩了运输型物流企业的利润空间。2013—2018 年浙江省各类型物流企业营收利润率变化情况如图 11 所示。

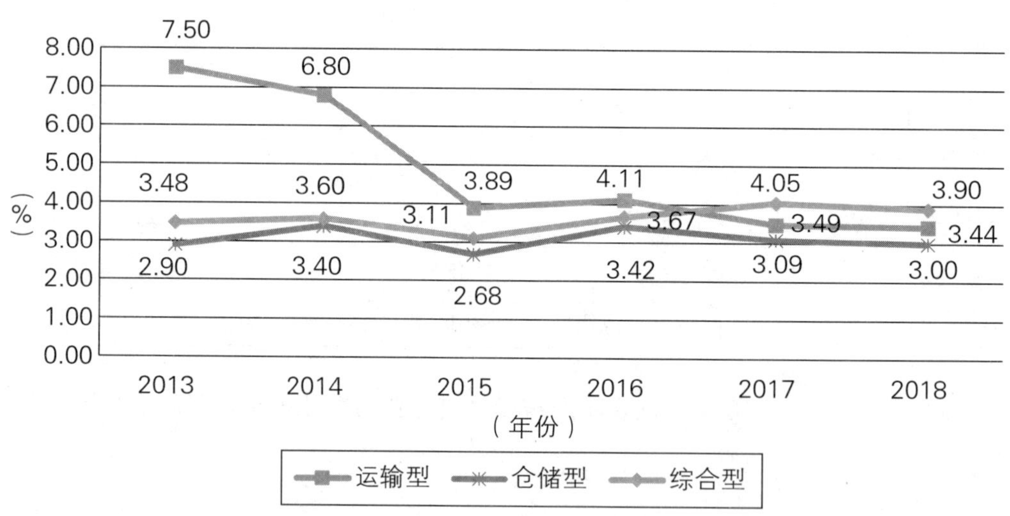

图 11　2013—2018 年浙江省各类型物流企业营收利润率变化情况

（四）物流企业资源配置效率不断提升，整合趋势日益显现

2018 年，浙江省 A 级物流企业员工人数同比下降 16.6%；自有车辆数同比下降 12.6%；自有仓储面积数量同比下降 16.7%。

1. 人员需求出现结构性分化

2013—2018 年浙江省各类型物流企业对人员的需求量各具特点。综合型物流企业对于员工的刚性岗位需求不断减少，有些企业通过信息技术和人工智能设备的投入，大幅减少员工数量，提高了劳动生产率。运输型物流企业运输车辆的增加带来司机需求量的增加，装卸、搬运、配载等工作对工人的需求量持续增长。具体人员需求量情况如图 12 所示。

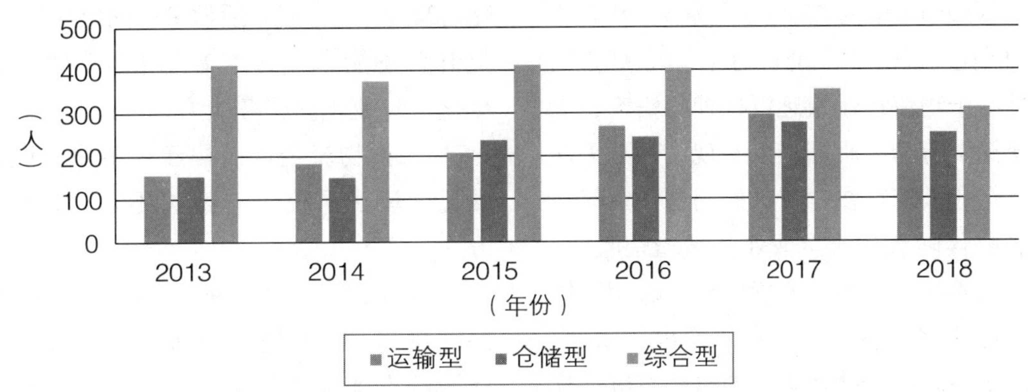

图 12　2013—2018 年浙江省各类型物流企业人员需求量

从规模情况看，5A 级物流企业对员工的总需求量虽然大于其他等级的物流企业，但从发展趋势看，5A 级物流企业对人员的需求量出现下降，这表明劳动密集型物流业发展趋势已出现拐点，智能装备及互联网信息技术的应用为物流企业带来更加高效的资源配置效率。

2. 车辆配置更注重社会运力整合

分类型情况看，运输型物流企业自有车辆数一直呈正增长，而仓储型物流企业和综合型物流企业对自有车辆的需求在 2018 年起出现负增长。2018 年，运输型物流企业的平均自有与租用车辆分别为 551 辆、1223 辆，比率为 0.45，而仓储型物流企业和综合型物流企业的自有车辆与租用车辆比率呈现历年持续走低的态势，2018 年分别是 0.16 和 0.21。出现这样的情况是因为：一方面，运输型物流企业因其专业化分工的需要，对车辆的需求有所增加，而仓储型和综合型的物流企业，出于成本控制的需要，降低企业对车辆的重资产投入；另一方面，随着社会运力资源调配的便捷性和服务性增强，非运输型物流企业更加专注于自身核心业务的发展进而减少对车辆的投入。

3. 仓储土地来之不易，更注重效益

2018 年，不同类型、不同等级的物流企业自有仓储面积均呈现不同程度的收缩。即使是仓储型物流企业，其仓储面积也在优化整合，出现小幅向下调整的情况。主要原因在于：一是物流用地难的问题日益严峻，土地指标供应不足，一些物流用地仍然按商业用地供地，价格偏高；二是土地要素成本不断走高，各地政府更加注重强调物流用地的投资强度、亩均税收额度以及劳动力就业等诸多要素的衡量；三是随着城市扩围，物流用地不断置换外迁，交通设施等条件难以匹配新场地的需求等。

总体来看，无论是大型物流企业还是中小型物流企业，在仓储与土地资源方面都逐渐受到制约，这就倒逼企业转变传统思维，以更合理的分工、更有效率的配置资源、更高效的供应链应用来适应经济环境的变化。

4. 资产负债率走低，企业扩张态势回落

2018 年，浙江省 A 级物流企业资产负债率出现回落，从 2017 年的 53.19% 下降到 2018 年的 52.4%，同比下降了 0.8 个百分点。主要原因在于：一是由于物流行业缺乏可抵押的资产，大量运费、仓储费等动产质押难以实现，甚至无法进行抵押，企业长期存在融资难的问题，负债普遍不高；二是伴随着物流企业业务量增幅收窄，企业对账期的管控带来更多不确定性，账期总体过长，盈利能力受到影响，偿付风险也在增加，导致企业对未来发展保持着更为谨慎的态度，规模扩张意愿有所降低。

分类型情况看，不同类型物流企业资产负债率呈现分化。其中，运输型物流企业的资产负债率呈现逐年走低的态势，至 2018 年年底资产负债率为 28.15%。而仓储型物流企业和综合型物流企业的资产负债率均在 50% 以上。

三、物流业发展建议

浙江省物流业正处于传统物流向现代物流转型发展、产业升级的起步阶段，目前面临业务萎缩、经营下行、效率下滑、路径困惑等困难，企业需要通过结构性、整体性的创新与变革才能有新的未来。

（一）关注客户需求，整合物流资源，提升综合服务能力

随着传统物流业务量的下降与现代物流业务量的上升，传统物流企业必须加快向现代物流企业转型的步伐，关注客户需求，通过不断整合物流资源、提高物流系统运行效率，进而提升综合服务能力。从被动揽货到主动与产业端、需求端对接并深度融合，从采购、制造、销售、逆向物流做系统化整合，构建生态链。以物流供应链的七大环节（仓、干、配、装卸作业、包装、流通加工、信息处理）为主体进行有效组织，用“供应链 + 物联网 + 技术”打通并精益化管理采、产、销、后服务，向供应链两端延伸，提升仓管能力，满足柔性化生产需要，增强社会化、专业化的服务能力。

（二）物流企业需构建规范化、设施装备标准化、运输系统化、互联网化、集约化的发展方式

随着经济全球化的不断深入和我国经济的持续发展，特别是在当前经济新常态下，资源环境约束加大，劳动力、土地、资本等要素成本不断上升。随着营改增税收政策的全面实施、9・21 治超新规的落实、老旧车辆淘汰等，浙江省中小型物流企业的规范运营面临着巨大挑战，在人工、材料、作业等成本叠加的压力下，靠超重超载、粗放经营已无法生存。

物流企业只有在人员、设备设施、资金、治理机制等方面做进一步规范化调整，变“多拉”为“快跑”，发展“甩挂、甩箱运输”，开展多式联运，做好供应链物流服务，让作业规范化、设施装备标准化、运输系统化、互联网化、集约化成为主导，才能更好地适应时代发展和市场的需求。

（三）通过信息化、标准化应用，提升企业竞争力

目前，浙江省物流企业普遍存在信息化认知水平不高、中小企业资金投入不足、标准化滞后、缺乏兼顾计算机与物流管理的复合型人才等问题。

物流企业只有通过提升信息化、标准化程

度，才能够有效整合物流功能、协调各环节运行以及提高快速响应能力，通过物联网、云计算、大数据和移动互联等，对物流过程中产生的全部或部分信息进行采集、分类、传递、汇总、识别、跟踪、查询等一系列处理活动，以实现在产品可追溯、在线调度管理、全自动物流配送、智能配货等领域的应用，实现对货物流动过程的控制，通过技术赋能企业运营，打通客户—企业—运力仓储全链条，提升企业经营管理效率。通过智能化管理系统，在现有软件应用基础上不断提升运输管理、平台管理、供应链管理、客户关系管理等模块，以本地区域的实际情况为基点，提升信息化，将5G物联网技术嫁接上去，做好5G技术大规模应用和数字物流发展的准备。

（四）经营政策环境改善，推动物流企业运营模式创新

“营改增”政策实施之后，物流企业税负走高，进项抵扣不足是行业存在的普遍问题。构建无车承运以数据控税的增值税征收新模式是基本方向。但浙江省各地市政策尤其是对于税收优惠等政策实施情况不尽相同，无车承运人平台企业在管控服务能力、资源整合能力方面存在巨大挑战。

由于主观和客观原因，目前浙江省物流企业生存发展的环境不尽如人意，唯有积极适应外部环境、努力改变内部环境，才能改变现状。一方面，行业协会将进一步呼吁政府出台多项支持物流业发展的政策，争取宏观政策的真正落实；另一方面，企业要着力加强对内环境的改造，通过自身体制、机制的改革，优化资源配置，提高运营效率。

（浙江省物流协会）

2018 年安徽省物流业发展情况

2018 年，安徽省物流业运行持续向好，社会物流总额进一步扩大，社会物流总费用与 GDP 的比率持续下降。

一、社会物流总额进一步扩大

2018 年，安徽省社会物流总额 65738.0 亿元，增长 9.4%，增速比上年同期提高 2.9 个百分点。从构成来看，工业品物流总额 45343.0 亿元，增长 5.2%，提高 0.9 个百分点；农产品物流总额 4846.0 亿元，同比增长 2.5%，回落 22.9 个百分点；进口货物物流总额约为 1819.7 亿元，增长 15.5%，增速回落 29.5 个百分点；单位与居民物品物流总额 1624.0 亿元，增长 32.9%；再生资源物流总额 212.0 亿元，增长 15.4%；外省流入货物物流总额 11893.3 亿元，增长 14.9%。

二、社会物流总费用与 GDP 的比率持续下降

2018 年，安徽省社会物流总费用 4711.0 亿元，同比增长 7.7%。社会物流总费用与 GDP 的比率为 15.7%，较上年下降 0.2 个百分点，已连续 3 年下降。费用结构逐步优化，运输费用 3519.1 亿元，增长 4.5%，占社会物流总费用的 74.7%，比重比上年下降 2.3 个百分点；保管费用 862.1 亿元，增长 19.4%，占社会物流总费用的 18.3%，比重提高 1.8 个百分点；管理费用 329.8 亿元，增长 16%，占社会物流总费用的 7.0%，比重提高 0.5 个百分点。

三、物流业收入较快增长

2018 年，安徽省物流相关行业收入为 4115.5 亿元，同比增长 16.6%，增速比上年同期提高 4.6 个百分点，物流市场规模稳步扩大。

（安徽省发展改革委）

2018 年福建省物流业发展情况

2018 年，福建省物流业保持平稳运行。全年物流业景气指数（LPI）均保持在 55.0% 以上，平均值为 55.9%，比上年平均值（55.2%）高出 0.7 个百分点，始终处于较高景气区间，全年呈现逐季稳步走高态势。

一、总体运行情况

2018 年，福建省社会物流总额 69326.96 亿元，比上年增长 7.7%。物流业业务收入 5416.87 亿元，比上年增长 7.6%；物流业增加值实现 2402.52 亿元，按可比价格计算，比上年增长 7.1%；全省物流业固定资产投资完成额 4100.26 亿元，比上年增长 13.0%。全省完成货物发送量 137001.68 万吨，比上年增长 3.6%。其中，铁路完成 3517.72 万吨，比上年增长 10.8%；公路完成 96575.59 万吨，比上年增长 1.0%；水路完成 36853.96 万吨，比上年增长 10.2%；民航完成 54.41 万吨，比上年增长 3.7%。全省沿海港口货物吞吐量完成 55806.88 万吨，比上年增长 7.3%，其中，集装箱吞吐量完成 1647.03 万标准箱，比上年增长 5.3%。全年经过福建省港口进出的外省大宗货物完成 1539.56 万吨，比上年增长 23.6%，其中，通过海铁联运方式进出福建省港口的外省大宗货物完成 924.27 万吨，增长 53.7%。全省物流企业中，335 家获评国家 A 级物流企业，数量居全国第四位；12 家企业入围 2018 年无车承运人延续试点企业名单，10 家企业列入国家供应链试点企业名单，5 家企业进入全国冷链物流百强企业名单，厦门象屿、福建交通运输集团、厦门港务、安通物流进入全国物流企业 50 强，安通物流在全国内贸集装箱行业市场运力中排名第 2 位，在民营企业中排名第 1 位。

二、物流基础设施建设

截至 2018 年年底，福建港口与铁路、高速公路紧密衔接的集疏运体系基本形成，高速公路里程突破 5200 公里，路网密度、人均密度都进入全国前列，实现与周边省份和中西部的全面对接；沿海港口完成货物吞吐量 5.58 亿吨，集装箱 1647 万标准箱，增速均高于全国平均水平；

厦门港集装箱吞吐量达1070万标准箱，进一步巩固了对高雄港和大连港的领先优势；现有生产性泊位482个，其中万吨级以上181个，具备停靠30万吨级散货船、30万吨级油轮、20万吨级集装箱船、15万吨级邮轮及2万吨级滚装船的能力；民航拥有福州、厦门两个干线和泉州、武夷山、龙岩、沙县等多个民航机场；铁路运营里程达3300公里，实现了市市通动车。厦门市获评全国农产品冷链流通标准化示范城市、国家绿色货运配送示范工程创建城市、全国供应链创新与应用试点城市，绿色物流城市合作项目在2018年10月首次P4G[①]峰会上获得唯一大会展示大奖，厦门市交通运输局获第十届中华环境奖；泉州石湖港区上榜成为我国进口肉类指定口岸之一；泉州、平潭列入新一批两岸冷链物流产业合作城市（区）；福州、厦门、泉州、三明、平潭等列为国家物流枢纽承载城市。福建省首家采用跨境电商O2O（线上到线下）新模式的平潭跨境保税中心商场开业试运营。我国东南沿海地区规划建设的最大的铁矿石散货码头——湄洲湾港东吴港区罗屿作业区的9#、10#泊位工程投入试运行。开通“龙岩—厦门—山东临沂”海铁多式联运班列、“武汉—厦门”的“铁水联运”班列。开行中欧、中亚、中俄3趟班列，通达12个国家、30多个城市，并经海铁联运延伸至中国台湾、中国香港地区及越南、韩国等国家；开通高雄至平潭海上货运直航，实现台湾产品9小时对接大陆市场；“中国台湾—厦门—欧洲”的散货拼箱业务正式启动。平潭高速公司与中国台湾远东航空签订“海空联运”战略合作签约，福州港务集团与新加坡港务集团签署投资合作备忘录，厦门港务控股集团等单位成立“丝路海运”运营平台及“丝路海运”联盟。分别有5个物流园区和1个物流园区列入2018年省级示范物流园区和现代服务业集聚示范区。2018年物流园区提升工程完成投资54.47亿元，推动36个项目加快建设。物流信息化水平进一步提升，厦门港集装箱智慧物流平台获“中国港口科技进步一等奖”，福州关区物流领域智慧监管体系基本建成，厦门港务物流标准化托盘共用体系初步建立，福州港务集团智慧港App上线。

三、软环境建设

2018年，福建省相继出台《福建省推进电子商务与快递物流协同发展实施方案》《福建省城乡高效配送专项行动计划（2018—2020年）》《关于进一步改进城市物流配送车辆道路通行管理的通知》《关于加快推进交通运输服务业发展的若干政策措施》《福建省协同推进邮政快递业绿色包装工作实施方法》《福建省财政厅关于暂停征收物流企业江海堤防工程维护管理费的通知》《关于扩大高速公路差异化收费试点工作的通知》《福建省运输结构调整工作实施方案》等文件，福建税务局开展互联网物流平台企业代开增值税专用发票试点工作，省工信厅、发展改革委、交通运输厅、商务厅、质监局联合研究提出了加快构建福建省共享物流体系、推动物流业提质增效措施建议，福州、厦门、泉州、三明、莆田、龙岩、平潭等地也相继制定一系列支持物流业发展的扶持政策。交通运输部与省政府签署《加快福建交通运输发展2018—2020年合作协议》，共同构建经济高效的现代交通物流服务

① P4G（Partnering for Green Growth and the Global Goals 2030）是一项名为“全球绿色目标伙伴2030”的国际倡议，致力于建设世界领先论坛、大规模促进切实的公私伙伴关系，进而最终推动联合国可持续发展目标的实现。

体系。制定国家标准《基于 ebXML 的仓储出库指令和通知》（GB/T 35404—2017）以及地方标准《食品冷链物流储存、运输、销售温度控制要求》《食品冷链物流多温共配技术与管理规范》等。南平市成立物流协会，至此全省设区市均成立了物流行业协会，积极开展物流业景气情况调查，进一步扩大调查范围，并按月发布物流业景气情况数据。

（福建省工信厅）

2018 年河南省物流业发展情况

2018 年，河南省深入贯彻落实省委省政府各项工作部署，围绕现代国际物流中心和全产业链现代物流强省建设，不断强化中心、提升节点、促进产业联动，物流供给结构持续优化，运行效率稳步提升，降本增效成效显著，物流业呈现良好发展态势。

一、物流需求保持平稳增长

2018 年，河南省社会物流总额 130882.6 亿元，同比增长 9.0%，高于全国 2.6 个百分点。分季度看，一季度社会物流总额 26771.6 亿元，增长 9.4%；上半年社会物流总额 61973.0 亿元，增长 9.8%；前三季度社会物流总额 88984.4 亿元，增长 10.2%，全年社会物流总需求呈稳定增长态势。2017—2018 年河南省社会物流总额变化趋势如图 1 所示。

从构成情况看，工业品物流总额 11.04 万亿元，增长 11.1%，增速比 2017 年同期上升 1.6 个百分点；农产品物流总额 7734.2 亿元，增长 3.2%；单位与居民物品物流总额 436.7 亿元，增长 30.1%；外省流入物品物流总额 1.03 万亿元，增长 8.9%；再生资源物流总额 119.0 亿元，增长 13.2%；进口货物物流总额 1933.7 亿元，下降 5.7%。

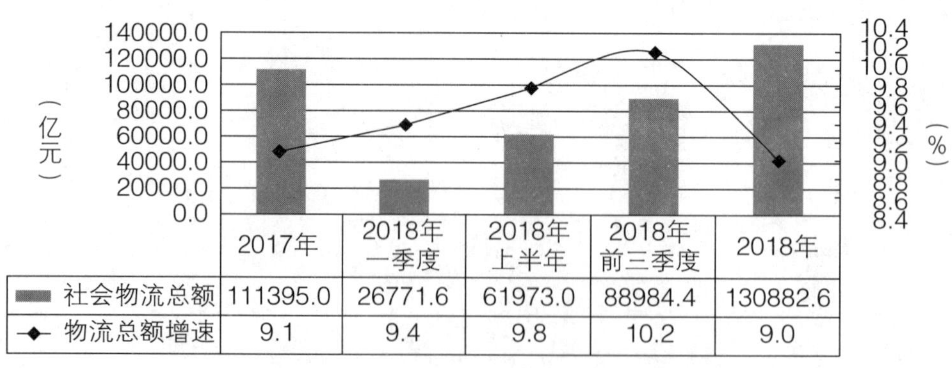

	2017年	2018年一季度	2018年上半年	2018年前三季度	2018年
社会物流总额	111395.0	26771.6	61973.0	88984.4	130882.6
物流总额增速	9.1	9.4	9.8	10.2	9.0

图 1　2017—2018 年河南省社会物流总额变化趋势

二、物流运行质量持续提升

2018年，河南省社会物流总费用7373.1亿元，增长7.2%，增速比2017年同期下降0.2%，社会物流总费用与GDP的比率为15.3%，比2017年同期下降0.4%，单位GDP所消耗的社会物流费用连续6年回落。2013—2018年河南省社会物流总费用与GDP的比率变化情况如图2所示。

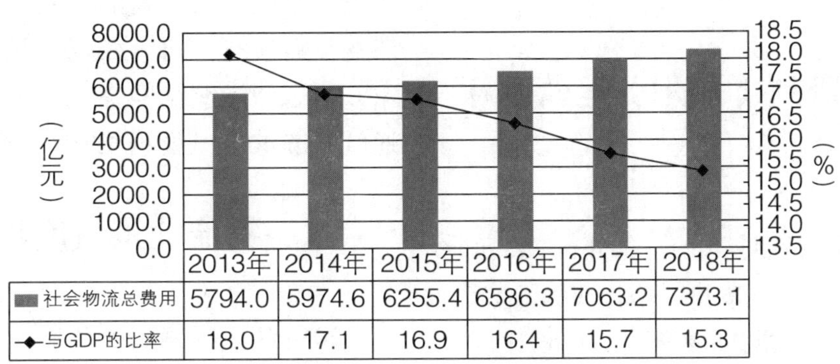

	2013年	2014年	2015年	2016年	2017年	2018年
社会物流总费用	5794.0	5974.6	6255.4	6586.3	7063.2	7373.1
与GDP的比率	18.0	17.1	16.9	16.4	15.7	15.3

图2　2013—2018年河南省社会物流总费用与GDP的比率变化情况

从物流各环节的费用构成情况看，运输费用4561.5亿元，增长9.5%，增速同比提高2.1%，占社会物流总费用的61.9%；保管费用2007.3亿元，增长6.9%，增速同比下降0.3%，占社会物流总费用的27.2%；管理费用804.3亿元，增长7.5%，增速同比下降1.9%，占社会物流总费用的10.9%。

三、市场主体不断壮大

2018年，河南省物流业总收入6858.9亿元，增长13.0%；全省共有A级以上物流企业149家，其中，2A级企业1家，3A级以上物流企业138家，5A级物流企业10家（2018年新增A级物流企业41家，其中3A级以上物流企业40家）。

四、产业转型升级态势明显

随着河南省物流业转型发展持续深入，物流产业调整升级步伐不断加快。一是冷链物流，总额达到1700亿元，增长10%；冷链产品物流总量4770万吨，增长18%；冷库总容量740万立方米，增长15%；冷藏车保有量9500辆，增长12%。二是跨境电商，2018年郑州海关共监管跨境电商进出口清单9507.3万票，进出口商品总值120.4亿元，分别增长4.2%和5.7%。其中，进口清单7714.3万票，进口商品总值112.2亿元，分别增长4.7%和5.8%；出口清单1793万票，出口商品总值8.2亿元，分别增长1.8%和4.4%。三是快递物流，快递服务企业业务量累计完成15.26亿件，增长42.14%，业务总量居全国第9位、中部六省第1位；业务收入累计完成152.94亿元，增长31.92%。

五、货运实物量持续增长

2018年，河南省货运量为25.95亿吨，增长13.1%，增速同比提高1.4%；货物周转量8934.35亿吨公里，增长9.5%。其中，公路货运量23.52亿吨，增长13.6%，货物周转量5893.92亿吨公里，增长10.3%；铁路货运量10011.59万吨，增长6.4%，货物周转量2014.91亿吨公里，增长6.1%；水路货运量1.42亿吨，增长10.6%，货物周转量1021.75亿吨公里，增长11.6%；航空货运量25.9万吨，增长2.4%，货物周转量3.76亿吨公里，增长4.6%。

六、中欧班列（郑州）运营水平持续提升

2018年全年中欧班列（郑州）共开行752班，其中去程416班，回程336班，增长50%，累计货值32.36亿美元、货重34.68万吨，回程比例、发送货量、开行计划兑现率、班期频次兑现率和运输安全等综合指标持续在全国中欧班列中保持领先，郑州成为全国第4个中欧班列运邮试点城市。

七、航空物流增长放缓

2018年，受中西部区域竞争加剧和国际贸易摩擦等因素影响，河南省机场货邮吞吐量为51.73万吨，增长2.4%，增速比上年下降7.7%。作为“空中丝绸之路”建设的主力军，郑州机场强化运力引进、增强货运集疏、拓展航线网络，新引进6家货运航空公司，新开8条货运航线，新增6个通航点。截至2018年年底，在郑州运营的货运航空公司达21家（国内6家、国外15家），开通货运航线34条（国内5条、国外29条），通航城市40个（国内12个、国外28个）。

八、物流业景气度趋于平稳

2018年，河南省全年物流业景气指数数据显示，新订单指数平均值为59.8%，业务总量指数平均值为59.3%，主营业务利润指数平均值为52.0%，均位于50%荣枯线以上，显示出全省物流业需求增加，业务活跃度不断增强，物流企业盈利增长。

（河南省发展改革委　河南省统计局　河南省物流与采购联合会）

2018 年湖南省物流业发展情况

2018 年，湖南省物流业运行总体平稳，呈现出稳中有进、稳中向好、稳中趋优的发展态势。

一、社会物流总额平稳增长

2018 年，湖南省社会物流总额 108576.2 亿元，按可比价计算，同比增长 8.0%。从构成来看，农产品物流总额 6488.9 亿元，增长 3.5%；工业品物流总额 55266.1 亿元，增长 7.3%；进口货物物流总额 1052.8 亿元，增长 17.6%；外省流入物品物流总额 35112.0 亿元，增长 8.6%；再生资源物流总额 165.7 亿元，增长 3.6%；单位与居民物品物流总额 10490.7 亿元，增长 23.4%。

二、社会物流总费用增速放缓

2018 年，湖南省社会物流总费用 5551.8 亿元，同比增长 4.8%，增幅比 2017 年下降 4.9 个百分点，也低于全国平均水平。其中，运输费用 2677.5 亿元，增长 3.3%；保管费用 1950.6 亿元，增长 6.4%；管理费用 923.7 亿元，增长 5.7%。社会物流总费用与 GDP 的比率为 15.2%，比 2017 年下降 0.1 个百分点，运行效率有所提升。

三、物流业总收入持续增长

2018 年，湖南省物流业总收入 3572.7 亿元，同比增长 8.5%。其中，运输环节收入 2128.9 亿元，增长 7.6%；保管环节收入 640.2 亿元，增长 9.5%；其他环节收入 803.6 亿元，增长 10.2%。

（湖南省发展改革委）

2018 年海南省物流业发展情况

在实施“一带一路”建设、建设自贸区（港）背景下，海南省物流行业坚持党中央提出的“创新、协调、绿色、开放、共享”的五大发展理念，深化供给侧结构性改革，以物流业降本增效为重点，全面推进现代物流业的发展。

2018 年海南省物流运行总体向好，物流发展质量和效益稳步提升，社会物流总额增长稳中有进，物流成本进一步降低，物流需求结构性调整，物流运行环境进一步改善，物流产业向高质量发展阶段迈进。

一、社会物流发展结构调整

2018 年，海南省实现社会物流总额 7454 亿元，按可比价格计算，同比增长 7.11%，物流需求增长 2 个百分点，产业结构出现调整。其中：农产品物流总额 1552 亿元，同比增长 4.12%，占比 20.82%，同期占比减少 0.69%；工业物流总额 2162 亿元，同比增长 5.70%，占比 29.00%，同期占比减少 0.52%；外省流入物品物流总额 3167 亿元，同比增长 6.80%，占比 42.49%，同期占比减少 0.32%；进口货物物流总额 551 亿元，同比增长 35.38%，占比 7.39%，同期占比增加 1.52%；单位与居民物品物流（即邮政快递）总额 22 亿元，同比增长 14.53%，占比 0.30%，同期占比增加 0.02%。

从全省物流运行数据分析看，物流业出现结构性调整。一是物流需求新旧动能的转换加快。从不同产业来看，居民消费品继续保持强劲增长趋势，传统产业转型升级；从结构看，工业物流需求有所减缓，进入内部结构调整时期。外省流入物品物流总额、单位与居民物品物流总额增幅较大，反映了海南省居民旺盛的消费需求。消费与民生领域物流需求成为物流需求增长的重要驱动力，对物流需求的贡献率持续提高。全年单位与居民物品物流总额同比增长 14.53%，高于社会物流总额增长 6.93 个百分点。二是进口物流需求形势较好。在自贸区（港）建设的大背景下，海南省相继出台了对外贸易利好政策，优化了进出口贸易环境，扭转了 2016 年、2017 年进口物流下滑的局面。

（一）农产品物流需求增幅明显

2018 年海南省菠萝、柑橘、橙、柚、荔枝、杧果、石榴等水果平均增长 13.28%。全年鲜活农产品运输出岛 37.68 万车次，同比增长 14.18%；全年鲜活农产品共运输 764 万吨，同比增长10.56%。其中水果239万吨，同比增长405%；瓜菜236万吨，同比增长121%。运输鲜活农产品进岛246万吨，同比增长11.82%。其中蔬菜143万吨，同比增长33.64%；水果61万吨，同比增长3.39%。

（二）工业物流结构深化调整

轻型工业物流增速加快，特别是医药工业继续保持良好的发展态势，同比增长15.9%；软饮料、人造板、汽车、太阳能电池等物流需求减少，合成纤维聚合物(PET)、饲料、医药工业等与民生有关的新型工业发展保持良好态势，增速较大。其中成品糖同比增长25.1%，纤维聚合物(PET)同比增长29.8%，饲料同比增长9%。

（三）外部流入货物规模增大

（1）外贸进口物流总额快速增长。在建设自贸区（港）政策红利的推动下，海南省的进口物流逆势增长，全年进口物流总额551亿元，同比增长20.8%。按贸易方式划分，一般贸易同比增长5.4%，边境小额贸易同比增长11.6%，加工贸易同比增长5.8%。按地区划分，美国、欧盟地区增幅明显，东盟地区平稳增长。

（2）外省流入货物较快增长。2018年海南省经济国内依存度（外省流入物品总额与GDP比例）67.22%，同比增长0.77个百分点。按消费形态划分，烟酒、化妆品、通信器材等高附加值产品零售总额均保持在20%以上；按经营地区划分，乡村地区2018年月均同比增长9%，乡村消费能力平稳增长。

（四）单位与居民物品物流总额持续增长

居民快递消费仍然保持较快增长，但地区消费结构变化不大。2018年全省快递服务企业业务量累计完成7107.05万件，同比增长20.14%；业务收入累计完成16.31亿元，同比增长28.48%。其中，同城业务量累计完成2222.95万件，同比增长24.06%；异地业务量累计完成4877.5万件，同比增长18.44%；国际/港澳台业务量累计完成6.54万件，同比上升12.37%。

二、社会物流运行质量提高

2018年，海南省物流行业认真贯彻落实《海南省加快推进物流降本增效促进实体经济发展实施方案》，不断改善营商环境，推进物流业的发展，物流领域“降成本”取得成效。2018年全省社会物流总费用732亿元，同比增长5.96%。社会物流总费用与社会物流总额比率为9.82%，同比下降了0.16个百分点。社会物流总费用与GDP的比率为15.15%(即物流成本)，同比下降0.33个百分点，社会物流总费用与GDP的比率持续降低。

从海南省社会物流成本构成的情况看，基本特征是：

（一）运输费稳定增长

2018年全省运输费用312亿元，同比增长3.02%，占社会物流总费用的42.62%，同期占比减少1.20%。2018年全省货物运输量22093.1万吨，同比增长3.3%。其中，铁路运输货物运输量1078.30万吨，同比增长10.9%；道路运输货物运输量12051.71万吨，同比增长7.4%；水路运输货物运输量8920.69万吨，同比下降2.7%；航空运输货物运输量42.40万吨，同比增长13.9%。

全年货运周转量893.83亿吨公里，同比增长1.6%。其中铁路运输货运周转量20.06亿吨公里，同比增长12.7%；道路运输货运周转量84.55亿吨公里，同比增长7.6%；水路运输货运周转量774.27亿吨公里，同比增长0.5%；航空运输货运周转量14.93亿吨公里，同比增长17.2%。

总的来看，运输方式互联互通取得进展，运输物流协调性增强。其中，铁路运输增幅较大，航空运输持续高位运行，水路运输情况改善，港口货物吞吐量保持平稳增长。2018 年，全省主要港口货物吞吐量完成 1.77 亿吨，其中转口运输 40.9 万吨，同比增长 34%；集装箱吞吐量 240 万标准箱（TEU），同比增长 14.7%。全省机场货物吞吐量 42 万吨，同比增长 8.3%。

（二）保管费用较高

全年保管费用 280 亿元，同比增长 8.30%，占社会物流总费用的 38.25%，同期占比增加 0.83%。海南省仓储平均价格为 32.5 元 / 平方米 · 月，三亚仓储租金为 40 元 / 平方米 · 月，专业化、标准化冷库资源不足，企业选择性少，企业仓储成本较大。

（三）管理成本较高

全年管理费用 140 亿元，同比增长 8.18%，占社会物流总费用的 19.13%，同期占比增长 0.83%。海南省物流高水平人才较为匮乏，从业人员中大学本科及以上学历占 25.75%，初级及以上职称人员占 7.59%，物流从业人员文化水平、技能水平总体偏低；企业运输车辆司机流动性大，配送人员紧缺。为保障运营，只能提高人力成本，增加了企业的管理成本。

三、物流业对社会经济拉动力增强

2018 年，现代物流业增加值实现 171.88 亿元，同比增长 9.1%，占 GDP 的 3.6%，占比同比增长 0.21%；占服务业比重是 6.3%，占比同比增长 0.21%。对海南省经济增长贡献率为 3.56%，同比增加 0.11 个百分点。拉动力为 0.31%，同比增长 0.13 个百分点。

四、物流业市场规模持续扩大

海南省物流业务收入增速上升，第三方物流服务社会化水平提升。全省物流业收入 587.20 亿元，同比增长 13.10%。其中，交通运输、仓储和邮政业务收入增幅较大，全年收入 448.27 亿元，同比增长 23.91%，占业务收入的 76%；随着全省全面深化改革开放的推进，经济结构调整，批发零售业内部物流收入有所降低，全年收入 64.72 亿元，同比下降 29.91%。全省医药行业快速发展，增大了工业产品物流需求，工业内部物流 74.21 亿元，同比增长 14.06%。

（海南省物流与采购联合会）

2018 年重庆市物流业发展情况

近年来，重庆市现代物流业践行国家“一带一路”倡议，按照习近平总书记对重庆提出的建设“两点”定位、“两地”“两高”目标，要求重庆建设内陆国际物流枢纽和口岸高地，全市上下高度重视物流业发展，推动物流业加快发展，现代物流业规模不断增大，综合实力快速提升，创新能力不断增加，持续走在西部领先行列。据初步测算，2018 年全市社会物流总额 35214.2 亿元，物流增加值 1134.8 亿元，社会物流总费用 3115.6 亿元，与 GDP 的比率为 15.3%，较“十二五”末期降低 1.2 个百分点，居于周边省市中上水平，全国中下水平。

一、物流规模快速增长

2018 年，重庆市完成货运量 12.83 亿吨，同比增长 11.2%，货运需求中西部城市最大。其中，公路货运量 10.71 亿吨，同比增长 12.68%，占比 83.48%；水路货运量 1.95 亿吨，同比增长 5.11%，占比 15.20%；铁路货运量 0.17 亿吨，同比减少 5.7%，占比 1.33%；航空货运量 13.21 万吨，同比减少 3.8%，占比 0.01%。货运周转量 3593.63 亿吨公里，同比增长 6.6%，货物平均运输距离 281 公里，货物运输辐射范围大于成都、西安等西部城市。全年内河港口完成货物吞吐量 20376.47 万吨，增长 3.3%，排名全国内河港第五。航空国际货邮吞吐量 14.74 万吨，位居西部第一。国际标准集装箱吞吐量 138.02 万标准箱，其中铁路吞吐量 20.99 万标准箱，增长 62.6%。2014—2018 年重庆市各种运输方式完成货运量及货运周转量情况如下表所示，2018 年中西部主要城市货运量如下图所示。

2014—2018 年重庆市各种运输方式完成货运量及货运周转量情况

指标	2014 年	2015 年	2016 年	2017 年	2018 年
货运量总计（亿吨）	9.73	10.38	10.78	11.53	12.83
其中：公路（亿吨）	8.12	8.69	8.94	9.50	10.71
铁路（亿吨）	0.20	0.19	0.18	0.18	0.17

续 表

指标	2014 年	2015 年	2016 年	2017 年	2018 年
水路（亿吨）	1.41	1.50	1.66	1.85	1.95
航空（万吨）	12.29	12.18	13	13.26	13.21
货运周转量总计（亿吨公里）	2588.88	2711.32	2964.77	3370.76	3593.63
其中：公路（亿吨公里）	797.8	851.23	935.45	1068.96	1152.75
铁路（亿吨公里）	157.98	158.22	151.23	174.13	201.08
水路（亿吨公里）	1631.33	1700.08	1876.1	2125.72	2237.85
航空（亿吨公里）	1.77	1.79	1.99	1.95	1.95

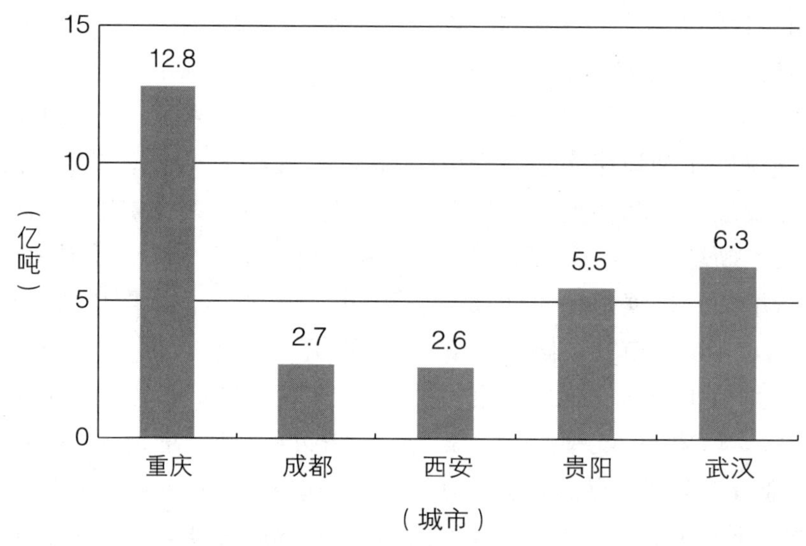

2018 年中西部主要城市货运量

二、国际物流枢纽节点和国际通道架构基本形成

（一）“两环”物流空间格局雏形显现

重庆市以重庆国际物流枢纽园区、果园港物流园、重庆航空物流园、重庆公路物流基地等物流枢纽中心建设运营为支撑，绕城高速物流发展环基本成型，成为全市货物运输的枢纽集疏中心。依托三环高速，串联起 10 个区县，加速集聚建设涪陵龙头港物流园、长寿化工物流园、永川港桥现代物流园、合川渭沱物流园等市级物流园，三环高速物流发展环雏形显现。

（二）复合型国际物流通道高效衔接

重庆市基本构建起东向、西向、南向、北向和航空五大国际通道体系。向东，依托长江黄金水道、渝甬铁海联运国际班列等，积极融入长江经济带，并通过上海、宁波等港口与全球市场连通；向西，依托中欧班列（重庆），形成国际铁路联运大通道，连通欧洲丝绸之路经济带国家，成为“一带一路”倡议的重要载体；向南，在中新互联互通示范项目框架下，依托渝黔桂新铁海联运通道、重庆东盟公路班车、国际铁海联运通道三种国际贸易陆海新通道，连通21世纪海上丝绸之路国家；向北，依托渝满俄国际铁路联运班列，经俄罗斯直达中东欧；航空，江北国际机场已成为国内第9大机场，通道基本覆盖全球主要经济体。

三、国际物流业发展领先西部

（一）江海联运通道保持优势

依托长江黄金水道，重庆成为我国内陆最大港口城市，创新渝沪外贸集装箱“五定”快班轮、渝甬班列物流组织服务模式，成为大宗货物主通道，重庆80%以上的外贸货物通过长江水道运输。通过长江水道，重庆积极融入长江经济带，并通过上海、宁波等港口与全球市场连通。2018年，重庆港口货物吞吐量完成2亿吨，集装箱吞吐量完成117万标准箱，集装箱水运以民生、中远、太平洋、长航、中外运等公司为主，集装箱五定班轮每周开行3班，2018年实现长江水运五定班轮运行275艘，共58929标准箱；滚装汽车吞吐量22.5万辆。渝甬班列开行143班，运输货物1.7万标准箱。

（二）中欧班列（重庆）持续领先

重庆市于2011年率先开通向西直达欧洲的中欧班列线路，已成为“一带一路”的重要载体，带动全国50多个城市开通中欧班列。中欧班列(重庆)2018年增开了重庆—明斯克、重庆—汉堡等十几条线路，成为我国进出境口岸最多、开行路线最丰富、通道体系最完善的国际货运班列。2018年，中欧班列（重庆）开行1475列，实现了数量与质量“双高”增长，外地箱量已占总去程箱量的60%，运输重箱量同比增长60%以上，在实现中欧班列出口运邮常态化开展的同时，国内率先完成中欧班列较大规模邮件进口测试。

（三）“陆海新通道”继往开来

继中欧班列之后，重庆又率先打通向南的“陆海新通道”，目前已形成铁海联运国际班列、跨境公路班车、铁路联运国际班列三种运输方式。截至2018年12月31日，“渝黔桂新”铁海联运班列累计开行648班，基本实现“天天班”稳定双向对开，进出货量基本平衡，目的地通达新加坡等全球71个国家的155个港口。国际铁路联运（重庆—河内）班列累计开行55班。重庆—东盟跨境公路班车累计发车661车次，服务网络从越南、老挝、缅甸延伸至泰国曼谷、柬埔寨金边，以及马来西亚和新加坡。进口货物涵盖汽车和摩托车配件、建筑材料、农副产品等八大品类中的240多个品种。

四、物流基础设施日益完善

（一）交通基础设施明显提速

2018年，重庆市铁路干线网络逐步完善。兰渝铁路全线贯通，渝贵铁路、成渝高铁枢纽段、西站一期和沙坪坝站如期建成，全市营业总里程2371公里，其中高铁492公里，形成“一枢纽十干线”铁路网络。郑万高铁、渝湘高铁主城至黔江段、黔张常等9个约1100公里在建项目建设有序推进，重庆东站等铁路枢纽建设加快实施。公路支撑服务能力全面提升。全市通车总里程达到3096公里，路网密度3.75公里/百平方公里，省际对外通道增加至20个，“三环十二射多联线”高速公路网络加快形成。

长江上游航运中心初具雏形。航道总里程4472公里，一批现代化港口建成投用，生产性码头泊位达到664个，全市港口货物和集装箱吞吐能力分别达到2.1亿吨、480万标准箱。主城果园、万州新田、涪陵龙头等枢纽港后续工程加快实施，忠县新生等重点港已开工建设。

机场布局和航线网络不断完善。根据国家民用机场规划，重庆境内布局了“一大四小”机场，目前，已建成“一大两小”机场。作为中西部复合型航空枢纽的江北机场，空中通道基本覆盖全国和全球主要经济体，截至2018年年底，江北国际机场已开通国内外航线300条，其中，国内航线218条，国际（地区）航线82条，通航5大洲26个国家61个城市，构建起重庆与世界互联互通的空中桥梁。货运航线已通达法兰克福、阿姆斯特丹、芝加哥、悉尼等欧美澳主要航空货运枢纽；“一带一路”沿线，共开通52条航线，占国际航线总量的63%，通航16个国家38个城市。

（二）国家物流枢纽网络体系基本形成

按照差异化、分级次、有特色的原则，分步实施，滚动推进，着力打造以3个枢纽型物流园区、12个节点型物流园区、N个配送型物流园区为主体的“3+12+N”市域物流园区网络体系，推动重点物流企业和项目向园区集中，物流要素加快向园区集聚，有效降低了物流成本，提高了物流效率。截至目前，重庆市规划建设物流园区65个，其中“3+12”物流园区规划面积182平方千米，总投资5200余亿元，2018年完成投资137亿元，累计完成投资1856亿元；新建成仓储建筑面积89万平方米，累计建成仓储建筑面积876万平方米；2018年各园区营业收入达到1326亿元，缴纳税费32亿元。

五、多式联运加快发展

一是依托重庆立体交通优势，发展多式联运。积极推动集两种以上交通方式、口岸、保税等为一体的综合型物流枢纽建设，基本形成“3+4”多式联运枢纽体系，即西部现代物流产业园、重庆航空物流园、南彭贸易物流基地3个重要物流园区，果园、珞璜、新田、龙头4大铁公水联运港区。二是加强与周边省市资源整合共享，发展国际联运，形成了渝新欧国际铁路联运、渝沪江海联运、渝甬铁海联运、渝深铁海联运、渝满俄国际铁路联运、渝黔桂新铁海联运、重庆—东盟国际公路联运等多种国际联运组织方式。渝新欧多式联运项目、果园港铁水联运项目纳入国家多式联运示范工程。三是发展甩挂运输，积极推荐重庆企业申报国家甩挂运输试点。重庆郭家沱滚装码头是重庆主城区唯一的载重汽车滚装码头，被交通运输部列为试点工程，肩负着长江水陆甩接运输模式的探索与开发。2018年，铁水联运货运量同比增长18.6%，占港口货物吞吐量比重提高到11.2%。开工建设新田港铁路集疏运中心，加快建设3个国家级多式联运示范项目。

六、城乡配送网络不断完善

2017年重庆市商务委会同市发展改革委、市交委、市国土房管局、市邮政管理局联合印发《商贸物流发展“十三五”规划》，规划中突出三级配送体系建设，强化集约分级布局，构建高效协同的城乡配送网络。

一是城市三级配送网络不断优化。初步形成“3+12+N”物流园区布局，基本建成团结村、空港、果园港三大枢纽和“3+4”多式联运枢纽体系，仓储集聚集约能力不断增强。突出物流基础设施公共属性和共享物流发展需求，强化公用型仓储建设，引导企业仓储社会化发展，促进共享共用、协同发展，着力构建开放共享、高效协同的“通道＋枢纽＋网络”物流运行体系。围绕城际物流配送建设物流分拨中心，构建集聚分拨、服务全市、辐射周边的一级网络；围绕城乡配送建设公共配送中心，构建承上启下、服务辖区、集约配送的二级网络；围绕快件末端配送建设城市末端公共取送点，构建共享便捷的三级配送网络。目前，重庆市仓储面积约1500万平方米，其中，新增物流分拨中心和公共配送中心93.45万平方米、累计401.06万平方米，新增城市末端公共取送点663个、累计3074个，19个区县完成城市末端公共取送点规划数，城市末端快递配送点覆盖率较高。

二是农村三级配送网络不断完善。大力推进县乡村物流设施建设，以集散仓配的县域配送中心、接县联村的乡镇配送站和上行集结、服务居民的村级公共配送点等为支撑的农村三级配送网络不断完善，农村物流供给能力不断增强。区县级物流节点1680个，乡镇配送站891个（乡镇农产品集配中心131个）、覆盖率97%。其中，县级快件配送中心17个，乡镇村快递服务站（点）6187个、覆盖率76.9%（乡镇快递服务覆盖率100%，村级快递服务覆盖率86%）。

七、物流标准化持续推进

重庆市从推广标准托盘切入，促进包装箱（周转箱筐、集装箱）、货运车厢等物流载具标准衔接，推广应用标准托盘突破100万张，其中租赁托盘占20%，装卸效率提升20%以上；标准托盘比例33%左右，循环使用率8%左右，提升物流上下游设施设备和服务标准化水平。利用互联网、物联网、大数据等信息技术和全球统一编码标识（GS1），推进物流信息化、智慧化，应用智能仓储、分拣、配送等新技术、新装备，发展智慧物流配送，力促立体化仓库、一体化仓配、自动化分拣、机械化搬运、智能化管理，提高物流装备现代化、配送智慧化水平。国际贸易集团、药交所、宗申动力、长安汽车4家企业为全国供应链创新与应用试点企业。

八、物流信息互联共享

按照重庆市委、市政府《重庆市以大数据智能化为引领的创新驱动发展战略行动计划（2018—2020年）》（渝委发〔2018〕13号）和《重庆市新型智慧城市建设方案（2019—2022年）》统筹实施建设枢纽型、基础型、集约型项目，按照文件中对智能交通、智慧口岸物流具体要求，重庆市支持各类应用平台建设和发展。重庆国际贸易单一窗口、重庆航运交易所、重庆智慧物流公共信息平台等政府主导型公共物流信息平台已经投用并逐步扩充功能。大中型物流企业根据企业自身发展需要开发建设的市场主导型信息平台日益活跃，如沙师弟网络科技公司建设运营沙师弟货运云商平台；全国性的市场主导型物流信息平台如货车帮、卡行天下、传化公路信息网、中交兴路等已入驻重庆。重点建立物流行业公共数据中心，依托重庆国际贸易单一窗口，建立全市“物流单一窗口”，建成物流行业公共大数据中心，建立口岸、交通、市场监管等部门间信息互通共享，为企业提供资质资格、认证许可、口岸通关、全程物流等一站式综合信息服务。建设重庆国际物流信息协同云平台及建设果园港、重庆国际物流枢纽园区、江北国际机场国际多式联运信息子平台，建立多式联运和统筹调配机制，满足企业“一次委托、全程服务、门到门交接”的多式联运需求，为重庆打造内陆国际多式联运枢纽和国际物流分拨中心提供不断优化完善的运营与调度支持。

九、绿色物流起步发展

引导企业建设绿色仓库，节地、节能、节水、节电意识明显增强。推广使用新能源车辆，重庆市新能源车辆2498辆，其中主城区2046辆。推广可循环使用包装袋（箱）、中转袋，促进包装绿色化、减量化。主要快递企业可循环使用中转袋约14万个、包装袋约2.4万个。快递包装回收体系初步建立，全市主要快递企业已设立快递包装回收点2013个，快递企业绿色包装使用率10%以上、电子面单使用率95%以上。

十、物流市场主体规模进一步扩大

重庆市交通运输企业10.9万户，其中个体工商户9.7万户。企业影响增大，重庆长安民生物流、重庆港务物流集团、重庆交通运输集团等进入全国物流企业50强，市级重点物流企业49家。A级物流企业保有量共45家，其中5A级物流企业5家、4A级物流企业11家、3A级物流企业24家、2A级物流5家。马士基航运、美国联邦快递、中远海运、中外运、澳大利亚嘉民、新加坡普洛斯、美国安博等国内外知名物流企业入驻重庆。

十一、物流发展环境持续优化

一是物流管理体制更优化，新设立重庆市人民政府口岸和物流办公室，作为市政府直属的正厅局级管理部门，统筹全市物流和口岸工作职能。新的物流管理体制有利于优化政府机构设置和职能配置，科学配置行政权力、简化中间层次、推行扁平化管理，提高物流资源配置效率、激发各类物流市场主体活力，形成全市自上而下的物流口岸高效率组织体系。

二是市场准入环境更便捷。落实“先照后证”改革，涉及交通物流的行政审批事项，依法由市场监管部门登记注册前置审批调整为后置审批。

三是企业承担费用进一步减少。部分取消涉及物流行业的行政事业性收费项目，仅货物港务费一项就可为水运企业每年减轻负担6500万元。启动免除海关查验没有问题外贸企业吊装移位仓储费用试点工作，为企业免除吊装移位仓储费用583万元。推进高速路降费，自2018年1月1日起，取消征收主城区路桥通行费，设置高速公路通行费优惠套餐，通过实施年票制，免除分次缴纳的烦琐。归并减少口岸作业收费项目，降低收费标准。

四是全面贯彻国家税收优惠政策，落实“营改增”物流业税收抵扣政策，累计为物流企业减税约20亿元。全面落实物流企业大宗商品仓储设施用地城镇土地使用税减半征收优惠政策。落实西部大开发税收优惠政策，对从事西部地区鼓励类产业的物流企业执行15%的企业所得税税率。实施增值税汇总缴纳政策，物流企业可按照现行规定申请实行汇总纳税。

五是通关便利化明显提升。实施7×24小时口岸通关，积极推进压缩整体通关时间，2018年12月，重庆口岸出口整体通关时间0.94小时，比2017年压缩93.8%；进口整体通关时间82.6小时，比2017年压缩65.5%。

（重庆市物流与供应链协会）

2018 年四川省物流业发展情况

2018 年，四川省社会物流总额增幅上升，社会物流总费用与 GDP 的比率持续下降，物流需求稳中向好，物流业保持平稳发展态势。

一、社会物流总额增幅上升

2018 年，四川省社会物流总额 66024.0 亿元，按可比价格计算（下同），同比增长 6.8%，增幅比上年降低 0.9 个百分点。从构成情况看，工业品物流总额为 42969.6 亿元，同比增长 6.4%，增幅比上年提高 1.4 个百分点，占全省社会物流总额的比重为 65.1%，在社会物流总额中的比重比上年降低 1.4 个百分点；农产品物流总额为 6565.2 亿元，同比增长 2.0%，增幅比上年降低 0.2 个百分点，占全省社会物流总额的比重为 9.9%，占社会物流总额的比重与上年持平；进口货物物流总额（包括外省流入）为 13572.7 亿元，同比增长 8.1%，增幅比上年同期降低 8.6 个百分点，占全省社会物流总额的比重为 20.6%，占社会物流总额的比重比上年提高 1.0 个百分点；再生资源物流总额为 2087.7 亿元，同比增长 16.0%，增幅比上年提高 0.5 个百分点，占全省社会物流总额的比重为 3.2%，占比提高 0.4 个百分点；单位与居民物品物流总额为 828.8 亿元，同比增长 20.0%，增幅比上年下降 1.0 个百分点，占全省社会总额的比重为 1.2%，占比提高 0.2 个百分点。

二、社会物流总费用与 GDP 的比率持续下降

2018 年，四川省社会物流总费用 6440.2 亿元，同比增长 1.9%，增幅比上年降低 5.8 个百分点。其中，运输费用 3511.2 亿元，同比增长 11.7%，占社会物流总费用的 54.5%，在社会物流总费用中的比重较上年提高 4.8 个百分点；保管费用为 2343.1 亿元，同比增长 6.3%，增幅比上年降低 12 个百分点，占社会物流总费用的 36.4%，占社会物流总费用的比重较上年降低 4.9 个百分点；管理费用为 585.9 亿元，同比增长 3.3%，增幅比上年降低 1.7 个百分点，占社会物流总费用的 9.1%，占社会物流总费用的比重较上年提高 0.1 个百分点。

2018 年，全省社会物流总费用与 GDP 的比

率为 15.8%，同比降低 1.3 个百分点，经济运行中的物流效率有所提升，但成本依然较高。

三、物流业增加值增幅稳中有升

2018 年，四川省物流业实现增加值 2680.5 亿元，按可比价格计算，同比增长 8.6%，增幅与上年持平。物流业增加值占全省 GDP 的比重为 6.6%，占全省服务业增加值比重为 12.8%。

（四川省发展改革委 四川省统计局 四川省现代物流协会）

2018 年陕西省物流业发展情况

2018 年，陕西省物流业以供给侧结构性改革为主线，全行业呈现出总供给继续扩大、物流相关行业投资加快、支撑稳中向好的积极因素增多、货运量和货运周转量增加、总费用上升、总体运行平稳增长的态势。

一、陕西省物流业主要经济指标完成情况

（一）社会物流总额保持平稳增长，规模持续扩大

2018 年，陕西省社会物流总额为 50718.5 亿元，同比增长 8.5%，比上年回落 6.6 个百分点，比全国增速快 2.1 个百分点，占全国物流总额 283.1 万亿元的 1.8%，与上年持平。按构成情况看，农产品物流总额 1684.2 亿元，占比 3.3%，增长 5.3%，增速较上年提高 2.7 个百分点；工业品物流总额 23462.5 亿元，占比 46.3%，增长 2.3%，增速较上年回落 11.5 个百分点；外部流入（含进口）货物物流总额 24865.5 亿元，占比 49.0%，增长 12.7%，增速较上年回落 4.8 个百分点；再生资源物流总额 45.1 亿元，占比 0.1%，下降 4.5%，增速较上年回落 8.9 个百分点；单位与居民物品物流总额 661.2 亿元，占比 1.3%，增长 38.6%，增速较上年提高 21.6 个百分点。2018 年陕西省社会物流总额构成及增减情况如表 1 所示。

表 1　2018 年陕西省社会物流总额构成及增减情况　单位：亿元

指标	2018 年	同比增长（%）	增速较上年增长（%）	占物流总额比重（%）
社会物流总额	50718.5	8.5	-6.6	100.0
其中：农产品物流总额	1684.2	5.3	2.7	3.3
工业品物流总额	23462.5	2.3	-11.5	46.3
外部流入（含进口）货物物流总额	24865.5	12.7	-4.8	49.0

续 表

指标	2018 年	同比增长（%）	增速较上年增长（%）	占物流总额比重（%）
再生资源物流总额	45.1	−4.5	−8.9	0.1
单位与居民物品物流总额	661.2	38.6	21.6	1.3

（二）物流相关行业总收入持续增长

2018 年，陕西省物流相关行业总收入 2637.1 亿元，增长 7.9%，增速较上年回落 2.4 个百分点。其中：运输业收入 1805.9 亿元，增长 7.4%，增速较上年回落 1.1 个百分点；仓储业收入 324.4 亿元，增长 8.5%，增速较上年回落 6.6 个百分点；邮政业收入 112.7 亿元，增长 13.6%，增速较上年回落 8.0 个百分点；贸易配送、加工、包装业收入 141.7 亿元，增长 8.5%，增速较上年回落 6.6 个百分点。物流相关行业收入持续增长，但增幅均减小。2018 年陕西省物流相关行业总收入及增减情况如表 2 所示。

表 2　2018 年陕西省物流相关行业总收入及增减情况　单位：亿元

指标	2018 年	同比增长（%）	增速较上年增长（%）
物流相关行业总收入	2637.1	7.9	−2.4
其中：运输业收入	1805.9	7.4	−1.1
仓储业收入	324.4	8.5	−6.6
邮政业收入	112.7	13.6	−8.0
贸易配送、加工、包装业收入	141.7	8.5	−6.6

（三）物流运行总费用增速回落

2018 年，陕西省社会物流总费用 3722.5 亿元，增长 7.9%，增速较比 2017 年回落 3.4 个百分点。其中：运输费用 2535.7 亿元，同比增长 7.6%，增速比上年回落 2.0%，占总费用 68.1%；仓储费用 878.5 亿元，同比增长 8.5%，增速比上年回落 6.6%，占总费用 23.6%；管理费用 308.3 亿元，同比增长 8.5%，增速比上年回落 6.6%，占总费用 8.3%。2018 年陕西省物流总费用构成情况如表 3 所示。

表 3　2018 年陕西省物流总费用构成情况

指标	2018 年（亿元）	同比增长（%）	增速较上年增长（%）	占总费用比重（%）
社会物流总费用	3722.5	7.9	−3.4	100.0
其中：运输费用	2535.7	7.6	−2.0	68.1

续　表

指标	2018 年（亿元）	同比增长（%）	增速较上年增长（%）	占总费用比重（%）
仓储费用	878.5	8.5	–6.6	23.6
管理费用	308.3	8.5	–6.6	8.3

（四）物流相关行业固定资产投资增长

2018 年，陕西省物流相关行业完成固定资产投资增长 6.7%，比上年回落 7.4 个百分点。其中：交通运输业完成投资增长 14.6%，比上年回落 8.3 个百分点；批发和零售业完成投资增长 –15.5%，比上年回落 18.4 个百分点；装卸搬运和仓储业完成投资增长 4.2%，比上年提高 3.3 个百分点；邮政业完成投资增长 –63.2%，比上年回落 141.2 个百分点。全省邮政业固定资产投资由上年的高速增长变为快速回落，批发和零售业固定资产投资下降，交通运输业固定资产投资增速减缓、装卸搬运和仓储业基础设施投资持续增加，客观上为物流相关行业发展和服务转型提供了重要的支撑。

（五）物流业运行效率提高

社会物流总费用与社会生产总值的比率是反映社会物流运行效率水平的重要指标。2018 年，陕西省社会物流总费用占全省社会生产总值的比重为 15.2%，比上年回落 0.5 个百分点。说明全省单位 GDP 物流成本费用水平降低，物流行业经济运行效率、服务水平有所提升。

二、陕西省物流业货物运输完成情况

（一）货物运输量稳步增长

2018 年，陕西省各类运输实现货运总量为 17.36 亿吨，同比增长 6.2%，比上年回落 3.2 个百分点。其中：占比 75.35% 的公路货运量 13.08 亿吨，增长 9.1%，比上年回落 1.2 个百分点；占比 24.31% 的铁路货运量 4.22 亿吨，增长 7.9%，比上年回落 2.5 个百分点；水路货运量 177 万吨，减少 9.7%；管道货运量 388.2 万吨，增长 8.6%；航空货邮吞吐量 31.26 万吨，增长 20.3%。公路、铁路货运量占全省各类货运量的 99.66%。2018 年陕西省物流业货物运输情况如表 4 所示。

表 4　　2018 年陕西省物流业货物运输情况

指标	2018 年	同比增长（%）	较上年增长（%）	占总货运量(%)
货运总量（亿吨）	17.36	6.2	–3.2	100.0
其中：公路货运量（亿吨）	13.08	9.1	–1.2	75.35
铁路货运量（亿吨）	4.22	7.9	–2.5	24.31
水路货运量（万吨）	177.00	–9.7	—	0.04
航空货邮吞吐量(万吨)	31.26	20.3	—	
管道货运量（万吨）	388.20	8.6	—	

（二）货运周转量稳步增长

2018 年，陕西省各类运输实现货运周转总量为4142.6亿吨公里，增长7.1%，比上年回落2.1个百分点。其中：公路货运周转量 2301.37 亿吨公里，增长 8.6%，比上年回落 1.4 个百分点；铁路货运周转量 1723.0 亿吨公里，增长 4.9%，比上年回落 3.2 个百分点；水路货运周转量 520 万吨公里，下降 21.7%；管道货运周转量 116.46 亿吨公里，增长 8.6%；航空客货运输总周转量平均增速 11.3%。2018 年，全省公路和铁路是货运周转的主力，分别占全省货运周转量的 55.6% 和 41.6%。

（三）快递业务和集装箱业务迅速发展

2018 年，陕西省中小快递业务和集装箱业务呈现迅速发展的趋势。

2018 年陕西省快递企业累计完成业务量 5.69 亿件，同比增长 24.3%。全省快递企业累计收入 67.31 亿元，同比增长 19.4%。其中：同城、异地、国际及港澳台业务量占比分别为 41%、57% 和 2%，增长速度分别为 33.4%、18.4% 和 45.0%。

（四）公路、航空货物平均运输距离增加

2018 年，陕西省各类运输方式货物平均运输距离为 238.6 公里，增长 0.6%。其中：铁路货物平均运输距离 405.8 公里，减少 13.2 公里；公路货物平均运输距离 175.9 公里，增加 4.9 公里；航空货物平均运输距离 1457 公里，增加 69 公里；管道货物平均运输距离 3000 公里，与上年基本持平。

三、陕西省物流业基本情况

（1）2018 年，陕西省物流业从业人员约为 49.7 万，从业人员年名义平均收入 40741 元。从业人员中，货车司机和企业一线工作岗位员工的年收入较上年名义平均增长约 2.8%，管理和辅助工作岗位员工的年收入较上年名义平均增长 2.2% 以上。

（2）2018 年，陕西省公路物流运输业 26.8 万户，同比增加 4.7%；营业性货运车辆 43.91 万辆，户均 1.63 辆。其中，载货汽车 41.96 万辆，其余为农用车和三轮车。

（3）2018 年，陕西省集装箱吞吐量 70 万标准箱，同比增长 62.0%，比上年提高 20.4 个百分点。

（4）2018 年，陕西省有国家 A 级物流企业 72 家，其中：5A 级物流企业 5 家，4A 级物流企业 19 家，3A 级物流企业 35 家，2A 级物流企业 10 家，1A 级物流企业 3 家。在全省 72 家 A 级物流企业中，运输型企业有 20 家，仓储配送型企业有 10 家，综合服务型企业有 42 家。

四、陕西省物流布局和设施建设情况

（1）2018 年，西安为全国物流节点城市、全国综合交通枢纽和国家一级物流园区布局城市。宝鸡、榆林、咸阳为全国物流园区二级布局城市。西安咸阳机场为国内航空一类口岸。西安国际港务区的铁路站（点）为国内一类口岸。西安铁路集装箱中心站、西安公路港、西安综合保税区的跨境贸易电子商务运营业务量呈现持续增长的态势。

（2）2018 年，陕西省高速公路通车总里程达 5475 公里，其中国家高速公路 4965 公里，省级高速公路 510 公里，连通 98 个县、区，打通 22 个出省通道，高速公路连通全省 97 个县（市、区）。2018 年，全省公路总里程约为 18 万公里。省内公路货运物流实现当日往返，省内到省外周边中心城市公路货运物流实现当日到达。以西安市为中心的“2637”（两环、六辐射、三纵七横）高速公路干线网，基本连通了全省所有市县及工农业基地、商品集散地、高新开发区和物流园区。

（3）2018 年，陕西省铁路实现了与京津冀、珠三角、长三角的连通，基本形成了以陇海、包西为东西和南北主轴、以西安为中心的“两纵五横三枢纽”骨架网，同时形成了由郑西、西宝、宝兰、大西、西成客专构成的向外辐射高速铁路网。

（4）2018 年，西安国际港务区开行的“长安号”国际货运中欧、中亚班列总数为 1235 列。中欧班列途经芬兰、俄罗斯、哈萨克斯坦和中国 4 个国家，全程 9110 公里，行程 17 天，该线路已经常态化开行。

（5）2018 年，西安临空经济示范区和跨境电子商务综合试验区组建西北国际货运航空公司，整合陕西、宁夏、青海三地机场货运物流资源，运营管理陕、甘、宁、青四省区 22 个机场，包括 3 个省会机场、16 个支线机场、3 个通用机场，管理机场数量和航空业务量分别占民航西北辖区总量的 70% 和 84%，已经成为全国第二大跨省区运营的大型机场管理集团。

五、陕西省物流业存在的主要问题

（一）物流业运行效率低于全国平均水平

全国社会物流总费用与社会生产总值的比率为 14.8%，陕西省比率为 15.2%，说明陕西省物流业运行的效率与全国物流业运行平均水平仍有差距，但差距在逐步缩小。同时，从物流行业相关的服务业增加值占比来看，全省服务业增加值占全省 GDP 的比重为 42.8%，全国服务业增加值占 GDP 的比重为 52.2%，低于全国平均水平 9.4 个百分点。适应生产和消费需求的物流供应链有待进一步升级和优化。

（二）陕西省物流企业规模普遍“弱、小”，管理水平不高

目前，陕西省物流企业“弱、小”、物流企业经营基础薄弱、管理人才水平低、行业运行收入不高的局面尚待改变。据 2018 年陕西省信息中心监测的全省 70 户物流企业运营情况显示：44 户物流业务收入增长，26 户收入负增长；45 户物流业务成本正增长，24 户成本负增长，1 户持平；其中成本增幅明显高于收入增幅的 17 户，成本增幅低于收入增幅的 13 户，其余 40 户成本与收入的增长与下降相一致。从货运量业务来看，41 家企业中 18 家货运量下降，占比 44%；23 家货运量增长占比 56%，其中 7 家成倍增长，5 家增长 10% 以上。

（三）国家减税降费后物流企业实际税负及其他成本费用增长

据陕西省信息中心监测，2018 年陕西省交通运输业和邮政业营业成本平均增长 20.6%，比上年提高 8.1 个百分点，其中：交通运输业期末应交增值税增长 17.2%，比上年提高 2.8 个百分点；邮政业营业成本增长 11.4%，比上年提高 0.7 个百分点，税金及附加成本增长 64.8%，提高 59.9 个百分点，期末应交增值税增长 44%，提高 28.3 个百分点。

（陕西省企业发展商会　闫鸣）

2018 年青海省物流业发展情况

2018 年，在青海省委、省政府的坚强领导下，面对错综复杂的宏观经济形势，青海省现代物流业呈现出总体向好的发展态势。数据显示，物流发展质量和效益稳步提升，社会物流总额稳中有升，物流基础设施不断完善，货运量、货运周转量稳步增长，物流运行环境进一步改善，供给侧结构性改革成效显现，物流行业向高质量发展阶段转型。

一、社会物流需求不断增加

2018 年，青海省社会物流总额为 5836.1 亿元，较上一年增长 625.9 亿元。物流需求系数为 2.04，表示每产出 1 个单位的 GDP 需要 2.04 个单位的物流总额作为支撑。总体来看，物流需求扩张向好，需求结构持续改善，全年社会物流总额呈现稳中有升的发展态势。

二、物流业运量稳固上升

（一）货运总量、货运周转量稳步增长

2018 年，青海省社会货运总量完成 18908.60 万吨，同比增长 5.5%。其中，铁路货运量 3220.06 万吨，同比增长 5.5%；公路货运量 15684.81 万吨，同比增长 5.5%；民航货运量 3.73 万吨，同比增长 26.2%。社会货运周转总量完成 5516042.08 万吨公里，同比增长 6.2%。其中，铁路货运周转量 2756155.70 万吨公里，同比增长 3.6%；公路货运周转量 2757436.38 万吨公里，同比增长 8.8%；民航货运周转量 2450 万吨公里，同比增长 48%。青海省各类运输方式货物平均运距为 292 公里。其中，铁路平均运距 856 公里，同比增长 1.9%；公路平均运距 176 公里，同比增长 3.5%；航空平均运距 657 公里，同比增长 17.5%。具体如表 1 所示。

表 1　　2018 年度货运量及货运周转量统计

	2018 年	2017 年	同比增长（%）
一、货运总量（万吨）	18908.60	17925.94	5.5
铁路（万吨）	3220.06	3051.72	5.5
公路（万吨）	15684.81	14871.26	5.5

续 表

	2018 年	2017 年	同比增长（%）
民航（吨）	37341.70	29592.10	26.2
其中：出港货邮（吨）	17488.30	12739.60	37.3
二、货运周转量（万吨公里）	5516042.08	5196280.17	6.2
铁路（万吨公里）	2756155.70	2660327.90	3.6
公路（万吨公里）	2757436.38	2534297.27	8.8
民航（万吨公里）	2450.00	1655.00	48.0

（二）公铁航运量稳步上涨

1. 铁路运量增势稳健

2018 年，青海省铁路运量完成 3384.07 万吨，同比增长 5.2%。从运量看，铁路运输 8 大工业品类运量同比去年呈现 4 升 4 降态势。其中焦炭、化工、盐、钢铁分别增长 59.3%、16.7%、9.6%、2.7%，增量 162.4 万吨；金矿、煤、化肥、石油分别下降 19.3%、8.2%、7.0%、0.3%，减少 121.1 万吨。铁路运输日均装车数 1442 车，同比上涨 1.5%。2018 年 1—12 月青海省铁路运量变化情况如图 1 所示。

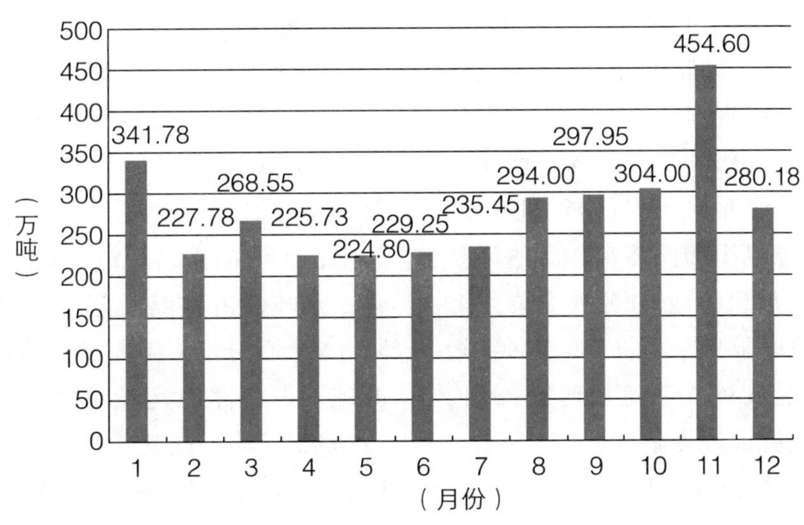

图 1　2018 年 1—12 月青海省铁路运量变化情况

2. 公路运量稳定上升

2018 年，青海省公路运量 15684.8 万吨，同比增长 5.5%。从经济大环境来看，全年规模以上工业增加值同比增长 8.6%，企业产销率达到 97.03%，产品供应链产销流动一直保持在较高水平。从 3 月开始公路运量大幅飙升，特别是 6 月一度达到 1467.82 万吨，再创历史新高。从公路运输月度数据来看，除受 1 月部分企业停产检修及 2 月春节放假影响运量较低外，自 3 月起运量大幅提升，到 8 月运量飙升至 1814.9 万吨。2018 年 1—12 月青海省公路运量增长变化情况如图 2 所示。

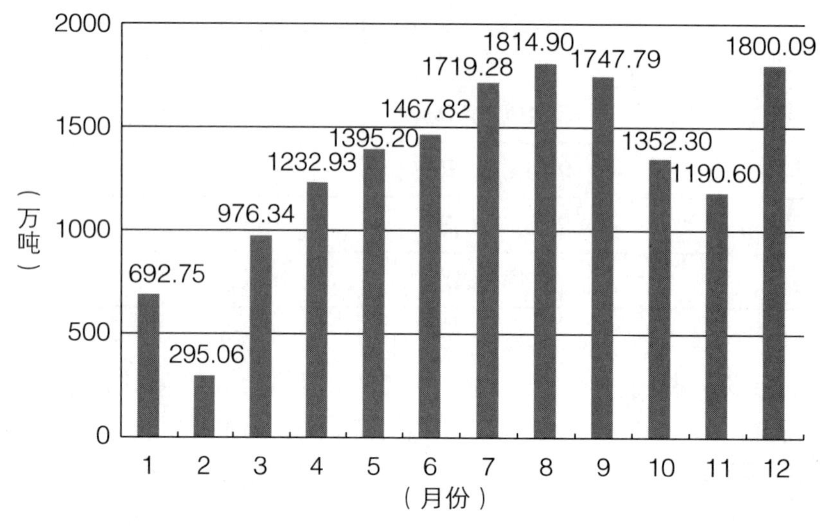

图 2 2018 年 1—12 月青海省公路运量增长变化情况

3. 航空物流增长迅速

2018 年，青海省民航进出港货邮 33878.5 吨，同比增长 22.4%。引入西安正发、西安华输等异地物流公司，开通空空中转联运模式。西部机场集团航空物流有限公司青海分公司与中铁联运合作，达成空铁联运合作共识，发挥了西宁进疆入藏咽喉作用。开通西宁—西安全货机航线，圆满完成全年的货源组织和保障工作。进港货物交接时限从原来的航班落地 60 分钟缩减到 48 分钟入库，提取货物时限从原本的 120 分钟缩短到 80 分钟，鲜活产品从 90 分钟缩短到 75 分钟，流程再造促进服务提升成效凸显。

（三）快递业务大幅提升

2018 年，青海省快递业务量完成约 1897.17 万件，同比增长 30.87%。业务收入约 4.7 亿元，同比增长 21.19%。省级注册及备案快递企业 39 家，分支机构 488 个，已备案末端网点 198 个。快递车辆达 2700 余辆，从业人员达 4600 余人。全省快递业实现持续健康快速发展，保持了稳中有进的良好态势。

（四）工业品运量继续增长

2018 年，青海省工业品总运量完成 15057.84 万吨，较上年增长 1822.12 万吨，占社会总运量比重 79.6%，同比上升 5.8 个百分点。其中，工业品铁路运量 2808 万吨，较上年增长 41.2 万吨，占铁路总运量比重 87.2%，同比下降 3.5 个百分点；工业品公路运量完成 12249.84 万吨，占公路总运量比重 78.1%，较上年增长 1780.92 万吨，同比上升 7.7 个百分点。石油、钾肥、煤、焦炭、原盐、纯碱、粗钢、电解铝、石灰石等运量占比大，是公路和铁路主要运输品类，大宗工业品运输依然是支撑物流业发展的主要力量。2018 年青海省不同运输方式工业品运量变化情况如图 3 所示。

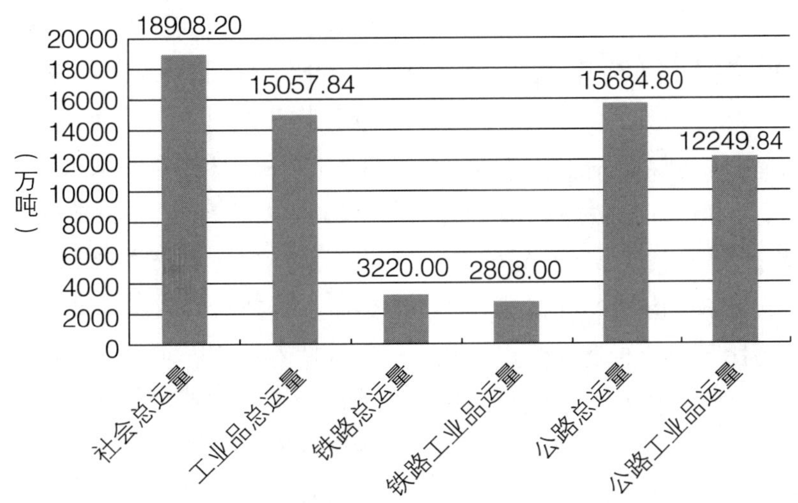

图 3　2018 年青海省不同运输方式工业品运量变化情况

三、物流业景气指数运行较好

2018 年，青海省物流业景气指数均值为 52.2%，受新订单指数下降影响，同比下降 1.1 个百分点，扩散指数整体向好。具体来看，一季度 2 月受春节假期和天气影响，部分企业停产检修，物流业景气指数正常回落，3 月，市场回暖，物流活动逐渐频繁，景气指数陆续走高；二季度进入黄金季，物流活动旺盛，景气指数保持在较高区位，6 月指数值冲至上半年最高水平，指数为 55%；三季度工业品出厂价格指数连续保持高位，工业品生产企业供给充足，物流景气指数平稳运行；进入 10 月，在工业经济增长拉动下，指数值进入高位，达到全年最高值 56.9%，后期以天然气为生产原料的企业受宏观调控影响，处于停产状态，物流活动趋于平缓。2018 年 1—12 月青海省物流业景气指数走势如图 4 所示。

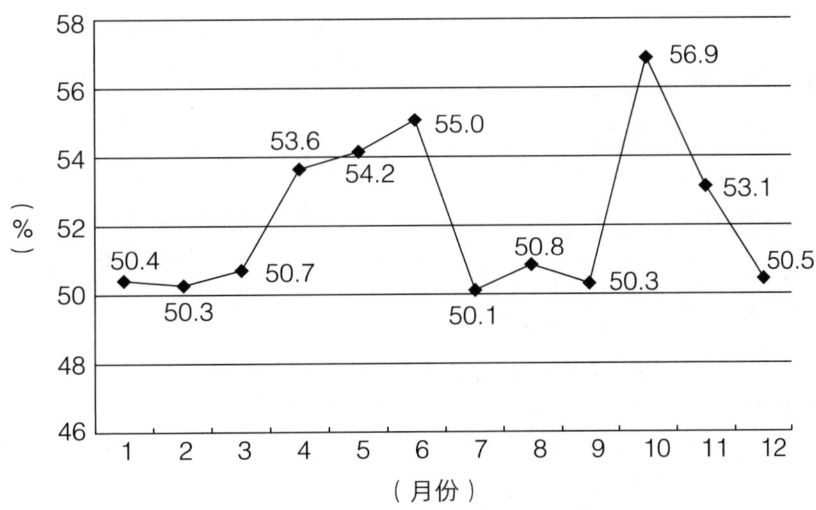

图 4　2018 年 1—12 月青海省物流业景气指数走势

四、物流企业盈利有所增加

2018 年，青海省物流市场需求整体稳中有升，物流服务价格总体平稳，物流企业盈利能力有所增强。全年物流业务总收入 94.38 亿元，成本支出 83.69 亿元，实现利润 10.69 亿元，平均利润率为 11.3%，同比下降 0.5 个百分点。从收入构成来看，物流总收入中普通运输收入占 77.8%、配送运输收入占 16.6%、普通仓储收入占 2.9%、装卸搬运收入占 2.7%。数据显示，青海省物流行业仍以传统运输业务为主，流通加工、货运代理等业务领域发展较慢，收入比重相对偏低。一方面，物流业务结构优化调整空间较大，从供给侧看物流企业创新能力不足，物流增值服务等新业态新模式供应明显不够；另一方面，综合性大型物流企业不多，服务内容单一，服务半径不大，企业的物流综合服务能力有待提升。2018 年青海省物流业收入构成情况如图 5 所示。

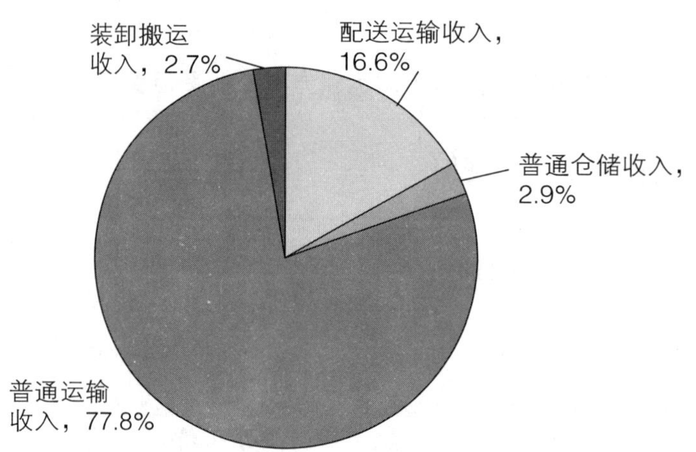

图 5　2018 年青海省物流业收入构成情况

五、物流企业稳步增长

截至 2018 年年底，青海省物流企业数量达 1604 户，同比增长 8.5%。按注册地分：西宁市 753 户、海东市 240 户、海西州 220 户、海北州 87 户、海南州 89 户、黄南州 44 户、果洛州 35 户、玉树州 35 户、园区企业 69 户、青海湖景区管理局 7 户、省属企业 25 户。从企业类型看，道路运输企业 750 户，占比 46.8%；仓储企业 100 户，占比 6.2%；快递企业 376 户，占比 23.4%；综合型企业 378 户，占比 23.6%。

全省 A 级物流企业总数达到 16 户，其中 5A 级 1 户、4A 级 6 户、3A 级 5 户、2A 级 4 户，全省物流企业标准化管理和规范化发展意识不断增强。2018 年青海省 A 级物流企业名单如表 2 所示。

表 2　2018 年青海省 A 级物流企业名单

序号	企业名称	类型	级别
1	中国铁路青藏集团有限公司	综合服务型	5A
2	青海物产物资配送有限责任公司	仓储型	4A

续 表

序号	企业名称	类型	级别
3	青海省富康医药集团有限责任公司	仓储型	4A
4	青海省汽车运输集团有限公司	综合服务型	4A
5	西宁长丰集团物贸有限公司	运输型	4A
6	青海省通达物流有限责任公司	综合服务型	4A
7	青海世全物资集团有限公司	综合服务型	4A
8	青海邮政速递物流有限公司	综合服务型	3A
9	青海朝阳物流有限公司	综合服务型	3A
10	青海物产民爆器材专卖有限公司	综合服务型	3A
11	青海世豪物流有限公司	综合服务型	3A
12	青海物产化工有限责任公司	综合服务型	3A
13	青海国储物流有限公司	综合服务型	2A
14	青海省汽车运输集团凯达货物运输有限公司	运输型	2A
15	青海朝阳物流园区开发建设有限公司	综合服务型	2A
16	青海报业发行物流有限公司	综合服务型	2A

六、物流基础设施不断完善

2018年，青海省物流相关固定资产投资结构质量不断提升，围绕促转型、补短板等方面有效投资保持较快增长，物流基础设施建设不断完善。

公路方面：全省公路通车里程达8.2万公里，较上年增加1240公里，其中，高速和一级公路里程达3938公里（高速3328公里，一级610公里），二级公路里程达8558公里，三级及以下公路里程达6.96万公里。

铁路方面：提前介入格库线建设，盯控完成玉珠峰站军专线建设，重点推进建设德令哈北站集装箱作业区、日喀则西站集装箱专用门吊、察尔汗及双寨站接轨专用线货车装载视频监视系统等20项更新改造项目，全省铁路营运里程2380公里，货运能力不断增强。

航空方面：运输机场共7座（西宁、格尔木、玉树、德令哈、花土沟、果洛、祁连），形成“一主六辅”运营格局，全省运输机场对外通航城市达到65个，执行航线达到114条，开通国际（地区）航点7个，航线网络覆盖广度得到全面提升。

快递物流方面：全省快递网点已覆盖180个乡镇，乡镇快递网点覆盖率达到49.32%，较2017年增长8个百分点；建设快递末端综合服务站234个，投入运营智能快件箱363组，箱递率达 1.77%；建成标准化快递网点 421 个，标准化率达 86.27%，较 2017 年提高 16.27 个百分点；"快递进高校"全覆盖且规范运营。

通信服务方面：2018 年完成 2525 个试点行政村的光纤宽带建设工作，光纤宽带速率达到 100M。全省光端口总数达到 339.54 万个，光端口占比达到 94.02%。

七、重点园区和项目建设快速推进

对列入 2018 年青海省固定资产投资重点建设项目的曹家堡保税物流中心、西宁双寨国际物流城等重点项目，执行项目进展情况月报制度，及时掌握项目进展，帮助协调解决存在的问题，推进项目建设。

西宁市：朝阳物流园区正式平稳移交西宁市政府管理，西宁双寨国际物流城建成各类仓储及配套设施 23.28 万平方米，国家级电子商务示范基地物流园落户南川工业园区，西宁综合保税区立项上报国务院后，国务院已批转海关总署办理。完成生物科技产业园装备园物流中心、冷链物流基地、电子商务分拨中心建设项目。西宁机场三期扩建、青海丝路国际商贸物流中心、贵强快递物流园、青海瀚祥电商储配中心、高原农畜产品集散中心（二期）、"青藏高原原产地特色产业"聚集园高原农牧产品大宗交易中心等项目稳步实施。

海东市：重点实施了青藏高原东部国际物流商贸中心、民和铭德物流园、民和星言物流园、民和天杰建材物流园、互助德天物流园、青海丰禾农业物流园、循化清真食品用品产业园物流仓储中心等建设项目。其中，青藏高原东部国际物流商贸中心现已入驻北山东部石材城项目、国际建材项目、家居城项目、红星美凯龙青藏高原旗舰店项目、青海世全（闽龙国际）万博广场项目、青海曹家堡保税物流中心（B 型）及综合配套工程项目、海吉星国际农贸产品交易中心项目。目前，青海曹家堡保税物流中心（B 型）已封关运营，2018 年该中心进出口货运量接近 2000 吨，较 2017 年大幅增长。红星美凯龙青藏高原旗舰店项目、北山东部石材城项目均已进入建设尾声，海吉星国际农贸产品交易中心项目、青海世全（闽龙国际）万博广场项目正在建设中。

海西州：格尔木综合物流园区总投资 12.5 亿元，累计完成投资 5.24 亿元，入驻企业 6 户。其中，华明建设物流园项目已完成一、二期建设，三、四期正在建设中，园区入驻商户 560 户，累计完成投资 1.98 亿元；百路通物流中心项目一期完成投资 3985 万元，入驻信息货运部达 145 家，二期已开工建设；昆仑物流园区项目已完成工程量的 95%，累计完成投资 2.7 亿元；金路通汽车产业园项目总投资 7000 万元，已完成投资 5800 万元；青藏国际商旅陆港项目总投资约 3.5 亿元，项目正与格尔木投资控股有限公司洽谈相关合作事宜；废旧电子电器产品回收拆解处理中心项目总投资 1.27 亿元，目前已投资 1647 万元用于缴纳土地出让金等费用。察尔汗城镇物流园总投资 4.5 亿元，累计完成投资 3.04 亿元。已建成综合楼及运输修理车间，平整场地约 12 万平方米，物流园区货物集散、车辆停放、车辆维修区已投入运行。德令哈汽配物流园总投资 5.92 亿元，项目全面进入收尾阶段。德令哈中德食品百货物流集散中心总投资 2.6 亿元，一期已建成投运，二期基础地基、综合办公楼、冷链仓库等主体工程已完工。入驻物流园的中小型物流企业 7 家，租用库房的电子商务名品商家 6 家。大柴旦雪峰物流园区总投资为 1.4 亿元，目前饮马峡物流园区综合业务区、公共仓储区、甩挂运输区、铁路专用线及铁路站场、循环工业物料调拨区、交割库区、危险品仓储区已建成。

八、物流运行环境进一步改善

印发《关于在更大范围实施“多证合一”改革的通知》，在青海省全省范围内推行“四十一证合一”。印发《青海省全面推开“证照分离”改革实施方案》，在全省范围内对第一批107项行政审批事项，分别按照直接取消审批、审批改为备案、实行告知承诺、优化准入服务四种方式实施“证照分离”改革。下发《关于进一步规范和优化城市配送车辆通行管理的工作意见》，为加快构建服务规范、方便快捷、畅通高效、保障有力的城市配送体系，创造良好的发展环境。印发《关于进一步推进道路货运车辆检验检测改革工作的通知》，推进综检、安检、排放检验“三检合一”，已有32家机动车检验检测机构具备“三检合一”检测条件。严格落实交通运输物流行业“先照后证”制度，全面推进“交通一卡通”和货车ETC工程建设，提高道路通畅率，营造道路运输良好环境。大力推进通关一体化改革，积极实施关检融合整合申报、查检合一、财关库银横向联网及监管证件联网监管等通关改革，进一步加大海关AEO（经认证的经营者）企业培育力度，提升通关便利化，全省整体通关时间不断压缩，物流运转效率显著提高。加快推进省内物流企业信用信息归集整合和互通共享，对严重违法失信责任主体实施联合惩戒，为构建大数据监管机制提供了基础保障。实行省、市、县卫生计生行政部门三级联动、分级监管的工作制度，按季度对药品配送企业进行考核，对综合配送率在90%以下的药品配送企业在省药品和医用耗材集中采购平台进行通报并限期整改，保障医疗机构药品和医用耗材配送效率。

总体来看，2018年青海省物流运行延续了稳中有进、稳中向好的发展态势，物流发展的质量和效益稳步提升，政策环境持续改善，为2019年保持稳中向好、稳中有进奠定了较好基础。

（青海省工业和信息化厅现代物流处　万向鹏　周增宝）

2018 年宁夏回族自治区物流业发展情况

2018 年，在宁夏回族自治区党委、政府的坚强领导下，在各职能部门的共同努力下，全区各族人民以习近平新时代中国特色社会主义思想为指导，坚决落实党中央、国务院各项决策部署，牢固树立和践行新发展理念，坚持稳中求进工作总基调，以供给侧结构性改革为主线，坚决打好“三大攻坚战”，大力实施“三大战略”，全区宏观经济运行呈现稳中有变的发展格局，经济内生动力依然较强，物流运行变中有进，社会物流总需求总体平稳，增长动力持续转换，物流运行继续朝向高质量方向发展。

一、社会物流需求保持平稳增长

2018 年，宁夏回族自治区社会物流总额完成 6287.99 亿元，同比增长 13.0%，增速比去年同期回落 10.7 个百分点，从各季度来看，增速比第一、二和三季度分别回落 5.1 个、3.4 个和 2.6 个百分点。

2017—2018 年宁夏回族自治区社会物流总额及增长速度如图 1 所示，2018 年宁夏回族自治区社会物流总额构成情况如图 2 所示。

从 2018 年宁夏回族自治区社会物流总额与构成情况看，有以下五个特点。

（一）工业品物流需求持续向好

2018 年，全区工业品物流总额完成 4180.20 亿元，同比增长 15.0%，增幅比去年同期回落 7.4 个百分点，比第一、二和三季度分别回落 1.2 个、2.0 个和 2.1 个百分点。在工业物流需求结构中，一是三大行业门类保持增长。采矿业增加值增长 7.1%，制造业增长 5.6%，电力热力燃气及水的生产供应业增长 15.7%。二是重工业保持较快增长。在市场需求好转、电力输出快速增长和煤化工项目投产达效等有利因素支撑下，占全区规模以上工业增长值 89.8% 的重工业增长 11.4%，增速比全区平均水平高 3.1 个百分点。在 23 个重工业大类行业中，有 15 个行业实现增长。其中，石油、煤炭及其他燃料加工业增长 23.9%，电力、热力生产和供应业增长 17.0%，化学原料和化学制品制造业增长 13.6%。三是国有控股企业增长加快。全区规模以上国有控股企业增加值增长 11.1%，增速比上年加快 2.4 个百分点，占规模以上工业的比重达到51.7%，拉动规模以上工业经济增长5.6个百分点。四是非公有制工业企稳回升。民营经济健康发展20条政策效果逐步显现，全区非公有制工业增加值增长5.5%，比前三季度加快1.7个百分点。五是十大工业产业继续保持“六增四降”态势。其中冶金行业增加值增长19.6%、化工行业增加值增长18.1%、电力行业增加值增长17.2%。六是主要工业产品产量增速平稳。其中，乳制品增长22.4%、初级形态塑料增长22.0%、钢材增长19.5%、单晶硅增长18.8%、工业发电量增长16.6%、原铝增长11.1%。工业品物流占全社会物流总额66.5%，比上年降低1.3个百分点，拉动社会总物流增长9.8个百分点。

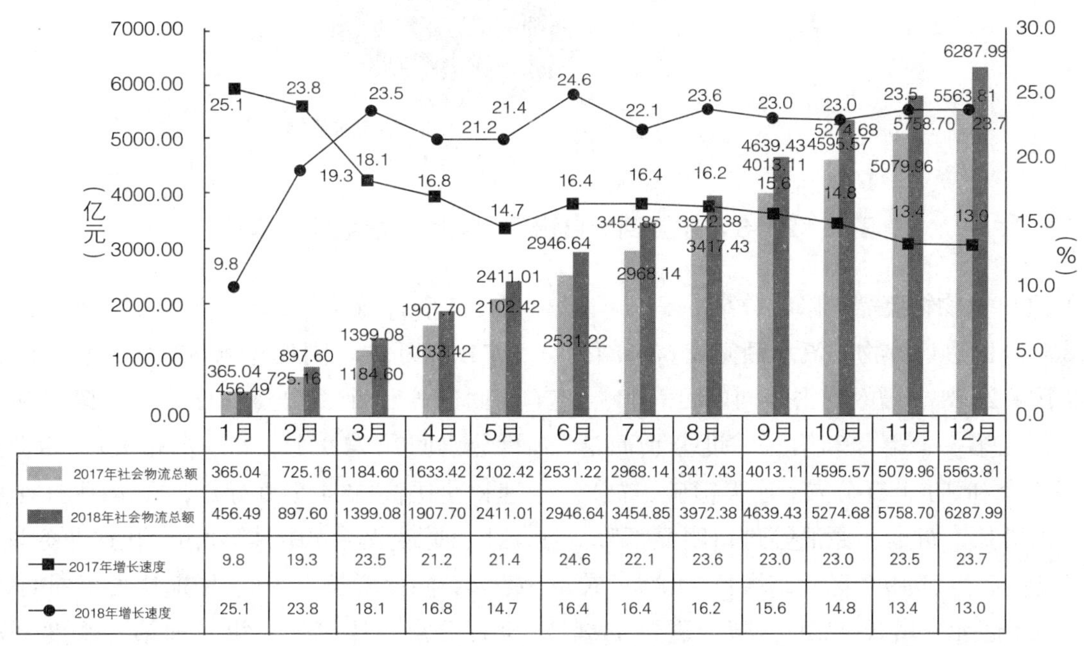

	1月	2月	3月	4月	5月	6月	7月	8月	9月	10月	11月	12月
2017年社会物流总额	365.04	725.16	1184.60	1633.42	2102.42	2531.22	2968.14	3417.43	4013.11	4595.57	5079.96	5563.81
2018年社会物流总额	456.49	897.60	1399.08	1907.70	2411.01	2946.64	3454.85	3972.38	4639.43	5274.68	5758.70	6287.99
2017年增长速度	9.8	19.3	23.5	21.2	21.4	24.6	22.1	23.6	23.0	23.0	23.5	23.7
2018年增长速度	25.1	23.8	18.1	16.8	14.7	16.4	16.4	16.2	15.6	14.8	13.4	13.0

图1　2017—2018年宁夏回族自治区社会物流总额及增长速度

（二）批发零售业物流需求增速趋向稳定

2018年，全区批发零售业物流总额完成1544.90亿元，同比增长11.2%，增幅比上年同期回落19.2个百分点，比第一、第二和第三季度分别回落16.3个、7.1个和5.6个百分点。批发零售业物流占全社会物流总额24.6%，比上年提高1.5个百分点，拉动社会总物流增长2.8个百分点。

（三）农产品物流需求增速良好

2018年，全区农产品物流总额完成477.42亿元，同比增长11.2%，增幅比上年同期提高1.7个百分点，比第一、第二和第三季度分别回升5.5个、1.3个和3.7个百分点。尤其是特色农产品产量增速良好。其中，蔬菜产量549.6万吨，增长1.8%；瓜果产量145.2万吨，增长1.9%；枸杞产量9.8万吨，增长6.4%；猪牛羊禽肉产量33.8万吨，增长2.0%；牛奶产量168.3万吨，增长5.1%。

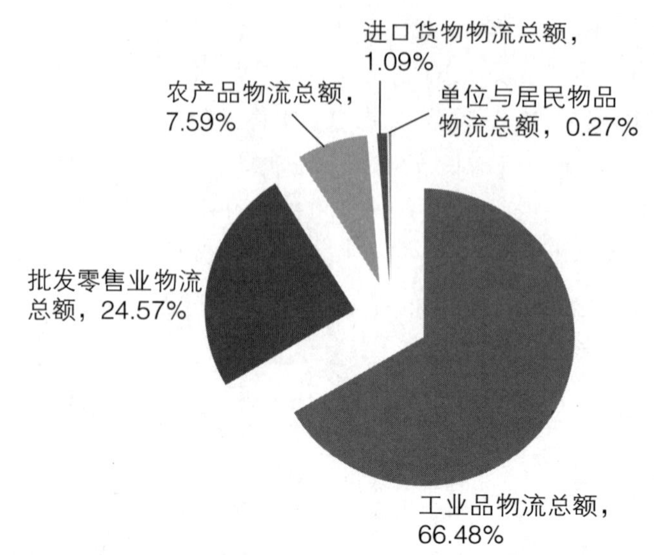

图 2　2018 年宁夏回族自治区社会物流总额构成情况

（四）进口货物物流需求降幅收窄

2018 年全区进口货物物流总额完成 68.67 亿元，同比下降 26.8%，增幅比去年同期回落 113.5 个百分点，比第一、第二和第三季度分别回落 28.0 个、8.3 个和 3.1 个百分点。宁夏锰矿、农产品进口大幅增长，黄金、原油等进口明显下降。其中，宁夏锰矿进口 19.9 亿元，增长 74.8%；农产品进口 3.4 亿元，增长 42.1%；黄金进口 11.8 亿元，下降 39.2%；原油进口 5.7 亿元，下降 64.4%。

（五）单位与居民物品物流总额增速趋缓

2018 年，与民生相关的单位与居民物品物流总额完成 16.80 亿元，同比增长 3.1%，增幅比 2017 年同期回落 4.4 个百分点，比第一季度回升 5.9 个百分点，比第二和第三季度分别回落 5.2 个和 1.1 个百分点。增速比社会消费品零售总额低 5.9 个百分点。2018 年全区快递业务量完成 6771.33 万件，同比增长 82.0%，增速比去年同期回升 67.2 个百分点，比第一、第二和第三季度分别回升 74.9 个、23.5 个和 4.9 个百分点，增速比全国高 55.4 个百分点，在全国 31 个省市自治区（除港澳台）中排第 1 位；快递业务收入 8.13 亿元，同比增长 19.9%，增速比去年同期回升 4.2 个百分点，比第一、第二和第三季度分别回落 1.0 个、1.6 个和 0.6 个百分点，增速比全国低 1.9 个百分点，在全国 31 个省市自治区（除港澳台）中排位第 24 位。快递包裹每件 12.0 元，每件比全国多 0.1 元，比最高上海每件少 17.3 元；快递包裹人均 9.8 件，比全国少 26.5 件；快递包裹收入人均 118.2 元，比全国少 314.5 元。2018 年宁夏回族自治区快递业务量和业务收入增长变化情况如图 3 所示。

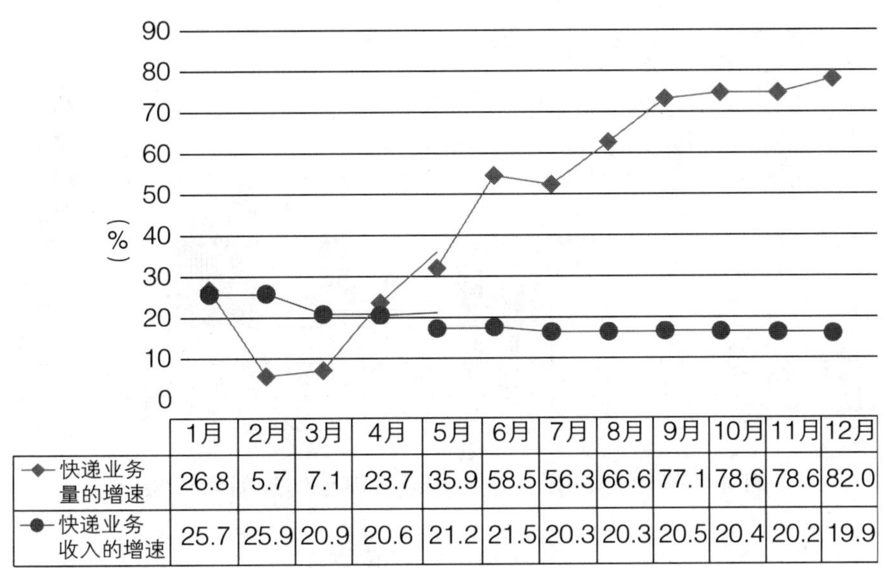

	1月	2月	3月	4月	5月	6月	7月	8月	9月	10月	11月	12月
快递业务量的增速	26.8	5.7	7.1	23.7	35.9	58.5	56.3	66.6	77.1	78.6	78.6	82.0
快递业务收入的增速	25.7	25.9	20.9	20.6	21.2	21.5	20.3	20.3	20.5	20.4	20.2	19.9

图 3　2018 年宁夏回族自治区快递业务量和业务收入增长变化情况

二、社会物流总费用稳中趋降

物流降本增效持续推进过程中，运输环节物流费用增速稳步回落，但保管环节和管理环节成本水平有所上升，显示出当前宏观经济仍处在结构调整攻坚期。2018 年社会物流总费用增速下降。宁夏回族自治区社会物流总费用 648.00 亿元，同比下降 0.5%，增幅与上年持平，比第一、第二和第三季度分别回落 4.1 个、2.3 个和 2.2 个百分点。社会物流总费用与 GDP 的比率为 17.5%，比上年同期下降 1.3 个百分点，比第一和二季度分别下降 0.8 个和 0.5 个百分点，比第三季度提高 0.3 个百分点。

从结构看，运输费用增速同比下降 1.0%，增幅与去年持平，比第一、第二和第三季度分别降低 2.6 个、2.4 个和 2.3 个百分点，占总费用 78.5%；保管费用增速同比增长 1.6%，增幅比上年同期提高 0.5 个百分点，比第一、第二和第三季度分别降低 9.4 个、0.8 个和 1.6 个百分点，占总费用 15.0%；管理费用增速同比增长 1.2%，增幅比去年同期降低 1.3 个百分点，比第一、第二和第三季度分别降低 8.9 个、3.1 个和 2.6 个百分点，占总费用 6.4%。

三、物流业增加值增速持续回落

2018 年，宁夏回族自治区物流相关行业实现增加值 352.82 亿元，按可比价格计算，同比下降 3.2%，增速比上年同期回落 6.3 个百分点，比第一、第二和第三季度分别回落 6.9 个、5.8 个和 1.8 个百分点，比全区 GDP 增速低 10.2 个百分点，占全区 GDP 的 9.5%，比去年低 0.9 个百分点。其中，交通运输、仓储、邮政业实现增加值 181.81 亿元，同比下降 8.3%，增速比上年同期回落 7.4 个百分点；批发零售业实现增加值 171.01 亿元，同比增长 3.3%，增速比上年同期回落 5.4 个百分点。2018 年宁夏回族自治区物流业增加值增长情况如图 4 所示。

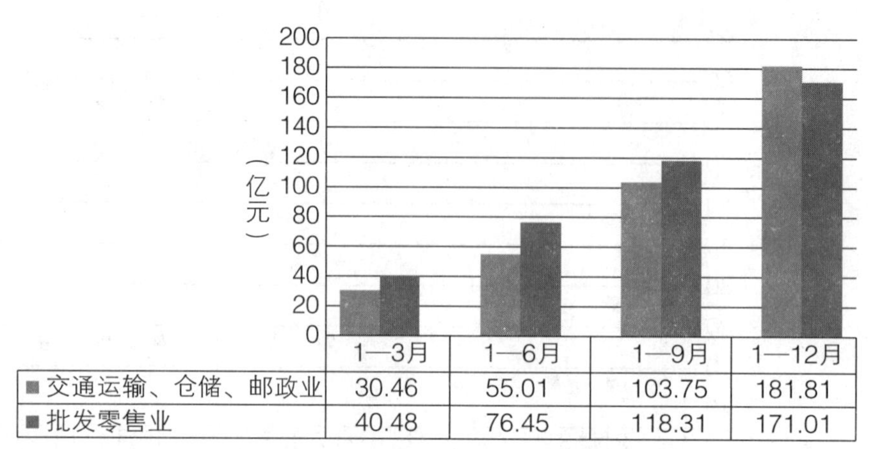

	1—3月	1—6月	1—9月	1—12月
■交通运输、仓储、邮政业	30.46	55.01	103.75	181.81
■批发零售业	40.48	76.45	118.31	171.01

图 4　2018 年宁夏回族自治区物流业增加值增长情况

四、货运量和货运周转量增速有所回暖

2018 年，宁夏回族自治区完成货运量 40133.88 万吨，同比增长 2.1%，增速比上年同期回升 13.6 个百分点，比第一、第二和第三季度分别回升 11.0 个、8.2 个和 4.0 个百分点。累计完成货运周转量为 690.94 亿吨公里，同比下降 14.6%，增速比上年同期回落 7.4 个百分点，比第一和第二季度分别回升 1.7 个和 0.4 个百分点，比第三季度回落 1.1 个百分点。

从货运量及货运周转量构成情况看，有以下四个特点。

（一）铁路货运量平稳增长而货运周转量增速回落

2018 年，全区铁路货运量完成 7158.97 万吨，同比增长 9.6%，增速比 2017 年同期回落 2.2 个百分点，比第一季度回升 0.2 个百分点，比第二季度回落 5.1 个百分点，与第三季度持平。铁路货运量占全区货运量的 17.8%，拉动全区货运量增长 1.6 个百分点。其中，地方铁路货运量完成 4500.97 万吨，同比增长 18.9%。铁路完成货运周转量 227.67 亿吨公里，同比下降 9.4%，增速比上年同期回落 14.0 个百分点。

（二）公路货运量由负转正而货运周转量继续回落

2018 年，公路货运量完成 31757.00 万吨，同比增长 0.3%，增速比上年同期回升 15.7 个百分点，比第一、第二和第三季度分别回升 14.7 个、10.9 个和 4.8 个百分点。公路完成货运周转量 398.19 亿吨公里，同比下降 20.4%，增速比上年同期回落 7.0 个百分点，比第一和第二季度分别回升 6.6 个和 2.2 个百分点，比第三季度回落 2.3 个百分点。

（三）航空货运量及货运周转量增速较快

航空货运量完成 2.53 万吨，同比增长 33.7%，增速比上年同期回升 7.2 个百分点，比第一和第三季度分别回落 4.1 个和 12.2 个百分点，比第二季度回升 6.6 个百分点。航空完成货运周转量 3288.81 万吨公里，同比增长 15.1%，增速比上年同期回落 5.9 个百分点。

（四）管道货运量及货运周转量平稳增长

管道货运量完成 1215.38 万吨，同比增长 10.5%，增速比上年同期回升 11.4 个百分点，比第一、第二和第三季度分别回升 6.1 个、3.3 个和 1.0 个百分点。管道完成货运周转量 64.75 亿吨公里，同比增长 12.8%，增速比上年同期回升 5.6 个百分点。2018 年宁夏回族自治区四种运输方式货运量增长变化情况如图 5 所示。

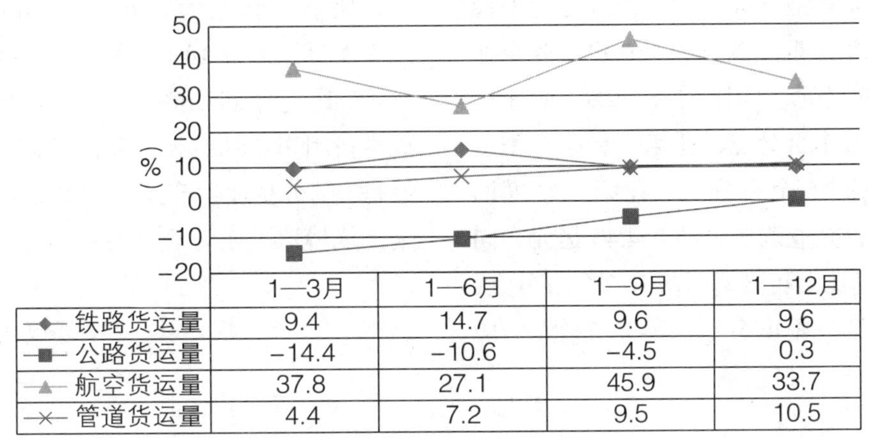

	1—3月	1—6月	1—9月	1—12月
铁路货运量	9.4	14.7	9.6	9.6
公路货运量	−14.4	−10.6	−4.5	0.3
航空货运量	37.8	27.1	45.9	33.7
管道货运量	4.4	7.2	9.5	10.5

图 5　2018 年宁夏回族自治区四种运输方式货运量增长变化情况

五、物流业固定资产投资降幅缩小

2018 年，宁夏回族自治区物流业固定资产投资同比下降 19.7%，增速比上年同期回落 25.0 个百分点，比第一、第二和第三季度分别回升 9.9 个、17.4 个和 0.5 个百分点，比同期全社会固定资产投资增速低 25.6 个百分点。其中，交通运输仓储邮政业投资额同比下降 19.7%，增速比上年同期回落 26.6 个百分点，比第一和第二季度分别回升 4.3 个和 17.0 个百分点，比第三季度回落 0.5 个百分点；批发零售业投资额同比下降 19.4%，增速比上年同期回落 10.8 个百分点，比第一、第二和第三季度分别回落 43.6 个、24.2 个和 22.4 个百分点。

六、重点物流企业降成本效果显现

2018 年，宁夏回族自治区重点调查的 53 户物流企业累计实现物流业务收入 45.92 亿元，同比下降 20.6%，增速比上年同期回落 45.0 个百分点，比第一和第二季度分别回落 1.0 个和 3.5 个百分点，比第三季度回升 37.4 个百分点；物流业务成本 41.84 亿元，同比下降 21.4%，增速比上年同期回升 38.7 个百分点，比第一和第二季度分别回落 0.13 个和 2.2 个百分点，比第三季度回升 38.7 个百分点；物流人员劳动报酬 2.57 亿元，与上年持平。每百元物流收入成本 91.11 元，比上年减少 1.02 元。但是当前物流企业经营仍然面临诸多问题，由于我区物流企业“小而散”，再加上行业内企业之间的竞争及服务价格的走低等因素影响，企业经营压力不断增大，物流企业盈利能力整体偏弱。2018 年物流业务利润 2.08 亿元，同比下降 35.0%。其中，盈利企业占重点调查企业 53.6%，比上年下降 7.1 个百分点。

七、重点企业物流运行平稳健康发展

2018 年，在宁夏回族自治区党委政府的坚强领导下，全区各地各部门深化供给侧结构性改革，及时研究和解决经济运行中的新情况、新问题，加快推进产业转型升级，确保经济运行平稳健康发展。2018 年，重点调查的 116 户工商企业销售总额 1348.27 亿元，同比增长 2.0%，增速比上年同期回落 12.0 个百分点，比第一和第三季度分别回落 1.9 个和 7.5 个百分点，比第二季度回升 30.6 个百分点；企业购进总额 854.40 亿元，同比增长 0.9%，增速比上年同期回落 30.2 个百分点，比第一、第二和第三季度分别回落 41.7 个、30.2 个和 21.3 个百分点；物流成本 104.89 亿元，同比增长 8.1%，增速比 2017 年同期回落 2.6 个百分点，比第一季度回落 16.9 个百分点，比第二、第三季度分别回升 14.1 个和 33.5 个百分点；购销比 63.4%，比上年同期降低 0.7 个百分点；企业物流成本费用率 7.8%，比上年同期回升 0.5 个百分点。但是，部分企业生产经营困难。2018 年 1—11 月，全区规模以上工业企业亏损面达到 31.6%。

（宁夏现代物流协会）

2018年南京市物流业发展情况

2018年南京市物流产业坚持贯彻新发展理念，充分利用南京市发展的资源优势和产业基础，把握产业转型升级的新机遇，促进新动能转换，为物流产业的积极稳健发展提供了广阔的需求增长空间，物流产业规模进一步扩大，效率进一步提升，活力进一步增强，环境进一步改善，全市物流产业奏响高质量发展主旋律，为更好地建设"强富美高"新南京贡献力量。

一、物流业发展的总体情况

2018年南京市物流行业总体上保持持续平稳健康的发展态势，物流业各项指标均呈现较好的趋势。

（一）社会物流总额规模扩大，需求稳中有进

2018年南京市社会物流总额35824.66亿元，同比增长9.4%。从2010—2018年的发展数据中可以看出，南京市社会物流总规模呈现不断增长的态势，物流需求增速稳中有进，具体如图1所示。在社会物流总额不断扩大的同时，与民生相关的特色物流发展加快，快递速运、城市配送、农产品物流、物流平台、一体化物流等特殊服务也成为新的增长点。

一是工业品物流仍占据主导地位。2018年，南京市工业物流总额完成18704.95亿元，同比增长7.8%，占社会物流总额的52.2%。

二是进出口贸易发展合理增长。2018年，南京市进口货物物流总额1831.35亿元，同比增长3.1%，占社会物流总额的5.1%。外省市商品购进额14865.43亿元，同比增长12.6%，占社会物流总额的41.5%，占比较上年同期提升1.2个百分点。

三是农产品物流增速平稳。2018年，南京市农产品物流总额完成234.90亿元，同比增长4.0%，占社会物流总额的0.7%，占比与2017年同期持平。

（二）社会物流总费用与GDP的比率进一步降低

2018年南京市经济运行中的物流效率有所提升，成本进一步降低。2018年全市社会物流总费用1759.25亿元，同比增长7.8%，增速低于南京市社会物流总额1.6个百分点。社会物流总费用与GDP的比率为13.8%，比上年下降0.1个百分点。2010—2018年南京市社会物流总费用及与GDP比率的变化情况如图2所示。

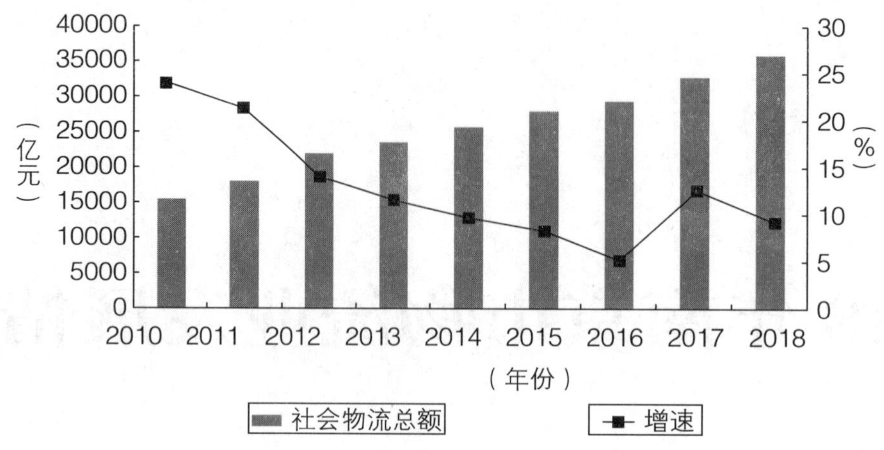

图 1　2010—2018 年南京市社会物流总额及增速变化走势

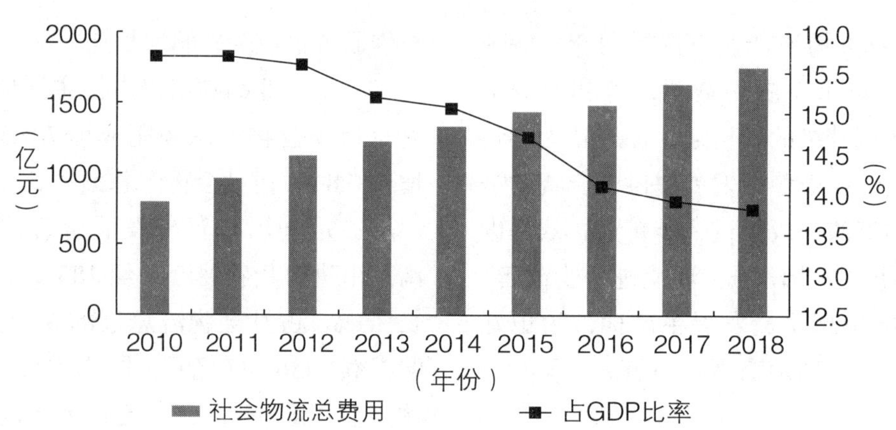

图 2　2010—2018 年南京市社会物流总费用及与 GDP 比率的变化情况

从南京市社会物流总费用构成的情况看，有如下特征。

一是运输费用增长稳中趋缓。2018 年，南京市运输方式不断优化，公路、水路运输与港口装卸搬运需求保持稳定，运输费用达 832.15 亿元，同比增长 7.6%，增幅比上年同期回落 2.2 个百分点，占社会物流总费用的 47.3%，占比比上年同期回落 0.1 个百分点。

二是保管费用合理增长。2018 年，南京市物流一体化服务能力不断完善，城乡配送、流通加工等支出规模有所扩大，保管环节费用达 701.15 亿元，同比增长 8.6%，增幅比上年同期回落 2.3 个百分点，占社会物流总费用的 39.9%，占比比上年同期提升 0.3 个百分点。

三是管理费用缓慢增加。2018 年，南京市第三方物流管理咨询、委外管理和方案设计等服务不断优化，管理费用达 225.95 亿元，同比增长 5.8%，增幅比上年同期回落 3.0 个百分点，占社会物流总费用的 12.8%，占比比上年同期回落 0.3 个百分点。

（三）物流业增加值同比增长，发展形势良好

2018 年南京市物流业增加值为 834.08 亿元，按可比价格计算同比增长 7.5%，增幅保持在合

理区间。物流业增加值占全市服务业增加值的比重为10.7%，占南京市GDP的6.5%，占比与上年同期持平。2010—2018年南京市物流业增加值走势如图3所示。

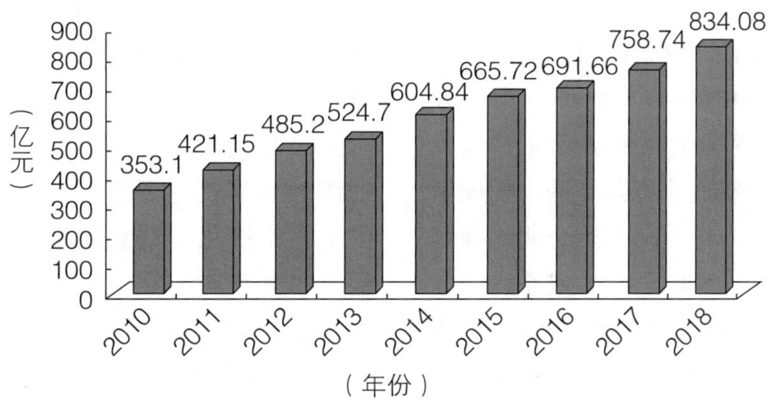

图3　2010—2018年南京市物流业增加值走势

二、物流业生产运行的特点

（一）交通运输行业营业收入保持平稳

2018年，南京市399家规模以上交通运输仓储邮政业企业合计实现营业收入1243.77亿元，占整个规模以上服务业行业营业收入近四分之一，同比增速为4.9%。从行业内部构成看，在交通运输行业中收入占比最高的是公路运输业，该行业实现营业收入434.71亿元，同比增长4.7%，低于交通运输行业平均增速0.2个百分点，在整个交通运输仓储邮政业占比超过三分之一，公路运输业继续支撑着交通运输行业的发展。管道运输业收入增速达到31.5%，发展迅猛，增速在整个交通运输仓储邮政业处于遥遥领先的地位，高出交通运输行业平均增速26.6个百分点。除道路运输业外其他的增速排名依次为装卸搬运和仓储业、邮政业，营业收入增速分别为27.2%和19.0%，高出交通运输行业平均增速22.3个和14.1个百分点。

（二）货运量发展呈现合理区间

2018年，南京市货运总量38563.56万吨，同比增长8.7%，增幅呈现合理区间，比2017年回落3.7个百分点，比2016年提升3.2个百分点。其中铁路货运量为1479.53万吨，同比增长6.2%；公路货运量为15751.00的万吨，同比增长5.2%；水路货运量15955.00万吨，同比增长7.5%；航空货运量7.67万吨，同比下降6.3%；管道货运量5370.36万吨，同比增长26.5%。除了航空货运有所下降外，其他四种运输方式全部实现正增长的发展态势。

（三）国际航空枢纽建设初现成效，运力增长显著

目前南京禄口机场已开辟连接20个国家和地区、33个城市的国际客运航线，其中洲际航线8条，新开通莫斯科、圣彼得堡、赫尔辛基三条洲际航线，新增至芝加哥、纽约两条货运航线，国际通达能力进一步提升。运营公司63家，其中客航55家，新增俄罗斯艾菲航空、芬兰航空、美国康尼航空三家国际航空公司。2018年全年在货邮运输量持续回落的情况下，国际货邮仍保持34%的高速增长态势，国际货邮吞吐量达到3.24万吨，占比8.9%，比上年提高了2.5个百分点。从航线上看，其中国际航线239.1万人次，同比净增39.5万人次，同比增长19.8%；地区航线103.6万人次，同比净

增 8.3 万人次，同比增长 8.7%。

（四）公路货运市场供给侧结构性改革初见成效

公路货运市场新旧模式有效融合，供给侧结构性改革初见成效。2018 年以来，南京市积极鼓励和引导传统道路货运企业主动适应并融入多式联运发展大局，调整优化经营结构，积极拓展短途接驳运输服务，支持道路货运企业加强与铁路相关企业战略合作，共同开发多式联运服务产品，探索发展驮背运输、公铁两用挂车甩挂运输等新模式，创新“挂车池”、挂车租赁、长短途接驳甩挂、城市物流共同配送等服务方式，推动道路货运新旧业态加快融合发展，不断提高市场组织化程度，社会货运企业周转量、物流企业到发量等主要经济指标明显提升。2018 年，全市公路完成货运量 1.58 亿吨，同比增长 5.2%，增幅比上年同期回落 7.0 个百分点；公路完成货运周转量 253.26 亿吨公里，同比增长 15.2%，增幅比上年同期提升 0.5 个百分点。

（五）水路货运量市场发展不断好转

水路市场发展受多方面因素的影响，一是国家“一带一路”、长江经济带和长江航运物流中心建设等政策扶持下，南京市水路货运逐步呈现上升的趋势，运力结构调整逐步深入，大中型水运企业积极响应国家“调结构”的要求转变运营方向。二是受全球经济放缓及海湾地区紧张局势等国际大环境影响，虽然沿海货源及航次增加较多，运输量和周转量有一定增长，但有 11 条原驶往中东、非洲地区的远洋航线调整为东南亚地区航线，平均运距同比缩短 2672 公里，远洋运输周转量下降明显。三是在运输结构调整上，专业化运输景气度明显好于普通货物运输，2018 年前三季度大宗干散货中的煤炭、矿建材料等传统货物运输有一定下降，但集装箱运输、液货危险品运输、载货汽车滚装运输等专业化运输却能稳定增长。四是受 2018 年四季度天气转冷影响，集中供暖、用电负荷增加等因素拉动了煤炭市场需求回升，加之国家限制煤炭进口，地方电厂积极增补煤炭库存，内河运输市场有所回暖。五是受天气和国家油价波动等因素影响，原油及其制品需求明显上升，油轮运价也有小幅回升，但运输成本明显增加也使海运企业运营仍面临较大压力。在多方影响的推动下，2018 年全市水运运输完成货运量 1.60 亿吨，同比增长 7.5%，增幅比上年同期提升 2.1 个百分点，完成货运周转量 2755.34 亿吨公里，同比下降 8.2%，比上年同期回落 43.4 个百分点。2017—2018 年南京市 2—12 月水路货运量逐月走势如图 4 所示。

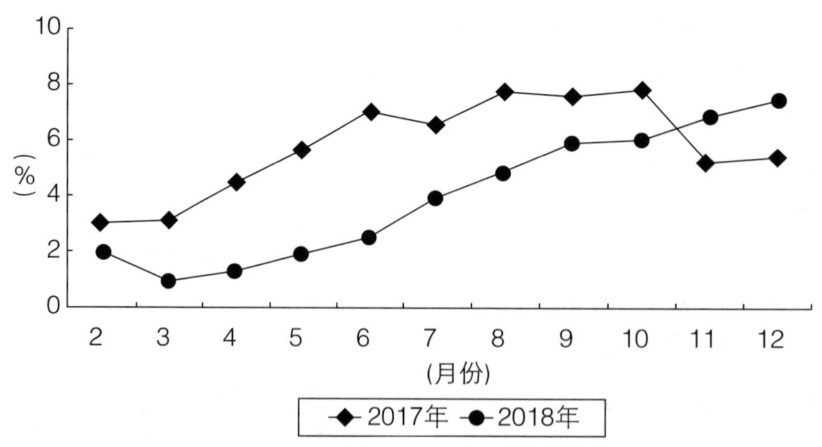

图 4　2017—2018 年南京市 2—12 月水路货运量逐月走势

（六）港口货物吞吐量发展稳中向好

2018年以来，港口生产稳步提升，货物吞吐量自二季度以来逐月提升，增速加快，但到11月开始受大雾天气和环保管控影响，总体形势出现明显回落。外贸吞吐量增幅成亮点，本地电厂、钢厂和化工企业对金属矿石、石油化工的需求旺盛，拉动了外贸货物吞吐量快速增长，2018年1—12月，全港完成外贸货物吞吐量3103万吨，同比增长26.5%，其中石油、金属矿石及化工原料增长较快。2018年，南京市全市规模以上港口完成货物吞吐量2.52亿吨，同比增长6.6%，增幅比2017年同期回落1.0个百分点；完成集装箱吞吐量320.50万标准箱，同比增长1.2%，增幅比去年同期回落1.5个百分点。

2017—2018年南京市2—12月港口货物吞吐量逐月走势如图5所示。

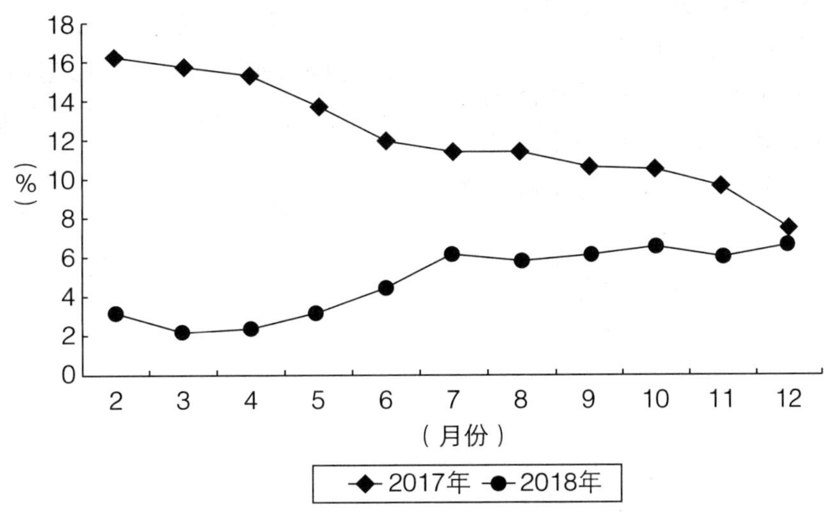

图5　2017—2018年南京市2—12月港口货物吞吐量逐月走势

三、南京物流业发展存在的短板

从南京市物流业发展的情况看，物流业尚存在一些短板。

（一）物流业基础设施相对滞后

现代物流业是融合运输、仓储、货代、信息等产业的复合型服务业，物流企业的工作比较严谨，供应链一环扣一环，处理起来比较琐碎，任何一环出现问题，都会影响物流业的整体发展。目前，南京市缺少能够提供完整的物流一条龙服务的现代物流企业。港口、公路、机场、铁路以及物流园区等物流硬件基础设施的建设相对滞后，直接制约了南京市物流业的进一步发展。

（二）物流信息化水平亟待提升

信息及网络技术的应用程度是衡量物流企业现代化发展水平的重要指标。南京市虽然也有很多以互联网为基础的物流信息系统及信息交换平台，但是整体水平偏低，社会公共物流信息交流平台没有得到广泛应用，各平台之间缺乏协同整合，标准不一，不能有效融合相关信息，信息资源共享程度低，企业运输效率、货物安全意识和仓储业务的信息化、精细化、智能化管理水平都有待进一步提升。

（三）中小物流企业发展面临着诸多挑战

在经济快速发展的大环境下，中小物流企业是物流行业中成长最快的科技创新力量。但南京市的中小物流企业面临着诸多挑战：规模小、实力弱、管理体制不健全、资金实力不强、物流服务水平不高，这些都一定程度上降低了企业的竞争力。有些中小物流企业品牌意识不强、定位不准，只有运输或者只有仓储单功能的物流企业的出现，也使得物流业恶性的不规范竞争愈演愈烈，最终使企业在竞争中处于越来越不利的地位。

四、打造南京市物流业发展新高地的对策建议

2018 年是全面贯彻党的十九大精神的开局之年，尽管南京市物流业发展总体呈现积极变化，但供给侧结构性改革任务依然较重，活跃市场、促进现代物流业提质增效压力依然较大。下阶段，南京市必须坚持新发展理念，加大对重点企业的培育力度，着力补齐物流业发展短板，促进新动能转换，全力打造南京市物流业新高地，推动物流行业结构持续优化升级。

（南京市商务局　江滢　查莉华　顾国祥）

2018 年扬州市物流业发展情况

2018 年，扬州市物流需求平稳增长，总体运行态势良好，为全市社会经济较快发展提供了重要保障。现将全市物流业主要指标核算情况通报如下。

一、社会物流总额

2018 年，扬州市社会物流总额为 15632.74 亿元，同比增长 8.53%。其中，工业品物流总额为 11609.16 亿元，同比增长 7.65%，占社会物流总额的 74.26%；进口货物物流总额为 213.73 亿元，同比增长 17.70%，占社会物流总额的 1.37%；农产品物流总额为 282.71 亿元，同比增长 3.82%，占社会物流总额的 1.81%；外省市商品购进额为 2936.58 亿元，同比增长 13.47%，占社会物流总额的 18.78%；其他物流总额为 590.56 亿元，同比增长 2.18%，占社会物流总额的 3.78%。

二、社会物流总费用

2018 年，扬州市社会物流总费用为 802.83 亿元，同比增长 7.21%，社会物流总费用与 GDP 的比率为 14.69%。其中，运输费用为 456.85 亿元，同比增长 5.54%；保管费用为 260.94 亿元，同比增长 9.24%；管理费用为 85.04 亿元，同比增长 10.36%。

三、物流业增加值

2018 年扬州市物流业增加值为 365.09 亿元，按可比价计算同比增长 9.54%。

（扬州市工业和信息化局）

2018年铜陵市物流业发展情况

2018年，铜陵市物流业主营业务收入59.73亿元，同比增长29.9%。全年共完成货物运输量9935.7万吨，同比增长13.67%。其中，完成铁路货运量386.7万吨，公路货运量3789.0万吨，水路货运量5760.0万吨。完成港口吞吐量1.001亿吨。

一、降成本

提请出台《关于进一步推进物流降本增效促进实体经济发展的贯彻意见》，进一步深化物流领域“放管服”改革，优化道路运输通行管理，推动货物通关便利化，完善物流领域相关税收政策，加强物流领域收费清理等，任务按季度分解，逐项落实到位。

二、给扶持

依据《铜陵市加快物流业发展若干扶持政策》，制订现代物流业专项资金申报指南，完成了现代物流业扶持资金申报审核发放工作。全年共发放市财政扶持资金467.14万元，县区财政发放扶持资金304.1万元。

三、助先进

积极开展无车承运人试点工作，铜冠物流公司在2018年3月通过交通运输部初次考核，保留全国首批无车承运试点企业资格，运营状态良好，共注册会员142位，注册车辆1787辆，成交订单81059单，成交运量327万吨，成交金额1.13亿元。

（安徽省交通运输厅）

2018 年青岛市物流业发展情况

2018 年，青岛市物流业紧紧围绕“创新、协调、绿色、开放、共享”的新发展理念，以多式联运为突破口，围绕“六个一”工程，紧抓关键环节和重点领域，通过运行分析把握产业发展规律，通过优化产业结构培育新增长点，通过推动模式创新形成新动能，通过改善政策环境提升发展能级，推动物流业、特别是海铁多式联运迈上一个新台阶。

经过多年的发展，青岛市被国家列为“一带一路”新亚欧大陆桥经济走廊主要节点城市，是海上合作战略支点、全国性综合交通枢纽、全国物流节点城市和港口型、空港型、生产服务型、商贸服务型国家物流枢纽承载城市，获批国家首批现代物流创新发展试点城市，被评为全国改革开放四十年物流发展引领城市，多次荣获全国物流中心城市杰出成就奖、中国物流最佳投资环境奖和中国物流城市管理创新奖。

一、物流业发展现状

2018 年，青岛市物流业总体发展稳中有变，社会物流总额 26160.26 亿元，同比增长 9.6%，较 GDP 增速高 0.7 个百分点。物流业增加值实现 1086.2 亿元，占全市 GDP 的比重为 9.1%。港口货物吞吐量和集装箱吞吐量分别为 5.42 亿吨和 1931.5 万标准箱。机场货邮吞吐量 22.5 万吨。青岛市物流业景气指数连续 12 个月处于景气区间，均值为 52.7%，物流业延续稳中有升的活跃发展态势。海铁联运集装箱班列达到 40 条，全年完成海铁联运箱量 115.4 万标准箱，同比增长 49.4%，连续 4 年保持全国沿海港口首位。

2018 年，引领行业发展的标杆企业不断涌现，国家 A 级物流企业达到 77 家，国际多式联运骨干企业近 20 家，青岛远洋大亚、山东陆桥等青岛市第三方多式联运承运企业，运营货量占全市过境货物总量的 80% 以上，中创物流成为青岛首家通过证监会上市审核的民营物流企业，福兴祥等 6 个项目获批山东省首批物流专项示范项目。

二、模式创新释放新动能

（一）推广货运组织新模式

发挥青岛“一带一路”跨境集装箱海公铁

多式联运示范工程项目带动效应，实现青岛港与即墨陆港深度融合。深化“一带一路 · 第四方物流 · 青岛模式”，无车承运平台在线车辆达10000余辆，整合货代企业27家，“箱满列”中外运多式联运平台入选省第二批多式联运示范工程项目，青岛成为全国22个绿色货运配送示范创建城市之一。

（二）打造智慧物流新格局

顺丰与青岛港共同搭建“互联网 +”港口供应链服务体系，与军港合作打造军民融合服务创新模式。中创物流升级建设南港智能仓库，工作效率提升60%。前湾港自动化集装箱码头生产效率提升30%。传化智能公路港打造物流企业公共服务平台，提升物流效率20%。苏宁小件送货无人机应用成效初显。日日顺完成从制造业企业物流和物流企业向平台企业转型。

（三）创造供应链新价值

出台《青岛市供应链体系建设工作方案》，推进物流标准化、供应链平台、农产品追溯等重点建设任务。青岛被认定为55个全国供应链创新与应用试点城市之一，海尔集团、青岛酷特智能股份有限公司等8家企业入选全国供应链创新与应用试点。

三、基础设施网络日益完善

（一）交通与物流设施共同推进

前湾港区迪拜环球集装箱码头西侧2个泊位竣工投产。龙青高速龙口至莱西段建成通车。新机场航站楼主体完成，飞行区场道混凝土道面完成。济青高铁、青盐铁路、董家口疏港铁路开通。宝湾物流中心、京东物流园、胶州铁路物流基地一期投入运营。胶州集装箱中心站二期基本完工，董家口铁路物流园等10余个投资亿元以上大项目加快建设。

（二）海陆空网络辐射协同拓展

开通至关丹港、吉大港集装箱直达航线和“青岛—大阪”集装箱滚装快船航线，新增海上集装箱航线13条。与西班牙卡塔赫纳港等全球22个港口建立友好港关系。开通“芝加哥—青岛—仁川”货运航线，新增空中航线35条、加密航线18条。建成郑州、西安、新疆等10个内陆港，即黄班列被列入中国铁路货运列车运行网络。新增德州齐河等3条省内班列，“黄岛—胶州—即墨”形成港站联动“三点支撑”新格局。

四、环境优化提升发展能级

（一）建立沟通机制

加强青岛多式联运发展联盟成员之间的联系，定期走访联盟成员单位，发挥40余家企业、协会等成员单位作用，统筹推进多式联运相关工作，打造沟通政府的桥梁、联系企业的纽带、合作共赢的平台。

（二）完善指数体系

在每季度出台全市物流业统计分析报告基础上，持续优化月度物流景气指数发布。深化青岛国际航运服务中心功能，发布青岛中韩、中日、东北亚、“一带一路”、中欧等航运指数，开展“一带一路”海铁联运集装箱指数、干散货航运指数研究，为企业研判市场、政府决策提供科学依据。

（三）聚焦产业政策

出台《关于加快发展冷链物流保障食品安全促进消费升级的实施意见》《关于进一步推进物流降本增效促进实体经济发展的通知》。制定国际班列补助政策，对从事中亚、中蒙和东盟、中韩班列的物流代理企业分别给予每标准箱3000元、2000元、1000元的奖励。编制《中国—上海合作组织地方经贸合作示范区国际多式联运通道建设发展规划》。

（四）推进精准招商

参加在北京、上海、杭州、深圳等地召开的青岛市投资政策说明及项目对接会，开展千企招商大走访，制订世界500强、中国服务业500强、独角兽企业走访方案，先后走访企业40余家。苏宁智慧产业园等20个内资项目、胶州电商冷链产业园等11个外资项目签约。

（五）加强交流宣传

推进与意大利瓦多利古雷港码头、阿布扎比哈里发港二期集装箱码头合资合作。推进日本通运公司与中外运华中、胶州铁路集装箱中心站、山东高速物流集团与哈萨克斯坦国有铁路战略合作。举办1次多式联运发展专题讲座，组织考察2个城市，召开3次座谈会，国家、省、市新闻媒体10余次专题宣传报道青岛多式联运发展经验。

总体来看，青岛市物流业保持平稳发展，但同时仍面临一些问题：一是物流运行效率虽然高于全国平均水平，但与国外发达国家8%~10%相比，仍需进一步提升，运输结构不尽合理，海铁联运占比不到5%，而发达国家已达到20%，降本增效仍有较大空间；二是基础设施连接不充分，物流园区与公路、铁路、港口、机场等基础设施节点还没有形成有机衔接，集疏运通道仍需完善，物流基础设施与产业合度不够，对区域经济的支撑作用没有充分发挥；三是物流供给结构性失衡明显，公路货运市场“车多货少”问题比较突出，一定程度造成企业成本居高不下，超限超载等违法违规问题依然存在，随着运输结构调整，普通货运产能过剩的局面将更加突出。

（青岛市交通运输局物流处　戚丽丽）

2018 年武汉市物流业发展情况

2018 年，武汉市物流业运行总体平稳，呈现稳中有进、进中提质的良好态势，保持着高质量发展的良好势头。

一、物流业主要运行指标

（一）社会物流总额

2018 年，武汉市社会物流总额为 36459.54 亿元，同比增长 9.7%，增速低于上年 0.9 个百分点。分季度来看，一季度 7663.89 亿元，同比增长 8.9%，上半年 16716.02 亿元，同比增长 11.3%，前三季度 25629.53 亿元，同比增长 9.1%。

从构成来看，农产品物流总额 574.27 亿元，同比增长 0.5%，与上年相比，增速回落 5.3 个百分点；工业品物流总额 16994.60 亿元，同比增长 6.9%，增速低于上年 5.1 个百分点；进口货物物流总额 873.30 亿元，同比增长 12.9%，增速低于上年 2.9 个百分点；再生资源物品物流总额 49.12 亿元，同比增长 13.7%，增速高于上年 11.0 个百分点；单位与居民物品物流总额 101.31 亿元，同比增长 17.6%，增速低于上年 15.6 个百分点；市外购进物品物流总额 17866.94 亿元，同比增长 13.4%，增速高于上年 4.4 个百分点。2018 年武汉市社会物流总额构成情况如图 1 所示，2016—2018 年武汉市社会物流总额同比变化情况如图 2 所示。

（二）社会物流总费用

2018 年，武汉市社会物流总费用为 2072.11 亿元，同比增长 9.5%，增速低于上年 2.8 个百分点。其中，运输费用 882.95 亿元，同比增长 10.6%，占比 42.6%，占比较上年上升 30.4 个百分点；保管费用 843.49 亿元，同比增长 6.8%，占比 40.7%，占比较上年回落 31.0 个百分点；管理费用 345.67 亿元，同比增长 13.9%，占比 16.7%，占比较上年上升 30.7 个百分点，三者占比呈现“42.6 : 40.7 : 16.7”结构特征。2018 年武汉市社会物流总费用构成情况如图 3 所示。运输费用占比增加而保管费用占比有所回落，反映出全市物流流通速度加快，库存周转与资金周转双双加快，去库存效果较好，物流运行效率进一步提升。

分季度来看，一季度 424.34 亿元，同比增长 12.2%，上半年 958.45 亿元，同比增长 12.7%，前三季度 1483.96 亿元，同比增长 11.8%。四个季度占比依次呈现“20.5 : 25.8 : 25.4 : 28.4”结构特征。

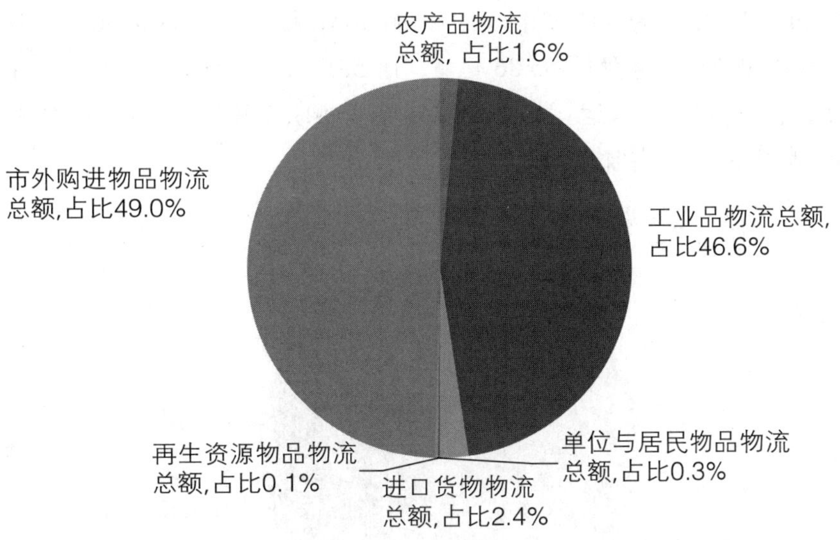

图1　2018年武汉市社会物流总额构成情况

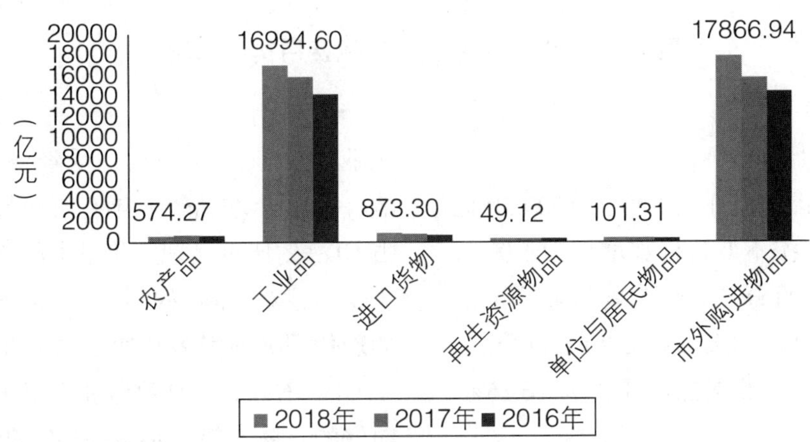

图2　2016—2018年武汉市社会物流总额同比变化情况

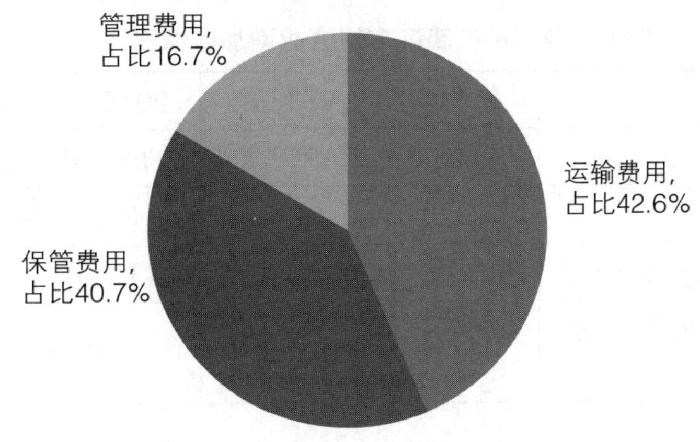

图3　2018年武汉市社会物流总费用构成情况

2018年，武汉市运输费用为882.95亿元，同比增长10.6%。其中铁路运输费用85.86亿元，同比增长8.3%，占比9.7%；水运运输费用267.02亿元，同比增长6.3%，占比30.2%；公路运输费用519.65亿元，同比增长11.6%，占比58.9%；航空运输费用10.42亿元，同比增长46.9%，占比1.2%。具体构成情况如图4所示。

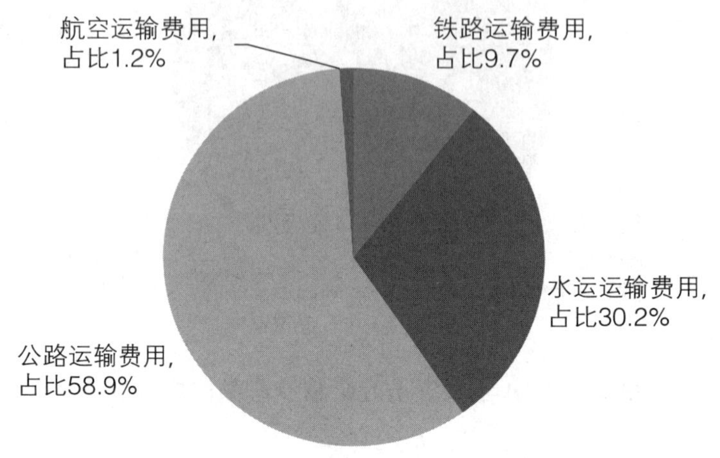

图4　2018年武汉市运输费用构成情况

（三）物流业增加值

2018年，武汉市物流业增加值为1309.20亿元，同比增长8.3%（按不变价计算增幅为6.0%），增速低于上年1.4个百分点。全市物流业增加值占GDP的比重为8.82%，同比下降0.20个百分点。物流业增加值占第三产业增加值比重为16.15%，同比下降0.78个百分点。

从近五年增加值的变化情况来看，武汉市物流业增加值逐年增长，受经济下行压力加大影响，2018年增幅较上年有所回落。物流业增加值占GDP的比重呈现逐年下滑的趋势，主要原因在于全市战略性新兴产业和以旅游、金融等为代表的现代服务业发展较快，物流业增加值的增幅低于GDP增幅，但从物流业自身来看，仍呈现稳定向好的发展态势。2014—2018年武汉市物流业增加值及增长走势情况如表1和图5所示。

表1　2014—2018年武汉市物流业增加值情况

指标名称	2014年	2015年	2016年	2017年	2018年
物流业增加值（亿元）	952.05	1018.63	1102.02	1208.96	1309.20
同比增长（%）	9.6	7.0	8.2	9.7	8.3
物流业增加值占GDP的比重（%）	9.45	9.34	9.25	9.02	8.82
物流业增加值占第三产业增加值的比重（%）	19.30	18.31	17.51	16.93	16.15

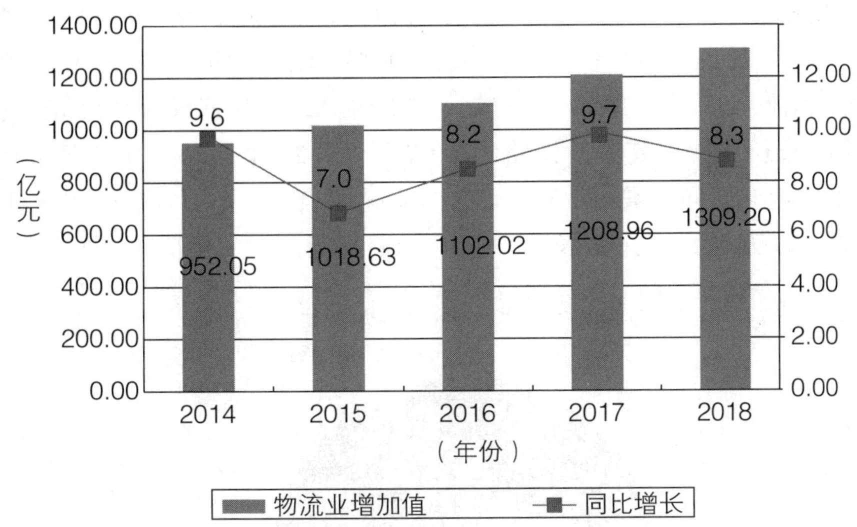

图5　2014—2018年武汉市物流业增加值及增长走势情况

分季度来看，2018年一季度247.90亿元，同比增长8.8%，上半年582.61亿元，同比增长8.7%，前三季度961.61亿元，同比增长8.7%。

（四）物流业总收入

2018年，武汉市物流业总收入为1532.09亿元，同比增长12.6%。分季度来看，一季度280.84亿元，同比增长9.8%，上半年652.16亿元，同比增长9.4%，前三季度1088.80亿元，同比增长10.4%。2018年武汉市物流业总收入及增长情况如图6所示。

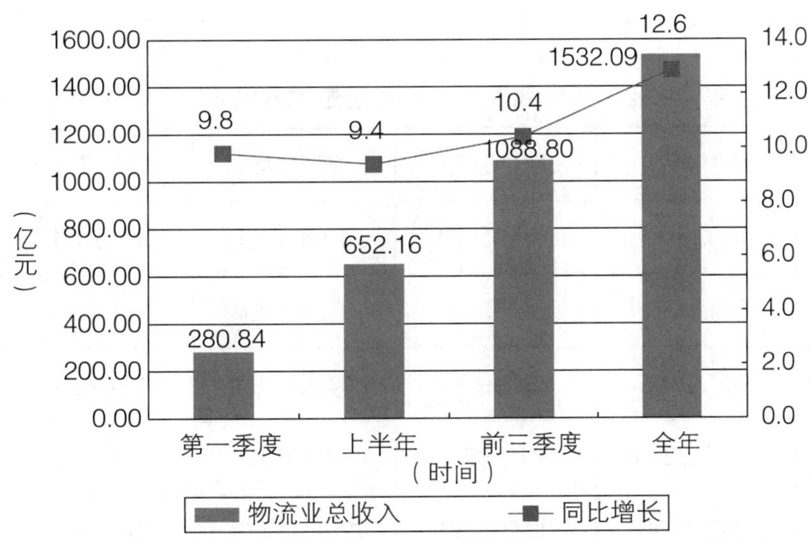

图6　2018年武汉市物流业总收入及增长情况

（五）主要货运指标

1. 货运量

2018 年，武汉市社会货运总量累计完成 62517.88 万吨，同比增长 9.2%。其中，铁路货运量累计完成 7372.80 万吨，同比增长 5.6%；水运货运量完成 16491.33 万吨，同比增长 7.8%；公路货运量完成 38633.90 万吨，同比增长 10.4%；航空货运量完成 19.85 万吨，同比增长 23.7%。2018 年武汉市社会货运量构成情况如图 7 所示，2014 —2018 年武汉市社会货运量构成情况如表 2 所示，2016—2018 年武汉市不同方式社会货运量变化情况如图 8 所示。

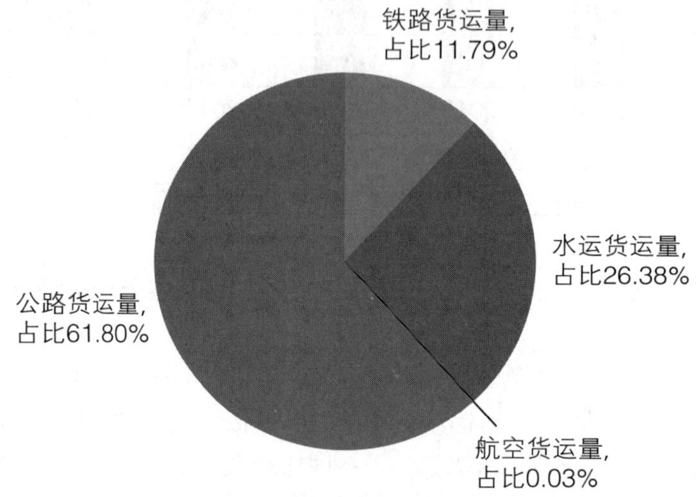

图 7　2018 年武汉市社会货运量构成情况

表 2　2014—2018 年武汉市社会货运量构成情况　单位：万吨

指标	2014 年	2015 年	2016 年	2017 年	2018 年
货运量合计	48529.99	48185.19	49981.81	57271.17	62517.88
铁路	7683.20	6579.00	6744.20	6980.90	7372.80
水运	12753.56	13099.71	14331.86	15292.25	16491.33
航空	10.23	10.89	13.83	16.04	19.85
公路	28083.00	28495.59	28891.92	34981.98	38633.90

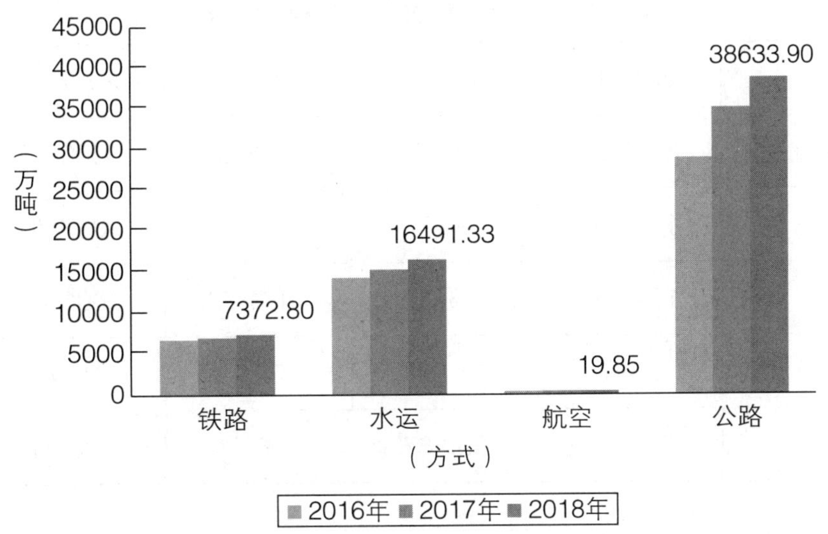

图 8　2016—2018 年武汉市不同方式社会货运量变化情况

2. 货物周转量

2018 年，武汉市社会货物周转量累计完成 3654.72 亿吨公里，同比增长 8.8%。其中，铁路货物周转量累计完成 1145.30 亿吨公里，同比增长 8.3%；水运货物周转量累计完成 1752.93 亿吨公里，同比增长 9.3%；公路货物周转量累计完成 750.56 亿吨公里，同比增长 7.8%；航空货物周转量累计完成 5.93 亿吨公里，同比增长 99.9%。2018 年武汉市社会货物周转量构成情况如图 9 所示，2014—2018 年社会货物周转量构成情况如表 3 所示，2016—2018 年社会货物周转量分方式变化情况如图 10 所示。

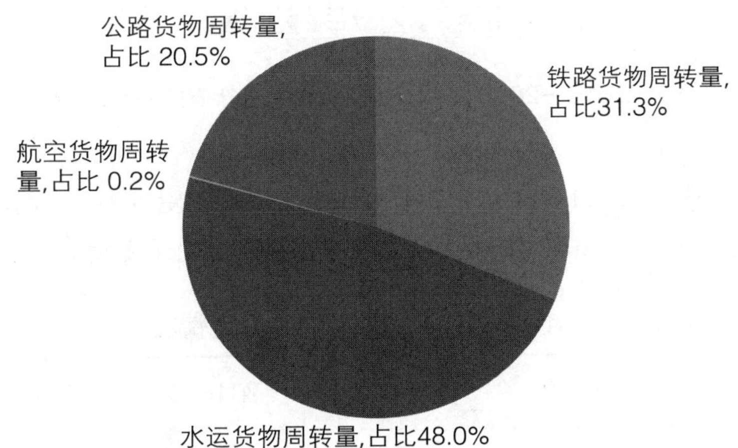

图 9　2018 年武汉市社会货物周转量构成情况

表 3　　2014—2018 年社会货物周转量构成情况　　单位：亿吨公里

指标	2014 年	2015 年	2016 年	2017 年	2018 年
货物周转量合计	3025.71	2951.92	3082.35	3360.20	3654.72
其中：铁路	1113.00	995.70	971.50	1057.70	1145.30
水运	1345.63	1357.68	1471.73	1603.22	1752.93
航空	1.49	1.67	2.51	2.97	5.93
公路	565.59	596.87	636.61	696.31	750.56

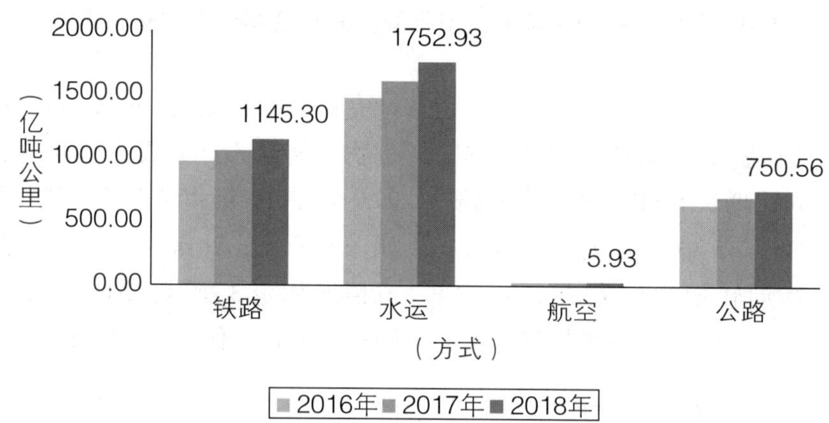

图 10　2016—2018 年社会货物周转量分方式变化情况

3. 机场货物吞吐量

2018 年，武汉机场货物吞吐量累计完成 22.16 万吨，同比增长 19.8%。2014—2018 年武汉市机场货物吞吐量情况如表 4 所示，2014—2018 年武汉市机场货物吞吐量变化情况如图 11 所示。

表 4　　2014—2018 年武汉市机场货物吞吐量情况

指标	2014 年	2015 年	2016 年	2017 年	2018 年
机场货物吞吐量（万吨）	14.30	15.74	17.53	18.50	22.16
同比增长（%）	10.5	10.1	11.37	5.5	19.8

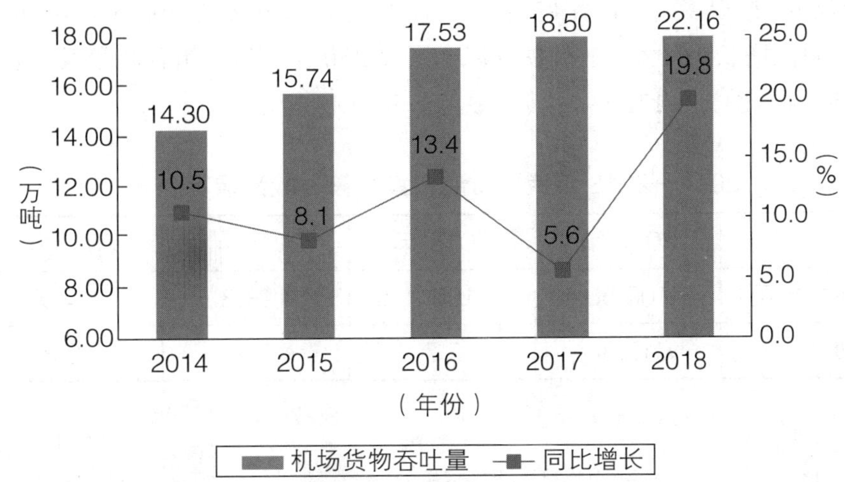

图 11　2014—2018 年武汉市机场货物吞吐量变化情况

4. 港口货物及集装箱吞吐量

2018 年，武汉市港口货物吞吐量累计完成 10318 万吨，同比增长 3.0%，增速低于上年 8.3 个百分点。2014—2018 年武汉市港口货物吞吐量情况如表 5 所示，2014—2018 年武汉市港口货物吞吐量增长变化情况如图 12 所示。

表 5　2014—2018 年武汉市港口货物吞吐量情况

指标	2014 年	2015 年	2016 年	2017 年	2018 年
港口货物吞吐量（万吨）	8150	8455	9000	10018	10318
同比增长（%）	5.8	3.7	6.4	11.3	3.0

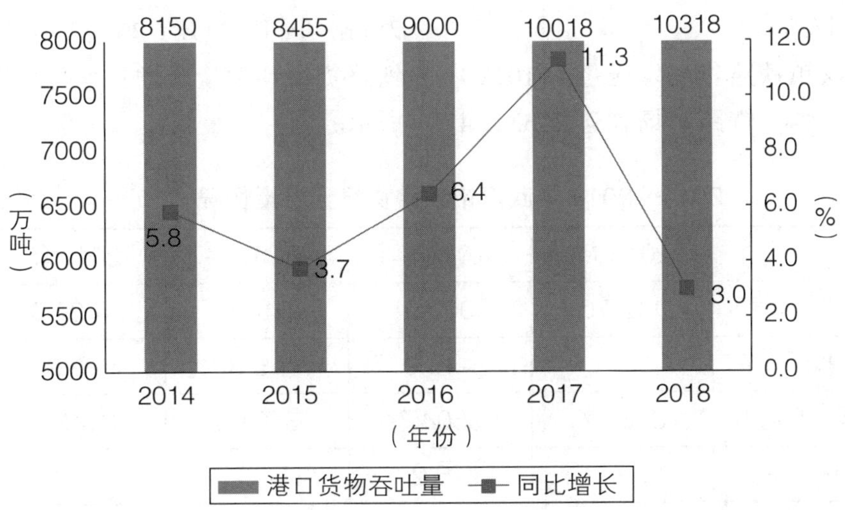

图 12　2014—2018 年武汉市港口货物吞吐量增长变化情况

2018年，武汉市港口集装箱吞吐量为157.46万标准箱，同比增长16.0%。全市铁水联运量58068标准箱，同比增长172.5%，其中铁水联运示范工程30848标准箱。2014—2018年武汉市港口集装箱吞吐量及增长变化情况如表6和图13所示。

表6　　2014—2018年武汉市港口集装箱吞吐量情况

指标	2014年	2015年	2016年	2017年	2018年
集装箱吞吐量（万标准箱）	100.50	106.2	113.3	135.7	157.46
同比增长（%）	17.8	5.7	6.7	19.8	16.0

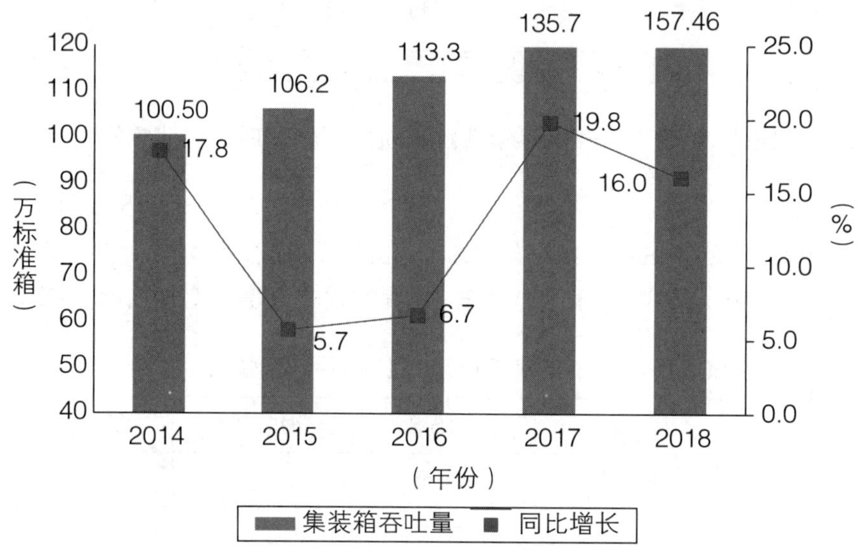

图13　2014—2018年武汉市港口集装箱吞吐量及增长变化情况

5. 铁路货场到发量

2018年，武汉市铁路货场发送量为1012.4万吨，同比下降2.4%；铁路货场到达量3342.4万吨，同比上升6.3%。2014—2018年武汉市铁路货场到发量及增长变化情况如表7和图14所示。

表7　　2014—2018年武汉市铁路货场到发量情况

指标	2014年	2015年	2016年	2017年	2018年
铁路货场发送量（万吨）	1127.0	969.9	918.8	1037.0	1012.4
同比增长（%）	—	−14.0	−5.3	12.9	−2.4
铁路货场到达量（万吨）	3734.7	3504.7	3181.3	3143.3	3342.4
同比增长（%）	—	−6.2	−9.2	−1.2	6.3

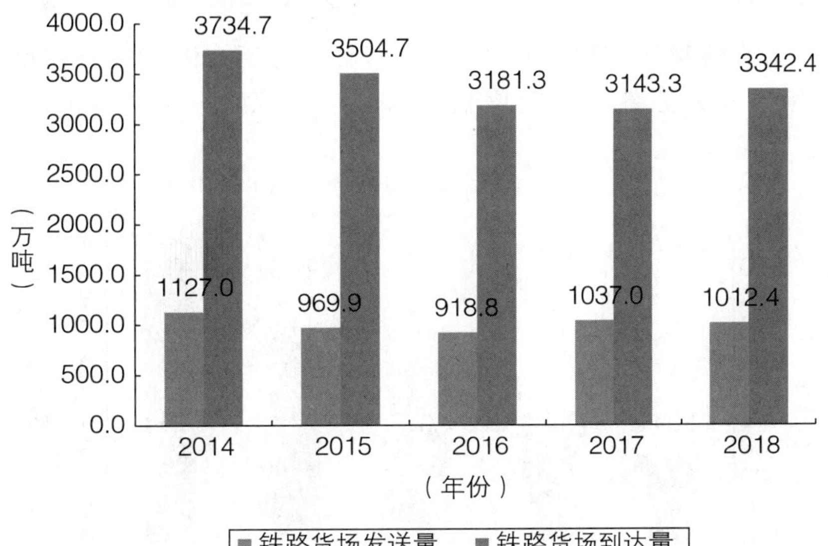

图 14　2014—2018 年武汉市铁路货场到发量及增长变化情况

（六）邮政业指标

1. 邮政业总体情况

2018 年，武汉市邮政业在国民经济下行压力较大与国内外环境复杂多变的情况下，持续保持着平稳较快的发展态势。全市邮政行业业务收入（不包括邮政储蓄银行直接营业收入）累计完成 115.85 亿元，同比增长 14.6%；业务量累计完成 196.16 亿元，同比增长 30.5%。

武汉市邮政业业务收入从 2014 年的 40.25 亿元增长至 2018 年的 115.85 亿元，年均增长 30.6%；邮政业务量从 2014 年 53.69 亿元增长至 2018 年的 196.16 亿元，年均增长 38.3%。具体发展情况如图 15 所示。

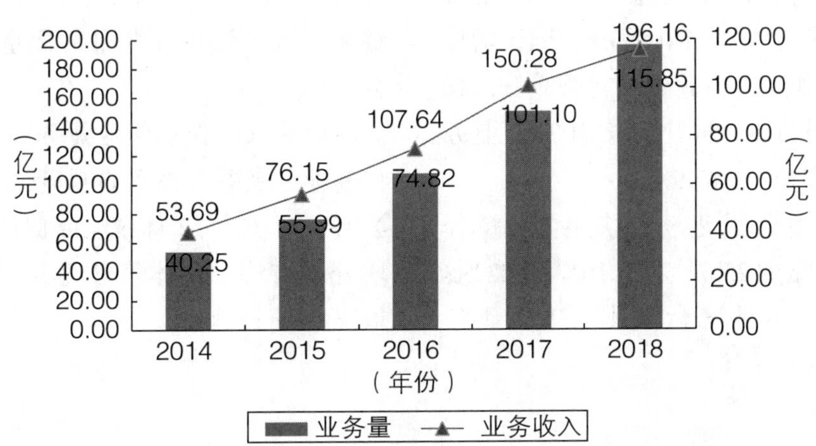

图 15　2014—2018 年武汉市邮政业发展情况

2. 快递行业发展情况

武汉快递服务企业业务量从 2014 年的 2.47 亿件增长至 2018 年的 9.26 亿件，年均增长 39.5%；快递业务收入从 2014 年的 30.08 亿元增长至 2018 年的 92.73 亿元，年均增长 33.0%。具体发展情况如图 16 所示。

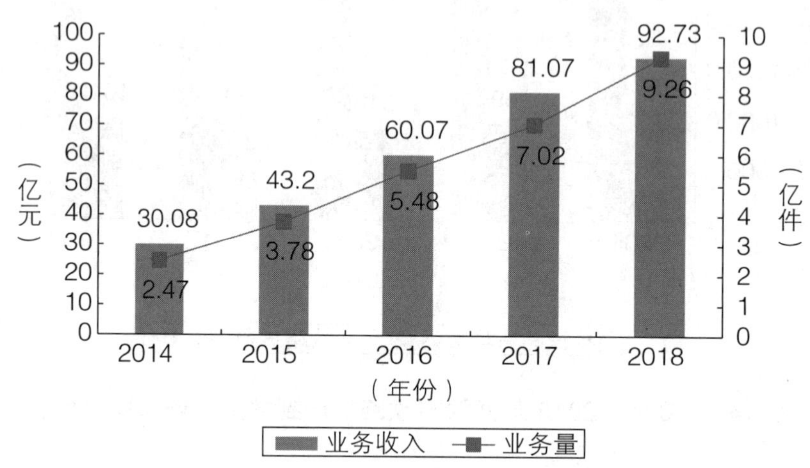

图 16　2014—2018 年武汉市快递行业发展情况

从快递业务类型来看，同城快递业务稳定增长，2018 年业务量 2.37 亿件，同比增长 29.8%，业务收入 17.41 亿元，同比增长 27.0%；异地快递业务继续占主导地位，2018 年业务量 6.78 亿件，同比增长 32.2%，业务收入 48.07 亿元，同比增长 15.8%；国际及港澳台快递业务增势强劲，2018 年业务量完成 1130 万件，同比增长 71.3%，业务收入 5.12 亿元，同比增长 47.9%。

同城、异地、国际及港澳台快递业务量分别占全部快递业务量的 25.62%、73.16% 和 1.22%；同城、异地、国际及港澳台、其他快递业务收入分别占全部快递收入的 18.77%、51.84%、5.52% 和 23.87%。与去年同期相比，同城快递业务量的比重下降了 0.42 个百分点，异地快递业务量的比重提高了 0.14 个百分点，国际及港澳台业务快递业务量的比重提高了 0.27 个百分点。

对武汉市快递企业业务经营月度分析显示，快递业务受季节性影响明显，2 月春节期间处于波谷，11 月、12 月在电商促销活动下业务量陡增处于波峰。具体每月业务量和业务收入变化情况如图 17 所示。

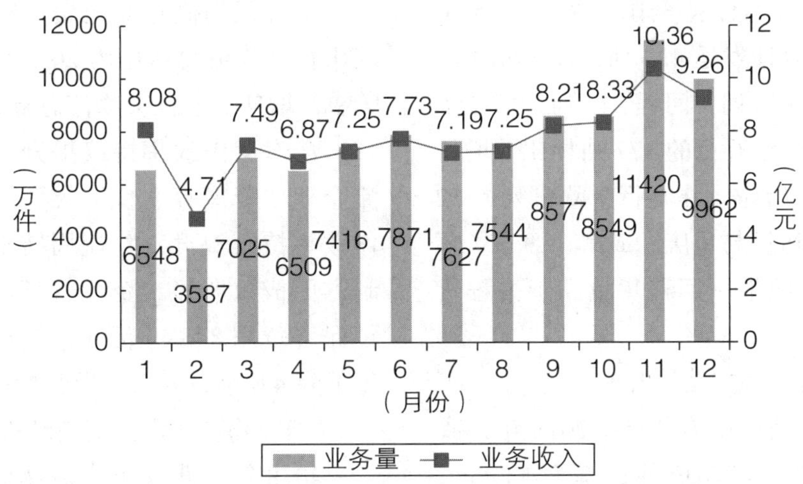

图 17　2018 年武汉市快递行业月度走势变化情况

二、物流运行情况分析

2018 年，武汉市物流运行总体平稳，呈现稳中有进、进中提质的良好态势，保持着高质量发展良好势头。

（一）社会物流规模稳中有进

物流规模平稳增长。2018 年，武汉市社会物流总额 36459.54 亿元，同比增长 9.7%，增幅较前三季度上升 0.6 个百分点，较上半年下降 1.6 个百分点，较第一季度上升 0.8 个百分点，较去年同期下降 0.9 个百分点，物流需求规模仍保持平稳增长。

商贸物流增势强劲。2018 年武汉市市外购进物品物流总额增速达到 13.4%，增幅同比增长 4.4 个百分点，这主要得益于商贸流通业。全市限额以上批发零售业商品销售额 13036 亿元，增速 13.0%，其中通信器材类零售额增长 33.9%，日用品类增长 27.3%，家用电器和音像器材类增长 23.1%，中西药品类增长 21.6%，商贸业对市外购进物品物流拉动作用较为强劲；同时全市线上无店铺业态零售额 635.15 亿元，同比增长 34.4%，消费稳中有升，间接推动着市外购进物品物流总额的增长。

物流需求增势减弱。2018 年，物流景气指数月度均值为 54.5%，低于 2017 年均值 2.8 个百分点。下半年均值明显低于上半年均值，上半年均值 55.6% 处于活跃期，下半年均值 53.4% 处于景气期。

（二）社会货运结构持续优化

货运结构优于全国。2018 年武汉市铁路货运量累计完成 7372.80 万吨，占武汉市货运量的 11.8%，水运货运量完成 16491.33 万吨，占全市货运量的 26.4%，公路货运量完成 38633.90 万吨，占全市货运量的 61.8%，铁路、水运、公路、货运比为“12 : 26 : 62”优于全国的“8 : 14 : 78”。

铁水联运量占长江干线的 30%。2018 年武汉阳逻港集装箱吞吐量已突破 157 万标准箱，稳居长江中上游第一大港，巩固了世界内河第一方阵。铁水联运一期常态化运营，铁水联运量持续上升，突破 3 万标准箱。全市铁水联运量达 58068 标准箱，较 2017 年同期增长了 172.5%，占长江干线铁水联运量的 30.6%。

中欧（武汉）班列保持全国前列。2018 年中欧（武汉）班列合计发运 423 列，计 37474 标准箱，其中，去程 174 列，回程 249 列，实载率 96.4%。与 2017 年全年开行的 377 列相比，增长 12.2%，再次实现了跨越。在开行中欧班列的 52 个城市中，武汉发运量与重庆、成都、西安、郑州居前五位，是全国唯一回程货量高于去程货量的班列。

（三）物流运行效率持续提升

物流成本同类城市中有优势。2018 年，武汉市社会物流总费用与 GDP 的比率为 13.96%，同比下降 0.15 个百分点，低于全国 0.84 个百分点，低于郑州（14.9%）、长沙（14.7%），但高于南京（13.72%）。物流成本低于全国平均水平，在全国同类城市中有一定优势。每百元物流总额花费 5.68 元。2018 年，武汉市社会物流总费用为 2072.11 亿元，同比增长 9.5%，增速低于社会物流总额、GDP 现价增长。

仓库运作效率持续提升。2018 年武汉市物流企业“降库存、快流转”成效明显，仓库运作效率持续提升，物流周转水平与保管成本控制方面成效明显，企业管理水平明显提升。全年保管费用 843.49 亿元，同比增长 6.8%，较上年下降 4.6 个百分点，保管费用增速较小。

（四）物流建设投资持续推进

2018 年，武汉市完成物流建设投资 106.11 亿元，连续四年保持百亿投资规模。其中，完成园区配套基础设施投资 24.88 亿元；43 个在建项目完成投资 81.23 亿元。具体建设投资情况如表 8 所示。

表 8　2018 年武汉市各区物流建设投资情况　　单位：亿元

序号	园区所在区	园区配套基础设施投资	在建项目		小计
			个数	投资	
1	黄陂区	10.45	11	28.42	38.87
2	新洲区	3.03	9	28.02	31.05
3	东西湖区	—	8	13.40	13.40
4	江夏区	4.48	4	5.41	9.89
5	蔡甸区	5.39	6	1.28	6.67
6	东湖高新区	—	3	3.50	3.50
7	经开区（汉南区）	1.53	2	1.20	2.73
合计		24.88	43	81.23	106.11

基础设施建设进一步加大。2018 年“一港六园八中心”基础设施建设进一步加大力度，共完成建设投资 24.87 亿元，同比增长 39.6%。目前武汉市“五园七中心”空间布局基本形成，物流基础设施条件持续改善，东西湖区综合物流园、东湖综保区物流中心、阳逻国际港综合物流园综合竞争力日渐显现。

物流项目建设稳步推进。2018 年，武汉市新开工东湖综保区金宇食品物流园、利嘉保税物流产业园、汉新欧枢纽智慧园等项目 7 个；建成黄陂智能骨干网（二期）、华运达汉南物流基地、蔡甸上药科园（一期）等项目 8 个；续建汉口北铁路物流中心、汉口北高新物流园、武汉物流交易所等项目25个，共完成建设投资81.23亿元。此外，阳逻港铁水联运二期等18个项目正在加紧推进前期工作。

（五）物流营商环境持续改善

2018年，武汉市进一步推行“放管服”改革，加大物流领域简政、减税、降费政策力度，政策环境持续改善。2018年全市新增（升级）国家A级物流企业15家，总数达到163家（其中5A级11家、4A级63家、3A级65家），位列全国城市第三。国家50强物流企业武汉入选2家，分别是第19名国药控股（118.21亿元）、第30名武汉商贸控股（70.05亿元），医药、商贸、汽车、航运、电商快递等重点领域规模化发展。

政策优惠力度进一步加大。2018年1月武汉市人民政府印发《武汉市农村电子商务发展三年行动计划（2018—2020年）》，提出市级财政从2018年起，连续3年每年安排农村电商发展专项资金2000万元，采取以奖代补的形式，重点支持农村电商示范基地（物流中心）建设等保障措施工作；2018年8月武汉市人民政府印发《武汉市人民政府关于进一步降低企业成本培育壮大新动能的意见》（武政规〔2018〕17号），继续落实湖北省高速公路通行费“两免两惠”政策，取消征收“九桥一隧一路”ETC车辆通行费，对持有通行卡的货车通行费优惠15%，对进出阳逻港等主要港口的集卡车通行费优惠50%，继续实行鲜活农产品运输“绿色通道”和普通邮运免费政策。同时，继续落实交通运输部取消或者暂停船舶港务费、货物港务费、船舶过闸费、船舶检验费等收费项目的政策；放宽营运货车技术管理，实现货车“三检合一”。

政策引领物流高质量发展。2018年9月，武汉市人民政府印发《武汉市综合交通体系三年攻坚实施方案（2018—2020年）》，计划投资2115亿元，积极推进80个重点交通项目建设。2018年已完成投资788亿元，着力推动空港、陆港、水港“三港”建设；10月，武汉市人民政府印发《武汉市国际化水平提升计划（2018—2020年）》，提出提升国际通达能力，拓展国际化大通道，提升武汉天河机场国际枢纽功能，巩固近洋航运品牌，建设港口枢纽集群，提升中欧（武汉）班列运营能力，打造全国综合物流枢纽；11月武汉市人民政府印发《武汉市深化服务贸易创新发展试点实施方案》，提出加快建设国家商贸物流中心、内陆门户型综合交通枢纽，大力发展国际运输服务；11月，武汉市人民政府印发《市人民政府关于推动服务业高质量发展打造服务名城的若干意见》（武政〔2018〕57号），明确提出建设“国家物流枢纽”，打造水陆空立体化智慧物流体系，形成全国物流总部集聚和物流资源整合配置中心。

三、企业经营情况分析

2018年12月，武汉全市共收到134家样本物流企业提交的有效调查表，其中运输企业77家（含10家运输代理企业），占比57.5%；综合企业33家，占比24.6%；仓储企业19家，占比14.2%；快递企业5家，占比3.7%。

根据重点物流企业抽样调查数据显示，企业营收过亿元的企业有39家，较上年增加了4家，市场份额超过90%，较上年提高了2个百分点。物流企业货运量同比增长20.0%，主营业务收入、成本、利润分别同比增长16.1%、16.2%、19.3%。2018年全市物流市场运行态势良好，物流货运需求平稳增长，物流市场各环节活动活跃，物流企业经营效益良好，物流企业规模稳步提升。具体来看有以下几个方面：

（一）物流货运需求稳中向好，结构调整优化

根据调查企业统计数据，2018年1—12月，武汉市样本物流企业货运量同比增长20.0%，较前三季度回落3.2个百分点；货物周转量同比增长20.9%，较前三季度回落4.0个百分点。年终受电商促销活动影响，商贸企业物流活动配送量、流通加工量及包装量均相应增长，分别同比增长8.8%、12.7%、21.6%。据统计部门相关数据，2018年全市规模以上工业增加值比上年增长5.7%，有所放缓；但消费市场持续活跃，2018年全市社会消费品零售总额增长10.5%，线上无店铺业态零售额增长34.4%，网络零售依然是拉动消费的重要力量。据市邮政管理局相关数据显示，2018年全市邮政快递业务量达到11.7亿件，同比增长25.8%；快递服务企业业务收入增长14.38%，全国排名保持在第10位。

（二）主营业务收入持续增长，龙头效益明显

根据调查企业统计数据，2018年1—12月，武汉市样本物流企业主营业务收入同比增长16.1%，较前三季度回落0.9个百分点，其中运输与仓储收入合计占比与上年同期持平，运输与仓储服务仍是主营业务收入两大支柱来源。主营业务收入显著增长主要来自顺丰、东本储运、长航、安吉、友和道通等龙头企业。从分项来看，包装收入与信息及相关服务收入同比涨幅较为明显，受低碳环保影响，包装价格显著提升，包装收入同比增长24.7%；全市加快信息化水平提升，信息及相关服务收入同比增长20.9%。在全部样本企业中，主营业务收入增幅高于平均增幅的企业有46家，占样本物流企业的34.3%。

（三）主营业务成本显著增长，经营压力较大

根据调查企业统计数据，2018年1—12月，武汉市样本物流企业主营业务成本同比增长16.2%，较前三季度提高1.4个百分点，物流成本略有回升。主营业务成本占主营业务收入为92.0%，较去年提高了0.1个百分点，较前三季度下降了0.4个百分点，因物流业务量增加，企业经营成本相应增加，但物流成本管控有所成效。从成本构成分析，仓储、运输及装卸搬运成本同比增长21.4%、17.5%和22.6%，其中物流成本中运输与仓储成本增幅大于对应的收入增幅，运输及仓储成本占总成本的69.8%，较前三季度上升2个百分点。在过路过桥收费等改革降本的举措下，运输收入与成本同比增幅基本相近，仓储成本同比增幅明显高于仓储收入，主要体现在租金逐年上涨与2018年传统制造业业务有所下滑导致库存增加。物流人员劳动报酬同比上涨27.6%，占主营业务成本3.2%，企业用工成本上涨比较突出。物流业务营业税金及附加占物流业务收入同比下降0.1个百分点，物流企业减税降费取得一定实效。全部样本企业中，主营业务成本增幅高于平均增幅的企业有47家，占样本物流企业的35.1%。

（四）行业经营利润稳步增长，效益基本稳定

根据调查企业统计数据，2018年1—12月，武汉市样本物流企业主营业务利润同比增长19.3%，较前三季度提高了8.5个百分点，平均每单位的物流业务利润额占物流业务收入的比重为5.2%，较上年同期增长0.1个百分点。行业经营效益稳中向好，主要表现为邮政、顺丰等电商快递型企业以及长航货运等行业龙头企业，充分发挥供应链物流品牌效

应，带动全市综合物流效率水平不断提升。全部样本企业中，主营业务利润增幅高于平均增幅的企业有 55 家，约占样本物流企业的 41.0%。

（五）市场主体规模稳步提升，领军企业增加

根据调查企业统计数据，2018 年 1—12 月，武汉市样本物流企业资产规模同比增长 11.7%，较前三季度回落了 9.4 个百分点，规模过亿元企业有 66 家，较上年增加了 6 家；过 10 亿元企业有 12 家，较上年增加了 2 家；其中港务集团、长航货运、航科物流等 4 家企业资产超过 20 亿元，资产规模较上年同期增长 20.5%。物流企业固定资产折旧同比增长 7.3%，较前三季度提高了 2.0 个百分点，固定资产折旧超过 1000 万元的企业有 43 家，较上年增加了 2 家。物流企业营收过亿元的企业有 39 家，较上年增加了 4 家，市场份额超过 90%，较上年提高了 2 个百分点。武汉市市场主体规模稳步提升，多家物流企业荣获物流行业各项殊荣，成为国家级试点企业，已形成一批基础雄厚的武汉物流领军企业。

四、物流业景气指数

2018 年，1—12 月武汉市物流业景气指数（LPI）月度均值为 54.5%，高于全国同期 0.9 个百分点，武汉市物流业景气指数与全国物流业景气指数整体走势基本一致。

分季度来看，一季度月度均值为 54.6%，二季度月度均值为 56.6%，三季度月度均值为 52.7%，四季度月度均值为 54.1%，全年物流业景气指数均处于 50% 以上的景气区间，反映出武汉市物流业运行情况总体良好。

其中，2018 年 12 月，武汉市物流业景气指数为 55.0%，较上月回升 0.7 个百分点，高于全国同期指数 0.3 个百分点，岁末年终之际，生产与消费环节业务活动持续活跃，物流市场保持稳定较快发展。2018 年 1—12 月全国和武汉市物流业景气指数走势如图 18 所示。

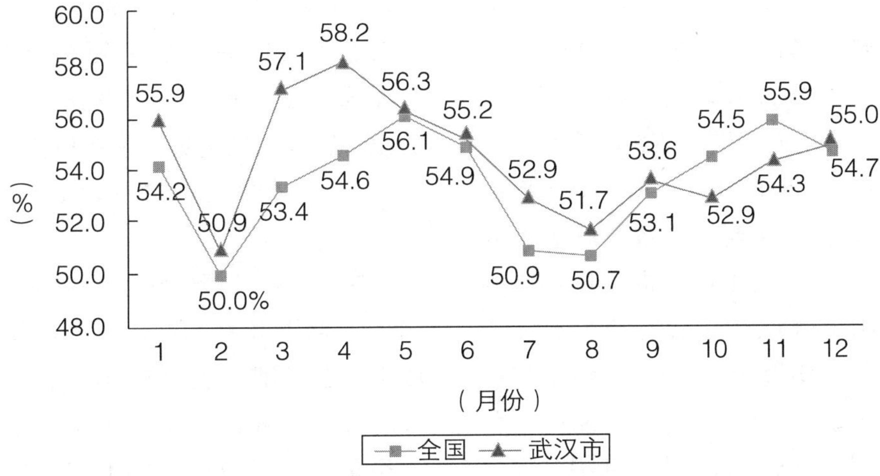

图 18　2018 年 1—12 月全国和武汉市物流业景气指数走势

2018 年 1—12 月武汉市物流业景气指数分项变化情况如表 9 所示，从各分项指数看，2018 年武汉市物流业发展具有以下几个特点。

表 9　　2018 年 1—12 月武汉市物流业景气指数分项变化情况　　单位：%

指标	调查值	环比	指标	调查值	环比
业务总量指数	55.0	0.7	物流服务价格指数	49.6	−1.2
新订单指数	48.1	−2.3	主营业务利润指数	42.2	−3.0
平均库存量指数	49.0	1.4	主营业务成本指数	60.5	−1.7
库存周转次数指数	46.7	−2.4	固定资产投资完成额指数	53.3	2.8
资金周转率指数	49.2	−1.6	从业人员指数	46.5	−3.9
设备利用率指数	50.8	−5.5	业务活动预期指数	54.7	2.7

（一）物流需求增势减弱，业务活动持续活跃

2018 年，物流业务总量指数月度均值为 54.5%，与 2017 年同期相比，低于 2017 年均值 2.8 个百分点，但依然处于景气区间。其中二季度月度均值达到 56.6%，3 月、4 月、5 月保持 56% 以上景气区间运行。受国内经济下行压力较大以及中美贸易战等宏观环境影响，物流需求较去年有所走弱，新订单指数月度均值为 50.5%，与去年同期相比，低于 2017 年均值 4.7 个百分点，三季度各月景气指数均低于平均值，四季度月度均值较三季度回升 1.4 个百分点，反映出武汉市物流需求稳中趋升，企业新订单数量较上季度有所增长。2018 年，平均库存量指数月度均值为 48.5%，库存周转次数指数月度均值为 50.2%，设备利用率指数月度均值为 52.7%，反映全市物流业务活动持续活跃，库存周转不断加快，仓储环节去库存明显，物流运行效率有所提升。

（二）资金周转持续回落，固定资产投资回升

2018 年，资金周转率指数月度均值为 49.8%，其中上半年各月均高于平均值，第三季度各月环比均有所回落，四季度月度均值为 49.4%，反映在国家“去杠杆”防金融风险的背景下，资产流动性有所减弱，资金环境持续趋紧。2018 年，固定资产投资完成额指数月度均值为 48.6%，其中一、四季度各月均保持 50% 以上的景气区间，二、三季度均有所回落，四季度月度均值 52.1%，较三季度月度均值回升了 8.5 个百分点，12 月指数达到 53.3% 的高位，显示企业通过加大物流基础设施建设或购进物流相关设备，为后期业务需求提供支撑保障。

（三）经营成本持续增长，盈利空间有所收窄

2018 年，物流服务价格指数月度均值为 50.3%，各月均在 50% 上下小幅波动；主营业务成本指数月度均值为 59.0%，其中三、四季度各月均保持 60% 以上较高位增长，物流企业面临着税负较高、劳动力成本持续增长、车辆通行难、企业融资难、用地成本高、专业人才缺乏等较大经营压力；主营业务利润指数月度均值为 45.8%，较 2017 年均值下滑 4.3 个百分点，全

年共有9个月该指数位于50%的景气区间以下，四季度月度均值仅为43.4%，进一步反映物流企业效益有所下滑，企业盈利空间持续收窄。

（四）物流就业形势稳定，后期走势稳中向好

2018年，从业人员指数月度均值为50.6%，其中一、二、三季度月度均值分别为51.5%、51.9%、50.1%，四季度月度均值回落至48.7%，7月、10月、12月该指数低于50%，反映武汉市物流行业就业形势整体较为稳定，但受暑期、国庆、春节等季节性因素波动较大；业务活动预期指数月度均值为53.1%，其中3月、4月、9月、10月、12月高于平均值，其余各月也位于50%的景气区间以上，从后期走势看，新订单指数虽环比回落2.3个百分点，但属于季节性周期回落，业务活动预期指数环比回升2.7个百分点，处于54%以上景气区间，反映企业对物流市场预期看好，受季节因素影响，物流活动处于短期调整阶段，后期走势将保持平稳向好发展态势。

（武汉市物流局　武汉市统计局　武汉现代物流研究院）

2018 年宜昌市物流业发展情况

2018 年，宜昌市物流业运行总体向好，社会物流总额稳中有升，社会物流总费用与 GDP 的比率有所回落，社会物流总收入持续增长。

一、社会物流总额稳中有升，物流需求规模不断加大

2018 年，宜昌市社会物流总额 8481.84 亿元，同比增长 13.18%，增速高于去年 7.93 个百分点。分季度来看，一季度 2274.56 亿元，同比增长 10.01%，上半年 4710 亿元，同比增长 10.69%，前三季度 7021.74 亿元，同比增长 12.31%。

从构成情况看，宜昌市农产品物流总额 666.61 亿元，同比增长 3.5%，与去年相比，增速回落 0.9 个百分点；工业品物流总额 3188.88 亿元，同比增长 18.4%，增速高于去年 20.3 个百分点；外部流入物品物流总额 4604.61 亿元，同比增长 16.06%，增速高于去年 0.14 个百分点，其中，进口货物物流总额 28.22 亿元，同比增长 12.9%；单位与居民物品物流总额 18.82 亿元，同比增长 22.61%，增速高于去年 7.26 个百分点；再生资源物流总额 2.92 亿元，同比下降 5.19%，与去年相比，增速回落 4.79 个百分点。

二、社会物流总费用与 GDP 的比率有所回落，物流业“降本增效”成效明显

2018 年，宜昌市社会物流总费用 574.15 亿元，同比增长 3.74%，增速低于社会物流总额、GDP 增长率。总费用与 GDP 的比率为 14.19%，同比下降 0.16 个百分点。其中，运输费用 308.26 亿元，同比增长 2.76%；保管费用 194.41 亿元，同比增长 7.57%；管理费用 71.48 亿元，同比增长 12.45%。运输费用与 GDP 的比率为 7.62%，与去年同期相比，回落 0.2 个百分点，“降本增效”成效明显。

三、社会物流总收入持续增长，物流市场保持稳定发展

2018 年，随着宜昌市现代物流业的快速发展，物流社会化、专业化发展加快，全市的物流

市场规模保持稳定发展，社会物流总收入 499.73 亿元，同比增长 6.1%，物流业增加值 382.58 亿元，同比增长 12.02%，物流业增加值占 GDP 的比重达到 9.46%，与 2017 年同期相比，增加值占 GDP 比重提高了 0.61 个百分点；全市国民生产总值 4046.18 亿元，第一产业增加值占 GDP 比重为 9.55%，第二产业增加值占 GDP 比重为 52.69%，第三产业增加值占 GDP 比重为 38.03%，第三产业增加值占 GDP 的比重同比提高 2.93 个百分点。

2018 年，宜昌市重点物流企业营业收入 59.22 亿元，同比增长 19.16%，其中收入过亿的物流企业有 17 家。全市重点物流园区交易额 534 亿元，同比增长 16.14%，其中交易额过亿的物流园区有 8 家。

（宜昌市物流局）

2018 年岳阳市物流业发展情况

2018 年，岳阳市物流产业总产值为 817.6 亿元，同比增长 14.3%，比上年增加 1.3 个百分点；物流增加值达到 366.3 亿元，同比增长 13.2%，占 GDP 的比重为 10.7%；累计完成社会货运量 34708.32 万吨，同比增长 7.4%；实现社会货物周转量为 4522856.56 万吨公里，同比增长 6.3%。全市物流业运行呈现出如下特征。

一、社会物流总额增幅平缓

2018 年，岳阳市社会物流总额 9789.6 亿元，同比增长 7.2%。从构成看，工业品物流总额 4870.8 亿元，增长 7.6%；进口货物物流总额 69.9 亿元，增长 33.7%；农产品物流总额 262.4 亿元，增长 3.3%；再生资源物流总额 15.5 亿元，增长 3.5%；单位与居民物品物流总额 1165.6 亿元，增长 20.4%；外省市流入物品物流总额 3405.4 亿元，增长 11.6%。全市物流经济运行总体上保持一个相对增长的态势，和上一年相比，物流经济运行总体发展速度放缓，主要是工业品物流总额占比下降了 1.5%，增长速度相比上年有所放缓。单位与居民物品物流和进口货物需求继续保持快速增长。2018 年，消费对物流需求的拉动保持了强势增长的态势，全年单位与居民物品物流总额比上年同期增长 20.4%，进口货物物流总额比上年同期增长 33.7%，成为物流需求增长的两大重要驱动力。

二、社会物流总费用占比下降

2018 年，岳阳市社会物流总费用 545.75 亿元，比上年增长 3.7%，社会物流总费用与 GDP 的比率为 15.7%，比去年同期下降 0.3 个百分点。社会物流总费用与 GDP 比率的下降，得益于岳阳市构建多式联运体系、建设交通运输基础设施、创建物流枢纽城市等一系列的举措。其中，运输费用 266.95 亿元，下降 1.61%，占社会物流总费用的 48.9%；保管费用 188.77 亿元，增长 6.8%，占社会物流总费用的 34.6%；管理费用 90.03 亿元，增长 9.3%，占社会物流总费用的 16.5%。

三、物流业总收入持续增长

2018 年，岳阳市物流业总收入 309.51 亿元，比上年同期增长 8.6%，增速比上年提高了 2.3 个百分点。物流业总收入的增长，主要是物流市场规模扩大、物流产业链的延伸、物流增值服务的拓展等原因所致，当然也有服务价格上涨因素影响。物流业务总收入增速高于社会物流总费用，说明岳阳市物流业正在从传统模式向现代模式转型，并取得了良好的效果，有效地提高了物流企业的运作效率，降低了物流企业的运营成本。

四、物流集约化水平不断提升

近年来，岳阳市交通基础设施不断完善，全市已实现县县通高速与中心城区 10 分钟上高速，形成以城陵矶新港航运物流区为依托的航运物流集聚区，以京珠高速、107 国道等公路为依托的公路物流集聚区和以京广铁路为依托的铁路物流集聚区。航运物流集聚区有科德仓储物流、港龙国际物流、宏岳科技物流等物流企业入驻，已部分运营海吉星农产品冷链物流园等大型物流项目。公路及铁路物流集聚区形成了太阳桥、花果畈竹木大市场、康王等多个传统物流园区，胥家桥综合物流园、南翔万商国际商贸物流城、岳阳城市物流配送中心等一批新的、有规模的现代公路、综合物流园区也相继进入规划、部分运营阶段。

（岳阳市商务局）

2018 年郴州市物流业发展情况

一、社会物流总额持续增长

2018 年郴州市社会物流总额达 7821.0 亿元，比上年增长 5.6%。全市物流运行总体向好，社会物流增长稳中有升。从需求结构来看，全市农产品物流总额 469.3 亿元，占比 6.0%；工业品物流总额 4575.3 亿元，占比 58.5%；外部流入货物物流总额 2213.3 亿元，占比 28.3%；再生资源物流总额 15.6 亿元，占比 0.2%；单位与居民物品物流总额 547.5 亿元，占比 7.0%。

二、物流行业收入较快增长

2018 年郴州市物流相关行业实现总收入 306.8 亿元，同比增长 12%，物流质量、效率有所提高。从收入构成来看，运输环节收入 223.7 亿元，占比 72.9%，其中，道路运输业收入 140.4 亿元；铁路运输业收入 0.27 亿元；水上运输业收入 0.05 亿元；装卸搬运及其他运输业收入 53.1 亿元；运输附加收入 29.9 亿元。保管环节收入 34.8 亿元，占比 11.3%，其中，仓储业收入 19.4 亿元；信息及相关服务业收入 0.4 亿元；配送收入 3.3 亿元；流通加工收入 11.3 亿元；包装收入 0.3 亿元；其他保管收入 0.1 亿元。物流相关贸易业收入 38.7 亿元，占比 12.6%。邮政业收入 9.6 亿元，占比 3.1%。

三、社会物流总费用与 GDP 的比率有所下降

2018 年郴州市社会物流总费用为 424.9 亿元，社会物流总费用与 GDP 的比率为 17.8%，比去年下降 0.9 个百分点，反映出全市物流行业经济运行效率有所提升。从社会物流总费用的构成来看，运输费用 277.0 亿元，占社会物流总费用的 65.2%，其中，道路运输费用 216.0 亿元；铁路运输费用 0.4 亿元；水上运输费用 0.1 亿元；装卸搬运和其他运输费用 60.5 亿元。保管费用 100.4 亿元，占社会物流总费用的 23.6%，其中，利息费用 49 亿元；仓储费用 29.1 亿元；保险费用 0.8 亿元；货物损耗费用 3.6 亿元；信息及相关服务费用 0.4 亿元；配送费用 4.4 亿元；流通加工费用 12.6 亿元；包装费用 0.4 亿元；其他保管费用 0.1 亿元。管理费用 47.5 亿元，占社会物

流总费用的 11.2%。

四、郴州市已授牌 A 级物流企业及优秀“质押监管”企业、星级冷链服务企业

截至 2018 年年底，郴州市 A 级物流企业共计 25 家，质押监管企业 3 家，星级冷链服务企业 3 家。

5A 级物流企业 2 家，分别是：郴州市金煌物流有限公司、湖南兴义物流有限公司。

4A 级物流企业 7 家，分别是：湖南省惠尔物流有限公司、郴州市泓广物流有限责任公司、郴州市恒丰物流有限公司、郴州凯程医药有限公司、郴州市宏顺物流有限公司、郴州市义捷现代物流有限公司、资兴市达达农产品冷链物流有限公司。

3A 级物流企业 15 家，分别是：郴州市辉达物流仓储有限公司、湖南郴州南方新材料科技有限公司、湖南省煤业集团资兴物资供应有限公司、郴州市联邦物流有限公司、汝城县诚信物流有限公司、湖南湘港投资集团有限公司、湖南康芝仁医药连锁公司、郴州市联航物流有限公司、郴州市红星物流有限公司、郴州市俊涛贸易有限公司、临武县顺民惠农服务有限公司、郴州市君鑫农产品市场开发有限公司、郴州市俊腾仓储物流有限公司、郴州祥通速递有限公司、郴州市州庆物流有限公司。

2A 级物流企业 1 家，即郴州市泰达物流有限公司。

优秀“质押监管”企业 3 家，分别是：郴州市金煌物流有限公司、湖南兴义物流有限公司、资兴市达达农产品冷链物流有限公司。

星级冷链服务企业 3 家，其中，4 星级冷链服务企业 2 家，分别是：郴州市义捷现代物流有限公司、郴州凯程医药有限公司；3 星级冷链服务企业 1 家：资兴市达达农产品冷链物流有限公司。

（郴州市发展改革委　郴州市统计局　郴州市物流与采购联合会）

第六部分

物流技术与装备

2018 年中国物流装备业

一、物流装备业发展宏观环境

（一）宏观经济环境情况

2018 年是我国经济迈向高质量发展的起步之年。这一年面对国内外复杂严峻的经济形势，面对中美贸易战的层层压力，我国经济运行基本保持在合理区间，实现了经济社会大局和谐稳定。据统计，2018 年全年国内生产总值 900309 亿元，比上年增长 6.6%。其中与物流技术装备业密切相关的行业中，制造业增长 6.5%，社会消费品零售总额比上年增长 9.0%（名义增长），实物商品网上零售额 70198 亿元，增长 25.4%，在实物商品网上零售额中，吃、穿和用的商品分别增长 33.8%、22.0% 和 25.9%。全年货物运输总量 515 亿吨，比上年增长 7.1%。货物运输周转量 205452 亿吨公里。

总体来看，2018 年国民经济发展基本处于平稳区间，其中与物流技术装备产业密切相关的商贸流通、电子商务与快递行业的增长速度均高于国民经济增长速度，处于快速发展态势，说明商贸流通领域物流技术装备市场需求增长较好；制造业和货物周转量略低于 GDP 增长，说明制造业物流领域物流技术装备市场需求平稳。全年看，我国物流技术装备业仍处于一个良好发展环境中。

从经济政策上看，2018 年国家出台了一系列关于物流发展的重要政策文件。国务院常务会议部署国家物流枢纽布局建设，国务院办公厅印发《运输结构调整三年行动计划（2018—2020 年）》和《国务院办公厅关于推进电子商务与快递物流协同发展的意见》等重要文件；国家发展改革委与交通运输部联合发布了《国家物流枢纽布局和建设规划》、财政部办公厅与商务部办公厅联合发布了《关于开展 2018 年流通领域现代供应链体系建设的通知》、商务部等 10 部门联合发布《商务部等 10 部门关于推广标准托盘发展单元化物流的意见》、商务部等四部门联合印发《商务部办公厅　公安部办公厅　国家邮政局办公室　供销合作总社办公厅关于组织实施城乡高效配送重点工程的通知》、商务部等五部门联合印发《城乡配送绩效评价指标体系》、交通运输部等多部门联合发布《交通运输部办公厅　公安部办公厅　商务部办公厅关于公布城市绿色货运配送示范工程创建城市的通知》、公安部发布《关于进一步规范和优化城市配送车辆通行管理的通知》、商务部等 8 部门推动开展供应链创新与应用试点等，各项政策的密集出台，对物流技术装备行业影响总体上是正面的，有利于我国物流技术装备快速发展。

（二）行业发展环境情况

1. 物流业是对物流技术装备影响最大的行业

据统计，2018 年全国社会物流总额 283.1 万亿元，按可比价格计算，同比增长 6.4%；全国快递业务量累计完成 507.1 亿件，同比增长 26.6%；全年货物运输总量 515 亿吨，比上年增长 7.1%；货物运输周转量 205452 亿吨公里，增长 4.1%；社会物流总费用与 GDP 的比率为 14.5%，社会物流运行质量和效益稳中有升。

随着交通物流业的融合发展，物流基础设施网络建设取得重大进展；互联网与物流深度融合，人工智能在物流领域广泛应用；高新技术产业、战略性新兴产业及电商、快递和冷链等居民生活消费物流需求占比提高；"现代供应链" "智慧物流" 和 "绿色物流" 深刻改变行业发展格局；物流枢纽布局建设、现代供应链体系建设、现代物流体系建设进入发展新阶段。

2. 高新技术产业与智能制造是物流技术装备业市场需求热点

随着工业领域高新技术产业与智能制造的快速发展，制造业智慧物流加快起步。智慧物流通过协同共享创新模式和人工智能先进技术，为物流技术创新提供了新的空间。通过智慧物流赋能，实现智能配置物流资源、优化物流环节、减少资源浪费，将大幅提升物流运作效率。特别是在无人驾驶、无人仓储、无人配送、物流机器人等前沿领域的应用，得到了快速发展。

二、物流技术装备市场需求状况

综合来看，2018 年电商、服装、生鲜、家居、新能源、军事等众多领域对物流装备需求旺盛，其特点各有不同。服装行业，商业模式变革倒逼服装企业加速改善流通领域的物流系统；汽车企业积极探索智能制造，供应链上下游物流升级；家居卖场和家具制造企业加快向物流自动化、信息化、智能化升级。

（一）电商物流仍是物流技术装备需求热点

2018 年电子商务物流仍处于快速发展阶段，带动了电商物流技术与装备的大发展。一是电子商务物流以大数据、云计算、物联网为基础设施，推动电商智慧物流体系快速形成；二是大力推进物流自动化、智能化升级，实现从入库、存储、包装、分拣的全流程无人化的技术发展。

根据相关资料统计，2018 年中国电子商务对物流技术装备市场的需求增长居各行业第一位，已经超越了制造业物流、商贸物流、交通物流等传统领域。不仅市场占比第一，增长速度也是第一。初步估算，2018 年中国电子商务物流对物流技术装备的市场需求增长速度在 36% 以上。

（二）制造业仍是物流技术装备的需求主体

随着 "中国智能制造 2025" 的全面推进，智能制造已成为制造业发展方向。智能物流系统作为智能工厂的核心组成部分，呈现出四大发展特点：一是全流程数字化；二是网络化，各种设备通过物联网和互联网技术连接在一起；三是高柔性的自动化，包括物流作业流程、硬件以及系统布局上的柔性化；四是智能化，通过各种设备使生产环节智慧互联，使其具有自主决策能力。

近年来，制造企业的原材料物流、成品物流、生产物流亟待全面升级。物流自动化系统建设正不断升温，其中新能源汽车等领域是市场需求热点。在传统的医药领域、烟草领域、汽车制造、智能家电、智能家居产品等制造领域也继续呈现需求旺盛的趋势。综合分析，制造业对物流技术装备的市场需求增长在18%以上。

（三）冷链物流技术装备需求继续快速增长

冷链物流能力建设分为一张天网（信息平台）和四张地网（仓储中心、干线运输、城市短驳、B2C宅配）。目前，我国冷链物流市场以每年17%左右的速度增长。食品制造、零售、批发商三类客户目前占据冷链物流需求前三位，生鲜电商、便利店、餐饮企业均具有较大的增长潜力，其中新零售线下门店生鲜物流输送系统技术装备增长最快。

三、物流技术装备主要领域发展情况

考察全球物流技术与装备的演进历程，大致可以分为机械化时期、自动化时期、高柔性自动化时期、智慧物流发展时期。现阶段，我国物流装备市场需求差异性非常大，需求层次非常多，各种物流装备长期并存，目前呈现出的主要特点为自动化为主流，智慧化为趋势的发展阶段。

（一）系统集成

智慧物流推动了物流系统集成市场快速发展，集成商都在围绕智慧物流进行探索和布局。随着客户对物流效率的要求不断提升，物流中心从局部自动化向全面自动化和无人化方向发展。托盘式自动仓库、自动输送分拣系统等自动化物流系统的市场需求进一步加大，穿梭车系统、AGV机器人等更加柔性化的自动化物流设备得到越来越多的应用。在智能软件方面，集成商更加重视WMS、WCS（仓库控制系统）软件能力的提升，采用云计算技术，使其具有支持超大物流系统运行的能力。

2018年物流集成商企业均有较快的发展，具有深厚底蕴的著名物流集成商、老牌企业稳步成长，国内集成商占据市场主流，市场竞争力越来越强，上市的物流集成商企业通过并购或探索物流系统设施代运营等服务化模式进行规模扩张。尤其是具有丰富行业经验，深耕行业服务的物流系统集成商，随着行业发展呈现稳定和快速发展的良好态势。如宝开物流深耕服装物流等行业，市场竞争力强，在2018年取得了非常好的业绩。

根据调查分析，2018年物流系统集成商的重点企业的市场规模快速扩张，增长速度均为25%～35%，2018年我国物流系统集成领域市场销售额增长率在27%左右，截至2018年12月，全国自动化立体库保有量超过5000座，年立体库建设超过800座。

（二）物流机器人

目前物流机器人行业发展非常迅速，从2018年CeMAT Asia（亚州国际物流技术与运输系统展览会）上就可以感受到市场的火爆程度，物流系统集成商、传统机器人企业、新兴物流机器人企业都展示了新产品与新的行业应用，显示出技术不断升级发展。近年来，移动机器人、拆码垛机器人、分拣机器人等仓储机器人在各个行业应用日渐普及。

根据市场调研，2018年机器人在智能导航技术领域取得重大进展，新型导航技术得到应用；机器人的种类越来越多，新型拣选机器人、重载型搬运机器人、自动抓取机器人、仓库盘点机器人等新型机器人不断涌现；机器人视觉、环境感知、传感器、芯片、通信等技术全面发展，机器人不仅能和服务器通信，还能实现机器人之间、机器人与其他设备等之间的通信，并朝着更加自动化、低功耗等方向发展。根据我们不完全的调查统计，2018 年我国各类物流机器人销售量在 2 万台以上。

（三）叉车

根据中国工程机械工业协会工业车辆分会统计，2018 年工业车辆合计销售量为 597152 台，同比增长 20.21%。其中，国内销售量为 430229 台，同比增长 15.96%，出口销售量是 166923 台，同比增长 32.77%。2018 年我国继续成为全球排名第一的叉车超级生产大国和销售大国，实现了国内、国际市场的双增长，而且出口的增幅明显大于国内销售，超出了大部分人的预期。总体来看，2018 年我国叉车的整体产量在增加，国内销售和对外出口在增加，电动叉车的比重在增加，锂电池叉车销售量在增加，叉车租赁数量在增加，进入叉车制造领域的企业数量在增加。

产品类型方面，电动类叉车中，仓储叉车增长较快，占比较大，是环保政策与成本控制等多重因素的必然结果。据统计，2018 年电动类叉车合计销售量为 281096 台，同比增长 38.03%。其中，国内销售量增长 33.56%，出口销售量增长 45.9%。

2018 年电动步行式仓储叉车销售量为 205954 台，同比增长 46.63%，其中，出口销售量为 92242 台，同比增长 48.92%，在电动叉车中占比最大，增长速度最快，说明随着国内人工成本的增加和电商物流的高速发展，经济型的电动托盘搬运车取代手动托盘搬运车已经成为必然趋势，我国制造的电动步行式仓储叉车在国际上的竞争力也越来越强，距离实现全球垄断的日子也越来越近。

目前，虽然我国叉车还是以内燃车为主，但随着国内绿色物流的发展，电动类的占比一定会逐年增加并最终超过内燃叉车。

（四）货架

2018 年我国货架市场需求旺盛，货架出口增长较快，货架企业尝试扩展新领域，开拓以“穿梭车 + 密集型货架”为主的仓储自动化集成新业务，货架产品已呈标准化、系列化发展。从产品类型来看，普通的横梁式、隔板式、阁楼式货架都有相当大的市场需求，尤其是电商高速发展带来阁楼式货架系统越做越大。

从货架需求量看，2018 年电子商务物流、服装物流、医药物流、快消品物流、高端制造物流等领域是高端货架需求的主要行业，市场需求增长较快。机械、汽车、电子等行业对货架市场需求增长平稳。2018 年全年货架产销量将超过 158 亿元，同比增长 22%。

（五）输送分拣

2018 年输送分拣设备更加强调模块化，以实现高效生产和快速安装调试，同时通过标准化达到低成本、低维修的目的。

随着快递网点大规模的技术升级，面向二、三级快递网点的输送分拣设备市场的需求呈现高速增长，这一领域由于输送分拣的应用环境恶劣，人员素质不高，快递业务利润不高，对输送分拣设备的要求是性价比高、耐用、便于人员操作。苛刻的要求使得这一领域的输送分拣系统的供应商不多，竞争对手少。苏州金峰物联网技术有限公司在这一领域具有非常明显的竞争优势，公司业务随着市场需求的高速增长也呈现爆发式发展。华南新海（Hongsbelt）推出的模块化模组带物流分拣系统也得到了物流行业的广泛关注。

从技术方向来看，今后需要开发可以处理多种形状的物品的自动分拣系统，需要大力提高系统处理效率，尤其是分拣系统的自动供件环节的效率；需要提供耐用、易用、性价比高的输送分拣设备，需要输送分拣系统的柔性化；需要发展适应新零售门店和餐饮门店的悬挂式输送分拣系统，需要分拣系统与 AGV 的结合应用等。

根据监测，目前输送分拣设备行业市场需求呈现高速增长态势，2018 年全年增长在 35% 以上，市场规模超过 95 亿元。

（六）单元化产品

2018 年，我国托盘行业成绩显著。托盘保有量不断增长、托盘循环共用系统和标准体系建设加快、托盘智能化升级等。

中国物流与采购联合会托盘专业委员会发布的“中国物流托盘指数”可以综合反映我国托盘产品价格、托盘行业景气和托盘行业贡献。根据 2018 年 7 月发布的统计数据来看，我国托盘保有量始终保持快速增长，发展潜力巨大；木托盘价格指数持续上涨，免熏蒸托盘表现抢眼；金属托盘价格上涨明显，塑料托盘价格则出现下跌；托盘行业景气指数波动回暖，托盘行业发展向好；托盘行业贡献指数大幅攀升，企业规模大幅扩大。

2018 年商务部大力推进供应链体系建设，从标准托盘和全球统一标码标识（GS1）切入，提高物流链标准化、信息化水平，打造智慧供应链。在智慧化浪潮的推动下，托盘数字化升级在即。将托盘植入芯片，可以使每个托盘都拥有唯一身份，从而便于精准管理和定位追踪；借助物联网、大数据、云计算等技术，可以使托盘主动对货物进行扫描并上传数据，将货物信息与托盘绑定，实现货物间的“对话”。

2018 年 1 月，商务部联合 9 部门发布《商务部等 10 部门关于推广标准托盘发展单元化物流的意见》，文件中明确表示到 2020 年，标准托盘占全国托盘保有量比例由目前的 27% 提高到 32% 以上，适用领域占比由目前的 65% 提高到 70% 以上。

在托盘标准的制修订方面，2018 年共有与托盘相关的 3 个行业标准颁布，2 个立项国家标准通过专家评委会审查，3 个国家标准申请立项在研。我国现行托盘标准达 33 项，其中国家标准 20 项，行业标准 12 项，团体标准 1 项。

（王继祥）

2018 年中国载货车业

一、载货车业发展的宏观环境

2018 年，我国宏观经济环境发生变化，GDP 增速为 6.6%，在世界主要经济体中增速仍然领先。影响载货车业发展的固定资产投资增速为 5.9%，虽然增速较前几年有所降低，但仍保持较高的投资力度，尤其是一些大型基建项目的开工保障了载货车业的稳定发展。公路物流运价指数呈月度下降趋势，说明公路物流行业景气度下降，载货车产品供应开始过剩。近几年我国 GDP、固定资产投资、公路物流运价指数的具体增长变化情况如图 1、图 2、图 3 所示。

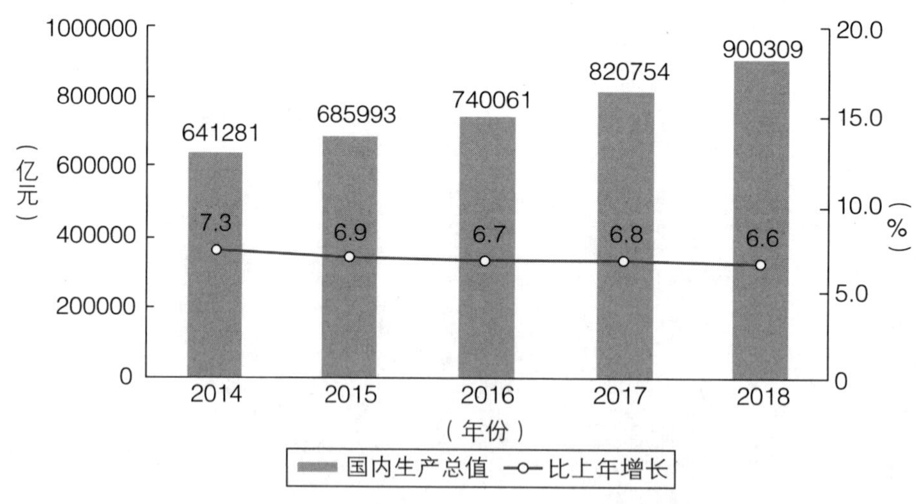

图 1　2014—2018 年我国 GDP 及其同比增长率

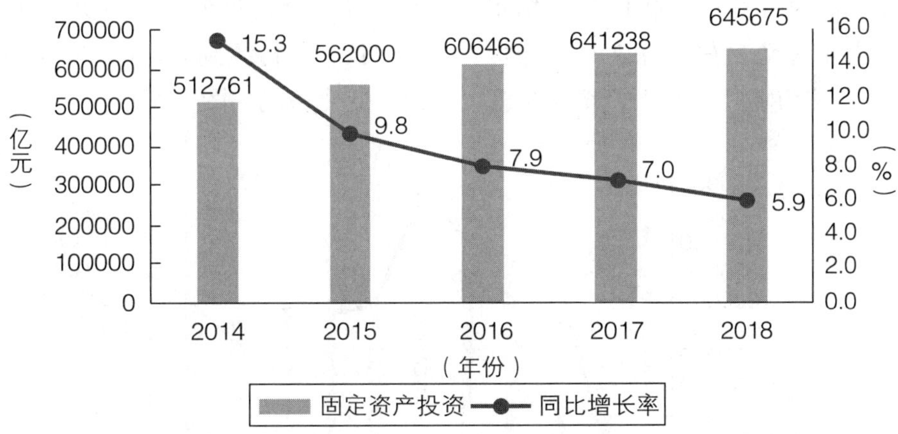

图 2　2014—2018 年我国固定资产投资及其同比增长率

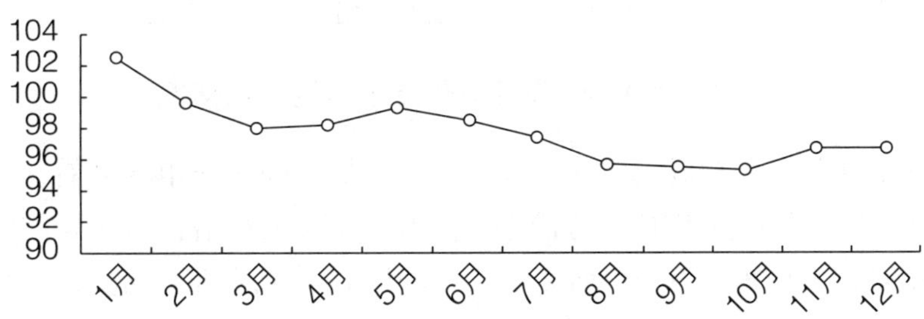

图 3　2018 年 1—12 月我国公路物流运价指数

二、载货车业市场发展情况

2018 年，我国载货车共销售约 388.5 万辆，同比增长 6.9%，为近五年来的新高。细分领域中，仅有中型载货车销量出现下降，降幅达 22%，其余车型均实现增长，微型和轻型载货车增幅较高，呈现较好增长势头，重型载货车微增长，增长幅度有限。2014—2018 年我国载货车分车型销售情况如表 1 所示。

表 1　2014—2018 年我国载货车分车型销售情况　单位：辆

年份 车型	2014	2015	2016	2017	2018
重型载货车	743991	550716	732919	1116851	1147884
中型载货车	247839	200414	229063	229113	177206
轻型载货车	1662634	1558543	1539820	1718943	1894978
微型载货车	529942	546208	606058	568444	665557
合计	3184406	2855881	3107860	3633351	3885625

数据来源：中国汽车工业协会。

2018 年，以 7 月为分割点，载货车市场走势起伏不定。上半年走势良好，除 2 月，均保持较高增速，7 月整体市场陡然直下，增速呈现个位数，金九银十开始转负。11 月市场开始恢复增长，并持续到 12 月。2018 年分月份载货车销量变化情况如图 4 所示。

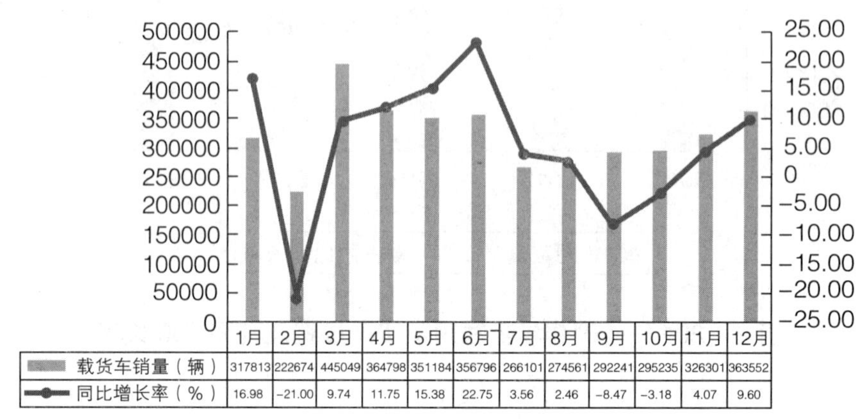

	1月	2月	3月	4月	5月	6月	7月	8月	9月	10月	11月	12月
载货车销量（辆）	317813	222674	445049	364798	351184	356796	266101	274561	292241	295235	326301	363552
同比增长率（%）	16.98	−21.00	9.74	11.75	15.38	22.75	3.56	2.46	−8.47	−3.18	4.07	9.60

图 4　2018 年分月份载货车销量变化情况

近五年来，载货车细分市场构成也发生了变化。三类细分市场中，半挂牵引车销量与份额均较快增长，其市场份额从 2013 年的 8% 提升至 2017 年的 16%。牵引车是高效物流运输的主要用车，未来仍有进一步增长空间。普通载货车市场份额较稳定，货车非完整车辆份额下滑。

从不同用途市场来看，多用途车（主要指皮卡）实现大幅增长，主要原因是各地放开对皮卡的限行，刺激了一定的市场需求。2018 年由于固定资产投资增速不及预期，自卸车需求下滑。2017—2018 年分用途载货车销量变化情况如图 5 所示。

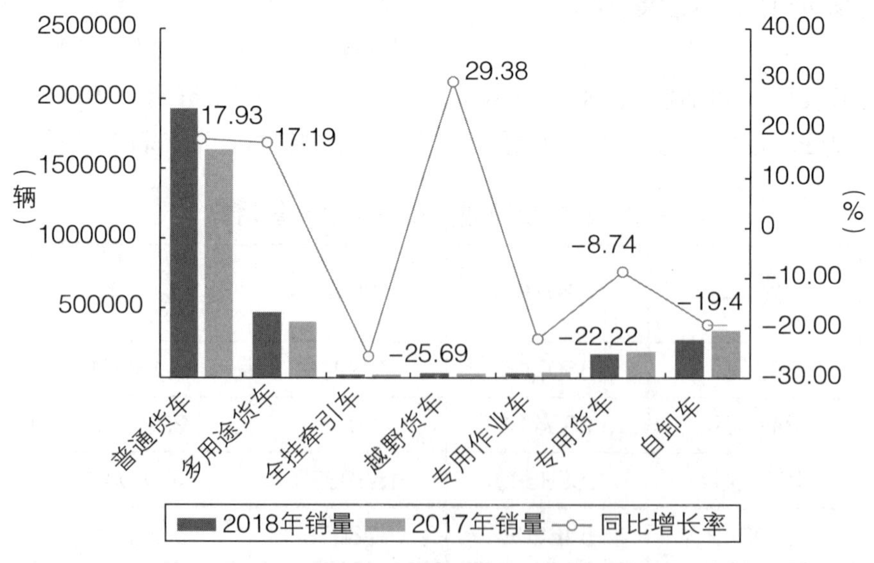

图 5　2017—2018 年分用途载货车销量变化情况

2018 年新能源载货车实现了 37.19% 的增长，其中，重型载货车增长最快，微型车其次。但是从销量上来看，重型载货车占比仍不大。其增长迅速的主要原因是伴随货运结构调整，港口等限定场景用车结构也在调整，重型车在续航里程要求不高的限定场景更受青睐。但重型车电动化很难大规模普及，当前动力电池的能量密度并没有实现大规模突破，重型车电动化并不经济。2017—2018 年新能源载货车销量增长变化情况如图 6 所示。

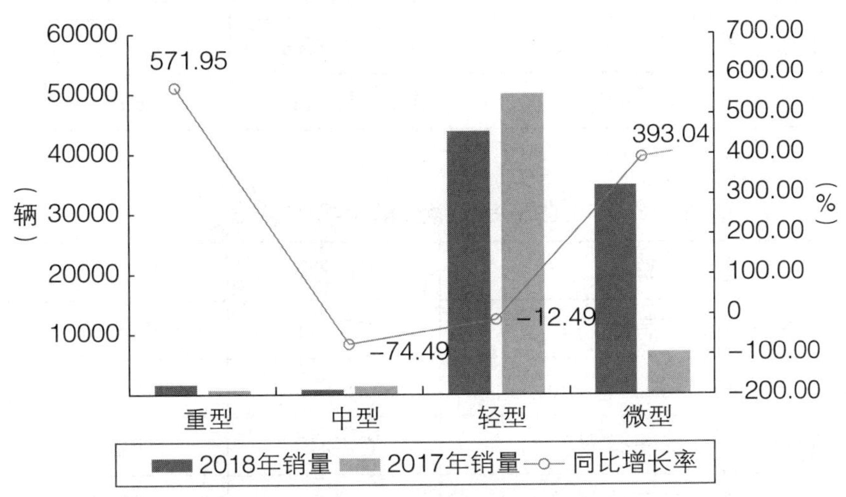

图 6 2017—2018 年新能源载货车销量增长变化情况

三、载货车业主要企业

1. 重型载货车企业

一汽、东风和重汽位居重型货车企业前三，上汽依维柯红岩销量的增速高达 45%，行业排名第六，北奔重汽跌出前十名。2018 年重型载货车销量前十名的企业如表 2 所示。

2. 中型载货车企业

浙江飞碟增速较快，2018 年销量超过成都大运居行业第二。由于近年来中型载货车市场规模不断萎缩，货车企业对中型载货车的重视程度在下降。2018 年中型载货车销量前十名的企业如表 3 所示。

表 2　2018 年重型载货车销量前十名的企业　单位：辆

排名	企业名称	2018 年	2017 年	同比增加（%）
1	中国第一汽车集团有限公司	261013	240782	8.40
2	东风汽车集团有限公司	217027	216085	0.44
3	中国重型汽车集团有限公司	189705	190273	−0.30
4	陕西汽车集团有限责任公司	172009	173093	−0.63
5	北汽福田汽车股份有限公司	110305	114278	−3.48

续 表

排名	企业名称	2018 年	2017 年	同比增加（%）
6	上汽依维柯红岩商用车有限公司	58037	40017	45.03
7	安徽江淮汽车集团股份有限公司	40564	51097	–20.61
8	成都大运汽车集团有限公司	32300	29723	8.67
9	安徽华菱汽车有限公司	21733	18700	16.22
10	徐州徐工汽车制造有限公司	17276	12871	34.22

表 3　　2018 年中型载货车销量前十名的企业　　单位：辆

排名	企业名称	2018 年	2017 年	同比增加（%）
1	东风汽车集团有限公司	30101	41373	–27.24
2	浙江飞碟汽车制造有限公司	23578	3758	527.41
3	成都大运汽车集团有限公司	22999	18272	25.87
4	重庆力帆汽车有限公司	19071	57831	–67.02
5	中国重型汽车集团有限公司	17551	12789	37.24
6	北汽福田汽车股份有限公司	12908	14507	–11.02
7	庆铃汽车（集团）有限公司	11993	17217	–30.34
8	安徽江淮汽车集团股份有限公司	11731	23530	–50.14
9	山东唐骏欧铃汽车制造有限公司	11337	9476	19.64
10	中国第一汽车集团有限公司	7051	24096	–70.74

3. 轻型载货车企业

轻型载货车企业较稳定，排名前三的企业分别为福田、江淮和江铃。2018 年，长安汽车轻型载货车销量增幅较大，与江铃汽车的差距迅速缩小，未来轻型载货车的竞争格局仍将发生变化。2018 年轻型载货车销量前十名的企业如表 4 所示。

表 4　　2018 年轻型载货车销量前十名的企业　　单位：辆

排名	企业名称	2018 年	2017 年	同比增加（%）
1	北汽福田汽车股份有限公司	328598	303838	8.15
2	安徽江淮汽车集团股份有限公司	191797	182364	5.17

续 表

排名	企业名称	2018 年	2017 年	同比增加（%）
3	江铃控股有限公司	181903	180764	0.63
4	重庆长安汽车股份有限公司	168327	101818	65.32
5	东风汽车集团有限公司	164598	156096	5.45
6	长城汽车股份有限公司	138000	119846	15.15
7	中国重型汽车集团有限公司	117844	94592	24.58
8	中国第一汽车集团有限公司	61697	42338	45.72
9	金杯汽车股份有限公司	52621	34851	50.99
10	庆铃汽车（集团）有限公司	51686	52338	-1.25

4. 微型载货车企业

微型载货车行业较稳定，上汽通用五菱多年来居行业第一，且 2018 年销量大幅增加。值得关注的是微型载货车的电动化趋势明显，北汽新能源依靠新能源货车进入行业第九，未来仍有较大发展空间。2018 年微型载货车销量前十名的企业如表 5 所示。

表 5　2018 年微型载货车销量前十名的企业　单位：辆

排名	企业名称	2018 年	2017 年	同比增加（%）
1	上汽通用五菱汽车股份有限公司	397471	255237	55.73
2	东风汽车集团有限公司	86753	84257	2.96
3	重庆长安汽车股份有限公司	74218	87061	-14.75
4	奇瑞汽车股份有限公司	56598	9915	470.83
5	山东凯马汽车制造有限公司	16586	20300	-18.30
6	金杯汽车股份有限公司	6365	17332	-63.28
7	北汽福田汽车股份有限公司	6098	52824	-88.46
8	山东唐骏欧铃汽车制造有限公司	6035	5700	5.88
9	北京新能源汽车股份有限公司	4800	0	0
10	重庆力帆汽车有限公司	4468	18928	-76.39

（中国汽车技术研究中心有限公司　左培文　李新波）

2018 年中国工业车辆行业

2018 年，是我国工业车辆行业高速增长的一年，国内、出口双双创历史新高，机动工业车辆总销售量距 60 万台大关仅一步之遥。根据中国工程机械工业协会工业车辆分会 2018 年采录汇总报告销售量数据显示：机动工业车辆 2018 年达到 597152 台，与 2017 年同期的 496738 台相比，增长了 20.21%；非机动工业车辆销售量为 1597977 台，与上年同期的 1599322 台相比，下降了 0.08%。2018 年机动工业车辆各月销售情况如表 1 所示。

表 1　　2018 年机动工业车辆各月销售情况　　单位：台

类别 / 名称 / 月份	Ⅰ类	Ⅱ类	Ⅲ类	Ⅳ类 + Ⅴ类	Ⅰ～Ⅲ类电动叉车	Ⅰ类、Ⅳ类、Ⅴ类平衡重式叉车	Ⅰ～Ⅴ类工业车辆
	电动平衡重乘驾式叉车	电动乘驾式仓储叉车	电动步行式仓储叉车	内燃平衡重式叉车（实心、充气轮胎）			
1	5089	879	14226	24622	20194	29711	44816
2	2934	535	8586	15182	12055	18116	27237
3	5248	1193	17816	41121	24257	46369	65378
4	5524	888	17785	35005	24197	40529	59202
5	5942	1063	20301	32107	27306	38049	59413
6	5306	965	17914	27346	24185	32652	51531
7	5268	1084	17826	25902	24178	31170	50080
8	5720	1392	19564	24850	26676	30570	51526

续 表

类别 名称 月份	Ⅰ类	Ⅱ类	Ⅲ类	Ⅳ类 + Ⅴ类	Ⅰ～Ⅲ类电动叉车	Ⅰ类、Ⅳ类、Ⅴ类平衡重式叉车	Ⅰ～Ⅴ类工业车辆
	电动平衡重乘驾式叉车	电动乘驾式仓储叉车	电动步行式仓储叉车	内燃平衡重式叉车（实心、充气轮胎）			
9	5519	1583	18577	25102	25679	30621	50781
10	5353	1748	17407	23711	24508	29064	48219
11	5627	1009	18074	22752	24710	28379	47462
12	5524	−251	17878	18356	23151	23880	41507
合计	63054	12088	205954	316056	281096	379110	597152

一、国内市场

根据世界工业车辆统计协会数据，2018 年中国叉车市场全年共销售机动工业车辆 431207 台，与 2017 年的 371617 台相比，增长了 16.04%。中国叉车市场的销售量占亚洲销售量 630310 台的 68.41%，比 2017 年增长了 1.53 个百分点，仍列亚洲第一位；占世界销售量 1489523 台的 28.95%，比 2017 年增长了 1.09 个百分点，继续位列世界第一位。2018 年 1—12 月国内机动工业车辆销售量增长变化情况如下图所示。

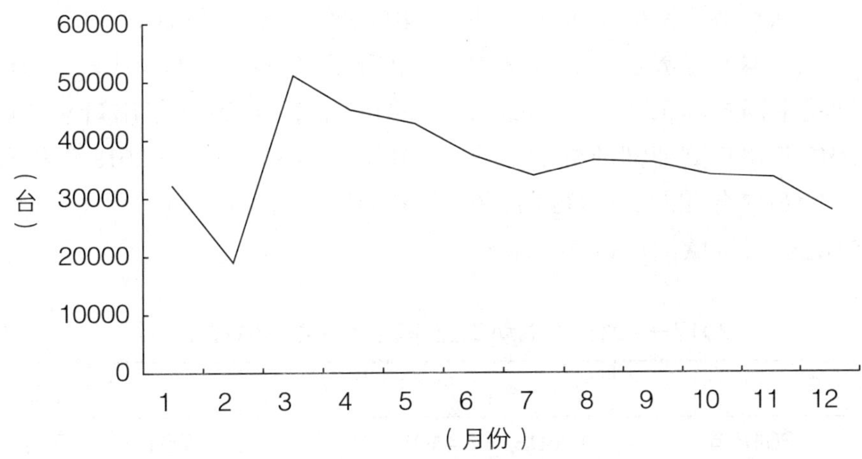

2018 年 1—12 月国内机动工业车辆销售量增长变化情况

二、出口情况

根据工业车辆分会采录汇总报告销售量数据：2018 年，我国共出口机动工业车辆 166923 台，与 2017 年的出口量 125725 台相比，上升了 32.77%。其中电动叉车出口 107681 台，与 2017 年的出口量 73806 台相比，上升了 45.90%；内燃叉车（含集装箱叉车）出口 59242 台，与 2017 年的出口量 51919 台相比，上升了 14.10%。2018 年 1—12 月机动工业车辆出口情况如表 2 所示。

表 2　　2018 年 1—12 月机动工业车辆出口情况　　单位：台

月份	1	2	3	4	5	6	7	8	9	10	11	12
出口量	12476	8160	14600	13943	16480	13961	16172	14790	14647	14156	13941	13597

2018 年，在机动工业车辆的出口中，电动叉车 107681 台，占出口量的 64.51%；内燃叉车 59242 台，占出口量的 35.49%。电动叉车的出口构成比例与上年同期相比上升了 5.81 个百分点。2018 年机动工业车辆出口构成比例变化情况如表 3 所示。

表 3　　机动工业车辆出口构成比例变化情况　　单位：台

年份	机动工业车辆合计	电动叉车		内燃叉车	
		出口量	所占比例（%）	出口量	比重（%）
2018	166923	107681	64.51	59242	35.49
2017	125725	73806	58.70	51919	41.30

2018 年，我国共向世界上 174 个国家和地区出口机动工业车辆，遍布世界五大洲，其中亚洲、欧洲、美洲是中国机动工业车辆产品的传统出口市场。2018 年出口到亚洲的机动工业车辆为 45666 台，与 2017 年出口量 39488 台相比，上升了 15.65%；出口到欧洲的机动工业车辆为 69300 台，与 2017 年出口量 42505 台相比，上升了 63.04%；出口到美洲的机动工业车辆为 34183 台，与 2017 年出口量 30006 台相比，上升了 13.92%。2017—2018 年机动工业车辆出口各洲情况如表 4 所示。

表 4　　2017—2018 年机动工业车辆出口各洲情况　　单位：台

产品名称		全世界	欧洲	美洲	亚洲	非洲	大洋洲
电动平衡重乘驾式叉车	2018 年	12603	4146	2122	4751	779	805
	2017 年	9421	3013	1674	3642	497	595
	同比增长率（%）	33.78	37.60	26.76	30.45	56.74	35.29

续表

产品名称		全世界	欧洲	美洲	亚洲	非洲	大洋洲
电动乘驾式仓储式叉车	2018 年	2836	438	1110	928	85	275
	2017 年	2444	242	974	951	48	229
	同比增长率（%）	16.04	80.99	13.96	−2.42	77.08	20.09
电动步行式仓储叉车	2018 年	92242	47519	19620	20644	1044	3415
	2017 年	61941	26176	15435	17048	871	2411
	同比增长率（%）	48.92	81.54	27.11	21.09	19.86	41.64
内燃平衡重式叉车	2018 年	59242	17197	11331	19343	6272	5099
	2017 年	51919	13074	11923	17847	5466	3609
	同比增长率（%）	14.10	31.54	−4.97	8.38	14.75	41.29
工业车辆合计	2018 年	16692	69300	34183	45666	8180	9594
	2017 年	12572	42505	30006	39488	6882	6844
	同比增长率（%）	32.77	63.04	13.92	15.65	18.86	40.18

在机动工业车辆中，欧洲和亚洲的电动叉车出口台数分别占总数的 48.39% 和 24.45%；亚洲和欧洲的内燃叉车出口数量分别占总数的 32.65% 和 29.03%。电动及内燃叉车出口各洲情况如表 5 所示。

表 5　　电动及内燃叉车出口各洲情况　　单位：台

地区	电动叉车		内燃叉车	
	数量	比重（%）	数量	比重（%）
欧洲	52103	48.39	17197	29.03
美洲	22852	21.22	11331	19.13
亚洲	26323	24.45	19343	32.65
非洲	1908	1.77	6272	10.59
大洋洲	4495	4.17	5099	8.61
合计	107681	100.00	59242	100.00

（中国工程机械工业协会工业车辆分会秘书长　张洁）

2018 年中国托盘业

2018 年是我国托盘行业艰难前行的一年。一方面，国家加大环保力度，促使行业产业升级，企业增加对固定资产的投入；原材料上涨，对企业的管理提出了更高的要求，需要托盘行业企业面对困难迎难而上。另一方面，国家持续加大物流标准化的推进力度，各地政府也纷纷成立了专门的工作协调部门，有针对性地开展相关工作，对托盘行业发展起到了促进作用；且随着人力成本和土地成本的上升，各种企业对托盘需求量的持续增加，也成为托盘行业发展的利好。

一、国家商务部继续推进托盘标准化工作

2018年1月，商务部会同9部门联合发布《商务部等 10 部门关于推广标准托盘发展单元化物流的意见》，文件中提出工作目标：力争到 2020 年，标准托盘占全国托盘保有量和适用领域比例分别达到 32% 和 70% 以上。各地政府将托盘标准化工作作为 2018 年的重点工作推进，也促进了标准化托盘在全国的全面普及。

2018 年 4 月，商务部发布《商务部等 8 部门关于开展供应链创新与应用试点的通知》（商建函〔2018〕142 号），在通知中的试点城市重点任务里明确提出了推动完善重点产业供应链体系，一是建立健全农业供应链，二是积极发展工业供应链，三是创新发展流通供应链。这些体系中托盘及物流器具都是必不可少的，该文件的发布，也为各地推进托盘及物流器具的普及起到了促进作用。

二、托盘标准制修订

目前，我国托盘相关现行标准中，国家标准 22 项（见表 1），其他相关标准包括，烟草行业托盘标准 2 项、包装行业托盘标准 1 项、军用托盘标准 7 项、船舶用托盘标准 1 项、商务部托盘行业标准 3 项、物流行业标准 3 项（见表 2）。其中，由中国物流与采购联合会提出，全国物流标准化技术委员会（SAC/TC 269）归口的《单元化物流系统 托盘设计准则》（国家标准）和《联运通用平托盘 钢质平托盘》《木质箱式托盘》《钢质箱式托盘》三项物流行业标准于 2018 年正式

发布。基本内容如下。

（一）《单元化物流系统 托盘设计准则》（国家标准）给出了托盘单元化物流系统中流通的平托盘、箱式托盘、立柱式托盘和滑板托盘的设计准则和射频识别（RFID）标签及条码符号的基本要求，是形成我国单元化物流系统时托盘设计、生产、检验和使用的依据。

（二）《联运通用平托盘 钢质平托盘》规定了钢质平托盘的分类、要求、试验方法、检验规则以及标志、包装、运输与贮存。该标准适用于联运通用钢质平托盘以及共用系统用钢质平托盘，其他用途及类型的钢质平托盘可参照本标准的相关规定。

（三）《木质箱式托盘》规定了木质箱式托盘的产品分类、要求、试验方法以及包装、运输和贮存。该标准适用于由木质材料构成的、组合为箱状的托盘。

（四）《钢质箱式托盘》规定了钢质箱式托盘的分类、要求、试验方法、检验规则以及标志、运输和贮存。该标准适用于满足一定性能要求的可重复使用的钢质箱式托盘。

国家标准及行业标准的发布填补了我国在托盘设计及生产方面标准欠缺的空白，对大力推进我国托盘设计水平及生产管理的规范具有积极的意义。

表 1　　现有托盘相关国家标准

序号	标准名称	标准编号
1	《托盘术语》	GB/T 3716—2000
2	《托盘单元货载》	GB/T 16470—2008
3	《联运通用平托盘 主要尺寸及公差》	GB/T 2934—2007
4	《联运通用平托盘 性能要求和试验选择》	GB/T 4995—2014
5	《联运通用平托盘 试验方法》	GB/T 4996—2014
6	《一次性托盘》	GB/T 20077—2006
7	《纸基平托盘》	GB/T 19450—2004
8	《塑料平托盘》	GB/T 15234—1994
9	《箱式、立柱式托盘》	GB/T 18832—2002
10	《铁路货运钢制平托盘》	GB 10486—1989
11	《木质平托盘用人造板》	GB/T 23898—2009
12	《组合式塑料托盘》	GB/T 27915—2011
13	《模压平托盘植物纤维类》	GB/T 30672—2014
14	《托盘编码及条码表示》	GB/T 31005—2014
15	《塑料箱式托盘》	GB/T 31081—2014

续 表

序号	标准名称	标准编号
16	《联运通用平托盘木质平托盘》	GB/T 31148—2014
17	《平托盘最大工作载荷》	GB/T 34394—2017
18	《托盘共用系统木质平托盘维修规范》	GB/T 34396—2017
19	《托盘共用系统管理规范》	GB/T 34397—2017
20	《托盘共用系统电子标签（RFID）应用规范》	GB/T 35412—2017
21	《托盘共用系统塑料平托盘》	GB/T 35781—2017
22	《单元化物流系统 托盘设计准则》	GB/T 37106—2018

表 2　　　　相关行业托盘标准情况

序号	标准名称	标准编号	标准分类
1	《烟草行业联运通用平托盘》	YC/T 215—2007	烟草行业托盘标准
2	《卷烟联运平托盘电子标签应用规范》	YC/T 272—2008	烟草行业托盘标准
3	《军用平托盘基本尺寸和额定载重量》	GJB 183A—1999	军用托盘标准
4	《军用立柱式托盘和箱式托盘基本尺寸和额定载重量》	GJB 184A—1999	军用托盘标准
5	《钢制平托盘技术条件》	GJB 830—1990	军用托盘标准
6	《托盘单元货载》	GJB 16470—2008	军用托盘标准
7	《军用物资直方体运输包装尺寸系列》	GJB 182A—2000	军用托盘标准
8	《军用集装箱 类型、尺寸和额定质量》	GJB 4361—2002	军用托盘标准
9	《组合式军用集装箱通用规范》	GJB 6500—2008	军用托盘标准
10	《船舶舾装件托盘编码》	CB/T 4101—2008	船舶用托盘标准
11	《托盘租赁企业服务规范》	SB/T 11152—2016	商务部托盘行业标准
12	《托盘共用系统运营管理规范》	SB/T 11153—2016	商务部托盘行业标准
13	《共用系统托盘质量验收规范》	SB/T 11154—2016	商务部托盘行业标准
14	《木质箱式托盘》	WB/T 1078—2018	物流行业标准
15	《联运通用平托盘 钢质平托盘》	WB/T 1079—2018	物流行业标准
16	《钢质箱式托盘》	WB/T 1080—2018	物流行业标准

目前，在制国家托盘标准 2 项（见表 3），其中《托盘系统设计及使用准则》和《托盘单元化物流系统规范》已经通过专家审查会审查，上报到国家标准委，等待批准发布。国家托盘标准制定计划 3 项（见表 4）。

表 3　在制国家托盘标准

序号	标准名称	标准立项编号
1	《托盘系统设计及使用准则》	20160547-T-469
2	《托盘单元化物流系统规范》	20170460-T-469

表 4　国家托盘标准制订计划

序号	标准名称
1	《联运通用滑板托盘尺寸及性能要求》
2	《联运通用半托盘尺寸及性能要求》
3	《联运通用平托盘 木质平托盘》

三、托盘行业校企合作交流

在我国，托盘行业属于新兴产业，正处于发展上升期，企业的发展离不开高端人才的培养。所以为了推广托盘行业的发展新理念，正确引导高校及时把握市场动态，培养专业型托盘人才，解决企业人才不足和毕业生就业的困惑，中国物流与采购联合会托盘专业委员会在华北和华东开展了两期的校企交流活动，有力地推动了托盘行业产学研的结合，今后该项工作将持续开展。

四、物流托盘指数

在“中国物流托盘指数”调查中，以安徽省芜湖县托盘产业数据为主要依据计算，综合反映我国托盘产品价格、托盘行业景气和托盘行业贡献。

该指数的宗旨是建立健全我国物流托盘指数与定期监测分析相结合的物流托盘统计信息定期调查与发布制度，可提高统计的时效性；全面反映我国物流托盘生产、流通、信息化、网络化、标准化特点；实现对我国物流托盘全产业链发展与运行状况的动态监测、预警预测和相关分析研究；为企业生产经营投资等活动提供指导，也为进一步加强物流托盘与物流运行以及国民经济的关联性研究奠定基础。2018 年上半年托盘行业景气指数如图 1 所示。

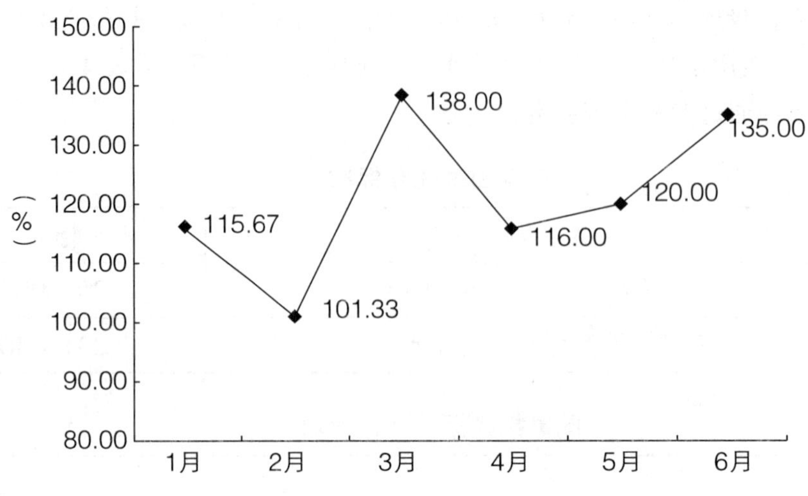

图 1 2018 年上半年托盘行业景气指数

2018 年上半年托盘行业景气指数呈现"W"形波动走势；3 月的峰值是由于春节之后企业恢复正常生产经营活动所致；托盘行业景气指数均位于荣枯线 100 以上高景气区间波动，说明企业对托盘行业的发展充满信心；托盘行业景气度较好，一方面受政府积极政策的影响，另一方面也与逐渐增长的市场需求有关。

托盘行业的贡献指数在 2018 年上半年呈大幅上涨态势。从侧面反映出托盘行业处于快速发展阶段，托盘行业对于物流行业的贡献程度在逐步显现。2014 年下半年至 2018 年上半年托盘行业贡献指数如图 2 所示。

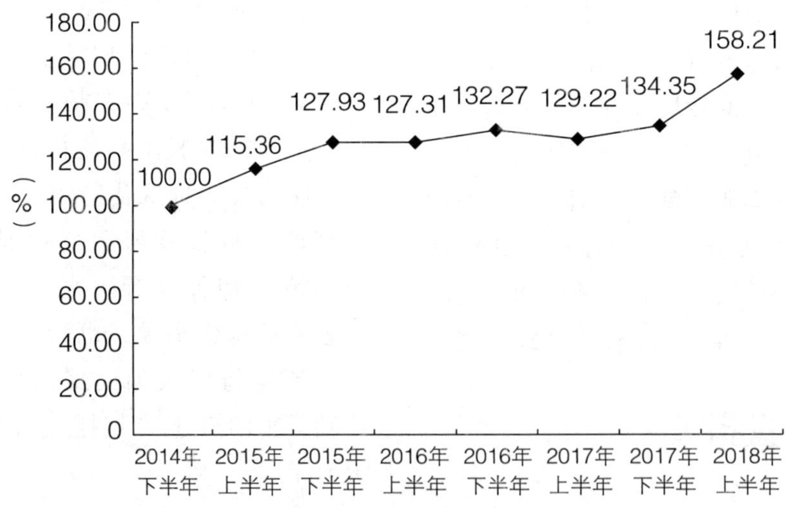

图 2 2014 年下半年至 2018 年上半年托盘行业贡献指数

五、托盘新材料的研发

近几年托盘的主要原材料木材、塑料、纸张、金属等价格都在持续上升，为了能够找到物美价廉的替代品，国内对新材料的研发越来越深入。例如内蒙古佳运通智能环保新材料有限公司依托北京大学、武汉理工大学、北京大学包头创新研究院、内蒙古科技大学等重点高校和科研院所的科研资源，致力于新型环保材料、稀土高分子材料、多功能环保母粒的研发，开发出了绿色环保、低成本、高标准、可循环利用的新型环保材料，并已在物流托盘行业投产与应用。例如，利用玻璃纤维与塑料采用模压工艺、注塑工艺制作的新材料托盘；利用玻璃纤维与树脂材料拉挤成型制作的新材料托盘。金属托盘中，除钢制托盘外还出现了铝制或铝合金、不锈钢托盘等。

六、中国托盘国际会议暨全球托盘企业家年会

2018 年，会议规模创历届之最。参加会议的美国、德国、丹麦、马来西亚、日本、韩国、中国台湾、立陶宛、瑞士、乌克兰、西班牙等 10 多个国家和地区的托盘生产企业、用户企业、托盘租赁企业、托盘机械制造企业的决策者以及政府官员、专家学者聚在一起交换信息、交流经验，为全球托盘事业的发展献计献策，充分体现了全球的托盘工作者团结互助、积极进取、合作共赢的精神面貌。

（中国物流与采购联合会托盘专业委员会 马增荣 唐 英 孙熙军 王 芮）

2018 年黑龙江省托盘业发展情况

2017 年 12 月 29 日，由国家商务部、国家发展改革委、工业和信息化部、财政部、交通运输部、国家统计局、国家邮政局、国家认证认可监督管理委员会（以下简称“国家认监委”）、国家标准委和中国铁路总公司十部委联合签发了《商务部等 10 部门关于推广标准托盘发展单元化物流的意见》（商流通函〔2017〕968 号），该意见提出工作目标，力争到 2020 年，标准托盘占全国托盘保有量和适用领域比例分别达到 32% 和 70% 以上，物流标准化水平明显提高，物流降本增效取得明显进展。

黑龙江省商务厅根据此文件的具体目标和要求，联合黑龙江省物流与供应链商会共同对黑龙江省的托盘市场进行了全方位的专业调查，完成了《黑龙江省托盘市场运行情况调查研究报告》，该报告为黑龙江省乃至全国物流标准化及标准托盘的推广奠定了基础，为建立黑龙江省乃至全国的托盘共用系统提供了翔实数据。

一、黑龙江省托盘存量情况

截至 2018 年年底，黑龙江省托盘全口径市场存量为 825866 片，具体数据组成如表 1 所示。

表 1　黑龙江省托盘全口径市场存量情况　单位：片

数据来源	标准托盘存量	非标准托盘存量	小计
实调	45811	55870	101681
电调	113868	70100	183968
填表	288504	99048	387552
推算	15020	—	—

续 表

数据来源	标准托盘存量	非标准托盘存量	小计
推测	92641	45004	137645
合计	555844	270022	825866

注:“实调”是项目有关人员亲自到现场调查;“电调”是电话交流调查所得数据;“填表”是书面填表调查所得数据;“推算”是从实调样本市场获得人口与流通领域托盘数的相关性经验公式推算出所要分析的市场的托盘数量;“推测”是按照二八法则,外推出所在市场遗漏的、未能采集到的托盘数量数据。

(一)按托盘制作材质统计

黑龙江省托盘市场现有存量673201片(不含推算和推测部分),标准托盘448183片,占66.57%;非标准托盘225018片,占33.43%。其中,木质的225454片,占33.49%;塑料材质的387035片,占57.49%;金属材质的60712片,占9.02%,具体如表2所示。

表2　按托盘制作材质统计的托盘存量　单位:片

材质	标准托盘存量	非标准托盘存量	小计
木质	102974	122480	225454
塑料	328419	58616	387035
金属	16790	43922	60712
合计	448183	225018	673201

(二)按托盘使用领域统计

商贸流通领域存量186591片,占市场总量的27.7%,其中标准托盘占83.85%,非标准托盘占16.15%;专业物流服务领域存量221863片,占市场总量的32.96%,其中标准托盘占82.99%,非标准托盘占17.01%;生产制造领域存量为264747片,占市场总量的39.33%,其中标准托盘占40.64%,非标准托盘占比达到59.36%,具体如表3所示。

表3　按托盘使用领域统计的托盘存量　单位:片

领域	标准托盘存量	非标准托盘存量	小计
商贸流通	156454	30137	186591
专业物流服务	184126	37737	221863
生产制造	107603	157144	264747
合计	448183	225018	673201

通过表 3 数据可以看出，生产制造领域托盘使用量最大，但非标准托盘占比约 59%。因此，标准化托盘在该领域具有巨大的发展空间。其次是专业物流服务领域，标准托盘占比约 83%，这是未来托盘标准化、单元化推广应用的市场基础领域。最后是商贸流通领域，标准托盘占比约 84%，托盘标准化应用非常到位。

（三）按标准托盘租赁和自购统计

目前，黑龙江省托盘租赁市场用到的基本是符合国家标准的 1.2 米 ×1 米托盘。标准托盘的市场总量是 448183 片，其中，自购部分 370973 片，占 82.77%；租赁部分 77210 片，占 17.23%（见表 4）。由此可见，托盘租赁市场正处于发展阶段，托盘的社会大循环使用已开始成为主要发展方向。

表 4　　按标准托盘的租赁和自购统计的标准托盘存量　　单位：片

分类	自购	租赁
存量	370973	77210
占比（%）	82.77	17.23

（四）黑龙江省各地区托盘存量

1. 不区分托盘材质统计（见表 5）

表 5　　黑龙江省地级市场托盘存量情况　　单位：片

地市名称	标准托盘存量	非标准托盘存量	小计
哈尔滨	317992	164640	482632
齐齐哈尔	35920	3350	39270
牡丹江	5660	3610	9270
佳木斯	13006	521	13527
大庆	28886	922	29808
鸡西	564	3535	4099
双鸭山	1300	100	1400
伊春	387	1476	1863
七台河	2335	1950	4285
鹤岗	5010	750	5760
黑河	8538	23682	32220
绥化	28538	20482	49020
大兴安岭	47	—	—
合计	448183	225018	673201

全省市场，标准托盘占比为66.6%；全省的托盘市场71.7%集中在哈尔滨，绥化占比为7.3%，齐齐哈尔占比为5.8%，黑河占比为4.8%，大庆占比为4.4%，各地区间发展极不平衡。

2. 按托盘制作材质统计（见表6）

表6　黑龙江省地级市场按托盘制作材质统计的托盘存量　单位：片

地市名称	材质	标准托盘存量	非标准托盘存量	小计
哈尔滨	木质	84298	91344	175642
	塑料	217954	53076	271030
	金属	15740	20220	35960
齐齐哈尔	木质	2130	3290	5420
	塑料	33790	60	33850
	金属	—	—	—
牡丹江	木质	5100	1830	6930
	塑料	560	1780	2340
	金属	—	—	—
佳木斯	木质	3700	521	4221
	塑料	9306	—	—
	金属	—	—	—
大庆	木质	1896	922	2818
	塑料	26990	—	—
	金属	—	—	—
鸡西	木质	400	3535	3935
	塑料	164	—	—
	金属	—	—	—
双鸭山	木质	—	100	—
	塑料	800	—	—
	金属	500	—	—
伊春	木质	100	76	176
	塑料	287	300	587
	金属	—	1100	—

续 表

地市名称	材质	标准托盘存量	非标准托盘存量	小计
七台河	木质	1850	850	2700
	塑料	185	1100	1285
	金属	300	—	—
鹤岗	木质	1000	250	1250
	塑料	4010	—	—
	金属	—	500	—
黑河	木质	—	3280	—
	塑料	8538	300	8838
	金属	—	20102	—
绥化	木质	2500	16482	18982
	塑料	25788	2000	27788
	金属	250	2000	2250
大兴安岭	木质	—	—	—
	塑料	47	—	—
	金属	—	—	—
合计		448183	225018	673201

3. 按托盘使用领域统计（见表 7）

表 7　　黑龙江省地级市场按托盘使用领域统计的托盘存量　　单位：片

地市名称	领域	标准托盘	非标准托盘	小计
哈尔滨	商贸流通	110301	10242	120543
	专业物流服务	125253	23698	148951
	生产制造	82438	130700	213138
齐齐哈尔	商贸流通	2340	60	2400
	专业物流服务	33580	3290	36870
	生产制造	—	—	—

续 表

地市名称	领域	标准托盘	非标准托盘	小计
牡丹江	商贸流通	4660	1510	6170
	专业物流服务	1000	300	1300
	生产制造	—	1800	—
佳木斯	商贸流通	4500	—	—
	专业物流服务	5606	521	6127
	生产制造	2900	—	—
大庆	商贸流通	21000	—	—
	专业物流服务	4991	80	5071
	生产制造	2895	842	3737
鸡西	商贸流通	—	—	—
	专业物流服务	84	3535	3619
	生产制造	480	—	—
双鸭山	商贸流通	—	—	—
	专业物流服务	800	—	—
	生产制造	500	100	600
伊春	商贸流通	200	100	300
	专业物流服务	187	276	463
	生产制造	—	1100	—
七台河	商贸流通	1245	1650	2895
	专业物流服务	620	300	920
	生产制造	470	—	—
鹤岗	商贸流通	—	—	—
	专业物流服务	2010	250	2260
	生产制造	3000	500	3500
黑河	商贸流通	5208	3575	8783
	专业物流服务	3330	5	3335
	生产制造	—	20102	—

续 表

地市名称	领域	标准托盘	非标准托盘	小计
绥化	商贸流通	7000	13000	20000
	专业物流服务	6618	5482	12100
	生产制造	14920	2000	16920
大兴安岭	商贸流通	—	—	—
	专业物流服务	47	—	—
	生产制造	—	—	—
合计		448183	225018	673201

4. 按标准托盘租赁与自购统计（见表 8）

表 8　　黑龙江省地级市场按标准托盘的租赁与自购统计的存量　　单位：片

地市名称	自购数量	租赁数量	小计
哈尔滨	243092	74900	317992
齐齐哈尔	35910	10	35920
牡丹江	5660	—	—
佳木斯	13006	—	—
大庆	26586	2300	28886
鸡西	564	—	—
双鸭山	1300	—	—
伊春	387	—	—
七台河	2335	—	—
鹤岗	5010	—	—
黑河	8538	—	—
绥化	28538	—	—
大兴安岭	47	—	—
合计	370973	—	—

标准托盘中，出现租赁使用的情况集中在哈尔滨地区，大庆有少量（2300片），齐齐哈尔有零星租赁。全黑龙江省托盘租赁市场没有出现非标准托盘的专业租赁。

二、黑龙江省托盘业发展现状

截至2018年年底，黑龙江省标准托盘存量达到了全省的2/3，标准化托盘的使用超过了国家层面30%的占比。说明黑龙江省托盘标准化应用达到了一定的水平。

（一）托盘循环公用体系尚待完善

全国托盘保有量约在12亿片左右，人均0.85片，而黑龙江省人均保有托盘量约0.02片，与全国有40多倍的差距。

黑龙江省省内托盘的循环公用体系尚未建立起来，关键的服务节点建设还处在筹备阶段。托盘租赁服务供应商设立的综合服务点，距离黑龙江省最近的也在600公里之外的沈阳，不利于黑龙江省循环公用体系的发展。

（二）带板运输能力弱

目前，黑龙江省使用带板运输的企业极少，进入带板运输的托盘占所有存量托盘的4%，因此造成企业运作效率低下。

（三）托盘标准化、智能化

当前，黑龙江省标准托盘的应用远大于非标准托盘，在托盘标准化的发展上，已经走在了全国的前列，但与之配套的智能化还需进一步深入发展。

（四）托盘使用租赁化

托盘租赁可以降低企业成本投入，减轻资金压力，让货主的资源可以更加聚集于自己的核心领域。而黑龙江省的托盘租赁占比仅为17.23%，尚有很大的上升空间，随着阻碍租赁市场的各种困难逐渐得到解决，租赁的比例将会逐年上升，将对全省的物流业发展起到推动作用。

三、结语

托盘作为我国物流业实现智能化发展进行中重要的智能装备之一，对我国物流业的发展具有举足轻重的作用。因此，完善托盘的标准化体系、建立托盘的循环公用体系，实现托盘数字化应用是当前行业发展的重要课题。

（黑龙江省商务厅　黑龙江省物流与供应链商会　哈尔滨看好你供应链管理有限公司）

第七部分

物流教育、信息化、标准化

2018 年中国物流教育与培训

2018 年随着“互联网 +”理念的进一步深入，大数据、云计算、物联网和智能设备的应用为物流产业发展带来新机遇和增长点，智慧物流成为推动产业升级的新动能。智慧物流和供应链创新发展促进物流企业逐步向管理技术化、组织扁平化、运营智能化、协同平台化的方向发展，物流岗位设置和工作内涵呈现出新的变化。创新型、复合型智慧物流人才成为物流人才培养工作的重要方向。

一、2018 年物流行业教育培训院校人才培养情况

截至 2018 年年底，全国共有约 2279 所高校开设了物流相关专业。其中本科院校 572 所，高等职业院校 965 所，中等职业院校 742 所，在校生数量约 51 万人，2018 年物流及相关专业毕业生约 15.6 万人。全国共设有 655 个物流本科专业布点，为应对行业发展对物流人才培养提出的新挑战，行业人才培养工作要重点处理好物流专业发展数量与质量的关系，人才培养工作关键在质量。

二、2018 年物流行业教育培训工作发展特点

2018 年行业人才培养工作继续深入贯彻落实习近平总书记系列重要讲话精神，坚持政府推动、行业指导、需求导向，深化产教融合，在如何培养和提升综合能力、处理好管理与技术、产业发展与专业建设同步等方面进行了一系列创新探索和实践。

（一）发挥行业作用，为教育部职业教育综合改革方案设计提供支撑

为贯彻落实党的十九大关于新时代职业教育改革精神，根据孙春兰副总理的指示，教育部职业教育与成人教育司就国家职业教育改革实施方案组织调研，中国物流与采购联合会（以下简称“中物联”）作为行业代表参与了此项工作，并在国家职业教育体系完善、院校服务社会提升、行业专业职业标准与证书开发（1+X）、课证融通与双师型队伍建设等方面提供支持。

2018 年 1 月，国务院颁发了《国家职业教育改革实施方案》。同年 4 月，教育部发布《关于在院校实施“学历证书 + 若干职业技能等级

证书”制度试点方案》，即“1+X”证书制度试点，并启动首批 5 个职业技能领域试点。中物联下属机构北京中物联物流采购培训中心被列入国家（1+X）证书制度试点首批培训评价组织，赋予了物流行业推动物流人才培养的新使命。

（二）围绕国家战略和教育部中心工作，组织开展了系列活动

一是启动“马钢杯”第六届全国大学生物流设计大赛，由案例企业马钢集团物流有限公司冠名支持。大赛于 2018 年 5 月正式启动后，教育部高等学校物流管理与工程类专业教学指导委员会（以下简称“物流教指委”）迅速组织院校及企业专家成立了案例编写小组。经过几个月的艰苦努力，圆满完成案例编写工作，并在 2018 年 10 月举办的第十七届全国高校物流专业教学研讨会上正式发布。本届比赛共有 580 支参赛队伍报名成功。经过评审，共确定 312 支参赛队取得复赛资格，90 支队伍最终进入决赛。

全国大学生物流设计大赛是由物流教指委和中物联共同主办的、面向广大高校物流专业师生的大型竞赛活动，是教育部高等教育质量工程的少数几个全国性大赛之一。大赛经过十几年的发展，呈现出参与范围更广、高校支持力度更大、竞争更加激烈、评审过程更加严谨、组织管理更加规范等特点，在高校和社会中持续引起巨大反响。

二是承办全国职业院校技能大赛中、高职物流比赛。2018 年中物联和全国物流职业教育教学指导委员会（以下简称“物流行指委”）顺利承办了高职组智慧物流作业方案设计与实施和中职组现代物流综合作业两个赛项，高职物流比赛在天津交通职业学院举行，来自全国的 58 支参赛队 232 名选手参加了比赛。中职物流比赛在江苏省淮安中等专业学校举行，86 支代表队 344 名选手参加了比赛。大赛是对全国物流职业院校高技能物流人才培养成果的一次大检阅，为广大物流院校和企业搭建了一个校企合作、学习交流和展示技能的平台，发挥着物流职业技能人才培养引领作用。

三是举办第十七届全国高校物流专业教学研讨会和第十届全国职业院校物流专业教学研讨会。会议均于 2018 年 10 月在宁波召开，参会人数规模均达到 500 余人。会议为推广各院校发展物流教育好的经验做法、深化产教融合、促进教师队伍建设搭建了良好的沟通交流平台，对深入贯彻党的十九大、全国教育大会及《国务院办公厅关于深化产教融合的若干意见》精神，推进我国物流教育教学改革和内涵建设具有十分重要的意义。

四是积极推广现代学徒制，深化产教融合。中物联和物流行指委自 2013 年开始在全国职业院校推广现代学徒制试点。校企双方共同开发岗位标准、制定教学计划，共同管理、共同教学、共同考核、共同确认学生的职业发展路径。岗位标准融合了物流行业的国际职业标准、学校教学要求、企业标准，标准中包含知识、技能与素养。项目采取全过程评估及第三方评估机制，中物联进行项目整体质量把关，并为合格的学徒以及评估师颁发证书。

目前已经完成 10 个项目的推广工作。其中，山东潍坊商业学校、广西职业技术学院、广州市商贸职业学校、上海市现代流通学校获得行业和省教学成果奖一等奖。项目得到了行业企业的高度认可，2018 年共有 7 个学院加入项目的实施中来。

五是开设科研与国际合作论坛，推动科研学术交流。为营造良好的学术氛围，开展青年教师科研课题合作、申报、研究和结项的经验交流工作，帮助青年教师提高学术研究水平，引发创新思维交流，物流教指委青年教师工作组在

第十七届全国物流专业教学研讨会期间牵头开设了科研与国际合作论坛，来自英国及国内的高校青年专家学者就科研合作和发表高质量论文进行深入探讨，各大高校教师热情参与其中。

（三）强化产品内容，努力提高培训认证工作的专业性、权威性

一是完成新版培训教材的开发和编写。教材是教学的内容源泉，是培训认证工作的基础，教材质量的高低决定着培训认证的质量和品牌的好坏。中物联物流、采购行业培训认证教材是国内物流行业领域最具权威性的培训认证教材，第四次改版工作按新的行业标准于2017年启动。新版教材编写采用“教材+云端资源”开发思路，从不同角度、不同层面广泛征集了一线培训市场反馈和企业管理者意见，基于行业人才培养标准，重新定义职业人才能力结构，在原有模块基础上更加强调人的核心素养。同时融入电商物流、智慧物流等反映当前物流行业发展前沿的内容，为未来在线教育与培训打下基础。

二是启动物流培训网络平台建设和资源建设工作。“互联网+”时代，学习与培训模式正在发生重大变化，模块化、碎片化、资源化、在线化的学习逐步成为主流。因此自2017年开始，在中央财政支持下，中物联主动与国内一流的网络公司合作，积极探索，将先进的技术、方法引入教育培训领域，为从业人员提供终身学习的服务。目前平台开发工作已经完成，正在进行试运营。未来我们将向学员提供更多的线上资源，搭建教学辅助平台，提升培训教学服务质量。

三是开展市场调研工作。为了解市场需求、挖掘市场潜力、提高服务质量，2018年共走访10多家培训中心及30多家物流院校开展调研工作，积极探索将培训领域先进的技术、方法引入院校教育领域，寻求新的市场机会，为从业人员提供终身学习的服务，促进行业人才培训认证与企业、院校人才培养工作有序衔接。

四是行业人才培训工作稳步推进。2018年中物联教育培训部共组织境内培训40余次，其中包括物流从业人员、采购从业人员以及国际供应链管理人员共计10个级别职业能力要求的培训。参训对象包含物流企业从业人员、生产制造企业从业人员、各地各级政府相关部门管理人员以及高校物流与供应链专业教师等，受训人数达8000余人。

2018年中物联承担了人力资源和社会保障部委托的物流、采购、供应链方面的培训项目，开展物流专业技术人员知识更新工程，面向物流企业开展公益培训。培训于2018年11月在深圳成功举办，培训主题为“现代供应链管理创新与应用”。来自全国20多个省、市的物流企业、制造企业及物流行业协会共计70余名代表参加了本次研修班。此外，物流行指委分别于2018年4月、7月、8月、12月在京组织了8期院校教师职业能力培训，累计培训来自全国各地高校、中高职院校教师近500人。培训围绕“电商物流”“智慧物流”及“采购与供应链管理”等主题，采用跨领域、跨专业的知识体系课堂授课与企业实践相结合的形式，依托院校和行业企业专家优势，坚持以提高教学水平和创新能力为导向，注重物流学术和实践前沿问题的探讨，进一步提升青年骨干教师的教学能力。

五是探索推进学习型企业建设。在当前新的经济发展形势下，为培养更多符合企业发展需求的专业化、复合型、创新型人才，越来越多的企业通过深度校企融合和建立学习型组织来实现人才定制化培养，提升培养质量。一方面，作为行业协会，中物联积极探索学习型企业建设路径。与全国培训中心、各行业协会合作，积极推动从以证书为导向的培训工作向以资源服务为导向转变，建立新课程体系，更新教材、

开发在线资源，紧扣产业发展及企业实际需求，对接企业培训，使培训从培训向供应链一体化人才的培养方向发展。另一方面，创新与企业的合作模式。以现代学徒制为抓手，与京东、宜美佳、怡亚通、招商物流等企业就校企合作人才培养工作进行深入对接，推进企业商学院/大学建设，营造行业企业共同参与物流人才培养的大环境。与此同时，根据市场需求灵活设计开发专项培训，提升证书多样性，加强优质资源共享，实现效益最大化。

（四）积极组织开展职业教育科学研究工作

一是继续完善标准体系的建设工作。在行业职业标准的基础上，自 2017 年起着力组织企业和院校合作开发能力单元，目前已完成第三方物流、商贸物流和生产物流三个领域的能力单元的开发工作。未来将加强相关职业标准、能力单元和课程资源等行业人才培养体系建设成果的应用，加大推广力度，实现院校人才培养与职业培训认证和企业用人需求有效衔接，全面提升行业人才培养的质量。

二是物流教指委和行指委分别组织编写了《2017 年中国物流高等教育年度报告》和《2017 年中国物流职业教育发展报告》。《2017 年中国物流高等教育年度报告》分为 2017 年物流业发展概况、2017 年物流从业人员概况、2017 年物流高等教育发展概况、产业发展与专业建设、部分地区物流高等（职业）教育介绍等内容，在大数据背景下报告对引领高校物流教育发展方向具有重要意义。

三是开展物流职业教育优秀教学成果奖评选工作。为调动职业院校教师投身物流教学改革研究与实践的积极性，推广先进教学成果，物流行指委组织开展了 2018 年物流职业教育优秀教学成果奖评选工作，共收到有效申报材料 266 份，根据评选工作程序和办法，共评出一等奖 27 项、二等奖 53 项、三等奖 74 项，其中 2 项获得国家教学成果二等奖。

四是组织开展物流教改教研课题申报和评审工作。2018 年物流教改教研课题立项工作得到了广大高校专业教师的积极参与，共立项 111 个课题。2018 年年初对列入“2017 年物流教改教研课题计划”的课题组织评审验收，共确定 121 个课题完成结题，同时评选出 2017 年优秀获奖课题 79 个。课题研究工作反映了当前高校物流人才培养工作教学研究、人才培养模式和服务物流业发展的最新成果，评审工作充分考察项目成果的前沿性、科学性、创新性和可推广性，这对于指导院校教学改革、专业建设、双创教育落实和高校物流人才培养模式创新具有重要意义。

（五）积极承接教育主管部门委托的相关工作

一是全力推进教育部高职专业标准制（修）订及中职专业目录调整工作。自 2017 年开始，物流行指委共承担教育部高职物流类 7 个专业教学标准的编制工作，目前标准通过广泛调研、编制、内部审核、验收评审等，已进入完善收尾阶段。同时，教育部也启动了中职专业目录调整工作，物流行指委通过广泛调研，结合产业升级和行业企业发展需求，提出涉及物流领域的专业设置优化调整建议，专业论证方案经反复修改后提交教育部专家组评审。

二是校企合作材料申报。根据《教育部办公厅关于开展职业教育校企深度合作项目建设工作的通知》（教职成厅函〔2018〕55 号）文件要求，物流行指委积极组织院校申报，截至目前共收到校企深入融合申报材料 8 份。下一步将做好对项目实施的监督指导，推动合作各方履行合作协议。

（六）积极开展国际合作与交流活动

一是积极推广实施国际采购与供应管理联

盟（IFPSM）的全球标准认证。一年多来已有近两千人在通过中物联物流、采购职业能力等级认证后成功申请并获得 IFPSM 全球标准认证证书。

二是确定了与美国最具影响力的供应链协会——国际供应链与运营管理协会（APICS）之间的落地合作项目。全球最受欢迎的 CPIM（生产和库存管理）认证的第一部分已由中物联完成其全面汉化工作，中物联将独家管理“CPIM PART 1 - CHINA”项目在我国的开展与实施。

三是与联合国国际贸易中心联合举办了 2018 ITC（联合国国际贸易中心）供应链管理全球圆桌会议。共有来自全球 16 个国家近 70 名专家和代表前来参会。会议圆满成功，得到联合国官员与参会代表们的高度评价。

物流技术技能人才的培养离不开行业、企业和院校的共同参与，国务院办公厅发布的《国务院办公厅关于深化产教融合的若干意见》，特别指出强化行业协调指导，行业主管部门要积极支持行业组织制定深化产教融合工作计划，开展人才需求预测、校企合作对接、教育教学指导、职业技能鉴定等服务。中物联将充分发挥物流教指委、行指委的作用，整合全国师资力量开展骨干师资培训和研修工作，加强对外合作，推动国外优质课程资源的引进和转化，为院校的专业建设与发展提供支持；继续携手院校、行业企业，着力推动高素质劳动者和技能人才培养工作，为我国物流业的发展输送更加专业的人才。

（中国物流与采购联合会教育培训部）

2018 年中国物流信息化

2018 年我国迎来改革开放 40 年，也是我国物流业从起步到快速发展的 40 年。伴随着改革开放的进程，经过全行业共同努力，物流业已成为支撑国民经济发展的基础性、战略性、先导性产业。随着新一轮科技革命深入发展，互联网与物流深度融合，物联网、人工智能、云计算、大数据和区块链等新技术在物流行业应用广泛，物流信息化发展水平快速提升，"智慧物流"深刻改变着行业发展格局。

一、国家对物流信息化工作高度重视

2018 年 1 月 2 日，国务院办公厅印发《国务院办公厅关于推进电子商务与快递物流协同发展的意见》，该意见中明确要求加强大数据、云计算、机器人等现代信息技术和装备在电子商务与快递物流领域的应用，大力推进库存前置、智能分仓、科学配载、线路优化，努力实现信息协同化、服务智能化。鼓励建设快递物流信息综合服务平台，优化资源配置，实现供需信息实时共享和智能匹配。发展仓配一体化服务，鼓励企业集成应用各类信息技术，整合共享上下游资源，促进商流、物流、信息流、资金流等无缝衔接和高效流动，提高电子商务企业与快递物流企业供应链协同效率。

2018 年 9 月 17 日，国务院办公厅印发《推进运输结构调整三年行动计划（2018—2020 年）》，该计划中明确要求促进"互联网 + 货运物流"新业态、新模式发展，深入推进无车承运人试点工作，健全完善无车承运人法规制度，推动货运物流平台健康有序发展。到 2020 年，重点培育 50 家左右创新能力强、运营管理规范、资源综合利用效率高的无车承运人品牌企业。加快建设多式联运公共信息平台，实现部门之间、运输方式之间信息交换共享。加强交通运输、海关、市场监管等部门间信息开放共享，为企业提供资质资格、认证认可、检验检疫、通关查验、违法违章、信用评价、政策动态等一站式综合信息服务。升级国家交通运输物流公共信息平台，促进铁路、港口、航运和第三方物流等龙头企业加强合作，强化货物在途状态查询、运输价格查询、车货动态匹配、集装箱定位跟踪等综合信息服务，提高物流服务智能化、透明化水平。

2018年12月21日，国家发展改革委、交通运输部联合印发《国家物流枢纽布局和建设规划》，该规划中明确要求加强综合信息服务平台建设。鼓励和支持国家物流枢纽依托现有资源建设综合信息服务平台，打破物流信息壁垒，推动枢纽内企业、供应链上下游企业信息共享，实现车辆、货物位置及状态等信息实时查询；加强交通、公安、海关、市场监管、气象、邮政等部门公共数据的开放共享，为便利企业生产经营和完善物流信用环境提供支撑；加强物流服务安全监管和物流活动的跟踪监测，推动相关企业落实实名登记和信息留存等安全管理制度，实现货物来源可追溯、责任可倒查。依托国家交通运输物流公共信息平台等建立国家物流枢纽间综合信息互联互通机制，促进物流订单、储运业务、货物追踪、支付结算等信息集成共享、高效流动，提高物流供需匹配效率，加强干线运输、支线运输、城市配送的一体化衔接。完善数据交换、数据传输等标准，进一步提升不同枢纽信息系统的兼容性和开放性。推动物流资源交易平台建设。依托具备条件的国家物流枢纽综合信息服务平台，建设物流资源要素交易平台，开展挂车等运输工具、集装箱、托盘等标准化器具及叉车、正面吊等装卸搬运设备的租赁交易，在制度设计和交易服务等方面加强探索创新，允许交易平台开展水运、航空货运、陆运等运力资源和仓储资源交易，提高各类物流资源的市场化配置效率和循环共用水平。

2018年4月8日，交通运输部办公厅印发《交通运输部办公厅关于深入推进无车承运人试点工作的通知》，该通知中明确支持试点企业创新发展。鼓励试点企业探索无车承运模式与多式联运、甩挂运输、共同配送等先进运输组织方式融合应用的发展路径，培育一批理念创新、运作高效、服务规范、竞争力强的试点企业，引导行业规模化、集约化、规范化发展。支持试点企业以资产为纽带，以开放合作、互联共赢为原则，在货源组织、线路整合、网络覆盖、运力调配、装备设施、标准规范等方面加强合作，促进试点企业间业务合作、资源共享、共赢发展。引导试点企业与成品油销售、车辆生产制造与维修、金融保险等关联服务企业，以及生产制造、商贸流通、电子商务等供应链上下游企业开展多种形式的联盟合作，加快运营模式和服务产品创新，提升物流服务便捷化、网络化、一体化水平。

2018年4月10日，商务部等8部门印发了《商务部等8部门关于开展供应链创新与应用试点的通知》，该通知明确要求创新发展流通供应链。推动企业与供应商、生产商实现系统对接，构建流通与生产深度融合的供应链协同平台，实现供应链需求、库存和物流实时共享可视。推动企业建设运营规范的商品现货交易平台，提供供应链增值服务，提高资源配置效率。促进传统实体商品交易市场转型升级，打造线上线下融合的供应链交易平台，促进市场与产业融合发展。鼓励传统流通企业向供应链服务企业转型，建设供应链综合服务平台，提供研发、设计、采购、生产、物流和分销等一体化的供应链服务，提高流通效率，降低流通成本。推进城市居民生活供应链体系建设，发展集信息推送、消费互动、物流配送等功能为一体的社区商业，满足社区居民升级消费需求，提高居民生活智能化和便利化水平。

二、物流企业信息化建设向智能化、大数据化和协同化方向发展

（一）智能化可以提升物流企业的敏捷反应能力、增强精细管控能力，提高物流运营效率

风神物流有限公司（以下简称“风神物流”）开发的智能型汽车供应链服务平台主要应用于公司的调度和备件业务，实现了供应商订单数据上传、配送计划与配车、在途跟踪、仓储及线边配送的全程网络化，并在运输及客户服务管理中应用智能调度、智能客服等新一代 IT，有效提升了用户体验。当客户订单确认后，平台自动计算订单数量进行配车，并通过 App 分配运输任务，使整个过程更加精准化。系统根据体积、BOM（物料清单）等基础数据，自动计算订单货量，并根据可用车辆的容积类别，实现车货合理匹配。系统可自动分配任务和打印任务单及智能提醒等，实现了从人工作业到业务流程信息化与数字化作业的升级。该平台有助于风神物流由粗放型向精准型、传统服务型向互联网数字化服务型、资源消耗型服务向价值服务型转型，增强风神物流对客户的响应能力、对市场的反应能力及对未来智能化的适应能力。

宝供物流园区的可视化管理系统是以物联网技术、智能门禁技术、视频监控技术、移动互联网技术等为基础的宝供物流园区可视化管理系统。实现了通过信息化手段，以“园区运营”为中心构建智慧园区一体化解决方案，从园区管理、园区服务质量、司机体验等方面，打造智慧园区的典范。通过资源精准推荐、过程精细管控、服务信息精准推送等服务，实现车辆数据完整收集、园区动态实时掌握、园区管理瓶颈有据可依，轻松为客户提供全面园区管理服务，增强园区运营效率。

（二）大数据化可以提升物流企业的标准化程度，提高管理效率，降低企业经营风险，为企业决策提供支撑

中国远洋海运集团有限公司（以下简称“中远海运”）打造的中远海运主数据 MDM（移动设备管理）项目实现了中远海运各类应用系统的主数据统一，为逐步实现全集团范围内标准数据的集成共享奠定基础。同时，完善的主数据管理可以更快速高效地形成集团统一数据视图，增强与客户交互能力，降低企业运营成本。通过该项目的实施可实现对集团核心主数据的集中管控，逐步提高主数据标准化程度，从而提高企业运营能力、创收能力，同时增加盈利机会；推动企业信息向资产的转化，从而提升洞察力，进而提高业务决策能力及行动力，并为集团未来 BI（商业智能）项目和大数据分析项目做好充分准备。

长久物流打造的中置轴车辆运输管理系统（Z3 TMS）充分利用了大数据和云计算的处理技术：① 和主流服务商合作，建立长久云计算处理平台，结合私有云模式，在处理效率与数据安全之间找到合理的平衡；② 通过大数据技术进行处理，对物流环节里的各项采集要素进行分类汇总、清洗整理，得到比以往数据报表更具象的 KPI，从而调整运营政策、结算政策等；③ 大量运用了先进的传感技术，除以往的位置服务（GPS）外，在新的 Z3 TMS 系统中我们引入了 RFID 车辆标签、OBD（车载诊断系统）、车辆采集器、驾驶行为智能监控系统等技术，采集了大量的实时数据，为大数据处理打下了良好基础；④引入了司机征信系统，初步建立了长久司机黑名单。和业内主流的服务商合作，开展司机征信管理，从证件、身份、过往安全事件、诚信记录等多个维度验证司机的信用程度，同时建立长久物流的司机不良行为（如拒绝履约、扔车、频繁事故、逃避正常考核等）考核机制，通过多角度的评估模型为司机持续画像，打造司机最终的信用评价体系，初步建立了长久司

机黑名单数据库。

（三）协同化可以实现物流企业与上下游企业资源共享，提高物流作业效率，降低物流成本

菜鸟网络的目标是搭建中国智能物流骨干网，实现以数据为驱动的社会化协同平台，降低社会物流成本，提升消费者的物流体验。实现真正社会化的数据协同必须要连接各个物流要素，地址就是“链接方式”的关键元素之一。建立行业地址标准势在必行，菜鸟地址库的使命是建设全中国最完善、最规范的地址库。菜鸟地址库的地址数据可应用于物流行业，如路由策划、线路优化、包裹分拣、“最后一公里”派送等；同时基于大数据分析，形成基于地址数据的商业产品，如商业地址选点等产品和服务。通过智能地址技术解决企业核心链路痛点，通过提升企业经济效益，建立服务生态和双方信任，实现资源共享、伙伴互惠共赢。

远成物流开发的千里码协同管理平台以服务客户、满足客户的要求为主。同时协助下游承运商降低管理成本，提升管理水平。聚焦物流作业全过程中的问题，尤其是需要上下游共同协作才能真正解决的问题。一码贯通全程，协作层级不限制，无须预先设定，轻松打通上下游全部环节，平台以二维码的方式跟踪整个单据的运作全过程，无须任何额外的设置就可以完成上下游之间的协作和配合，支持紧密合作的模式，也支持松散的合作模式。支持企业间的协作，也支持项目组乃至个人间的协作。协同管理平台充分运用物联网和大数据技术，对物流各环节进行更深入的管理。实时监控相关作业，并以此为基础，运用人工智能技术，为作业层、管理层、内外部客户提供深入的一体化协同服务。

三、物流平台向可视化、智慧化和生态化方向发展

（一）打造可视化物流平台可以大力提高物流管控能力

国药集团医药物流有限公司开发的国药药品信息追溯管理平台利用国药现有的大数据，搭建医药流通全过程的电子化追溯平台，探索实现医药产品从生产完成到销售终端机构（医院、药房、诊所等合法经营机构）之间的全程追踪、追溯与召回，有效地提高医药流通的监管水平；实现核心内容的完整数据追溯，包括目前使用的电子监管码、入出库订单、供应商及客户、经营单位、产品批次、数量及流通时间节点等信息。利用国药大数据平台与移动互联网技术，可让患者或消费者、监管机构能够快速准确地查询、掌握药品的来源是否合规。国药药品信息追溯管理平台已覆盖 17 个省、2 个直辖市，28 个市级城市，接入药品货主超过 82 家，药品品规 2.7 万多个，月上传追溯码数量超过 500 万条。试点范围内的药品形成了来源可追溯、去向可查证、责任可追究的全程追溯链条。运行过程中，平台也在不断优化业务流程。

上海南软信息科技有限公司打造的物流信息化平台物流源实现了物流软件的平台化，用户可在线完成签订电子合同、报价、下单、接单、运输监控、电子签收、回单上传、对账结账等流程，创新优化物流无纸化全流程。各物流企业互为对方的发货方或承运方，角色可灵活互换、相互下单，且物流源企业版可与各大办公软件系统无缝对接、互联互通，有效提升了物流公司信息化服务水平。发货方、承运方、收货方可通过大数据应用、电脑、微信公众号、微信小程序等多种形式，实时监控货物动态。运输过

程全程可追踪、更透明、更高效，可彻底解决货物多层转包追踪问题，实现业务全程可视化。

（二）物流平台智慧化可以提升物流服务水平

招商物流打造的运输系统移动应用平台是以“数据＋能力＋应用”为核心架构的全供应链管理平台，用于实现多平台协同作业的目标。通过全程可视化运输管理，可增强客户服务感知，实现高效物流配送，是整个行业发展的趋势。运输系统移动应用的灵活分单、优化车辆资源管理、多平台协同合作、预警、报表、全程信息推送等功能，提高了公司的业务运作能力；利用智能手机等普及性强的终端，实现了物流作业的全程可视化管理。通过对数据进行挖掘分析并加以应用，为物流行业发展服务。设计前端集车货匹配、中端物流过程透明化、后端大数据分析应用于一体的综合 TMS（运输管理系统）系统，合力打造一套覆盖运输全流程的一体化 TMS 运输平台，使之成为招商局物流板块的重要竞争优势。招商物流将通过智能终端实现大数据平台中的智能物流管理功能，完善开放式物流运营平台，达到智能调度、智能分析、智能监控全流程智慧化的目的。

中物智福（福建）物流有限公司开发的快运滴智慧物流信息平台运用了互联网、云计算、大数据、物联网、人工智能等高科技与物流相结合的智慧物流模式，针对性地改变了我国传统物流业“有车无货、有货无车、空返率高、信息体系不健全、支付结算体系风险大”等诸多不良现状，实现了车货匹配、运力优化，车辆、网点、用户等的精准对接，以及物流运输各环节的可视化、可控化、智能化等目标，同时保障了支付结算的便捷性和安全性。快运滴智慧物流信息平台在未来三年，将建立完整、闭合的智慧物流生态链，实现全国 336 个地级市的点对点无缝对接、全覆盖，进一步提升用户管理、决策、运作和竞争能力，全面提升城市智能化水平，促进绿色物流的发展。

（三）物流平台生态化可以打造物流平台的核心竞争力

中国外运打造了箱满路综合物流平台，作为“互联网＋物流”的创新者和实践者，紧密协同各方参与者，坚持合作、共赢、共享的原则，着力打造集装箱运输生态圈。箱满路建立了标准化陆运价格体系，系统基于行业大数据及动态价格引擎，用系统自动报价代替了人工报价，提高了报价准确性、全面性和时效性；“车、箱、货”智能匹配是箱满路核心功能之一，平台结合车辆数据、箱源数据、货源数据、线路数据等关键数据，利用匹配算法实现进、出口运输订单的智能匹配。智能调度系统可实现平台车辆智能化、无纸化调度，大幅度提高车辆效率和服务水平。信息系统互联互通，实现集装箱从进闸、定位、调度、出闸等全程智能化系统操作。凭借大数据分析和云计算技术使“车、箱、货” 匹配更合理；凭借完善的 KPI 体系，使平台发展更健康。箱满路用科技引领创新，撬动物流业智慧升级，打造了全新的集装箱智慧物流生态圈。

天津云商智慧物流股份有限公司（以下简称“天津云商”）打造的海平线智慧物流 4.0 平台基于强大的数字化核心能力，依托海航现代物流有限责任公司（以下简称“海航现代物流”）的优质物流服务，整合物流行业实体资源和专业解决方案，建设共生、共融的数字化供应链生态圈。同时集合全社会物流资源，通过智能硬件、物联网、大数据等智慧化技术与手段，提高物流系统分析决策和智能执行的能力，提升整个物流系统的智能化、自动化水平，强调信息流与物流快速、高效、通畅地运转，从而实现提高生产效率，降低物流成本，为客户提供优质低价的物流全链路服务。天津云商依托海航现代物流的强大品牌以及全球合作伙伴网络支撑，在智能仓储、智能搬运等智慧物流的核心领域，与设备厂商、AI厂商等伙伴紧密合作，打造高可靠、高智能、高成长的专业平台。海航现代物流连同百度、华为、微软、ThoughtWorks（思特沃克）等合作伙伴，共同成立了海平线全球智慧物流生态联盟，将海航现代物流资源共享出去的同时，也让更多的外部资源充实进来，共同推动中国物流业的智慧升级。智慧物流的快速发展，带动互联网深入上下游产业链条，物流企业有望借助互联网加强对产业链的控制，扩大生态体系范围，在原有基础上实现对产业链和供应链的掌控能力，形成新的核心竞争力。

四、产业物流信息化向智慧化、协同化和供应链化方向发展

（一）产业物流智慧化可以提升物流的管控水平

京东物流庞大的体系由全链路智慧化系统支撑，针对物流互通互联不足、物流供需信息不对称、物流成本高、智能化发展较弱等问题，京东物流对“预测—库存—仓储—运输—配送”全流程进行规划，以大数据、物联网和人工智能技术为支撑，打造了智慧化物流体系。针对电商领域消费者对物流时效不断提升的需求，以及电商物流精准履约难度大、成本高、智能程度发展较弱等问题，京东物流以信息技术为支撑，打通前台时效展示与选择、中台履约时效引擎、后台物流生产系统全流程，以履约及时效保障为核心，对仓储、运输、配送进行全流程控制与优化，打造了行业独创的智慧时效履约系统与算法支持体系。京东物流通过自主研发智慧物流系统，解决库存管理、订单管理、货物跟踪、货物分拣和运输管理等一系列困扰我国物流智能化的痛点，率先开发适合中国市场的智慧物流技术，并推动行业标准，形成可推广的物流模式。京东智慧物流支持京东物流通过个性化的物流供给，提供便捷、快速、安全、尊享的极致客户体验。同时，通过仓储到客户端全程电子化，仓储设施的科学布局，路由、路区、路径的优化等发展绿色物流。

中外运化工国际物流有限公司开发的四方物流系统在农药领域国际供应链一体化应用中，坚持用智慧物流作为企业信息化能力提升的抓手，即智慧物流的价值创造是与数字化能力和协同化水平成正比的，呈现出点线面的递增趋势。其中，点为第一个层面，通过信息化、自动化应用，提升物流节点的价值和效率；线为第二个层面，通过全面线上化、可视化建设，提升供应链、价值链的流程价值；面为第三个层面，通过数字化、智能化能力建设，推进社会整体协同，提升社会协同价值和效率。前面两个层面是按照整合商的定位应对和化解经营性的不确定性，属于改进型创新。而第三个层面是突破了物流组织和行业边界的颠覆性创新，即按照平台商定位应对和化解结构性的不确定性，更具时代意义。

（二）产业物流协同化提高物流运作效率

山东立晨数据股份有限公司（以下简称“立晨数据”）开发的联泓化工协同供应链一体化管理平台根据联泓化工业务需求特征，在综合分析现有流程所存在问题的基础上，充分利用立晨物流多年的供应链管理经验及科学的管理方法，对现有供应链物流操作流程进行分析再造；通过物流操作信息化与信息管理流程化的方式，在使用公司自主开发的全程透明化运输协同管理系统大驼队（基于移动互联网和大数据技术的企业SaaS化产品，致力于为广大货主、物流企业提供便捷的信息管理工具、高效的物流咨询服务以及安全的物流金融服务）基础上，添加定制

化系统模块，理顺操作流程，提高供应链物流运作效率。立晨数据为联泓化工开发的信息系统使用混合云的部署模式，企业的非机密数据和应用外包给公共云，由立晨数据通过互联网提供云服务，从而降低客户成本。而核心和机密数据的应用采取私有云的部署方式，其基础设施部署在企业内部，从而有效保障了企业内外部管理上的协同性，为物流部内部统筹协调流程运作、外部进行承运商考核管理奠定了坚实基础。

准时达打造的由数字化驱动的端到端智慧供应链协同系统打通了供应商、承运商、生产制造商和C端客户的系统壁垒，将所有数据集成并协同，无缝衔接所有操作环节。同时各方人员通过网络平台、Auto Mail、移动终端等能即时获取信息并实现可视化，助力智能商业决策。准时达供应链实时协同平台还可以通过 Web Services 的方式，实现客户 ERP（企业资源计划）与实时协同平台的同步，解决信息不畅问题，提升作业效率。由此可以打通供应链上下游各个复杂的环节，减少人力重复沟通工作，提升各环节信息透明度，提高工作效率，避免隐性成本，让供应链成为企业的核心竞争力。准时达集成云平台、物联网、大数据的综合信息分析功能，打造全网化的智慧供应链管理实时协同平台，以科技驱动全程供应链协同管理，在物流、人流、过程流、金流、信息流、技术流六流合一的过程中为客户提供从工业链到分销链的全程供应链系统解决方案。

（三）产业物流供应链化可以提高物流的竞争力

中国移动通信集团宁夏有限公司打造的物流供应链管理系统基于“一个体系 + 两条纽带 + 三大平台 + 两重护盾”战略，逐步构建具备集约高效、透明可视、自动驱动、生态协同特征的全价值链卓越运营支撑体系。一个体系：通过构建集成采购物流管理体系，实现大区物流和省公司物流管理端到端的运营支撑，并通过引入先进技术提升物流管理的现代化水平，从而建立集约高效的供应链物流管理平台。两条纽带：通过建设集团数据交互接口，实现了省公司与总部系统间的端到端的业务流程对接与流转，落实集团对省公司的业务管控要求。同时构建供应商全生命周期管理平台，通过统一供应商门户进行供应商管理，并实现从准入到退出的全生命周期业务数据联动，增强供应链上下游业务协同，有利于构建互利共赢的供应链生态系统。三大平台：通过整合核心业务要素，增强供应链系统对用户关注的项目进度、预警、待办、指标、稽核信息的感知能力，构建供应链业务驱动平台，通过系统自动驱动业务运作。通过物料主数据管理平台建设，更好地支撑“横向流程贯通、纵向信息穿透”的“平面化管控体系”，提升供应链标准化管理水平。通过采购全流程可视化平台，实现采购项目端到端的可视、可管、可控、可追溯，为构建透明供应链提供有效支撑。两重护盾：通过提供供应链运营指标全景视图，实现对供应链运营指标数据的统计分析和监控提醒，支撑运营决策与战略制定，成为供应链管理的有力抓手。同时构建供应链大数据风险防控体系，通过对供应链内外部风险主动感知、主动分析、主动预测，实现对供应链风险的提前防控和及时应对，有效减轻供应链风险。

北京爱创科技股份有限公司（以下简称“爱创科技”）开发的大型啤酒行业全产业链追溯及数字营销生态体系，在华润雪花啤酒的产供销环节中得到了很好的应用。以二维码为入口，一物一码（一物多码）为产品标识，通过纵向串联、横向关联，打通啤酒行业供应商、生产企业、渠道商、物流供配、终端、促销员等全部环节，实现全产业链的生态管控，以及市场营销活动的策划和落地执行；帮助啤酒企业掌握供应链环节状态、渠道销售量、库存、终端销售量，以及对促销活动效果的即时评估等，进而实现对销售费用的有效监控。爱创科技的大型啤酒行业全产业链追溯及数字营销生态系统充分运用区块链、大数据、云计算、二维码等新型技术，以“云+管+端”为整体架构，提供全产业链追溯一站式生态数据服务。从产业链某一节点开始向上下游价值链延伸，一物一码信息贯穿全产业链各环节，形成人与人、人与物、人与企业等充分连接的生态圈。为政府构建监管体系，打击假货、建立信用社会，重构社会秩序；为啤酒全产业链企业提供生态管控能力，提高运营效率、降低成本、减少“跑冒滴漏”带来的管理缺失，为跨产业融合、精准营销、跨界营销等提供数据服务。

五、无车承运平台利用新技术，通过整合社会资源，创新增值服务，为物流企业转型升级提供支撑

（一）整合社会资源、吸引社会运力是无车承运平台的优势

智通三千平台根据物流业务的无区域局限性特点，通过全国所有县市区的实体网点布局建设及平台推广应用，整合跨区域的货源、车源，彻底突破物流信息的区域局限。充分实现全国范围内的物流信息线上交互、匹配，充分运用返程配货等运输模式，最大化提升社会运力的使用效率，有效降低货运车辆的驻车找货时间及空驶率。同时，通过线下网点一对一的服务，帮助企业打造智慧物流服务体系、优化物流服务方案，以真正的线上平台、线下服务的O2O(线上到线下）模式，彻底颠覆传统物流经营方式，实现为实体制造企业降本增效、为货运司机增收赋能、为国家降低物流总费用、为社会减少环境污染等共赢的局面。

大恩物联开展无车承运试点以来，对原有的业务模式进行了强化和规范，持续推进资源整合和企业规模扩张，在提高企业经济效益的同时，实现了提升运输组织效率、降低运输成本、节能减排等方面的社会效益。从2017年4月开始至今，大恩物联共上传至监测平台27262单，包含762373吨货源，合计19754.68万元。充分吸引社会运力，整合社会资源。大恩物联每年约有300万吨的稳定货源，除20%的货源是由固定的专线运力完成外，余下的货源全部是依靠整合社会运力资源完成。截至4月26日，大恩物联已整合社会运力资源约3.16万辆。

（二）无车承运平台依托新技术，创新服务新模式，提供金融保险、汽车后服务等增值服务为物流企业赋能

德邻陆港在信息化实施方面，以“互联网+”模式探索一种全新的无车承运人增值服务商业模式，依托互联网、物联网、大数据、移动互联等全新技术手段，打造了集无车承运、仓储、加工配送、金融服务、大数据服务、资讯服务、技术服务、钢材销售、非钢销售与产业特色服务等功能为一体的、共赢互利的、生态型钢铁服务生态圈。经过前期的快速发展，现已成为辽宁省无车承运人的领军企业。其智能信息系统有效提升了管理的精度，保证了货物在每一个环节都能实时透明，有效提升了供应链信息共享度，更快捷、更准确。

慧通互联已经开展的主要业态包括物流供应链金融业务以及物流承运业务两大类。其中物流供应链金融业务，是通过与安徽省高速公路联网运营有限公司合作，基于安徽交通卡，针对货车群体提供先通行后付费的全国高速公路电子支付金融服务。向用户提供交通卡开通、

充值、挂失，金融消费，发票打印，金融套餐变更，换卡，统计报表等核心服务，以及路况气象信息、消费提醒、物流服务设施信息、企业定制统计报表等增值服务。目前已推出 A、B、C 3 种物流金融套餐及货车易借条，将物流金融与互联网金融相结合，以货车群体的个性金融服务需求为导向，在高速公路通行费这个领域最大限度地为货车群体提供了便捷可信的金融服务。慧通互联承担用户的通行费垫款、失信违约追款及偿还等责任。随着公司物流承运业务的不断发展，物流互联网金融业务在已有的通行费基础上将进一步拓展至油费、保险费、维修费乃至全程的运输费用。

（三）无车承运平台助力物流企业转型升级

远孚物流集团有限公司的远孚无车承运人平台基于全面丰富的物流行业运营经验，充分发挥互联网、物联网等技术优势，致力于打造一站式物流平台，充分应用无车承运人模式和国家政策，建设一个提升行业效率、降低行业整体成本的物流生态圈。远孚无车承运人平台通过整合物流行业货源、车源、仓储等资源，应用 GPS、GIS、网络定位、手机定位等物联网技术实现物流线下作业的全程可视化，对促进物流业健康发展起到重要的推进作用，有利于物流企业转型升级，改善用户物流消费体验。远孚物流集团基于“互联网 + 物流”的理念，在 2016 年启动了战略转型。可以说是传统大型第三方物流企业在“互联网 +”改革浪潮中的一次勇敢尝试，是无车承运人信息化实践的较为成功的案例。这一案例对于传统的第三方物流企业业务转型起到很好的示范作用，对于利用互联网技术来减少物流交易环节的交易成本，减少信息不对称的现状具有现实意义。

铜冠物流依托铜陵有色金属集团，立足铜陵周边有色金属产业链发展，以货源吸车源，以车源聚货源，以平台降成本，以实现平台相关方共赢为目标，推进物流业供给侧结构性改革。公司按照交通运输部无车承运人试点工作的指导，持续探索适合有色金属行业无车承运的模式，建立健全无车承运平台功能，努力将平台建设成为特色鲜明、功能完善的服务行业无车承运平台。同时依托多年的物流从业经验，推进物流线上线下有效融合，实现线上资源合理配置，线下物流高效运行。根据铜冠物流发展规划，无车承运平台是公司转型发展的重要途径，是公司未来发展的主要方向。公司致力于建设以物流交易为核心，多种功能协同发展的物流交易平台，整合社会货源、车源，降低物流成本，提高物流效率，推进物流供给侧结构性改革。未来铜冠物流将重点依托铜陵有色金属集团，立足铜产业链的优势，延伸物流服务链至有色行业的上下游，探索供应链一体化服务，加快建成区域性的、特点鲜明的物流交易平台，并与全国其他无车承运平台互联互通。

六、共享平台聚集社会闲置资源，提升物流效率，降低物流成本

派天下的战略布局颠覆了传统的公路物流零担运输的物理节点，以高速公路为依托，以服务区为枢纽和节点，在高速公路沿线的服务区布局前“店”——派来吧 + 后“仓”——分拣中心形式的共享智慧物流港，由 13.75 米卡班和社会共享运力完成不下高速公路的干线运输并直接甩货在分拣中心，再由 4.2 米厢货、新能源物流车完成服务区所在县域的落地配送，并基于移动式收货模式上门提货，送至服务区分拣中心，由 13.75 米卡班和社会共享运力直接运走，点对点直达，减少了中间的装卸次数，极大

提高了物流效率、降低了物流费用。“路运协同”的运营模式以共享智慧物流港为单点，沿高速公路布局并连接成线，基于国家“71118”骨干高速公路网和地区环线、省际联络线，最终形成全网的运营体系。同时，基于平台战略，与部分电子商务平台实现了对接和数据交换、共享，打通了信息流、商流和物流。

广东有贝供应链管理有限公司开发了物流闲置资源共享平台，物流资源共享的各合作伙伴，能凭借赋予的权限随时查询全国可共享闲置资源数量、客户详情、订单详情、结算数据以及分成报表。在物流资源业主方、实际运作方、平台管理方之间搭起了一座沟通桥梁，实现了三方的数据共享，加强了三方业务合作，同时还大大提高了合作效率。通过物流资源共享平台将自己和合作伙伴的闲置资源盘活，既有助于有贝供应链的母公司——益邦控股集团旗下的物流板块资源得到最大利用，减少了闲置资源的浪费，节省了成本，同时还带来了额外收益；通过网络平台与其他物流供应商合作，以同样的模式盘活其闲置资源，除了带来经济收益外，还加大了企业自身的行业影响力。

七、AI技术提高了物流作业效率，降低了物流成本

苏宁物流通过融合自动化控制系统、大数据分析技术、移动机器人，突破物流行业困境。近10年来，苏宁一直在自动化技术、大数据分析、智能硬件融合方面进行探索和创新，不断地尝试更加切实有效的自动化仓储运营解决方案。在解决小件仓储空间利用效率方面，积极采用高密度存储的方式；在提高人员拣选效率方面，积极变革流程，推行实时优化拣选路径和订单结构优化作业；在仓库投资成本及回收效率提高方面，积极应用先进设备设施。苏宁在仓储环节应用AGV智能设备，其AGV可实现货到人、自动化分拣等多种高效运作模式。基于大数据和算法的支撑，AGV智能机器人能够高效移动货架或包裹到指定位置，取代人力搬运工作，大幅提高作业人员效率及节约人力成本。通过发货和库存量数据分析出商品的ABC属性，收货时，系统自动提示商品ABC属性，操作员根据提示在建议区域进行上架，同时基于销售数据的分析，AGV机器人会自动调节动销品货架位置，减少移动距离，提高拣选效率。

河南省烟草公司郑州市公司卷烟配送中心智能调度管理系统中对智能化装备的使用以及智能化的系统应用是物流信息化建设深入发展的体现。面对当前精益管理、降本增效的要求，实现物流作业的智能化，才能将精益化管理落到实地。在设备对信息进行精细采集后，辅助管理人员进行更为细致全面的分析决策，进而不断提升各个层面的作业、管理水平。按照国家烟草专卖局“全面覆盖、全面感知、全程控制、全面提升”的物流信息化建设要求，依靠物流信息的科学运筹管理，通过先进的物流技术支撑，实现信息化与智能化的物流体系。在已有配送信息系统的基础上进行集成、延伸和拓展，建成具有先进实用、统一完整、安全可靠的调度平台，实现物流的“全面覆盖、全面感知、全程控制、全面提升”。

八、区块链技术在物流行业的应用已经逐步落地

2018年是区块链大火的一年，随着虚拟货币的“跌跌不休”，大家都以为区块链是泡沫，

但虚火来得快去得更快，去泡沫反而是行业发展的好时机。区块链技术在物流行业有非常好的应用。

2018 年 3 月 20 日，腾讯公司和中国物流与采购联合会联合签订战略合作协议并发布区块供应链联盟链及云单平台，为对方合作的首个项目。根据协议，腾讯将自身拥有的社交等资源和区块链等技术与中物联的行业资源、场景优势结合在一起，双方共同推进各项技术在汽车物流、电商物流、冷链物流、医药物流、危险品物流、公路货运等各类垂直物流与供应链专业领域的应用，助力行业标准化运营。该平台用电子运单替代纸质运单，用电子签名替代手工纸质签名，通过区块链技术让云单具备分布式、加密性、不可篡改等特性，保证了运单数据的真实和安全，缓解了困扰行业多年的纸质运单回单慢、效率低、操作不便等诸多痛点。

2018 年 11 月 30 日，由中都物流、万向区块链、星展银行联合打造的“区块链 + 汽车供应链”物流服务平台——运链盟发布，致力于实现技术、资金、物流链的有效整合。运链盟是一个基于区块链技术，以汽车整车物流作为实际业务场景，集物流、结算与供应链金融三大功能模块于一体的综合服务平台，旨在利用区块链技术，通过解决价值传递过程中博弈多方互信等痛点，为实体经济注入新的力量源泉。第一，通过运链盟，相关参与方能够构建商品车电子化运单及多方互信的商品车签收公共账本，提升汽车物流供应链的效率和信息透明度；第二，该平台有助于将现有整车物流业务模式中纸质运单的作业及流转转变为基于电子运单的物流运营和供应链相关方的在线对账模式，为传统行业数字化转型落地提供增值服务；第三，基于在线应收付账对账数据及发票，平台能为整车物流中的供应商提供高效且低成本的融资解决方案，有助于改善整个整车物流生态的运作方式。

（中国物流与采购联合会网络事业部　晏庆华）

2018 年中国物流标准化

2018 年是我国推进全面标准化建设之年，也是深化标准化改革第二阶段的收官之年。这一年国家标准化各项工作全面推进，取得了丰硕成果。一是强制性国家标准数量进一步整合精简，由 3600 多项精减到了 2100 项，重点加强了涉及健康、安全、环保等方面的强制性标准的制修订；二是推荐性标准进一步优化，国家标准的立项审查和评估得到加强，政府主导制定的新技术、新材料、新方法、新工艺等方面标准的供给有所增加，标准的质量明显提高；三是市场自主制定的标准不断发展壮大，社会团体全年自我声明公开的团体标准达到 3750 项，144 家社会团体参与了国家的第二批团体标准化试点；四是京津冀、长三角、粤港澳等地方共同在物流等领域推动区域性互认的地方标准，区域标准化协同推进取得新进展；五是中央军民融合办牵头成立了统筹推进标准化工作协调机制，下达了多项军民通用国家标准计划，发布了 20 项集成电路领域军民通用国家标准，标准化军民融合正在有序推进；六是由国家发展改革委等十部门推动实施的“百千万对标达标”提升专项行动，2018 年全国共有 30 个省、107 个城市，757 个行业的 4000 多家企业参与对标达标行动。

一、物流标准化政策发布

近年来，我国电子商务与快递物流协同发展不断加深，推进了快递物流转型升级、提质增效，促进了电子商务快速发展，为了落实新发展理念，深入实施“互联网 + 流通”行动计划，提高电子商务与快递物流协同发展水平。

2018 年 1 月 23 日国务院办公厅发布《国务院办公厅关于推进电子商务与快递物流协同发展的意见》（国办发〔2018〕1 号），该意见中提出要“引导企业使用符合标准的配送车型，推动配送车辆标准化、厢式化。” “加强快递物流标准体系建设，推动建立电子商务与快递物流各环节数据接口标准，推进设施设备、作业流程、信息交换一体化。” “制定实施电子商务绿色包装、减量包装标准，推广应用绿色包装技术和材料，推进快递物流包装物减量化”，整体推动电子商务和快递物流环节的单元化发展、绿色发展，实现各环节的信息互联互通。

2018 年 10 月 9 日国务院办公厅发布《推

进运输结构调整三年行动计划（2018—2020 年）的通知》（国办发〔2018〕91 号），提出到 2020 年，全国货物运输结构明显优化，铁路、水路承担的大宗货物运输量显著提高，港口铁路集疏运量和集装箱多式联运量大幅增长，重点区域运输结构调整取得突破性进展，将京津冀及周边地区打造成为全国运输结构调整示范区。与 2017 年相比，全国铁路货运量增加 11 亿吨，增长 30%；全国水路货运量增加 5 亿吨，增长 7.5%；全国多式联运货运量年均增长 20%。该通知中公路货运治理行动部分提出要大力推进货运车型标准化，按照标准引导、疏堵结合、更新替代、循序渐进的原则强化执法监管，引导督促行业、企业加快更新淘汰不合规车辆，促进标准化车型更新替代。多式联运提速行动部分中提出要加快联运枢纽建设和装备升级，推进具有多式联运功能的物流园区建设，加快铁路物流基地、铁路集装箱办理站、港口物流枢纽、航空转运中心、快递物流园区等规划建设和升级改造，加强不同运输方式间的有效衔接。大力推广集装化运输，支持企业加快多式联运运载单元、快速转运设备、专用载运机具等升级改造，完善内陆集装箱配套技术标准，推广应用 45 英尺集装箱和 35 吨敞顶集装箱，促进集装化、厢式化、标准化装备应用。将通过标准进一步打通不同运输方式的设施之间的壁垒，升级装备，调整运输结构，进而更好地发展综合交通运输优势。

2018 年 5 月 11 日民航局发布了《民航局关于促进航空物流业发展的指导意见》（民航发〔2018〕48 号），该意见中提出要大力推进标准化建设和绿色发展，提出要加快推进标准化建设。加快民航与公路、铁路等物流标准对接，推动航空物流操作标准、信息标准、运行标准和设备标准的建设工作，要制定收发货人、货品等物流信息基础数据元标准和交换标准，制定统一的条码管理、射频识别等技术应用标准，在物流设施设备标准化方面，提出要鼓励研发与公路、铁路等交通运输方式共用的标准化托盘、集装箱等设施设备。推动建立由第三方运营的全国标准化运载单元共用共享体系，并在规模以上机场推广实施，实现航空物流标准化运作及与各种交通方式的顺畅衔接。

2018 年 5 月 28 日，商务部、财政部联合发布《关于开展 2018 年流通领域现代供应链体系建设的通知》，以城市为载体，聚焦民生消费行业领域，开展现代供应链体系建设。重点围绕供应链“四化”（标准化、智能化、协同化、绿色化），以“五统一”（统一标准体系、统一物流服务、统一采购管理、统一信息采集、统一系统平台）为主要手段，充分发挥“链主”企业的引导辐射作用，供应链服务商的一体化管理作用，加快推动供应链各主体各环节设施设备衔接、数据交互顺畅、资源协同共享，促进资源要素跨区域流动和合理配置，整合供应链、发展产业链、提升价值链，加快发展大市场、大物流、大流通，实现供应链提质增效降本。

二、物流相关标准发布

截至 2018 年年底，新发布物流国家标准 17 项（见表 1），新发布物流行业标准 67 项，其中国家发展改革委发布 37 项，交通运输部发布 25 项，商务部发布 1 项，国家能源局发布 2 项，原国家粮食局发布 2 项（见表 2）。

表 1　　2018 年发布的物流国家标准

序号	标准号	标准名称	实施日期
1	GB/T 16606.1—2018	快递封装用品 第 1 部分：封套	2018 年 9 月 1 日
2	GB/T 16606.2—2018	快递封装用品 第 2 部分：包装箱	2018 年 9 月 1 日
3	GB/T 16606.3—2018	快递封装用品 第 3 部分：包装袋	2018 年 9 月 1 日
4	GB/T 13145—2018	冷藏集装箱堆场技术管理要求	2018 年 10 月 1 日
5	GB/T 36088—2018	冷链物流信息管理要求	2018 年 10 月 1 日
6	GB/T 36149—2018	快递汽车技术条件	2018 年 12 月 1 日
7	GB/T 36682—2018	展览物流服务基本要求	2019 年 5 月 1 日
8	GB/T 37099—2018	绿色物流指标构成与核算方法	2019 年 7 月 1 日
9	GB/T 37102—2018	物流园区绩效指标体系	2019 年 7 月 1 日
10	GB/T 37106—2018	托盘单元化物流系统 托盘设计准则	2019 年 7 月 1 日
11	GB/T 36911—2018	运输包装指南	2019 年 7 月 1 日
12	GB/T 37059—2018	集装箱电子箱封编码与标识规范	2019 年 7 月 1 日
13	GB/T 37064—2018	国际货运代理系列单证 基于 ebXML 货运委托书报文	2019 年 7 月 1 日
14	GB/T 37065—2018	国际货运代理系列单证 基于 ebXML 费用结算单报文	2019 年 7 月 1 日
15	GB/T 37146—2018	跨境电子商务电子舱单基础信息描述	2019 年 4 月 1 日
16	GB/T 37147—2018	跨境电子商务电子订单基础信息描述	2019 年 4 月 1 日
17	GB/T 37148—2018	跨境电子商务电子报关单基础信息描述	2019 年 4 月 1 日

表 2　　2017 年 12 月—2018 年 12 月发布的物流行业标准

序号	标准编号	标准名称	实施日期	标准主管部门
1	WB/T 1065—2017	垂直回转库	2017 年 12 月 1 日	国家发展改革委
2	WB/T 1066—2017	货架安装及验收技术条件	2017 年 12 月 1 日	国家发展改革委
3	WB/T 1067—2017	乘用车水路运输服务规范	2017 年 12 月 1 日	国家发展改革委
4	WB/T 1068—2017	乘用车物流质损判定及处理规范	2017 年 12 月 1 日	国家发展改革委
5	WB/T 1069—2017	乘用车运输服务通用规范	2017 年 12 月 1 日	国家发展改革委

续 表

序号	标准编号	标准名称	实施日期	标准主管部门
6	WB/T 1074—2018	重力式货架	2018 年 8 月 1 日	国家发展改革委
7	WB/T 1077—2018	搁板式货架	2018 年 8 月 1 日	国家发展改革委
8	WB/T 1099—2018	应急物流服务成本构成与核算	2018 年 8 月 1 日	国家发展改革委
9	WB/T 1070—2018	汽车物流统计指标体系	2018 年 8 月 1 日	国家发展改革委
10	WB/T 1071—2018	钢铁物流统计指标体系	2018 年 8 月 1 日	国家发展改革委
11	WB/T 1072—2018	应急物流仓储设施设备配置规范	2018 年 8 月 1 日	国家发展改革委
12	WB/T 1073—2018	库架合一式货架	2018 年 8 月 1 日	国家发展改革委
13	WB/T 1075—2018	悬臂式货架	2018 年 8 月 1 日	国家发展改革委
14	WB/T 1076—2018	冷库用货架	2018 年 8 月 1 日	国家发展改革委
15	WB/T 1078—2018	木质箱式托盘	2018 年 8 月 1 日	国家发展改革委
16	WB/T 1079—2018	联运通用平托盘 钢质平托盘	2018 年 8 月 1 日	国家发展改革委
17	WB/T 1080—2018	钢质箱式托盘	2018 年 8 月 1 日	国家发展改革委
18	WB/T 1081—2018	液压高度调节板	2018 年 8 月 1 日	国家发展改革委
19	WB/T 1082—2018	数控升降柜技术条件	2018 年 8 月 1 日	国家发展改革委
20	WB/T 1083—2018	家电物流配送服务要求	2018 年 8 月 1 日	国家发展改革委
21	WB/T 1084—2018	家电物流配送中心管理规范	2018 年 8 月 1 日	国家发展改革委
22	WB/T 1085—2018	家电物流干线运输服务规范	2018 年 8 月 1 日	国家发展改革委
23	WB/T 1086—2018	煤炭仓储服务规范	2018 年 8 月 1 日	国家发展改革委
24	WB/T 1087—2018	煤炭仓储设施设备配置及管理要求	2018 年 8 月 1 日	国家发展改革委
25	WB/T 1088—2018	非危液态化工产品逆向物流服务方案设计要求	2018 年 8 月 1 日	国家发展改革委
26	WB/T 1089—2018	非危液态化工产品逆向物流服务质量评价指标	2018 年 8 月 1 日	国家发展改革委
27	WB/T 1090—2018	非危液态化工产品逆向物流作业规范	2018 年 8 月 1 日	国家发展改革委
28	WB/T 1091—2018	钢铁物流作业规范	2018 年 8 月 1 日	国家发展改革委

续 表

序号	标准编号	标准名称	实施日期	标准主管部门
29	WB/T 1092—2018	钢铁物流包装、标识规范	2018 年 8 月 1 日	国家发展改革委
30	WB/T 1093—2018	钢铁物流验货操作规范	2018 年 8 月 1 日	国家发展改革委
31	WB/T 1094—2018	铁矿石仓储服务规范	2018 年 8 月 1 日	国家发展改革委
32	WB/T 1095—2018	棉花仓储服务规范	2018 年 8 月 1 日	国家发展改革委
33	WB/T 1096—2018	棉花运输服务规范	2018 年 8 月 1 日	国家发展改革委
34	WB/T 1097—2018	药品冷链保温箱通用规范	2018 年 8 月 1 日	国家发展改革委
35	WB/T 1098—2018	家具物流服务规范	2018 年 8 月 1 日	国家发展改革委
36	WB/T 1100—2018	活体海产品冷链物流作业规范	2018 年 8 月 1 日	国家发展改革委
37	WB/T 1034—2018	乘用车仓储服务规范	2018 年 8 月 1 日	国家发展改革委
38	JT/T 617.1—2018	危险货物道路运输规则 第 1 部分：通则	2018 年 12 月 1 日	交通运输部
39	JT/T 617.2—2018	危险货物道路运输规则 第 2 部分：分类	2018 年 12 月 1 日	交通运输部
40	JT/T 617.3—2018	危险货物道路运输规则 第 3 部分：品名及运输要求索引	2018 年 12 月 1 日	交通运输部
41	JT/T 617.4—2018	危险货物道路运输规则 第 4 部分：运输包装使用要求	2018 年 12 月 1 日	交通运输部
42	JT/T 617.5—2018	危险货物道路运输规则 第 5 部分：托运要求	2018 年 12 月 1 日	交通运输部
43	JT/T 617.6—2018	危险货物道路运输规则 第 6 部分：装卸条件及作业要求	2018 年 12 月 1 日	交通运输部
44	JT/T 617.7—2018	危险货物道路运输规则 第 7 部分：运输条件及作业要求	2018 年 12 月 1 日	交通运输部
45	JT/T 1178.1—2018	营运货车安全技术条件 第 1 部分：载货汽车	2018 年 5 月 1 日	交通运输部
46	JT/T 1187—2018	进出境集装箱船舶理箱业务规程	2018 年 5 月 1 日	交通运输部
47	JT/T 1188—2018	进出境集装箱船舶理箱单证	2018 年 5 月 1 日	交通运输部
48	JT/T 620—2018	零担货物道路运输服务规范	2018 年 5 月 1 日	交通运输部
49	JT/T 1194—2018	商品车多式联运滚装操作规程	2018 年 8 月 1 日	交通运输部

续 表

序号	标准编号	标准名称	实施日期	标准主管部门
50	JT/T 1195—2018	多式联运交换箱标识	2018 年 8 月 1 日	交通运输部
51	JT/T 1196—2018	邮件民航运输交接操作要求	2018 年 8 月 1 日	交通运输部
52	JT/T 1197—2018	快件民航运输交接操作要求	2018 年 8 月 1 日	交通运输部
53	JT/T 1208—2018	国际道路货物运输车辆选型技术要求	2018 年 8 月 1 日	交通运输部
54	JT/T 1213—2018	陆港设施设备配置和运营技术规范	2018 年 8 月 1 日	交通运输部
55	JT/T 1180.4—2018	交通运输企业安全生产标准化建设基本规范 第 4 部分：道路普通货物运输企业	2018 年 8 月 1 日	交通运输部
56	JT/T 1180.5—2018	交通运输企业安全生产标准化建设基本规范 第 5 部分：道路货物运输站场	2018 年 8 月 1 日	交通运输部
57	JT/T 1180.9—2018	交通运输企业安全生产标准化建设基本规范 第 9 部分：水路普通货物运输企业	2018 年 8 月 1 日	交通运输部
58	JT/T 1180.10—2018	交通运输企业安全生产标准化建设基本规范 第 10 部分：水路危险货物运输企业	2018 年 8 月 1 日	交通运输部
59	JT/T 1180.12—2018	交通运输企业安全生产标准化建设基本规范 第 12 部分：港口普通货物码头企业	2018 年 8 月 1 日	交通运输部
60	JT/T 1180.13—2018	交通运输企业安全生产标准化建设基本规范 第 13 部分：港口危险货物码头企业	2018 年 8 月 1 日	交通运输部
61	JT/T 1172.1—2017	系列 2 集装箱 技术要求和试验方法 第 1 部分：通用货物集装箱	2018 年 3 月 31 日	交通运输部
62	JT/T 1173—2017	系列 2 集装箱 吊具尺寸和起重技术要求	2018 年 3 月 31 日	交通运输部
63	SB/T 11220—2018	零售物流单元商品条码实施指南	2019 年 4 月 1 日	商务部

续 表

序号	标准编号	标准名称	实施日期	标准主管部门
64	NB/T 47058—2017	冷冻液化气体汽车罐车	2018 年 3 月 1 日	国家能源局
65	NB/T 47059—2017	冷冻液化气体罐式集装箱	2018 年 3 月 1 日	国家能源局
66	LS/T 1714—2018	粮油仓储设施标识编码规则	2018 年 3 月 1 日	原国家粮食局
67	LS/T 1816—2018	粮食仓储数据元 熏蒸	2018 年 3 月 1 日	原国家粮食局

三、物流标准支撑高质量物流基础设施网络体系建设

自交通运输部提出建立综合交通运输体系以来，为完善交通运输物流标准体系，2018 年交通运输部发布了《交通运输物流标准体系（2018 年）》，进一步明确当前和今后一段时期标准制修订任务，为交通运输物流健康稳定发展提供标准支撑。2018 年多项基础设施建设标准、综合交通运输标准、多式联运作业和单证标准、物流园区标准、资源共享的物流公共信息平台标准相继制定，包括《公铁联运货运枢纽功能区布设规范》（行业标准）、《国际道路货运场站功能配置及基本要求》（国家标准）、《陆港设施设备配置和运营技术规范》（行业标准）、《国内集装箱多式联运运单》（行业标准），全国物流标准化技术委员会归口管理的物流园区、物流中心系列标准《物流园区分类及基本要求》（国家标准）、《物流园区绩效指标体系》（国家标准）、《物流中心分类与规划基本要求》（国家标准）也完成研制并批准发布，即将实施。这些标准的研制和发布将大大提升物流基本设施网络建设和运营水平。

四、物流装备标准推动物流的智能化、数字化、集装单元化发展

2018 年，全国物流标准化技术委员会针对大宗货物的电子单证标准、数字化仓库的建设和评估标准开始研制，将通过信息化手段推动大宗资源性商品在仓储、运输环节的有效监管；国家邮政局着手制定智能快件箱标准，以促进智能快件箱功能集合，提高末端收寄的便捷性和安全性，着手研究制定的《末端快递无人机服务规范》《配送机器人技术要求》等标准将提升物流智能化发展水平。

2018 年交通运输部归口管理的以货运车辆厢体为基础的运载单元标准《多式联运交换箱技术要求和试验方法》（国家标准）、内陆集装箱系列行业标准正在制定。全国物流标准化技术委员会牵头制定的以托盘为基本的包装单元标准《托盘单元化物流系统 托盘设计准则》（国家标准）完成并发布，《托盘单元化物流系统通用技术条件》（国家标准）研制完成。这些标准的制定和发布将推动物流集装单元化发展。

五、逆向物流标准保障生产者责任延伸制度推行，为绿色物流发展提供支撑

2016 年，国务院办公厅印发《生产者责任延伸制度推行方案》（国办发〔2016〕99 号），将生产者对其产品承担的资源环境责任从生产环节延伸到产品设计、流通消费、回收利用、废物处置等全生命周期。目前，电器电子产品、塑料产品、汽车动力蓄电池、玻璃等领域已开始进行有效的探索。随着该方案的推行，产品废弃物的回收与管理，以及近两年物流环节的废弃物回收与管理，绿色包装的回收与再利用等越来越受到政府、行业和企业的关注。全国物流标准化技术委员会已制定了化工产品逆向物流系列国家标准和行业标准，并已发布实施，制定的《废蓄电池回收管理规范》（行业标准）已经正式发布实施，并列入了 2018 年工业和信息化部等 8 部委联合发布的《新能源汽车动力蓄电池回收利用管理暂行办法》中，完成了《废旧动力蓄电池物流箱技术要求》（行业标准）的研制并通过审查，制定的《绿色物流指标构成与核算方法》（国家标准）也于 2018 年年底正式发布，国家邮政局也正在着手制定《绿色产品评价快递封装用品》。2017 年，全国物流标准化技术委员会成立了全国物流技术标准化委员会逆向物流标准化工作组，工作组秘书处设在上海市物流协会。工作组的工作范围包括了废旧产品的回收与物流管理、物流环节的废弃物的回收与管理，以及物流包装的回收与再利用等标准化工作。工作组已建立了逆向物流标准体系，并将在汽车动力蓄电池的回收网点、回收服务与管理，逆向物流服务通则、逆向物流服务良好行为等方面研究制定相关标准，为规范行业发展，推动绿色物流发展，推进资源综合利用，保护环境和人体健康，保障安全提供技术支撑。

六、国内区域间协同标准实践取得成效

2018 年，京津冀三地共同发布了八项京津冀冷链物流区域协同地方标准，在京津冀区域内共同实施，八项协同标准包括《冷链物流冷库技术规范》《冷链物流　运输车辆设备要求》《冷链物流　温湿度要求与测量方法》《畜禽肉冷链物流操作规程》《果蔬冷链物流操作规程》《水产品冷链物流操作规程》《低温食品储运温控技术要求》《低温食品冷链物流履历追溯管理规范》。协同标准的制定和实践探索，有助于推动京津冀区域协同发展，打造环首都一小时冷链流通圈，提高区域物流运作效率，同时也为全国物流标准化协同发展提供了可借鉴、可复制、可推广的经验。

（中国物流与采购联合会标准工作部）

JMC
江铃汽车
千里江铃 蓝牌轻卡 能装能省 城配无忧
车厢可载350箱水果
农贸市场
JMC
JMC
国VI
排放标准
江铃汽车股份有限公司
咨询服务电话：400-880-1099
网 址：www.jmc.com.cn

北京长久物流股份有限公司

北京长久物流股份有限公司（以下简称长久物流）注册资本5.60014亿元，系吉林省长久实业集团有限公司核心子公司，总部设立在北京。长久物流业务涵盖汽车供应链中的整车物流、零部件物流、国际物流、多式联运及供应链金融业务；提供汽车行业专业的物流规划、运输、仓储、配送等相关服务，长久物流在全国设有多家全资、控股子公司，业务网点40余处，形成以东北、华北、华东、华中、西北、华南、西南为基地的全国大循环汽车物流资源网络布局；乘用车和商用车综合运输能力超320万辆，服务团队数千人，年产值超过54亿元。长久物流先后与多家国内知名企业成立合资公司，建立了深层战略合作关系。经过二十多年的专业积累，长久物流通过一整套严谨、科学的物流管理体系和运营流程，在业内赢得了广大客户的高度赞誉。

长久物流2003年9月通过ISO 9001：2000标准质量管理体系认证；2017年2月通过ISO 14001：2004环境管理体系及OHSAS18001：2007职业健康安全管理体系认证；2012年被中国物流与采购联合会评为“5A级综合物流企业”；2008年2月，长久物流以绝对优势中标“奥运火炬传递”核心车辆承运项目，成为奥运火炬传递全程物流服务指定承运商，为奥运火炬在中国境内113个城市的传递提供汽车物流运输服务。整个活动历时3个多月，运输里程560000公里，全程无延迟、无事故，用实际行动履行了对百年奥运的庄严承诺。2016年8月10日，长久物流在上海证券交易所主板挂牌上市，这标志着公司正式登陆了中国资本市场。

长久物流始终恪守“至诚、志专、致远”的核心价值观，锐意创新、不断进取！

地址：北京市朝阳区平房乡石各庄路99号
邮编：100024

临港工业与国际物流园区管理服务中心

临港工业与国际物流园区管理服务中心（以下简称园区）作为宁波市委、市政府在“十一五”期间出台的《宁波市现代物流发展规划》中明确的“一主六副”七大物流园区的“一主”，于2007年开始规划，2009年5月正式成立，总面积3.5平方公里。作为北仑物流枢纽的特殊区域、宁波“三位一体”港航物流服务体系的重要载体之一和推进“海上宁波”建设、“物流节点城市”建设的重要举措，在“十三五”期间相继列入《宁波市城市总体规划（2006－2020年）（2015年修订）》《宁波市国民经济和社会发展第十三个五年规划纲要》《宁波“十三五”物流业发展规划》（甬政办发〔2016〕149号）之中。

园区的建设一直得到相关部门的高度重视和大力支持， 2011年，被宁波市政府确定为宁波市十大服务业产业基地之一；2012年，被浙江省政府评定为服务业集聚示范区，并在全国物流园区范围内率先向原国家质检总局申报“全国知名品牌创建示范区”；2013年，正式挂牌成立宁波市的“进出口商品采购贸易改革示范区”；2014年，被浙江省政府认定为浙江省港口物流贸易产业园；2015年，创建成为“全国港口物流服务产业知名品牌创建示范区”；2017年，被浙江省政府评定为示范物流园区；2018年，被国家发展改革委、原国土资源部、住房和城乡建设部联合评定为“全国示范物流园区”，同年荣获“2018年优秀物流园区”荣誉称号。

经过几年开发建设，园区已建成46万平方米高标准物流仓库、15万立方米冷链仓库，建成550亩集卡运输综合服务基地，整合2万辆集卡运输车辆，搭建了10余个物流信息服务平台。相继引进普洛斯、中外运、万维VX物流园等国内外知名大型物流企业落户，集聚天翔货柜、东南物流、铃与物流等以运输、仓储、集装箱场站为主要形式的120多家中小型物流仓储企业；同时依托进出口采购贸易示范区平台实现540家商贸企业入驻备案，对宁波市贸易增长贡献值达10%；建成宁波冷链产品贸易配送基地，成为宁波区域口岸通关十分便利的区域。

依托得天独厚的港口优势和区位优势，园区规划建成集仓储运输服务、生产服务、国际国内贸易服务于一体的综合型物流园区，吸引国内外著名的经营高端、高附加值货物物流的第三方物流企业落户园区，提供包括货物仓储、运输、包装、流通加工、分拨、配送和货运代理在内的现代物流服务。

园区为积极顺应宁波港从“物流大港”向“贸易大港”转变潮流，努力打造成为“环境优美、功能完备、配置合理、辐射动力强”的港口物流功能标志性区块，成为浙江省海洋经济发展以及宁波市国际强港实施战略中重要“引擎”，成为浙江乃至华东地区有影响力的现代国际物流中心之一、浙江全省乃至全国物流网络的重要节点。

地址：浙江省宁波市北仑区万泉河路3号
电话：0574-86787511
招商电话：0574-86787525
0574-86787197

PUTIAN LOGISTICS
北京普田物流

AUMARK
欧马可
奥铃CTS
FOTON

企业仓储运输外包服务商

20th 1999 2019

干净透明 不负所托

国家AAAA级物流企业、国家高新技术企业

仓储配送一体化、供应链管理

仓储管理、区域配送、干线运输、物流信息系统开发

供应链一体化解决方案

兆航管理优势

全网全程

70万平方米仓网覆盖全国近100个地市，仓干配整体解决方案

管理规范

满足"SOX"法案检查要求，过程可视、可控、可管

收发货高效准确

预约出库，ABC类物资动态调整

环境干净整齐

目视化管理，货物、托盘摆放偏差<10毫米，每日早训强化理念

城配优势

智能排线 提高效率 降低成本

全程追踪 过程可视 实时反馈

专业运力 多种车型 智能匹配

品质保障 专业流程 科学管理

交付管理 智能交付 无缝衔接

仓储管理系统(WMS)

兆航物流自主研发WMS系统：动态盘点、调拨管理、BI报表、仿真大屏、暂存仓管理、PDA终端、对账管理

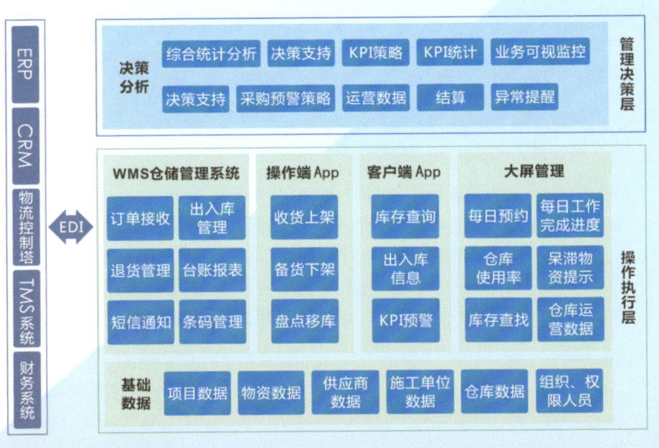

物流管理系统（TMS）

兆航物流自主研发TMS系统：应用物联网技术实现“人、车、货”三维跟踪，智能配载、车辆调度、订单追踪、运费结算、报表分析、KPI考核、风险管控

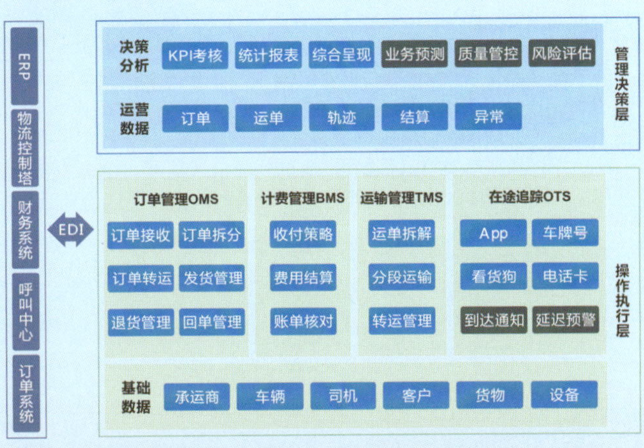

干净 透明 规矩 效率

深圳市兆航物流有限公司

电话：0755-83461212

地址：深圳市福田保税区市花路5号长富金茂大厦1号楼15层

第八部分

部分优秀物流企业及经典案例

蓝星水滴 IoT 平台打造中国外运智慧物流

一、企业简况

中国外运股份有限公司（以下简称“中国外运”）成立于 2002 年 11 月 20 日，并于 2003 年 2 月 13 日在香港成功上市（证券代码：H00598），是招商局集团控股的二级子公司和物流业务的统一运营平台，目标是打造世界一流的智慧物流平台企业。截至 2017 年年底，中国外运拥有总资产 622.87 亿元、净资产 258.35 亿元、在册员工 23971 人。

中国外运的服务网络覆盖全国，遍及全球主要经济带。中国外运是中国最大的综合物流整合商之一，是国家 5A 级综合物流企业。2015 年，中国外运成为中国较早当选 FIATA（国际货运代理协会联合会）华人主席的企业。根据 2017 年 Arm &Strong（阿姆斯壮）的排名，中国外运在货运代理排名第四，在第三方物流排名第七。

中国外运已形成代理及相关业务、专业物流、电子商务三大业务板块，能够为客户提供端到端的全程供应链解决方案和一站式服务。

代理业务作为公司的基础业务，包括海运、空运、公路和铁路运输，船务代理，内支线运营，仓储及配送，码头服务等。中国外运是世界最大的海运代理服务商之一，也是中国大型的船务代理公司、空运代理公司。中国外运正立足于全程货运管理者和国际供应链整合者，打造端到端的全程服务产品，正在实现由代理商向运营商的转型。

专业物流作为中国外运核心业务，以“方案客户化、销售行业化、服务集成化、运营一体化、管理体系化”为方向，通过不断创新物流技术以及行业化、专业化的发展，正在逐步形成产业链整合服务价值，在合同物流、化工物流、冷链物流、会展物流、工程物流、能源物流等领域形成较强的竞争优势。

电商业务作为新兴业务，致力于全面实施主营业务线上化，大力发展跨境电商物流，积极培育物流公共电商平台，打造具有跨界效应的物流生态圈。

二、蓝星水滴 IoT（物联网）平台研发背景

中国外运正面临着前所未有的市场竞争，如何因势而变，将压力转变为动力和机遇，通过信息技术创新转变经营模式、实现资源整合，推动中国外运向全程供应链和可视化转型，物联网技术领域的应用创新是一个重要的突破点。

当前，中国外运在业务发展以及数字化转型上遇到的问题主要表现为以下几点。一是产品服务种类多，需要有效整合各业务线信息资源，为业务运营提供可靠数据保证；二是覆盖地域范围广，需要为中国外运物流资产数字化提供网络全覆盖；三是业务模式变化快，中国外运正从传统的运输、仓储、代理等基本服务，向全程供应链以及供应链金融服务延伸，需要通过互联网技术架构，提升敏捷能力以应对不断变化的业务需求；四是安全合规、产品溯源要求高，需要利用物联网技术，及时从系统层面进行风险预警，提供产品特性信息，保证业务的合规性和可追溯性。

因此，提供统一的物联网规划和战略，互联和感知所有中国外运甚至社会化的物流设备设施，既服务于业务操作，又将采集的数据进行处理与分析，挖掘出运营特点、规律、风险点等信息，从而能够更科学合理地进行管理决策与资源配置。

三、蓝星水滴 IoT 平台创新研发思路

（一）物联接入层形成一批物联网智能硬件终端

蓝星水滴主导研发两大类多型号硬件终端“千里眼”和“智犬”，并不断向低功耗、小型化、智能化的方向演进迭代。相关硬件能够适用于“车、船、货、集装箱、托盘”轨迹定位，传感采集（如光感报警、温湿度监测、振动监测、压力监测等），信息显示的单元体设备（单元体设备指具有独立生存能力的设备，无须外供电、外接线）。采用太阳能板解决硬件无法长期自主供电的问题，使用双卡双网解决国内、国际通信问题，并进一步开发出基于下一代窄带物联通信协议 NB-IoT（基于蜂窝的窄带物联网）和 LoRa（远距离无线电）的低功耗产品，以适应不同的业务场景、不同的客户需求。

后续还将在硬件终端的边缘计算部分投入研发，实现终端设备的离线自管理和去中心化，自动感知自身工作状态的变化，并据此及时进行处理以及实时预警。

为了保护自有知识产权，形成研发—应用的良性循环，拟就自研硬件成果进行专利申请，在此基础上投放社会使用。

（二）服务支撑层，形成物流 IoT，使中国外运可获取各类数据

针对各种物流业务的物联网应用场景，在现有北斗 /GPS 平台的基础上进行架构的互联网化重构和改造，沉淀和共享中国外运在物流 IoT 应用领域的知识、经验和能力，搭建股份公司统一规划的分布式的物流 IoT 平台。作为中国外运物联网应用部署和运营以及物联网大数据处理的核心平台，能够扩展支持物联网协议。各类垂直应用基于平台部署并实现敏捷迭代，根据业务和技术的发展不断进行横向的计算资源、存储资源的性能拓展和纵向的业务功能拓展，并加强物流 IoT 平台的安全性。同时开展通信管道支撑服务，实现千万级硬件终端并发接入的能力，将全球集装箱、车、船、托盘、货物等物流要素互联后感知到的“定位、传感、显示”数据

汇集到平台；实现国内、国际数据采集的本地化落地，异地化同步，中国化集中存储；实现物联网与区块链结合的业务增长新模式的构建；实现物联网与人工智能、物流结合对物流运动画像的大数据进行构建与分析，为行业性预测提供基础数据。

（三）业务运营层形成一套运营模式，使中国外运具备实时动态分析数据的能力和业务预测优化的能力，实现物流运营模式的变革

以实时的物流设施设备大数据服务为基础，附加智能算法、区块链溯源、区块链安全性提升等增值服务，对外部客户提供收费型数据服务；以全程供应链的“实时、透明、共享”为基础推动行业，以分析为基础推动业务优化和创新；以集装箱等物流要素可视化服务为基础承接大船公司或箱控公司的箱管、箱控业务，推进行业箱控、箱管模式的变革；建立物联网的通信管道共享，实现通信流量池；从根本上解决中国外运作为物流供应商向第三方购买数据的问题，实现中国外运具体数据服务能力的变革。

四、蓝星水滴 IoT 平台创新成果

（一）效益指标

蓝星水滴 IoT 平台现在已经实现与中国外运华南区域主要物流业务系统的有机集成，通过了交通部 JT/T 796 部标认证，具备了通过 JT/T 808 标准与 BD/GPS 设备进行通信和数据交互的能力，具备了通过 JT/T 809 标准与平台运营商进行信息交互的能力，同时也具备了与省级、部级和国家级监管平台进行沟通和交流的能力。

目前，已经定制研发一系列能长期用于集装箱、车、船等物流设备设施的物联智能硬件，并在中国外运各项业务中广泛使用，连接设备数量超过 10000 台。

（二）蓝星水滴 IoT 平台对企业业务流程改造与创新模式的影响

蓝星水滴在 IoT 平台产品化应用方面，针对应用场景做标准和定制化开发，将应用场景在平台上固化并进行垂直部署，不断地更新优化迭代，不断拓展新的服务产品和销售模式，形成平台前端按需配置、开箱即用的服务产品，并进一步形成规模化。产品化应用包括以下几个方面。

（1）箱管箱控。目前，该计划在中欧班列广东石龙—荷兰阿姆斯特丹、辽宁沈阳—德国杜伊斯堡的班列上，通过“自研硬件 +IoT 平台”的方式，已经突破了传统供电模式的局限，实现了超过 30 天以上运输过程的全程可视化。未来，将继续通过研发一系列硬件产品，为高附加值货品、低温冷藏品等提供安防、震动、环境监控等全方位服务，提升服务体验，为中国外运整个集装箱业务乃至社会化的集装箱业务提供服务。

（2）大数据分析与挖掘。物联网的特点是海量设备的互联以及低速、低流量的高并发数据传输，因此平台层面会汇聚海量的感知数据。借助腾讯的技术优势，对接人工智能算法，以机器学习技术为主导，通过对业务流程的深度学习以及结合数据挖掘后的不断优化，实现在完成复杂任务时做出最优决策。主要方向：在智能终端侧发展边缘计算，使智能终端能够自动预测下一步行动，在平台侧对流程、运输线路等进行优化等，以实现业务预测、流程优化和精准服务等。

（3）与区块链的结合。区块链的核心是去中心化和去信任，可以解决传统交易过程中的效率、成本、信任等问题，且与物联网技术可以天然结合，为供应链金融、产品溯源等场景提供服务。

（4）物流全程可视化。目前，该平台在华为项目的应用试点运行过程中，已经取得了很好的效果，且在 2015 年为华为搭建物流可视化试点

平台，并于2016年上线使用，将原来只有物流状态信息显示功能的阶段提升到实现物流状态信息、物流运输轨迹信息、物流异常报警信息并存的可视化2.0阶段，上线运输车辆超过10000辆，服务能力获得了华为公司的认可。与此同时，该平台也开始与中国外运股份有限公司可视化平台集成，将这种能力逐步覆盖到整个公司。未来，物流可视化将升级到3.0阶段，将在原有基础上实现信用可视，为业务的辅助决策提供依据。

（三）蓝星水滴IoT平台对提高企业竞争力的作用

作为中国外运智慧物流的重要组成部分和数字化转型的重要抓手，蓝星水滴IoT平台在中国外运的物流业务中以致整个物流行业中产生了巨大的市场效应。蓝星水滴IoT平台的目标作用集中体现在以下几个方面。

（1）形成一体化物联服务平台。搭建一个基于共享服务的物联网平台，可以支持多种异构协议，实现对中国外运以及社会化运行的智能物流装备设施、多种应用场景的实时安全接入，实时进行数据采集、解析、存储以及服务调用，同时通过自研一批针对不同业务场景的智能硬件终端，可以形成一体化的服务能力，整合各类信息资源，实现网络全面覆盖，提高业务系统敏捷能力。

（2）借助“物联网+大数据”，助力业务融合以及业务创新。蓝星水滴IoT平台可以将各子公司分散的小规模物联网场景整合，将统一采集、存储并沉淀下来的海量物联数据共享给平台用户，作为大数据分析、数据可视化以及人工智能决策等服务的重要来源，起到了优化业务流程、提高服务效率、降低作业成本、提升业务风险管控能力、创新业务模式的作用。

（3）形成赋能和共享服务平台。通过物联网平台的能力开放和应用开发，可以将企业内和供应链上下游企业用户的业务流程定制并固化在平台上，使企业内和社会上的物流资源变成共享资源，将企业资源平台化，实现企业的数字化转型，支持中国外运智慧物流运作，实现供应链协同管理，达到创新业务生态体系的效果。

五、推广意义

全球贸易及物流运输中的物流装备规模巨大，全球港口每年集装箱吞吐量3亿标准箱，中国国内港口每年集装箱吞吐量1.5亿标准箱；中国国内有超过1400万辆运营货车及3000万名以上的公路货运从业人员；中国国内有超过3.5万艘运营船舶；中国外运有自营仓库超过400个，托盘数量达到5位数。这些物流元素的位置数据绝大多数都不能实时获取。信息来源主要集中在运输车辆、船舶、铁路列车等运输工具或港口码头的装卸船环节，进出闸环节以及仓储系统等企业自建平台和第三方运输工具服务平台。

智慧物流的核心是要解决货物“在哪里、去哪里、怎么去”。在哪里是定位问题，“去哪里”是调度问题，“怎么去”是路径规划问题。解决了上述问题，中国外运可以为船公司、租箱公司、港口码头公司以及各类客户提供定制化增值服务，进而转型成为物流数据服务提供商。

蓝星水滴IoT平台的目标就是连接、感知海量的物流装备。蓝星水滴IoT平台推广运营后，当连接、感知的物流装备设施并网量达到10万以后，将会产生巨大的边际效应，形成供应链物流生态圈。中国外运计划用2~3年时间实现物流装备设施长期、持久感知“在哪里”，将蓝星水滴IoT平台产品化。

解决了“在哪里”的问题，蓝星水滴IoT还将用1~2年的时间，利用这些物流元素互联和感知所形成的海量数据进行大数据分析和挖掘，通过算法的优化和预测，逐步解决“去哪里”和“怎么去”的问题。

中国外运还将用1年半时间进行业务模式推广，推动专业物流的物联化变革，产生规模效应，并以此为基础形成供应链社区化，推进绿色物流的发展，助力中国外运智慧物流战略的实施。

中国外运的愿景是成为世界领先的综合物流服务整合商，需要全程监控的不仅有遍布全球各地的飞机、船舶、车辆等传统运输设备，还有订单、集装箱、托盘和包装箱等与货物密切相关的物流元素。下属公司和行业内各公司需求的多样性以及业务场景的复杂性，决定了未来接入该平台的设备数量和类型将是海量规模。

（中国物流与采购联合会网络事业部）

京东物流基于区块链的可信单据签收平台（链上签）

一、京东物流介绍

京东集团自 2007 年开始自建物流，并于 2017 年 4 月 25 日宣布成立京东物流集团，该集团以降低社会物流成本为使命，致力于将过去十余年积累的基础设施、管理经验、专业技术向社会全面开放，成为全球供应链基础设施服务商。

目前，京东物流是全球少数拥有中小件、大件、冷链、B2B、跨境和众包（达达）六大物流网络的企业。

截至 2019 年 3 月 31 日，京东物流在全国范围内运营超过 550 个大型仓库，运营 20 座大型智能化物流中心“亚洲一号”，物流基础设施面积约为 1200 万平方米。京东物流大件和中小件网络已实现大陆行政区县 100% 覆盖，自营配送服务覆盖了全国 99% 的人口，90% 以上的自营订单可以在 24 小时内送达。通过十余年的努力，京东物流成功将物流成本（对比社会化物流）降低了 50% 以上，流通效率（对比社会化流通）提升了 70% 以上。

2019 年，京东物流明确了以“体验为本、效率制胜”的核心发展战略，未来 5 年将携手社会各界共建全球智慧供应链基础网络（GSSC），围绕“信赖与速度”，为消费者提供“一键极速完成”的极致服务，为全球商家提供高品质、高性价比、全面的供应链解决方案，以促进社会商业形态的转型升级，全面提升流通效率。

二、传统物流纸质单据所面临的问题

物流供应链中，企业与企业之间，个人与企业之间的信用签收凭证大部分还在纸质单据与手写签名的阶段。这些纸质单据不仅作为运营凭证使用，还作为结算凭证使用。纸质单证会严重限制智慧物流的发展，以快运承运业务为例，目前纸质委托书导致的业务痛点主要表现为以下几个方面。

（一）纸质单据结算周期长，承运商体验差

纸质单据一般是在线下传递，会导致信息流与单据流不一致。过多的运营异常，导致对账差异大，结算周期长，严重影响了承运商的现金周转以及回款情况，双方需要花费一定时间在核定账目异常等具体事务上，造成了较差的用户体验。

（二）对账被动、账单回收率难控

纸质对账单发送和回收机制不完善，而且不同承运商雇用社会上不受限制的司机资源，造成管理上的欠缺，经常会有纸质账单收不回来的情形出现，从而造成对账管理难度大、对账单的回收率和对账率难控的局面。

（三）手工对账，对账覆盖面窄，准确性难以保障

纸质单据的线下化，迫使过多人参与对账，人工对账的数据差异性较大，如前后信息不对称等。对于对账产生的差异需要花费大量时间和人力进行核查，准确性难以保障。

（四）有纸化办公带来的成本和管理上的浪费

由于传统内审外审的要求，造成有纸化对账单的存在，这势必在材料成本和管理成本方面造成浪费，而通过无纸化可大幅度避免这些浪费的产生。

三、电子签名与区块链存证的法律效力

（一）电子签名

近些年来，电子技术的飞速发展使得我们越来越依赖于电子技术产品、数字化通信网络和计算机等，也使得信息载体的存储、传递、统计、发布等环节均实现了无纸化。随着电子证据的证据价值在法学研究与法学实践中得到较为普遍的认可，也使得讨论电子证据法律地位这一问题的时机日渐成熟。1999 年颁布实施的《合同法》及 2005 年颁布的《电子签名法》确立了电子签名的法律效力。《电子签名法》提出可靠的电子签名与手写签名或者盖章具有同等的法律效力，同时《合同法》中也有说明数据电文和纸面合同一样，是书面形式的一种，具备相同的法律效力。

（二）区块链存证

区块链作为新兴的技术已经逐渐被司法机构认可，最高人民法院出台《最高人民法院关于互联网法院审理案件若干问题的规定》。此规定对于实现“网上纠纷网上审理”，推动网络空间治理法治化，具有重要的意义。该规定共有 23 条，主要包括四个方面，即明确案件管辖范围、确立在线审理机制、搭建在线诉讼平台和完善在线诉讼规则。

其中，该规定在十一条中明确指出，在认定方式上，鼓励和引导当事人通过电子签名、可信时间戳、哈希值校验、区块链等技术手段，以及通过取存证平台等对证据进行固定、留存、收集和提取，弥补仅依靠公证程序认定电子证据的不足，提升电子数据的证据效力。

（三）区块链存证案例

2018 年 6 月 28 日，全国首例以区块链为存证的案件在杭州互联网法院一审宣判，法院支持了原告采用区块链作为存证方式，并认定了对应的侵权事实。

2018 年 9 月 9 日，北京互联网法院挂牌成立，该院电子诉讼平台正式对社会公众开放。抖音短视频诉百度旗下“伙拍小视频”信息网络传播权纠纷案，成为北京互联网法院受理的第一案。《每日经济新闻》记者获悉，该案由第三方平台北京的中经天平进行区块链取证。

2018 年 12 月 23 日，由北京互联网法院主导，

与国内领先区块链产业企业共建的电子证据平台天平链，运行三个月以来已在线采集证据数据超过 100 万条。与北京高级人民法院、北京互联网法院等 17 家单位共同成为天平链上的数据存证节点。

四、链上签产品价值及优势

（一）产品价值

依托区块链和电子签名技术，京东物流打造了链上签这款产品（见下图），是基于区块链和电子签名技术解决传统纸质单据签收不及时、易丢失、易篡改、管理成本高的问题，实现单据流与信息流合一。同时，利用数字签名技术解决传统纸质单据不能处理的异常问题，当物流配送过程中发现异常时，能够及时修正，并实时将修改的数据上链，双方运营结算人员可以及时获取准确的数据，同时利用京东物流供应链优势、背靠已有的物流网络和技术打造基于区块链的可信单据签收平台，与传统手写签单相比拥有诸多优势，具体表现在以下几个方面。

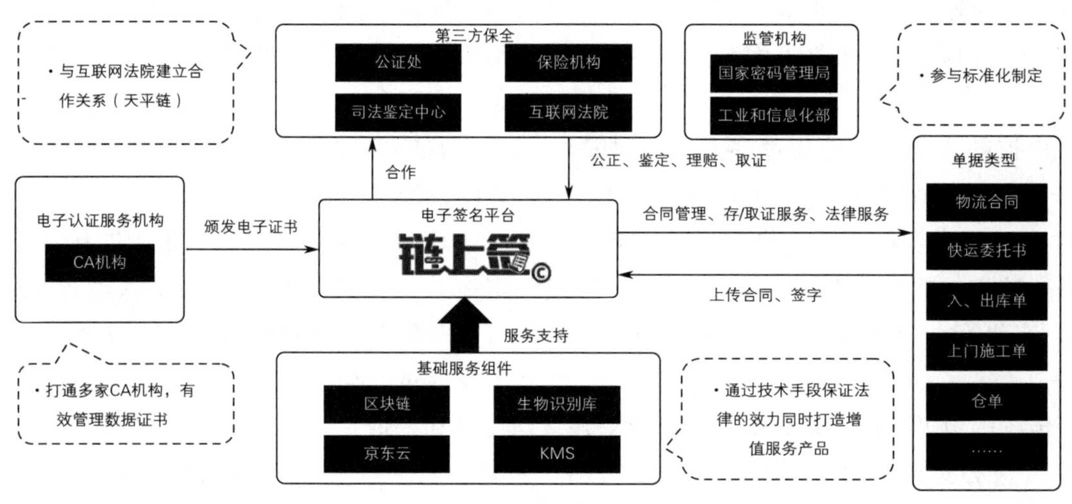

链上签基于区块链的可信单据签收平台

（1）提升工作效率。电子合同的拟定、确认、审批、签署、发送等过程全部在线上完成，帮助企业节约大量时间，提升效率。

（2）体现环保价值。电子合同全部电子化，节省了大量纸张、油墨、电力、包装、运输资源，更加顺应当前社会节约能源、低碳环保的趋势。

（3）降低运营成本。电子合同无须用纸，签署后由第三方平台加密存管，为企业降低纸张打印、仓储存管、快递运输、结算对账等运营成本。

（4）弥补风控漏洞。电子签约流程环环相扣，共同形成完整证据链，可有效规避冒名代签、私刻公章、合同篡改等风险。

（5）实现安全管理。电子合同经高强度加密存储在云端，可有效避免因自然或人为因素导致的合同错配、丢失、损毁、外泄等情况。

（二）产品优势

链上签与传统电子签章产品不同，链上签

是通过物流单据线上化助力智慧物流发展，利用区块链技术打造一个低成本、高信任的物流供应链协同平台，物流单证的线上化是实现运营标准化的难点，利用区块链分布式账本和数字签名技术可以为物流供应链内的企业构建一个低成本、高信任的协同关系。

链上签所使用的区块链平台是在京东自主知识产权的区块链底层技术平台 JD Chain 的基础上构建智链能力开放平台，强化区块链在客户实名、协约签署、管理、维护和合同保障方面的应用，为物流单证应用场景搭建了很好的基石;同时京东物流作为“物流 + 区块链技术”应用联盟发起者，可以集结联盟企业构建行业标准，利用头部客户的优势快速将单据无纸化的标准进行推广落地。

五、链上签的应用场景

（一）基于链上签的快运对账平台

链上签的应用场景都是围绕单证的数字化去解决物流过程中实际的运营问题，如物流对账过程主要解决核心企业和承运商之间的结算需求，物流承运过程一般需要经过下单、询价、承运、签收等诸多环节。结算双方企业需要通过系统接口对接的方式完成不同阶段数据的共享与流通，通过传统技术手段仅能实现信息流互通，并不能解决双方的信任问题，信用签收仍然依赖纸质运单。双方各有一套清结算数据，结算双方每个结算周期要进行对账，需要人工审核大量的纸质单据，存在成本高、效率低、结算周期长的问题。

链上签平台利用区块链公开透明且不可篡改的特点，可以让结算双方共享数据的控制权，从订单生成环节就开始上链。从询价、报价、配送、妥投等环节，通过信用主体无纸化签收生成基于区块链的电子运输结算凭证，承运过程中通过 RFID 等物链网技术，确保物流配送过程数据收集的真实性，配合车载 GPS 系统收集位置数据，从而实现信息流和实物流的一致性。

基于链上签平台实现运营过程无纸化。首先，为联盟中的每个信用主体创建数字身份，结合权威 CA 认证结构为其信用主体颁发数字证书，通过采集生物特征确保使用该设备进行签收动作的信用主体的真实性，最后将签收结果写入区块链存证，整个过程可以确保签收主体真实可信,签收过程真实可靠，签收结果不可篡改、可验证。最后对账过程中双方利用链上可靠数据共同管理一笔账，从而减少对账成本，缩短结算账期。

（二）基于链上签的电子签单返还

签单返还作为增值服务是快递公司额外收入的一种手段，但传统纸质的签单返还存在成本高、时效长、容易丢失，甚至冒签等问题。目前，商家对物流和快递公司均有纸质签单返还及电子拍照回传的需求，要求把签单打印出来。客户签收后，还需要物流公司将纸质签单邮寄给商家，同时还要打印单据模板及线上邮寄纸质单据和回传电子拍照，但拍照要求会给配送员增加额外的工作，会出现拍照不清晰、OCR 无法识别手写签名、无法验证签名人身份信息等问题。

基于链上签构建的电子签单返还产品，结合了区块链智能合约技术和电子签名技术，将需要签单返还单据无纸化，用以替代传统的纸质签单返还，消除纸质签单返还的运输成本。利用区块链不可篡改、共识、去中心化等特性，确保已签名上链的电子运单真实、可靠、防篡改。通过权威 CA 机构背书为签名人生成合法证书，确保已签收单据合法合规。客户可以直接通过链上签查验客户端获取签单返还的单据并完成验签、下载等动作，实时完成签单返还动作，消除人工对每张单据签收的核验成本。

六、链上签平台架构

链上签平台架构主要分为可信终端（手持终端）、应用服务、区块链账本服务，可信终端是链上签流量入口，是物流参与人员，包括收／发货人员所使用的移动操作终端，通过可信终端上提供的 SaaS 服务，可快速构建信用主体，并使用权威 CA 机构颁发的数字证书进行背书。签单时通过“身份证＋手机号＋姓名”完成信用主体的认证，物流配送环节以电子运单为载体，通过信用主体的数字签名完成每个运输节点的信用签收。

应用服务是将链上签核心产品通过 SDK（软件开发工具包）和 API（应用程序编程接口）的方式进行能力开放，结合实际运营情况，将物流场景服务标准化，减少终端开发工作量，主要功能有身份管理服务，信用主体认证、验证服务，电子运单管理服务，运单创建、流转、取证服务，签名管理服务，支持多签、双签服务，业务数据获取服务，权限认证通过后，可获得链上指定数据。

区块链账本存放物流单据签收凭证、信用主体的身份信息及每次交易过程中均需要双方确权的关键数据。

七、链上签平台的核心收益

链上签平台已经被福佑等多家承运企业使用，实现双方所有交易数据上链，大型干支线的整车业务在业务、系统、技术层面全打通，形成了整体的解决模式。通过链上真实的交易数据实现共管一笔账；通过链上签电子签名能力，完成信用主体的建立和运单的电子化签收，替代纸质委托单和手写签名作为结算凭证。运营至今，一些技术和信任红利正在显现。

（一）形成去中心化的高效对账平台

基于链上签实现物流单据电子化，通过链上可靠数据进行实时监管，区块链的智能合约机制自动核验结算凭证信息，可有效防范坏账风险，缩短对账周期，及时发现差错，堵塞管理漏洞，提高对账质量。在此基础上，将对账信息发布到区块链，客户实时进行账单回签，可极大地提高对账效率和准确率。

（二）账单生成管理符合三化趋势

账单生成管理三化，即“集中化、无纸化、智能化”；逐步弱化和取消纸质对账单，发货端、收货端、承运商、京东物流的快运业务均基于智能合约账本进行；由“对账中心”通过智能对账平台，集中生成电子对账数据，并发布到区块链，由客户进行账单回签，财务核算与对账逐渐分离，从而实现集中对账、智能对账。

（三）对账范围参数化，付费规则集中管理

每期对账承运商范围、付费规则由对账管理人员确定，通过系统控制每期对账单生成数量、范围，提高对账单生成的覆盖率，对账单的生成从人工处理转换为系统自动处理，符合计费规则的账目，将自动触发区块链进行记账。

（四）对账输入输出人机交互

通过构建移动应用等数据终端出入口，司机、报账员的工作效率大幅度提升，如干支线配送司机完成了单运输任务后，只需点击手机移动应用程序上的“确定”，即可完成本单的稽核、确认，将信息实时写入区块链账本，同步到承运商以及发货收货的核心企业的不同节点，大大提高了整体的工作效率。

八、社会效益

京东物流携手承运商企业通过对现有业务流程进行规范化，可缩短供应商对账期（至少从90天账期缩短至30天），从而从承运商处获得更多的优惠条件，可大幅降低运营和管理成本。据不完全统计，按照全国每年20亿元的快运支出来计算，每年全国快运业务整体上至少可以节约2亿～3亿元的成本。未来随着快运业务的迅猛发展，节省成本量会有更大的空间，同时利用联盟链技术和物流供应链核心企业优势，可以衍生出更多的应用场景，如利用区块链上可信的单据与交易数据，为供应链金融提供保理服务，解决中小企业融资难、融资成本高的问题。

（中国物流与采购联合会网络事业部）

基于供应链环境下物资精细化管理研究与应用

中国移动经过多年的持续高速发展，无论是市场规模、网络规模还是业务收入，均位居国家通信行业的领先地位。但从未来发展趋势来看，移动通信领域正面临重大的变革。精细化管理作为中国移动提升企业核心竞争力的一项重点工作，受到了集团的高度重视。中国移动以“十三五”规划为契机，深化体制改革，加快供应链转型升级，从供应链前端设计需求环节到末端配送验收环节的全过程嵌入精细化管理，实现企业由粗放型管理向集约化管理的转变，提升企业运营效率，降低运营成本。

四川移动业务覆盖范围处于我国西部地区。为进一步提升西部地区的物流管理水平，解决仓储资源分散、资源利用率低、库存积压量大、物资供应不及时等问题，四川移动从 2016 年开始大力倡导运用精细化管理模式来对相关环节进行管理，在全省仓储中心（RDC）标准化运营的基础上，推动前端设计标准化、减少个性需求，加强中端仓储物资品类管理、优化库存结构，清查末端完工项目剩余物资、统筹调拨利旧，实现了对四川移动整个物流体系全生命周期的精细化管理，大大降低了物流成本，盘活了全省物资，提高了管理水平。

一、精细化管理方案

为贯彻落实中国移动集团“转模式、调结构、降总量、提效率”的战略规划，四川移动通过建立标准化产品目录、“5 个 RDC+2 个省直管库”的实体仓库，依据“产品制 + 项目制”相结合的物资管理模式，同时运用大数据分析和供应链信息系统管理等手段，形成了省内物资集中管理、集中调度、统筹供应的新型管理模式，初步实现了企业物流管理的降本增效。

（一）物资全生命周期管理

物资全生命周期管理是指从物资的需求开始，到物资余料利旧的全部物流过程管理。对设计、请购、仓储、物流、验收等多个环节进行循环式的全生命周期管理，不仅做好“供血系统”，将高质量的物资准确高效地提供给各需求公司，同时还要完善“反馈系统”，将余料利旧与设计、请购环节相关联，形成物资积极利旧的闭环循环系统。强化责任的落实，形成优良的执行文化，同时通过对物资进行品类管理，多维度深入挖掘物资之间的联系，为物资的库存管控和仓储管理提供强有力的支撑。物资全生命周期管理流程如图1所示。

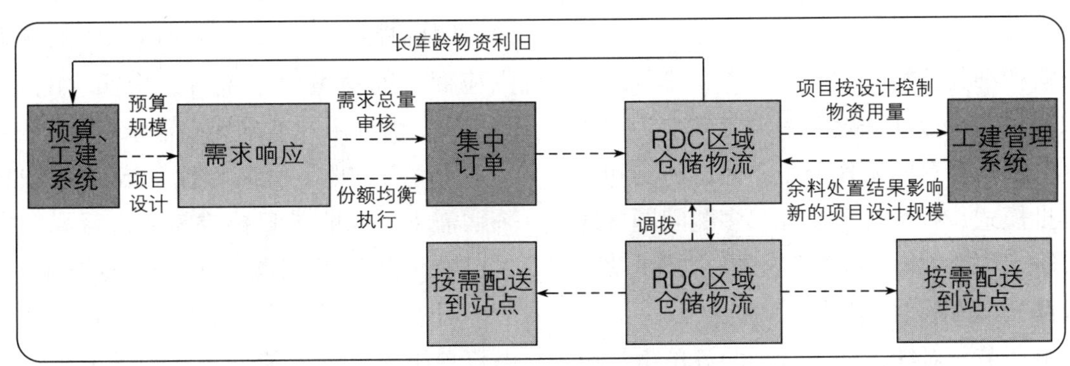

图1　物资全生命周期管理流程

（二）技术实施方案

四川移动从供应链的角度入手，建立集中化管控体系，实现从前端设计请购，到中端仓储物流，再到末端工程验收的物资全生命周期管控体系。

1. 前端需求精细化管理

1）项目设计阶段规范请购需求

在现有的供应体系中，供应链上下游普遍存在“牛鞭效应”，导致需求被逐级放大。四川移动从前端设计环节入手，通过控制请购物资范围和请购订单金额来规范请购需求，实现精细化管理。在项目设计环节就明确项目需求物资的范围和总金额，需求部门请购物资必须是本项目设计配置清单物资，非本项目设计清单物资不能请购，且请购的订单金额不得超过项目投资规模、项目预算总金额、合同金额等，避免超额采购。

2）强化需求前瞻性研究

对于行业内供需市场，要了解行业发展趋势，预先掌握需求方向，主动摸清前端供需市场信息，提前预测物资供需情况，针对未来需求量大、供应紧张的物资错峰采购、提前备货，以缓解物资的保障压力，有力支撑一线需求。

对于四川省内供需市场，要深入挖掘一线需求规律，改变过去被动坐等需求的供应方式，主动跟进市场、建设变化，与计划部门、设计单位和工建部门沟通，确定全年需求方向，预估物资的需求总量，制定全年保障策略和库存模型，明确物资的安全库存和最优补货点，按照标准化的备货策略提前建立实体库存，以库存满足需求，提高需求响应速度。

将供需市场的研究向前端原材料供应市场进行延伸，通过分析关键原材料的价格和供应情况，准确预测物资的供应情况并提前做好应对策略。

3）分层分级需求，优先消化库存

同时在物资需求提出、请购和采购环节嵌入库存会签流程，采购物资前首先查看库存情况，先消化库存再采购。首先由分公司自行审核需求计划，优先以分公司库存满足需求；其次 RDC 审核分公司需求计划，优先以 RDC 库存满足需求；最后省公司审核 RDC 需求计划，通过全省库存调拨满足需求。这种方式有效杜绝了“牛鞭效应”，提高了需求的准确性，从前端减少了发生呆滞的可能。

2. 采购精细化执行

在采购环节由以往采购单一分工转变为“采购寻源 + 采购执行”的协作分工。通过请购和订单双层审批模式，杜绝订单超配、多配问题，通过测算和分析采购成本，制订最佳采购执行方案。

1）订单管理精细化提升

在订单环节，对纳入统一管理的订单由订单组根据合同等依据进行集中制作、提交、同步、撤销等操作。订单管理遵循“需求、合同、订单三匹配”的要求。

四川移动从订单管理工作顶层结构开始，层层剖解各个链条、各个环节的痛点，直面矛盾，正视问题，横向延伸到需求源头，纵向延伸到市州公司，用全新的视角去看待、去理解、去判断、去革新，建立了订单管理新的章程、新的模式、新的标准。订单业务的管理层、执行层坚持原则，努力尝试，对新的管理思路和要求层层解码。一是通过需求响应组，接续于订单管理的前端，主动分析形成主流物资供货现状的内因、外因，主动研究一定时间内可能形成较大需求规模的新型物资，提前制定应对策略；同时，将需求保障方式分解为库存保障及订单保障两条主线，将订单分解为提前备货订单及正常供货订单，通过需求响应组对需求的管控，打破需求直接转换为订单的格局，最大限度地缩减订单生产周期带来的供货时间差，提高需求保障效能。二是充分利用供应链系统强化订单手段建设、固化订单业务流程，完善供应链管理全流程的贯通，在已经实现供应链全流程横向、纵向系统贯通的基础上，着重加强数据规范性、完整性、一致性管理能力。在采购需求提出阶段，联合计划、财务、网络等部门，通过系统和管理两方面的手段，规范各个投资项目、预算项目的可采购品类清单。参考电商模式引入图形化物资选择界面，明确提示用户每类可采购物资的集采级别、供应商、物料编码、单价、份额、配置、库存等信息，引导用户准确提出需求、分层分级审批；按照“采”“购”分离管理思路，系统自动分流采购需求，采购员只接收需要进行寻源的需求。对已有可执行的采购需求，先转至库存会签环节，对于无须下单的直接调用库存满足需求，再由订单组对库存不能满足的需求下达采购订单；需求、采购、合同、订单、物流等业务全过程都通过供应链系统严格校验所涉及物资的合同、订单数据是否与集团下发的采购框架协议、电子采购平台回传的省内采购结果一致。三是搭建供应链数据分析平台，实时监控采购集中度、库存周转率等关键指标，从资金、物资、进度、风险等层面提供多维报表，为业务操作和管理决策提供更及时准确的数据支持。通过自动推送系统预警提醒、在线绩效考核等手段，将合同到期、份额不足、采购超时、库存不足（过高）等分析结果直接转化为业务流程指令，促进订单上下游环节更加高效、主动、准确地运转。四是将订单组打造成一支“凝聚稳定、目标统一、协同工作、方法得当”的执行团队，培养其“主动学习，主动沟通，主动服务”的意识及能力。同时，建立订单供货质量后评估机制，双措施共同促进订单质量提升的稳定性及持续性。

订单管理的改革创新始终坚持问题导向，冲破利益藩篱。在平台连接方面，通过数据高度共享，消除信息孤岛。供应链系统界面设计、视觉设计和交互设计充分考虑用户的各种“不适应”，增加了系统的层次感、引导性、容错性；

在架构流程方面，从上下游、任务、控制、资源、组织关系上梳理出了一套承载所有管理体系要求的端到端的整合的业务流程，进行事中、事后监管，审批前紧后松，提高了驾驭风险的能力，解决了效率低下的问题；在业务延伸方面，需求响应组致力前瞻研究，推行错峰采购，建立分级、差异化的需求响应机制，提升了将需求转换为订单的合理性及正确性。订单组以点带面强力示范，将业务规范总结形成可复制、可推广的经验，将服务由省向市（州）分公司延伸，帮扶分公司提高订单管理水平。

在订单管理成效和采购精细化执行方面，订单组重点稽核主材与辅材数量配比不合理、需求物资配置清单与项目设计清单不一致、同类物资及服务“买贵不买对，买多不买少，错买、漏买”等问题，共杜绝不合理下单金额4600余万元。

2）合理制定采购策略

在采购执行过程中，针对供应商不均衡报价的情况，通过测算和分析采购成本，制订最佳采购执行方案。如某厂家部分产品运费为585元/只，分析发现采用自提方式将大大节约采购成本，通过完成4批次产品自提，节约采购费用3798万元。

3. 库存管控精细化

针对物流管理标准不统一、物资调拨共享难、呆滞库存消化难等问题，四川移动从物资品类化管理入手，对物资进行品类划分，针对不同品类物资建立相应的库存策略及主动式库存控制模型，实现库存管控的精细化、标准化，解决物资调拨共享难、呆滞库存消化难等问题，同时建立多元评估机制，不断提升库存管控水平。

1）物资库存品类化管理

品类管理是一种丰富供应链管理的手段，把企业物资进行科学的品类划分，将同一品类物资作为一个管理单元来细化供应链各个环节的管理，凸显了同一品类物资之间管理的联动性，告别了经验管理，实现了精准管理。

（1）品类划分

首先，按物资属性建立物资库，将物资初步定位为项目物资、通用物资两类；围绕“三化策略”，选取标准化、通用化、典配化的物资建立标准化通用物资库；对需求量较小，个性化程度大的物资纳入项目库进行项目制管理。其次，按物资相关性划分品类，根据物资使用场景及类型对物资进行精准分类，将物资分为家宽类、无线类、新业务类、传输类等，并按品类进行管理。最后，从需求量及计划性两个维度对物资进行二次划分，将物资分为重难点物资、热点物资、特殊物资、普通物资四大类。品类划分如图2所示。

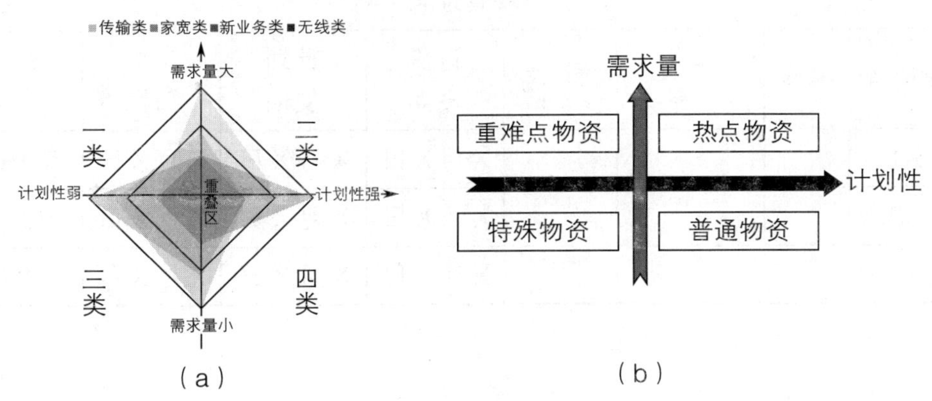

图2 品类划分

（2）构建策略

一类物资为重难点物资，特点是需求量大，计划性弱；针对这类物资需建立“通用物资库＋专线物资库”的库存策略，同时采用集中调度，均衡供应的保障策略，补货方面以人工干预为主，系统控制为辅。

二类物资为热点物资，特点是需求量大，计划性强；针对这类物资需统一存储在标准化通用物资库，采用集中下单，按需保障的保障策略，补货策略为“系统控制＋人工干预”。

三类物资为特殊物资，特点是需求量小，计划性弱；针对这类物资需建立“RDC+ 分屯库库存”的库存策略，由 RDC 统筹保障区域需求，同时通过人工操作进行补货。

四类物资为普通物资，特点是需求量小，计划性强；针对这类物资需建立“RDC+ 分屯库库存”的库存策略，由分公司自行下单保障库存，系统控制补货。

（3）建立主动式库存控制模型

运用大数据分析技术并结合精细化管理思想，通过 ABC 分类法筛选重点物资，采取“抓大放小、重点物资重点关注”的策略，同品类物资补货策略需满足内在需求关系，避免物资间库存不均衡产生的呆滞库存。以“小区宽带”项目需求物资为例，通过 ABC 分类法筛选出光交箱为该品类重点物资，我们只需围绕光交箱建立库存及智能补货策略，其关联性产品则按比例采、供。部分关联物资采购比例如表 1 所示。

在供应链系统中设置安全库存预警功能，实现智能补货，物资备货更精准。仓库管理表示例如表 2 所示。

表 1　　部分关联物资采购比例

物资	光交箱（96 芯）	一级分光（光分路器）	二级分光（光分路器）
比例	1	3	24
物资	光交箱（144 芯）	一级分光（光分路器）	二级分光（光分路器）
比例	1	5	36

表 2　　仓库管理表示例

仓库管理表									
订单编号	物料号	名称	库存数量	供应商	订货日期	计划交期	当前日期	缓冲状态	跟催日
201801	X1				X 月 X 日	X 月 X 日	X 月 X 日	70%	
201802	X2				X 月 X 日	X 月 X 日	X 月 X 日	60%	
201803	X3				X 月 X 日	X 月 X 日	X 月 X 日	14%	

强化评估，循环提升。实施周报、月报制度，及时掌握RDC的运营状况及各项运营指标，主动调整库存策略，每周统计分析库存总体情况、周收发情况、重点物资库存与保障情况、宽带建设重点物资仓储情况等。每月统计分析各RDC的主要运营指标，物资出入库情况，物资库存情况，TOP 50物资情况，重点物资库存，超龄物资库存情况等信息。建立定量与定性的多元评估机制，定期开展品类回顾管理，通过定量评估和定性评估来评估品类管理效果，强化对周转率、呆滞率和物流服务水平等关键指标的考核，形成闭环反馈机制，持续优化品类管理策略；其中定量指标包括库存周转率、呆滞库存占比、库存总量等，定性指标包括物流服务水平、物流满意度、管理规范化等，根据评估结果更新物资品类划分、修正策略、优化管理，持续提升保障能力提高物流服务水平；持续优化管理策略提高管理的规范化、标准化，从而提升供应链柔性。

2）库龄管控

建立库存优化措施，采用科学合理的方法保证库存结构的持续改善，使四川省库存维持在良好水平上，有效降低呆滞情况发生。

将库存区分为增量库存（库龄三个月以内）和存量库存（库龄三个月到六个月）；库龄在六个月以上的为长库龄物资或呆滞库存物资。建立库龄三色管理机制；库龄三个月以内，系统推送三级绿色预警；库龄三个月到六个月，系统推送二级黄色预警；库龄在六个月以上，系统推送一级红色预警，这类物资是调拨消化的主要对象。在呆滞库存物资的消化工作上，要严格落实三级会签制度，并要求项目经理对项目剩余物资进行利旧与处置后方可进行项目终验，对于项目无法利用的，去掉项目属性转变为通用物资后，通过调拨消化。

根据每个月各分公司的库存周转率和增量、存量库存关系进行KPI考核，监督库存情况，及时进行库存预警，制定改进措施，保障各分公司的库存维持在健康水平并逐步下降。考核方法主要有以下三种。

（1）增量库存折半后与存量库存的总额小于目标值：50%增量库存+存量库存≤考核目标值；

（2）分公司库存周转率大于考核目标值：库存周转率≥考核目标值；

（3）存量库存占总库存量的百分比须小于目标值：存量库存/总库存量≤考核目标值（25%）。

4. 仓库现场管理精细化

1）岗位职责精准定位

四川移动根据当前仓库出入库、分拣作业效率低的情况，对仓库的每个岗位进行详细的职务描述，确保所有的工作职责都落实到人，做到有据可依、有据必依。进行良好的职务分析和设计，并在此基础上将每一个岗位的职责具体化、明确化，不仅可以提高人力资源管理的水平，更是现代企业管理的要求，也是现代企业制度改革的需要。

四川移动根据仓储现场作业过程中存在的问题，以业务流程标准化为目标，重新梳理业务流程，明确岗位职责，通过分部门、分岗位、分流程环节的交互设计，实现仓储物流规范化管理。

2）仓储作业流程优化

通过对仓库出入库流程的梳理和优化，主要对以下三个方面做了改进。

一是应用PDA（个人数字助手）和条码系统，配合着物流信息系统使用，有效提高了仓库中的作业效率。

二是在出入库环节加入了预约管理岗，凡出入库车辆需提前预约，预约管理岗根据当天出入库作业量合理安排出入库作业，增强了出入库的计划性，收到预约时库内可以提前分拣备货或提前准备储位收货入库。同时预约机制为错峰排队出入库提供了条件，避免了长久等待，平抑库内作业的波动，提升库内作业的稳定性，防止集中到货和集中出库等情况的出现。

三是设立出入库管理岗，负责对仓库所有进出物资的稽核，确保进出库工作的准确，减少人为误差。稽核环节主要工作内容是与仓管员相互校验出入库货物的准确性，与仓管形成互补机制，从而保障库内物资的安全性和准确性。

通过标准化流程制度建设，并引用 PDA、WMS（仓库管理系统）等，使入库效率提升 19.1%，出库效率提升 18.5%。

3）物资仓储品类化管理

仓储现场将不同品类按照前端需求的优先级分级存放。按照重难点物资、热点物资、特殊物资和普通物资的分类将库内存放物资进行优先级划分，不同优先级存放在不同区域，重难点物资存放在靠近出入库区域的区域，热点物资存放在靠近主通道的区域，特殊物资存放在库内其他易出库区域，普通物资存放在库内其他区域。

同一品类中相关物资就近存放，根据物资需求相关性，将存在需求关联的物资归为同一品类，将该品类中的物资存放在库内邻近区域，如软跳纤和机顶盒的需求有内在联系，可归为同一品类，在仓储环节存放在相邻区域从而缩短库内作业路径，提高出入库效率。

4）立体货架与信息化建设

以成都 RDC 为试点开展立体式货架仓库建设，货架层数 6 层，货架高度 9.24 米，可用托盘位 10800 个，存储方量达 1.79 万立方米，配有电动前移式叉车、电动叉车、内燃叉车等辅助设备，引入 WMS，使整个仓库实现信息化改造，将储位、物资进行信息化管理，把传统的“人工找货”转变为“导向定位取货”，提升作业效率，减少人工失误。

5. 供应环节精细化

1）建立统筹调拨机制

从财务、调拨流程、系统等方面讨论并制定《四川移动物资调拨管理规范》，为四川省物资调拨工作的开展奠定了理论基础，并依托 RDC 打通跨项目、跨地市、跨区域的调拨通道，促进呆滞库存消化，实现物资精细化管理。地市州内项目间调拨由地市州物流部门负责确定可调拨对象，若分公司其他项目有需求，则进行项目间转移；若其他项目无需求，则将物资调拨申请提交至RDC，该部分物资进入可全省调拨范围；区域 RDC 内跨地市调拨由区域 RDC 负责确定可调拨对象，由 RDC 计划员创建 RDC 调拨申请单，提交至 RDC 计划主管审批。审核同意后执行调拨；跨区域 RDC 间调拨由省 RDC 运营管理中心负责，确定调拨对象，省 RDC 计划调度经理均根据各 RDC 汇总提交的物资领用申请、调拨申请以及全省库存情况向区域 RDC 发出调拨指令。

建立物资调拨清单，指导呆滞物资调拨工作，纳入调拨清单的物资强制利旧，坚决不采购，每两周更新一次调拨清单；调拨范围包括 RDC 集中存储物资和非 RDC 集中存储物资，同时规定不同投资主体采购的物资不能相互调拨，动产与不动产不得相互调拨，带项目属性的物资在调拨前去掉项目属性，纳入公共库管理，成本类物资可直接调拨。

通过跨项目、跨地市、跨区域的调拨机制，四川移动盘活四川省库存 13.5 亿元，通过调拨消化约 1.2 亿元呆滞物资，包含传输设备、PTN（分组传送网）、配线架等 51 种物资，其中传输设备消化量最大，调拨消化约 5055.3 万元呆滞物资。全省呆滞库存占比持续下降，全省呆滞库存较

2015年下降0.36亿元，降低36%，较2016年下降0.16亿元，降低20%。

2）配送一体化

优化仓储配送环节，以RDC仓配一体化解决“最后一公里”配送问题。到需求地的配送全部由RDC承担，所有物资由RDC完成集散，可以有效集中优势物流，实现集中化配送，减少同一需求点的多次配送，精简流程，提高配送效率。

配送末端不确定的施工条件一直是配送服务落地难点之一，公司采用工程项目经理制定配送任务的方式，施工方在配送前做接收条件确认，配送全过程均可在系统中展示；集中配送的范围：地市中转配送、零星暂存点统一由RDC进行一体化配送；对于施工现场，根据运输条件开展一体化配送，对疑难站点或无法单次配送的施工现场，可以考虑在地市中转配送，或者在零星暂存点中转；一体化配送可发挥集中运输的规模优势，通过循环配送提高配送效率、降低运输成本。

二、结语

四川移动通过减少物流的采购、存放和供应成本等途径强化物资精细化管理，实现物流的高效益。

在经济效益方面，四川移动在供应链环境下的精细化管理，提高了管理效率，降低了全省库存总量，优化了库存结构，节约了采购物流成本，效益显著，年产生直接经济效益大约2.4亿元。

在社会效益方面，一方面大大降低了物流成本，盘活了全省物资，提高了管理水平，推动了通信行业供应链管理的发展，对国内外的供应链管理，尤其是电信行业具有借鉴意义；另一方面四川移动能够以更低的成本提供更加优质的通信服务，惠及广大消费者。

（中国移动通信集团四川有限公司副总经理　郑少波　通信集团四川有限公司供应链管理部总经理　谭平）

国际船舶代理系统助力中远海运物流打造全球发展战略

一、公司简介

中远海运科技（北京）有限公司（以下简称“中远海运科技”）是中国远洋海运集团（以下简称“中远海运”）所属的IT旗舰公司，原中远网络物流信息科技有限公司，自1996年成立以来一直从事有关国内外交通航运供应链和物流解决方案的咨询、规划，软件设计、研发及实施，产品代理及系统集成业务。

多年来，中远海运科技为交通运输、生产制造、第三方物流、零售、建筑、电子电器、金融、电信等行业提供了大量优秀的物流供应链解决方案，被誉为国家信息化试点工程、物流信息化动态监测定点联系企业、中关村开放实验室、中国物流学会产学研基地、中远集团物流技术分中心、中国交通运输协会快运分会会员单位、物联网技术与应用协会会员单位、北京市国际科技合作基地等。

二、项目应用背景与目标

伴随着全球经济一体化的快速发展，信息技术的日新月异、不断更新迭代，整个中国社会都处于互联网转型的浪潮中。港航业在物联网、移动通信、人工智能、区块链、云计算、大数据等新兴信息技术的不断涌现下，信息化发展呈现出新的趋势。国际船舶代理属于港航产业链上的核心业务环节，面对目前港口市场的日益开放，港航企业的市场竞争也不断加剧。为了满足国际船舶代理业务日益增长的复杂度、客户个性化的需求，中远海运科技借助中远海运集团新业务模式创新总体规划思路，以科技创新为重点，重建国际船舶代理业务新模式体系，研发国际船舶代理集中管控系统（COMPASS）（以下简称“国际船舶代理系统”），以突破企业发展瓶颈、提升企业服务水平、增强国际船舶代理行业市场竞争力。

（一）应用背景

中远海运物流作为中国最早、最大的从事船舶代理业务的公司之一，在全国多家对外服务口岸从事世界各国船公司进入中国的船舶代理业务。

中远海运物流国际船舶代理信息化系统建设起步较早，最初的国际船舶代理信息化系统建设以满足各公司自有的业务操作为主要目的。以各地业务特色为主的独立业务系统约有 20 多个，形成了分散、独立的业务系统格局，影响了中远海运物流全球业务发展的步伐，具体问题表现在以下几个方面。

1. 系统规划方面

缺乏统一的 IT 规划和信息规划，企业信息资源和技术资源无法实现有效利用，信息整合难度加大；各口岸操作流程和应用系统不同，无法支持系统内的数据交换、共享，存在信息孤岛；各口岸系统规划设计相互独立，数据标准不一致。

2. 系统功能方面

应用系统只能满足当地口岸业务操作和部分管理需求；缺少总部 / 区域管理功能支持，对内无法及时提供可靠的业务决策信息支持以及有效控制业务风险；对外没有统一的跨区域、跨口岸的客户服务，无法为客户提供全程的、综合的信息服务。

3. 数据管理方面

基础代码不统一，造成业务数据统计和分析困难；系统内数据交互性差，业务数据滞后并且难于整合；基础数据重复录入，增加了系统数据差错率。

4. 技术应用方面

不同口岸公司的编程技术、开发模式及系统应用环境各不相同；传统技术架构无法更好地支撑日趋复杂、个性化的业务需求；系统不支持灵活组合、灵活配置，重复开发导致开发周期延长，增加建设成本。

（二）系统建设目标

国际船舶代理信息化系统是以中远海运物流信息化总体规划为指导纲领，以业务管控需求和业务运作需求为建设依据，按照“统一标准、统一平台、系统集成、资源整合、信息共享”的基本要求，全力实现“全面感知、全面覆盖、全程控制、全面提升”的总体目标。

（1）在信息化战略层面，建设成果要满足中远海运物流规划的目标和要求，支撑企业总体信息化发展战略。

（2）在业务管理层面，系统引入服务产品理念，提升国际船舶代理业务管控能力和运作效率，有效支撑中国外轮代理公司国际船舶代理品牌发展，为客户提供更加方便、快捷、多样化的服务，提升中远海运物流在国际船舶代理业务市场中的服务能力。系统支持集中营销、KPI（关键绩效指标）考核、集中采购等管理功能，并加强总部、区域管理职能，为决策分析提供数据支持、强化风险管控。

（3）在业务运作层面，系统梳理出四层服务产品业务架构体系，支撑国际船舶代理班轮和非班轮业务的信息化操作。覆盖范围包括市场销售、船舶计划调度与航次作业管理、进口单证办理、出口单证办理、集装箱管理（以下简称“箱管”）、驻港现场作业、国际中转、商务结算等业务流程，实现国际船舶代理业务流程标准化、操作无纸化、资源数字化、监控可视化、过程智能化。

（4）在系统建设层面，采用行业前沿的微服务技术架构，以快速响应、快速扩展为原则，搭建集约化、标准化国际船舶代理信息化系统，既满足总公司集中管控的需求，又兼容各区域口岸业务发展差异。主要包括系统管理、基础管理、在线客服平台、移动服务平台、决策分析平台及业务管理等。

三、解决方案

（一）解决业务数据差异，为大数据应用奠基

国际船舶代理信息化系统服务于全球数百家船公司，包括100多家班轮船公司、200多家非班轮船公司，业务涉及范围遍布全国各口岸，各地船公司、海关、海事局、码头、堆场等。相关政策与业务规则不尽相同，前期各口岸公司国际船舶代理业务流程、操作模式、管理方式方面均存在较大的差异性。项目组在经过充分现场调研后，将调研数据输入中远海运物流大数据平台，针对国际船舶代理业务特点统计分析形成新的业务模型，将新业务模型征求全国各口岸不同业务模块具体操作人员对新模型意见，经过大数据平台反复多次的数据模型清洗和筛选，再经过多轮总部和全国各业务代表认真论证，最终在北京对国际船舶代理班轮、非班轮的整体新业务研发建设需求内容进行了项目确认。

（二）组织结构调整、重建

国际船舶代理信息化系统作为集中式大型应用系统，信息化建设以中远海运物流创新发展战略与整体定位为指导，推行内部业务流程与管理的标准化。因此，对于各口岸公司来说，不管是管理层还是实际业务操作者，在一定程度上均需要重新调整组织结构，组织学习培训新的业务模式、管理标准与规范，加深管理层和业务人员对新业务体系的理解；并针对部分传统业务操作的口岸公司，重新做组织结构调整与重建，确保整体业务一致性和完整性。

（三）统一搭建微服务架构

国际船舶代理系统从国际船舶代理行业发展趋势出发，以提高系统响应速度、缩短开发周期、降低建设成本、减少重复开发为原则，采用行业内最新的微服务技术搭建统一的技术架构，支持模块化、组件化开发，以满足船舶代理业务网点多、口岸差异化大、业务量大、EDI（电子数据交换）量大、稳定性及时效性要求高等特征下的需求。

（四）统一规划业务流程

国际船舶代理信息化系统从总部集中管控的角度出发，对船舶代理业务主流程进行梳理、统一规划，各口岸公司采用同一套业务流程。

（五）构建核心内容

基于国际船舶代理业务架构体系的业务流程，围绕服务产品体系、客户合同、异常监控、业务功能等核心内容进行系统构建。

1．服务产品体系设计

国际船舶代理信息化系统基于不同口岸、不同业务板块、不同信息化水平、不同服务标准下的现状抽象出总体架构，梳理出专业化、标准化的服务产品体系。本系统的服务产品体系包含四个部分，即服务产品目录、服务产品、服务类型和工作指令。

（1）服务产品目录。服务产品目录是对服务产品的收集与归类，可作为一个模板，供客户根据实际业务需求挑选服务产品。

（2）服务产品。企业基于市场或客户明确的价值诉求，对自身可标准化运作和定价的服务进行梳理组合，将所有的服务交互加载在产品上，形成一套完整的可面向客户的产品。

（3）服务类型。根据自身服务边界与客户业务需求进行匹配，针对不同服务类型形成标准化的服务作业规范和服务定价，指导实操人员的作业流程以及销售人员对客户的询价报价，避

免销售空对空报价，提升销售工作效率。

（4）工作指令。用于明确什么时间做什么事情，指导制定操作人员在业务执行过程中必须执行的单个操作，基于设置的各时间节点进行任务派发和信息推送，对状态进行管理，监控作业完成情况，确保作业在截止时间前完成。

2. 客户合同设计

客户合同用于约定与客户之间的服务内容，需根据客户需求配置服务、制定价格，详细记录承诺的服务、定价、结算方式、条款等信息。客户合同的重点设计内容包含以下几个方面。

（1）合同版本与审批流程管理。合同具有完整生命周期，面向同一客户的相同需求，只存在单一发布的有效版本。发布最终版合同时，需销售提交合同并引入审批流程管理，辅助协议最终版本的发布。

（2）合同支持产品的选择。引用服务产品的结构，识别出服务产品目录中符合客户实际业务需求的服务产品后进行相应定制。

（3）合同支持服务的灵活配置。产品中服务的设置大而全，覆盖绝大部分的场景需求，在合同对产品进行引用时，可针对需要的服务进行灵活配置。

（4）合同支持基于服务的定价个性化。产品的标准定价主要是给销售报价提供参考，而对业务体量大、议价能力较强的客户而言，合同支持价格维护的个性化。

（5）合同支持服务作业流程的个性化。服务产品仅制定了标准的作业流程，合同可针对客户的不同需求，在合同中定义服务对应的定制化操作流程，以最大限度地提升客户体验。

3. 异常监控设计

国际船舶代理信息化系统在作业过程中的异常监控部分，引入物流控制塔体系的全程可视、异常可控、服务可量化考核理念，结合物流管理流程和应用工具，集成外围设备，实现监控订单履行状态、实时追踪货物信息等功能，为企业提供端到端的可视化全程物流服务。

（1）异常事件节点定义与计划。定义时限类、服务类等异常事件类型，为不同类型异常事件配置不同监控维度。异常事件的定义由总部指定规则，各具体执行公司配置执行参数。

（2）节点实际执行状态收集。支持业务人员日常业务操作更新，通过与第三方系统的集成、外勤人员作业反馈等形式，更新事件节点的执行状态，完成业务人员日常业务操作更新。

（3）异常处理流程配置。事件节点的实际执行信息超出预设阈值范围的作业，会自动触发异常事件处理功能，具体的处理流程可灵活配置，如异常事件类型的判断标准、节点选择所遵循的原则、处理角色的设置、级别设定等。

（4）异常考核。支持基于异常事件的触发频率、异常处理时效等数据，对供应商、客服、业务操作员等角色设定相应的考核指标，建立标准化异常考核体系。

4. 业务功能设计

国际船舶代理信息化系统的业务功能建设对国际船舶代理班轮业务和非班轮业务的信息化起支撑作用，核心功能包括以下几方面。

（1）业务配置方面。配置好基础信息后，便可开展业务操作。主要涵盖合作伙伴、船舶规范、航线、船期表等功能。

（2）计划调度方面。由航次经理根据船舶代理协议，按照客户要求、公司制度和口岸政策要求完成委办事项，将船舶动态反馈给客户，将费用信息反馈给商务结算员，并将船舶货量信息上报公司。主要涵盖功能：船舶计划管理、船舶调度管理、在港操作等。

（3）班轮出口单证。处理客户委托、分配舱位、接受订舱，在出港口岸完成舱单制作、海关申报（船）、运费结算和签发提单等业务。主要涵盖功能：订舱管理、舱单管理、理货清单、船图管理、危险申报、提单确认、提单签发等。

（4）班轮进口单证。为船公司提供船舶抵港后的船舶申报、交纳运费、换单放货等服务。主要涵盖功能：预处理舱单、原始舱单管理、船图管理、危险品船申报、危险品货申报、换单等。

（5）集装箱管理。指按照集装箱营运人的委托，对进出其所辖区域的集装箱进行动态信息跟踪、进出口集装箱发放和回收、超期费收取、箱体检验与修理、集装箱平衡调度管理以及集装箱费用成本审核等管理工作。主要涵盖功能：出口舱单、进口舱单、出口放箱、进口放箱、退关、动态管理、空箱调运计划等。

（6）使费结算。接受委托方（船舶经营人）的委托，代理船舶在港期间作业事宜，按照船舶代理合同，与供应商结算使费、代理费和杂费等。主要涵盖功能：使费登记、使费稽核、制作账单、开具发票、收款核销、供应商发票、付款核销、开具凭证等。

（7）运费结算。指进出口业务中与各合作伙伴之间的往来账结算，包括海运费、包干费、佣金等。主要涵盖功能：费用登记、费用稽核、发票、收款核销、供应商发票、付款核销、凭证等。

（8）箱管费结算。即箱管代理费，指箱代根据箱管费费率规则生成箱管代理费账单明细，向集装箱经营人收取箱管费用，一般按箱量进行计算。主要功能：费用登记、稽核（箱管费）、发票、收款核销、供应商发票、付款核销、开具凭证等。

5. 微服务产品拆分

（1）服务产品。管理不同BU（业务单元）的服务产品、基于服务类型的标准化报价、基于指令的标准化作业；管理面向客户的客户合同，将其作为应付费用的计费和结算基础；管理面向供应商的应付合同，将其作为应付费用的计费和结算基础。

（2）物流控制塔。基于内外部系统指令状态和实际执行数据的进行同步回传，监控业务执行情况以及异常事件的自动捕获和预警。

（3）出口单证。管理国际船舶代理的出口单证业务，支持出口船期的维护、订舱和舱单业务的EDI收发、单证制作等功能。

（4）进口单证。管理国际船舶代理的进口单证业务，支持进口船期的维护、舱单业务的EDI收发、换单业务管理以及单证制作等功能。

（5）中转单证。管理国际船舶代理国际中转业务，支持中转舱单的EDI收发和维护、开航放行管理等功能。

（6）主微。现有国际船舶代理信息化系统拆解功能，计划调度、箱管、航线船期维护、用户权限管理、费用结算。

（7）统一认证中心。提供统一用户认证，验证用户合法性。

（8）基础数据系统。管理合作伙伴、船舶规范、商财配置、基础信息的主数据维护。

6. 应用架构设计

国际船舶代理信息化系统的应用架构设计，主要由用户层、系统接入层、核心应用层、内部系统层构成，诠释了同海关、堆场、码头等外部系统，以及国际船舶代理业务系统、财务系统等内部项目的接口模式。

（1）用户层。主要是指系统上线后的操作用户，包括中远海运物流国际船舶代理公司单证操作、销售、商务结算、客服等业务板块的系统用户；货代公司、船公司等协议客户；海关、码头、海事等供应商。

（2）系统接入层。主要支持国际船舶代理系统用户、客户、供应商等不同角色用户相关的系统对接。

（3）核心应用层。主要集中业务系统的核心应用功能。该层支持业务功能的实现，将处理结果信息通过交换平台传递给其他系统，包括船管箱管、产品合同、出口单证、进口单证、中转委托、结算管理、基础数据、物流控制塔等。

（4）内部系统层。主要包括同物流中台有数据接口关系的系统，用来获取并反馈相关数据信息，如财务系统等。

四、系统应用成果

（一）为发展固本强基

国际船舶代理信息化系统以高科技手段提升中远海运物流公司国际船舶代理业务在国际市场的竞争能力，保障了传统业务向科技公司转型后的利润贡献，为公司的国际船舶代理业务创新发展转型提供强力支撑。

（二）集约化、标准化转型

中远海运物流旗下有150多家公司做国际船舶代理业务，通过国际船舶代理信息化系统的“集约化”改革，使全国所有公司连点成网，实现了资源配置优化。国际船舶代理信息化系统建立的一站式响应和服务机制，统一了服务标准，全面提升了服务水平，全力落实了“三化”，推动了班轮业务向集约化、标准化转型。

（三）微服务架构体系创新

国际船舶代理信息化系统的微服务技术架构除具备较强的适应能力，能够对规划内业务随着其市场快速发展提供支持外，还具备优秀的可扩展性，拥有业务成长的纵向扩展能力，集成其他业务的横向扩展能力，能完美适应未来业务发展呈现的复杂化、多业态化态势，快速满足市场发展的需求。

（四）服务模式创新

国际船舶代理信息化系统的服务创新点主要有：一是满足海关要求的国际中转业务独立、箱货关系清晰、按时发送舱单的要求；二是支持总代理、船员遣返、船舶备件动态实时跟踪等船主延伸服务；三是实现商务结算统一化，将原先的多种使费结算模式统一、简化，一方面适应财务共享结算中心要求，另一方面使商务结算操作更简便、高效、精确；四是支持统一在线客服、统一在线支付的客户在线作业；五是移动App的使用，使得外勤人员无须再奔走于现场与公司之间即可完成各项本职工作等。

五、项目展望

国际船舶代理信息化系统是中远海运公司首个微服务技术尝试，并且取得了成功。系统不仅为全国各港口公司提供了全新的服务理念与模式，助推传统的船舶代理行业向现代化发展转型，对于未来互联网环境下探索港航产业链向数字化供应链转变也具有非常大的指导意义。

（中国物流与采购联合会网络事业部）

大宗商品智慧物流·供应链管理平台

一、公司简介

山西快成物流科技有限公司（以下简称“快成物流”）成立于2017年1月，为北京快成物流科技股份公司全资子公司，是北京快成物流的运营总部。2017年3月申请成为国家首批“无车承运人”试点企业，并于2018年12月被认定为山西省高新技术企业，于2019年1月被评为全国AAAA级物流企业。

二、平台简介

大宗商品智慧物流·供应链管理平台（以下简称“平台”），由快成物流在依托于无车承运人平台的基础上，运用互联网、物联网、大数据等技术所搭建，融入了供应链管理理念，形成物流生态链闭环系统，服务内容更全面，服务体验更优质。

目前，平台可提供管理服务、运输服务、消费服务、金融服务、咨询服务五大服务。

（一）管理服务

快成物流针对大宗商品相关企业的业务特点，自主研发“快慧通”智慧物流管理系统，利用“硬件设备+软件平台”的方式对厂内外物流进行精准控制与管理，产品包含合同、客商、排队、磅房、仓储、化验、结算七大管理模块，为企业实现了物流全流程的无纸化办公，形成了商流、物流、数据流、资金流、票据流五重闭环管理，并提供了完整的智慧物流信息化解决方案。

（二）运输服务

快成物流针对运输业务的上下游，自主研发货主版应用“快成物流”（Android移动端、iOS移动端、PC端）与司机版应用“快成司机”（Android移动端、iOS移动端），从发单、接单、装卸货、在途监控、运费结算等流程上为货主企业、信息部、运输公司、司机等提供便捷、安全、高效的线上服务，货主企业也可通过运输管理系统进行总体分配与调度，实时监控货物运输情况，便于计划生产调度，同时快成物流可为企业提供合法合规的增值税发票，降低企业税务风险，完善企业的运输规范化运作流程。

（三）消费服务

快成物流基于物流运输产业链为平台司机和车辆提供包括加油、加气、换胎、ETC、保险、维修、食宿、道路救援等方面的后市场消费服务。目前自主研发“快福宝”App 及商户管理系统，为平台上的油气站、饭店、汽配店等商户提供在线销售渠道，同时也为店内进出管理提供信息化管理方式。快成物流推出了“云库”（轮胎无人零售方案）、橇装加油站（自助加油设备）、油气站联盟、快成流动服务车（为车辆自助换胎换机油等服务）、ETC 卡在线办理及充值、保险代理服务、油气集中采购等项目，为物流全产业链提供完整服务。

（四）金融服务

快成物流针对平台用户（包括企业和个人）进行资金需求调研及分析，与银行、保险公司、租赁公司等金融机构进行深度合作，共同为用户提供融资租赁、运费保理、消费贷款等金融服务，利用金融工具为物流产业链注入活力，提升物流行业运作效率，为整个行业降本增效。

（五）咨询服务

快成物流依托平台大数据进行数据挖掘与分析，为企业提供煤炭及物流咨询服务，可为企业提供最佳运输方案，以帮助该企业达到降本增效的目的，同时通过为企业提供公路运价指数、煤焦市场现货与期货研究、洗配煤等服务，增强平台在行业内的服务能力和品牌影响力。

三、平台信息化背景

平台在信息化建设时，充分结合大宗商品物流行业的特点和发展中存在的问题，考虑大宗商品的产地特点，以解决大宗商品物流行业发展中的难点问题为主要目标，推动企业转型，助力物流高效发展。

大宗商品物流行业发展的主要问题表现在以下几个方面。

（一）物流企业成本高

据国家发展改革委、国家统计局等部门联合发布的数据显示，2018 年全国社会物流总费用为 13.3 万亿元，同比增长 9.8%；社会物流总费用与 GDP 的比率为 14.8%，虽然比上年回升 0.2 个百分点，但仍然高于发达国家，我国物流发展仍具有很大的上升空间。物流成本过高成为运输企业发展的最大困局：一方面缺乏有效、先进的运营组织模式；另一方面受基础设施建设落后、信息化水平偏低的影响，货主及车主之间信息沟通不畅，货车空驶率高，使得区域内车辆和运力无法匹配，既浪费了资源，又增大了运输成本。

（二）物流企业信息化程度低

大宗商品物流企业一直采用传统的运输组织管理模式，信息化水平较低，业务流程多数依靠线下人工操作，产生的问题主要体现在：一是人工成本高，易出错；二是纸质化严重，榜单、合同等数据共享难、查找难、录入难；三是企业管理信息化程度低，不利于后期的数据核对和统计；四是结算周期长、效率低。

（三）公路货物运输碎片化经营

公路货物运输主要是个体经营，往往一人一车或几人一车构成公路运输经营系统中基本的运营单位，是目前公路运输企业中普遍采用的单车承包经营方式。这种方式由承包者或所有人对自己的车辆负全部经济责任，自己管理、自己组货、自己营运，互为独立个体，行业整体处于碎片化经营状态，无法形成行业合力，制约行业的规模性和规范性发展。

（四）行业监管缺失，行业信誉低

道路货物运输行业在货物的安全性、付款的

及时性、事故的真实性等方面一直存在着问题，导致行业信用度较低。

个体运输户无固定办公场所，分散性经营，集约化程度低。尽管目前部分道路危险货物运输企业可通过物流运输平台实现从业人员、车辆及技术数据信息的有效应用以及从业人员、车辆的紧密连接，在一定程度上规范了企业运输管理，但是承运企业合作车辆较多，从业人员流动性较大。危险货物托运人的不规范运作，导致车辆违法承运、超速运行、疲劳驾驶等情况依然存在。

四、平台信息化进程

大宗商品物流行业的发展必须变革传统的运输组织管理模式，将互联网与物流行业深度融合，实现行业的转型升级。快成物流提出的主要解决途径有：一是依靠互联网和物联网技术；二是推行集约化发展。

快成物流在此基础上研发出多款物流软件产品，包括快成物流 App、快成司机 App、快福宝 App、快慧通管理系统、快成金服管理系统、客商管理系统、快乐驾管理系统，精准实现了车货匹配，助力行业降本增效，推动行业的高质量、高效发展。

快成物流 App——为货主端量身打造的移动互联网软件产品，帮助上游企业进行货源发布、运单管理、运费结算；

快成司机 App——专为货物承运端量身打造的移动互联网软件产品，帮助司机免费寻找最优货单，为司机提供订单查询、运费合算、违章查询、车辆维护、加油加气等多样化服务；

快福宝 App——经营油气、轮胎、维修等业务的商家入驻快成商户平台，便利司机在线消费，并给予一定优惠；

快慧通管理系统——由合同管理、磅房管理、仓储管理、化验管理、结算管理等功能组成的集成化企业信息化管理系统，给企业提供物流信息化解决方案；

快成金服管理系统——主要做融资租赁、商业保理、授信贷款、消费金融等；

客商管理系统——用于企业物流运输任务的总体分配与调度，实时监控货物运输情况，便于下一步货物的生产与调度；

快乐驾管理系统——与北斗系统完全融合，可实现货物跟踪，呼叫对讲、订单实时查询等功能。

此外，快成物流积极布局汽车后市场、企业物流管理、金融等各项业务和服务，发展完善大宗商品智慧物流·供应链管理平台，形成了完整的物流生态链闭环系统。一是汽车后市场业务包括加油加气、轮胎智能云库、ETC 卡、橇装加油站、车辆融资租赁等在内的业务全面开启；二是针对大宗商品企业特点，推出“快慧通”企业智慧物流管理系统；三是在金融方面，与中国平安合作推出保险业务，与包含中国农业银行、中远海运等金融机构取得了合作，共同为用户提供融资租赁、运费保理、消费贷款等金融服务。

五、平台信息化效益评估

（一）经济效益指标

截至 2018 年 12 月，快成物流总运量 8400 万吨，总交易额 83 亿元，车辆注册量 22 万辆，全国运单数 273 万单。根据国家交通运输部公布的 229 家无车承运人数据统计情况，快成物流在平台总交易额和全国运单数等方面名列前茅，综合排名一直位列山西省第一。

（二）社会效益指标

快成物流对社会经济发展和生态文明建设

也做出了巨大贡献。按照目前平台注册运输车辆数计算，平台可帮助运输车辆全年减少1亿公里空载里程、节省燃油费2亿元、减排二氧化碳8万吨。平台的建设提高了公路里程利用率近50%，降低了司机拉运的等货时间以及货主的运营成本，解决了社会就业问题，同时也增加了当地政府税收。

六、平台信息化的意义

（一）坚持技术创新

快成物流坚持技术创新，通过高薪聘请研发工程师，组建了上百人的研发团队，自主研发多款物流软件产品。技术上的创新发展保证了快成物流在物流业务信息化的顺利实施，使得包括货源发布、车货匹配、订单管理、轨迹跟踪等在内的业务可以进行全面智能化管理，大幅提升了公司的运营效率和管理水平。

（二）坚持模式创新

平台采用“2+7+1”的管理模式，通过移动端和企业物流管理系统相关联，将厂外任务分配、车辆运输监控、货物监控以及运费结算的管理与厂内七大管理模块相互协同，形成商流、物流、数据流、资金流、票据流的五重闭环管理，帮助大宗商品企业管理实现了数据化、信息化、智能化、电子化，为企业提供了完整的智慧物流信息化解决方案。

（三）智慧物流发展方向

智慧物流是物流行业发展的主要方向，快成物流在发展过程中，将智慧物流应用于多个领域，取得了较好的效益。

快成物流将智慧物流与运输管理、企业管理、供应链管理相结合，实现了运输管理的可视化、企业全流程管理的智能化、供应链信息的传递和共享化。

（中国物流与采购联合会网络事业部）

智慧盖世 筑梦未来

二十年流金岁月铸就了盖世辉煌，二十载光辉历程谱写出盛世华章。作为深耕物流领域20年的全国知名行业品牌，山东盖世国际物流集团（以下简称“盖世集团”）用稳健的步伐创造出物流业界盖世的奇迹：获评首批“国家示范物流园区”，拥有中国驰名商标、中国5A级物流企业、中国物流示范基地、中国物流百强企业及中国物流学会产学研基地等国家品牌，位列2018年“全国通用仓储百强企业”第12位，位列“全国冷链仓储百强企业”第28位。

盖世集团充分发挥区位、交通、资源优势，通过商贸物流叠加发展，培育了以家电、日化、医药、五金机电、农产品等为核心的综合市场群，打造了城市干支结合部“干转配”智慧物流综合服务平台的发展模式，成为全国商贸物流的典范企业。吸纳3000余家企业、商户等入驻平台，推进集群发展，形成规模效应，逐渐成为济南市颇具影响力的智慧物流枢纽。

一、开拓创新，稳步发展

盖世集团自1998年成立以来，积极顺应经济发展新形势，转变服务思路，创新服务模式，拓宽服务领域，成功打造了城市干支结合部“干转配”智慧物流综合服务平台的发展模式，成为全国规模较大的综合性物流园区之一，见证了我国现代物流产业的起步、发展和进步。

目前，盖世集团物流园区总占地面积7000亩（1亩≈666.67平方米），常温仓储面积150万平方米，冷库20万吨，入驻客户3000余家，辐射全国的货运专线1600余条，拥有济南总部、盖世冠威（德州齐河）、盖世济北（济南济阳）三个大型物流基地，其中济南基地发挥公路运输优势；济阳基地靠近机场，对接航空运输；齐河基地借助山东省公铁路枢纽建设，对接铁路运输，形成了“三区联动、中心提升、线上线下、突出主业、融合发展”的良好发展局面，打造了一个综合性公共物流服务平台。

二、产城融合，整合资源

近年来，我国物流业保持较快增长，产业规模速度增快，服务能力显著提升。总体上看，我国物流业已步入转型升级的新阶段。但是，物流业总体发展水平不高，发展方式比较粗放，在加剧竞争的同时，也倒逼了物流企业业务模式的转型与创新。

在此背景下，盖世集团结合园区发展特色和发展模式，以最终形成“产业功能、城市功能、生态功能”融为一体的“产城综合体”模式为目标，完善城市配送体系，满足区域物流需求；把分散于各个企业、各个专业公司的保管仓库改造成为现代化的流通仓库，优化与仓库流通管理相关的仓储设施现代化建设，包括建立出入仓库装卸输送系统、商品分拣系统和仓储保管系统，同步打造标准化配送作业平台。盖世集团作为第三方资源整合方，根据需求提供“干转配”对接服务与管理，同时打造自己的配送体系，更好地服务于园区有需求的客户，逐步打造了以大数据、智能物流技术为支撑的城市干支结合部“干转配”智慧物流综合服务平台，实现了物流园区与城市物流发展的有机结合。

三、 延伸产业链，探索新旧动能转换新路径

为满足客户需求，盖世集团积极拓展物流服务领域，现业务已从单一的货物存储业务发展为涉及仓储物流、商贸物流、冷链物流、农产品物流、第三方物流等的综合物流服务业务，为物流园区转型升级积累了经验。

（一）打造冷链仓配一体化平台

冷链物流一直是物流产业发展的短板，盖世集团借助现有20万吨冷库资源，积极拓展了冷链物流配送项目，专注于冷链零担网络化模式、专业的冷链物流第三方模式和冷链物流城市配送模式，打造冷链物流仓配一体化项目，以现代冷链物流系统化、标准化、专业化、现代化为目标，配套建设信息化系统，实现包括信息采集、货物冷藏、市场交易、物流配送一条龙的全新运营模式，打造了一条集代购、交易平台、加工、包装、储存、运输、宅配等功能于一体的完整的冷链物流服务链条。

目前，盖世集团冷链配送已实现山东省17个地市冷链运营网络全覆盖，并开通了北京、天津、上海等省外线路，以济南为中心，800千米范围内每天城市班车对发，同时开通济南、青岛、烟台等城市的市内配送路线，服务客户500余家，包括正大、中粮、雨润、民天等知名企业集团及德克士、华莱士等连锁餐饮企业。

（二）构建综合智能化云仓平台

盖世集团与电商平台、知名品牌接轨，借助入驻盖世集团物流园区的京东商城、韩都衣舍等电商企业形成综合性电商物流平台，启动盖世网仓项目建设，设立1.2万平方米专业化仓储基地。该基地具备海量订单处理、多种拣选模式组合、主流电商ERP系统对接、主流快递公司对接、快递优化匹配、计费结算等功能，具备日均处理10万件货品能力，为品牌、商家提供电子商务后端（仓储、物流和系统）服务的全数字化解决方案。该项目以“互联网+物流园区”建设为指导思想，整合仓储、物流与信息系统等跨行业资源，集约电商、智能化系统与供应链管理，为客户提供包括多系统对接、多平台渠道订单处理、区域优选配送商、简化完善供应链的协同服务。有效控制物流成本，提高仓配管理的执行效率，确保货物准确、高效周转，实现电商物流管理的信息化、电商物流设备的现代化、电商物流作业的高效化、电商物流规模的集群化。

盖世云仓作为盖世集团电子商务战略的第一步，通过专业的仓配一体化解决方案、创新的产业模式，为国内外企业提供“全流程”的综

合智能化仓配服务。盖世云仓将本着“盖誉满世、云储智仓”的品牌理念，努力打造覆盖全国的拥有自建配送网络的云智能物流品牌服务商。盖世集团将以盖世云仓为产业基础，将盖世物流园区建设成电商物流供应链产业聚集示范区以及电商企业孵化园区。目前已成功引进京东商城、韩都衣舍、中原等国内知名电商企业。

盖世电子商务物流产业聚集示范区将坚持政府扶持、企业主导、市场运作的模式，依托盖世集团的交通区位优势，以专业的电子商务物流市场为龙头，整合市场资源，实现集中化管理、规模化运营，吸引更多的电商企业、线下实体企业、物流相关企业以及广大创业者入驻盖世集团物流园区，形成基于盖世集团山东省物流网络平台的物流生态系统，让园区内客户专注自身核心竞争力的打造，将园区建设成区域性电子商务物流中心，立足济南、服务华北、辐射全国，树立盖世物流电子商务知名品牌，成为一流的电子商务物流园区。

（三）研发农产品电商物流平台

借助盖世集团现有农产品物流优势，启动农产品电商项目，开发农产品电商 App 天天优菜，提供基于电子商务的农产品 B2B 销售渠道，为中小餐饮商家提供一站式的集采购、仓储、加工、配送等于一体的供应链物流服务。通过自行开发的先进的信息系统，使得上游与农产品基地合作，进一步优化供应链；下游客户通过手机下载，可实现一键式下单。后台集中商家的采购需求，缩减中间环节，将原材料以更便宜的价格提供给客户，创建为商家提供一站式、全品类、低价位的食材供应链运作模式，打造济南市独具特色的农品电商物流平台。目前，该项目服务于济南市银座佳驿、乡村麦、雅悦酒店等中小商家 1200 多家，年交易额达 1000 余万元。

四、厚德诚信，法治兴企

在市场竞争日益激烈的情况下，着力培养有特色的企业文化，是打造现代高品质物流企业的内在要求，是实现企业可持续发展的重要举措。随着盖世集团逐渐壮大，以及“铸盖世品牌，创百年基业”宏伟目标的确立，盖世集团积极推进实施“内强素质，外树形象”战略，全面深入地加强企业文化建设。对内树立“厚德诚信、法治兴业、锐意改革、科学发展”的核心理念，对外以客户为中心，打造公司良好服务形象，明确公司发展和奋斗目标，致力于打造文化盖世、和谐盖世、品牌盖世。

为建立更科学、合理、有效的培训平台，盖世集团投资创建了盖世网络商学院，与山东交通学院、山东财经大学、山东师范大学等高等院校建立了良好的合作关系，组建了“济南大学－山东盖世国际物流集团研究生教育联合培养基地”，被山东省教育厅认定为省级研究生培养基地。今后盖世集团将全面致力于提高员工的整体素质和专业技能，把盖世集团建设成为学习型、知识型、创新型的大型企业集团。

五、辐射带动，回报社会

经过二十年集聚发展，盖世集团物流园区已发展成为国内重要的区域性物流周转中心。园区现已入驻了包括海尔、中远、德邦、京东商城、联邦快递在内的 A 级以上物流企业 22 家，其中 5A 级物流企业 12 家。整个片区集中了济南市 50% 以上的物流企业，形成了以家电、日化、医药、五金机电等产品为核心的商贸物流集聚区。

作为济南市最大的物流企业孵化基地，盖世集团物流园区自成立至今共培育孵化物流企业 556 家，带动 5.5 万人创业、就业，为 1.1 万家客户提供专业物流及其他综合性服务，对促进区域经济发展做出了突出贡献。同时，盖世集团积极承担社会责任，努力回报社会，自成立至今共捐助救灾款项 79 万元，认捐慈善基金 3000 余万元。各类公益活动的参与使盖世集团多次获评“最具爱心企业”“认捐基金爱心单位”称号。

盖世集团将围绕“铸盖世品牌，创百年基业”的愿景，结合盖世集团当前面临的形势与现状，充分发挥现有资源优势及品牌优势。全面发展基于“互联网 +”的综合物流业务，以效益为中心，培育竞争新优势，以转型升级应对物流“新常态”，把盖世集团物流园区建设成为全国重要的区域性物流枢纽和现代物流示范基地，为接轨世界物流产业打下坚实基础。

（山东盖世国际物流集团有限公司）

汽车物流大数据云平台数据应用解决方案

一、应用企业简况

重庆长安民生物流股份有限公司（以下简称“长安民生”）成立于2001年8月，是一家第三方汽车供应链物流综合服务商。2017年在中国物流企业中排名第29位，在汽车物流企业中排名第3位。

长安民生与国内外近千家汽车制造商、零部件供应商及原材料供应商建立了长期合作关系，为客户提供国内外零部件集并运输、散杂货运输、大型设备运输、供应商仓储管理、生产配送、模块化分装、商品车仓储管理及发运、售后件仓储及发运、KD（拆解套件）件包装、保税仓储、物流方案设计、物流咨询与培训等全程一体化物流服务。

长安民生是重庆市认定的企业技术中心、高新技术企业，通过了工业和信息化部“两化融合”认证。“基于车载智能终端和大数据云平台的汽车物流鹰眼慧运地图运用”（以下简称“物流鹰眼地图项目”）被评为2018年重庆市物联网十大应用案例。

二、大数据云平台数据解决方案应用

（一）应用背景

物流业是一个产生海量数据的行业，其联系着各大企业、公司、商家、家庭和个人，所涉及的数据量非常大。因此大数据技术在物流行业的应用有着天然的土壤。2013年被称为大数据元年，2014年国家明确提出要以提高物流效率、降低物流成本为重点。因此，把大数据技术运用到物流行业，给物流行业赋能是一种必然趋势。

长安民生为全面贯彻落实集团公司和中国长安工作部署，以高质量发展为目标，深入实施“一体两翼”发展战略。为实现“数据驱动，在线管理”，打造了专注于汽车物流的大数据云平台，对内实现数据可视化、指导运营决策和业务创新，对外进行数据共享。

（二）应用目标

（1）完成三个一体化需求，即数据一体化、建设一体化、资源一体化。大数据云平台的应用犹如添加一张天网，结合现有的地网（仓库、场站、码头、堆垛等）和人网（各节点上人员的协同和协作），解决需求者和生产者之间的供需关系，做好基于“货、车、人、仓”的精准匹配和自动化运营。

（2）提高数据处理能力。传统物流企业数据存储采用FCSAN（存储局域网络）技术，总体并不具备大数据体量处理、治理和深度挖掘以及AI算法能力。通过大数据云平台，可实现数据和资源的整体管控和高效处理，为经营情况、成本机构的透视管理、预测预警等高阶辅助决策能力提供数据支持。

三、物流鹰眼地图项目实施进程

（一）主要困难、问题和解决措施

（1）在物流鹰眼地图项目实施过程中，电子地图服务能力所需要的大数据技术能力至关重要。通过对百度地图、G7地图进行用户、地址、数据、监控等维度对比，明确了鹰眼地图能力要求，明确了大数据云平台的技术构建要求。鹰眼地图与百度地图、G7地图的能力区别对比情况详见下表。

鹰眼地图与百度地图、G7地图的能力区别对比情况

地图名称 能力	百度地图	G7地图	鹰眼地图
用户维度	使用位置搜索、导航线路等地图基础陆运服务的用户	使用基于地图基础服务叠加GPS、天眼等IoT数据服务的车队	汽车物流大三方，统一管理承运商车辆、轮船、铁路的运输监控；承运商通过GPS、天眼等IoT数据管理自有车辆、轮船、铁路的运输；经销商监控相关运单、订单的运输情况；主机厂对接运输位置
地址维度	全国地址无侧重点	侧重车队站点及停留点的管理；自定义站点地址为中心范围内的车辆（不区分空重载）	侧重长安民生的运输站点及停留点管理；自定义站点地址为中心的范围内的可用及重载运力监控；分类管理地址（长安民生管理要求的经销商、中转站、码头、火车站等分类），实现运输资源及站点的可视化一站式管理
数据维度	App数据	GPS、天眼、EMS、温度、载重、超声波、安全设备等IoT数据；第三方GPS数据	GPS、天眼等IoT数据；App数据；手工定位数据；第三方GPS数据；RFID位置数据；业务数据（订单、运单等）
监控维度	App实时位置	GPS、天眼位置及相关事件数据（如电子围栏进出、停车）；运单到港大屏	GPS、天眼位置及相关事件数据（如电子围栏进出、停车），实现实时监控运力及趋势，为智能调度提供支持；端到端多式联运大屏监控以及业务定义的滞留、晚到等预警

（2）物流鹰眼地图项目对网络、大数据服务器、数据、业务操作能力等都有较高的要求。在实施过程中，通过提前调研和部署，制定上线应急预案，保证物流鹰眼地图项目的正常实施和运行。

四、大数据云平台实施效益分析与评估

（一）大数据云平台实施前后的效益指标对比、分析

1）大数据云平台在鹰眼地图中的可视化应用

大数据云平台通过实时高效地将业务数据传递给主机厂、供应商、承运商及各类客户，为以长安民生为核心的物流生态圈提供全程透明可视、标准化、智能化、体验满意的专业物流地图服务。大数据云平台对物联终端实时采集的多维数据进行处理、整合，为长安民生鹰眼地图前端可视化展示奠定了基础。

在未应用大数据云平台方案前，电子地图在实时数据方面响应慢，通常需要在统一时间集中调度 10 ~ 12 小时后才能查询使用，另外在对接物联数据方面，流程复杂，接口标准化差、定制化多、费用高，一般对接耗时需要 3 ~ 5 天；在应用大数据云平台方案后，基于高效的数据采集和存储调度能力，实时数据在前端展示查询等待时间缩短到 2 小时内，查询延迟≤ 10 毫秒，同时在数据对接过程中采用了统一标准接口（目前有 11 个）和对接流程，使对接耗时缩短到 2 天内，大幅提升了鹰眼地图数据应用的实时性和操作体验。实现了一是订单全景监控，将大数据云平台整合处理的运输车辆实时物联数据，在电子地图上进行直观、清晰的可视化展示；二是车辆实时轨迹跟踪，通过大数据云平台提供的运输车辆实时 GPS 数据，在电子地图上完成运输作业的定位和历史轨迹展示；三是整车运输大数据看板，通过大数据云平台完成数据多维度整合，集中在看板上展示在途监控、运输报表、实时运力状态、在线车辆和异常分析等，有效提升运营能力。

2）大数据云平台在整车运输 BI（商务智能）可视化应用上的支撑

在未应用大数据云平台前，长安民生整车运输业务主要面对长安自主品牌和福特品牌两大主机厂，日常所需报送的报表种类多，且不定期有新增需求，报表变更频繁，耗费大量的人力和时间（平均每张报表从数据提取到最终完成人均耗时 3 ~ 4 小时），且准确性、及时性得不到保障。特别是在大规模数据提取、分析时易遭遇瓶颈，无法有力支持整车的管理决策和迎合大数据时代对数据运用的要求。

为此，长安民生打造了 DDOM-BI 项目，该大数据云平台应用方案［大数据云平台 Hadoop（开源软件框架，用于在商用硬件集群上存储数据和运行应用程序）集群中数据提供到 BI 应用中使用］，构建了高效的数据仓与 ETL［将数据从来源端经过萃取（extract）、转置（transform）、加载（load）至目的端的过程］能力体系，15 个企业级数据仓库，500 多个调度任务，20 多个聚类和分类算法应用场景。基于模型算法应用，将系统中各报表的平均处理时间缩短到 1 小时内，且完全由系统完成，减少了人员成本，提高了报表数据准确性（准确率 100%），保证了前端可视化展示的实时性和高质量。

长安民生 DDOM-BI 前端数据应用部分包括整车发运量看板、仓储库存看板、整车 DTD（文档类定义）流程监控看板。通过大数据云平台对多业务系统和多场景数据的高效采集整合分析，

保证了 DDOM-BI 系统中各看板数据的及时性和准确性。

（二）大数据云平台实施对企业业务流程改造与创新模式的影响

通过长安民生汽车物流大数据云平台与业务流程的融会贯通，在流程模式上有以下三点创新。

（1）“物联网 + 大数据”应用。基于直达一线的轿运车辆状态物联网数据，叠加 AI 算法和汽车物流垂直场景，真实还原在途状态、积累大量样本数据，从而开发出针对轿运场景的智能配板、运力预测、标准成本定价器等智能产品模块，首创性输出一系列汽车物流智能工具，并积累汽车物流垂直行业真实运输成本标准，均可对外变现商业价值。

（2）物联网大数据平台系统。IoT 与鹰眼地图、车队管理平台组合，赋能降本增效和智慧体验，可对外私有部署或提供 SaaS 服务，从而获得产品服务销售收入。

（3）基于大数据的流程创新。通过大数据分析车辆常用的站点，包括起点、终点、途经点等，并且计算每两点之间的成本、时效属性，支持路径规划、费用核算、自动围栏触发等核心物流场景。在物流运输管理领域，无论是干线运输、支线运输还是城市配送，都需要对运输过程的核心和关键节点的时效和各类异常情况进行严格管理，对运输车辆的整体运行进度、中转时间、装卸货时间、停车时间、加油减油情况、路桥费等进行详细把控，提高运输的整体效率、降低运营成本。

（三）大数据云平台实施对提高企业竞争力的作用

通过大数据云平台数据应用解决方案，将汽车物流作业中多维、分散、复杂数据和衔接碎片数据进行高效整合，端到端打通数据孤岛，构建企业数据库，满足数据一体化、层次化、实时化、可视化要求。一方面通过数据驱动各类资源要素（人机料）进行优化和创新，降低闲置率，提高利用率，实现资源一体化管理；另一方面通过深度挖掘分析各维度数据，描绘客户画像、车队画像以及司机画像，形成透视成本结构、智能预测预警、客情监控、精准营销、业务运作管理等能力，助力企业快速高效地将数据资产转变为商业价值。并针对产业上下游和同行业进行细化需求调研，扩展当前系统的适应性。封装行业产品，由点及面，在全国范围推广，打造行业标杆，提升企业竞争力，推进行业共同进步。

五、推广意义

“基于车载智能终端和大数据云平台的汽车物流鹰眼慧运地图运用”在模式、运营管理、推广方案等方面都有创新提升，以大数据云平台为核心支撑的电子地图应用系统，综合了整车、供应链和零部件三大业务板块的运输管理模式，使其覆盖了汽车领域的主要业务板块。同时在应用实施过程中，实现了干线运输、多式联运、循环取货、集装箱运输、零担 / 追货、数字园区六大模式在途监控与分析的标准化。目前该系统的应用及配套相关工作主要在公司内部开展，拟在系统产品成熟后，在行业中逐步进行推广应用。

（中国物流与采购联合会网络事业部）

数字化、可视化、智能化——所托瑞安主动安全系统

一、企业简介

天津所托瑞安汽车科技有限公司（以下简称“所托瑞安”）于 2014 年 6 月成立于天津市空港经济区。所托瑞安专注于高精度感知系统、智能自适应制动系统以及驾驶安全云控平台的研发和产业化应用。所托瑞安研发团队拥有多位国内外专家，并联合中国科学院、美国普林斯顿大学、中国人民公安大学、北京理工大学成立了“汽车主动安全联合实验室”共同推动技术革新。所托瑞安拥有国家级高新技术企业认证、IATF 16949 质量管理体系认证和多项发明及实用新型专利。

所托瑞安主打智能防碰撞产品和智能驾驶安全云控平台，区别于市面上绝大多数的预警产品，防碰撞系统可以在碰撞发生前自动减速和刹车，从根源上避免事故的发生，减少人员伤亡和经济损失。智能驾驶安全云控平台可实时采集车辆行驶数据及行驶环境的定量数据，并将该数据实时地发送至云控平台，从而实现对车辆及行驶环境数字化、可视化、智能化的管理；同时可对实时数据进行及时的汇总、分析和挖掘，为运营企业提供了有效的风险控制工具，提高了运营企业的安全管理水平，降低了运营成本。

所托瑞安产品应用覆盖近百款车型，累计实际道路运行里程超 3.5 亿公里。已安装应用的车辆事故率下降约 70%，经济损失减少约 90%。企业通过云控平台丰富了安全管理手段，取得了良好的经济效益和社会效益。

二、物流企业面临的安全行驶问题

（一）高时效性要求增加安全风险

交通事故发生的主要原因是驾驶人员违章、驾驶状态不清醒、开车途中精力不集中、分神驾驶和疲劳驾驶。近年来随着电商的崛起，对物流企业的时效性管理提出了更高的要求，这一要求变相增加了驾驶员连续在途驾驶的时间和平均行驶车速。尤其是近期盛行的甩挂模式，

更是将疲劳驾驶的时间提高到一个新的量级。因此时效性要求不仅要求企业提升运营管理水平，更对物流企业安全管理能力提出了新的挑战。

据公安部交管局的统计数据显示，全国每年发生货车责任道路交通事故5万余起，造成约2.5万人死亡、4.68万人受伤，分别占汽车责任事故总量的30.5%、48.23%和27.81%，远高于货车保有量占汽车总量的比例。

（二）驾驶员老龄化

A类驾照考取难度大、周期长，物流行业风险高、从业环境差等原因导致司机年纪多是40~50岁，年轻司机极少，甚至不少地方出现货车司机紧缺、断层的现象。据业内人士透露，广东省珠三角大车司机（持有A类驾照司机，即大客车司机、大货车司机）缺口过万，其中广州缺口就达到9000人。大龄驾驶员因自身身体机能下降，疲劳耐受度逐年降低，在企业追求时效性的大环境下，更加剧了车辆行驶途中因疲劳驾驶导致交通事故的风险。

（三）安全管理手段缺失

目前企业在驾驶员管理方面主要采用的是加强驾驶安全教育和加大事故处罚力度的措施，对驾驶员的驾驶习惯和在途实际驾驶状况缺乏管理手段，技术层面也只能通过部标机针对驾驶员超速和偏离路线进行实时监控，整体安全管理仍处于被动处理事故的阶段。

综上所述，安全运营和安全管理已成为当前物流企业亟须解决的重大问题。安全水平的提升，能够直接提升企业盈利水平、降低企业运营成本。

三、所托瑞安安全解决方案

所托瑞安主动安全系统包含商用车智能防碰撞系统（AEBS）和智能驾驶安全云控平台。该系统在提升运营车辆主动安全性能的同时，通过软件平台实现运营车辆的在线实时监控、车辆运行轨迹追溯、驾驶员行为信息统计分析和智能防碰撞系统运行信息统计分析，为物流企业提供数字化、可视化、智能化的安全管理手段。

（一）智能防碰撞系统

所托瑞安智能防碰撞系统基于所托瑞安融合预警系统和自适应制动控制算法，当监测到前向碰撞风险且驾驶员未操作时，主动降低车速，保持安全车距，避免发生碰撞或降低碰撞强度，从而避免或降低碰撞造成的人员伤害和财产损失。

（二）智能驾驶安全云控平台

智能驾驶安全云控平台以所托瑞安车辆智能防碰撞系统为基础，通过数据采集器每20毫秒采集一次车辆行驶数据、驾驶员行为数据及防碰撞系统运行数据，并将数据实时发送至云控平台，从而实现对车辆及驾驶行为数字化、可视化、智能化的管理。企业管理者可随时随地查看车辆位置、运行轨迹、车辆报警和驾驶行为等信息。同时对大数据进行汇总、分析和挖掘，为企业提供有效的风险控制工具，提高企业安全管理水平，降低运营成本。

（1）车辆在线监控。包含车辆定位、实时车速、转向灯状态、双闪状态、刹车踏板状态、预警系统和AEB系统工作状态、预警类型、障碍物信息（距离、相对速度、角度等）、制动力信息、驾驶员行为（急加速、急减速、紧急制动、疲劳驾驶等）、车辆运行环境信息。

（2）车辆预警数据追溯。通过该功能可自定义时间区间查询历史预警信息、车辆轨迹，实现数据的可追溯。

（3）预警信息统计分析。为车辆运行安全风险提供数据化支持，企业用户可通过针对性制定安全管理方案，针对高危驾驶员加强安全教育和培训等，降低或消除安全运行风险，提高企业安全管理水平，降低企业安全支出。

四、经济效益分析

（一）系统应用成果

2018 年所托瑞安主动安全系统应用数据统计情况如表 1 所示，2018 年驾驶员驾驶行为大数据统计情况如表 2 所示。

（二）系统应用运营成本效益分析

通过所托瑞安主动安全系统的应用，不仅降低了事故数量和事故造成的经济损失，还通过云控平台为车队安全管理提供了数据支持，对制定驾驶员安全驾驶规范文件和安全教育起到了巨大的作用。2017—2018 年应用所托瑞安主动安全系统后发生交通事故的数据统计情况如表 3 所示。

表 1　　2018 年所托瑞安主动安全系统应用数据统计情况

预警次数		启动减速次数		启动紧急制动次数	
合计（万次）	千米 / 次	合计（万次）	千米 / 次	合计（万次）	千米 / 次
1278	27.9	249	143.1	24.7	1441.4

表 2　　2018 年驾驶员驾驶行为大数据统计情况　　单位：次

超速	急加速	急减速	疲劳驾驶	驾驶员主动紧急制动	急转弯
208614	26299872	20292300	390684	1099500	64044

表 3　　2017—2018 年应用所托瑞安主动安全系统后发生交通事故的数据统计情况

	2018 年	2017 年	同比变化
百万车公里事故宗数（宗）	0.28	1.13	−75.2%
百万车公里事故受伤人数（人）	0.04	0.11	−63.6%
百万车公里事故死亡、重伤人数(人)	0	0.12	−100.0%
百万产值事故损失（万元）	0.38	0.75	−49.3%

（三）系统应用对提高企业核心竞争力的作用

1）经济效益提升

一是有效降低事故率和事故损失，降低企业运营成本；二是通过主动安全产品吸引更多车辆加入运营平台，提升运力和企业赢利水平；三是通过增加平台车辆数量，提高与保险公司的议价能力，获取更优惠的保险折扣，降低企业运营成本。

2）管理效益提升

一是保障驾驶员行车安全，大幅降低人员伤亡导致的企业法律风险；二是通过云控平台获得车辆运行安全风险数据化支持，针对性制定车辆和驾驶员安全管理方案，降低或消除安全运行风险，提高企业安全管理水平。

3）社会效益提升

一是降低事故发生率，树立行业安全运营标杆形象，增强品牌影响力；二是保障道路行驶安全，减少对其他车辆、行人及道路技术设施的破坏；三是规范驾驶员驾驶行为，引导正确合理的驾驶习惯，创建安全和谐的行车环境。

五、系统发展前景

随着5G技术的成熟和应用，物流行业也将迎来智慧物流的时代。所托瑞安将充分利用5G技术的优势优化产品和平台，实现基于云端的制动数据的制动策略动态优化方法，利用地图以及驾驶环境数据进行分析，对历史驾驶行为以及制动行为进行对比分析，对驾驶行为进行风险预测分析，实时给出最佳制动方案。与本地制动策略进行互补，实现实时动态的优化。同时，升级后的云控平台可依据云端对大数据进行更深程度的应用和运算，充分发挥大数据统计分析的功能，通过对海量真实道路驾驶环境数据进行分析、挖掘，建立驾驶风险预测模型，有效避免交通事故的发生，带来良好的经济和社会效益。

所托瑞安即将推出的驾驶员管理App，可实现驾驶员驾驶行为的实时监控，并通过实时语音和消息实现安全监管人员对驾驶员和车辆的实时监管；实时分析危险驾驶行为并建立完善的安全驾驶能力评价机制，促进司机安全驾驶能力的提升；通过积分或实物奖励等社区功能激励驾驶员提高安全驾驶意识。

（中国物流与采购联合会网络事业部）

希杰荣庆物流：开启新零售物流供应链服务新模式

一、企业简介

希杰荣庆物流供应链有限公司（以下简称“希杰荣庆物流”）创立于1985年，是一家集冷链、普运、化工、医药、汽配、快递等核心业务于一体多元化发展的中外合资企业和国家AAAAA级综合物流企业，为客户提供包括全国公路运输、配送、仓储及SCM（供应链管理）咨询、物流方案优化等供应链服务。

希杰荣庆物流在全国设有120余家分支机构及27个地区物流基地，可提供全国1500个城市的运输及配送服务，拥有80余万平方米仓储资源，包括高端普货、冷链、化工仓库，含上海、北京、广州、武汉、青岛、太仓、临沂等地自有地产，拥有1500余台自有车辆（包括普运车辆850余台、冷链车辆390余台、化工车辆260余台），整合社会车辆资源60000余台（包括承运商车辆50000余台、个体车辆10000余台），年吞吐量1000余万吨。

随着人工智能、物联网技术的高速发展，新零售已成为未来行业发展趋势。希杰荣庆物流紧扣时代脉搏，加速布局高端物流市场，快速推进物流信息化、数字化、智慧化进程，同时依托TES[Technology（技术）、Engineering（工程）、System & Solution（系统与解决方案）]核心技术精准切入新零售领域，开启新零售物流供应链服务新模式。

二、服务新零售的行业背景

2017年是我国开启新零售的元年，从这一年开始，行业企业纷纷试水新零售。新零售业态是基于互联网，运用大数据、人工智能等技术对商品的生产、流通、销售进行升级改造，线上、线下与物流深度融合的零售新模式。

新零售的迅速发展，让人、货、场发生了极大的变化，具体表现为：一是消费需求逐渐多样化，SKU（库存量单位）变多且产品生命周期变短，消费者缺乏耐心，对缺货容忍度降低；二是消费者对时效的要求持续提升，线上线下融合趋势加剧，由固定场所延伸到泛零售、多元化场景；三是消费者对便捷性的要求持续提升；四是互联网渗透加深使得传统经销商份额逐渐被电商平台取代。

新零售行业的新变化对传统供应链体系带来了新的挑战，具体表现为：一是消费者需求分散导致的订单碎片化、产品定制化给生产端带来了压力，并且随着消费者逐渐“部落化”，新品的生命周期急剧缩短，导致需求预测、库存控制和生产弹性都面临巨大挑战；二是过去层层分销的方式数据可见度较低，加上企业内部渠道、区域数据未打通，无法做到全局协同，线上线下分离的物流体系导致计划难度增加，成本大幅上升；三是随着消费者对“时效”要求的逐步提升，供应链长度也随之不断缩短，使仓库布局越来越贴近终端，由此涌现了前置仓、门店仓等大量新模式，增加了运营难度和成本，渠道融合和订单碎片化也对传统仓储的管理提出了挑战；四是生产端的碎片化及仓储前置点的迅速扩张都增加了干线及城配物流中的复杂性；五是随着零售升级，消费场景将变得无处不在，碎片化的需求和极高的时效要求导致终端配送难度加大、成本攀升；六是互联网的高度渗透使 B2B（企业对企业）电商平台成为新零售趋势下不容忽视的业态，现有电商平台的配送成本相较经销商城配成本普遍更加高昂，成为其颠覆传统分销渠道的一个重要阻碍。

为顺应新零售迅猛发展趋势，希杰荣庆物流依托 TES 核心物流技术和品牌优势，着重加大物流供应链科技化、数据化、协同化建设，同时快速布局全国物流市场，致力成为中国智慧合同物流的领跑者。

三、新零售物流解决方案——RX 咖啡新鲜式

RX 咖啡，是新零售行业的典型代表，专注于打造全球领先咖啡新鲜式，做中国新零售咖啡市场代表。

RX 咖啡用短短的 18 个月创造了纳斯达克上市的商业奇迹，希杰荣庆物流 2018 年 7 月正式试水新零售物流供应链，针对 RX 咖啡新零售发展特点为其量身定制个性化服务解决方案，被 RX 咖啡列为“全球蓝色伙伴”。

（一）RX 咖啡的新零售需求

RX 咖啡的商业模式是新技术推动下的新零售模式，主要建立在 App 和门店网络基础上。RX 咖啡 App 涵盖了整个客户购买过程，覆盖营销、获客、客户管理、结算等全周期，为客户提供了一个 100% 的线上结算环境，不仅提高了客户体验、提高了运营效率，还可以随时随地与客户保持联系；RX 咖啡设立了快取店、优享店、外卖厨房店三种门店，并且战略性地把重点放在快取店上。

1. RX 咖啡的模式特点

（1）重客户消费体验。RX 咖啡，通过分析 App 中存储的数据，更好地了解消费者口味，更有针对性地服务每一位消费者。同时提出“30 分钟慢必赔”服务承诺，可以让消费者喝到最新鲜的咖啡。

（2）多产业融合实践。坚持只选择行业前 10% 的供应商企业进行合作，打造全球优质咖啡产业供应链联盟。目前，RX 咖啡已与法国路易达孚、瑞士 Schaerer（雪莱）、瑞士 Franke（弗兰卡）、法国 MONIN（莫林）、日本 UCC 集团、韩国 CJ（希杰）集团等国内外知名企业建立了深度战略合作。

（3）全渠道营销策略。通过铺天盖地的广告让产品深入人心，并通过App和咖啡折扣券刷爆朋友圈等，这些都为RX咖啡吸引大量的精准流量，起到了很好的宣传效果。

2. RX咖啡的项目需求

RX咖啡努力为消费者提供"质量好、价格低、快捷"的新咖啡体验，志在打造新零售智能商业典范，不仅对自身，同时还对供应商运营效率提出了更高的要求。

（1）大数据支撑。RX咖啡通过大数据了解和掌握客户偏好，以便更精准地为其推荐产品，并将客户的菜单个性化以方便客户购买。随着收集更多的客户行为数据，可以通过动态定价留住客户并增加回购。

（2）高效的门店管理。RX咖啡依托智能调度系统自动安排员工轮班和订单分配，依托自动化的库存管理系统实时分析每家门店的销售、供应和库存状况，以及时补货和控制浪费。

（3）精准的配送服务。通过后端系统与供应商系统对接，可以根据商店位置、客户定位和骑手的实时位置来改进订单匹配的方案，并监控和跟踪送货过程。

（4）精细化供应链管理。通过强大的数据分析能力和智能供应链管理系统，RX咖啡能够智能预测需求、分析库存和直接与供应商订货，进一步降低采购成本，提高运营效率。

（二）希杰荣庆物流的新零售运营方案

1. 凭借SCM咨询优势，为RX咖啡定制个性化服务方案

为更好地服务RX咖啡，希杰荣庆物流成立了以总裁为项目代表，以财务、运营、仓储、客服、TES为协助的项目专项小组，协调全国各地区资源尽可能为RX咖啡提供及时、全面、专业服务。同时根据RX咖啡发展战略为其量身定制2018—2020年全国门店扩张方案，根据预测TES战略研究室分析数据提供更加适合RX咖啡的服务运作方案，凭借在国内市场长期积累的物流经验和标准操作程序，通过实施SOP（标准操作程序）和F&B（食品与饮料）流程合理优化从订单接收到订单交付的运营流程，为RX咖啡项目提供成本更优、效率更高的物流服务。

RX咖啡业务运作对系统操作、存贮质量环境、车辆配载要求、防虫害管理等都有着严格要求。希杰荣庆物流从大到仓库选址，细到仓库内的虫害预防，都有着严格的要求和考量标准。另外，RX咖啡对市场响应速度的要求异常高，某种业务类型一旦确定就需要供应链团队快速响应、迅速行动。希杰荣庆物流在这方面也赢得了RX咖啡方的赞誉与信任。

2. 依托TES核心技术，打造新零售物流供应链服务

希杰荣庆物流派出专业TES研发团队进驻厦门RX咖啡技术部，协同RX IT研发系统，实现双方系统对接。在此基础上，希杰荣庆物流TES研发团队对系统进行进一步拓展和优化，包括仓储与运输系统对接、App无人收货技术与费用对接等，以凸显和确保RX咖啡在数据链方面的优势。后期，随着业务的深入，后续的信息技术方面的应用也将不断进行拓展和优化。

为满足RX咖啡产品"三温"特殊仓储需求，希杰荣庆物流同步配置高标准多温仓库；为满足并持续提高各种环境下的仓储运营效率，希杰荣庆物流采用了多种自动化技术及设备，具体包括射频识别、快速交接的HPDS，无线（USN）技术、多用途汇总MPS（自动装配）系统，物流中心全景实时库存及位置追踪Visualizer可视化，自动化门店分类系统x-PA，基于订单的导向型拣选系统，无线温度湿度测量Guardian（守护者）

系列，安检及进出管理 Separd 等。

3. 精细化供应链管理，当好 RX 咖啡后勤大管家

为了全面保护货物安全，希杰荣庆物流投入使用周转箱、冷藏/冷冻多种运输包装设备，如 Smart Cube，采用尖端新材料，可有效使货物所设定的温度时长达 96 小时，实现温度实时控制和无限数据传输。

在仓库管理中，希杰荣庆物流在各仓点逐步使用 3D（三维）可视化技术管理库存、保质期、出入库频率及进出库货量，为 RX 咖啡项目提供实时库存信息，从而达到合理配置资源、控制和降低成本的目的。

伴随门店的快速拓展，RX 咖啡产品存储量急剧增长，对仓储能力的考验也愈加凸显。为满足 RX 咖啡仓储业务需求，希杰荣庆物流同步整合优质仓储资源，同时协助 RX 咖啡增开城市仓，目前希杰荣庆物流顺利承接 RX 咖啡上海、广州、深圳、武汉、济南、青岛、无锡、昆明、南昌等城市仓业务。

4. 整合配送车辆资源，为 RX 咖啡项目做好运输保障

RX 咖啡不仅对配送车辆有着高标准的要求，对驾驶员综合素质也有着严格的规定。一方面 RX 咖啡项目所需的 4.2 米冷藏车型进入市区需要办理城市通行证，另一方面由于项目属于无人交接模式，RX 咖啡方面对驾驶员体质健康、诚信意识、专业水平等综合素质有着严格的考量。随着 RX 咖啡业务合作的深入，希杰荣庆物流的单车门店配载率不断提升，服务质量也在不断提高，为 RX 咖啡降低单店配送成本和提高客户消费体验提供了运输保障。

货物运输途中，通过 GPS 系统实现车辆运营全程可视化。通过司机 App 实现位置、温度等信息数据化，并实时打印运单、温度记录等，让客户实时了解货物配送信息。

5. 精准对接双方资源，实现优势互补共赢发展

希杰荣庆物流与 RX 咖啡的成功合作，是双方资源优势高度互补的结果。随着双方合作的进一步深入，双方将不断尝试在更多领域扩大双向交流、拓展合作空间。

四、结语

希杰荣庆物流在 RX 咖啡“10000 家店”计划中不断创新系统技术和工程技术应用，同时持续为 RX 咖啡业务的发展提供系统与解决方案，为其实现“10000 家店”的目标提供优质的仓储配送服务。

智慧物流是新零售业态的核心推动力。希杰荣庆物流一直致力于智慧物流的发展，成立专业的 TES 团队，以创新研发最尖端的技术能力，迅速顺应不断变化的物流市场环境，引领中国物流模式的创新发展。

（希杰荣庆物流供应链有限公司项目点经理 颜文明）

德邻陆港智慧供应链服务平台

一、项目企业简介

德邻陆港（鞍山）有限责任公司（以下简称“德邻陆港”）设立于2016年8月22日，是鞍钢汽车运输有限责任公司（以下简称“鞍钢汽运”）和鞍山市经济开发区共同筹划组建的一个现代物流企业，原隶属于鞍钢汽运管理。2017年，鞍山钢铁开展了德邻陆港股权收购工作；2018年，德邻陆港成为鞍山钢铁旗下的全资子公司。目前，德邻陆港和鞍钢集团电子商务平台、鞍钢汽运一起，成为鞍钢集团鞍山区域电商物流业务的主要实施载体。鞍钢集团在鞍山市拥有物流综合产业园、鞍钢股份物流园和汽车服务产业园3个现代化物流园区，在外埠重要节点城市布局17个加盟库。2018年，公司实现销售收入36.72亿元、利润8040.69万元。

德邻陆港定位为线上线下融合发展的科技型物流服务商，致力于打造集物流、商流、信息流和资金流为一体的智慧供应链产业服务平台，对内成为鞍钢供应链管理增质降本提效的实施载体，对外成为经营创效的运营实体；成为业务覆盖全国的创新型、现代科技型物流企业；成为鞍钢工业服务事业的重要支柱。

二、项目建设背景

近年来，德邻陆港依托于鞍山钢铁现有物流资源，创新性地打造了“德邻陆港智慧供应链服务平台”，通过“线上平台、线下实体”双轮驱动，积极拓展社会市场，做精物流产业链条，延展钢材及非钢贸易业务，涉足物流金融服务，陆续向运输配送、仓储加工、汽车后市场、钢材及非钢销售、供应链金融、平台采购等多领域发力，逐步形成多元化的业务集群。

三、项目建设过程和主要内容

（一）项目建设思路

德邻陆港依托钢铁冶金制造业，致力于打造线上线下深度融合的“互联网+物流企业”。以延伸产业链、提升价值链为发展主线，构建新的战略支撑和效益增长点，通过协同电商及物流相关资源，依托互联网、物联网、大数据、移动互联等全新技术手段，统领销售、仓储、剪切加工、物流配送、金融结算、汽车后市场及物流园区配套服务等业务，打造线上线下高度融合的共享平台。

（二）项目建设重点

德邻陆港智慧供应链服务平台设有十大服务产品，分别是：德邻钢铁、德邻畅途、德邻化工、德邻循环、德邻智园、德邻云仓、德邻e宝、德邻玛特、德邻加工及德邻大数据。平台经过一年多的整合运营，通过德邻畅途平台共运输货物2267122.152吨，总计发车36255台次，运输区域遍及东北、华北、华东以及中南地区；德邻云仓已在鞍山、哈尔滨、大连等物流园区上线运行，系统累计吞吐货物1200多万吨；德邻加工已拥有3条全自动剪切线，具备年60万吨的加工能力，拥有独立仓储及开卷场地22776平方米，其中室外13896平方米，室内8880平方米；德邻e宝为德邻畅途、德邻玛特、德邻云仓等平台提供在线支付服务；德邻钢铁平台注册用户10000多家，平台累计交易量1700多万吨，总成交金额累计达720亿元（含现货、期货）。现货销售交易形式多样化，提供挂牌销售、打包竞价、单卷竞价销售等销售交易模式。

德邻陆港智慧供应链服务平台以供应链为框架实践“互联网+物流”的理念，彻底改变传统物流模式中的不足，实现物流全链路的信息化、可视化、数字化、智能化。平台提供精细化物流增值服务（如仓储、钢材加工、园区智能导航、物流运输轨迹跟踪、车辆实时定位、大数据分析展示等），体现了物流资源与要素的高效配置，促进物流服务提质增效、“互联网+物流产业”的良性互动，最终实现从供应链视角以智能物流开创智慧物流增值服务运营新格局，实现了在为企业及其供应链伙伴创造经济效益的同时，还能取得良好的社会效益。

（三）项目线上增值服务功能介绍

1. 德邻钢铁

德邻钢铁植根于鞍钢集团电子商务平台，为鞍钢客户提供线上及线下服务，全面支撑鞍钢钢材线上销售业务。平台现有注册用户10000多家，自上线以来实现交易量2577万吨，总成交金额达1143亿元，销售模式包括现货销售、期货销售等。

2. 德邻畅途

德邻畅途以无车承运人运营资质为依托，集聚社会货源，整合社会运力、积极推进全国专线加盟与线下管理。平台充分发挥互联网在客户体验、服务管理、资源整合方面的优势，在2年时间内服务区域已覆盖东北、华北、华东、华南地区。

3. 德邻化工

全面销售洗油、酚油、硫酸铵等产品，截至目前平台累计销售52900吨，成交总金额为1.53亿元。

4. 德邻循环

全面销售钢铁可利用材、水渣、钢尾渣、瓦斯灰、废旧材料、机械设备等非钢产品，利用线上交易聚集循环物资采购客户，采用线上竞价模式进行销售，截至目前累计销售670万吨，成交总金额7亿元，竞价销售模式多创效超过1亿元。

5. 德邻智园

德邻智园平台依托于鞍钢汽运在仓储管理行业积累的丰富经验，以“互联网 + 园区”为引导，融入社交、移动、大数据、云计算等技术，运用现代计算机信息技术，结合智能硬件设备和物联网设备，对传统物流园区及仓库进行全面信息化升级改造，集合了智能化现场管理、自动配单、仓容管理、在线预约、快速货位变更等业务和管理功能，可实现 24 小时远程监控，对货物的流转进行全过程跟踪。

6. 德邻云仓

德邻云仓可实现 PC 端、手机端收发货物、智能盘点、信息在线查询、远程智能监控功能，随时传递货物信息。目前已在德邻陆港自有园区及部分加盟库上线运行，2018 年全年监管货物累计吞吐量 1000 余万吨。

7. 德邻 e 宝

德邻 e 宝是以德邻陆港线下运营实体为支撑，采用互联网手段探索产业链金融发展的金融平台，为上下游客户提供在线结算、在线支付、融资、借贷等多项服务。德邻 e 宝可以提供优质的 SaaS（软件即服务）服务，为物流平台、采购平台、仓储平台提供货款的在线支付、退款等服务；目前德邻 e 宝已对接德邻畅途、德邻玛特，未来将继续拓宽市场，为更多的平台提供金融保障。

8. 德邻玛特（采购商城）

采购商城基于互联网采购模式，实现了工业用品和办公用品的在线集中采购。采购商城与国内的京东、领先未来、办公伙伴、震坤行等多家大型电商平台合作，提供工业品和办公用品共计百万种，支持按需采购和按商品采购两种模式。

采购商城将聚拢采购获得的优惠全部让利给用户，使得同类商品的价格低于京东、震坤行等合作电商平台的官网价格，德邻陆港通过与各合作平台约定账期带来的资金沉淀取得收益。

9. 德邻加工

德邻陆港与上海泉安实业有限公司合作经营，开展钢材剪切加工业务。3 条全自动剪切线于 2017 年年末投入运行，具备年 60 万吨的加工能力。拥有独立仓储及开卷场地 22776 平方米，开平工艺的强度、厚度及宽度可满足社会客户的不同需求。

10. 德邻大数据

目前德邻大数据整合平台的交易行为、客户访问、实时仓储、物流运输等数据，借助现代统计技术对数据进行分析和挖掘，洞悉客户的购买习惯及规律，了解销售的地域分布及物流运输情况，发现数据的潜在价值，为销售、物流等业务部门决策提供数据支撑。

未来，德邻大数据还将对现有分析主题进行进一步发掘和分析，发现数据价值，并将对价格指数、库存指数、客户画像、客户信用等级等方面进行深入分析和挖掘。

（四）项目线下增值服务功能介绍

一是物流整体解决方案设计及实施服务。德邻陆港通过开辟陆海、公铁等多式联运方式，为客户提供物流整体解决方案设计及实施服务。目前配送区域已覆盖华北、山东、东北等地，较好地满足了全国各地钢贸客户的需求，已具备以鞍山为中心 300 千米半径内 24 小时“门对门”送达能力。同时通过拓展此项业务，增强了整合社会资源能力，对钢铁企业的销售物流提效降本发挥重要作用。

二是汽车后市场服务业务。由于家用轿车已经走进千家万户，汽车后市场发展潜力巨大。德邻陆港通过对市场的研判，果断采取行动，利用炉厂区闲置资源，建设了鞍钢广达汽车服务产业园，并与壳牌、米其林、龙膜、博世、中国人保等国际知名企业合作，全力打造鞍山区域内专业、优质、高效的一站式汽车后市场服务基地。

三是整车及配件销售业务。有效利用与中国重汽、中国一汽等大型汽车制造厂家建立的多年的深厚关系，提供汽贸销售代理服务业务，依靠自身在维修技术和诚信经营方面所具有的优势，短短几年时间，便在辽南地区打开市场，现整车及配件销售业务已实现稳步运营。

四是盘活闲置资源提供体育产业服务业务。德邻陆港结合园区闲置厂房场地的实际情况，通过与鞍山市体育局、体育协会合作，开展商业化运营，相继开发建设了篮球馆、羽毛球馆、排球馆、乒乓球馆和室外小型足球场，承办多项鞍钢和地方的体育赛事。

四、项目效益

（一）信息化实施前后的效益指标对比及分析

自德邻陆港智慧供应链服务平台整合运行以来，各项管理数据得到了明显提升，如下表所示。

平台应用前后各项管理数据对比

项目	应用平台前	应用平台后
招标流程用时	2 天	30 分钟
吞吐量（年）	800 万吨	1200 万吨
异议反馈准确率	70%	99%
准时到货率	85%	99%
订单处理及时率	≥91.2%	≥99.9%
收货及时率	≥85%	≥95%
库存准确率	≥98.5%	≥99.9%
库存货损率	≤0.2%	≤0.1%
包装准确率	≥92.3%	≥99.8%
客户满意度	88%	95%

（二）实施信息化对企业业务流程改造与创新模式的影响

德邻陆港智慧供应链服务平台极力打造行业新业态、创新物流交易模式，以创新的线上线下增值物流服务和无车承运人的“四力”条件的管理方式驱动物流变革、提升效率来实现德邻陆港降低成本的实施路径。其无车承运人“四力”条件的管理方式具体如下。一是组织能力，即基于其所辖和加盟的物流园区天然的物流资源集聚优势，充分发展园区内第三方物流企业及庞大的个体司机资源的能力。二是信息化能力，即通过对平台现有十大服务产品的整合，将原有的线下业务在线上形成完整的闭环的能力。三是经营能力，包括建设会员资质审查机制、运营监控体系、线下管理的能力等。四是风险管控能力，即加强会员资质审核、从源头降低风险、加强线下运营管理及线上监控体系的建设，从而降低运营风险、加强物流业务各责任险的有效植入的能力。

（三）信息化实施对提高企业竞争力的作用

德邻陆港智慧供应链服务平台以供应链为框架实践“互联网 + 物流”的理念，彻底弥补传统物流模式中的不足，实现物流全链路的信息化、可视化、数字化、智能化。通过各子平台之间的无缝对接，为客户提供精细化物流增值服务，体现了物流资源与要素的高效配置，促进物流服务提质增效、实现互联网与物流产业的良性互动，开创了智慧物流增值服务运营新格局。

主要体现在以下 5 个方面。

（1）强大的资源集聚能力。以鞍钢钢材贸易和巨大货源量为支撑，德邻陆港智慧供应链服务平台拥有广大的客户群体，为德邻陆港开展物流服务带来先天优势。

（2）大幅降低运输成本。德邻畅途平台通过招标竞价方式，实现货主与承运商直接交易，具有去中间化功能，可极大降低物流流转成本，为上游客户降低运输费用 15% 左右。

（3）可信赖的全程化管理。德邻畅途、德邻云仓通过信息技术进行全环节跟进，实现全流程透明化管理，提高工作效率，降低运营风险，为用户提供放心、省心的物流服务。

（4）方便快捷的结算工具。德邻 e 宝具备线上结算、线上支付功能，可为用户降低人工成本，提高用户体验和客户黏度。

（5）区域空间宽广、业务模式可复制。德邻陆港智慧供应链服务平台具有自主知识产权，具有复制成本低、快速应用优势，可配合公司在目标市场迅速开拓线下业务。

五、项目实施过程中的主要体会和推广意义

随着社会经济的不断发展，市场的商业竞争也日益激烈，但商业竞争的方式已经从原本公司的竞争，转向了供应链之间的竞争。企业的商业成功也受到供应链管理水平和效率的影响。

传统物流行业面临的一个重要困境即信息不对称，随着近几年智慧物流平台类企业的不断兴起，过去简单的信息不对称的时代已经渐渐远去。但是，一个新的问题浮出水面，供应链环节繁杂，分散的信息系统难以支撑产业协同发展，物流交易如何实现全链路的在线化成为关键。

德邻陆港为贯彻落实《国务院关于深化“互联网 + 先进制造业”发展工业互联网的指导意见》，推进“中国制造 2025”和“互联网 +”，基于供应链为框架实践“互联网 + 物流”的理念进行建设，彻底改变传统物流模式中的不足，实现物流全链路的信息化、可视化、数字化、智能化。德邻云仓、德邻加工、德邻智园等平台提供精细化物流增值服务（如仓储、钢材加工、园区智能导引、大数据分析展示、餐饮住宿等），体现了物流资源与要素的高效配置，有助于促进物流服务降本增效、“互联网 + 园区产业”的良性互动，从供应链视角以智能物流开创智慧物流增值服务运营新格局。

［德邻陆港（鞍山）有限责任公司］

第九部分

物流综合

改革开放40年物流业发展代表性事件

序号	代表性事件
1	1978年11—12月，国家物资总局组团考察日本生产资料管理和流通现状，回国后的考察报告中首次将“物流”概念引入国内。
2	1984年8月，全国第一个物流研究社团组织——中国物流研究会成立。
3	1986年2月，由吴润涛、靳伟、王之泰等翻译的我国第一本物流工具书——《物流手册》由中国物资出版社出版发行。
4	1989年4月，中国物资经济学会在北京承办了第八届国际物流会议，这是国际物流会议首次在中国召开。
5	1991年，经国务院同意，由物资部、国家体改委共同组织实施城市配送行动计划，“积极发展配送中心”列入国民经济和社会发展第八个五年计划。
6	1999年11月，国家经济贸易委员会等八个部门和世界银行在北京联合召开现代物流发展国际研讨会，时任国务院副总理吴邦国发表书面讲话。
7	2000年11月，中国物资流通协会和德国汉诺威展览公司在上海举办“中国国际物流技术与运输系统展览会”，这是我国首次举办国际物流展览会。
8	2001年2月，中国物资流通协会更名为中国物流与采购联合会。同年11月，中国物资流通学会更名为中国物流学会。
9	2001年3月，国家经济贸易委员会等六部委发布印发《关于加快我国现代物流发展的若干意见》的通知（国经贸运行〔2001〕189号），成为国务院有关部门发出的第一个推动现代物流发展的政策文件。
10	2001年8月，我国物流领域第一个国家标准《物流术语》（GB/T 18354-2001）发布实施。

续 表

序号	代表性事件
11	2001 年 8 月，首届“全国高校物流教学研讨会”在武汉召开，提出“启动物流人才教育工程”。
12	2002 年 7—8 月，由中国物流与采购联合会组织编写的《中国物流发展报告》和《中国物流年鉴》先后出版发行。
13	2002 年 11 月，科技部批准设立我国物流与采购行业科技奖项——“中国物流与采购联合会科学技术奖”。
14	2003 年 1 月，劳动和社会保障部发布《物流师国家职业标准》，物流师职业资格认证工作全面启动。
15	2003 年 8 月，全国物流标准化技术委员会和全国物流信息管理标准化技术委员会成立。
16	2003 年 12 月，时任国务院总理温家宝等领导同志对全国政协经济委员会提交的《关于我国现代物流情况的调研报告》作出批示。
17	2004 年 8 月，经国务院批准，公安部等九部门发布《关于促进我国现代物流业发展的意见》（发改运行〔2004〕1617 号）。
18	2004 年 10 月，国家发展改革委和国家统计局联合印发《国家发展改革委　国家统计局关于组织实施〈社会物流统计制度及核算表式（试行）〉的通知》，明确社会物流统计核算工作由国家发展改革委、国家统计局、中国物流与采购联合会联合组织实施，并会同国家统计局发布。
19	自 2004 年 12 月 11 日起，我国履行“入世”承诺，进一步开放物流市场。
20	2005 年 5 月，经国务院批准，由国家发展改革委牵头，共 15 个部门和单位组成的全国现代物流工作部际联席会议制度建立。
21	2005 年 5 月，国家标准《物流企业分类与评估指标》（GB/T 19680—2005）正式实施，同年 9 月，A 级物流企业评估认定工作全面启动。
22	2005 年 7 月，中国物流与采购联合会首次发布我国制造业采购经理指数（PMI）。
23	2005 年 9 月，由国家发展改革委等九部门联合主办的首次全国现代物流工作会议在青岛召开。
24	2006 年 3 月，《国民经济和社会发展第十一个五年规划纲要》将“大力发展现代物流业”单列一节，标志着现代物流的产业地位确立。
25	2006 年 4 月，教育部高等学校物流类专业教学指导委员会和教育部中等职业学校物流专业教学指导委员会相继成立。
26	2007 年 11 月，原人事部和中国物流与采购联合会首次在北京人民大会堂举行全国物流行业先进集体、劳动模范和先进工作者评选表彰大会。
27	2007 年 12 月，中央军委在《全面建设现代后勤纲要》的文件中作出了“构建军民结合的军事物流体系”重大部署，有序推进我军现代军事物流体系建设。

续 表

序号	代表性事件
28	2009 年 3 月，国务院发布《物流业调整和振兴规划》（国发〔2009〕8 号），这是我国第一个物流业发展专项规划。
29	2011 年 5 月，中央电视台连续三周播出《聚焦中国物流顽症》系列节目，集中报道我国物流业发展中遇到的突出问题，引起政府部门及全社会广泛关注。
30	2011 年 8 月，国务院常务会议专题研究部署促进物流业健康发展工作。国务院办公厅印发《国务院关于促进物流业健康发展政策措施的意见》（国办发〔2011〕38 号）（物流“国九条”）。
31	2013 年 9 月，国家发展改革委等 12 个部门联合发布《全国物流园区发展规划》（发改经贸〔2013〕1949 号），确定一级、二级物流园区布局城市共 99 个。
32	2014 年 9 月，国务院发布《国务院关于印发〈物流业发展中长期规划（2014—2020 年）〉的通知》（国发〔2014〕42 号），明确物流业为支撑国民经济发展的基础性、战略性产业。
33	2015 年 10 月，国务院印发《国务院关于促进快递业发展的若干意见》（国发〔2015〕61 号），到年底我国快递业务量突破 200 亿件。
34	2017 年 1 月，中国物流与采购联合会会长何黎明当选国际采购与供应管理联盟全球主席，这是该组织自 1974 年成立以来首次由中国人担任此项职务。
35	2017 年 5 月，李克强总理主持召开国务院常务会议，确定进一步降低物流成本的措施。会后出台《国务院办公厅关于进一步推进物流降本增效促进实体经济发展的意见》国办发〔2017〕73 号。
36	2017 年 9 月，国家发展改革委会同人民银行、交通运输部等 20 部门联合印发《关于对运输物流行业严重违法失信市场主体及其有关人员实施联合惩戒的合作备忘录》。
37	2017 年 10 月，国务院办公厅印发《国务院办公厅关于积极推进供应链创新与应用的指导意见》国办发〔2017〕84 号，这是国务院第一次出台支持供应链发展的文件。
38	2017 年，末端级无人机常态化运行；无人配送车完成路测；全球最大自动化码头开港试运营；全球第四、亚洲第一航空物流枢纽项目开工建设。
39	2017 年，物流类企业加快进入证券市场，年内有 8 家企业跻身国内主板，5 家在境外证券交易所上市，45 家登录国内“新三板”。
40	2018 年 7 月，根据交通运输部、国家发展改革委、工业和信息化部、公安部、原质检总局五部委《车辆运输车治理工作方案》（交办运〔2016〕107 号）的要求，经过两年治理，车辆运输车实现全面合规运营。

（中国物流与采购联合会）

2018 年中国物流企业 50 强名单

排名	企业名称	物流业务收入（万元）
1	中国远洋海运集团有限公司	17861977
2	厦门象屿股份有限公司	12197438
3	冀中能源国际物流集团有限公司	8028159
4	中国外运股份有限公司	7315751
5	顺丰控股股份有限公司	7109430
6	河北省物流产业集团有限公司	4283982
7	山东物流集团有限公司	3132382
8	中铁物资集团有限公司	2890123
9	天津港（集团）有限公司	2638298
10	京东物流集团	2636382
11	中国物资储运集团有限公司	2570254
12	开滦集团国际物流有限责任公司	2246411
13	安吉汽车物流股份有限公司	2232400
14	德邦物流股份有限公司	2035011
15	招商局物流集团有限公司	1508239
16	锦程国际物流集团股份有限公司	1441103
17	河北港口集团有限公司	1401308

续 表

排名	企业名称	物流业务收入（万元）
18	厦门港务发展股份有限公司	1371270
19	国药控股湖北有限公司	1182125
20	连云港港口集团有限公司	1180035
21	一汽物流有限公司	1130000
22	全球国际货运代理（中国）有限公司	1068341
23	福建省交通运输集团有限责任公司	1057920
24	中国石化管道储运有限公司	978355
25	广州铁路（集团）公司	952000
26	嘉里物流（中国）投资有限公司	896941
27	重庆港务物流集团有限公司	871629
28	江苏省如皋港现代物流基地	860294
29	中铁铁龙集装箱物流股份有限公司	760814
30	武汉商贸国有控股集团有限公司	700466
31	泉州安通物流有限公司	673842
32	重庆长安民生物流股份有限公司	664391
33	云南能投物流有限责任公司	646300
34	准时达国际供应链管理有限公司	646213
35	江苏苏宁物流有限公司	636525
36	上药控股江苏股份有限公司	618220
37	海航冷链控股股份有限公司	592400
38	上海中谷物流股份有限公司	560038
39	全球捷运物流有限公司	521726
40	北京长久物流股份有限公司	496067
41	日通国际物流（中国）有限公司	467383
42	青岛日日顺物流有限公司	430730
43	中都物流有限公司	425995
44	湖南星沙物流投资有限公司	425962
45	玖隆钢铁物流有限公司	422500

续 表

排名	企业名称	物流业务收入（万元）
46	南京港（集团）有限公司	406089
47	林森物流集团有限公司	366511
48	东方国际物流（集团）有限公司	327574
49	浙江物产物流投资有限公司	312900
50	云南物流产业集团有限公司	296458

（中国物流与采购联合会）

2018年全国通用仓储企业排名

名次	企业名称	仓库面积（万平方米）
1	江苏苏宁物流有限公司	1352.0
2	青岛日日顺物流有限公司	599.3
3	厦门象屿股份有限公司	599.0
4	百世物流科技（中国）有限公司	420.0
5	深圳越海全球供应链有限公司	359.2
6	中储发展股份有限公司	300.0
7	心怡科技股份有限公司	202.0
8	中国物流股份有限公司	200.0
9	上海远成物流发展有限公司	199.0
10	安迅物流有限公司	195.0
11	嘉里大通物流有限公司	180.0
12	山东盖世国际物流集团有限公司	150.0
12	北京昌达物流集团有限公司	150.0
14	河北宝信物流有限公司	126.0
15	上海发网供应链管理有限公司	120.0
16	中远海运物流仓储配送有限公司	113.0
17	广东锐捷物流有限公司	107.0
18	中通云仓科技有限公司	100.9

续 表

名次	企业名称	仓库面积（万平方米）
19	深圳市深国际物流发展有限公司	100.0
19	北京长久物流股份有限公司	100.0
19	北京科捷物流有限公司	100.0
22	广州宝供仓储服务有限公司	90.0
23	上海现代物流投资发展有限公司	88.0
24	准时达国际供应链管理有限公司	85.0
25	湖南湾田供应链管理有限公司	70.0
26	天津大田集团有限公司	69.0
27	山东佳怡物流有限公司	65.0
28	江苏飞力达国际物流股份有限公司	60.7
29	陕西商储物流有限公司	60.0
29	伊藤忠物流（中国）有限公司	60.0
31	深圳市兆航物流有限公司	50.0
31	速必达希杰物流有限公司	50.0
33	广州市广百物流有限公司	48.0
34	济南零点物流港有限公司	46.2
35	重庆公路运输（集团）有限公司	45.5
36	杭州龙田供应链管理有限公司	40.0
37	深圳市铭可达物流有限公司	38.0
38	湖北国储物流股份有限公司	37.8
39	宜昌三峡物流园有限公司	37.0
40	深圳市凯东源现代物流股份有限公司	35.0
40	上海商业储运有限公司	35.0
42	广东天图物流股份有限公司	31.6
42	建发物流集团有限公司	31.6
44	品拓供应链管理有限公司	30.0
44	林森物流集团有限公司	30.0
46	青岛华骏投资集团有限公司	28.0

续 表

名次	企业名称	仓库面积（万平方米）
47	上海有常物流有限公司（唯捷城配）	27.2
48	贵州恩煜祥物流有限责任公司	26.6
49	振华物流集团	23.0
50	广东怀远物流实业有限公司	22.3
51	新杰物流集团股份有限公司	21.0
52	北京佳之兴物流有限公司	20.0
52	湖北汽车运输有限公司	20.0
54	福兴祥物流集团有限公司	19.4
55	沈阳储运集团有限公司	18.0
55	威海国际物流园股份有限公司	18.0
57	三菱仓库（中国）上海菱华仓储服务有限公司	17.9
58	大连升运物流有限公司	17.8
59	广西荣桂物流集团有限公司	17.6
60	齐齐哈尔商业储运有限公司	13.0

（中国仓储与配送协会）

2018 年全国冷链仓储企业排名

名次	企业名称	仓库容积（万立方米）
1	上海郑明现代物流有限公司	538.0
2	河南鲜易供应链有限公司	431.0
3	江苏润恒物流发展有限公司	400.0
4	中国供销农产品批发市场控股有限公司	300.0
5	江苏雨润农产品集团有限公司	135.0
6	福州名成水产品市场有限公司	130.0
7	中外运冷链物流有限公司	120.0
8	深圳招商美冷供应链有限公司	103.4
9	成都银犁冷藏物流股份有限公司	90.0
10	湖南红星冷冻食品有限公司	75.0
11	济南维尔康实业集团有限公司	72.0
12	山东中凯国际水产冷链物流园	70.0
13	贵州瀑布冷链食品投资有限公司	60.0
14	地利农产品投资控股有限公司	58.0
15	北京二商集团有限责任公司	55.0
16	大连港毅都冷链有限公司	50.8
17	武汉白沙洲农副产品大市场有限公司	50.0
17	青岛鲁海丰食品集团有限公司	50.0

续 表

名次	企业名称	仓库容积（万立方米）
17	中国食品集团公司	50.0
20	沈阳副食集团有限公司	48.0
21	南京天环食品（集团）有限公司	47.0
22	南京农副产品物流配送中心有限公司	45.0
23	北京中冷物流股份有限公司	42.9
24	德州飞马冷链物流有限公司	38.7
25	辽渔集团有限公司	33.3
26	天津蓝玺冷链物流有限公司	33.0
27	大连獐子岛中央冷藏物流有限公司	32.5
28	山东盖世国际物流集团有限公司	32.0
28	海航冷链控股股份有限公司	32.0
30	江苏汇鸿冷链物流有限公司	30.0
30	佛山市南海区大沥桂江冷库储存配送有限公司	30.0
32	武汉山绿冷链物流有限公司	29.0
33	河北双鸽食品股份有限公司	26.0
34	新疆海鸿实业投资有限公司	25.0
34	西安方欣集团有限公司	25.0
34	上海广德物流有限公司	25.0
37	安徽和合冷链食品股份有限公司	23.0
38	蓬莱京鲁渔业有限公司	21.8
39	无锡天鹏菜篮子工程有限公司	21.0
40	江苏天缘物流集团有限公司	15.0

（中国仓储与配送协会）

2018 年全国仓储地产企业排名

名次	企业名称	仓库面积（万平方米）
1	普洛斯投资（上海）有限公司	3740.0
2	万科物流发展有限公司	971.0
3	上海宇培（集团）有限公司	570.0
4	安博（中国）房地产咨询有限公司	360.0
5	宝湾物流控股有限公司	271.0
6	第一创建仓储服务（深圳）有限公司	261.0
7	上海龙地物流有限公司	246.0
8	新地物流发展有限公司	200.0
9	复星国药（香港）物流仓储发展有限公司	64.3
10	西藏京通易购商贸有限公司	63.0

（中国仓储与配送协会）

2018 年全国金融仓储企业排名

名次	企业名称	年管理担保存货对应的贷款额度（万元）
1	南储仓储管理集团有限公司	2866000
2	华夏易通国际物流有限公司	711900
3	新润源资产管理有限公司	636567
4	上海意远供应链管理有限公司	602885
5	四川三鼎金融仓储有限公司	465480
6	湖北谊嘉金融仓储有限公司	456560
7	浙江长运安信仓储服务股份有限公司	423905
8	湖北襄管物流有限公司	385485
9	宁夏嘉宝信金融仓储有限公司	342121
10	青岛金宇物流有限公司	283800

（中国仓储与配送协会）

全国供应链创新与应用试点城市名单

（按省市排序）

序号	城市名称
1	北京
2	石家庄
3	太原
4	包头
5	大连
6	鞍山
7	营口
8	长春
9	梅河口
10	哈尔滨
11	绥化
12	上海
13	南京
14	张家港
15	杭州
16	宁波
17	舟山
18	义乌
19	亳州
20	芜湖
21	中国（福建）自由贸易试验区厦门片区
22	赣州

续 表

序号	城市名称
23	景德镇
24	青岛
25	东营
26	临沂
27	威海
28	烟台
29	寿光
30	焦作
31	商丘
32	许昌
33	中国（河南）自由贸易试验区
34	武汉
35	襄阳
36	湘潭
37	广州
38	深圳
39	东莞
40	中国（广东）自由贸易试验区深圳前海蛇口片区
41	南宁
42	柳州
43	海口
44	成都
45	广安
46	泸州
47	贵阳
48	毕节
49	昆明
50	西安
51	渭南
52	定西
53	西宁
54	银川
55	奎屯

（商务部　工业和信息化部　生态环境部　农业农村部　人民银行　市场监管总局　银保监会　中国物流与采购联合会）

全国供应链创新与应用试点企业名单

（按拼音字母排序）

序号	企业名称
1	TCL 集团股份有限公司
2	阿里巴巴（中国）网络技术有限公司
3	安徽海螺水泥股份有限公司
4	安徽合力股份有限公司
5	安徽省江海通供应链管理有限公司
6	安吉汽车物流股份有限公司
7	鞍山钢铁集团有限公司
8	宝供物流企业集团有限公司
9	北京多来点信息技术有限公司
10	北京国联视讯信息技术股份有限公司
11	北京京东世纪贸易有限公司
12	北京康安农业发展有限公司
13	北京全国棉花交易市场集团有限公司
14	北京三快在线科技有限公司
15	北京顺鑫农业股份有限公司
16	北京四联创业化工集团有限公司
17	北汽福田汽车股份有限公司
18	步步高商业连锁股份有限公司
19	超威电源有限公司

续 表

序号	企业名称
20	长春欧亚卖场有限责任公司
21	长飞光纤光缆股份有限公司
22	成都天地网信息科技有限公司
23	重庆长安汽车股份有限公司
24	重庆国际贸易集团有限公司
25	重庆药品交易所股份有限公司
26	重庆宗申动力机械股份有限公司
27	川山甲供应链管理股份有限公司
28	传化智联股份有限公司
29	大连棒棰岛海产股份有限公司
30	东方集团股份有限公司
31	东风汽车股份有限公司
32	东营顺达供应链管理有限公司
33	风帆有限责任公司
34	佛山市海天调味食品股份有限公司
35	佛山众陶联供应链服务有限公司
36	福建冻品在线网络科技有限公司
37	福建斯兰供应链服务有限公司
38	福耀玻璃工业集团股份有限公司
39	甘肃中药材交易中心股份有限公司
40	光明乳业股份有限公司
41	广东好料电子商务有限公司
42	广东美的制冷设备有限公司
43	广东省纺织品进出口股份有限公司
44	广东亿安仓供应链科技有限公司
45	广西广袤商务服务有限公司
46	广西糖网食糖批发市场有限责任公司
47	广西物资集团有限责任公司
48	广州华新商贸有限公司
49	广州汽车集团乘用车有限公司
50	广州医药有限公司
51	贵州遵铁物流开发投资有限公司
52	国安社区（北京）科技有限公司

续 表

序号	企业名称
53	国家电网有限公司
54	国粮集运供应链管理有限责任公司
55	国药控股股份有限公司
56	哈尔滨电气集团有限公司
57	孩子王儿童用品股份有限公司
58	海尔集团公司
59	航天长城贸易有限公司
60	好想你健康食品股份有限公司
61	河北美食林商贸集团有限公司
62	河北物流集团金属材料有限公司
63	河北新发地农副产品有限公司
64	河钢集团有限公司
65	河南福和物流发展有限公司
66	河南华英农业发展股份有限公司
67	河南省康信医药有限公司
68	河南省漯河市双汇实业集团有限责任公司
69	河南万邦国际农产品物流股份有限公司
70	河南鲜易供应链有限公司
71	红太阳集团有限公司
72	红星美凯龙家居集团股份有限公司
73	湖北华贵食品有限公司
74	湖北黄商集团股份有限公司
75	湖北融誉亨运城乡供应链管理有限公司
76	湖北神丹健康食品有限公司
77	湖北神地农业科贸有限公司
78	湖北裕国菇业股份有限公司
79	湖南嘉德集团有限公司
80	湖南青柳源生物科技有限公司
81	湖南湘佳牧业股份有限公司
82	湖南中芯供应链有限公司
83	华蒙通物流控股（集团）有限公司
84	华润医药商业集团有限公司
85	汇孚集团有限公司

续 表

序号	企业名称
86	汇通达网络股份有限公司
87	吉林华正农牧业开发股份有限公司
88	冀中能源国际物流集团有限公司
89	江苏百汇农业发展有限公司
90	江苏常发农业装备股份有限公司
91	江苏恒立液压股份有限公司
92	江苏汇鸿国际集团股份有限公司
93	江苏跨境电子商务服务有限公司
94	江苏连云港港物流控股有限公司
95	江苏沙钢集团有限公司
96	江苏省果品控股公司
97	江苏省建筑工程集团有限公司
98	江苏无锡朝阳集团股份有限公司
99	江苏物润船联网络股份有限公司
100	江苏亚邦染料股份有限公司
101	江苏洋河酒厂股份有限公司
102	江苏银行股份有限公司
103	江西正邦科技股份有限公司
104	江阴恒阳化工储运有限公司
105	金川集团股份有限公司
106	金王集团青岛金王产业链管理有限公司
107	晶科能源有限公司
108	九牧集团有限公司
109	九州通医药集团股份有限公司
110	康佳集团股份有限公司
111	昆明国际花卉拍卖交易中心有限公司
112	利群商业集团股份有限公司
113	联想（北京）有限公司
114	良品铺子股份有限公司
115	辽宁禾丰牧业股份有限公司
116	林德（中国）叉车有限公司
117	龙大食品集团有限公司
118	泸州老窖集团有限责任公司

续 表

序号	企业名称
119	马鞍山钢铁股份有限公司
120	南充景民供应链管理有限公司
121	南京白龙有机农业科技开发有限公司
122	南京三加三电子商务有限公司
123	南京途牛科技有限公司
124	南京医药股份有限公司
125	内蒙古蒙牛乳业（集团）股份有限公司
126	内蒙古食全食美股份有限公司
127	内蒙古伊利实业集团股份有限公司
128	宁波海上鲜信息技术有限公司
129	农夫山泉股份有限公司
130	欧冶云商股份有限公司
131	奇瑞汽车股份有限公司
132	青岛酷特智能股份有限公司
133	青岛双星轮胎工业有限公司
134	泉州晋江陆地港港务有限公司
135	人福医药集团股份公司
136	如皋港务集团有限公司
137	瑞茂通供应链管理股份有限公司
138	赛轮金宇集团股份有限公司
139	三胞集团有限公司
140	三寰集团有限公司
141	三一集团有限公司
142	厦门国贸集团股份有限公司
143	厦门嘉晟供应链股份有限公司
144	厦门建发股份有限公司
145	厦门象屿股份有限公司
146	山东高速青岛西海岸港口有限公司
147	山东国泰通供应链有限公司
148	山东清源集团有限公司
149	山西太钢不锈钢股份有限公司
150	山西尧信昌电子科技有限公司
151	上港船舶服务（上海）有限公司

续 表

序号	企业名称
152	上港集团物流有限公司
153	上海本来生活信息科技有限公司
154	上海盒马网络科技有限公司
155	上海华能电子商务有限公司
156	上海家化联合股份有限公司
157	上海久耶供应链管理有限公司
158	上海市糖业烟酒（集团）有限公司
159	上海天地汇供应链管理有限公司
160	上海众敏供应链管理有限公司
161	上汽通用汽车有限公司
162	上药控股有限公司
163	深圳金雅福控股集团有限公司
164	深圳市创捷供应链有限公司
165	深圳市东方嘉盛供应链股份有限公司
166	深圳市飞马国际供应链股份有限公司
167	深圳市富森供应链管理有限公司
168	深圳市华富洋供应链有限公司
169	深圳市普路通供应链管理股份有限公司
170	深圳市旗丰供应链服务有限公司
171	深圳市怡亚通供应链股份有限公司
172	深圳市英唐智能控制股份有限公司
173	深圳市正负极供应链管理有限公司
174	深圳市中农网有限公司
175	深圳越海全球供应链有限公司
176	四川安吉物流集团有限公司
177	四川长虹电器股份有限公司
178	四川华朴现代农业股份有限公司
179	四川铁投广润物流有限公司
180	搜于特集团股份有限公司
181	苏美达国际技术贸易有限公司
182	苏宁易购集团股份有限公司
183	苏州食行生鲜电子商务有限公司
184	苏州物流中心有限公司

续　表

序号	企业名称
185	唐山冀东水泥股份有限公司
186	天合光能股份有限公司
187	天瑞集团股份有限公司
188	通富微电子股份有限公司
189	通用电气（中国）有限公司
190	万华化学集团股份有限公司
191	网易无尾熊（杭州）科技有限公司
192	潍柴动力股份有限公司
193	维沃通信科技有限公司
194	无锡天鹏集团有限公司
195	武汉新港建设投资开发集团有限公司
196	物产中大集团股份有限公司
197	物美控股集团有限公司
198	西安爱菊粮油工业集团有限公司
199	西安京迅递供应链科技有限公司
200	心怡科技股份有限公司
201	新光控股集团有限公司
202	新疆百成鲜食供应链有限公司
203	新疆果业集团有限公司
204	新疆海鸿实业投资有限公司
205	新疆金风科技股份有限公司
206	新疆新投能源开发有限责任公司
207	徐工集团工程机械有限公司
208	一汽物流有限公司
209	易大宗（北京）供应链管理有限公司
210	亿海蓝（北京）数据技术股份公司
211	驿路星辰（北京）科技有限公司
212	袁隆平农业高科技股份有限公司
213	云汉芯城（上海）互联网科技股份有限公司
214	云集共享科技有限公司
215	云南宝象物流集团有限公司
216	云南建投物流有限公司
217	云南农垦集团有限责任公司

续 表

序号	企业名称
218	云南欧亚乳业有限公司
219	云南省医药有限公司
220	云南腾晋物流股份有限公司
221	云南云天化联合商务有限公司
222	湛江港（集团）股份有限公司
223	招商局物流集团宁波有限公司
224	招商银行股份有限公司
225	浙江不老神食品有限公司
226	浙江菜鸟供应链管理有限公司
227	浙江宏伟供应链集团股份有限公司
228	浙江吉利控股集团有限公司
229	浙江美欣达纺织印染科技有限公司
230	浙江明日控股集团股份有限公司
231	浙江衢州东方集团股份有限公司
232	浙江森马服饰股份有限公司
233	浙江实达实机械设备有限公司
234	浙江天畅供应链管理有限公司
235	浙江天轮供应链管理有限公司
236	浙商中拓集团股份有限公司
237	蜘点集团有限公司
238	中百控股集团股份有限公司
239	中储南京智慧物流科技有限公司
240	中大门国际物流服务有限公司
241	中国大唐集团有限公司
242	中国电力建设集团有限公司
243	中国航发商用航空发动机有限责任公司
244	中国交通建设集团有限公司
245	中国联合网络通信有限公司
246	中国南方电网有限责任公司
247	中国人民财产保险股份有限公司
248	中国石化国际事业有限公司
249	中国太原煤炭交易中心有限公司
250	中国铁塔股份有限公司

续 表

序号	企业名称
251	中国物资储运集团有限公司
252	中国医疗器械有限公司
253	中国移动通信集团有限公司
254	中国中材进出口有限公司
255	中国中化集团有限公司
256	中国中药有限公司
257	中粮贸易有限公司
258	中粮肉食投资有限公司
259	中绿食品集团有限公司
260	中商北斗供应链管理集团有限公司
261	中商惠民（北京）电子商务有限公司
262	中铁物贸集团有限公司
263	中信金属集团有限公司
264	中原银行股份有限公司
265	舟山国家远洋渔业基地建设发展集团有限公司
266	准时达国际供应链管理有限公司

（商务部　工业和信息化部　生态环境部　农业农村部　人民银行　市场监管总局　银保监会　中国物流与采购联合会）

2018年无车承运试点综合监测评估排名前30位企业

排名	试点企业名称	省（市、区）
1	一点科技有限公司	山东
2	榆林货达物流有限公司	陕西
3	榆林卡漠网络科技有限公司	陕西
4	中储南京智慧物流科技有限公司	江苏
5	贵阳货车帮科技有限公司	贵州
5	江苏物云通物流科技有限公司	江苏
7	丹阳飓风物流股份有限公司	江苏
7	山西快成物流科技有限公司	山西
9	安徽共生物流科技有限公司	安徽
9	南京福佑在线电子商务有限公司	江苏
9	泰安市峰松电子科技有限公司	山东
9	新疆九洲恒昌供应链管理股份有限公司	新疆
13	希杰荣庆物流供应链有限公司	山东
13	青岛港国际物流有限公司	山东
15	合肥维天运通信息科技股份有限公司	安徽
15	安徽金网运通物流科技有限公司	安徽

续 表

排名	试点企业名称	省（市、区）
15	无锡恰途网络科技有限公司	江苏
15	五矿物流集团天津货运有限公司	天津
19	远迈信息技术张家口有限公司	河北
19	邯郸市邯钢集团安达物流有限公司	河北
19	湖北车联天下物流有限公司	湖北
19	西安和硕物流科技有限公司	陕西
19	天津运友物流科技股份有限公司	天津
19	浙江红狮物流有限公司	浙江
25	河北万合物流股份有限公司	河北
25	山西云启正通物流有限责任公司	山西
25	上海圆汇网络技术有限公司	上海
25	拉货宝网络科技有限责任公司	四川
29	鞍山新资讯信息有限公司	辽宁
29	新疆汇通互联信息科技有限责任公司	新疆

（交通运输部办公厅）

2018 年全国各省（市、区）无车承运试点企业综合监测评估排名

省（市、区）	试点企业名称	省（市、区）内排名
北京	北京数据在线国际供应链管理股份有限公司	1
天津	五矿物流集团天津货运有限公司	1
	天津运友物流科技股份有限公司	2
	天津陆路港公路运输发展有限公司	3
	振华东疆（天津）有限公司	4
	联合运输（天津）有限公司	5
	滴滴集运（天津）科技股份有限公司	5
	世德现代物流有限公司	7
	天津大田运输服务有限公司	8
河北	远迈信息技术张家口有限公司	1
	邯郸市邯钢集团安达物流有限公司	1
	河北万合物流股份有限公司	3
	胡子物流有限公司	4
	河北沃车港智慧科技有限公司	5
	河北好望角物流发展有限公司	6

续 表

省（市、区）	试点企业名称	省（市、区）内排名
河北	唐山公路港物流有限公司	7
	河北快运集团	8
	分通河北物流有限公司	9
	中国外运河北分公司	10
山西	山西快成物流科技有限公司	1
	山西云启正通物流有限责任公司	2
	山西聚鑫物云电子科技有限公司	3
	山西经纬通达股份有限公司	4
	山西新晋中交兴路信息科技有限公司	4
	山西晋云现代物流有限公司	6
	山西卡的网络科技有限公司	7
内蒙古	内蒙古安快物流发展有限责任公司	1
	内蒙古诚昊启元股份公司	2
	二连流畅贸易有限公司	3
辽宁	鞍山新资讯信息有限公司	1
	辽阳第地嘉仓储物流有限公司	2
	德邻陆港（鞍山）有限责任公司	3
	营口港通电子商务有限公司	4
	营口四海互联物流有限公司	4
	辽宁诚通物流有限公司	6
	辽宁门到门信息技术有限公司	7
	辽宁中成物流有限公司	8
	辽宁农信货联物流有限公司	8
	沈阳传化陆港物流有限公司	8
	特兰格睿物流（大连）有限公司	11
吉林	长春卡行天下供应链管理有限公司	1
	吉林省吉高物流有限公司	2
	吉林省掌控物流科技有限公司	3
	吉林省香江物流有限公司	4

续 表

省（市、区）	试点企业名称	省（市、区）内排名
黑龙江	哈尔滨传化公路港物流有限公司	1
	哈尔滨只点互通物流有限公司	2
	哈尔滨新赛力生信息咨询有限公司	3
	黑龙江北斗天宇卫星导航信息科技股份有限公司	4
上海	上海圆汇网络技术有限公司	1
	上海成达信息科技有限公司	2
	上海天地汇供应链管理有限公司	3
	上海胖猫物流有限公司	4
	新杰物流集团股份有限公司	5
	上海卡行天下供应链管理有限公司	6
	上海易浦物流有限公司	6
江苏	中储南京智慧物流科技有限公司	1
	江苏物云通物流科技有限公司	2
	丹阳飓风物流股份有限公司	3
	南京福佑在线电子商务有限公司	4
	无锡恰途网络科技有限公司	5
	江苏零浩网络科技有限公司	6
	江苏政成物流股份有限公司	7
	江苏满运软件科技有限公司	8
	林森物流集团有限公司	9
	常州易呼通物流科技有限公司	9
	江苏物润船联网络股份有限公司	11
	惠龙易通国际物流股份有限公司	12
	无锡远迈信息技术有限公司	13
	江苏友货网络科技有限公司	14
	江苏苏宁物流有限公司	15
	连云港吉安集装箱甩挂运输交易中心有限公司	16

续 表

省（市、区）	试点企业名称	省（市、区）内排名
江苏	江苏飞力达国际物流股份有限公司	17
	江苏金陵交运集团有限公司	18
	江苏星通北斗航天科技有限公司	19
	南京宜流信息咨询有限公司	20
浙江	浙江红狮物流有限公司	1
	杭州大恩物联科技有限公司	2
	浙江车马象物联网络有限公司	2
	杭州传化货嘀科技有限公司	4
	杭州菜鸟橙运供应链管理有限公司	5
	宁波卡哥信息科技有限公司	6
	浙江专线宝网阔物联科技有限公司	7
	宁波港国际物流有限公司	8
	浙江未名物流发展有限公司	9
	宁波聚合集卡联盟电子商务有限公司	10
	宁波万联国际集装箱投资管理有限公司	11
	浙江运到网络科技有限公司	12
安徽	安徽共生物流科技有限公司	1
	合肥维天运通信息科技股份有限公司	2
	安徽金网运通物流科技有限公司	2
	安得物流股份有限公司	4
	界首市黑豹运输有限公司	5
	安徽神通物联网科技有限公司	6
	统运物流科技有限公司	7
	安徽慧通互联科技有限公司	7
	铜陵有色金属集团铜冠物流有限公司	9
	芜湖运泰物流有限责任公司	10
	安徽迅捷物流有限责任公司	11

续　表

省（市、区）	试点企业名称	省（市、区）内排名
福建	泉州天地汇供应链管理有限公司	1
	铁联物流有限公司	2
	福建省慧淘供应链管理有限公司	2
	泉州市闽运兴物流有限公司	2
	福州迅腾网络科技有限公司	5
	福建好运联联信息科技有限公司	6
	福建联冠汇通物流科技有限公司	7
	福建未名信息技术股份有限公司	8
	福建省交通一卡通有限公司	9
	福建传化公路港物流有限公司	9
	漳州漳龙物流园区开发有限公司	11
	福建龙洲运输股份有限公司	12
江西	江西正广通供应链管理有限公司	1
	江西万佶物流有限公司	2
山东	一点科技有限公司	1
	泰安市峰松电子科技有限公司	2
	希杰荣庆物流供应链有限公司	3
	青岛港国际物流有限公司	3
	山东航天九通车联网有限公司	5
	日照港集团有限公司	6
	满易网络科技有限公司	7
	弘嘉孚国际物流有限公司	8
	山东京博云商物流有限公司	9
	济南传化泉胜公路港物流有限公司	10
河南	中原大易科技有限公司	1
	河南省脱颖实业有限公司	2
	郑州交通运输集团有限责任公司	3

续　表

省（市、区）	试点企业名称	省（市、区）内排名
河南	河南卓逾物流有限责任公司	4
	河南中原云工有限责任公司	4
	洛阳市大一物流有限公司	6
	郑州永康物流产业发展有限公司	6
	开封市宏达信息技术有限公司	8
	河南安联程通信息技术有限公司	9
	许昌万里运输集团股份有限公司	9
	河南紫云云计算股份有限公司	11
	郑州国际陆港开发建设有限公司	12
	郑州金色马甲电子商务有限公司	13
湖北	湖北车联天下物流有限公司	1
	湖北安卅物流有限公司	2
	武汉物易云通网络科技有限公司	3
	湖北我家物流服务有限公司	4
	武汉天地汇天诚供应链管理有限公司	5
	湖北天盾电子技术有限公司	6
	宜昌三峡物流园有限公司	7
	湖北真好运智慧物流有限公司	8
	武汉小码大众科技有限公司	9
湖南	招商局物流集团湖南有限公司	1
	湖南天骄物流信息科技有限公司	1
	湖南神州大地行物流有限公司	3
	湖南省衡缘物流有限公司	3
	长沙传化公路港物流有限公司	3
	湖南国联捷物流有限公司	6
	湖南海驿智能物流产业发展有限公司	7
	衡阳市雁城物流园有限公司	7

续 表

省（市、区）	试点企业名称	省（市、区）内排名
湖南	长沙市实泰物流有限公司	9
	湖南省京阳物流有限公司	10
	湖南龙骧神驰运输集团有限责任公司	11
广东	深圳市国讯通科技实业有限公司	1
	广东中外运电子商务有限公司	2
	深圳市新运力科技开发有限公司	3
	运柜宝物流有限公司	4
	广州志鸿物流有限公司	4
	招商局物流集团广州物流有限公司	4
	风神物流有限公司	7
	深圳市前海美泰物流网科技有限公司	7
	广州增信信息科技有限公司	9
	广州林安汇信物流有限公司	10
	广东一站网络科技有限公司	11
	深圳市康舶司科技有限公司	12
	深圳前海阿凡达物流网络科技有限公司	12
	广州市鑫亚物流有限公司	14
	好多车联（深圳）科技有限公司	14
	深圳卡行天下网络科技有限公司	16
	广州踏歌行物流有限公司	17
	招商局物流集团有限公司	18
	深圳市调车宝物流科技有限公司	19
	深圳一海通全球供应链管理有限公司	19
	深圳市中艽科技物流有限公司	21
四川	拉货宝网络科技有限责任公司	1
	成都积微物联电子商务有限公司	2
	成都道臣物流集团有限公司	3

续 表

省（市、区）	试点企业名称	省（市、区）内排名
四川	成都返空汇网络技术有限公司	4
	成都传化公路港物流有限公司	5
	东亨信息科技股份有限公司	6
	成都天地汇顺邦供应链管理有限公司	7
	四川蜀亚通供应链管理有限责任公司	7
	成都卡行天下物流有限公司	9
	四川省港航开发有限责任公司	9
	四川华峰物流有限公司	11
重庆	沙师弟（重庆）网络科技有限公司	1
	重庆中交兴路供应链管理有限公司	1
	重庆返空汇物流科技有限公司	3
	重庆公路运输（集团）有限公司	4
	重庆传化公路港物流有限公司	5
	重庆诚通信息技术有限公司	6
贵州	贵阳货车帮科技有限公司	1
	遵义传化公路港物流有限公司	2
	贵阳传化公路港物流有限公司	3
	贵州水钢物流有限公司	4
	贵州交通物流集团有限公司	5
	贵州道坦坦科技股份有限公司	6
云南	云南瑞和锦程实业有限公司	1
	昆明海航速运有限责任公司	2
	云南能投物流有限责任公司	3
	云南腾俊多式联运股份有限公司	4
	云南昆明交通运输集团有限公司	5
陕西	榆林货达物流有限公司	1
	榆林卡漠网络科技有限公司	2

续 表

省（市、区）	试点企业名称	省（市、区）内排名
陕西	西安和硕物流科技有限公司	3
	陕西远行供应链管理有限公司	4
	西安胜途汽车服务有限公司	5
	榆林恒泰运输集团	6
	陕西恒顺物流有限责任公司	7
	陕西分通物流有限公司	8
	宝鸡华誉物流股份有限公司	9
	陕西银天物流有限公司	10
甘肃	武威腾宇物流中心有限公司	1
	甘肃中寰卫星导航通信有限公司	2
	甘肃新网通科技信息有限公司	3
	甘肃建投资产经营有限公司	4
	甘肃东部运输实业（集团）有限责任公司	5
宁夏	宁夏众力北斗卫星导航信息服务有限公司	1
新疆	新疆九洲恒昌供应链管理股份有限公司	1
	新疆汇通互联信息科技有限责任公司	2
	新疆天顺供应链股份有限公司	3
	新疆华凌物流配送有限公司	4
	新疆智慧天山信息科技有限公司	5
	新疆伊宁市松发物流有限责任公司	5
新疆兵团	新疆天富易通供应链管理有限责任公司	1
	新疆聚鑫运通物流有限公司	2
	新疆联宇投资有限公司	3

（交通运输部办公厅）

首批交通运输大数据融合应用试点项目名单

一、跨领域业务综合应用方向

1. 甘肃省交通运输出行与旅游数据融合应用试点项目

推荐单位：甘肃省交通运输厅

实施单位：甘肃省交通运行（路网）监测与应急处置中心

2. 贵州省交通运输资源跨领域业务综合应用试点项目

推荐单位：贵州省交通运输厅

实施单位：贵州交通信息与应急指挥中心

3. 云南省交通运输厅行政审批一网通办系统及网上办事大厅建设试点项目

推荐单位：云南省交通运输厅

实施单位：云南省交通运输厅信息中心

4. 天津市综合交通数据分析服务系统建设试点项目

推荐单位：天津市交通运输委员会

实施单位：天津市市政工程设计研究院、天津市市政公路信息中心

二、整合共享能力提升方向

1. 天津市交通运输行业信息资源整合共享应用试点项目

推荐单位：天津市交通运输委员会

实施单位：天津市市政公路信息中心

2. 海南省交通运输信息资源整合共享及应用试点项目

推荐单位：海南省交通运输厅

实施单位：海南省交通运输厅信息中心

3. 广西交通运输信息资源整合共享应用试点项目

推荐单位：广西壮族自治区交通运输厅

实施单位：广西交通运输信息管理中心、广西交通设计集团有限公司、华为技术有限公司

4. 甘肃省交通运输行业数据资源交换共享与开放应用试点项目

推荐单位：甘肃省交通运输厅

实施单位：甘肃省交通科技通信中心

5. 福建省交通运输信息资源整合共享应用试点项目

推荐单位：福建省交通运输厅

实施单位：福建省交通信息通信与应急处置中心

6. 河南省综合交通服务大数据平台工程（含济源市交通运输信息资源整合共享应用工程）建设试点项目

推荐单位：河南省交通运输厅

实施单位：河南省交通通信中心、济源市交通运输局

7. 青海省交通运输信息资源整合共享应用试点项目

推荐单位：青海省交通运输厅

实施单位：青海省交通运输厅信息中心

三、政企数据融合应用方向

1. 公路货运企业运营状况监测分析应用试点项目

推荐单位：安徽省交通运输厅

实施单位：安徽省交通运输联网管理中心、安徽省道路运输管理服务中心、安徽慧通互联科技有限公司

2. 亳州市“互联网＋全域守时公共交通”试点项目

推荐单位：安徽省交通运输厅

实施单位：亳州市交通运输局、亳州市公共交通有限公司、江苏南大苏富特智能交通有限公司

3. 高速公路政企数据融合应用试点项目

推荐单位：山东省交通运输厅

实施单位：山东省交通运输厅信息中心、齐鲁交通信息集团有限公司、山东高速股份有限公司、山东高速信息工程有限公司、山东高速信息工程有限公司、山东高速信联支付有限公司

4. 基于政企数据融合应用的农村交通运输综合服务平台（“通村村”）试点项目

推荐单位：贵州省交通运输厅

实施单位：贵州智通天下信息技术有限公司

5. 长沙市城市交通运输系统监测数据政企共享与管理服务应用试点项目

推荐单位：湖南省交通运输厅

实施单位：长沙市交通运输信息中心、高德软件有限公司、湖南师范大学

6. “畅行江苏”数据服务平台试点项目

推荐单位：江苏省交通运输厅

实施单位：江苏省交通通信信息中心、江苏长天智远交通科技有限公司

7. 广州一站式出行服务体系应用试点工程

推荐单位：广东省交通运输厅

实施单位：广州市交通委员会、广州市公共交通集团有限公司

（交通运输部办公厅）

物流企业综合评估全国第二十五批、第二十六批 A 级物流企业名单

全国第二十五批 A 级物流企业名单
（各项排名不分先后，共 358 家）

5A 级物流企业（11 家）：

上海中谷物流股份有限公司
上海环世物流（集团）有限公司（4A 升 5A）
上海安能聚创供应链管理有限公司
中国外运辽宁有限公司
如皋港务集团有限公司
百世物流科技（中国）有限公司（4A 升 5A）
浙江义乌港有限公司
华润山东医药有限公司
山东京博物流股份有限公司（4A 升 5A）
盐田国际集装箱码头有限公司
云南宝象物流集团有限公司

4A 级物流企业（105 家）：

中通服供应链管理有限公司
上海集正供应链管理有限公司
招商局物流集团上海有限公司
上海龙邦供应链管理有限公司
上海进极储运有限公司
上海海一航运有限公司
我来运（上海）供应链管理有限公司
唐山公路港物流有限公司
河北盛宇物流有限公司
唐山百货大楼集团银河物流有限责任公司（3A 升 4A）
廊坊市跃兴物流有限公司（3A 升 4A）
沧州稳达供物流有限公司（3A 升 4A）
山西顺丰速运有限公司（3A 升 4A）
大连顺丰速运有限公司
大连五佳国际贸易有限公司
辽宁安吉联合汽车物流有限公司（3A 升 4A）
吉林省香江物流有限公司
磐石吉高陆港物流有限公司
黑龙江省顺丰速运有限公司（3A 升 4A）

南京汇通船务有限公司
江苏炜伦航运股份有限公司
江苏全强海运有限公司
建湖第一航运有限公司
江苏凯莱物流有限公司
江苏润特航运有限公司（3A 升 4A）
徐州徐工智联物流服务有限公司
江苏同益国际物流股份有限公司
常州市尚德物流有限公司
浙江广杭物流有限公司（3A 升 4A）
浙江硕程物流有限公司
统运物流科技有限公司
安徽马钢汽车运输服务有限公司
莆田盛辉物流有限公司（3A 升 4A）
龙岩市闽盛物流有限公司（3A 升 4A）
抚州佳斌现代物流园有限公司
南城县亚欣物流有限公司
高安市村长物流有限公司
江西江龙集团兴海汽运有限公司
江西松畅宝实业有限公司（3A 升 4A）
江西联源物流有限公司
定南国盛铁路实业有限公司
山东佳怡运输有限公司
济南鹰联物流有限公司
山东华永汽车物流有限公司
济南中外运国际物流有限公司
山东齐鲁云商物资交易有限公司
山东齐鲁物流有限公司
山东中汇物流实业有限公司
寿光市五福凯业物流有限公司
潍坊安骏达物流有限公司（3A 升 4A）
沂水县宏顺物流有限公司
山东家家悦物流有限公司
威海威东航运有限公司
赤山集团有限公司
龙口市第二汽车运输公司（3A 升 4A）
烟台万华合成革集团华悦汽车运输有限公司
河南申通实业有限公司
国药控股河南股份有限公司
河南平安物流有限公司
河南黑豹物流有限公司
河南德众保税物流中心有限公司（3A 升 4A）
中原大易科技有限公司
河南天天金程物流有限公司
河南中原创新物流有限公司
河南万庄安阳物流园有限公司
襄阳乐峰粮油有限公司
襄阳市兴乐机电产品有限公司
襄阳丽晶斌机械有限公司（3A 升 4A）
襄阳兴荣创新机械有限公司
襄阳沃达华机电科技有限公司
十堰天与地物流有限公司（3A 升 4A）
襄阳市金鑫正物流有限责任公司
襄阳鑫雨怡物流有限公司
襄阳大正物流有限公司
襄阳汇友通物流有限公司（3A 升 4A）
襄阳银基棉业有限公司
襄阳农担物流发展有限公司
湖北康晟亚通汽车部件实业有限公司
宜昌华维物流有限责任公司（3A 升 4A）
湖北联云电子科技有限公司
湖北众诚物流集团有限公司
金瑞物流产业园有限公司（3A 升 4A）
湖北人福医药集团有限公司
良品铺子股份有限公司
湖南新泰和绿色农业集团有限公司（3A 升 4A）
岳阳森凯仓储物流有限公司
湖南梨江国际智能物流管理有限公司
湖南三一物流有限责任公司

湖南博瑞药业有限公司
深圳市深国际华南物流有限公司
深圳市富润德供应链管理有限公司
广州市宇轩物流有限公司
广州市长鹏实业有限公司
广州飞梭云供应链有限公司
南宁震洋物流有限公司
四川成诺物流有限责任公司（3A 升 4A）
成都欣华欣物流有限公司
成都顺韵达物流服务有限公司
贵州恩煜祥物流有限责任公司（3A 升 4A）
云南东达物流股份有限公司
云南天一仓储配送有限公司
云南铝业股份有限公司
云南新亚太物流有限责任公司
红河奔腾物流集团有限公司
云南省玉溪通力汽车运输有限公司

3A 级物流企业（177 家）：

北京快行线冷链物流有限公司
天津苏宁物流有限公司
上海钧源物流有限公司（2A 升 3A）
上海润东物流有限公司
上海平文物流有限公司
上海江隆物流有限公司
重庆鑫之道物流有限责任公司
石家庄军城物流有限公司
沧州市诚信物流有限公司
河北省大河物流有限公司
山西经纬通达股份有限公司
大连风神物流有限公司
大连鲜星国际物流有限公司
大连国际货运有限公司
大连俱进汽贸运输有限公司
大连中外运物流有限公司
辽宁诚通物流有限公司
长春金事达物流有限公司
南京深普物流有限公司
江阴市江顺物流有限公司
常熟茂盛物流有限公司
苏州润丰物流有限公司
苏州烨辉物流有限公司
常熟市通港货运有限公司
海邦（江苏）国际物流有限公司
常熟圳安物流有限公司
苏州市正天货运有限公司
无锡市正天物流有限公司
常州市正天物流有限公司奔牛分公司
南通华润燃气有限公司
江苏腾飞物流有限公司
常熟宇恒货运有限公司
常熟市通运达货运有限公司
常熟市骏源运输有限公司
常熟正广通供应链管理有限公司
衢州市海欣物流有限公司
丸全电产储运（平湖）有限公司
三门从达大件物流有限公司
台州市黄岩卫东运输有限公司
浙江协海集团有限公司
浙江长昌海运有限公司
仙居九州通医药有限公司
乐清市立信物流快运有限公司
乐清市华光物流有限公司
浙江天天发物流有限公司
温州市亮帆物流有限公司
浙江南丰物流有限公司
义乌天旭国际货运代理有限公司
义乌市泰佳国际货运代理有限公司
义乌荣航国际货运代理有限公司
义乌佳途国际货运代理有限公司

义乌市旭航国际货运代理有限公司
义乌市通邦国际货运代理有限公司
金华市海成供应链管理有限公司
义乌创发国际货运代理有限公司
浙江德迅供应链管理有限公司
浙江伊布拉欣国际货运代理有限公司
安徽中汇海运有限公司
合肥苏宁物流有限公司
芜湖市安顺船务有限责任公司
马鞍山市智洛物流集团
马鞍山江东汽运有限公司
安徽中联海运有限公司
安徽迅捷皖江物流有限公司
马鞍山市联合运输有限责任公司
马鞍山市润通物流有限公司
福建可门港物流有限责任公司
福建友昌物流有限公司
泉州外代物流有限公司
石狮万兴物流有限公司
凯祥（福建）物流有限公司
漳州兴四海物流有限公司
龙岩市卓信物流有限公司（2A 升 3A）
龙岩市龙雁运输有限公司
福建省龙岩鑫龙物流有限公司
三明市建荣物流有限公司
三明市云领物流有限公司
厦门来得顺物流有限公司
厦门外代国际货运有限公司
厦门中外运裕雄物流有限公司
厦门诚发物流有限公司
江西长荣物流有限公司
新余市东华龙货运有限公司
江西鹏泰物流有限责任公司
江西省文顺物流有限公司
信丰华洲物流有限公司
赣州市南康区增源物流有限公司
赣州市南康区鑫顺达物流有限公司（2A 升 3A）
赣州市南康区畅远物流有限公司
赣州市南康区正印物流有限公司（2A 升 3A）
济南安利达物流有限公司
济南鲁豫物流有限公司
淄博天润物流有限公司
山东云之坤物流有限公司
淄博九州行物流有限公司
德州飞马冷链物流有限公司（2A 升 3A）
山东先锋物流有限公司
莒县永生物流有限公司
日照新晨物流有限公司
莒县新百盛汽车运输有限公司
郑州远东供应链管理有限公司
海程邦达国际物流有限公司郑州分公司
河南裕丰物流有限公司（2A 升 3A）
郑州市四季安物流有限公司
河南全程物流有限公司
河南天河供应链物流有限公司
河南安棚铁路货运有限公司
郑州亚欧物流有限公司
河南省全峰快递有限公司
南阳奥博物流中心
南阳市诚远物流有限公司
焦作市方圆运业有限公司
河南大象物流有限公司
襄阳富明新物流有限责任公司
湖北骆驼物流有限公司
湖北世通易达物流有限公司
湖北赤湾东方物流有限公司
武汉鸿泽通物流有限公司
鄂州市金航集货运输贸易有限公司

荆州市昊瀚物流有限公司
宜都市松宜铁路有限责任公司
宜都市红花鑫通物流有限公司
宜昌春晓物流有限公司
宜昌立信物流有限公司
十堰亨纳贸易有限公司
湖北宏拓工贸有限公司
武汉梁子湖水产品加工有限公司
武汉华泽物流有限公司
武汉长盛港通汽车物流有限公司
武汉联华运贸物流有限公司
醴陵市龙兴贸易有限公司
湖南新征程物流有限公司
岳阳弘昱物流产业发展有限公司
株洲市大丰物流有限公司
湖南上药九旺医药有限公司
临武县顺民惠农服务有限公司
湖南领速物流有限公司
湖南恒之运物流有限公司
广东珠江国际货运代理有限公司
茂名市茂南华鹏汽车运输有限公司
东莞致远物流有限公司
深圳万国集通国际货运代理有限公司
深圳市中海通海运有限公司
深圳市西部疆源货运有限公司
深圳市航驿物流有限公司
深圳市博亿美国际物流有限公司
深圳市理想物流有限公司
深圳市凯利物流有限公司
深圳市鸿泰信国际货运代理有限公司
广州鹏升运输有限公司
成都中阳物流有限责任公司
绵阳市高水农副产品批发有限公司（2A 升 3A）
四川兴兴药业有限公司
达州达运物流有限公司
泸县大发汽车运输队
成都中邦物流有限公司
成都陆江货运有限公司
成都坤远物流有限公司
成都尔泰物流有限公司
成都兴雨润物流有限公司
四川齐天大圣物流有限公司
成都奥川物流有限公司
大英鑫业物流有限公司
贵阳心联心物流有限公司
贵州省鹏程物流有限公司
天驰物流股份有限公司
云南顶众物流有限责任公司
保山骏泰物流有限公司
云南宏程物流集团有限公司
迪庆州金诚零担货运有限责任公司
西安陆港大陆桥国际物流有限公司
陕西吉顺龙物流有限公司（2A 升 3A）
陕西祥云物流有限公司
兰州苏宁物流有限公司
宁夏然尔特实业集团有限公司
吴忠市茂鑫通冷藏运输有限公司
中疆物流有限责任公司

2A 级物流企业（64 家）：

大连一运运输有限公司
大连瑞华景年物流有限公司
沈阳鑫运物流有限公司
抚松县成达仓储物流有限公司
哈尔滨市鹏瑞货物运输有限公司
哈尔滨悦路运输有限公司
龙游宏发物流有限公司
浙江景承物流有限公司
海盐县吴氏汽车运输有限公司

绍兴中轻物流有限公司
绍兴市广通物流有限公司
浙江上虞港物流股份有限公司
台州市路桥兴港国际集装箱储运有限公司
台州东福汽车运输有限公司
台州元文物流有限公司
缙云县鸿鑫物流有限公司
龙泉市金义物流有限公司
金华赛灵实运国际物流有限公司
金华申越物流有限公司
金华市康顺物流有限公司
义乌恺吉物流有限公司
东阳市震宇物流有限公司
东阳市鸿运运输有限公司
东阳市路路通物流有限公司
宁波信诺国际物流有限公司
马鞍山市大顺水路运输有限责任公司
马鞍山来福航运有限公司
马鞍山市长江物流有限公司
安徽省弘泰航运有限公司
福建福宇物流有限公司
福建省赵家堡国通物流有限公司
长汀县顺风物流有限公司
将乐县中福物流服务部
厦门中外运物流有限公司
信丰晨逸物流有限公司
赣州市新鸿物流有限公司
赣州明萱物流有限公司
大余县东深物流有限公司
青岛金巴赫国际物流股份有限公司
河南省脱颖实业有限公司
长葛市远通物流有限公司
河南露洋物流有限公司
南阳弘发物流有限公司
武汉康圣达医学检验所有限公司
国药控股麻城有限公司
国药控股黄梅有限公司
赤壁市磊鑫洪泰商贸有限公司
国药控股咸宁有限公司
房县诚信汽配有限责任公司
湖北金璨农业产业化发展有限公司
天门市佑琪制衣股份有限公司
武汉新东方顺达物流有限公司天门分公司
天门市百链达物流有限公司
深圳市中宝丰商贸有限公司
深圳市汉文广达电子商务有限公司
深圳市星辰现代物流有限公司
深圳市大常生国际物流有限公司
四川新柏航物流有限公司
四川淳邦化工物流有限公司
勐腊天鸿贸易有限公司
云南铁塔物流有限公司
曲靖麟泰商贸有限公司
西安糖酒冰峰物流有限公司
嘉峪关市金翼城乡电商快递物流集散中心有限责任公司

1A 级物流企业（1 家）：

营口水隆船舶服务有限公司

2017 年下半年通过复核的 A 级物流企业名单（共 464 家）

5A 级物流企业（48 家）：

中远海运物流有限公司
中铁现代物流科技股份有限公司
天津大田集团有限公司
中国兵工物资集团有限公司
中都物流有限公司

中国通信服务股份有限公司
华润医药商业集团有限公司
中国邮政速递物流股份有限公司北京市分公司
中国铁路北京局集团有限公司
振华物流集团有限公司
中集现代物流发展有限公司
远成集团有限公司
安吉智行物流有限公司
全球国际货运代理（中国）有限公司
上港集团物流有限公司
上海中远海运物流有限公司
重庆长安民生物流股份有限公司
唐山港集团股份有限公司
中国铁路太原局集团有限公司
中国铁路沈阳局集团有限公司
苏州物流中心有限公司
中国外运长江有限公司
金南物流集团股份有限公司
江苏亚邦医药物流中心有限公司
江苏徐州港务（集团）有限公司
浙江省八达物流有限公司
义乌市国际陆港集团有限公司
盛丰物流集团有限公司
厦门港务发展股份有限公司
淄博金泰铁路储运有限公司
中国铁路济南局集团有限公司
青岛日日顺物流有限公司
烟台港集团有限公司
襄阳东风合运物流股份有限公司
中国铁路武汉局集团有限公司
湖南一力股份有限公司
浙商中拓集团股份有限公司
广东林安物流发展有限公司
中国外运华南有限公司
广东广物物流有限公司
广州金博物流贸易集团有限公司
中国铁路南宁局集团有限公司
中国铁路成都局集团有限公司
中国铁路昆明局集团有限公司
中国铁路西安局集团有限公司
兰州金轮实业有限责任公司
中国铁路兰州局集团有限公司
中国铁路乌鲁木齐局集团有限公司

4A 级物流企业（177 家）：

北京中远海运物流有限公司
中国外轮代理有限公司
中远海运航空货运代理有限公司
北京汇天力物流有限公司
北京盛丰供应链管理有限公司
北京中铁工业有限公司
北京远成物流有限公司
北京中铁铁龙多式联运有限公司
天津天保国际物流集团有限公司
中国邮政速递物流股份有限公司天津市分公司
天津京铁实业发展中心
天津国际物流中心
上海通贸国际供应链管理有限公司
上海华谊天原化工物流有限公司
上海景鸿国际物流股份有限公司
上海会成物流有限公司
上海顶通物流有限公司
中国上海外轮代理有限公司
上海郑明现代物流有限公司
上海东泽国际物流有限公司
上海中集集装箱有限公司
上海明乾物流有限公司
秦皇岛中首物流有限公司

秦皇岛冀盛物流有限公司
山西太铁联合物流有限公司
太原钢运物流股份有限公司
山西汽运集团临汾汽车运输有限公司
山西汽运集团晋城汽车运输有限公司
通辽市金播化肥储备有限责任公司
通辽东方利群药品有限公司
大连中远海运物流有限公司
大连集龙物流有限公司
沈阳煤业（集团）国源物流有限责任公司
辽宁铁信实业集团有限公司
唐山海港长航物流有限公司
长春一汽富晟大众物流有限公司
一重新能源发展集团有限公司
江苏正大富通股份有限公司
华润张家港百禾医药有限公司
华友管业有限公司
张家港保税区长江国际港务有限公司
江苏恒联国际物流有限公司
南京新干线物流有限公司
南京长安民生住久物流有限公司
南京交运集团有限公司
江苏梦兰物流园区开发有限公司
江苏建伟物流股份有限公司
昆山飞力仓储服务有限公司
张家港润盛科技材料有限公司
江苏苏汽国际物流集团有限公司
张家港华达码头有限公司
海安燕信化学品物流有限公司
常熟华坤仓储有限公司
江苏宏信超市连锁股份有限公司
江苏方正钢铁集团有限公司
无锡市顺丰速运有限公司
昆山世远物流有限公司
南通纪氏金属材料有限公司
浙江新安物流有限公司
浙江衢州汽车运输集团有限公司
浙江荣通物流有限公司
杭州汤氏物流有限公司
浙江正北实业有限公司
浙江陆通物流有限公司
金承物流集团有限公司
浙江中盛物流有限公司
浙江振华物流有限公司
温州顺衡速运有限公司
绍兴顺丰速运有限公司
温州市鹿富物流有限公司
台州顺丰速运有限公司
浙江高通物流有限公司
桐乡市濮院物流园区发展有限公司
镇海石化物流有限责任公司
中国宁波外轮代理有限公司
宁波中远海运物流有限公司
宁波雅戈尔国际贸易运输有限公司
宁波市金星物流有限公司
浙江九龙国际物流有限公司
宁波中通物流集团有限公司
宁波港铃与物流有限公司
中国邮政速递物流股份有限公司安徽省分公司
安徽安达物流有限公司
中国邮政速递物流股份有限公司福建省分公司
万全现代物流股份有限公司
福建省晋江市交通物流有限公司
泉州隆汉物流有限公司
福建兄弟物流有限公司
福建省东山县东海岸保税仓储物流中心有限公司
福州青州集装箱码头有限公司

福建恒安物流有限公司
泉州盛辉物流有限公司
泉州高时物流有限公司
福建中邮物流有限责任公司
厦门华贸物流有限公司
厦门联合物流有限公司
厦门荣利达物流集团有限公司
顺通达集团有限公司
厦门大顺集团股份有限公司
厦门港务物流有限公司
厦门市顺丰速运有限公司
上饶市新华龙物流有限公司
萍乡市达金物流有限公司
江西省通信产业服务有限公司
吉安市综合物流中心有限公司
江西康尔达物流有限公司
山东和济集团有限公司
山东新华顺运输有限责任公司
山东广野物流集团有限公司
速恒物流股份有限公司
山东长富物流集团有限公司
西王物流有限公司
青岛福兴祥物流有限公司
中国青岛外轮代理有限公司
青岛中远海运物流有限公司
中远海运物流仓储配送有限公司
青岛天璇物流股份有限公司
青岛顺丰速运有限公司
渤海轮渡集团股份有限公司
漯河双汇物流投资有限公司
贰仟家汽车新服务有限公司
郑州澳柯玛物流开发有限公司
洛阳市大一物流有限公司
河南亿星实业集团有限公司
兴山县兴发汽运有限公司
宜昌三峡茶城集团有限公司
襄阳市明顺达物流有限公司
武汉威伟机械设备实业有限公司
襄阳厚载科技有限公司
荆门市通旺达物流有限公司
湖北富迪实业股份有限公司
武汉市正达物流有限公司
湖北黄商集团股份有限公司
武汉中百物流配送有限公司
武汉市车城物流有限公司
武汉云申物流有限公司
中百集团武汉生鲜食品加工配送有限公司
湖北交投物流集团有限公司
武汉正通联合实业投资集团有限公司
湖南达嘉维康医药有限公司
华润湖南双舟医药有限公司
湖南豫湘工贸有限公司
邵东星沙物流股份有限公司
湖南长远物流有限责任公司
湖南涟钢物流有限公司
湖南红光物流有限公司
衡阳欣衡物流有限公司
衡阳力丰物流有限公司
深圳市佳捷现代物流有限公司
广州广日物流有限公司
广州市穗佳物流有限公司
中国广州外轮代理有限公司
广州中远海运物流有限公司
广汽丰通物流有限公司
广州中联环宇现代物流有限公司
中山港航集团股份有限公司
广州志鸿物流有限公司
广东高捷航运物流有限公司
中国邮政速递物流股份有限公司广西壮族自治区分公司

海南海旗航运有限公司
海南海峡航运股份有限公司
四川通宇物流有限公司
中铁二局集团物资有限公司
中铁八局集团现代物流有限公司
四川粮油批发中心直属储备库
中国邮政速递物流股份有限责任公司四川省分公司
四川省物流产业股份有限公司
四川省通信产业服务有限公司物流分公司
陕西黄马甲物流配送股份有限公司
陕西易通国际货运有限公司
甘肃省商业储运股份有限公司
酒泉钢铁（集团）有限责任公司物流中心
青海省富康医药集团有限责任公司
西宁长丰集团物贸有限公司
青海省汽车运输集团有限公司
中国邮政速递物流股份有限公司新疆维吾尔自治区分公司
新疆拓普农业股份有限公司

3A 级物流企业（188 家）：

北京东方安通物流有限公司
天津中远海运航空货运代理有限公司
天津远成畅达物流有限公司
天津市东丽区魏王储运有限公司
顺丰速运（天津）有限公司
上海联达物流有限公司
上海中远海运航空货运代理有限公司
阿尔卑斯物流（上海）有限公司
上海亨利达国际物流有限公司
上海安宜达物流有限公司
上海敬诚物流有限公司
重庆瑞驰物流有限公司
重庆嘉峰实业（集团）有限公司
河北大华国际物流集团有限公司
晋城市苗匠物流园区发展有限责任公司
山西现代物流有限公司
扎鲁特旗正达粮油贸易有限公司
通辽市泽强医药商贸有限公司
沈阳一运实业有限责任公司
沈阳市天顺路发冷藏物流有限公司
营口兴港实业有限公司
富临仓储物流（营口）有限公司
北大荒物流股份有限公司
苏州工业园区报关有限公司
江苏中大物流有限公司
南通市百发实业有限责任公司
江苏冉光物流有限公司
江苏恒安物流有限公司
昆山朗升安顺达集运物流有限公司
启东绿色田园农副食品有限公司
昆山飞力宇宏航空货运有限公司
泰州市过船港务有限公司
无锡宇昊运输有限公司
南通瑞诚物流有限公司
南通宏仁化学危险物品运输有限公司
淮安市国泰汽车运输有限公司
淮安市恒安天然气运输有限公司
浙江浙金物流有限公司
浙江英特物流有限公司
中国舟山外轮代理有限公司
浙江嘉鸿国际货运代理有限公司
浙江统冠物流发展有限公司
杭州永良物流有限公司
浙江航空开发总公司
平湖市亚太物流有限公司
绍兴市集亚物流基地有限公司
浙江安畅物流有限公司
嘉兴川山甲物资供应链有限公司

义乌市万通速递有限公司
台州市宏星物流有限公司
长兴华顺物流有限公司
嘉兴内河国际集装箱码头有限公司
浙江托你福物流有限公司
台州供销华联仓储有限公司
温州市俊驰物流有限公司
温州市龙湾物流有限公司
温州市新正龙货物运输有限公司
温州市第三汽车运输公司
温州图兴物流有限公司
金华市铁集货运代理有限公司
台州市黄岩驰鹏危险品运输有限公司
宁波市阿六食品有限公司
浙江雨中雨水产有限公司
宁波长胜货柜有限公司
余姚市东方国际物流有限公司
宁波外代新华国际货运有限公司
宁波外代新扬船务有限公司
余姚市鑫天地货运有限公司
宁波远成物流发展有限公司
金辉江海物流股份有限公司
余姚市粮油运输有限公司
中国邮政速递物流股份有限公司浙江省慈溪市分公司
宁波广博赛灵国际物流有限公司
宁波新思路物流有限公司
宁波大榭开发区宁港物流有限公司
宁波明乐物流有限公司
宁波市新庄物流有限公司
马鞍山市江东航运有限公司
马鞍山亚太物流集团有限公司
福建华威商贸物流有限公司
福建中闽物流有限公司
福建万达物流有限公司
宁德市申通快递有限公司
福建万鼎物流有限公司
福建永杰物流有限公司
福建省莆田市双赢物流有限公司
石狮市贤达物流有限公司
晋江市凤池汽车运输有限公司
南安市英豪物流有限责任公司
泉州市天盛集装箱运输有限公司
泉州万弘物流有限公司
凯鹏（福建）物流有限公司
石狮市阜康集装箱储运有限公司
永安市源通物流有限公司
福建省建瓯市德峰汽车物流有限公司
福州世海国际物流有限公司
福建合利物流有限公司
莆田市秀屿区佳林运输有限公司
泉州诚德物流有限公司
石狮市华锦码头储运有限公司
福建劲翔物流有限公司
石狮市联达货运有限公司
福建永得利物流有限公司
邵武天宇物流有限公司
龙岩市港通汽车运输有限公司
漳平市闽富物流有限公司
厦门火炬集团物流有限公司
厦门象屿胜狮货柜有限公司
叶水福物流（厦门）有限公司
厦门锦集物流有限公司
厦门国贸泰达保税物流有限公司
厦门汉连物流有限公司
厦门鑫闽通物流有限公司
厦门中迪物流有限公司
赣州市南康区荣宝正泰物流有限公司
江西康华企业发展有限公司
赣州三志物流有限公司

赣州通力物流有限公司
山东载信物流有限公司
中盐青岛盐业有限公司
青岛师帅冷链物流股份有限公司
青岛九州通医药有限公司
青岛道者无极科技物流股份有限公司
烟台万方物流有限公司
烟台福昊物流有限公司
烟台德华物流有限公司
烟台集大物流有限公司
烟台开发区诚信通和物流有限公司
漯河宏运汽车运输集团有限公司
郑州花花牛货运有限公司
河南恒道物流有限公司
枝江市兴港装卸运输有限责任公司
枝江市安宁汽车运输有限责任公司
湖北中禾粮油股份有限公司
宜昌顺达运输有限责任公司
宜昌三峡物流园有限公司
宜昌市晓曦红果业有限公司
宜昌万富工贸有限责任公司
宜昌山里来食品有限责任公司
十堰市和谐物流有限公司
荆门市腾飞达物流有限公司
荆门市多辉农产品物流园开发有限公司
卓尔（天门）棉花交易中心投资发展有限公司
武汉长江智能物流股份有限公司
武汉山绿冷链物流有限公司
武汉恒钢物流发展有限公司
武汉市副食品商业储备有限公司
武汉四方交通物流有限责任公司
武汉京昌物流有限公司
武汉建投铁路运输有限公司
武汉市梦园冷链物流有限公司
武汉汉鹏物流发展有限责任公司
湖南省湘南物流有限公司
湖南科风速运有限公司
湖南湘港投资集团有限公司
广州市中恒运输有限公司
湛江市海宏物流有限公司
东莞三江港口储罐有限公司
深圳市乾泰恒物流有限公司
广州市广石物流有限公司
广州长运全程物流有限公司
广州广汽木村进和仓储有限公司
广州和力物流有限公司
广西翁氏八达物流有限责任公司
中国第二重型机械集团德阳万路运业有限公司
泸州市叁陆运业有限公司
德阳华荣大件运输有限公司
四川洪成物流有限责任公司
成都善途快运有限公司
四川达竹物流有限责任公司
四川东皓物流有限公司
毕节市黔金叶货物运输有限责任公司
贵州省供销储运公司
贵州冶诚物流有限公司
云南东方物流有限公司
陕西东运物流有限公司
陕西东海实业有限公司
陕西红太阳仓储有限公司
甘肃天马物流股份有限公司
兰州顺丰速运有限公司
兰州全程德邦物流有限公司
宁夏伊品生物科技股份有限公司
宁夏陆港物流有限责任公司
宁夏金速捷物流有限责任公司
宁夏骏通达物流有限公司

新疆轻工国际投资有限公司
新兴铸管（新疆）物流有限公司
新疆快立达物流有限公司

2A 级物流企业（47 家）：

北京大荣物流有限公司
上海锦路物流有限公司
上海金箭物流有限公司
营口经济技术开发区四海物流有限公司
嘉兴外轮代理有限公司
嘉兴市大安汽车运输有限责任公司
嘉兴市港区通达运输有限公司
杭州长运三运运输有限公司
浙江华药物流有限公司
湖州天地公路货物运输有限公司
嘉兴市东港货运有限公司
嘉兴锦昌仓储有限公司
长兴远锦物流有限公司
宁波太平国际贸易联运有限公司
宁波中亚国际集装箱储运有限公司
宁波英特物流有限公司
宁波甬隆物流有限公司
宁波涌金物流有限公司
宁波市富裕物流有限公司
宁波市鄞州金顺船舶食品有限公司
宁波恒俊物流有限公司
宁波海辰物流有限公司
宁波大榭开发区中达运输有限公司
福建大地通物流有限公司
九江鑫昌隆物流运输有限公司
赣州市南康区赣峰物流有限公司
龙南宏金达汽车运输有限公司
兴国金莹物流有限公司
寻乌县通成物流有限公司
赣州骏达物流有限公司
赣州市赣鑫物流有限公司
烟台翔川货运有限公司
湖北三峡鑫物再生资源循环科技有限公司
湖北金叶储运有限公司
湖北康华智慧物流园发展有限公司
荆州市丰泽园农业股份有限公司
湖北农夫乡情科技开发有限公司
湖北俏牛儿牧业有限公司
天门市舒彬农产品开发有限公司
天门元森农业产业化发展有限公司
武汉市硚口区神通运输有限公司
武汉经开港口股份有限公司
武汉市武物储运有限公司
湖南金海农产品有限公司
酒泉市酒嘉国际物流有限公司
乌鲁木齐世纪华程物流有限公司
昌吉州神瑞药业有限责任公司

1A 级物流企业（4 家）：

新昌县广通物流有限公司
宁波长运集装箱储运有限公司
厦门市快行线物流有限公司
江西普特物流有限公司

放弃复核的企业（66 家）：

唐山海港远大物流有限公司、大连沈铁港口物流集团有限公司、广东广通物流发展有限公司、天津中石化工物流有限公司、河北中恒泰达粮油贸易有限公司、河北顺邦物流有限公司、江苏大明金属制品有限公司、苏州高新区保税物流中心有限公司、江苏武进港务有限公司、杭州三里洋物流有限公司、丰羽（厦门）集团有限公司、南昌盛达物流有限公司、景德镇市恒通物流有限公司、诸城市立方再生资源有限公司、青岛国际机场集团有限公司、山东振华物流有限公司、青岛启德物流有限公司、河南金辉物流有限公司、达基物流（中国）有限公司、武汉市商业储运有限责任公司、武汉武商量贩连锁有限公司、广州市裕丰控股股份有限公司、广东南商物流有限公司、新疆维吾尔自治区棉麻公司、喀什远方国际物流港有限责任公司、国药集团医药物流有限公司、河北润丰物流有限公司、苏州高新物流管理有限公司、张家港保税区安平运输有限公司、苏州市特种守押保安服务公司张家港分公司、苏州永顺宏船舶服务有限公司、义乌太平洋国际货运有限公司、舟山润联国际集装箱储运有限公司、上虞作明联运有限责任公司、上虞市捷达物流有限公司、湖州华安物流发展有限公司、湖州富博航运有限公司、浙江申通快件服务有限公司、慈溪市附海镇枢纽货运站、宁波万力食品有限公司、宁波卓承石化物流有限公司、福建围头物流有限公司、石狮胜泓物流有限公司、福州申通快递有限公司、福建外贸马江储运公司、华夏（厦门）物流有限公司、厦门华贞辉物流有限公司、吉安正丰汽车运输有限公司、河南省亚通物流有限公司、河南一诺钢铁物流网络信息有限公司、湖北丰收粮仓农业科技发展有限公司、武汉市玲莉仓储服务有限公司、湖南大典重工机械有限公司、韶山新真喜食品有限公司、新疆亚中机电销售租赁股份有限公司、新疆德鲁亚国际物流有限公司、天津市浩海国际货运代理有限公司、武汉爱民物流有限公司、湖北天地汇物流发展有限公司、浠水中百物流有限公司、武汉中百集团咸宁物流配送有限公司、武汉中百集团恩施物流配送有限公司、成都博达物流有限公司、新疆中亚食品研发中心（有限公司）、宁海跃龙街道小指勾货物托运站、湖北同源实业投资有限公司因物流业务调整、并购重组、经营模式改变、企业被注销等原因，不再保留A级企业资质。

全国第二十六批A级物流企业名单（各项排名不分先后，共496家）

5A级物流企业（20家）：

北京京邦达贸易有限公司
上海则一供应链管理有限公司
上海锦江航运（集团）有限公司（4A升5A）
山西能源交通投资有限公司
江苏百盟投资有限公司（4A升5A）
心怡科技股份有限公司（4A升5A）
浙江德清升华临杭物流有限公司
宁波顺丰速运有限公司（4A升5A）
宁波港东南物流集团有限公司（4A升5A）
马钢集团物流有限公司
河南省顺丰速运有限公司（4A升5A）
湖北顺丰速运有限公司（4A升5A）
深圳市赤湾东方物流有限公司
东风车城物流股份有限公司（4A升5A）
深圳市怡亚通供应链股份有限公司
跨越速运集团有限公司（4A升5A）
广西北部湾国际港务集团有限公司
四川长虹民生物流股份有限公司（4A升5A）
云南农垦物流有限公司（4A升5A）
云南腾晋物流股份有限公司（4A升5A）

4A级物流企业（166家）：

中国移动通信集团终端有限公司（3A升4A）
中铁特货汽车物流有限责任公司
北京东方安通物流有限公司（3A升4A）
北京数据在线国际供应链管理股份有限公司
北京高利多国际供应链管理有限公司

北京宏昌盛物流有限公司
北京博华物流有限公司
德迅（中国）货运代理有限公司（3A 升 4A）
上海宏宝国际物流有限公司
上海盈思佳德供应链管理有限公司
上海扬腾供应链管理有限公司
上海宝钢运输有限公司
上海无忧物流有限公司
上海昌伟供应链管理有限公司
上海无忧汽车物流有限公司
上海安鲜达物流科技有限公司
重庆明品福物流有限责任公司
重庆市汽车运输（集团）有限责任公司
邯郸林安商贸物流园运营管理有限公司
河北顺丰速运有限公司
石家庄市长通物流有限公司
河北德达物流有限公司
河北志恒物流有限公司
山西云启正通物流有限责任公司
中国邮政速递物流股份有限公司山西省分公司
清徐县美特好农产品配送物流有限公司
山西国际物流有限公司
包头钢铁（集团）铁捷物流有限公司
亿兆华盛物流有限公司
大连四达冷链市场有限公司（3A 升 4A）
大连顺通圣世物流有限公司
新德供应链管理（大连）有限公司
沈阳中外运物流有限公司
中储粮北方物流有限公司
营口长航物流有限公司
辽宁沈哈红运物流有限公司
双辽市同圆顺物流有限公司
长春市金泽物流有限公司
九台市通顺达物流有限公司
吉林市九天储运有限公司
吉林省佳业物流有限公司
哈欧国际物流股份有限公司
哈尔滨铁路物流有限公司
黑龙江昊锐物流有限公司（3A 升 4A）
广日物流（昆山）有限公司（3A 升 4A）
海安富通物流有限公司
南通季和米业有限责任公司
海安县第六航运有限公司
海安晓彤物流有限公司
海安安惠物流有限公司
宝应县圆通物流有限公司（3A 升 4A）
江苏奔牛港务集团有限公司
国药控股常州医药物流中心有限公司
常州录安洲长江码头有限公司
江苏恒耐耐材物流中心有限公司
常熟德邦物流有限公司（3A 升 4A）
江苏绿舟易联供应链管理有限公司
浙江宏星物流有限公司（3A 升 4A）
杭州长禧物流有限公司（3A 升 4A）
安吉上港国际港务有限公司（3A 升 4A）
浙江兴一物流有限公司（3A 升 4A）
浙江义乌志扬国际货运代理有限公司
杭州龙田供应链管理有限公司
宁波港船务货运代理有限公司
浙江速搜物流股份有限公司
滁州华塑物流有限公司（3A 升 4A）
马鞍山江航物流集团
安徽中联海运有限公司（3A 升 4A）
建湖第一航运有限公司铜陵分公司（3A 升 4A）
安徽米立达物流有限公司
福建蓝海物流有限公司（3A 升 4A）
泉州太平洋集装箱码头有限公司
晋江太平洋港口发展有限公司

福建省鸿林物流有限公司

中国外运福建有限公司

厦门海沧新海达集装箱码头有限公司

厦门全程德邦物流有限公司（3A 升 4A）

江西泗丰物流有限公司（3A 升 4A）

圣通物流有限公司

江西省海胜物流有限公司

济南振宇物流有限公司

山东安硕泰物流有限公司

济南瑞丰物流有限公司

山东佳怡供应链管理有限公司

山东佳怡城市配送有限公司（3A 升 4A）

山东将山铁路物流有限公司

淄博炎邦物流有限公司（3A 升 4A）

淄博华迅物流有限公司（3A 升 4A）

山东海旺达现代物流有限公司

山东旭升达运输有限公司

青岛启德物流有限公司

青岛海东润医药物流配送有限公司（3A 升 4A）

青岛全球捷运物流有限公司

青岛京东昌益得贸易有限公司

龙口市胜通物流有限公司

国药控股商丘有限公司

河南诚通物流服务有限公司（3A 升 4A）

中物流河南有限公司

河南中通快递服务有限公司

河南万邦国际农产品物流股份有限公司

郑州市同城货的运输有限公司

河南福和物流发展有限公司

湖北三俊杰联合物流有限公司

湖北襄星源物流有限公司

大冶市古华实业有限公司（3A 升 4A）

襄阳吉顺永通物流有限公司

襄阳东风康达汽车部件有限公司

华夏创谷电子商务有限公司

湖北众联物流发展有限公司（3A 升 4A）

湖北嘉安控股集团有限公司（2A 升 4A）

十堰安能物流有限公司

荆门市多辉农产品物流园开发有限公司（3A 升 4A）

中国葛洲坝集团水泥有限公司荆门物流配送中心

九州通医药集团物流有限公司

湖北众德九州实业有限公司

湖南千金医药股份有限公司

湖南浩丰达物流有限公司

湖南济明医药有限公司

国药集团湖南潇湘医疗器械有限公司

国药控股长沙有限公司

湖南津湘药业有限公司

湖南惠农物流有限责任公司

湖南怀仁药业有限公司

佛山市顺德区澳沪物流有限公司

广东喜佰年物流有限公司

广东东源新地股份有限公司

深圳市飞腾顺达物流有限公司（3A 升 4A）

深圳市华通达物流有限公司

深圳市百腾物流有限公司（3A 升 4A）

深圳均辉华惠国际货运有限公司（3A 升 4A）

深圳合新国际物流有限公司

深圳市锐迅供应链管理有限公司

深圳市怡亚通物流有限公司

广东合捷国际供应链有限公司

佛山市南海金叶物流有限公司（3A 升 4A）

广西玉柴物流股份有限公司

广西九州通医药有限公司

广西中外运物流有限公司

泛湾物流股份有限公司

广西柳钢物流有限责任公司

柳州市菱鑫汽车运输有限责任公司（3A 升 4A）
桂林市临桂通达运输有限责任公司
广西钦州市祥龙物流有限公司
四川格罗唯视物流有限公司（3A 升 4A）
四川铁投广润物流有限公司
四川顺程物流有限公司
成都中竞物流有限公司
四川川航物流有限公司
四川远鹏投资管理有限公司（3A 升 4A）
云南快达航空物流有限公司（3A 升 4A）
云南新为物流有限公司（3A 升 4A）
云南呈达冷冻食品物流有限公司
云南锡业集团物流有限公司
云南德胜物流有限公司（3A 升 4A）
西安华瀚航空客货服务有限责任公司
陕西中兵物资有限公司
西安顺丰速运有限公司
西安胜途汽车服务有限公司（3A 升 4A）
西安新航国际物流有限公司
西部机场集团航空物流有限公司
商洛陆港实业（集团）有限公司
甘肃诚佳信供应链管理有限公司（3A 升 4A）
甘肃鑫港物流有限公司（2A 升 4A）
宁夏富海物流有限公司（3A 升 4A）
新兴铸管（新疆）物流有限公司（3A 升 4A）
中疆物流有限责任公司（3A 升 4A）

3A 级物流企业（241 家）：

北京澳德物流有限责任公司
上海怡亚通物流有限公司
上海捷泰物流有限公司
上海宝英航运有限责任公司
上海金溪物流有限公司
重庆浩航船务有限公司
重庆新犇牛物流有限公司（2A 升 3A）
河北德邦物流有限公司
河北精准运输有限公司
石家庄广福物流有限公司
石家庄康达公铁物流有限公司
石家庄裕凯物流有限公司
河北千润农产品有限公司
河北翔业物流有限公司
河北瑞川物流有限公司
河北世阳快运有限公司
河北新发地农副产品有限公司
山西瑞吉中通物流有限公司
鄂尔多斯市十方物流有限公司
大连忠进国际货运有限公司
沈阳辽金华西货物运输有限公司
吉林省祥汇贸易有限公司
长春苏宁物流有限公司
长春市悦祥物流有限公司
宿迁市华远物流有限公司
江苏安德福运输实业有限公司
南京浦兴船务有限公司
昆山金峰货运有限公司（2A 升 3A）
昆山百盛物流有限公司
苏州联动运输有限公司
华诚沿江国际物流（苏州）有限公司
昆山市双达危险物品货运有限公司
江苏金易达供应链管理有限公司
昆山东航快运有限公司
苏州鸿泽仓储服务有限公司
南通速驰物流有限公司
中化扬州石化码头仓储有限公司
徐州市天元恒盛工贸有限公司
扬州顺丰速运有限公司
沭阳田氏危险品运输有限公司
宿迁市昆仑物流有限公司

宿迁市广发物流有限公司
江苏百盟物流有限公司
江苏屹尚物流有限公司
江苏鸿祥物流有限公司
南京康恒航运有限公司
苏州志强货运有限公司
南京鹏飞智慧物流股份有限公司
宿迁市保来物流有限公司
苏州瑞航物流有限公司
松阳县安顺物流运输有限公司
杭州富阳传化物流基地有限公司
杭州捷马物流有限公司
长兴鑫华物流有限公司
浙江美都物流股份有限公司（2A 升 3A）
仙居永安物流有限公司（2A 升 3A）
台州德信国际物流有限公司
浙江赛孚物流有限公司
台州市黄岩鸿邦运输有限公司
临海市金通速递有限公司
浙江鑫邦物流有限公司
温州新正强物流有限公司
温州镖锔物流有限公司
义乌聚驿国际货运代理有限公司
义乌市赛威国际货运代理有限公司
浙江鸿池供应链管理有限公司
义乌市普发国际货运代理有限公司
义乌风起供应链管理有限公司
台州市黄岩信诺物流有限公司
宁波鼎航国际物流有限公司
宁波联合埃希物流有限公司（2A 升 3A）
浙江胜速物流股份有限公司（2A 升 3A）
宁波江北中通物流有限公司
安徽裕源物流有限公司
马鞍山市中大申众物流有限公司
马鞍山宇环汽车运输有限公司
马鞍山市江安航运有限责任公司
安徽省弘泰航运有限公司（2A 升 3A）
马鞍山市江海轮船有限公司
安徽东南航运有限公司
宿州市新安速物流配送有限公司
铜陵畅通物流有限公司
黄山市粤黄物流有限公司
福建大地通物流有限公司（2A 升 3A）
泉州丰泽轮船有限公司
泉州传化公路港物流有限公司
石狮市荣通物流有限责任公司
泉州市安居物流有限责任公司
福建金航物流有限公司
石狮市祥志物流有限责任公司
漳州哟客配送服务有限公司
漳州万信物流有限公司
漳州锦集物流有限公司
龙岩中外运物流有限公司
连城县亨达物流有限公司
福建天清冷链物流有限公司（2A 升 3A）
福建省三明市鑫铭汽车运输有限公司
兄弟物流股份有限公司
福州苏宁物流有限公司
福建中轮物流有限公司
福建德邦物流有限公司
厦门苏宁物流有限公司
江西省江南物流发展有限责任公司
南城长顺物流有限公司
南城县物资汽车运销有限责任公司
江西博龙物流有限公司
江西勤强物流有限公司（2A 升 3A）
江西富华物流有限公司
江西瑞州汽运集团永鑫汽运有限公司
赣州市众诚物流有限公司（1A 升 3A）
赣州祥亮物流有限公司

赣州市森浩物流有限公司（2A 升 3A）
赣州市百世物流有限公司
赣州骏达物流有限公司（2A 升 3A）
济南长征货物运输有限公司
山东安迅物流有限公司
济南新鑫泉悦物流有限公司
山东济南中外运有限公司
山东百航国际物流有限公司
淄博特通物流有限公司
淄博诚起物流有限公司
淄博环达交通运输有限公司
淄博山河石油化工储运有限公司
寿光海纳宏兴物流有限公司
滨州市富明凯物流有限公司
山东荣信水产食品集团股份有限公司
山东美佳集团有限公司
山东浩宁物流有限公司
山东海润达物流股份有限公司
山东海派冷链物流有限公司
寿光市德福甩挂物流有限公司
山东裕达运输股份有限公司
寿光市元丰物流有限公司
济南广汇物流有限公司
日照盛发物流有限公司
莒县长运车队
开瑞国际物流（山东）股份有限公司
青岛中储物流有限公司（2A 升 3A）
烟台圣丰食品有限公司
烟台顺安物流有限公司
山东荣畅物流有限公司
河南凯瑞物流有限公司
郑州韵必达速递有限公司
河南远航捷安物流有限公司
郑州华夏易通物流有限公司
郑州航空港区泓源物流有限公司
郑州坤乾道通物流有限公司
洛阳壹立达物流有限公司
洛阳金燕物流有限公司
河南巨象物流有限公司
商丘吉运物流集团有限公司
三门峡大一物流有限公司
河南智通物流有限公司
郑州港达物流有限公司
南阳市东森医药物流有限公司
漯河金顺物流有限公司
博爱县众联运输有限责任公司
襄阳世权顺达物流有限公司
黄石一达物流发展有限公司
黄石九州物流有限责任公司
湖北港利来物流有限公司
湖北鄂钢钢星汽车运输有限责任公司
湖北英迅通物流服务有限公司
人福医药黄石有限公司
赤壁市联合运输总公司（2A 升 3A）
湖北康华智慧物流园发展有限公司（2A 升 3A）
湖北汇宁物流有限公司（2A 升 3A）
荆州市宏达盛物流股份有限公司
枝江市紫荆岭装卸运输有限公司
宜昌百誉智慧物流有限公司
宜昌九州通医药有限公司
驿动天下物流（湖北）有限公司
宜昌众联云物流有限公司
宜昌三峡保税物流有限公司
宜昌稻花香粮油购销有限公司
湖北三峡银岭冷链物流股份有限公司
十堰市恒丰物流有限公司
湖北北冰洋冷链物流有限公司

湖北福运现代物流有限公司
武汉恒基达鑫国际化工仓储有限公司
武汉市黄蚂蚁搬家有限公司（2A 升 3A）
武汉欣欣物流发展有限公司
株洲中南顺畅物流实业有限公司
长沙苏宁物流有限公司
郴州市洲庆物流仓储有限公司
郴州俊腾仓储物流有限公司（2A 升 3A）
郴州市君鑫农产品市场开发有限公司（2A 升 3A）
株洲天桥起重机运输有限公司
湖南神洲大地行物流有限公司
株洲市天成联运有限责任公司
郴州祥通速递有限公司
长沙县振雄汽车货运有限公司
武冈市医药有限责任公司
溆浦县东立农特物联网有限公司
溆浦县益荣物流贸易有限公司
广州捷世通物流股份有限公司
深圳和记内陆集装箱仓储有限公司
深圳市益嘉物流有限公司（2A 升 3A）
深圳市友和运输有限公司
深圳市帮全物流有限公司
深圳市逸迅达国际货运代理有限公司
深圳市韩润国际物流有限公司
深圳市有路物流有限公司
深圳市天之舟物流有限公司
深圳市航威实业有限公司（2A 升 3A）
深圳市昂威物流有限公司
深圳市韵国国际物流有限公司
广州市岐山物流有限公司
广州海明物流有限公司
广州市汇通运输有限公司
广西海格国际物流有限公司
广西泛航国际物流有限公司
柳州华乐物流有限公司
广西中洲国际物流有限公司
钦州市龙腾物流有限公司
钦州市铭利物流有限公司
广西志得实业有限公司
广西柳州德运物流有限责任公司
四川耀德物流有限公司
成都恒久物流有限公司
合江县速腾物流运输有限公司（2A 升 3A）
泸州市跨越物流有限公司
四川枫茂物流有限责任公司
峨眉山市天盛物流有限公司
四川雅化实业集团运输有限公司
四川省雅洲府物流有限公司（2A 升 3A）
峨眉山市领汇物流有限公司
成都君龙物流有限公司
贵州开磷物流管理有限责任公司
铜仁友邦石油运输贸易有限责任公司
贵州金穗宏达物流有限公司
云南华驿国际物流有限责任公司
云南新华书店图书有限公司
云南九九运输有限公司
云南盛达物流有限公司
昆明苏宁物流有限公司
云南省烟草大理金叶有限责任公司
西安国际陆港多式联运有限公司
榆林市货达物流有限公司
宁夏诚铁国际物流代理有限公司
喀什玉源通商贸有限公司

2A 级物流企业（64 家）：

大连誉峰物流有限公司
门到门信息技术有限公司

营口兴瑞海物流有限公司
营口铁源物流有限公司
宿迁市陆港物流有限公司
宿迁市鸿景物流有限公司
衢州市中山运输有限公司
衢州久联物流有限公司
衢州市中宁物流有限公司
衢州市邦泰物流有限公司
衢州市运通物流有限公司
衢州市衢江区永顺物流有限公司
衢州市晶合物流有限公司
衢州市联众物流有限公司
衢州市德钦原物流有限公司
衢州市宏业物流有限公司
衢州市广志物流有限公司
浙江东吉供应链管理有限公司
龙游永安物流有限公司
衢州市永平物流有限公司
衢州市绿洲物流有限公司
浙江贵鼎物流有限公司
浙江妙广物流有限公司
杭州全角度物流有限公司
杭州康宇物流有限公司
临海市鑫驰物流有限公司
义乌市北辰国际货运代理有限公司
义乌立嘉国际货运代理有限公司
嘉兴市港区东海运输有限公司
马鞍山市广平物流发展有限公司
宿州市交运物流有限公司
宿州一日达物流有限公司
安徽省宿州市博亚商贸有限公司
福建泉州欣飞达运输有限公司
吉安市精越物流有限公司
信丰聚翔汽车服务有限公司
赣州立禾汽车运输有限公司
赣州市森达通物流有限公司
山东鲜生活冷链物流有限公司
青岛敬明承运物流有限公司
烟台宏宇物流有限公司
焦作市同鑫源冷藏物流有限公司
湖北永盛物流有限公司
通城玉达物流有限公司
兴山新鑫发物流有限公司
宜昌泽顺物流有限公司
仙桃市昌华物流园有限公司
湖北伍丰快运股份有限公司
天门市茂盛快运有限公司
天门市尚锐物流服务有限公司
天门亿点通物流有限公司
湖北潜润物流有限公司
湖北天骄物流有限公司
广西丰润航空物流有限公司
广西祥祥国际物流有限公司
自贡市蜀运物流有限责任公司
自贡顺晨物流有限公司
成都纵鑫物流有限公司
瑞丽市双鹿物流部
大理新储物流园有限公司
云南永越物流有限公司
云南华叶物流有限公司
瑞丽市畹町长合商贸有限公司
曲靖市开发区迅达租赁货运有限责任公司

1A 级物流企业（5 家）：

于都捷达物流有限责任公司
深圳商壹国际物流有限公司
深圳市力安物流有限公司
深圳市安能启航物流有限公司
深圳市四邦物流有限公司

2018 年上半年通过复核的 A 级物流企业名单（共 532 家）

5A 级物流企业（43 家）：

中国物资储运集团有限公司
中铁快运股份有限公司
嘉里大通物流有限公司
五矿物流集团有限公司
北京长久物流股份有限公司
中铁物流集团有限公司
中国邮政速递物流股份有限公司
国药集团药业股份有限公司
北京普田物流有限公司
民生轮船股份有限公司
万合集团股份有限公司
河北省物流产业集团有限公司
冀中能源国际物流集团有限公司
山西汽车运输集团有限公司
中国铁路呼和浩特局集团有限公司
锦程国际物流集团股份有限公司
中国铁路哈尔滨局集团有限公司
中国邮政速递物流股份有限公司江苏省分公司
江苏苏宁物流有限公司
玖隆钢铁物流有限公司
杭州崇贤港投资有限公司
浙江中外运有限公司
福州港务集团有限公司
厦门象屿股份有限公司
建发物流集团有限公司
厦门国贸泰达物流有限公司
中国铁路南昌局集团有限公司
青岛远洋大亚物流有限公司
青岛中远海运集装箱运输有限公司
洛阳铁路运通集团有限公司
郑州铁路经济开发集团有限公司
华中港航物流集团有限公司
武汉商贸国有控股集团有限公司
九州通医药集团股份有限公司
国药控股湖南有限公司
大汉物流股份有限公司
宝供物流企业集团有限公司
欧浦智网股份有限公司
广州市嘉诚国际物流股份有限公司
广西物资集团有限责任公司
甘肃西部物流有限责任公司
中国铁路青藏集团有限公司
中国石油运输有限公司

4A 级物流企业（163 家）：

鸿讯物流有限公司
美集物流（北京）有限公司
北京京粮物流有限公司
北京弘帆物流股份有限公司
北京德邦货运代理有限公司
天津德利得供应链管理股份有限公司
天津港物流发展有限公司
中海油能源物流有限公司
天津九州通达医药有限公司
天津全程德邦物流有限公司
上海申丝企业发展有限公司
新杰物流集团股份有限公司
上海惠尔物流有限公司
上海医药物流中心有限公司
上海铁路物流有限公司
上海新新运科技有限公司
上海益嘉物流有限公司
上海华运通仓储配送有限公司
上海安盛汽车船务有限公司

上海万顺供应链管理有限公司
上海优通国际物流有限公司
上海交运沪北物流发展有限公司
上海嘉定国际货运有限公司
中航国际物流有限公司
上海宝臣物流有限公司
上海惠骏物流有限公司
德邦（上海）运输有限公司
上海优通供应链管理有限公司
上海吉锐物流有限公司
上海倍智物流有限公司
上海锦江国际低温物流发展有限公司
秦皇岛中运物流有限公司
唐山天明物流有限公司
河北中外运冀发物流有限公司
山西宝特国际物流有限公司
包钢集团机械化有限公司
一汽解放汽车有限公司仓储中心
吉林省金正物流有限公司
长春震邦国际物流有限公司
哈尔滨市滨拓物流有限责任公司
南京远方物流集团有限公司
常熟市安达洲物流有限公司
徐州铁路经营集团有限公司
江苏昆交物流股份有限公司
江苏悦达物流有限公司
江苏富通物流有限公司
张家港沿江国际物流有限公司
江苏省扬州港务集团有限公司
张家港宏泰码头有限公司
张家港市青草巷农副产品批发市场
南通泓润达资产管理有限公司
江苏淮通物流有限公司
淮安金网物流有限公司
海安腾龙物流有限公司
南通威隆国际商贸有限公司
南通天顺运输有限公司
张家港市虎翼车业服务有限公司
江苏快而捷物流股份有限公司
南通九环实业有限公司
南通汇益食品有限公司
绍兴中国轻纺城国际物流中心有限公司
浙江长运物流股份有限公司
川山甲供应链管理股份有限公司
浙江八方物流有限公司
义乌市万达运输有限公司
金华市顺丰速运有限公司
浙江畅宇物流股份有限公司
杭州德邦货运代理有限公司
宁波市汽车运输集团有限公司
宁波天地物流有限公司
宁波市江北永发物流有限公司
宁波北仑船务有限公司
宁波志成德邦物流有限公司
安徽徽运物流有限公司
繁昌县海洋物流有限公司
铜陵有色金属集团铜冠物流有限公司
安徽长风物流有限公司
芜湖九州通医药销售有限公司
芜湖方圆物流有限公司
福建八方物流股份有限公司
福建达发物流有限公司
福建华丰运输有限公司
恒泰祥（福建）物流有限责任公司
楚记物流（福建）有限公司
嘉顺物流（福建）有限公司
漳州市盛辉物流有限公司
漳州大正冷冻食品有限公司
厦门晋联物流有限公司
弘信物流集团有限公司

国药控股福建有限公司
江西昌顺物流有限公司
江西铜业集团（贵溪）物流有限公司
江西蓝海物流科技有限公司
江西新振兴投资集团有限公司
江西省新泰物流有限公司
南昌江铃集团实顺物流股份有限公司
江西顺丰速运有限公司
上港集团九江港务有限公司
江西江龙集团全胜汽运有限公司
江西省高安汽运集团诚迅汽运有限公司
安丘市再生资源开发有限公司
国投山东临沂路桥发展有限责任公司
天健物流有限公司
青岛麒麟物流集团有限公司
青岛泽翰物流有限公司
青岛啤酒招商物流有限公司
青岛捷成物流有限公司
青岛冠宇生态农业有限公司
深国际北明全程物流有限公司
莱阳市汽车运输有限公司
郑州铁路华东实业总公司
郑州豪翔运输有限公司
河南省东健物流有限公司
漯河市豫南口岸物流有限公司
宜昌港务集团有限责任公司
武汉宏青运贸有限公司
襄阳风神物流有限公司
大冶有色物流有限公司
十堰兆泰物流有限公司
湖北寿康永乐商贸集团有限公司
襄阳乾通实业有限公司
湖北勇闽物流有限公司
武汉汇通四方物流有限公司
武汉西马钢铁物流有限公司
恩施鹏程物流有限公司
恩施自治州易事通汽车运输有限责任公司
襄阳楚安物流有限公司
国药控股襄阳有限公司
国药控股十堰有限公司
武汉诚通物流有限公司
武汉市德邦物流有限公司
湖南同安医药有限公司
湖南恒邦物流有限公司
郴州市泓广物流有限责任公司
湘乡万里行物流有限公司
湖南中飞物流有限公司
湖南省通信产业服务有限公司物流分公司
湖南华绿生物科技有限公司
郴州市恒丰物流有限公司
深圳新合程供应链股份有限公司
东莞港集装箱港务有限公司
中联物流（中国）有限公司
深圳市海格物流股份有限公司
深圳市兆航物流有限公司
深圳市凯东源现代物流股份有限公司
佛山市汽车运输集团有限公司
广东省华大物流有限公司
广东广信通信服务有限公司
富田－日捆储运（广州）有限公司
广东天润物流市场发展有限公司
中山市曙光运输有限公司
广汽丰田物流有限公司
广州白云国际物流有限公司
中航路通实业有限公司
广东瑞通物流有限公司
南宁云鸥物流有限责任公司
宏图物流股份有限公司
四川川橡天发物流有限责任公司
中国水利水电第五工程局有限公司物流分公司

东方电气集团大件物流有限公司
贵州商储胜记仓物流有限公司
宝鸡华誉物流股份有限公司
新疆兆中快运物流有限公司

3A 级物流企业（284 家）：

北京和众奥顺达物流有限公司
北京二商健力食品科技有限公司
北京二商集团有限责任公司西郊食品冷冻厂
北京中远汽车物流有限公司
中通物流有限公司
传云（天津）物联网技术有限公司
上海金陵国际物流有限公司
上海弘和物流有限公司
上海菱华仓储服务有限公司
上海宝通运输实业有限公司
上海同程物流发展有限公司
上海中外运冷链运输有限公司
国本供应链集团有限公司
上海和实储运有限公司
重庆大江工业集团兴辰物流有限责任公司
重庆市河牛滚装船运输有限公司
重庆鼎康物流有限公司
重庆世开物流股份有限公司
重庆宏声物流有限责任公司
重庆祥运物流有限公司
重庆祥茂物流有限公司
重庆铁风国际物流有限公司
廊坊市东方华星仓储有限公司
山西汽运集团阳泉汽车运输有限公司
华蒙通物流控股（集团）有限公司
大连捷通物流有限公司
瓦房店轴承运输有限责任公司
大连交通运输集团有限公司
大连康宁物流有限公司
舟山市定海增展船务有限公司
沈阳中深科技实业有限公司
锦州中裕物流有限公司
锦州盈港物流有限公司
沈阳百家乐物流有限公司
辽宁同益物流股份有限公司
营口外轮代理有限公司
吉林省金河物流运输有限公司
吉林省德邦货运代理有限公司
吉林省吉蓉物流有限公司
黑龙江金谷物流有限公司
齐齐哈尔光明运输代理服务有限公司
黑龙江嘉和融通物流股份有限公司
江苏宏泰物流有限公司
江苏迅杰物流有限公司
昆山聚力货运有限公司
江苏海企化工仓储股份有限公司
南京盛丰物流有限公司
江苏通泽国际货运代理有限公司
江苏瞿氏运输有限公司
江苏汇海物流有限公司
无锡禾健物流发展有限公司
江苏汇舟物流有限公司
吴江顺驰物流有限公司
苏州晟际物运有限公司
南通宝湾国际物流有限公司
南通兴东机场有限公司
常州市双志石油化工储运有限公司
江苏正德物流有限公司
泰州联成仓储有限公司
昆山永发运输有限公司
昆山市天使运输有限公司
江苏顺达货运配载有限公司
淮安泽宇商贸有限公司

杭州华商物流股份有限公司
浙江长兴捷通物流有限公司
温州浙闽物流中心开发有限公司
金华市中宇物流有限公司
温州市交通运输集团有限公司
浙江尖峰国际贸易有限公司
杭州富日物流有限公司
嘉兴远方物流有限公司
杭州宁围物流有限公司
杭州宇欣物流有限公司
浙江老孙物流有限公司
杭州东驰物流有限公司
杭州口岸国际物流有限公司
湖州一通物流有限公司
平湖市安达汽车运输有限公司
浙江路航物流有限公司
浙江华佳业物流有限公司
温州港口服务有限公司
温州市瓯海物流信息中心
义乌市天天快快递有限公司
浙江华迅国际货运代理有限公司
浙江顶顺物流有限公司
杭州和达物流有限公司
浙江湖州鹿富物流有限公司
浙江浙农茂阳农产品配送有限公司
中国邮政速递物流股份有限公司绍兴市分公司
台州天达物流有限公司
浙江中道物流有限公司
浙江福瑞鑫供应链服务有限公司
浙江康宏物流股份有限公司
杭州盛丰物流有限公司
瑞安市快顺运输有限公司
浙江新海瀛供应链管理有限公司
嘉兴浩大物流有限公司
杭州英健物流有限公司
浙江中跃供应链管理有限公司
浙江天地物流有限公司
浙江嘉信元达物流有限公司
浙江黄岩洲锽实业有限公司
浙江海畅物流有限公司
温州华安物流有限公司
义乌市商通物流有限公司
舟山陆港物流有限公司
温州市朝阳油品运输有限公司
金华市传云物联网技术有限公司
慈溪市杭州湾物流中心
宁波市环集国际物流有限公司
宁波璐璐国际物流有限公司
浙江恒顺物流有限公司
中创物流（宁波）有限公司
宁波市正源医药药材有限公司
宁波国柜物流有限公司
宁波捷尔国际货运代理有限公司
宁波市万达金诚物流有限公司
宁波银星海运有限公司
宁波市天晴运输有限公司
宁波中基国际物流有限公司
宁波南海宝通物流有限公司
宁波天易物流有限公司
宁波鸿英国际物流有限公司
宁波兴港冷链物流有限公司
宁波天翔货柜有限公司
宁波天时利国际货运代理有限公司
宁波空港物流发展有限公司
安徽富源物流有限公司
马鞍山长运物流港有限公司
福建省四通物流集团
福建省中通通信物流有限公司
福州外代储运有限公司

漳州新立基沥青有限公司
泉州市英豪物流有限责任公司
福建信运冷藏物流有限公司
福建建宁饶山和兴物流有限公司
南平烟草物流有限公司
福州胜狮货柜有限公司
福建星泰安物流有限公司
福建盛昌物流有限公司
莆田市亚运交通有限公司
吉顺（福建）物流有限公司
福建龙达运输有限公司
南安市成发汽车运输有限公司
福建省维山物流运输有限公司
石狮市澳隆物流快运有限公司
石狮市宏伟物流有限责任公司
漳州烟草物流有限公司
龙岩市龙洲物流配送有限公司
福建闽元物流有限公司
三明市雄辉物流发展有限公司
福建泰航国际物流有限公司
耀泰物流股份有限公司
宁德盛辉物流有限公司
石狮市鹏达汽车货物运输有限公司
福建至信物流有限公司
石狮市中联运输有限公司
晋江科达物流有限公司
石狮华运物流有限公司
石狮市腾祥物流发展有限公司
福建省安捷汽车运输有限公司
福建金旅物流有限公司
福建省星城物流有限公司
邵武市龙祥汽车运输有限公司
三明市捷安达物流有限公司
全球物流（厦门）有限公司
厦门市中鹭达进出口有限公司
厦门汉航物流有限公司
厦门创誉物流有限公司
厦门珉挚集装箱服务有限公司
元翔空运货站（厦门）有限公司
厦门旺墩冷冻仓储有限公司
厦门市杏林永顺运输有限公司
厦门九州通医药有限公司
厦门优创思特供应链管理有限公司
吉安县盛世汽车运输有限公司
抚州市东乡区佳兴物流有限公司
南城县吉尔物流有限公司
上犹县通力物流有限公司
江西省吉诚物流有限公司
江西众帮物流有限公司
江西永和诚信供应链管理有限公司
全南县万通物流有限公司
江西智联汇和物流有限公司
赣州口岸集装箱运输有限公司
中国邮政集团公司赣州市分公司
山东蚧口渔业集团有限公司
青岛和盛泰物流有限公司
青岛苏宁物流有限公司
烟台瑞通物流有限公司
烟台洲达国际货运代理有限公司
莱阳市交通物流有限公司
烟台顺丰速运有限公司
烟台通昌物流有限公司
龙口外代国际货运有限公司
龙口港外轮代理有限公司
莱州祥和物流有限公司
河南省商业储运有限公司
中核（郑州）储运贸易有限公司
洛阳石化通达运输工程有限责任公司
河南省正和物流有限公司
郑州飞鹰货运服务有限公司

湖北楚元石化物流有限公司
宜昌金太阳运输有限公司
湖北储备物资管理局七三六处
湖北金龙物流有限公司
襄阳三珍物流有限公司
荆州市天程货物运输有限公司
武汉市捷锐物流有限公司
襄阳新生合物流有限公司
黄石市广运物流有限公司
湖北广发物流发展有限公司
黄石市昌龙综合物流有限公司
湖北万安达物流有限公司
湖北老巴王生态农业发展有限公司
湖北丰源物流供应链管理有限公司
人福医药十堰有限公司
人福医药襄阳有限公司
国药控股黄石有限公司
赤壁大润发仓储有限公司
国药控股恩施有限公司
十堰锦锐物流有限公司
襄阳光华龙实业有限公司
武汉益嘉物流有限公司
湖北经纬国际货运有限公司
日通商事（武汉）仓储有限公司
湘潭汽车运输有限公司
怀化市华商物流有限公司
岳阳花果畈物流园有限公司
湘潭百嘉香食品贸易有限公司
惠州市锦通物流有限公司
佛山市华信长城物流运输有限公司
深圳市盐港明珠货运实业有限公司
深圳市安鹏货运有限公司
深圳市盛昌隆集装箱货物运输有限公司
广州大顺发国际物流有限公司
广州市黄埔致发运输工贸发展有限公司
广州天智市场经营管理有限公司
广州创智物流有限公司
广州传云物联网技术有限公司
柳州五菱物流有限公司
柳州市瑞中运钢材储运有限公司
广西超大运输集团有限责任公司
绵阳华驰物流有限公司
攀枝花恒力（集团）投资有限公司
绵阳安运物流有限公司
资阳瑞宇物流有限公司
泸州市跃达物流有限公司
西南诚通物流有限公司
四川省心连心运输有限公司
自贡三辰实业有限公司
泸州永昌港埠物流有限责任公司
四川盛世前程物流有限公司
成都创源国际货运代理有限公司
四川晶南物流有限责任公司
成都市汇翔实业有限公司
西昌市金茂实业有限公司
四川环宇物流有限公司
成都通祥福明物流有限公司
四川迈诺物流投资有限公司
成都雅士物流有限公司
成都尚成物流有限公司
成都宇轩物流有限公司
成都勃海物流有限公司
成都保得物流有限公司
成都中坤物流有限公司
成都彦锐物流有限公司
四川鼎国物流有限公司
贵州铭宇物流有限责任公司
贵州国程物流有限公司
贵州恒申物流有限公司
贵州四通晟达物流有限公司

云南电力物资有限责任公司
云南曲靖交通集团物流有限公司
云南省通信产业服务有限公司物流分公司
陕西康龙快运有限责任公司
陕西瑞德宝尔矿山工程股份公司
西安国际港务区海得邦物流有限公司
宁夏中杰物流管理股份有限公司
中卫市元泰物流有限公司
银川宋涛物流有限公司
新疆中远海运国际货运有限公司
新疆天顺供应链哈密有限责任公司
新疆福隆物流有限公司

2A 级物流企业（40 家）：

重庆海珑运输有限公司
黄骅市广元运输有限公司
运城市金叶汽车服务有限公司
乌拉特中旗毅腾矿业有限责任公司
泰州南化物流有限公司
泰兴市科达气体有限公司
安吉陆顺物流有限公司
安吉鑫盛物流有限公司
临海市华通公铁物流有限公司
浙江万中物流有限公司
宁波佰盛物流有限公司
宁波兰羚钢铁实业有限公司
宁波中永物流有限公司
宁波华贝供应链管理有限公司
宁波久顺国际物流有限公司
慈溪市余慈物流中心
宁波国华国际货运代理有限公司
黄山合兴来仓储物流有限公司
福建吉源物流有限公司
福州开发区路港沥青有限公司
九江联商物流有限公司
赣州春欣物流有限公司
秭归县长江物流股份有限公司
宜昌三峡运输集团有限责任公司
博源（湖北）实业集团股份有限公司
黄冈东坡粮油集团有限公司
湖北星梦茶业股份有限公司
天门市鑫天农业发展有限公司
岳阳运兴物流物贸有限公司
深圳市凯安储运有限公司
泸州利普物流有限公司
凉山州鑫吉物流有限责任公司
四川广安国家粮食储备库
甘孜州秦歌物流有限公司
泸州市成达物流有限公司
曲靖市富翔物流有限公司
景东盛达物流有限公司
保山三祥货运有限公司
青海国储物流有限公司
宁夏四季青冷链物流有限公司

1A 级物流企业（2 家）：

宁波神化特种化学品集成有限公司
宁波保税区永裕贸易有限公司

放弃复核的企业（103 家）：

上海慧全国际物流有限公司、上海盛旭物流有限公司、无锡星网物流有限公司、江西省高安汽运集团途顺物流有限公司、江西展翼置业有限公司、山东博远物流发展有限公司、烟台高信投资管理有限公司、烟台海通联合发展有限公司、招远玲珑仓储有限公司、武汉市西马运输有限公司、湖北达江物流有限公司、湖北长城物流有限公司、增益供应链（武汉）有限公司、武汉三江华宇物流有限公司、广西新闽航海运有限责任公司、海南港航控股有限公司、云南昆钢物流有限公司、西安锦绣物流有限公司、西部机场集团航空地勤（西安）有限公司、北京京津港国际物流有限公司、天津博达集团有限公司、天津华鹏飞雅豪物流有限公司、上海乐惠物流有限公司、上海双得力国际物流有限公司、上海集发物流有限公司、上海新天天大众低温物流有限公司、上海欧迪斯物流有限公司、重庆安吉红岩物流有限公司、开鲁县慧通物流有限责任公司、哈尔滨市都乐物流有限公司、义乌中远国际货运代理有限公司、浙江省台州市农资有限公司、浙江鸿洋国际货运代理有限公司、长兴兴纬物流有限公司、宁波汇昌物流有限公司、晋江市安迅物流有限公司、东南医药物流有限公司、福建海华医药连锁有限公司、厦门陆港物流有限公司、厦门金贸物流有限公司、江西鑫昌物流有限公司、广昌县骏捷物流有限公司、赣州市森海汽车贸易有限公司、茌平县第一汽车运输有限公司、山东世茂国际物流有限公司、东营市华星物流有限责任公司、青岛中远国际航空货运代理有限公司、烟台交运珠玑物流园有限公司、烟台御海国际物流有限公司、烟台市利隆油脂有限责任公司、山东蔚阳栾家口港务股份有限公司、漯河市公路运输公司、河南全领域物流有限公司、河南泰浦物流有限公司、武汉市西南物流有限公司、桂邦运输武汉有限公司、湖南融城物通天下物流有限公司、湖南德鑫物流投资有限公司、广东申通物流有限公司、广州市德辉物流有限公司、广东意点通物流有限公司、海南福海船务有限公司、海南邮政物流有限责任公司、海南佳运物流有限公司、海南福鼎物流有限公司、攀枝花鑫铁物流有限公司、绵阳富鸿物流有限公司、四川德诚物流集团有限公司、攀枝花市海淇物流有限公司、攀枝花市攀青物流有限公司、攀枝花汉都物流有限公司、四川日月明物流有限公司、西藏南亚国际实业有限公司、西安闽兴钢材现货交易市场有限公司、石嘴山市骊达工贸有限公司、乌鲁木齐欣发海宏货物运输有限公司、重庆永利东方国际物流有限公司、江苏博明物流有限公司、昆山市中力储运有限公司、昆山诚捷货运有限公司、合肥明辉运输有限公司、日照道育船货代理有限公司、诸城市良丰物流储运有限公司、济源市亚之桥环球物流有限公司、漯河市双红运输有限公司、武汉思凯物流有限责任公司、广州市垦通物资运输服务有限公司、海南全顺达物流有限公司、海南泓泰医药物流管理有限公司、四川冰点营销有限公司、四川凌云物流有限公司、西昌市华忠实业运输有限公司、西昌一帆商贸有限责任公司、西昌市礼州恒通联运有限公司、西昌市鑫源通实业有限公司、凉山州昌龙新运运业有限责任公司、西昌市亨源实业有限公司、西安物特物流有限公司、西安华通货运有限公司、陕西宝顺仓储物流管理有限公司、陕西金世纪汽车运输服务有限公司、宁波盛悦化工有限公司、武汉远洋大型汽车运输有限公司因物流业务调整、并购重组、经营模式改变、企业被注销等原因，不再保留 A 级企业资质。

物流企业信用评价 A 级信用企业第二十二批、第二十三批名单

第二十二批物流企业信用评价 A 级信用企业名单（各项排名不分先后，共 28 家）

AAA 级信用企业为（排名不分先后，17 家）：
济南零点物流港有限公司
广东秦粤物流有限公司
浙江省八达物流有限公司
抚州佳斌现代物流园有限公司
山东宇佳物流有限公司
吉林省长久物流有限公司
宁波亚细亚集装箱货运有限公司
新疆宝新恒源物流有限公司
青海省汽车运输集团有限公司
江苏天地纵横物流有限公司
福建运杰物流有限公司
新兴铸管（新疆）物流有限公司
如皋港务集团有限公司
贵州黔和物流有限公司
云南建投物流有限公司
贵溪市九九物流有限公司
邯郸林安商贸物流园运营管理有限公司

AA 级信用企业为（排名不分先后，10 家）：
赤壁市磊鑫洪泰商贸有限公司
山东远盾网络技术股份有限公司
安徽润泽船务有限公司
济南鲁豫物流有限公司
浙江康宏物流股份有限公司
济南法磊快运有限公司
吴江顺驰物流有限公司
深圳市佳捷现代物流有限公司
鄂尔多斯市十方物流有限公司

杭州米阳科技有限公司

A 级信用企业为（1 家）：
浙江米阳供应链管理有限公司

第二十三批物流企业信用评价 A 级信用企业名单（各项排名不分先后，共 44 家）

AAA 级信用企业为（排名不分先后，34 家）：
贵溪市银禾物流有限公司
贵溪市银贵物流有限公司
正本物流有限公司
长春市亚奇物流有限公司
山东高盛供应链管理有限公司
自贡三辰实业有限公司
镇海石化物流有限责任公司
山东旭升达运输有限公司
河北德达物流有限公司
北京长久物流股份有限公司
济南振宇物流有限公司
广东合捷国际供应链有限公司
江苏苏宁物流有限公司
南京盛航海运股份有限公司
亿兆华盛物流有限公司
江苏天合国际物流有限公司
安通控股股份有限公司
山东百航国际物流有限公司
广州江楠农业发展有限公司
江苏亚邦医药物流中心有限公司
江苏悦达物流有限公司
济南永昌物流有限公司
山东高密恒丰粮库有限公司
中国物流股份有限公司
山西国际物流有限公司
山西汽运集团晋城汽车运输有限公司
河南万里集团焦作天星汽车运输有限公司
中国石油运输有限公司
中铁现代物流科技股份有限公司
河北省国和投资集团有限公司
深圳市怡亚通物流有限公司
安吉汽车物流（湖北）有限公司
长春京铁物流有限公司
山东雅利安供应链管理有限公司

AA 级信用企业为（排名不分先后，10 家）：
济南优选物流有限公司
宿迁传化公路港物流有限公司
鲁甸县理世物流有限责任公司
山东金达供应链管理股份有限公司
济南优快通物流有限公司
峨眉山市众城物流有限责任公司
济南速通物流有限公司
常州正广通供应链管理有限公司
湖北勇闽物流有限公司
杭州长运三运运输有限公司

（中国物流与采购联合会行业事务部）

2018“中国物流实验基地”名单

济南零点物流港园区
山东宇佳物流有限公司
安通控股股份有限公司
河北德达物流有限公司
如皋港务集团有限公司
江苏苏宁物流有限公司

（中国物流与采购联合会行业事务部）

2018年度中国物流与采购联合会科学技术奖获奖项目主要完成单位及完成人名单

序号	奖种	等级	项目编号	项目名称	主要完成单位	主要完成人
1	科技发明奖	二等奖	A0036	小包高效自动分拣系统研究与设计	中邮科技有限责任公司	丁泽新、王长春、李辉、林胜、王志明、李存禹、代铁山、刘秋实、侯晓轩
2	科技发明奖	二等奖	A0093	模块化中置轴挂车列车关键技术研究与示范应用	交通运输部公路科学研究所、北京中公高远汽车试验有限公司、中集车辆（集团）有限公司、济南汽车检测中心有限公司、国家汽车质量监督检验中心（襄阳）、中国汽车工程研究院股份有限公司	张红卫、张浩、董金松、宗成强、区传金、张学礼、晋杰、杨泽中、舒磊
3	科技发明奖	三等奖	A0140	温度时间实时可视智能相变保温箱	松冷（武汉）科技有限公司、松冷（武汉）供应链研究院有限公司	孙立军、韩春晖、梅谦、马显栋、刘健龙

续 表

序号	奖种	等级	项目编号	项目名称	主要完成单位	主要完成人
4	科技发明奖	三等奖	A0177	武清菜鸟机器人自动分拣系统	北京科捷物流有限公司	陈滔滔、龚志锋、陈建银、石超、孟明明
5	科技进步奖	一等奖	A0204	全自动化集装箱码头智能指挥控制系统	青岛新前湾集装箱码头有限责任公司、青岛港（集团）有限公司	李永翠、丁香乾、王罡、亓亮、李波、吴波、徐永宁、刘耀辉、陈强、张传军、张玉龙
6	科技进步奖	一等奖	A0221	物流无人机的集群智能飞行技术研究	北京京东尚科信息技术有限公司、北京京邦达贸易有限公司、北京京东世纪贸易有限公司	巴航、刘艳光、沙承贤、尉世乾、彭贵勇、张波、郑行、郑龙飞、景小飞、郝尚荣、吴海超
7	科技进步奖	一等奖	A0189	汽车智慧物流园区的探索与实践	重庆长安民生物流股份有限公司	谢世康、石井岗、叶心如、龚隆有、李想、王开利、曲江磊、王振国、郑跃权、朱勇、廖家华
8	科技进步奖	一等奖	A0193	菜鸟未来园区	菜鸟网络科技有限公司	史苗、谷雪梅、万昊、陆怀良、黄璟、方圆、文军、赵中博、赵丛军、李升华
9	科技进步奖	一等奖	A0153	苏宁物流无人化平台项目	江苏苏宁物流有限公司	孟雷平、栾学峰、凌云飞
10	科技进步奖	一等奖	A0095	绿色港口低碳运营技术应用	大连大学	鲁渤、柏丹、林波、陆方、杨显飞、杨力、周祥军、王辉坡、邢戬、丁蕊
11	科技进步奖	一等奖	A0023	基于供应链环境下物资精细化管理研究与应用	中国移动通信集团四川有限公司、深圳市兆航物流有限公司	谭平、张坚、顾利伟、王静、刁溯、肖震、刘曼婷、董家君、李珂、罗文超、骆艳媛

续 表

序号	奖种	等级	项目编号	项目名称	主要完成单位	主要完成人
12	科技进步奖	一等奖	A0197	基于人工智能的智慧仓储可视化实验平台的研发与应用	清华大学深圳研究生院、安徽国际商务职业学院、深圳市中海物流技术有限公司、深圳市鑫海腾邦资讯科技有限公司、广西财经学院、安徽工商职业学院、深圳市福田区华强职业技术学校	高本河、黄刚、程竞、杨丽娟、乔沐、何曦、赖礼芳、张陈丰、孙雷、张春梅、曹晴晴
13	科技进步奖	一等奖	A0056	汽车零部件智慧物流关键技术研究与应用	长春一汽国际物流有限公司	张萌、贾科、刘哲、武红、常丹丹、杜建明、张义、贾向晖、刘佳、王鹏
14	科技进步奖	一等奖	A0038	百世智能调度引擎	百世物流科技（中国）有限公司	俞斌峰、党章、郑云、王刚
15	科技进步奖	一等奖	A0132	医院智能箱式物流系统	普天物流技术有限公司、北京科技大学	单朝兰、李苏建、万帮杰、陆峰、孙海浪、顾涛、张伟、李金丰、刘斌
16	科技进步奖	一等奖	A0050	应急物资航空集装器自动化立体库系统	陆军军事交通学院、机科发展科技股份有限公司、普天物流技术有限公司	李欣、赵汝雄、敖勇、张春立、马小杰、邵海龙、郭宝军、顾涛、王宾、王要凯、陈小凡
17	科技进步奖	一等奖	A0225	物流源物流信息化平台	上海南软信息科技有限公司、湖南南软信息科技有限公司	徐荣翔、郭红亮、黄伟、周世龙、谈恒、周雄、唐达祈、张迪、张琛、叶永春
18	科技进步奖	一等奖	A0108	建立工程项目精准画像模型智能调节物资供应	中国移动通信集团湖北有限公司、上海博科资讯股份有限公司	方树垠、陶华、张四海、韩军、梅勇、曾芳、陈晓、万俊涛、孙政
19	科技进步奖	一等奖	A0094	中捷供应链平台建设项目	中捷通信有限公司	潘清华、魏鑫军、周素华、林伟斌

续 表

序号	奖种	等级	项目编号	项目名称	主要完成单位	主要完成人
20	科技进步奖	一等奖	A0182	预应力与外保温技术在二期冻库项目的应用	成都银犁股份有限公司、华商国际工程有限公司、重庆交通大学、北京银泰建构预应力公司、四川省化工建设有限公司、中国华西企业股份有限公司	谢彬、于连奎、许曙东、赵彤宇、谢思思、郭卓建、慕飞鸿、刘成、刘长卿
21	科技进步奖	一等奖	A0164	德邻陆港智慧供应链服务平台	德邻陆港（鞍山）有限责任公司、鞍山钢铁股份有限公司	王义栋、赵庆涛、王锋、张丽莉、杜延辉、蔡贺立、张安生、陈久旭、李勇、吴浩、杨楠
22	科技进步奖	一等奖	A0033	物联网与信息科技支撑的通信行业全方位协同供应链建设	中国移动通信集团陕西有限公司、上海博科资讯股份有限公司	柴娅彤、申民、付宇辉、杨雄涛、王建伟、程建宁、范璐、高利杰、严晓春、王颖花、高征
23	科技进步奖	一等奖	A0088	基于时间尺度理论的物流系统振荡特性分析与应用	临沂大学、山东金兰现代物流发展有限公司	李同兴、曹雪静、李世正、刘清敏、姜翠美、姜英、王海霞、付有良、高文文
24	科技进步奖	一等奖	A0005	竖肋铝合金组合模板绿色建筑施工节材代木项目	辽宁忠旺集团有限公司、昌宜（天津）模板租赁有限公司	刘浩、李鹏伟、孟祥军、沈长生、李强、邹得兵、牛栓龙、赵会珍、张少芳、石亚明、王玉辉
25	科技进步奖	一等奖	A0183	物流产业特色引领、多元拓展、协同创新的大实践教学平台构建与应用	北京物资学院、北京顺鑫农业股份有限公司牛栏山酒厂	王成林、丁健、余茜、周鸿、魏巍、魏金旺、刘斌、周敏、贾美慧、王小亮、耿远彰
26	科技进步奖	一等奖	B0014	“互联网 +”背景下物流服务价值共创与服务创新研究	浙江万里学院	王琦峰、赵娜、李肖钢、吕红波、周志英、钟晓军、吴桥、周廉东、孙海宁、袁雪宁

续　表

序号	奖种	等级	项目编号	项目名称	主要完成单位	主要完成人
27	科技进步奖	一等奖	A0037	运输车辆结构体自动焊接及焊接质量多传感在线检测技术	广东工业大学、广州出入境检验检疫局、广州城建职业学院	高向东、张艳喜、游德勇、张南峰、葛文君、宋要武、刘桂光、刘案榕、车志、徐浩荣
28	科技进步奖	一等奖	A0051	供应链信息化协同的应用与实践	中国移动通信集团四川有限公司、华为技术有限公司	谭平、赵磊、胡平、刁溯、汪玲玲、肖云波、隆环宇、王翔、陈科、代欣
29	科技进步奖	一等奖	A0166	图灵智能报价系统	南京福佑在线电子商务有限公司	陈冠岭、吕海利、王子豪
30	科技进步奖	一等奖	A0187	基于通江达海通兑通存的化工供应链协同优化平台	江阴恒阳化工储运有限公司	佟秋田、顾文龙、李熙、吴根渊、付鑫法、刘志远、辛峰、曲宏伟、张铭伟、吴正平、吕志军
31	科技进步奖	一等奖	A0179	基于网购状态的一体成型易碎品环保包装纸盒成果	深圳技术大学、深圳吉想设计有限公司、武汉理工大学艺术与设计学院、中国轻工业陶瓷研究所艺术中心	陈勇军、陈思、陈政军、曲珍妮、邓威、杜仙、张璜
32	科技进步奖	一等奖	A0168	基于柳钢物流信息化管控平台开展的柳钢物流公水联运示范工程项目	广西柳钢物流有限责任公司	李绿松、周晖、闫祖继、朱勇、邓秋明、丘圣云、杨树松、罗传强、韦志章
33	科技进步奖	一等奖	A0167	即时物流智能调度及智能运营、智能管控技术创新	浙江仟和网络科技有限公司	赵剑锋、谢新宇、堵成杰、王磊、王行广、管利伟、季佳、王懿
34	科技进步奖	一等奖	A0101	跨境贸易电商物流与通关资源协同平台及风险防控研究	宁波工程学院、浙江万里学院、宁波海空网企业服务有限公司、宁波天运国际物流有限公司、宁波康恩士传感技术有限公司、浙江纺织服装职业技术学院、宁波市空运行业协会	朱占峰、闫森、贾春梅、朱一青、朱耿、汪保、陆玥、章伟达、虞凌宏、汤蓉、李玲

续 表

序号	奖种	等级	项目编号	项目名称	主要完成单位	主要完成人
35	科技进步奖	一等奖	A0003	智慧冷链物流集成控制关键技术与应用	佛山科学技术学院、长沙学院、中南林业科技大学、心连心集团有限公司	邹安全、王忠伟、栾悉道、刘军、郭红卫、王大明、刘志学
36	科技进步奖	一等奖	A0001	瓦斯爆炸下可移动救生舱的动态响应与设计研究	河南工程学院	刘建英、刘军、杨书召、方月、温倩
37	科技进步奖	一等奖	A0015	企业库存闲置物资及资产的电商化共享平台	中国移动通信集团广东有限公司、深圳市兆航物流有限公司	朱汉武、袁旭、刘晓兵、张勇、陈海华、郑祝良、王远瞩、屈振中
38	科技进步奖	二等奖	A0042	物流设备智能调度控制子系统 TIMMS. WCS3.0	昆明昆船物流信息产业有限公司	王芳、储汝聪、刘佳喜、段双艳、时国栋、王丽、罗宇、段加朝、孔晋
39	科技进步奖	二等奖	A0202	智能高位拣选车关键技术与装备	陆军研究院特种勤务研究所、杭叉集团股份有限公司、河北交通职业技术学院、陆军南京军代局驻杭州地区军代室、浙江国自机器人技术有限公司	杜峰坡、穆希辉、隆康、葛强、罗磊、陈伟强、靳萌、姜志保、张勇
40	科技进步奖	二等奖	A0219	京东无人车智能配送解决方案	北京京东世纪贸易有限公司、北京京邦达贸易有限公司、北京京东尚科信息技术有限公司	李雨倩、朱国强、刘懿、卢元甲、黄玉玺、卞丙祥、张磊、宋亚辉、邵连
41	科技进步奖	二等奖	A0195	食品安全监管追溯与信用管理建设推进项目	深圳市标准技术研究院	黎志文、徐立峰、周哲、王复龙、孙勇、苏巍、陈利平、郭静文、练晓
42	科技进步奖	二等奖	B0083	我国铁路商品汽车物流创新发展策略研究	中铁特货运输有限责任公司	魏保江、康龙、王哲

续　表

序号	奖种	等级	项目编号	项目名称	主要完成单位	主要完成人
43	科技进步奖	二等奖	A0078	混合芳烃低损耗储运及尾气膜处理关键工艺技术研发及产业化	江苏海企化工仓储股份有限公司	史先召、孙承莉、黄福光、李岩、奚吉林、丁亚军、丁红军
44	科技进步奖	二等奖	B0046	地市供电企业基于物联网、移动互联技术的智慧仓库运营管理创新与实践	国网江苏省电力有限公司泰州供电分公司	胡亚山、冯卫东、张维、王志祥、张明生、常宏、朱艳梅、徐小成
45	科技进步奖	二等奖	B0051	公路甩挂运输发展绩效评估与政策创新研究	交通运输部规划研究院	李弢、李云汉、史言、刘勇凤、魏永存、甘家华、阎相宇、张北平、朱宏伟
46	科技进步奖	二等奖	A0055	中国邮政区域寄递业务能力建设方案	邮政科学研究规划院	孟硕、魏俊荣、韩松、李晶晶、符智捷、朱晓忠、徐道程、李璐、岳恒昌
47	科技进步奖	二等奖	A0017	融合北斗的物流跟踪与监控关键技术及国际标准研制	华东师范大学、上海秀派电子科技股份有限公司、上海慧物智能科技有限公司	包起帆、江霞、秦忠、张维才、李庆利、李继春、孟舒、彭德艳、邱崧
48	科技进步奖	二等奖	B0041	危险货物道路运输安全教材研究及应用	公安部道路交通安全研究中心、交通运输部公路科学研究所	舒强、张国胜、王艺帆、周炜、李健、任春晓、周芬、李文亮、张亚南
49	科技进步奖	二等奖	A0201	C9、SC7H 中置轴轿运车（中置轴挂车列车）	上汽依维柯红岩商用车有限公司	刘光勇、魏明清、谭志军、周维林、苏宇、黎朝琳、宋学丰、邓邦维、程强
50	科技进步奖	二等奖	A0106	多线条输送故障检测系统的研制与应用	中国烟草总公司职工进修学院、河南中烟工业有限责任公司黄金叶生产制造中心	李广才、王德吉、谢俊明、李秀芳、周雪军

续 表

序号	奖种	等级	项目编号	项目名称	主要完成单位	主要完成人
51	科技进步奖	二等奖	B0036	基于安全供给导向的缺陷汽车产品召回制度体系研究	中国标准化研究院	陈玉忠、冯永琴、尹彦、王琰、肖凌云、张晓瑞、曾凌云、李文昭、董红磊
52	科技进步奖	二等奖	B0047	交通运输促进物流业发展的战略与政策研究	交通运输部科学研究院、交通运输部规划研究院	王娟、杨勇、李彦林、白炜、庞晓宇、林坦、刘勇凤、李弢、王亚楠
53	科技进步奖	二等奖	A0047	汽车物流设备创新与发展示范应用项目	北京长久物流股份有限公司	薄世久、支大庆、赵阳
54	科技进步奖	二等奖	B0027	面向区域物流的道路运输车辆清障救援操作规范标准制定及应用实施	东南大学、交通运输部公路科学研究所、江苏中汽高科股份有限公司、南京晓庄学院	李旭、周炜、张国胜、宋翔、郎玉勤、张学文、李文亮、李臣、董轩
55	科技进步奖	二等奖	A0148	基于移动智能终端物流综合信息管控平台	西南科技大学、四川省烟草公司成都市公司电子科技大学、西华大学、成都诚至诚商务物流有限责任公司、	张卫东、尹健康、周尔强、陈昌华、欧大宇、张迪雅、刘宁、胡晓峰、李茂波
56	科技进步奖	二等奖	A0123	基于管控一体化的智慧仓储解决方案	北京物资学院	刘军、赵东杰、徐燕、杨玺、阎芳、王乐乐、王成林、丁庆行
57	科技进步奖	二等奖	A0226	危险化学品储存风险识别、评价、预警及应急技术研究	江苏警官学院、南京信息工程大学、南京大学、南京简智仪器设备有限公司	卜全民、徐月红、谢海军、陶鹏、蔡圣闻、殷磊、黄超、蔡栋
58	科技进步奖	二等奖	A0071	电子商务企业集货缓存系统的研发与应用	山东兰剑物流科技股份有限公司	吴耀华、张小艺、张贻弓
59	科技进步奖	二等奖	A0199	叉车式物流智能机器人的关键技术研发及产业化	广州市技田信息技术有限公司	戚其丰、邓军、孙文

续 表

序号	奖种	等级	项目编号	项目名称	主要完成单位	主要完成人
60	科技进步奖	二等奖	B0024	区块链技术重塑未来物流商业模式——区块链技术与物流深度融合蓝皮书	圆通速递有限公司、南京邮电大学、北美区块链联盟	英春、相峰、徐劲松、肖丽华、尹玲、黄振华、丁磊、陈子祺、谭磊
61	科技进步奖	二等奖	A0236	罐罐危险品物流平台——找罐车	上海罐罐信息科技有限公司、上海坦科物流科技有限公司、上海蓁康电子有限公司	崔贝、王旭阳、徐建华、刘源、毛焱、胡骏、于豪
62	科技进步奖	二等奖	B0074	长吉图综合交通运输网评估及优化布局技术	武汉理工大学、吉林省运输管理局	杨家其、沈瑞峰、陈玲玲、李平、刘清、王海燕、涂敏、尹靓、姜攀
63	科技进步奖	二等奖	A0089	一种自行式全方位移动升降机的研制	中国人民解放军陆军军事交通学院、天津市政公路设备工程有限公司	康少华、贾巨民、周京京、侍才洪、李国安、刘士通、高波、孙昱、谢霞
64	科技进步奖	二等奖	A0156	友邦安达——AI主动安全云平台	辽宁友邦网络科技有限公司	于添、吕睿韬、王金荣
65	科技进步奖	二等奖	A0143	智能物流调度决策管理系统	中科富创（北京）科技有限公司、安徽云易智能技术有限公司	张祥国、张琦、付正桥、吴阳、马涛、王永杰、王一博、何润平
66	科技进步奖	二等奖	A0186	无人机与RFID在整车盘点管理中的集成应用	重庆长安民生物流股份有限公司	谢世康、石井岗、叶心如、龚隆有、郭金雨、李想、曲江磊、王开利、黄梦如
67	科技进步奖	二等奖	A0237	G7EYE安全驾驶智能辅助系统	北京汇通天下物联科技有限公司	翟学魂、雷冬华、徐烨、徐文杰、叶龙、宋开进、端笑丽、柳森、罗海伟

续 表

序号	奖种	等级	项目编号	项目名称	主要完成单位	主要完成人
68	科技进步奖	二等奖	A0178	自适应动态供应链物流系统	深圳越海全球供应链有限公司	陆文融、张竹、邵威、叶世禄、范莳森、Duncan McFarlane、Philip Woodall、Vaggelis Giannikas、Jorge Merino
69	科技进步奖	二等奖	A0180	汽车零部件密集储分一体自动化技术创新	一汽物流有限公司	李智昊、祁英、高跃峰、马茵、王婉聪、位鹏、扈立奇、王浩、王俣
70	科技进步奖	二等奖	B0084	中国化工行业采购经理指数（CCPMI）	北京中物化联企业管理有限公司、摩贝（上海）生物科技有限公司	刘宇航、李鹏、蔡执阳、左雷、李彦波、韩苹、于鹏程
71	科技进步奖	二等奖	A0080	华人供应链冷链包装管理平台	北京盛世华人供应链管理有限公司	苏志勇、莫虎、南淑兰、刘刚、王冰心、秦津娜
72	科技进步奖	二等奖	A0135	最后一公里智慧物流解决方案	安吉智能物联技术有限公司	刚睿、金宾、王关平
73	科技进步奖	二等奖	A0188	集零部件与整车混装的城市配送车辆设计	重庆长安民生物流股份有限公司	谢世康、石井岗、叶心如、龚隆有、李想、王振国、王开利、彭良浩、杨洋
74	科技进步奖	二等奖	A0021	物联网技术在全程供应链管理过程中的应用示范	宝供物流企业集团有限公司、华南理工大学	顾小昱、伍春江、苏骅、梁笑丹、邬敏、徐杰雄、林明浩、梁杰丽、林卫敏
75	科技进步奖	二等奖	A0170	视觉导航工业车辆无人驾驶的研发与应用	未来机器人（深圳）有限公司	刘云辉、李陆洋、方牧、鲁豫杰
76	科技进步奖	二等奖	A0105	基于物联网的智能冷链安全监控技术应用研究	徐州工程学院	黄忠东、姜代红、邵晓根、戴磊、程红林、周宏生、张楠

续 表

序号	奖种	等级	项目编号	项目名称	主要完成单位	主要完成人
77	科技进步奖	二等奖	B0002	低碳经济下钢铁供应链碳排放测量与控制研究	佛山科学技术学院	邹安全
78	科技进步奖	二等奖	A0122	电商物流专用珍珠泡棉半自动切割机	湖南现代物流职业技术学院、长沙搜购进出口贸易有限公司	龚芳、戴蓉、刘香丽、沈治国
79	科技进步奖	二等奖	B0055	“非危液态化工产品逆向物流通用服务规范（GB/T 34404—2017）”标准研制	上海第二工业大学、中远海运化工物流有限公司、上海市物流协会、上海大学、云丰国际物流（上海）有限公司	郝皓、林慧丹、史毅平、陈震、镇璐、董彬、颜家平、曾贞、张继
80	科技进步奖	二等奖	B0077	二手商用车鉴定评估技术规范（中型、重型载货车版）	中国汽车流通协会、交通运输部公路科学研究所	赵旭日、钟渭平、张国胜、任春晓、张学文
81	科技进步奖	二等奖	A0111	基于WPMS的智能仓储与后道包装一体化集成技术与应用	上海龙腾科技股份有限公司、上海酷想智能科技股份有限公司、国药集团同济堂（贵州）制药有限公司、云南财经大学	金桂根、穆建军、黎建强、乔英、乔国龙、杨益忠、叶玮、潘林、武生锐
82	科技进步奖	二等奖	B0038	基于军民融合的道路运输车辆阻隔防爆安全技术研究及应用	交通运输部公路科学研究所、军事科学院系统工程研究院军事新能源技术研究所（原中国人民解放军总后勤部油料研究所）、江苏科邦安全技术有限公司、爆炸科学与技术国家重点实验室	周炜、鲁长波、张国胜、王洪民、安高军、张会娜、刘舜、黄李原、任春晓
83	科技进步奖	二等奖	A0213	GIS系统建设项目	德邦物流股份有限公司、浙江菜鸟供应链管理有限公司	罗刚强、饶文琴、陈宏宇、张佳懿、董耀晖、刘光波、周满红

续 表

序号	奖种	等级	项目编号	项目名称	主要完成单位	主要完成人
84	科技进步奖	二等奖	A0102	立式电加热保温可移动罐柜	大连中集特种物流装备有限公司、长安大学、大连市标准化研究院	王忠连、李永哲、徐磊、回凤娜、刘德猛、孙广齐、周瑞峰、李志刚、刘瑞娟
85	科技进步奖	二等奖	A0053	电力物资智慧仓储网络建设研究	国网上海市电力公司物资公司	洪芳华、牛凯、朱利军、施鸣达、顾逸峰、江辰、肖锋、刘斌、费冬
86	科技进步奖	二等奖	A0040	差异性环境下智慧供应链协同管理研究	中国移动通信集团重庆有限公司	薛君、刘庆华、邵波、旦佳、陈雪、黄斌、任定君、向家敏
87	科技进步奖	二等奖	A0063	面向物流大数据的分布式智能存储系统研发及应用	临沂大学、武汉理工大学、山东金兰现代物流发展有限公司、山东荣庆物流供应链有限公司	张明、陈伟、高希龙、张龙翔、曹云鹏、何淑庆、李信利、高文文、刘海涛
88	科技进步奖	二等奖	A0014	危化品物流从业人员安全管理系统	招商局物流集团南京有限公司	刘波、刘玉磊、蔡卫凯、丁沈娟、韦峰、章生纯
89	科技进步奖	二等奖	A0009	我国国有企业采购规则框架研究——基于开放型经济新体制的再思考	中国标准化研究院	尹彦、张晓瑞、冯永琴、曾凌云、宋黎、陈玉忠、李文昭、丁于思
90	科技进步奖	二等奖	A0242	危险物品全生命周期管理——仓储物流及应急救援管控平台	沈阳天眼智云信息科技有限公司	蒋辉、马胤刚、王巍、段成云、胡晓帆、于洋、胡冬华、江早、朱英浩
91	科技进步奖	二等奖	A0043	“内集中＋外协同”打造精细、高效的采购管理体系	中国移动通信集团湖北有限公司、中国移动通信集团设计院有限公司、上海博科资讯股份有限公司	鲁登华、万斌峰、尹燕、陈晓洁、陈悦、王娅、易菁琳、曹月、杜丽洁
92	科技进步奖	二等奖	A0227	比亚迪新能源叉车项目	韶关比亚迪实业有限公司、比亚迪汽车工业有限公司、惠州比亚迪实业有限公司、比亚迪汽车销售有限公司	毕国忠、周文会、王先松、曾石生、韩继峰、刘志刚、陈丽萍、钟小洁、熊杰玉

续 表

序号	奖种	等级	项目编号	项目名称	主要完成单位	主要完成人
93	科技进步奖	二等奖	B0080	电力物资采购合同电子化管理系统研发与应用	国网江苏省电力有限公司物资分公司、江苏电力信息技术有限公司、南京和瑞供应链管理有限公司	刘长洪、章君春、沈祝园、刘铁、姜勇、周旸、黄燕、高正平、曹雯
94	科技进步奖	二等奖	A0031	海平线物流 4.0 平台	海平线科技有限公司	唐恺、陈坤、赵一飞、薛谷雨、马文浩、郑荣
95	科技进步奖	二等奖	A0120	基于仿真技术的电信仓储管理改进研究和应用	中国移动通信集团吉林有限公司、深圳市兆航物流有限公司	曲锐锋、韦琦、李鹏华、金英浩、黄庆斌、金朝晖
96	科技进步奖	二等奖	A0013	2.0L CTI 颗粒捕捉器方案的商用车高效清洁动力	安徽江淮汽车集团股份有限公司	钱多德、胡必谦、高巧、徐勋、喻昆、曹明柱、赵礼飞、孙泽、胡昌良
97	科技进步奖	二等奖	A0116	SLP 和 SHA 规划技术在工厂物流布局中的综合应用	风神物流有限公司	梁玮、苏水清、张明月、罗春龙、刘永奇
98	科技进步奖	二等奖	A0032	电力物资抽检分层管理体系建设	国网江苏省电力有限公司徐州供电分公司	狄夫岱、宁博、张建军、孙明德、赵军、赵庆凯、魏东
99	科技进步奖	二等奖	B0029	浙江省港口大宗商品国际物流中心建设研究	浙江万里学院、浙江大学宁波理工学院	吴桥、赵娜、葛洪磊
100	科技进步奖	二等奖	A0151	基于供应链协同办公平台的运输管理系统平台及 UI 设计	华北水利水电大学、信息工程大学	李尚可、宋瑞萍、朱玛
101	科技进步奖	二等奖	A0125	中邮快运信息系统建设创新	中国邮政速递物流股份公司、中邮物流华东营运中心	李凯、苏薇、庄江华、贾琦、霍立华、何星金、谢冰、赵立峰、潘陈曦

续 表

序号	奖种	等级	项目编号	项目名称	主要完成单位	主要完成人
102	科技进步奖	二等奖	B0028	基于管理会计大数据视角的物流企业创新能力的研究	苏州大学、北京瑞宝利热能科技有限公司、诺桑比亚大学、宁波（中国）供应链创新学院、维拉诺瓦大学	禹久泓、陈艳、金蕾、罗正英、李红蕾、李博、罗宓、褚晓坤、王之博
103	科技进步奖	二等奖	A0044	“两持续、两创新、两加强”、构建集中化、通用化、精细化 RDC 管理体系	中国移动通信集团湖北有限公司、中国移动通信集团设计院有限公司、上海博科资讯股份有限公司	韩军、曾芳、万俊涛、李建成、方勇、白光辉、殷学梅、孙喆、方媛
104	科技进步奖	二等奖	A0157	基于生物质燃气的热处理木材功能化技术与应用	东北林业大学、国家木材与木制品性能质量监督检验中心、哈尔滨市三立雅风环境艺术有限公司	许民、孙伟伦、沈长生、许士玉、张少芳、邢东、王奉强、唐镇忠、张南南
105	科技进步奖	二等奖	A0165	大宗商品跨境电子商务平台开发项目	徐州工程学院	张中强、张晶、孙颖、胡晶、李军、孙宇博、范以定、李佰阳
106	科技进步奖	二等奖	A0200	AGV+ 机械手的集成技术在自动配送和分拣中的应用	重庆长安民生物流股份有限公司	谢世康、石井岗、叶心如、龚隆有、鲍勇、李想、赵青松、李星亮
107	科技进步奖	二等奖	B0065	南京市物流标准化研究及应用	江苏省质量和标准化研究院、南京现代服务业联合会	吴杰、周广军、李军、张承祥、刘珏、张祖昊、谢莉、许萌君、吴佳轩
108	科技进步奖	二等奖	A0155	现代物流从业者伦理道德与企业品牌塑造的关系研究	华北水利水电大学、信阳师范学院	康长春、郭颂、葛轩辕

续 表

序号	奖种	等级	项目编号	项目名称	主要完成单位	主要完成人
109	科技进步奖	二等奖	A0061	电信运营企业 RDC 集中物流体系建设研究与实践	中国移动通信集团河北有限公司、深圳市兆航物流有限公司	蔡梅、程叶、张倩、赵亚雄
110	科技进步奖	二等奖	B0037	标准化试点项目在特色应用型人才培养中的创新	广州工商学院、广州拜尔空港冷链物流中心有限公司	刘炳康、王身相、张瑛、韦承燕、杨春敏、王宏
111	科技进步奖	二等奖	A0064	城市现代物流公共信息平台的研究与建设	临沂大学、上海理工大学、南开大学	高希龙、李信利、张龙翔、陈新疆、齐春宇、袁堂梅、孙云奋、马登程
112	科技进步奖	二等奖	A0076	人工智能识别技术在汽车零部件物流中的应用	武汉东本储运有限公司、武汉纬希智能科技有限公司、华中科技大学	蒋晖、王琳、刘玲、蒋小伟、吴骏、刘文、徐贤浩、管在林、王创剑
113	科技进步奖	二等奖	A0072	生产物流管理系统	青岛锐富信息科技有限公司、广东锐捷物流有限公司	冯玉年、葛华、邢贞信、傅昕宇、吴存成、李强
114	科技进步奖	二等奖	A0020	重卡轮胎物流技术改善	北京普田物流有限公司	王伟、常云峰、任庆生、沈骏峰、赵书涛、张熙睿、步嘉骏、王敬、李小光
115	科技进步奖	二等奖	A0049	集中化采购和扁平化物流为核心的轨交行业供应链优化变革及其信息化	无锡地铁集团有限公司、上海博科资讯股份有限公司	陈屹、张琳琳、刘洪义、任东涛、钮海彦、瞿飞、邹震宇、徐炯、周怡
116	科技进步奖	二等奖	B0048	《酒类商品物流信息追溯管理要求》WB/T 1053—2015	万信方达科技发展（北京）有限责任公司、泸州老窖股份有限公司、古贝春集团有限公司、贵州茅台酒股份有限公司、酒仙网电子商务股份有限公司	高海伟、陈浪、王树文、杨云勇、张纪海、李进、欧翼、刘谊、乔红

续 表

序号	奖种	等级	项目编号	项目名称	主要完成单位	主要完成人
117	科技进步奖	二等奖	A0124	基于低碳物流成本约束下高校能源监管服务平台系统设计与应用	徐州工程学院、无锡锐泰节能系统科学有限公司、徐州华卓环保科技有限公司	陈建明、吴凯、蔡志翔、陶媛、孙颖康、李君、戚鹤亭、卢松泉、范英杰
118	科技进步奖	二等奖	A0241	O2O 商物流产业园规划设计	华北水利水电大学	陈萍、徐秋实
119	科技进步奖	二等奖	B0016	物流信息技术实用教程（第 2 版）	浙江万里学院、人民邮电出版社	侯安才、张强华
120	科技进步奖	二等奖	A0086	构建大区 – 省公司全面协同管理体系	中国移动通信集团陕西有限公司、中国移动通信集团新疆有限公司、深圳市兆航物流有限公司	申民、付宇辉、杨雄涛、于丁、李佳佳、赵辰、高利杰、亢金前、张亮
121	科技进步奖	二等奖	A0154	智慧物流园区的视觉导视系统设计	华北水利水电大学	葛轩辕、宋连公
122	科技进步奖	二等奖	B0064	智慧港航教程	天津海运职业学院	张明齐、武莉、曹晓发、陈静、刘宝森、王媛媛、胡成琳、张楠
123	科技进步奖	二等奖	A0121	新型智能 3D 打印防爆型免充气空心轮胎	江苏江昕轮胎有限公司	王明江、刘力、王来来、温世鹏、张传爱、王峰、卢猛、何贞志、郑克晴
124	科技进步奖	三等奖	A0217	京东大件智能预约项目	北京京东尚科信息技术有限公司、北京京邦达贸易有限公司	耿春丽、白鑫、席志强、蒋龙、任宝光、陈小兰、宋白凡
125	科技进步奖	三等奖	A0207	事业合伙人系统建设项目	德邦物流股份有限公司	崔维刚、刘立军、赖弘毅、周恒春、杨巍、陈欢欢、袁银龙

续 表

序号	奖种	等级	项目编号	项目名称	主要完成单位	主要完成人
126	科技进步奖	三等奖	B0039	集装箱铁水联运通道和货运站场布局规划研究	交通运输部规划研究院	孙相军、姜长杰、刘晓彤、耿彦斌、孔哲、孙鹏、刘晨
127	科技进步奖	三等奖	A0030	海平线仓储管理系统的研发与应用	海平线科技有限公司	唐恺、李光明、薛谷雨、王敏仲、路越、袁格、胡雨
128	科技进步奖	三等奖	B0042	快递末端投递服务规范	中国标准化研究院	曾毅、曹俐莉、侯非、杨朔、万福军、张雨辰
129	科技进步奖	三等奖	A0220	京东无人配送监控运营平台	北京京东尚科信息技术有限公司、北京京邦达贸易有限公司、北京京东世纪贸易有限公司	蔡金华、安耀伟、赫桂望、李昌、田明慧、马洪萍、杨稳朋
130	科技进步奖	三等奖	B0056	促进我国城市物流共同配送模式发展对策研究	交通运输部规划研究院、交通运输部管理干部学院	魏永存、李弢、甘家华、刘勇凤、李云汉、史言、耿彦斌
131	科技进步奖	三等奖	A0035	智慧口岸互联网综合服务平台	海南智慧口岸互联网服务有限公司、海航进出口有限公司	高峰、丁安、李梓萌、马朝旭
132	科技进步奖	三等奖	B0020	浙江智慧口岸体系构建研究	浙江万里学院、宁波市现代物流规划研究院、梅山保税港区管委会	赵娜、林杨、陈利科、潘栋辉
133	科技进步奖	三等奖	A0081	基于物流云的复杂生产缓存系统设计	中国烟草总公司职工进修学院、吉林烟草工业有限责任公司、河南国之云电子科技有限公司	王德吉、王清爽、陈广、汪翠兰、王玉、刘林清、王栋梁、郭万里
134	科技进步奖	三等奖	A0019	东方驿站运输装备租售智能电商平台	东方驿站物流科技（武汉）有限公司、深圳市赤湾东方物流有限公司、电讯盈科有限公司	苏猛、余欢、杨双科、南昌富、陈宇

续 表

序号	奖种	等级	项目编号	项目名称	主要完成单位	主要完成人
135	科技进步奖	三等奖	A0062	基于机器视觉的智能输送小车研究与应用	中国烟草总公司职工进修学院、红云红河烟草（集团）有限责任公司曲靖卷烟厂、河南国之云电子科技有限公司	王德吉、罗勇、孙成顺、王清爽、刘林清、姬锦、王玉
136	科技进步奖	三等奖	A0118	湖南大地 DMS 智慧物流信息系统解决方案	湖南大地国际货运有限公司	张浩蓉、黄健
137	科技进步奖	三等奖	A0100	商用物流运输车驾驶室非差动液压浮动升降翻转系统	湖北汽车工业学院、东风（十堰）汽车液压动力有限公司	李峰、胡明茂、张明明、陈克友、陈华、孙煜、关曲光
138	科技进步奖	三等奖	A0039	基于“互联网 +”的徐州港区物流信息平台研究	徐州工程学院、徐州天大信息科技发展有限公司	陈丰照、肖味味、陈文文、杨雪、范以定、张宇、吴璟、朱瑶、杨皓
139	科技进步奖	三等奖	A0129	物流中心零担货物配装三维仿真系统的研究开发与示范	临沂大学、希杰荣庆物流供应链有限公司	李晓东、曹松荣、郑全军、袁伟、李文娇、王修鹏、王永兰
140	科技进步奖	三等奖	B0011	基于中间性组织理论的道路货运物流资源整合优化研究——以道路货运无车承运人为例	交通运输部管理干部学院	常连玉、陈海燕、李连升、姜明虎、周万枝、张榕榕、董胜武
141	科技进步奖	三等奖	A0007	粮食仓储智能管理系统平台建设	湖南现代物流职业技术学院、湖南芷江凯丰米业有限公司	徐淑英、魏波、旷健玲、邹志贤、刘瑾、刘淑一
142	科技进步奖	三等奖	B0009	钢铁供给侧改革与流通创新	西本新干线股份有限公司、财拓电子商务有限公司	王京、赵颖
143	科技进步奖	三等奖	A0191	服务于工程机械成品物流的智慧物流信息平台建设	徐州徐工智联物流服务有限公司	蒋大为、申岩、吴琼、丁济南、袁艺、刘勇、张殿

续 表

序号	奖种	等级	项目编号	项目名称	主要完成单位	主要完成人
144	科技进步奖	三等奖	A0149	计量行业数字化车间及智能物流系统	沈阳新松机器人自动化股份有限公司	曲道奎、徐方、王家宝、赵晨、黄星云、向元满、邱晓峰
145	科技进步奖	三等奖	A0144	快速穿梭运输系统和密集仓储调度系统软件	南京音飞储存设备（集团）股份有限公司、南京音飞货架有限公司、南京众飞自动化设备制造有限公司	金跃跃、顾涛、卞宏建
146	科技进步奖	三等奖	B0062	面向离散制造系统的低碳车间调度问题及多准则决策方法研究	湖北汽车工业学院	殷旅江、彭娟娟、杨立君、何波、王江华、吴晓晖、王欢
147	科技进步奖	三等奖	A0136	推动城乡客货运输一体化发展的理论与实践研究	交通运输部科学研究院	李忠奎、周一鸣、庞清阁、龚露阳、孙可朝、王显光、景春光
148	科技进步奖	三等奖	A0087	移动物联网在智慧交通运输中的关键技术研究	临沂大学、武汉理工大学、山东金兰现代物流发展有限公司	张成雷、卢其兵、陈伟、朱孔伟、陈丙康、李芃、顾宗磊
149	科技进步奖	三等奖	A0181	基于核心企业的物流服务模式创新研究应用	云南宝象物流集团有限公司、云南昆钢电子信息公司	沈康、杨再锋、周洁、杨云、靳劲松、惠春梅、黄向平
150	科技进步奖	三等奖	A0098	鲁南国际物流园区公共信息服务平台	希杰荣庆物流供应链有限公司	郑全军、刘永生、宋金秋、崔爱莲、王永兰、郑露露、李文娇
151	科技进步奖	三等奖	A0137	危化镖局一站式危险品物流管理及交易平台	漳州市万物通信息科技有限公司	谢永立、李集集、许江聪、肖颖聪、颜毅全
152	科技进步奖	三等奖	A0145	一种叉车推拉器	浙江汤氏供应链管理公司	汤召录、汤鲁飞

续 表

序号	奖种	等级	项目编号	项目名称	主要完成单位	主要完成人
153	科技进步奖	三等奖	A0175	汽车物流中心零部件批次追溯体系研究及建设	一汽物流（成都）有限公司	向先文、隋艳辉、谢孟汐、田丰、王博、姜立恒
154	科技进步奖	三等奖	A0104	固态粉体类高危险化工品专用运输铝制 IBC 罐箱	大连中集特种物流装备有限公司、辽宁省交通厅运输管理局	王忠连、李永哲、回凤娜、邓庆利、姜英禄、张蔚芳、赵若彤
155	科技进步奖	三等奖	B0030	非等覆盖半径下的生鲜农产品配送中心选址理论及优化方法	南开大学	肖建华
156	科技进步奖	三等奖	A0139	现代物流领域电子面单应用	上海东普信息科技有限公司、上海韵达货运有限公司	杨周龙、杨庆辉、易德强
157	科技进步奖	三等奖	A0069	汽车前后保险杠运输通用料架的设计与研究	郑州风神物流有限公司	丁少杰、崔永斌、林柯宇、王鑫、钱玉军
158	科技进步奖	三等奖	A0169	基于大数据的互联网物流信息平台	深圳依时货拉拉科技有限公司	向伟昌、黄志宏、蒋程、申世华、王宫、陈楚清、陈伟超
159	科技进步奖	三等奖	A0073	益邦物流“货到人”的智能化分拣系统	广东益邦物流有限公司、广东益邦物流科技有限公司、广东益邦供应链有限公司	杨朝栋、刘燕飞、张仕杰
160	科技进步奖	三等奖	A0018	HFC 1030 系列轻型载货汽车	安徽江淮汽车集团股份有限公司	秦光宇、刘洁浩、马亮、胡景春、刘永亮、原小雅、郭雷
161	科技进步奖	三等奖	A0141	未名企鹅医药电商平台	未名企鹅（北京）科技有限公司	邹晓亮、田瑛、王冬冬、何宝晨、杨丁铭、耿跃辉
162	科技进步奖	三等奖	B0081	基于汽车物流资源配置的研发与应用	重庆长安民生物流股份有限公司	谢世康、石井岗、叶心如、龚隆有、程王成、戚荣刚、李想

续 表

序号	奖种	等级	项目编号	项目名称	主要完成单位	主要完成人
163	科技进步奖	三等奖	A0006	小件立体旋转柜智能仓储装置	湖南现代物流职业技术学院、上海思萌特物联网科技有限公司	米志强、王飞、韩泽东、崔铎政、谢艳梅、杨曙、杨莉
164	科技进步奖	三等奖	A0190	易集运智能匹配服务平台	滴滴集运（天津）科技股份有限公司	李斌、李旭、王磊
165	科技进步奖	三等奖	A0048	基于多组织协同集中采购管理关键技术研究与应用	安徽建工集团有限公司	吴红星、赵时运、刘家静、杨广亮、王厚良、巢良存、章龙
166	科技进步奖	三等奖	A0203	物集港租赁商城	武汉航科物流有限公司	穆涛、周敏、罗文康、刘杰、喻麒麟、舒璐、喻茜
167	科技进步奖	三等奖	A0229	生鲜农产品供应链一体化集成服务系统平台	云南财经大学、云南锦苑国际物流有限公司	冉文学、杨佩云、宋志兰、王涛、刘琳惠、杨礼凡、孔民警
168	科技进步奖	三等奖	A0091	全过程标准化和数据共享的汽车装备制造设计和生产管理系统	湖北汽车工业学院	胡明茂、周学良、胡明坤、宫爱红、章建成、周纯宇、章弘毅
169	科技进步奖	三等奖	A0084	ALS104D 型自动导引车	云南昆船智能装备有限公司	张帮荣、唐艳英、杨铸、李娇、刘彭飞、钱鸿顺、龙衡
170	科技进步奖	三等奖	A0127	临沂市物流园区智能化信息服务平台	临沂市义兰物流信息科技有限公司	郑全军、李道胜、刘彩霞、王修鹏、孟凡奎、张丽萍、隋京宴
171	科技进步奖	三等奖	B0007	基于慕课理念构建《物流信息管理》网络课程平台及其应用实践	盐城工业职业技术学院	施建华、金晶、韦亚洲、曹林峰、陈天文、陶涛、周荣虎
172	科技进步奖	三等奖	A0112	基于新型控制模式的多层输送系统在医药行业的应用	上海龙腾科技股份有限公司、上海酷想智能科技股份有限公司、云南财经大学	叶玮、金桂根、穆建军、黎建强、乔英、乔国龙、杨益忠

续 表

序号	奖种	等级	项目编号	项目名称	主要完成单位	主要完成人
173	科技进步奖	三等奖	A0160	高强轻量托盘和周转箱	山东泰氏新材料科技有限责任公司	李振、鹿海林、楚德军、谢惠芝
174	科技进步奖	三等奖	B0032	第四方物流促进块状经济转型升级的作用机制研究	浙江万里学院	李肖钢
175	科技进步奖	三等奖	A0026	一站物流云服务平台研发	广东一站网络科技有限公司	彭鑫、于忠虎、刘发贵、李盈、黄志辉、陈贞桢、刘兰桂
176	科技进步奖	三等奖	A0046	移动物联网通信系统关键传输技术与资源优化研究	青岛科技大学	徐凌伟、王景景、于旭、施威
177	科技进步奖	三等奖	B0058	《北京市快递安全管理办法》立法后评估报告	北京物资学院	尚珂、郭庆、尚琤、吴长军、邢妮、古俊杰
178	科技进步奖	三等奖	A0011	江淮 8×2 提升桥系列重型载货汽车产品开发	安徽江淮汽车集团股份有限公司	周福庚、王富波、刘鸿志、杨春丽、董学朝、李静、陈中旺
179	科技进步奖	三等奖	A0114	商用车生产物流模式乘用车化研究与应用	风神物流有限公司、东风商用车有限公司	罗春龙、王海生、杨琼、张明月、黄奥博、姚海啸、肖国民
180	科技进步奖	三等奖	B0075	郑州航空港经济综合实验区加快发展航空物流的对策研究	郑州轻工业学院	仝新顺、毕国海、陈佳佳、韩珂、杨雪萍、赵江利、杨丽华
181	科技进步奖	三等奖	A0054	小码大众共仓共配冷链服务平台	武汉小码大众科技有限公司	张璐
182	科技进步奖	三等奖	A0232	制造业与物流业的联动发展：机理、模式及效率评价	福建师范大学	王珍珍

续 表

序号	奖种	等级	项目编号	项目名称	主要完成单位	主要完成人
183	科技进步奖	三等奖	A0113	基于 Flexsim 的某主机厂物流车辆道路交通情况模拟分析	风神物流有限公司	罗春龙、盖雪莹、黄奥博、张明月
184	科技进步奖	三等奖	B0073	仓库安全管理与技术	陆军勤务学院	王丰、王锐淇、张剑芳、肖骅、吴洁
185	科技进步奖	三等奖	B0035	一汽大众零部件超市库房存储量仿真算法研究	长春一汽国际物流有限公司	张梅美、郑洪涛、张聪颖、王海晶、崔悦、武红
186	科技进步奖	三等奖	A0223	无人机物流一体化解决方案	西安亿航天域智能科技有限公司、广州亿航智能技术有限公司、亿航智能设备（广州）有限公司	贾宗林、刘郴、曾立昆
187	科技进步奖	三等奖	B0015	物流风险管理（第3版）	大连海事大学	孙家庆
188	科技进步奖	三等奖	A0147	门到门物流信息平台	门到门信息技术有限公司	侯文奇、侯文辉、于旭英
189	科技进步奖	三等奖	B0079	化工物流中的 HSE 关键问题研究	上海第二工业大学、中外运化工国际物流有限公司、北京物资学院	李荷华、钟原、魏国辰、刘亚晖、蔡卫卫、张洋、张蕊
190	科技进步奖	三等奖	A0158	政成物流联盟平台	江苏政成物流股份有限公司、河海大学	陈建清、王伟、汤银泉、姚云、黄莉
191	科技进步奖	三等奖	B0013	O2O 模式下网购供应链的低碳决策研究	南京工程学院、南京捷顺达物流集团有限公司	吴义生、吕德宝、吕庆华、杨静、欧邦才、卢荣花、吕庆海
192	科技进步奖	三等奖	A0024	基于物联网的仓储环境感知系统	湖北物资流通技术研究所	张泽建、王晓东、吴迅、薛明、余建群、晏芳
193	科技进步奖	三等奖	A0074	VTS 专线	杭州柳橙物流科技有限公司	许忠亮、万国新

续　表

序号	奖种	等级	项目编号	项目名称	主要完成单位	主要完成人
194	科技进步奖	三等奖	A0228	智能化配送中心作业优化方法研究及应用	兰州交通大学	雷斌、柴获、李璐、宋宇博、李勇、李晶、代存杰
195	科技进步奖	三等奖	B0031	基于系统动力学的江浙沪地区交通运输产业竞争力动态演化机制与提升策略研究	常州工学院	曹国、陈杰、曹杰、沈利香、严向洁、杨岩
196	科技进步奖	三等奖	A0230	新型环保物流托盘关键技术研发与应用	中南林业科技大学	庞燕、王忠伟、魏占国
197	科技进步奖	三等奖	A0010	HFC1041P53 系列轻型载货汽车	安徽江淮汽车集团股份有限公司	樊振兴、冯东亚、刘再兴、章志才、幸振帆、贾伟伟、胡敏
198	科技进步奖	三等奖	A0224	航材配送集装技术研究	中国人民解放军空军勤务学院航材四站系	崔崇立、何定养、倪彬、郭军、谢福哲、朱臣、刘硕
199	科技进步奖	三等奖	A0198	港口冷链系统规划与空间布局模式理论与实践	大连理工大学	王文渊、郭子坚、唐国磊、彭云、宋向群、于旭会、马千里
200	科技进步奖	三等奖	B0010	鞍钢智能云仓互联系统	鞍钢集团自动化有限公司、鞍钢股份有限公司	贾凤泳、王延明、刘凯、侯海云、刘继丹、李鸿儒、刘长胜
201	科技进步奖	三等奖	A0002	互联网 + 时代下智能化卷烟配送模式研究	广元市烟草公司物流中心、成都和创科技有限公司	马国剑、杨浩、向颖、吴磊、王静宓
202	科技进步奖	三等奖	B0022	低碳环境下城市生鲜农产品配送优化及应用	苏州科技大学、苏州优乐赛供应链管理有限公司、浙江科技学院	邵举平、翁卫兵、张畑、王佳、贾海成、孙延安、徐建华
203	科技进步奖	三等奖	B0017	城市物流系统可靠性优化	北京工商大学	张浩

续 表

序号	奖种	等级	项目编号	项目名称	主要完成单位	主要完成人
204	科技进步奖	三等奖	A0117	无人叉车在乘用车轮胎物流中的应用研究	风神物流有限公司、杭叉集团股份有限公司	陈超、冯华田、叶海华、罗春龙、任海华、王宏伟、雷浩
205	科技进步奖	三等奖	A0185	基于互联网技术和智能硬件技术的物流全链路运输时效管控平台	上海卡行天下供应链管理有限公司	马训宁、杨大鹏、陈荣耀、肖方平、刘泽海、王方扬、王乐团
206	科技进步奖	三等奖	A0066	提升仓库利用率的小件集配区料架设计研究与应用	郑州风神物流有限公司、东风日产乘用车公司	秦开放、韩超峰、赵梨雪、彭坤
207	科技进步奖	三等奖	A0239	灯光指引订单到人输送控制系统	心怡科技股份有限公司	李志军、崔羚、周林武
208	科技进步奖	三等奖	A0172	广日物流综合信息系统	广州广日物流有限公司	成铨、张世良、张凌、曾伟雄
209	科技进步奖	三等奖	A0192	宝通魔方：电商仓配自动化体系建设	上海宝尊电子商务有限公司、宝通易捷智能科技（苏州）有限公司	仇文彬、梁涛、黄建成、李荣华、骆文雯
210	科技进步奖	三等奖	A0110	道路运输车辆主动安全智能防控系统项目	江苏驭道数据科技有限公司、南京三宝科技股份有限公司	刘民、任勇、陈海盟、马亚宁、王韬、周志兵
211	科技进步奖	三等奖	A0057	在汽车产前零部件物流体系中多种智能化设备协同应用模式研究	长春一汽国际物流有限公司	张华、王西九、贾科、高阳、刘佳、苗景林、吴晓明
212	科技进步奖	三等奖	A0130	建筑行业供应链管理集成创新与应用	云南建投物流有限公司	蒋兴祥、张大林、杨庆、姚伟、宁志军、邬翠兰、徐鹏
213	科技进步奖	三等奖	A0115	汽车备件物流社会化运作平台模式研究	风神物流有限公司	方彦兵、罗春龙、盖雪莹、黄奥博、明鑫、刘波

续 表

序号	奖种	等级	项目编号	项目名称	主要完成单位	主要完成人
214	科技进步奖	三等奖	A0103	国际物流 SKD 半散装件汽车运输架	大连中集特种物流装备有限公司、辽宁省交通厅运输管理局	张晓军、纪宇博、代海岩、宋兆春、刘东海、杨雪峰、贾佃精
215	科技进步奖	三等奖	B0057	科技创新推动物流企业嵌入全球价值链高端的作用机理研究	临沂大学、东北财经大学、南京农业大学	邓妍娑、刁玉柱、卢中华、邱国栋、孙朋杰、高佳、肖丽丽
216	科技进步奖	三等奖	B0050	基于政产学研用协同创新的海洋文化产业人才培养体系建设研究	上海海事大学	瞿群臻、王建民、魏立群、卢长利、刘玉斌、姚荻琳
217	科技进步奖	三等奖	B0023	无人机现在与未来——前景解析与快递物流业应用	圆通速递有限公司	耿威、傅川
218	科技进步奖	三等奖	A0004	安航 OA	芜湖安航电子商务有限公司、芜湖安顺船务有限责任公司	吴安新、汤洁、方卫
219	科技进步奖	三等奖	A0034	基于 RFID 技术的汽车零部件质量追溯系统	湖北物资流通技术研究所	张泽建、王晓东、杨亚能、张斐
220	科技进步奖	三等奖	A0008	大数据下的无车承运	福建省龙易配信息科技有限公司	李德苗、李昭文
221	科技进步奖	三等奖	A0163	安盛船务智能管理平台	泉州安盛船务有限公司	郭东圣、王海源、吴勇进、洪建荣、刘焕阳
222	科技进步奖	三等奖	B0052	海事劳动关系管理	上海海事大学	瞿群臻
223	科技进步奖	三等奖	B0021	电子商务及物流配送技术现状与应用前景	北京信息科技大学	李洁、胡涵清、杨继美

续 表

序号	奖种	等级	项目编号	项目名称	主要完成单位	主要完成人
224	科技进步奖	三等奖	A0216	智慧排产项目	北京京东尚科信息技术有限公司、北京京邦达贸易有限公司	杨细平、陈宏勇、陈雪芳、罗寅卓、冯彦涛、侯玉龙、孙泽
225	科技进步奖	三等奖	A0022	重卡零公里运输装载技术	北京普田物流有限公司规划技术部	常云峰、任庆生、王彦东
226	科技进步奖	三等奖	A0068	一种具有高安全性和便利性的扭簧式台车类运输平台设计与研究	郑州风神物流有限公司	丁少杰、赵梨雪、王鑫、钱玉军
227	科技进步奖	三等奖	B0067	现代军事物流精敏运行与管理机制研究	海军勤务学院（原海军工程大学勤务学院）	蒋丽华
228	科技进步奖	三等奖	B0044	徐州现代物流产业发展的格局与趋势研究	徐州工程学院	李公产、何旭东、张程程、魏本忠、耿波、何梅、薛川
229	科技进步奖	三等奖	A0142	卷烟物流配送在途监控及精准到货系统	河南省烟草公司周口市公司、中国烟草总公司河南省公司	张国华、刘玉鑫、付世伟、周静、张付春、崔国臣、许志敏
230	科技进步奖	三等奖	A0058	基于O2O模式的苏北肉羊冷链物流关键技术集成	徐州工程学院、睢宁金利羊业有限公司	何旭东、孙颖、张晶、宋效红、胡晶、刘宁宁、王中华
231	科技进步奖	三等奖	A0194	全国首个绿色配送项目落地暨海吉星绿色配送项目	地上铁租车（深圳）有限公司	张海莹、金玮、程浙南、贺松文
232	科技进步奖	三等奖	B0054	低碳经济视角下的经济欠发达地区发展模式研究——以物流产业为例	临沂大学	高振强、张明、卢中华、潘桂荣、杨新革、于春杰、花磊

续 表

序号	奖种	等级	项目编号	项目名称	主要完成单位	主要完成人
233	科技进步奖	三等奖	A0096	徐州市库派同程物流有限公司物流标准化建设项目	徐州工程学院、徐州市库派同程物流有限公司	张兵、吴云、程瑜、赵恒、徐龙、王银锡、魏伟
234	科技进步奖	三等奖	A0079	北斗导航与位置服务产业服务平台	山东广安车联科技股份有限公司	岳宪雷、张晓龙、吕广宽、张肖会、李海英、胡立男、李建
235	科技进步奖	三等奖	A0171	基于 RFID 与电警抓拍的智能物流通港管理系统	龙口港集团有限公司	付述智、丁乐朋、孙宪涛、遇江、张守星

（中国物流与采购联合会科技奖励工作办公室）

2018中国物流十大年度人物

（按姓氏笔画排序）

马　健　江苏志宏物流有限公司董事长

王　锋　鞍钢汽车运输有限责任公司董事长

王德龙　山东齐鲁云商物资交易有限公司董事长

白云龙　江苏辉源供应链管理有限公司董事长

冯　雷　合肥维天运通信息科技股份有限公司董事长

李子兴　泉州晋江陆地港港务有限公司总经理

李关鹏　中国外运股份有限公司总裁

盖忠琳　山东盖世国际物流集团有限公司董事长

潘乃越　上海宇培（集团）有限公司首席执行官

薄世久　北京长久物流股份有限公司董事长

（《中国物流与采购》杂志社）

2018 年中国物流行业十件大事

一、李克强总理主持召开国务院常务会议，部署进一步促进物流降本增效，推出简政、减税、降费新举措。

二、国务院常务会议部署推进物流枢纽布局建设，多措并举发展“通道 + 枢纽 + 网络”的现代物流体系。

三、国务院印发《打赢蓝天保卫战三年行动计划》和《推进调整运输结构三年行动计划（2018—2020 年）》，以推进运输结构调整，提高综合运输效率。

四、国务院常务会议通过《快递暂行条例（草案）》，促进快递行业在法治轨道上提质升级。

五、商务部等八部门开展供应链创新与应用试点，55 个城市列为试点城市，266 家企业纳入试点企业名单。

六、2018 年 7 月 1 日起，全部不合规车辆运输车不再驶入高速公路，历时两年的车辆运输车治理工作取得显著成效。

七、交通运输部公布第三批共 24 个多式联运示范工程项目，多式联运示范工程项目增至 70 个。

八、京东无人配送站落成、顺丰获得无人机航空运营许可证，菜鸟启动物流物联网（IoT）战略，苏宁无人车投入运营，多家公司开展自动驾驶卡车测试，物流“无人技术”加快推进。

九、中远海控完成收购东方海外多数股权，顺丰收购 DHL 在华供应链业务，中国邮政寄递事业部成立，天地华宇并入上汽物流板块，满帮收购志鸿物流，万科物流并购太古冷链，物流企业兼并重组事件频发。

十、中国物流与采购联合会在山东济南隆重举行物流行业庆祝我国改革开放 40 周年大会和座谈会。

（中国物流与采购联合会）

2018 年度“宝供物流奖”及“宝供物流奖奖学金”获奖名单

一、“宝供物流奖”获奖名单

获奖等级	获奖项目	获奖者	工作单位
一等奖	县域物流的末端配送模式创新研究	张兵	徐州工程学院
	大规模定制化物流服务模式下物流服务供应链调度理论与方法专著	刘伟华	天津大学管理与经济学部物流与供应链管理系
二等奖	物流关键技术在汽车零部件中的应用研究	杨艳莉、贾科、李帅	长春一汽国际物流有限公司
	德邻陆港智慧供应链服务平台	张丽莉	德邻陆港（鞍山）有限责任公司
	生产物流	甘卫华、徐翔斌、吴素浓等	华东交通大学交通运输与物流学院
	基于物联网技术的危险品场站信息化安全生产管理系统	庞德群	大连集发南岸国际物流有限公司

续 表

获奖等级	获奖项目	获奖者	工作单位
二等奖	智能家装供应链系统	杨登亮	北京易日通供应链管理有限责任公司
	快仓智能仓储机器人	王婕	上海快仓智能科技有限公司
三等奖	汽车零部件密集储分一体自动化技术研究	马茵	一汽物流有限公司
	日本物流	姜旭	北京物资学院
	快递缓冲（易碎品）包装绿色环保解决方案	陈勇军	深圳技术大学
	国际物流货运代理实务	陈言国	福建师范大学协和学院
	一汽国际物流企业管理优化项目	李玉龙、郑茜滢	长春一汽国际物流有限公司
	生鲜农产品供应链网络节点设计及布局研究	肖建华	南开大学现代物流研究中心
	建筑行业供应链管理集成创新与应用	张大林	云南建投物流有限公司
	派天下——高速公路共享智慧物流港	杨立	北京天成恒通信息科技有限公司
	跨越速运物流平台信息化技术项目	—	跨越速运集团有限公司
	桔瓣科技——桔瓣优送 App	赵梦	浙江桔瓣科技有限公司

二、“宝供物流奖奖学金”获奖名单

序号	学校名称	申请人姓名	备注
1	北京交通大学	吉阳、武文蕊	—
2	上海对外经贸大学	韩晨、刘艳磊	—
3	浙江工商大学	许雨茜、马薇薇	—
4	华中科技大学	谭洁（博士研究生）、贺兴	—
5	南京财经大学	尤子杏、方馨	—
6	东南大学	贾东峰（博士研究生）、郑蓉蓉	—
7	北京邮电大学	赵越、张银（硕士研究生）	—

续 表

序号	学校名称	申请人姓名	备注
8	国防大学联合勤务学院	刘伟（博士研究生）、李良（硕士研究生）	—
9	华东交通大学	陈云、仲任（硕士研究生）	—
10	武汉理工大学	陈影（硕士研究生）、曹乜婧（硕士研究生）	—
11	南开大学	刘颖（硕士研究生）、袁红（硕士研究生）	—
12	北京物资学院	管水城（硕士研究生）、王荷丽（硕士研究生）	—
13	西南财经大学	龚潇潇（博士研究生）、李协	—
14	大连海事大学	姜勇、梁晓萍（硕士研究生）	—
15	天津大学	龚宇、陶靖天（硕士研究生）	—
16	浙江大学	赵玥亭、董振宇	—
17	山东交通学院	张妮娜、张心宇	—
18	北京工商大学	杨晓月、曲冲冲	—
19	上海海事大学	郭月超（硕士研究生）、李文锦（硕士研究生）	—
20	安徽大学	陈广强（硕士研究生）、张勤（硕士研究生）	—
21	中南财经政法大学	黄千芷、田东红（硕士研究生）	—
22	广东财经大学	李芝蓉、王智（硕士研究生）	—
23	山东大学	陈云霞（硕士研究生）、周晓晗	—
24	华南理工大学	陈文华、蔡轶基	—
25	中南林业科技大学	颜静（硕士研究生）、卢美琪（硕士研究生）	—
26	江西财经大学	冷昕玥、刘贺宇	—
27	东北财经大学	侯波、池建波	—
28	同济大学	勾笑盈、喻章微	—
29	湖南商学院	李力辉、丁洁晨	—
30	武汉大学	魏娇娇（硕士研究生）、聂蕾（硕士研究生）	—

（中国物流发展专项基金“宝供物流奖”办公室）

2018 年美国物流业①

2018 年美国工商物流成本 (USBLC) 上涨 11.4 个百分点，达到 1.64 万亿美元，占 2018 年美国 20.5 万亿美元 GDP 的 8.0%。

美国工商物流成本的所有组成部分都在上升，包括运输成本、库存持有成本和其他支出。由于贸易摩擦加剧，需求不断下降，库存成本总量以 14.8% 的增幅遥遥领先，环比增加 4.6%。运输成本表现较好，增长 10.4%，但某些运输方式成本却大幅上涨。例如，由于发货人除了选择公共承运人外又选择其他运输方式，使得多式联运和合同车队成本分别上涨了 28.7% 和 13.1%，而邮政服务作为“最后一英里”的大赢家增长了 9.7%。具体成本构成情况如表 1 所示。

表 1　　2018 年美国工商物流成本构成情况

美国工商物流成本（亿美元）	2018 年	年度增长率（%）	5 年复合年均增长率（%）
运输成本	1037.4	10.4	5.1
其中：汽车承运人	668.8	10.1	5.1
整车	296.1	7.6	3.6
零担	71.8	8.3	3.5
合同运输	300.9	13.1	7.1
包裹	104.9	8.7	8.0
铁路	88.4	12.9	1.6
整车	61.4	7.2	–0.6
联运	27.0	28.7	8.1

① 本文选自《第 30 次美国物流年报》，该报告由供应链管理专业协会（CSCMP）发布，由 A.T. 科尔尼公司及专业团队专家、众多业内专家参与编写。报告的中文版由 CSCMP 北京代表处组织翻译，本书有删节。版权归 CSCMP 及相关著作人所有，如引用请注明出处。

续 表

美国工商物流成本（亿美元）	2018年	年度增长率（%）	5年复合年均增长率（%）
空运（含国内、进出口、货运、快递）	76.5	9.2	3.8
港口水运（含国内、进口、出口）	45.7	12.8	1.5
管道	53.0	12.7	12.7
库存持有成本	493.7	14.8	3.0
其中：储存	153.1	3.2	3.0
财务费用(WACC×总库存)	192.5	26.0	3.0
其他（货损、贬值、保险、操作等）	148.1	14.8	3.0
其他成本	104.4	6.4	4.9
其中：承运人支持业务	52.3	10.3	4.5
发货人管理成本	52.1	2.8	5.3
总计	1635.46	11.4	4.4

注:WACC是加权平均资本成本。由于四舍五入，美国工商物流成本总计与表格计算结果略有偏差。

一、汽车运输:运力紧，运费高

2018年对发货人来说是充满挑战的一年。根据Truckstop.com网站的数据显示，从2月以后的季节性低谷到夏季的高峰，现货市场运费比上年同期上涨了约25%，导致几乎所有行业的货主2018年物流预算超支。一方面，严格的政府监管(如电子日志)和司机工资上涨导致运费提升;另一方面，来自2017年和2018年的经济活跃导致运输需求过度增长，而同时货主为了适应电子商务的快速增长和强劲的消费需求再建库存，导致运量(供应)和需求(请求的负载)匹配不均衡，承运人趁机提高运价来获取高额利润率。

二、汽车承运人

2018年，由于缺乏进入卡车运输市场的新劳动力，司机流失问题加剧，汽车承运人投资新技术，研究车内远程信息技术和先进的预测分析技术，用来支持获取额外的效率。这些技术不仅自动化了常规工作流程(如用实时GPS跟踪和地理围栏技术替代检查司机工作的电话)，也使拖车运行的实时优化成为可能，不仅提高了安全性还减少了燃料消耗。此外，先进的分析技术，加上与发货人的上游集成的改进，提高了承运人计划路线和载货的能力。

三、发货人

2018年对发货人来说是最具挑战性的一年。运力紧张导致运费大幅上升，在某些情况下甚至是多次上调，以继续锁定足够的运力。发货人也在控制开支上煞费苦心。2018年，他们被迫调整业务模式，以维持运力，并使用两种常见策略更好地控制成本:一是实施附加的专属(如专一合同运输）车队，以确保物流服务；二是加入“优选发货人计划”，成为更受承运人欢迎的货主。

尽管专用车队通过保证运力为发货人创造了优势，但为了保证专用车队效率，需要一些特定的网络资源：足够的配送网络密度以确保车队利用最大化；采用短运距以最大限度避免空驶；采用实际参与的物流管理文化。

发货人优选计划是货主有效管理运输成本和确保运力最常用的方法之一。优选发货人往往对司机更友好，他们有良好的物流设施且月台装卸货时间较短，能够更好地管理进出货闸口。此外，他们的合同条款和条件都合理考虑承运人和发货人的风险，而不给承运人增加不必要的负担。随着技术的进步，特别是采用社交媒体类型的评级系统后，承运人已经开始仔细记录物流设施的运行情况。这些信息在竞标活动中被用来说明承运人方面的情况，并作为可能开除不受欢迎的发货人或表现不佳的装货点的凭据。

除了专一车队运输和优选发货人计划，发货人也更加重视对总拥有成本概念（Total Cost of Ownership，TCO）的理解。他们评估的不仅是合同运费，还有现货市场费率和附加费。大型发货人注意到，他们已成功地通过提高基本费率，减少了不正常作业和计划外的发货，从而最大限度地减少了他们对即期费率的风险敞口。然而，随着即期费率的下降和产能的增加，这种策略的优势将会减弱。不管市场趋势如何，领先的发货人都在利用数据和分析来改进内部报告和绩效管理实践。

四、包裹：“最后一英里”——追求训练的期望值，是敌还是友？

2018 年，美国包裹费用支出增至 1050 亿美元。近几年，电子商务发货推动了包裹投递的持续增长，而且在未来几年还会继续增长。电子商务的四大痛点继续为包裹承运商带来挑战。

（1）配送密度：递送到住宅的包裹越来越多，通常是单件，快递路线更长，效率也更低。

（2）货量变化幅度大：在感恩节至圣诞节期间的发货量大约是非节假日时两倍的水平。配送量在工作日也有波动，周末大量下单，周一取货，周二、周三会大量送货。

（3）体积形状：随着电子商务物品体积扩大、形状不规则（床垫、庭院家具）等，这些物品不适合标准的分类设备，需要特殊的处理。

（4）网上下单到送货上门的要求：当天送货、两小时送货、加急送货、重要物品紧急送货等，顾客对包裹的时效性和安全性要求越来越高。

面对上述问题，承运人除了扩建设施和雇用临时工，还要继续投资新技术和创新解决方案，自动化将继续发挥不可或缺的作用，通过更好地预测和改进路线与网络优化，机器学习和人工智能将助力承运人提高效率。同时，采用众包方式是“最后一英里”的重要组成部分，对某些产品（如食品杂货）来说，是唯一经过验证的成本效益较高的配送方式。

五、铁路：目前还在轨道上

2018 年是北美一级铁路公司盈利的一年。美国一级铁路广泛地接受了亨特·哈里森（Hunter Harrison）大胆的经营理念，实施了基于精确计划轨道交通概念的生产力提升计划。该计划大幅度降低了铁路运输成本，强大的定价环境使得运营比得到显著改善。尽管盈利能力有所提高，铁路客户还是遇到了坏天气、网络拥堵、站点级服务和车卡不足等相关的问题。同时，铁路公司继续在技术上进行投资，特别是增强发货人连接性、货运可视性的技术，以及使用大型铁路和客户数据应用预测分析来提高服务水平和资产利用率。几乎在所有商品市场领域铁路的表现都很强劲。联合太平洋 (Union Pacific)、CSX 和诺福克南方航空 (Norfolk Southern) 公布，2018 年单位收入 (定价核心指标) 均有健康增长。铁路公司受益于汽车运输市场的运力紧张，使得发货人将货物运输从公路运输转为更加经济的铁路运输。

PSR 的实施取得了明显的经济效益。作为美国首个实施 PSR 的 I 级企业，CSX 获得了行业领先的运营比，该项目得到了铁路高管的重视。事实上，I 类铁路经营定期班列服务已有多年，尤其是在高端货运领域 (如多式联运和汽车的铁路运输)。关键的不同之处在于，铁路公司越来越重视资产和劳动生产率，这是通过严格管理人员、机车和车辆来实现的。铁路公司积极寻求通过利用大型驼峰堆场、站场、支线铁路和其他资产来提高生产率，从而减少运营成本，但由于铁路业务庞大、相互关联和劳动密集型的特点，这一过程已导致发货人本地化交付失败和运输时间的拉长。对发货人来说，好的方面是，随着铁路公司推出变更管理计划并全面实施，服务指标正在改善。对先行者 CSX 来说，列车速度和铁路网络流动效率已经得到了改善。

六、航空货运：依托电商蓬勃发展

2018 年，航空货运量增速放缓，全球增长 3.5%，远低于 2017 年 9.7% 的增速。北美是增长最快的地区，为 6.8%。2018 年，航空货运运力增长 5.4%，增速超过需求增速，导致货运积载率下降。尽管货运积载率有所下降，但航空公司的运价规则使 2018 年的航空运价有所上升，东西航线运价同比上涨约 5%。运价的不断上涨，令阿特拉斯航空公司 (Atlas Air)、联合航空 (United)、美洲航空 (American) 和达美航空 (Delta) 等许多航空公司的货运收入达到创纪录水平。在成本方面，2018 年航空燃油价格同比上涨 30%，航空公司面临的燃油成本风险将继续挑战货运运营商。

航空货运枢纽在促进电子商务货运以及药品和易腐品等特殊货物运输的持续增长方面正在扮演越来越重要的角色。达拉斯 / 沃斯堡国际机场 (Dallas/Fort Worth International Airport) 正在通过获得国际航空运输协会 (IATA) 的药品认证，将自己打造成制药行业的门户。在纽约肯尼迪国际机场，全球航班服务公司和瑞士世界货运公司开设了一家新的经过认证的仓库来处理药品。

(一) 利用电子商务的增长

货运公司通过加速投资，以应对电子商务的需求。

美国航空运输服务集团 (ATSG) 收购 Omni 航空客运公司就是为了确保货运飞机的供应；阿特拉斯航空公司 60% 的货机致力于电子商务和快递运输；亚马逊正在提高运力，在现有的宽体 767 货机基础上增加通用金融航空服务公司 (GE Capital Aviation Services) 的窄体 737 飞机；在国际快递领域，敦豪航空货运公司 (DHL) 投资了明尼阿波利斯—圣保罗国际机场附近的新设施以顺应电子商务的发展。

在国际上，中国电子商务巨头阿里巴巴和京东一直在大力投资建设跨境和国内航空货运设施以提升航空货运能力。阿里巴巴已与新加坡航空公司 (Singapore Airlines) 和阿联酋航空公司 (Emirates Airlines) 合作，为跨境货运提供便利；而京东则在中国推出了自己的货运服务，或许是想复制亚马逊在美国使用航空货运的模式。

（二）数字化终于走到了前台

2017 年，航空货运业在数字化方面取得了长足进展，包括物联网 (IoT) 跟踪和可视性、后台办公和货运服务自动化，以及区块链等其他专业应用。

2018 年，航空货运业在数字化方面有了更加深入的进展。

（1）航空公司和货运代理扩展实时智能传感器技术，以跟踪和监控发货情况。需要特殊处理的高价值货物的运输公司，如制药公司，正在将使用这种传感器发展成为一种标准做法。例如，由于 GPS 支持蓝牙跟踪，达美货运（Delta Cargo）现在可以为货主提供对时间敏感的国际空运货物的实时可视性；嘉里物流公司引入了智能传感器，可以在温度、压力、倾斜度、湿度和震动等关键参数上实时显示整个供应链。

（2）后台自动化的数字解决方案，包括客户协助、咨询和预订。例如，达美货运报告中提到，在线订舱是其主要的预订方式，它已经在亚特兰大和波士顿推出了自助 iPad 站。德讯（Kuehne + Nagel）新推出的 NextGen 支持在线预订、跟踪和发票功能。

（3）国际航空运输协会继续推动航空货运无纸化，以提高效率和可靠性。电子航空运单 (eAWB) 的普及率超过 60%，目前是部分航线的默认运输合同方式。此外，作为国际航空运输协会“单一记录”计划的一部分，2018 年开展了标准化数字货运记录的试点和测试，并持续到了 2019 年。

所有这些数字化的努力创造了更多的结构化数据，将有助于未来的机器学习应用，最终可能产生颠覆性的解决方案，以降低成本。迄今为止，在航空货运领域还没有看到货运代理行业的重组，Flexport 等初创企业正在吸引风险资本投资。航空货运目前的一件大事是 Freightos 和 Xeneta 等在线货运交易所将发货人与航空公司直接联系起来，为发货人提供更高的运价透明度，并支持推出法航荷航 (Air France KLM) 航空货运的动态定价。

在 2018 年，新加坡的货物社区网络 (CCN) 和微软推出了一个基于区块链的航空货物计费、成本和对账系统，以最小化计费差异，加快对账速度。同样，初创公司 CargoX 推出了一个基于区块链的开放平台，可以应用于空运等物流模式。

七、港口水运

2018 年海运市场有两股强大的力量在起作用，即地缘政治贸易紧张局势和不断变化的行业动态。

中美贸易紧张对海运货量典型的季节性变化产生了深远影响。为了赶在 2019 年 1 月 1 日开始征收 25% 的关税之前增加库存，发货人开始提前发货。波罗的海国际海事委员会 (BIMCO) 的数据显示，2018 年前 11 个月，美国东海岸集装箱进口同比增长 3.7%，西海岸集装箱进口同比增长 8%。

目前，海运业三大联盟 (横跨 7 家承运人公司) 占据了约 90% 的市场份额，承运人专注于运营这些联盟以获得盈利。总体而言，海运业 2018 年的利润略有增长，但远不及 2017 年预计实现 70 亿美元利润那么高，因为燃料成本几乎占到运营成本的一半。尽管如此，海运业的联盟使海运业承运人在抵制价格战方面比以往表现出了更强的自律性，使海运业运价达到了三年来的最高水平，2018 年达到了创纪录的新高。

油轮拆船量达到 30 年来的最高水平，100 多艘船只被送往拆船场。运力减少导致运价上升，与此同时，对伊朗的制裁促使石油输出国组织增产，俄罗斯和沙特阿拉伯每天向出口市场总计泵入150万桶石油。其结果是，2018年第四季度，各类别油轮运价几乎翻了3倍，超大型油轮(VLCC)每天可以赚到6万美元，是近三年来的最高水平。

在劳工发展方面，国际码头工人协会(覆盖美国东海岸和墨西哥湾沿岸)和美国海事联盟签署了一份为期六年的合同。工会很高兴港口不会实施“全自动设备”；港口很高兴在船舶不能按时到达的情况下获得了工人调度的灵活性。

除了劳工问题，还由于缺乏将集装箱运出港口和仓库的拖架，致使港口运营陷入瘫痪，增加了船舶在港时间和滞期费。许多潜在的力量正在博弈，其中包括多式联运铁路场站的拥挤、意想不到的货物提前装载以及商业合同变脸而带来的国内贸易路线的改变等。

需要关注的创新包括以下几点。

（1）区块链是航运圈的一个热门话题，马士基和IBM继续在TradeLens项目上进行合作。TradeLens是一个区块链平台，现在有100多个参与组织，已经囊括了2.36亿笔航运交易。

（2）纽约航运交易所(NYSHEX)是一个数字海洋货运平台，于2018年推出，吸引了包括马士基在内的多家航空公司。现在，它也在向亚洲的货运代理和承运人推销自己。NYSHEX和Fraight.AI这类的平台，为发货人提供了在没有货运代理的情况下使用海运承运人的机会。

（3）海洋情报咨询公司的一项分析发现，49%的情况下，发货人并没有按最低价格选择承运人，而是按服务信誉选择承运人。

（4）两家挪威公司，Yara和Kongsberg已经合作建造了一艘无人驾驶全电动的自动集装箱船，这艘船将在国内运行一段短航线，以取代每年4万辆卡车的道路行驶。中国和荷兰的公司也在调查电动船舶。

八、管道

（一）天然气

2018年，石油和天然气需求依然强劲，主要的需求驱动来自燃油车辆、发电和出口。需求推动石油和天然气产量分别增长17%和11%，创下历史新高。突然增加的天然气供应可能会使管道运输的产能趋于紧张，但到2018年年底，由于近期的投资增加，产能制约有所缓解。

2018年，美国电力新装机容量的60%以上来自天然气。天然气发电量攀上长达数十年的趋势顶峰，取代煤炭成为主要电力来源。

此外，美国正成为天然气净出口国。2018年天然气出口总量增长14%，其中液化天然气(LNG)出口增长53%，美国对墨西哥管道运输出口量也有增加。

EIA的数据显示，为了满足所有新需求，2018年天然气日产量增加了100亿立方英尺，以总采收率计算，平均每天增加1013亿立方英尺。产量越来越多地来自页岩气，并继续集中在宾夕法尼亚—西弗吉尼亚的马塞勒斯页岩地层。

2018年，美国10个新建管道项目创造了近100亿立方英尺/天的产能，29个扩建项目创造了另外75亿立方英尺/天的产能。额外的横向和反向项目使总新增产能达到260亿立方英尺/天。大部分的扩张是在东北地区，其余的大部分项目是从东北地区延伸到其他地区。过去10年，东北地区的输气管道容量增加了76%。

（二）二叠纪石油在世界范围内流动

2018年，全球油价保持在60~70美元，略高于2017年，远高于前一年的低点，确保了石油生产商有动力增加供应。此外，美国生产商仍在对解除美国原油出口禁令做出回应，使它们得以进入全球市场。截至 2018 年 12 月，美国原油出口日产量超过 250 万桶，是两年前的 5 倍。

2018 年，美国原油产量大幅增长 17%，年平均产量接近 1100 万桶 / 月，12 月达到近 1200 万桶的月度高点。产量集中在得克萨斯州和新墨西哥州的二叠纪盆地，这两个盆地的产量增加了 73%。

随着原油产量的增加，管道的输送能力成为瓶颈。在 2018 年年中，由于出口驱动的需求，休斯敦的原油价格远远超过了米德兰二叠纪生产区，因为其中一些二叠纪石油必须通过更昂贵的非管道运输方式运输。

私募股权投资继续涌入管道运输行业 (2018 年投资额为 150 亿美元，2017 年为 93 亿美元)。随着中游企业在公开市场估值下降，私募股权基金已经成为为新项目筹集资金的一种方式，通过企业间的合资，或者将非核心资产出售给私人股权投资等。

2018 年年初，美国联邦能源监管委员会 (FERC) 不允许 MLP（有限合伙制企业）从所拥有的州际管道基于成本的规费费率中收回所得税，这给了货主一个压低运费的杠杆。事实证明，FERC 的最终裁决比预期的更为温和，对管道行业基本上是有利的。

九、货运代理的价值

货运代理是世界上最赚钱的行业，从资本使用回报率 (ROCE) 的角度来看，它的利润甚至比高科技还要高。货代巨头德讯发布的《世界贸易指标》(*World Trade Indicator*) 显示，尽管 2018 年英国脱欧困境和中美贸易争端对全球贸易造成了影响，但全球贸易增长仍然达到了 9.5%。

货运代理的优势是提供更好的客户服务。例如，一家大型高科技公司表示，该公司在 2017 年秋季的旺季 / 前置高峰期间确保产能的能力得益于其与货运代理的良好关系。这样的需求增加了货运代理公司的盈利线：泛亚班拿、DSV、DHL 和 Agility 的利润增长多在较高的个位数或者两位数。

总部位于美国的 Expeditors 2018 年表现强劲，海运和空运代理业务实现了盈利增长：净收入增长 13%，营业利润增长 14%。

航空货运需求强劲，但成本压力也越来越大，飞行员短缺和燃料价格波动导致第四季航空公司运价上涨 15%~20%，货运代理发现，很难将这种成本转嫁给客户。

相对较高的海运费率也给货运代理带来了成本压力。然而，运力紧张也可能有利于与海洋运输公司有良好的货代关系。当运力紧张的时候，与发货人有交易关系的承运人将只履行其合同的最低承诺，迫使货主在有任何额外的发货时支付现货市场运费，这可能是合同运费的两倍。更深层的关系，甚至是个人关系（就像许多承运人和货运代理之间的情况一样）在困难时期可以派上用场。货运代理的另一个亮点是，迅速增长的电子商务业务量，尤其是跨境零售业，推动了他们提供的增值仓储服务和分销业务的增长。

货代行业并购活动在经历了几年的低迷之后有所回升。CEVA（基华）正被法国远洋运输公司 CMA CGM（达飞轮船）收购。此次收购将帮助该航空公司成为更大的综合物流企业，马士基等其他竞争对手也在追求这一战略。该公司打算在 CMA CGM 内以独立的单位和品牌运营 CEVA，在费率和运力分配方面不偏袒其他货运代理。对该收购感兴趣的 XPO 却未过多参与这一事件。货代行业非常分散，前 20 名的参与者只占市场的1/3，因此进一步的整合是有意义的，但由于分散而变得复杂，收购很可能是针对利基市场的参与者。

货代行业也做好了被颠覆的准备。2017年，初创公司Flexport的估值增加了两倍，达到30亿美元。该公司的策略是以软件为重点，是硅谷的宠儿，但其2018年4.41亿美元的收入使年度增长率达到了95%。然而，就连Flexport也比不上亚马逊(Amazon)，后者看上去越来越像一家货运代理公司。亚马逊已经是无船承运人(NVOCC)，现在还拥有50架飞机和2万辆汽车。它可以帮助卖家用轮船和仓库进行搬运和储存货物，同时还可以整理收集来自不同卖家和买家的货物信息。当然，大多数人认为亚马逊是零售商而不是货运代理。但想象一下，如果基华或泛亚班拿公司放弃了目前的计划，转而与eBay合并——亚马逊似乎正在打造的就是那种颠覆性的公司，一家货运代理公司，在其之上是一个多层次的零售市场。与此同时，承运人也在进军货运代理市场，目标是直接接触规模较小、有利基需求的客户，这些客户构成了货运代理客户群的基础。例如，马士基最近宣布，希望成为“集装箱航运业的UPS”。尽管如此，马士基的首席执行官表示，船公司将始终难以达到向规模较小的发货人提供货代服务的水平。

货运代理是一项轻资产、单证密集型的业务，这意味着它是创新的温床。在未来几年，数字化和基于区块链的解决方案将为更有效地完成这项工作带来巨大的希望。货运代理可以帮助承运人提高透明度，同时支持发货人预测风险。在一个担心气候变化的时代，消费者对透明度的要求越来越高。气候问题是一种包罗万象的、跨运输方式的问题，具体的方案可以为混合运输方式、跨多种运输方式、颠覆性的货运代理量身定做。另外，环保是昂贵的，这与货运企业的成本压力形成了鲜明的对比，这种压力甚至是来自对气候变化敏感的客户。

十、第三方物流：解决挑战

在零售市场，客户坚持快速便捷，这意味着卖家必须提供一个快速、无缝和全方位的从下订单到交货的全渠道流程，贯穿数字和实物购买体验过程。具体来说，电子商务领域正在继续进行全面改革，亚马逊在供应链的各个领域都取得了长足的进步，从物流到前置库存，再到当日交货。现在在接近性和敏捷性方面设置的期望自然也会溢出到其他通道。如果全渠道是餐桌上的赌注，那么企业必须在速度和创新上有独到之处。

工业市场上的货主面临着日益复杂的业务，在原材料成本、汇率和关税等关键因素上，他们面临着无常的全球变化和不断加剧的波动。由于企业将战略重点放在创新和研发方面，它们往往依赖第三方来帮助其对物流和供应链进行更有效的管理。

对发货人来说，找到人才并得到专业的建议是困难的，良好的IT基础设施可能不具有成本效益或缺乏可实施性，采用敏捷机制通常很困难。因此，第三方物流供应商(3PLs)正日益填补外部需求和内部能力之间的差距。零售发货人想要第三方物流在非传统的服务线路上提供速度和创新，而工业发货人想要第三方物流提供无缝连接和低成本的供应链。在这两种情况下，第三方物流都有望超越运营支持的角色进而成为一个战略角色，尤其是在国内运输和价值增值的仓储领域。

作为战略角色，第三方物流自然更加重视有效地执行关键供应链流程：维持和增加运力；帮助发货人实施动态库存管理，确保关键库存分类准确；通过前置库存拉近与客户对接距离；通过装配、包装和退货等服务增加价值；最重要的是，解决“最后一英里”交付的问题 [虽然最近很多注意力都集中在“最后一英里”的送货选择上——从优步 (Uber) 到储物柜，再到无人机——但即使是那些具有潜在解决方案能力的公司，也面临着如何让最后一码的送货员快速拿到包裹的挑战] 。特别是在库存和仓储方面，大多数第三方物流企业继续保持乐观，XPO 和 NFI 等企业自 2017 年以来大幅增加了产能。由于第三方物流传统上是在流程知识的基础上发展起来的，因此增加流程的权重对它们保持业务影响力尤其重要。

不断增长的需求和发货人更高的期望，给第三方物流公司作出实际解决方案带来了压力和挑战。如 XPO 物流订购了 5000 个机器人，将它们与移动存储架和充电站集成到一个模块化的货对人系统中，以确保挑选、包装和分类操作的速度和准确性。该系统将为 XPO 的共享空间分配模型提供补充，并进一步增强其全自动数字货运市场的能力。另一个例子，DHL 采用人工智能来提高物流能力，包括预测全球贸易前景 (全球贸易晴雨表计划) 和供应连续性风险 (韧性 360 计划)，以及基于语音的“最后一英里”投递跟踪服务。DHL 也在 2018 年推出了一项全球增强现实项目，例如让拣货员配备智能设备提高他们的商品分类、拣选、摆放等能力，这些项目为企业提供了成本和速度优势。

任何一个用技术可以解决激烈运营挑战的行业，都将吸引具有不同商业模式的新来者。其中，MXD 集团是一家“最后一英里”执行专家，使用专有的订单管理系统和可视化技术，具有实时跟踪和客户服务门户， 被 Ryder System 以 1.2 亿美元收购；AFN 物流是专注于制造商的代理公司，利用预测分析和机器学习，帮助物流经理推动流程和资源配置方面的改进，AFN 物流被 GlobalTranz 以 1.4 亿美元收购；CaseStack 是一个非资产型物流平台，提供以零担业务为核心的协同整合计划和技术支持的卡车经纪服务，CaseStack 被 Hub Group 以 2.55 亿美元收购。由此可见，非传统的、以技术为驱动的公司颠覆第三方物流市场的故事仍将继续。如果主流业者无法买断他们的股份，就要学会与他们合作。

十一、仓储：做大也做小

（一）受关注成本的发货人驱动

2018 年，美国全国仓库租金上涨约 4% 至每平方英尺 6.8 美元，相对于过去 6 年涨幅略低。随着租金的稳定上涨，仓储开发商正在增加供应，尽管还不足以满足日益增长的需求。在进口和电子商务的推动下，达拉斯和芝加哥等人口密集的内陆配送中心的枢纽地区和次枢纽地区的仓库租金增长最为强劲。在选择有限的情况下，租户将更快地启动租约续签，并签署更长的租约。包括亚特兰大、新泽西、芝加哥和达拉斯在内的 13 个主要市场仍然存在严重的空间短缺。另外，对现代化仓储空间的需求将加速巴尔的摩、堪萨斯城和印第安纳波利斯等二级市场的增长。

考虑到空置率低和对优质空间的高需求，仓储业开发商仍看好顶级工业市场。从 2017 年到 2018 年，前 10 大市场 (基于 2018 年的交付量) 大部分的交付面积都在上升。

在劳动力方面，劳动力成本占据 50% 或更多的仓库运营成本，仓库工人仍然很难找到，而且成本昂贵。根据美国劳工统计局 (BLS) 的数据，2018 年物流工人的平均就业成本指数上升了 3.5%。自 2016 年以来，物流工人的就业指数增长速度超过了所有民用工人。

（二）库容和位置的趋势

2018 年第四季度仓储空间供应增长了 5660 万平方英尺，但需求增长得更快。用行业指标来表示，净吸收率 (衡量空置空间和新增建筑的需求) 比 2018 年第四季度的新建筑高出 11% 以上。可用容量继续紧张。

电子商务对仓库空间总量需求和位置选择都有很高的要求，电子零售商的产品种类更多，而且承诺向客户提供更快捷的送货服务，所以他们通常需要的仓储空间是普通买家的三倍。因此，他们对超过 30 万平方英尺的仓储空间，需求十分强劲。对于面积在 30 万 ~ 50 万平方英尺的仓库，新建交货库容仅满足了 80% 的市场需求。

不断收紧的服务水平窗口也推动了对面积在 1 万 ~10 万平方英尺的小型城市仓库的需求。随着新仓库的建设滞后于需求，这些仓库的供应甚至更加紧张。这些增长的需求带来了供应方面的问题，因为仓库运营商必须考虑需求供应过后的产能过剩问题。

这些小型的、接近消费者的仓库使用，按件分拣的订单履行过程与按托盘履行过程有很大的不同，如果试图将它们合并到一个大型仓库之中，很难产生协同效应。城市仓库还需要大量劳动力作为操作优势。

有些仓库建造商应对市场需求的方法很有创意。例如，高盛 (Goldman Sachs) 和开发商多夫・赫兹 (Dov Hertz) 合作，在布鲁克林的中心地带建造了一座面积 37 万平方英尺的三层仓库。该设施设有 53 英尺长的卡车坡道，提供二楼的卸货通道，以及通往第三层的叉车升降机。西雅图、旧金山和华盛顿特区也在开发类似的设施。

有些公司正寻求通过将现有的实体零售店转变为物流中心，实现城市配送。例如，艾伯森公司已开始将其 25 家杂货店中的一家从销售楼层转为仓储楼层。通过为当天的订单分配多达 10000 平方英尺的楼面面积，杂货店可以很快地从后面拣选需要快速完成的订单，而店员则在货架前面拣选时效性要求不高的订单。

紧俏的容量也刺激了仓库代理平台的发展，使公司能够购买和出售多余的仓库容量。一些平台通过租赁当地停车场、商店仓库，甚至办公楼地下室，进一步增加了它们在城市的投资组合。斯托德（STORD）作为网络分销模式的先驱，已经适应了不断变化的需求，使客户能够在短短两天内建立新的设施。其他公司如 Flexe、Ware2Go 和 Flowspace 已经开发了平台，将货主的仓储需求与拥有可供立即使用的空间的第三方物流供应商相连接，几家大型零售商和电子商务初创企业已经在与他们进行合作。

（三）技术发展趋势

对运营效率的压力、不断上升的劳动力成本和不断变化的消费者预期，正在加速仓库自动化技术的应用。许多新兴技术不再仅仅是理论概念，因为它们正利用行业与科技初创企业之间的合作伙伴关系对试验性项目进行快速测试。这些试验性项目常用在电子商务中 (如杂货配送)，且因为要应对亚马逊竞争的压力而加速进行。

在确定市场范围、筛选供应商和选择技术之前，业主和运营商必须采用一个全面的评估框架。重要的是，自动化并不是一个覆盖全面的一站式解决方案，相反，它是一种解决仓库各个领域需求的方法，具体如下。

（1）改善存储。自动存储和检索系统 (ASRS) 起源于 20 世纪 60 年代，当时是用于重型托盘装载的起重机和货架，但后来发展为服务于高价值产品和现在的日常用品。跨大型产品组合的电子商务需求的可变性增加了ASRS解决方案提供商(如Swisslog、Dematic和Invata)的吸引力。Dematic提供了广泛的ASRS解决方案，其中一个实施案例为伊利诺伊州的卡特彼勒配送中心。Invata在这一领域也有强大的实力，支持Destination Maternity孕妇服务公司开发其新的全通道交付配送中心，包括安装高速穿梭系统。

（2）提高拣货效率。视觉拣货系统，如Ubimax XPick，使用Vuzix和其他智能眼镜向仓库拣货员显示指令，解放双手实现了生产力提高并减少了单证工作量。Ubimax视觉分拣已在多个行业的多家公司实施，包括DHL、大众和英特尔。与此同时，Ocado的货到人的方法让机器人把货架推送给拣货员，使得拣货员不需要步行取货。Ocado和Kroger宣布合作，在俄亥俄州门罗市开发了一个客户服务中心。

（3）货物运输优化。在移动货物方面，自动移动机器人(AMRs)的主要供应商包括Takeoff技术公司Technologies和Fetch机器人公司，能够在最小化叉车利用的同时加快转运时间。AMRs的采用现在正处于一个转折点，因为越来越多的公司开始在他们的仓库里部署。霍尼韦尔最近宣布与Fetch机器人合作，试点使用AMRs支持电子商务交付。Kindred.ai和Covariant.ai等初创企业，在提高分拣自动化方面，取得了进一步的进展。为了协调自动化硬件，仓库需要投资管理和控制这个复杂且不断增长的相互联通的系统环境。所有的新机器人都必须有能互相交谈的平台。相对于传统的仓库管理系统（WMS），持续上升的对仓库自动化和管理机械化的关注正催生对仓库控制系统（WCS）、物料处理子系统和仓库执行系统（WES）、制造执行系统的更大需求。

仓库自动化降低了运营成本，维护了较高的服务水平，为实现全方位服务提供了更高的容量灵活性，减少了劳动力短缺的风险，并潜在地提供了可持续的业务优势。然而，自动化并非灵丹妙药，在企业的发展过程中，仍然需要综合的业务规划，包括职能协调和准确的销售预测。在任何自动化项目中，快速的原型化和改进以及清晰的盈利路线图对于实现盈利都是必不可少的。

十二、区块链等待信心的飞跃

许多人相信，区块链将很快改变金融和物流等行业。在过去的几年里，有数百万美元投资于区块链，但该技术尚未起飞。

（一）无缝运输网络

区块链技术提供了一个完全透明的交易分类账，可以极大地提高数据透明度，实现数据共享。区块链驱动的网络可以无缝地显示商品的来源(解决原产地和真实性问题)、去向(改进支付和边境过境问题)以及现在的位置(提供实时跟踪)。它是即时的、不可改变的，同时又是分布式的，将减少中心点故障的风险。尽管有这些明显的好处，物流和运输公司在采用这项技术方面一直进展缓慢。原因有很多，但最重要的是需要一大批愿意并能够适应变化的公司参与组成强大的网络。

物流领域的区块链仍处于初级阶段，以下四个问题将推动其发展到一个更高级的阶段。

（1）我们如何确保现有数据的可交互操作性——我们能设定共同的标准吗?

（2）我们如何创造更多的电子数据让区块链运行——我们能数字化吗？

（3）我们如何消除人的接触点和数据输入，以避免无意的错误——我们能否将区块链与传感器和通常概括为物联网的网络集成在一起？

（4）我们如何用所有这些信息自动化决策——我们能否得到区块链与人工智能集成的圣杯？

（二）使用区块链的方法

区块链仅仅是一种技术，解决方案来自建立一个网络。

区块链技术可以用于在运输和物流方面实现更大的创新。例如，航空公司可以开发基于区块链的忠诚度数字钱包，或者可以使用区块链技术进行供应链交易，将采购订单从其来源发送到最终目的地。铁路可以在车辆维护、质量控制和防止欺诈等方面使用区块链标准。海运公司可以使用分布式分类账技术来提高效率：提高货物的可见性、消除单证工作量、减少错误、缩短过境和通关时间。其他物流企业可以使用区块链实现供应链和物流流程的数字化和安全，提高订单的准确性，并跟踪车辆、拖车和卡车等实物资产。

（三）克服障碍

要解锁区块链的网络优势，需要企业的广泛参与。要使大家参与到区块链中需要解决两个挑战：一个是使区块链解决方案对各种各样的参与者具有吸引力；另一个是确保每个参与者拥有适当的机密性。

马士基在业界率先使用区块链，而TradeLens是以分布式账本技术平台为中心，使发货人、第三方物流商、承运人和货运代理可以共享供应链数据的平台，是使其具有先发优势的一项重大成就。迄今为止，马士基已成功说服100多家行业参与者加入贸易伙伴，其中包括全球港口和海关当局、货主、货运代理和物流公司，却一直难以吸引海运公司。与马士基竞争的承运人担心，鉴于马士基在平台开发中所扮演的角色（事实上，马士基拥有知识产权），它们的商业机密会受到影响。没有船公司加盟，这个区块链平台价值主张将会降低。只有当货物和库存可以跨整个航运生态系统进行管理，而且大多数大型发货人使用多个承运人和货运代理时，这个平台才最有价值。简而言之，马士基令人钦佩地解决并参与了第一个参与挑战，吸引了各种各样的参与者，但仍在致力于第二个挑战，减轻竞争对手对保密的担忧。

相比之下，IBM支持的食品信任区块链平台（Food Trust）专注于吸引竞争对手企业加入。食品信任允许食品零售商和供应商通过商业食品链跟踪食品，从而帮助解决一个重要的问题——它可以迅速查明“有缺陷”的产品，并在不迫使零售商处理所有受影响食品类别的情况下，将受污染的产品从流通中移除。虽然2018年食品安全度较高可能助长了Food Trust的人气，但还有一个要因，IBM开发这个平台的时候询问了竞争对手对数据隐私的要求和接入的方式。在某种程度上，对利益冲突的担忧可以通过使用应用程序和加密算法来解决。食品信任治理委员会(Food Trust Governance Committee)也帮助消除了竞争对手的疑虑，使他们获得了公平竞争的环境。当然，与TradeLens相比，Food Trust平台的关注范围更窄——在第二个挑战上做了令人钦佩的工作，但在第一个挑战上仍可能面临困难。

参与度的挑战凸显了私链和公链之间的紧张关系。私有（或“许可的”）区块链更容易实现，因为它们涉及有限的、值得信任的参与者。相反，公共区块链解决方案可能能够更好地解决保密性问题。制定长期公共区块链解决方案的组织包括在25个国家拥有500名成员的区块链货运联盟(BiTA)，使用OriginTrail协议的跟踪联盟，以及由9家领先的海运公司支持的全球航运商业网络(GSBN)。

（四）前进道路

在这个网络中，控制权分散在成员之间，而

不是完全掌握在任何一个成员手中。

（1）制定数据互操作性的通用标准，如 EDI 的 GS1 标准，用于防止今天的物理供应链壁垒成为明天的数字壁垒。

（2）确保会员数据的保密性，从而激励更多的公司加入网络，增加网络的价值。

（3）到达区块链网络的一个临界点，这个临界点发生在当有足够多的早期和主流采用者时，他们会迫使其余的主流和晚期采用者加入，否则将有被竞争对手落在后面的风险。

十三、5G 制定物流应用标准

5G 移动宽带和通信标准将比 4G 网络提供更加惊人的改进，为物流行业提供巨大的前景。例如，通过远程机器人控制仓库拣选和包装；使用智能城市应用程序实现车辆、诊断和维护之间的实时连接；利用远程信息系统实施车队管理与改进。

（一）更快、更便宜、密度更大

5G 在传输速度、延迟、设备密度和功耗方面的巨大改进将提供实质性的业务优势。

通过 5G 网络切片，可以将带宽切成一系列性能参数不同的小管道，用于不同的目的。因此，技术的可能性显著扩大，因为自动驾驶汽车对超可靠连接的需求可以从数千个运动传感器的低数据需求中分离出来。

最初的商业部署可能会利用 5G 增强的移动宽带提升速度、容量、延迟能力。对于 5G，唾手可得的成果包括超高清 (4K) 视频、3D 视频和增强 AR/VR（增强现实 / 虚拟现实）能力等应用。从中期来看，5G 在一个小区域内连接这么多设备的能力将克服网络目前对区域覆盖和传感器密度的限制。使用 5G，每个包裹都可以有自己的传感器跟踪详细的数据，如湿度和温度；每个机器人都可以使用数十个传感器与云连接。因此，公司将能够更好地实现基础设施监控、流程自动化、智能计量和实时车队管理。从长远来看，5G 的可靠性和延迟改进将有助于自动驾驶汽车和工厂自动化所需的无缝切换。更好的“车对车”和“车对基础设施”通信将改善安全和交通流量，开启效率的深层次进步。

（二）对物流的意义

有了 5G 技术，企业将更有效地执行操作，增加实时决策，并改善服务交付。从广义上讲，物流中 5G 应用有三种功能类别，如表 2 所示。

表 2　　5G 可以在三个功能类别中提升物流绩效

功能	近期（0~3 年）	长期（3 年以上）
操作执行	◆ 增强现实 (AR) 面罩或头盔计算机 ◆ 用于仓库规划的虚拟现实 (VR) ◆ 辅助驾驶 ◆ 增强司机对仪表板的操作便捷性 ◆ 实时高分辨率车辆视频监控	◆ 完全沉浸的 AR 和三维彩色显示与传感地图的人、物体和地点相融合 ◆ 具有车辆对车辆 (V2V) 和车辆对基础设施 (V2I) 响应能力的自动卡车运输 ◆ “最后一英里”无人机送货 ◆ 独立的机器人配送中心和协议 ◆ 用于仓库和运输的云机器人

续 表

功能	近期（0~3 年）	长期（3 年以上）
规划和管理	◆ 多角度、高分辨率视频流与智能分析和即时警报 ◆ 具有热传感器和其他传感器高分辨率视觉或触觉的反馈 ◆ 远程质量检验和诊断 ◆ 基于传感器数据分析的关键或高价值设备的预测维护	◆ 实时设备数据和远程干预 ◆ 使用智能服装、设备和可穿戴设备对员工进行监控和广泛的分析 ◆ 具有远程诊断和修复的 3D 显示 ◆ 用于交通云和操控 ◆ 大型传感器网络，用于预测维修和整个供应链的机器和机器人的实时警报 ◆ 基于人工智能，无人辅助的供应链管理，人力投入最少
附加服务	◆ 跨供应链的高安全性加密 ◆ 基于云的物流跟踪、智能和编排服务 ◆ 为客户和物流合作伙伴提供实时定位和视频访问 ◆ 先进的计量基础设施 (AMI) 和用于移动和固定资产的智能电表	◆ 跨端到端供应链的商品识别和跟踪 ◆ 高度定制的物流服务（如气候控制包裹、基于触发的协议） ◆ 宽带到远程物流节点通过 FWA ◆ 减少传感器的能源消耗，使用智能电网和响应性资产

资料来源：爱立信 5G 对行业的影响，ITU–R M.24 10–0（11 月 17 日），A.T. 科尔尼分析。

在每个类别中，阐述了特定的用例，以及它们将带来的好处的程度。虽然 4G LTE(网络制式）网络标准支持特定的用例，但大多数都需要只有 5G 架构才能提供的带宽、可靠性和延迟。

（高珉、王国文译，王国文校）

日本六版《综合物流施策大纲》的发展过程

日本政府为顺应本国及世界经济发展的趋势与要求，自 1997 年开始由经济产业省和国土交通省每四年共同制定一次《综合物流施策大纲》，至今已制定了六次。随着《综合物流施策大纲》的制定和实施，日本物流活动变得更加顺畅、有序，效率得到了提高。日本物流满足了安全、快速、便利、绿色的服务标准，成为日本经济社会正常运行最基本的保障条件之一。本文结合我国物流业发展实际情况，借鉴日本在建立一体化物流体制、构建统一物流管理模式、物流业实施 PDCA［Plan（计划）–Do（执行）–Check（检查）–Act（处理）］管理等方面的成功经验，建立适应我国物流业发展的行业管理体制，制定我国物流业新阶段的中长期发展规划。

一、日本《综合物流施策大纲》演变过程

从 20 世纪 60 年代开始，日本政府相继出台了各项物流政策。在日本政府出台的各项政策中，商流与物流混在一起。而且，由于制定政策的部门不同，出台的物流政策在内容上也各不相同。当时，日本负责物流产业宏观管理的政府部门主要包括国土交通省、经济产业省、国家公安委员会、信息通信技术政策省、总务省、外务省、财务省、厚生劳动省、农林水产省、环境省等多个部门，且未设立专门的机构来对物流业进行统一管理。这种状态一直持续到了 20 世纪 90 年代。随后，为了改变制定物流政策各部门各自为政的局面，加快培育和提升日本物流业国际竞争力，日本政府于 1997 年 4 月，制定了第一部《综合物流施策大纲》（以下简称《1997 年大纲》，其余版本同理）。日本政府的 14 个部门参与了大纲的制定与实施。2001 年 1 月，日本政府实施了“省厅整合”，把原来的 1 府 22 省厅整合为 1 府 12 省厅，以此为契机，各省厅在物流政策制定与实施的合作方面，变得更加紧密。

目前，日本政府根据现代物流特点，以国土交通省和经济产业省的行政部门为核心，形成了

协调一致的物流行政体制，制定了综合一体化的物流政策，实现了各项管理工作的有机结合以及各个环节有效衔接。其中，国土交通省主要负责运输方式政策的设计及计划制订，区域运输、城市配送规划与协调、仓储市场准入及物流基础设施等方面的管理工作；经济产业省主要负责物流产业政策、标准、结构、布局和发展战略等的制定。

在《1997 年大纲》基础上，日本政府每四年制定一次《综合物流施策大纲》。至 2017 年，这部综合物流施策大纲已经完成了六次修订（《1997 年大纲》《2001 年大纲》《2005 年大纲》《2009 年大纲》《2013 年大纲》《2017 年大纲》）。在经济全球化发展的大环境中，日本政府通过六次制定《综合物流施策大纲》，一方面指导日本解决如何提高区域物流竞争力、降低物流成本、完善物流体系等问题；另一方面指导日本如何应对物流需求的升级、国民需求多样化发展以及环境变化等问题。

二、六版《综合物流施策大纲》核心内容

《综合物流施策大纲》是日本物流业的纲领性政策文件，同时也是为引导日本物流业发展的指导性文件。日本政府每四年制定一次的《综合物流施策大纲》，不仅制定了日本物流业未来四年的发展规划及目标，还对上一次《综合物流施策大纲》中所确定的目标进行了全面评价，并检验其四年之后的实施效果。随着《综合物流施策大纲》的制定和实施，日本的物流活动变得更加顺畅、有序，效率不断提高。同时，在推进《综合物流施策大纲》实施的进程中，日本政府部门主动与行业协会及企业进行协调、沟通、合作等，起到了非常重要的作用。

（一）1997 年《综合物流施策大纲》

随着经济全球化推进，信息技术以及国际专业化分工的发展，社会各界对物流成本和物流系统的意识不断提高。此外，由于互联网发展，通过网购可以及时满足消费者的个性化需求。现代物流是日本国家、城市以及产业竞争力的重要要素之一，为了降低日本企业经营成本，提高日本产业综合实力，日本物流业开始进入转型期。为此，日本政府各个部门需要通过联合协作，解决日本经济发展中“瓶颈”问题、解决日本国际港口在亚洲地区影响力下降以及日本货物运输中能源使用效率低等问题。1997 年 4 月 4 日，经日本内阁会议通过，日本政府首次制定了一部《综合物流施策大纲》（《1997 年大纲》）。

《1997 年大纲》是根据 1996 年 12 月 17 日日本政府通过的《经济构造的变革和创造规划》中有关“物流改革在经济构造中是最为重要的课题之一，到 2001 年既要达到物流成本的效率化，又要实现不亚于国际水准的物流服务，为此各相关机关要联合起来共同推进物流政策和措施的制定”等内容而制定的。《1997 年大纲》以“降低物流成本、提高物流服务水平”为宗旨，确定了日本物流业发展的目标，并从放宽规制、完善基础设施、升级物流系统、政府协调机制以及政府援助等角度出发，制定了相应的政策。该次大纲特别提出各机构、各部门的合作机制，推进各政府部门、地方团体、物流企业与货主企业的联合，采取现代物流管理等措施，共同构建综合交通系统，形成物流整体效应，并通过竞争促进物流市场活性化。

（二）2001 年《综合物流施策大纲》

《1997 年大纲》制定实施之后，各项政策措施逐步得到落实。但是，在世界经济一体化与信

息化不断发展的背景下，日本要想创造一个在国际上具有吸引力的生产与生活环境，增强产业竞争力，一方面要加强高效的物流基础设施建设，另一方面要解决环境问题，减少每年的二氧化碳排放量。此外，还要加速物流领域的信息化，降低大型卡车事故发生率，发展与人口老龄化和低龄化相适应的物流。2001 年 7 月 6 日，在检验《1997 年大纲》实施效果的基础上，经日本内阁会议决定，日本政府出台了一部新的《综合物流施策大纲》（《2001 年大纲》）。

《2001 年大纲》提出了一系列具体的实施措施，主要包括物流一体化、信息化、标准化，改进商业惯例，推进单元装载化，实现港口 24 小时开放制，实行申办手续电子化和一站式服务，降低运输工具单位耗能等对策，推进各种运输方式的转换，提高卡车运输效率，降低卡车废气排放量，构筑静脉物流系统、建设循环型社会的对策，防止事故发生、确保物流安全的对策，构筑能够满足国民需求的物流体系，把物流通畅化纳入城区建设规划，确保远洋船通行安全的对策，将仓库业由准入许可制转为登记制，废除仓库收费事前申请制等内容。

（三）2005 年《综合物流施策大纲》

2005 年 11 月 15 日，修订物流政策在内阁会议上被再次提出并通过（《2005 年大纲》）。《2005 年大纲》中不仅给出了日本物流业之后四年的发展规划，而且提出要加快绿色物流的发展。除此之外，还针对日趋严重的地球温室效应等环境问题，从两个方面制定了物流业发展的环境政策。一方面，提出要解决全球变暖及大气污染问题。具体措施包括：加强尾气排放管制措施；开发和普及低公害车的使用；加强环状公路建设；推动环状公路周边物流节点的设置；推进运输方式转换的对策；推动共同运输。另一方面，提出要构建循环型社会的逆向物流系统。具体措施包括：加强废弃物再生处理设施的建设；成立绿色物流专业委员会，制定二氧化碳排放量计算标准；降低运输工具单位耗能；设立绿色环保税制度，推广低耗油车辆的使用；推动车辆大型化和拖车化的运输方式，降低大型卡车燃油费；提高公路质量，加大桥梁承重；加强国际海运集装箱货物转运站与多功能国际货物中转站建设，缩短进出口货物运输距离。

《2005 年大纲》在继续强调实现高效率低成本的国内外物流一体化基础上，着重提出了进一步建设使国民生活安全与安定、环保节能的绿色物流的重大目标。同时指出要督促企业选择合理化的运输方式，以减轻环境负荷。此次大纲明确了物流业发展的基本方向，即适应经济与社会全面发展的需要，推动物流与其他产业和消费市场共同发展。同时，还提出要缩短因物流对生产、流通和消费环节产生的距离。大纲的立足点包括：按照《京都议定书》，制定和实施更为有效的环境保护政策，大幅度削减二氧化碳排放量，促使物流企业真正履行社会责任。另外，为提高日本物流业国际竞争力，要不断降低物流成本，促进国际物流与国内物流的一体化。同时，还要采取更加严格的措施，保障物流安全，防止恐怖事件对物流业的影响。

（四）2009 年《综合物流施策大纲》

随着世界经济一体化与信息化趋势的日益明显，为进一步实现物流的高效化，2009 年 7 月 14 日，日本政府对《综合物流施策大纲》进行了第四次修订（《2009 年大纲》）。《2009 年大纲》以《2005 年大纲》提出的“开展国内国际一体化物流，实现高效、环境负荷小的绿色物流，推进国民生活安全、安心的物流体系建设”

为基础，把国际物流竞争力合作伙伴会议及亚洲门户战略会议上通过的新近策划，及其制定的国际物流、贸易手续相关措施也加入了《2009年大纲》。该大纲提出，要构筑具有国际竞争力的物流市场，创建一个能够减轻环境负荷的物流体系和循环型社会。

《2009年大纲》指出，随着企业供应链的全球化，必须降低以亚洲为中心的分散型企业网点间的运输成本，企业在维持较高安全水平的同时如何实现物流的高效化也成为重点课题。另外，随着应对全球气候变暖政策的不断推进，应结合《京都议定书》及《后京都议定书》的要求采取必要的环境对策。此外，随着日本社会对安全物流需求的不断增加，还要进一步防止卡车重大运输事故的发生，确保海上运输通道的安全性，建设震救灾的应急物流网络，完善灾害发生后的快速恢复机制。《2009年大纲》，综合性地提出了推进日本与亚洲各国物流合作项目以及对日本报关制度进行持续性评价的措施。同时，决定将一直由政府相关部门负责人实施的跟踪体制改为由产业界代表参加的官民合作体制。另外，《2009年大纲》里特别提到，每年都根据需要对依据大纲制定的综合物流措施推进计划进行修订，以此优化措施的实施体制。此外，大纲还进一步强调了PDCA体制。

（五）2013年《综合物流施策大纲》

前四次制定的《综合物流施策大纲》，在内容上仅仅是政策的罗列，且在政策实施时优先顺序不明确。而且，一些政策未能在计划期间达到预期效果。基于以上原因，2013年6月，经日本内阁会议审议通过，开始制定第五版《综合物流施策大纲》（《2013年大纲》）。

另外，2011年3月11日，东日本发生大地震，物流在灾后物资运送以及灾区重建过程中发挥了重要作用。由此，物流的功能、重要性再次得到社会整体认可。同时，社会各界对物流的关注度、期待度也随之增加。

《2013年大纲》总结了日本物流环境现状，对今后日本物流政策的发展方向进行了展望。同时，提出“将物流作为经济重建与成长的支撑，构建完善的物流体系”等内容；推进日本国内外物流消除“浪费、低效率、发展不平衡”等问题；建立最优化物流体系作为发展目标；通过提高政策的综合性、一体化程度，提高物流效率；强化货主企业、物流企业以及相关企业之间的相互合作关系。

（六）2017年《综合物流施策大纲》

前五次制定的《综合物流施策大纲》，虽然取得了一定的成果。但是，一些政策未能在计划期间达到预期效果。基于以上原因，2017年7月28日，经日本内阁会议审议通过，开始制定第六版《综合物流施策大纲》（《2017年大纲》）。

日本人口老龄化及育龄人口减少带来的社会结构变化以及消费者生活方式的改变，使得社会对物流需求的激增。另外，相关人员互相合作的程度对于大纲有效实施越来越重要。《2017年大纲》总结了日本物流环境现状，对今后日本物流政策的发展方向进行了展望。同时，提出深化与东盟成员国等亚洲各国关系、改革商业习惯、硬件基础设施建设与提供设施效果最大化、应对地震等自然灾害、应对安全问题、应对地球环境问题、运用IoT（物联网）、BD（大数据）、AI（人工智能）等新技术、培养物流人才、提高物流作用认知度等内容；缓解日本社会结构、生活方式、需求等变化对日本国内外物流带来的问题；以实现“强大的物流”作为发展目标；并在以PDCA的方式管理项目进度的同时，通过检验政策的实施情况做出必要的修改，以实现预期的效果。

三、六版《综合物流施策大纲》演变特征

日本政府针对其物流发展的不同阶段，分别于1997年、2001年、2005年、2009年、2013年、2017年制定了六版《综合物流施策大纲》。根据不同阶段制定的《综合物流施策大纲》来看，日本并没有将物流的发展局限在产业的范围内，而是赋予了物流提高国家国际竞争力的使命。大纲从微观上设置量化指标，宏观上以目标为导向，以政府职能为主线，以解决社会性问题为义务，推进日本社会物流发展。六版《综合物流施策大纲》的内容根据社会现实，不断完善修订而成。

（一）六次大纲内容不断深化

《1997年大纲》制定时，面临日本经济发展中的“瓶颈”问题，日本政府认识到物流在解决与物流相关的一系列综合性问题的重要性。因此，《1997年大纲》中初步涉及提高物流服务竞争力、降低物流成本、应对能源、环境和交通安全问题的物流系统等内容。《2001年大纲》，为进一步使日本经济社会体系适应经济全球化，系统性地在物流基础设施建设、环保问题、物流信息领域和人口老龄化等方面提出发展目标。《2005年大纲》，在环境方面提出了更加具体的物流实施政策，并注重强调了物流在保障国民生活安全稳定与绿色物流中的作用。《2009年大纲》，首次提出“国际一体化物流”，突出了发展国际物流的重要性。同时，该次大纲进一步强调了PDCA体制。《2013年大纲》，在东日本大地震的背景下，提出了将物流作为重建与成长的支撑等内容，强调了发展优化物流体系的目标。《2017年大纲》，综合以往五版大纲内容，全面地对未来物流发展方向做出总结，并着重强调了供应链整体优化思想以及新技术（IoT、BD、AI）的应用。

（二）六次大纲实施效果

前五次制定的《综合物流施策大纲》，在提高物流效率方面取得了一定的成效。但是，内容上仅仅是政策的罗列，存在政策实施时优先顺序不明确的问题。而且，在实施过程中也出现了国际物流服务竞争力不足、大纲重点解决问题不明确以及政策实施推进力度缺乏等问题。

《1997年大纲》，在提供亚太地区最具便利性和竞争力的物流服务方面，成效并不显著。表现为主要国际港口的集装箱吞吐量仍在低位徘徊，尚未实现信息化、一站式的便捷、高效通关。并且在公路、港口、机场等物流基础设施之间的无缝连接，城市内交通的顺畅运行，物流体系的标准化、信息化，无效率商业惯例的改善等方面还存在很多问题。在降低物流成本方面，尽管物流成本有所下降，但与亚洲地区的先进港口相比，港口使用费用仍然偏高。在构建能源、环境、交通安全友好型物流系统方面，在完善货物运输的硬件和软件设施、促进自营卡车用途转换及防止交通事故发生等方面取得了相当大的成效。但同时，又要面对削减大气污染物排放、保护地球环境、构建循环型社会等新的课题。

《2001年大纲》，企业在克服削减成本压力的同时，在主要的、能产生高效益并取得主要竞争力的业务上还存在问题。在新型服务模式不断发展的背景下，物流企业所提供的服务需要进一步完善。随着经济发展与市场需求之间的矛盾出现，对于环境保护、公路运输安全、食品安全以及物流企业劳动力不足等方面问题，日本政府需进一步解决。除此之外，企业对社会责任的重视度还有待加强。

《2005年大纲》，在“建立低成本、快捷、

无缝连接国内国际一体化物流系统”方面，日本企业在经济全球化大环境下，在最适宜的地区开展生产和销售，减少了不必要的库存。在全球范围内进行供应链管理，实现了高速、无缝连接且低成本的物流服务，推动了各项措施的实施。在“建立环保型绿色物流系统”方面，今后还要从供应链整体出发减少环境负荷。在“建设重视需求方的高效物流体系”方面，日本企业在满足消费者多样化需求的同时，有效避免了交通拥堵及环境问题等的发生，并推进了各项措施的实施。在“建设国民生活安全和安心的物流体系”方面，能在大规模灾害发生时，确保应急物流的安全运输。但在强化信息安全等方面的问题还有待解决。

《2009年大纲》，对《2005年大纲》物流领域发展目标的完成情况进行了总结，在此基础上，又进一步提出了发展全球高效物流系统、减少环境污染构建绿色物流系统和实现物流安全可靠的三大目标，基本指明了日本物流未来发展的方向。同时,《2009年大纲》更加注重实际意义，特别强调依据大纲制订综合物流措施推进计划，根据需要进行每年的修订，强化了措施的实施体制。

《2013年大纲》，日本为“实现国内外无蛮干、无浪费、无不均的物流整体优化”，以应对全球供应链的深化，基于《有关促进硬件基础设施的建设及利用、流通业务综合化及高效化以将日本物流系统扩展到亚洲、加强交通竞争力的法律》（2005年第85号法律，简称《物流综合高效化法》）的修改，通过与货主、物流企业等主体的合作，不断推动物流高效化，并取得了一定的成果。

日本《综合物流施策大纲》在物流业发展中发挥的作用不断加强。

（北京物资学院物流学院院长、教授　姜旭）